東洋史研究叢刊之七十二

# 高麗官僚制度研究

矢木　毅　著

京都大学学術出版会

平成二十年度（二〇〇八）
日本学術振興会科学研究費補助金
（研究成果公開促進費・学術図書）助成出版

# はしがき

我が国の歴史や文化のなかには「高麗」を冠する事物や語彙が比較的多く伝わっているが、そのほとんどは古代における高句麗や渤海に関係するものか、もしくは近世朝鮮時代における彼我の交流の産物であって、本書の主題とする高麗王朝（九一八～一三九二）に直接関係するものは、かえって僅少というべきである。たとえば神社の境内に置かれる狛犬（高麗犬《こまいぬ》）や雅楽のなかの高麗楽《こまがく》、和歌の枕詞ともなった高麗剣《こまつるぎ》などは、それぞれ高句麗（高麗《こま》）(1)から伝わったものであろうし、『源氏物語』のなかで光源氏の将来を予言した高麗人《こまうど》というのは、物語の時代設定からいって高句麗人ではなく、その継承国家を以て自認した渤海人のことをいうのであろう(2)。また江戸時代に盛んに輸入された高麗茶碗《こうらいちゃわん》や高麗人参《こうらいにんじん》、さらに薩摩地方の郷土菓子である高麗菓子《これがし》などは、それぞれ近世朝鮮時代における彼我の往来の産物であるが、ただそれを前代の雅称として高麗《こうらい》と呼んでいるにすぎない。もちろん高麗大蔵経や高麗青磁などは、紛れもなく高麗王朝が生み出した世界に誇るべき文化財であるが、それらが日本に将来されたのは主として朝鮮時代における交易を通してのことであって、必ずしも同時代における高麗と日本とのリアルタイムの交易によるものではなかったであろう(3)。

この時代、高麗と日本の間には正式の国交はなく、ただ宋商と結んだ博多の商人が高麗に渡って通商したり、対馬の勢力が高麗に「進奉船」を送って私的な交易を行っていたにすぎなかった(4)。その後、元寇と倭寇を通して両国間の公的交渉は次第に緊密の度を深めていくが、元寇は基本的には日元間の戦争であるし、倭寇は近世朝鮮時代における日朝関係の、ひとつの前史として位置づけた方がわかりやすい。

中世における高麗と日本は、当時の日本を支配していた平安貴族の退嬰的・自閉的な性格を反映して極めて疎遠な関係にあり、両国関係は相互の無関心のうちに放置されていた。そのことは、おのずから日本の歴史や文化において、高麗に関わる記憶を必ずしも多くは生み出さない原因の一つとなったし、延いてはそれが今日の我々にとっても、高麗時代をなにか疎遠なもの——日本と関わりの深かった朝鮮の古代史や近世史・近現代史に比して、あまり関心の持てない時代——として印象づけているのではないかと思う。

しかしながら、それはあくまでも日本の島国的な観点から見た場合の話にすぎない。ユーラシア大陸の東端に位置する高麗は、十世紀から十四世紀に至る東アジア世界の動乱のなかで、日本とは比較にならないほどの民族的苦難に立ち向かいながら、その荒波のなかで国家としての存立を維持してきたのである。

朝鮮半島に成立した高麗王朝は、その地政学的な位置づけからいって、中国の中原王朝や江南の諸政権と文化的・経済的に深く結びついていたが、その一方ではモンゴル高原や東北平原（旧満州）に展開した契丹・女真・モンゴルなどの北方諸民族から、不断に軍事的な脅威と圧迫とを受けなければならなかった。このため、伝統的に中華崇拝の思想を持っていた高麗の人々は、自らの希望に反して漢人王朝である宋朝（北宋・南宋）と断交し、遼・金・元の冊封を受け入れなければならなかったが、このことは高麗時代の内政や外交に、後世には見られないある独特の陰翳を与えることになったのである。

本書の中心課題である高麗時代の官僚制度が、東アジア世界における当時の国際秩序——いわゆる「冊封体制」(5)——のもとで、如何なる影響を受け、如何に変容していったかについては、序説「高麗時代史の概観——官制と外交」において、その概要を述べることになるであろう。高麗を取り巻く国際関係の目まぐるしい変化に対応して、実際、それは極めて複雑な変遷をたどっている。官署名・官職名の変遷などは、あまりに煩雑であって、一々列挙するに堪えないほどである。

しかしながら、本書が解明しようとするのは、そのような表面的な変化ではなく、むしろその背後にあって常に変わらないもの、すなわち高麗の官制を真に特徴づけている官僚制度の構築原理そのものである。そうしてその基本的な構造が形成され、発展していく過程として高麗前期（武臣の乱以前）の官制を捉え、またそれが大きく変容していく過程として高麗後期（武臣の乱以後の武臣執権期、事元期、及び元明交替期）の官制を捉えることで、古代から近世に至る前近代朝鮮の全体史のなかで、中世高麗時代の歴史的な位相を見定めていきたい。(6)

日本の平安中期から南北朝時代にかけて、相互に無関心な中で隣り合っていた日本と高麗は、それぞれの「中世的世界」を形成することで独自の民族性と民族文化とを育んでいった。日本と朝鮮との、その後の対蹠的な歴史を理解するためにも、それぞれの歴史の分岐点となった「中世」に着目することは極めて重要であると確信する。

＊　＊　＊

あらかじめ、本書の構成についても触れておこう。序説「高麗時代史の概観――官制と外交」は、本書全体の導論として、高麗時代の国際関係の推移を論じた概説である。我が国において、高麗の歴史は必ずしも周知されているとは言いがたい。そこで本書の論述の背景をなす事柄を、特に国際関係に絞って概論したものがこの章である。中国の歴代諸王朝から「冊封」を受けていた高麗では、その宗主国との「事大」の関係が、国内の政治や制度のあり方を根底において規定する。本書の主題である官僚制度もまた、宗主国との関係にともなって様々に変遷したが、その沿革は基本的には「自主・独立」の官制と、「事大」の官制との相克として捉えられる。言い換えれば当時の官制のあり方から、高麗の人々の国際認識や民族意識のあり方を端的に指摘することができるのである。

ただし、本書の直接の主題は、そうした国際関係の推移を官制の変遷のなかに読み取ることにあるのではない。高麗の官署名・官職名は、国際関係の推移に伴って目まぐるしく変遷したが、そうした表面的な変化の背後において、高麗時代全体に通底する官僚制度の構築原理それ自体を解明することが、本書の第一部、及び第二部の共通の課題となる。

第一部「官僚機構と王権」では、最高権力者である国王の命令が、各級官僚機構を通してどのようにして策定され、どのようにして施行されていったのかを、主として命令文書の書式の分析を通して検討する。高麗は専制君主を戴く君主制の国家であるが、君主の権力は必ずしも絶対的なものではなく、むしろその権力基盤は官僚機構を構成する貴族・官人層との協調のうえに置かれていた。国王の命令文書の書式は、当時の王権の基本的な性格と、その王権のもとに組織される官僚機構の編成原理を最も端的に示しているが、この点について第一章から第四章まで、おおむね時代的な推移に沿って分析する。

第一章「高麗国初の広評省と内議省」は、成宗朝において高麗の官制が確立する以前の、高麗国初の官制の分析である。国初の官制は先行する新羅や泰封の官制を継受しているが、それは唐の三省制度を踏まえながらも、それとは別個の固有の原理によって構築されている。高麗国初の広評省は、新羅時代の「和白」を継承して外廷の貴族・官人勢力の意思を代表する機能を果たしていた。これに対し、宮中における国王の秘書機関としては内議省が存在したが、この内議省こそは、後に宰相府である内史門下（中書門下）へと発展していくのである。

第二章「高麗睿宗朝における意思決定の構造」は、成宗朝に確立し、文宗朝に集大成された高麗前期の官制について、主として睿宗朝に焦点をおいて略述した論考である。十二世紀初頭における尹瓘の「九城の役」は、女真族の擡頭に伴う東アジア世界の変動のなかで、東洋史上、少なからず重要な意味をもつ出来事であるが、この章ではその戦争の経緯そのものではなく、戦争を遂行するにあたって高麗の王権とその王権のもとに組織された官僚機構とが、如何なる手続きのもとに意思決定を行っているかを分析した。国王の意思決定に直接参与するものは、官僚機構の中でも「三品以上」及び「侍臣四品以上」の最上級官人層に限られている。この点を通して、官僚機構内部の階層的な構造秩序を明らかにすることが、この章のもう一つの目的である。

第三章「高麗時代の銓選と告身」は、王朝時代の政治において最も重要視されていた人事行政のあり方について、これを官職任免の辞令書である「告身」の書式分析に即して検討した論考である。第二章で明らかにした官僚機構内部の階層的な構造秩序は、ここでも「制授告身」、「勅授告身」や、「中書門下制牒」、「尚書吏部教牒」という辞令書の書式の区別を通して具体的に確認できる。しかし、高麗前期に行われていた告身の制度は、武臣の乱以降、高麗後期においては大きく変化していくが、それは「政房」の設置による人事行政の変質を反映するものであり、延いてはそれが当時の王権の専制化（恣意的専制化）の趨勢を示しているのである。

第四章「高麗時代の宰相制度——合坐制とその周辺」は、第二章でも略述した国王の意思決定を輔弼する「宰相」の制度について、その運用の原理を解明した論考である。高麗時代、官僚機構を構成する各級官庁の基本的な運営原理として機能していたのは合議制（円議）と委員制（掌務）であるが、この原理は宰相会議においても宰相の「合坐」、及び六部・寺監の兼職や都監の制度として貫徹していた。しかし、第三章で指摘した権力構造の変質に伴って宰相会議の構成員の肥大化が進むと、高麗後期においては宰相会議の基礎をなす合議制、及び委員制の原則が行き詰まりを示し、このことが高麗後期における権臣の跋扈や側近政治の展開をもたらすことになるのである。

第二部「流品の構造」では、第一部で明らかにした官僚機構内部の階層秩序に、高麗社会全体の身分構成がどのような形で反映されているのかを検討する。「流品」とは、本来、官界における「一品」から「九品」までの官品の等級を意味するが、延いてはそこに反映される清流と濁流、士人と庶人などの社会的な階層意識のことも

「流品」と呼ばれている。(7) 具体的には官僚機構を構成する個々の官人について、その社会的な出自や昇進のあり方を分析し、官僚機構の身分構成を通して社会全体の身分構成を展望することが第二部の主題となるが、このことについて第五章から第八章まで、やはりおおむねは時代的な推移に沿って検討する。

第五章「高麗官僚制度の概観——外官への例調を中心に」は、高麗前期（武臣の乱以前）を中心として、この時期に活躍した人物の伝記資料、とりわけ「墓誌銘」を活用しながら、高麗官人一般の昇進経路の模式化を試みた論考である。高麗の官人は科挙・門蔭・吏職のいずれかの資格を以て「初入仕」を許され、文散階及び同正職などの階官を獲得すると、一旦は地方の州県官に任用され、次に王京に還って権務官に任用される。その後、参外官（未常参官）を歴任して再び州県官に転出し、そこで成績を残したものだけが、政界の中堅である「常参官」に昇進することを許されていた。昇進は個人の能力の問題であるが、そこには社会的・身分的な出自によって大きく制約が加わっている。官人の昇進のあり方を通して官僚機構内部の階層秩序を分析するとともに、そこに反映されている社会的・身分的な階層秩序をも解明していくことがこの章の目的である。

第六章「高麗より朝鮮初期に至る進士概念の変遷」は、昇進のあり方に最も重大な影響を及ぼす「科挙」の制度について、これを学校制度との関連において考察した論考である。高麗時代、貴族の子弟（国子）は国子監に学籍を置き、国学の進士（国子進士・太学進士・四門進士）として礼部試（東堂）に赴いていたが、地方郷吏の子弟は「郷貢進士」として礼部試に赴き、同時に国学の「進士」としての資格を得るために、国子監における礼部試の予備試験である「国子監試」をも併願して受験していた。このため国子監試は、本来、国学生を対象とする礼部試の予備試験であったものが、国学生以外のものに国学の「進士」としての資格を与える試験、すなわち国学の入学試験としての性格をも併せ持つことになったのである。

第七章「高麗時代の内侍と内僚」は、官僚機構の中で外廷の一般官僚とは区別される内廷の官僚に着目し、その出自・機能や昇進について検討した論考である。内廷に奉仕する宦官や官奴隷は、文武班の一般官僚と区別して「南班」と呼ばれ、その昇進は七品以下の南班参外職に制限されていた。これを「常式七品」という。ところが高麗後期には宦官や官奴隷などの「賤系人」の政界進出が進み、かれらは文武班の一般官職や、さらには宰相職にまで進出していくようになる。その背景には、従来、貴族・官人層との協調のうえに権力基盤を構築していた王権が、その権力基盤の動揺に伴って内廷勢力への依存を高め、内廷を中心とする政局運営によって専制化（恣意的専制化）の傾向を強めていったことが指摘できる。このような「賤系人」の政界進出に対する反発から、やがて「朱子学」の理念に基づく政界の再編を唱える新興士大夫層が擡頭していくことになるのである。

第八章「高麗事元期における官品構造の変革」は、「流品」の基準となる「一品」から「九品」までの官品の構造が、忠烈王三十四年（一三〇八）の官制改革を画期として、それ以前とそれ以後とで大きく異なっていることを指摘した論考である。高麗前期の官品構造は、三品以上（最上級官人層）、五品以上（上級官人層）、七品以上（中級官人層）、九品以上（下級官人層）の四つの階層に分節され、それぞれが古典的身分概念としての卿・大夫・上士・中下士に対応していたが、忠烈王三十四年の改革以降、この分節構造は二品以上（最上級官人層）、四品以上（上級官人層）、六品以上（中級官人層）、九品以上（下級官人層）の分節構造に置き換えられていった。この改革は、直接には上国・元朝の官制と連動させる意図のもとに行われたが、同時に第四章で指摘した宰相会議の肥大化や、第七章で指摘した「賤系人」の政界進出に対する反発から、冗官を廃して「流品」の整飭を進め、朱子学の理念に基づいて士庶の区別を明確にしようとする意図が働いていたことが指摘できる。この改革の意図は高麗末に擡頭した新興士大夫層によって受け継がれ、朝鮮王朝の官制に直接引き継がれていく点においても重要である。さらに、この官品構造の変革の事実を前提とすると、『高麗史』百官志の記述にはいくつかの矛盾が存在することが指摘できる。これは『高麗史』百官志の記述が主として高麗末に金祉が編纂した私撰の政書である『周官六翼』に依拠しており、しかも「文宗の旧制」を復したと称する恭愍王五年（一三五六）の官制を、『周官六翼』がそのまま「文宗朝」の官制として記述したために生じた誤謬にほかならない。この点は、高麗官僚制度研究の基礎をなす『高麗史』百官志に対する文献批判の視角として、今後とも検討を深めていかなければならない重要な課題である。

結論「朝鮮前近代における王権の素描」は、第一部、第二部を通して明らかにした官僚機構内部の構造と、そこに反映される高麗社会の身分的な階層秩序を踏まえて、その全体を統治する高麗の王権の特質を解明し、これを古代・新羅時代から近世・朝鮮時代に至るまでの全体史のなかに位置づけることで、高麗時代の「中世」としての位相を見定めることを目的とした論考である。高麗の王権は骨品制社会の崩壊のなかで、新羅末に擡頭した地方豪族層を基盤に成立したが、この豪族たちは高麗太祖の「氏族分定」によって郷貫・氏族を登録され、中央政府に入仕する資格を有する支配階層として位置づけられた。太祖の「氏族分定」によって成立した「土姓」家門は、科挙及び門蔭の制度を通して上級官職を独占したが、これに対して「氏族不録」、「氏族不付」の雑姓庶人は、科挙の受験資格を制限され、また門蔭の資格からも排除されていた。ところが高麗後期に入ると、権門による権力の独占を通して官界における身分秩序が変動し、雑姓庶人や雑類などが「流品（流内官）」へと進出するようになっていく。こうした社会的・身分的秩序の変動に対する反発から、朱子学の理念に基づく「流品」の整飭を唱える新興士大夫層が擡頭し、この新興士大夫層と李成桂軍閥とが結びつくことによって、高麗朝から朝鮮朝への易姓革命が行われることになるのである。

附篇「参考論文」の三篇は、本篇の議論を確認し、それぞれの論拠を補強するために添付した研究ノートである。

第一「国子監試に関する諸説の検討」では、高麗の科挙制度のなかでもその位置づけについて最も見解の分かれている「国子監試」を取り上げ、本篇の理解に基づいて諸説の是非を検討した。

第二「尚書都官貼の分析」では、吏文（吏読文）によって作成された当該の文書の書式を分析し、王命文書の出納の過程を復元した。

第三「高麗王言考――または『高麗史』諸志の文献批判」では、高麗時代の王言制度、すなわち国王の命令文書の様式について検討し、特に「判」の王命の検討を通して『高麗史』諸志に対する文献批判を試みた。この一篇は、とりわけ本篇の議論と重複する部分が多いが、高麗官僚制度研究の基礎をなす『高麗史』百官志への文献批判の視角を提示するために、敢えて重複を厭わずに収録した。

＊　＊　＊

これまで学界に提供されてきた高麗の政治制度、官僚制度に関する先行研究としては、まず辺太燮著『高麗政治制度史研究』(8)、周藤吉之著『高麗朝官僚制の研究』(9)という二つの古典的業績を挙げなければならない。このうち、前者は高麗官制の独自性を強調するところに特色があり、後者は高麗官制と中国官制（特に宋制）との共通性を強調するところに特色がある。また、辺太燮氏の研究を継承・深化させたものとして朴龍雲氏の一連の諸研究があるが、そこでは辺氏が説き及ばなかった官制運用上の具体的な諸問題について、多くの事例を引証して幅広く実証的な研究成果が挙げられている(10)。本書がこれらの先行研究に多くを負っていることはいうまでもない。しかし、高麗官僚制度研究の分野において、新たに王命文書の書式の分析という視角を導入した点や、王命の出納過程を通して官僚機構の内部構成を分析した点などについては、先行研究には見られない本書の重要な特色が指摘できる。

この点において、本書と最も近い立場にあるのは最近の朴宰佑氏の研究であろう(11)。しかし、高麗官制に対する朴氏の理解と本書の理解の間には、いくつかの点において、なおも大きな隔たりがある。最も重要な相違点としては、辺太燮氏以来、朴龍雲、朴宰佑氏に至るまで、既存の研究者のほとんどが『高麗史』百官志の記述を素朴に信頼し、これに依拠する形で高麗前期（文宗朝）の中央官制を理解していること――具体的には唐制に準じる中書省・門下省・尚書省の「三省」の分立を否定し、中書門下省と尚書省の「二省」の体制が行われていたと主張していること――を挙げなければならない[12]。これに対し、本書の『高麗史』百官志に対する態度は極めて懐疑的であり、百官志に述べる「文宗朝」の官制の記述は、少なくともその一部は「文宗の旧制」への回帰を謳った恭愍王五年（一三五六）の官制の引き写しにすぎない、というのが本書の基本的な立場である。

この点については、本書の第八章、及び附篇の参考論文第三において集中的に議論することになるであろう。ともあれ、このような『高麗史』百官志に対する文献批判は、既存の研究には見られない本書のもう一つの特色であり、また最も重要な特色であるということができるであろう。

ほとんど唯一の根本史料である『高麗史』百官志の批判のうえに自説を展開する以上、本書の議論の多くは仮説の域を出ることができない。その結論の当否については、ただ諸賢の検討に待つばかりである。

注

（1）　高句麗（紀元前後～六六八）は、後半、その正式国名を「高麗」といった。我々がこれを「高句麗」と呼んでいるのは王氏の「高麗」と区別するための便宜的な習慣にすぎない。なお、我が国でこれを「こま」と呼ぶことについては諸説あるが、一説には高句麗族の小国である「古馬」、「古満」の名が、やがて高句麗族全体の国名に転化したのであるという。『岩波古語辞典』補訂版（大野晋等編、一九九〇年、東京、岩波書店）の「高麗」の項、参照。

（2）同右、「高麗人」の項、参照。

（3）高麗青磁は平安・鎌倉時代にも多少は日本に輸入されていたようであるが、同時期の日宋貿易・日元貿易における龍泉窯青磁の大量の輸入と比較すれば、その流通量は、やはり僅少というべきであろう。もっとも近年の日本史学界においては、中世における日本の対外通交を、高麗に対するそれをも含めて努めて積極的に評価しようとする研究活動が盛んである。一例として、たとえば国立歴史民俗博物館編『東アジア中世海道――海商・港・沈没船――』（二〇〇五年、毎日新聞社）を挙げることができる。

（4）青山公亮『日麗交渉史の研究』（明治大学文学部研究報告、東洋史第三冊、一九五五年、東京、明治大学文学部文学研究所）。森克己『日宋貿易の研究』（正・続・続々）（一九七五年、東京、国書刊行会）。李領『倭寇と日麗関係史』（一九九九年、東京、東京大学出版会）等、参照。

（5）西嶋定生『中国古代国家と東アジア世界』（一九八三年、東京、東京大学出版会）

（6）「事元期」とは高麗が元朝に服属していた時代、元朝に「事大」の礼を執っていた時代のことである。韓国ではこれを一般に「元干渉期」と呼んでいるが、両国の関係を「元による干渉」としてのみ捉えることは一面的であるから、本書ではこの呼称は採用しない。「事元以来、云々」という言い方は、『高麗史』にはたびたび用いられている。このように元朝への服属は、ひとつの歴史的画期として高麗の人々に強く意識されていたのである。

（7）『漢語大詞典』（上海、漢語大詞典出版社）の「流品」の項には、「品類、等級。本指官階、後亦泛指門第或社会地位」とある。宮崎市定『九品官人法の研究――科挙前史――』（一九五六年、京都、同朋舎出版／『宮崎市定全集』第六巻、九品官人法、所収、一九九二年、東京、岩波書店）は、中国における流品思想の展開と、それが官制に及ぼした影響とを詳細に論じている。

（8）辺太燮『高麗政治制度史研究』（一九七一年、ソウル、一潮閣）

（9）周藤吉之『高麗朝官僚制の研究』（一九八〇年、東京、法政大学出版局）

（10）朴龍雲『高麗時代蔭叙制と科挙制研究』（一九九〇年、ソウル、一志社）、同『高麗時代官階・官職研究』（一九九七年、ソウル、高麗大学校出版部）、同『高麗時代中書門下省宰臣研究』（二〇〇〇年二月、ソウル、一志社）、同『高麗時代尚書省研究』（二〇〇〇年十二月、ソウル、景仁文化社）、同『高麗時代中枢院研究』（二〇〇一年、ソウル、高麗大学校民族文化研究院)、その他。

(11) 朴宰佑『高麗国政運営の体系と王権』(二〇〇五年、ソウル、新丘文化社)

(12) 辺太燮「高麗の中書門下省について」(『高麗政治制度史研究』所収、一九七一年、ソウル、一潮閣)をはじめとして、既存の研究では高麗における「三省」の分立を否定し、高麗では「中書門下省」と「尚書省」の二省制度が行われていたと説かれている。これに対し、通説である「二省」説への批判を試みた最近の研究として次のものがある。李貞薫「高麗前期三省制と政事堂」(『韓国史研究』第一〇四輯、一九九九年、ソウル、韓国史研究会)、同『高麗前期政治制度研究』(二〇〇七年、ソウル、慧眼)

# 凡例

一、朝鮮時代に編纂された『高麗史』、『高麗史節要』の紀年は、すべて「踰年称元」の法に従っているが、高麗時代の金石資料では、一般に「踰月称元」の法が行われている。この点について、本書では混乱を避けるために、原史料の引用以外はすべて「踰年称元」の法に統一した。なお、高麗時代の紀年法については、今西龍「朝鮮に於ける国王在位の称元法」(『高麗及李朝史研究』所収、一九七四年、東京、国書刊行会)、藤田亮策「朝鮮の年号と紀年」(『朝鮮学論考』所収、一九六三年、奈良、藤田先生記念事業会)等を参照のこと。

一、原史料の引用に際しては俗字を正字に改めたほか、旧漢字についてはすべて常用漢字の書体に統一した。

一、漢文史料の引用は訓読方式により、史料原文は注に示す。

一、引用史料中の丸括弧(　)は筆者による注記、亀甲括弧〔　〕は缺字の挿入、その直前の丸括弧(　)は衍字の削除、角括弧［　］は史料の原注を示す。

一、史料原文において傍線を引いた部分は、朝鮮の吏文に独特の語助、いわゆる「吏読」を示す。

一、韓国文の論著については翻訳してその題目を示し、原語による標記は省略した。

# 目　次

# 第一部　官僚機構と王権

## 第二部　流品の構造

## 附篇　参考論文

# 高麗官僚制度研究

# 序説　高麗時代史の概観——官制と外交

東アジアの伝統的な世界観は、「天下・国・家」という三つの次元によって構成されていた。このうち「天下」というのは皇帝（天子）が治める世界であり、そのなかには天子に服属する国王（諸侯）の領邦である「国」が含まれている。そうして諸侯の国のなかには世襲貴族である「卿・大夫」の領地、すなわち「采邑」があり、この采邑によって維持される卿・大夫の「家」が諸侯の「国」の政治を支え、延いては天子の「天下」の政治を支えていたのである。

高麗国王は中国皇帝の冊封を受ける諸侯国を以て自認した。したがって高麗の政治制度、とりわけ官僚制度においては、諸侯国としての礼的規制が強く作用し、宗主国（上国）である中国の皇帝の制度を避けて、個々の官署名・官職名が中国のそれと紛れることがないように一々区別されている。もっともそれは高麗初期、及び事元期以降の、「冊封体制」の規制力が最も強く作用していた時期においてのことであって、むしろ高麗時代一般としては中国の皇帝の制度を僭用し、たとえば国王が「朕」と自称したり、その王命を「詔」と称したり、「中書省」、「門下省」、「尚書省」などの中国と同じ官署名を平然と使用したりしていた時期の方が長かったのである。

一般に、高麗の全盛期と目される高麗前期（武臣の乱以前）においては、中国では北方民族の樹立した征服王朝である「遼・金」と、漢民族の樹立した宋朝（北宋・南宋）とが並立し、二人の皇帝が南北に対峙するという変則的な事態が生じていた。このうち、高麗が服属したのは北方民族の樹立した「遼・金」の方であるが、伝統的に中華崇拝の思想を抱く高麗の人々は、政治的・軍事的には北方民族に屈服しても、文化的には自らを北方民族に優越する「小中華」として意識し、「中華」の制度を自ら体現することで、民族としての自立と尊厳とを保とうとしたのである。

しかしこのことは逆にいうと、中華世界がその本来の姿を取り戻しさえすれば、すなわち漢民族の樹立した宋の皇帝が唯一絶対の存在として「天下」を支配しさえすれば、高麗は進んでその「天下」のもとに服属したであろうことを示唆している。こうした「天下・国・家」をめぐる名分論は、その背後に朝貢貿易による利益の独占という実利的な問題が絡んでいるだけに、高麗の支配階級にとっては極めて切実な問題であった。

官署名・官職名の変遷は、それ自体としてみれば極めて形式的な、瑣末な問題にすぎないかもしれない。しかし、そこには「天下・国・家」のあり方をめぐる、高麗の人々の意識が直截に反映されているのである。

高麗時代の官制は、大別すると、自ら中華の理念を体現しようとする「自主・独立」の官制と、諸侯国としての礼的規制に忠実に従おうとする「事大」的官制とに二分できる。ここではこの二つの原理の間を揺れ動いた高麗時代の官制を、高麗を取り巻く諸国家との外交問題と関連づけながら考察し、本書の主題とする高麗時代の官僚制度が、あらましどのような歴史的条件のもとで展開していったのかを概観する。

# 第一節　新羅から高麗へ

高麗王朝に先立って、朝鮮半島を初めて統一支配した新羅王朝（三五六～九三五）は、いわゆる「冊封体制」[1]のもと、中国唐朝（六一八～九〇七）と極めて密接な宗属関係を結んでいた。

新羅の歴代の国王は、唐朝から「雞林州都督・寧海軍使・楽浪郡王・新羅王」として冊封され、唐朝への朝貢を通して「外臣」としての義務を果たすとともに、王族の一部を「質子」[2]として唐朝に宿衛させ、唐の皇帝に対する諸侯国としての忠誠の意思を示していた。また、統一新羅では全国に九つの州を設けていたが、それぞれの州名は「熊川州」、「完山州」、「武珍州」など、唐朝の羈縻州の例に従って二字の州名を与えられ、新羅の都である慶州それ自体も「雞林州」として唐朝の羈縻州の扱いを受けていた。[3]このように、冊封体制（もしくは羈縻支配）の規制に忠実に従うことで「朝貢」の権利を保障されていた新羅の王室は、朝貢に伴う官貿易（朝貢貿易）の利益を独占し、その利益を王族・貴族に再分配することで、国内における政治的・経済的な権力の基盤を維持していた。

このような観点に立った場合、唐朝の衰退と統一新羅の衰退とが大勢として軌を一にしているのは当然のことといえよう。安史の乱（七五五～七六三）以降、中国国内では節度使（藩鎮）の勢力が乱立したが、そのなかでも今日の山東省方面を支配した淄青節度使（平盧李氏）の勢力は、「押渤海・新羅両蕃使」として、新羅と最も密接な関係を保っていた。淄青節度使は新羅の朝貢使節を受け入れ、これを唐朝に取り次ぐ役割を果たしていたが、軍事費の拡充に奔走する藩鎮勢力にとっては、皇室・王室の独占する朝貢貿易の閉鎖的な体制を維持するよりも、地方豪族や民間商人の自由な往来を黙認し、そこから関税収入（抽分）の増大を図ることの方が、はるかに魅力的であったことは想像に難くない。

この時期、中国商人による新羅人奴隷の密貿易が盛んに行われていたことは有名であるが[4]、新羅国内において中国の密貿易商人を手引きし、奴隷の取りまとめや売り渡しなどの買弁行為を通して次第に経済力を貯えていったのは、恐らくは中国との貿易において奴隷以外に輸出すべき何らの商品を持たない勢力、すなわち地方の豪族勢力であったにちがいない。

一方、冊封体制のもとで朝貢貿易の利益を独占した新羅王室の側からいえば、宮中の工匠によって作り出されるそれなりに高度な工芸品――たとえば朝鮮の特産品である苧麻布（からむし）[5]など――の輸出を通して、中国貿易から利益を上げることは充分に可能であった。したがって、王朝権力がその権力の基盤である人民を「奴隷」として商品化する必要はなかったであろう。むしろ、地方の豪族勢力による奴隷貿易を取り締まることは、王室による朝貢貿易の独占を維持するためにも不可欠であったにちがいない。ところが肝心の貿易相手国である唐朝の藩鎮勢力の方では、こうした豪族勢力や密貿易商人による奴隷貿易を黙認し、むしろそこから利益を吸い上げようとしていたのであるから、新羅王室による中国貿易の独占体制は必然的に崩壊していかざるを得なかった。なるほど、有名な張保皐による「清海鎮」の設置によって、新羅王室は一時的に貿易統制権を回復したが、それは地方豪族・海商勢力を支配下におく有力軍閥を抱き込むことによって実現した一時的な統制力の回復にすぎない。張保皐の反乱とその没落によって、新羅王室は地方豪族・海商勢力に対する統制力を、最終的に喪失してしまうのである[6]。

これに対し、高麗王朝を創建した太祖・王建は、貿易港としての礼成江を拠点に開城方面を支配した地方豪族の出身であり、その勢力下には中国貿易の拠点である「浿西」地方の豪族や海商勢力などが多数結集していたと考えられる。王建は江南の呉越国や南唐国と通交し、また中原の後唐から「玄菟州都督・大義軍使・楽浪郡王・高麗王」の冊封を受けることによって、朝貢貿易の利益の独占と、その利益の再分配による豪族・海商勢力の統制とを進めていったが、このことは高麗がライバルの後百済を打倒して、朝鮮半島を再統一するための政治的・経済的な基礎を成したと考えられる。

このころ王建は、後唐に対して契丹の脅威を強調し、後唐と高麗による契丹の挟撃という軍事同盟を提起しているが、[7] これは高句麗（高麗《こま》）の継承国家を以て自任した高麗の「北進政策」の一環であるとともに、[8] 一面においては自国の存在感《プレゼンス》を中国に対して強調することで、朝貢貿易における一層有利な待遇を引き出そうとする外交上の駆け引きでもあったのであろう。

仮にこの軍事同盟が功を奏し、後唐もしくはそれに続く中原王朝が契丹を攻略してこれを塞外に駆逐していたならば、高麗は中国全土を統一した中原王朝と一層緊密な関係を結び、かつての唐朝と新羅との宗属関係が、そこに再現されていたのかもしれない。しかしそうはならなかったところに、その後の高麗の多難の歴史が展開していくことになるのである。

## 第二節　北方民族への服属

建国当初、「天授」という独自の年号を用いていた高麗は、五代・後唐（九二三～九三六）の冊封を受けてより以降は中国の暦（正朔）を奉じ、中国との朝貢貿易を積極的に展開しながら「諸侯国」としての国制の整備を進めている。第六代・成宗朝はこの国制の整備が一応の完成の域に到達した時代であり、成宗元年（九八二）の官制改革は、高麗における中央集権政策の一つの到達点として評価されている。

この成宗元年（九八二）の官制改革においては、王権の強化に伴って、中国唐朝の三省六部の体制がはじめて全面的に採用されることになった。ただし、その官署名・官職名は宗主国である宋朝（九六〇～一二七九）の制度を敬避して、むしろ儒教の古典に直接依拠した名称になっている。たとえば吏部尚書は「選官御事」といい、戸部尚書は「民官御事」といい、礼部尚書は「礼官御事」といったが[9]、そこには古典に依拠して「中華」の価値観を体現すると同時に、上国宋朝の制度を敬避して皇帝（天子）の礼を犯すまいとする高麗の諸侯国としての自意識がはっきりと刻み込まれていたのである。

ところがこの宋朝に対する「事大」の関係は、北方に興起した遼朝（契丹）、及び金朝（女真）の圧力によって、高麗の側からすれば無理やりに断ち切られてしまうことになった。こうした北方民族との外交関係は、高麗の官制にどのような影響を及ぼすことになったのであろうか。

## (a)　遼朝への服属

高麗に対する遼朝（契丹）の侵攻は、第一次（成宗十二年、九九三）、第二次（顕宗元年～二年、一〇一〇～一〇一一）、第三次（顕宗九年～十年、一〇一八～一〇一九）にわたって行われたが、この間、宋・遼の間には有名な「澶淵の盟」（一〇〇四）が結ばれているので、その前後に高麗が対遼軍事同盟を呼びかけても、宋朝の方ではこれを一方的に黙殺している[10]。このため、高麗は三次にわたる抗戦の末に遼朝（契丹）に服属し、その冊封を受け入れることになった。しかし契丹族に対しては、高麗の人々は内心「小中華」としての文化的な優越意識、また遊牧民族に対する伝統的な侮蔑意識をもっていたから、漢族の樹立した宋朝に対するような誠実な事大意識は、そこには窺うことができなかったのである。

たとえば成宗十三年（九九四）に初めて遼朝の年号を行った後、高麗ではその翌年の成宗十四年（九九五）に再び官制改革を行っているが、このとき選官御事は「吏部尚書」に、民官御事は「戸部尚書」に、礼官御事は「礼部尚書」に改められ、その他、三省六部の官署名・官職名も、一律、中国唐制の呼称に改められている。これは宋朝との朝貢貿易の路を絶たれた高麗が、その朝貢貿易を円滑に行うために採用してきた「事大」の官制を放擲し、逆に自ら「中華」の権威を体現することで、国内体制の刷新、及び失墜した権威の回復を図ったものと理解することができるであろう。

その後、顕宗朝においても二年（一〇一一）、六年（一〇一五）及び十四年（一〇二三）にはそれぞれ官制改革が行われているが、このうち前二者は顕宗元年（一〇一〇）における遼朝の第二次侵攻に対する反発から高麗が遼朝と断交し、再び「事大」の官制を整えて宋朝への接近を試みたことを示しているし、後者は顕宗九年（一〇一八）における遼朝の第三次の侵攻の後、遼朝と和議を結んだ高麗が同十三年（一〇二二）に再び遼朝の年号を行ったことを背景として、高麗が再び「自主・独立」の官制を整えて自ら「中華」の権威を体現しようとしたことを示している。

この時、高麗が自ら「中華」を以て任じたことは、もとより遼朝の方でも熟知していたにちがいない。また朝貢関係の断絶以後も、高麗には依然として福建方面の宋商が来航し、宋麗間での私的な交易が盛んに行われていたが、(11)このこともまた遼朝としては承知のうえであったと考えられる。にもかかわらず、遼朝が高麗の姿勢を黙認していたのは、遼朝の側にもそれなりの思惑があってのことであろう。

そもそも北方民族の政権である遼朝では、必ずしも漢族の政権のように一元的な皇帝支配、すなわち「冊封体制」の理念に固執することはなかったであろうし、なにより、澶淵の盟によって一定の枠内に制限されていた対宋交易を、高麗を経由するバイパス交易によって拡充することは遼朝にとっても一定の利益をもたらしていたのである。

澶淵の盟の締結以降、宋・遼間には約百年にわたる平和が維持され、一定の制限のもとで両国間の通商（互市）も行われていたが、勃興する宋朝の新文化に対する強烈な憧れは、遼朝の貴族や遼朝内部の漢人社会において宋朝文化輸入の需要を一層増大させ、このため制限的な互市体制のもとでは遼朝社会における中国文化に対する需要を満たすことができなくなった。そこで宋・遼間では正規の通商（互市）以外にも、密貿易が盛んに行われていたのである。[12]こうした状況下において、高麗に来航する宋商（主として福建商人）がもたらす中国及び東南アジア方面の物産は、高麗の王室や貴族の需要を満たすのみならず、その一部は朝貢貿易を通して遼朝にも吸い上げられていったと考えられる。その間の事情は、宋・遼間の密貿易に神経を尖らす宋朝の方でも、もちろん熟知していたことであろう。[13]

高麗に来航する宋商たちは、宋麗間の国交が正式に回復すれば、高麗における自分たちの通商の権利が保障され、高麗政府から一層有利な待遇を引き出すことができると考えていた。また宋朝内部でも主として新法党の官人たちは、これらの海商の勢力を利用して高麗を懐柔し、かつて高麗の側から提起した対遼軍事同盟を締結することで、「燕雲」の奪回を実現することが可能であると考えていた。こうした新法党政権の積極的な外交戦略は、宋朝に高麗の存在感《プレゼンス》を改めて認識させ、高麗に対する外交姿勢の変化をもたらす。

かくして北宋の神宗・元豊元年、高麗の文宗三十二年（一〇七八）には、宋朝の「国信使」が高麗の国都・開京を訪問し、高麗の方でも宋朝に「進奉使」を派遣して、久しぶりに両国の国交が回復することになった。ただし、当時の高麗は国内において「自主・独立」の官制を行っていたにも拘わらず、宋朝に対しては「民官侍郎」などの「事大」の官制を自称していることや、[14]また高麗が既に遼朝（契丹）の冊封を受けていることを理由として、宋朝が敢えて高麗に対して冊封を行わなかったことなどには注意しておかなければならない。なお、この時期の宋麗間の通交は、国初の山東航路を避けて江南航路を利用していたことにも附言しておかなければならないであろう。

対遼軍事同盟の意図を秘めた宋麗間の国交は、これ以後、約五十年にわたって継続されることになるが、この時期は高麗にとっても文化的な最盛期に当たっており、有名な高麗青磁（純青磁）は、この時期における高麗文化の枠を示している。今日、宮内庁書陵部に伝わる北宋版『通典』が高麗の宮中に入り、有名な「高麗国十四葉辛巳歳蔵書、大宋建中靖国元年、大遼乾統元年」の蔵書印が押されたのもこの頃のことである。[15]こうした人物や文物の往来による北宋新文化の受容こそが、この時期における高麗文化の隆盛を支えていたのである。

もちろん高麗が遼朝の冊封を受けている以上、このような宋麗間の国交は、冊封体制のもとで禁じられている「境外の交わり」（竟外之交）[16]以外の何者でもない。ただ前述のとおり、遼朝は高麗を対宋貿易のバイパス・ルートとして利用する考えであった。したがって、高麗が遼朝の冊封体制のもとで必ずしも忠実な事大意識をもっていないとしても、また高麗が宋朝と「境外の交わり」を結んでいるとしても、遼朝の方では特にそれを咎め立てるような行動はとっていない。宋麗間の交易が発展することは、むしろ遼朝にとっても好都合であり、だからこそ宋麗の国交は遼朝の黙認のもとに展開していくことになったのであろう。

この点、蘇軾をはじめとする旧法党の官人たちが、新法党の主導による宋麗間の国交再開を批判し、高麗と軍事同盟を結ぶことの不可、その弊害としての民間の疲弊や軍事機密の漏洩などを訴えていることには充分な道理がある。[17]果たして、この時期の奇妙な三国関係は、旧法党の官人たちが批判し、憂慮したとおりの方向へと展開していくことになるのである。

### (b) 金朝への服属とその影響

唐代、渤海国（六九八～九二六）の統制下にあった靺鞨族、後の女真族は、渤海国の滅亡によってかえって活動の自由を得、遼東半島から山東半島にいたる山東航路を通して盛んに宋朝との交易を行っていた。遼と高麗との抗争は、一面、この交易活動の主体である鴨緑江部女真の支配権をめぐる対立でもあったが、その後、遼が高麗を従え、鴨緑江部女真に対する支配権を確立すると、女真族はその交易路を塞がれて、次第に宋朝との通交もまばらになっていった(18)。

また渤海時代を通して盛んに日本海を往来し、日本と交易を行っていた靺鞨族、後の女真族は、渤海の滅亡を契機に日本が通交を拒絶すると、交易の利を絶たれて次第に海寇に転じ、高麗の東南沿岸部にたびたび侵攻を繰り返したが、その一派は日本の九州北部にまで達し、有名な「刀伊の入寇」（一〇一九）として日本の平安貴族たちを震え上がらせることになった(19)。

高麗に対する女真族の海寇は、文宗三十四年（一〇八〇）における文正の東女真遠征と、その戦果としての「三十姓女真」の服属などによっておおむね収束に向かい、女真族の海寇に備えて慶州に配備されていた東南海都部署使も、睿宗七年（一一一二）には軍令権を持たない「按察使」の制度に改編されるに至っている(20)。

ところが、このころ女真族の内部では、按出虎《アルチュカ》を拠点とする完顔部女真――かつての黒水靺鞨――が急速に擡頭し、曷懶《ハラン》甸（今日の咸鏡道方面）に散居する三十姓女真も次第に完顔部女真の統制下に入っていった。これを嫌った高麗では、睿宗二年（一一〇七）に有名な尹瓘の「九城の役」を起こし、三十姓女真を高麗の支配下に引き戻そうとしたが、この試みは完顔部女真の反撃にあって失敗した(21)。この戦役に苦杯を嘗めた高麗の睿宗は、だからこそ、その後は文教方面に精力を傾注し、睿宗十一年（一一一六）に宋制を導入して官制改革を行ったり、睿宗十四年（一一一九）に北宋の太学の制度に倣って国子監（太学）を重建したりして失墜した権威の回復に努めているのである。

その後、完顔部女真は遼朝の間接支配下にあった女真族（生女真）の統合に成功して金朝（一一一五～一二三四）を樹立し、さらには遼朝の勢力を打ち破って、遼東方面で遼朝の直接支配下にあった渤海人や女真族（熟女真）の勢力をも併合するに至る。

遼東を支配下に収めた金朝は、かつて女真族が盛んに往来していた山東航路を通して宋朝と軍事同盟を結び（一一二〇）、遼朝を挟撃してこれを滅ぼしたが、その際、背信行為を繰り返した宋朝の態度に激怒した金朝は、宋朝の首都開封を包囲攻略して徽宗・欽宗の二帝を北方に拉致するに至った。これが史上に有名な「靖康の変」（一一二七）であるが、その前年（一一二六）、金朝は後顧の憂えを絶つために高麗に対しても服属を要求し、遼・高麗間で長年の懸案となっていた鴨緑江東岸部の高麗への割譲を認めるなど、遼朝よりは若干優待した条件で高麗に冊封を行っている。

高句麗以来の属民である靺鞨族、後の女真族が建てた金朝に対して服属することは、高句麗の継承国家を以て自認する高麗の朝廷内部に強い反発を惹き起こすことになった。しかし、すでに「九城の役」で完顔部女真に敗北を喫している高麗としては、平和裏に金朝の冊封を受け入れることの方が国益にかなっている。この功利主義的な判断から、当時、最高権力者の地位にあった外戚の李資謙は、朝廷内の根強い反対論を抑えて金朝への服属を決定したのである。[22]

一方、南遷した宋朝（南宋）では、北方に拉致された二帝を高麗経由で奪還すべく、高麗に対して秘密裏に工作を行っているが、すでに金朝への服属を決した高麗は、宋朝の要求をほとんど一方的に黙殺した。[23] この結果、宋朝と高麗との国交は自然と断絶したが、それだけでなく、宋商による民間交易の方もこのころから次第に衰退に向かっていく。それは多分、宋金間の軍事対立に基づく宋朝（南宋）の海禁政策の影響であろう。

かつて遼朝では、高麗を対宋貿易のバイパス・ルートとして位置づけ、宋麗間の公私の交渉を黙認していたが、華北に楚国・斉国などの傀儡政権を樹立し、その後これを廃して自ら中原を支配するに至った金朝には、もはや高麗を対宋貿易のバイパス・ルートとして位置づける必要はなかった。また、このころ日宋貿易に盛んに従事していた宋商たちは、その延長として時折高麗にも来航したが、本国政府からの特権的保護をもたない民間人であるかれらは、高麗政府によってしばしば交易品を買い叩かれ、かならずしも充分な利益を上げることができなかった。その後、宋朝では高麗への出航を法的にも禁止しているから、これによって宋商の来航も自然と途絶していくことになったのである。(24)

かくして高麗は、主として金朝への朝貢貿易を通して金朝治下の中原文化に接し、南宋治下の江南文化とは絶縁することになったが、このことは宋麗通交期における「経学」の隆盛と、通交途絶後における「詞学」の復興という形で高麗の学術・文化にも直接・間接の影響を及ぼしている。金朝への服属による高麗社会への影響は、そのほかにも様々な側面に及んでいるが、とりわけ政治面においては民族主義、国粋主義の奔出となって表れていった。(25)金朝への服属を独断で決行した李資謙政権の没落後、高麗国内では女真族に対する差別意識、屈折した優越意識に由来する金国討伐論、建元称帝論、西京遷都運動などが沸騰した。仁宗十三年（一一三五）の「妙清の乱」は、この種の民族主義・国粋主義の中心となった西京勢力の反乱であるが、これを平定した王京（開京）の貴族・官人勢力のなかには、暗にこの反乱を支持したものも少なくはなかったのである。

こうした貴族社会の政治的な分裂は、当然、王権の基盤に動揺をもたらさずにはおかない。仁宗二十四年（一一四六）に二十歳で即位した青年国王の毅宗は、外戚である任氏その他の門閥貴族勢力を意図的に冷遇する一方、宮中の側近である内侍（文臣）や牽龍軍（武臣）を重用し、内廷を基盤に権力基盤の再構築を図ろうとしたが、毅宗による側近勢力の重用は、かえって側近勢力内部における文臣・武臣の寵愛争いを激化させ、毅宗は子飼いの牽龍軍を中心とする武臣のクーデターによって廃位・弑殺されるに至っている。

この毅宗二十四年（一一七〇）の「武臣の乱（鄭仲夫の乱）」を画期として、高麗時代史は大きく前期と後期とに分けられるが、このうち前期は中央集権体制の形成・発展の時代であり、そこでは高麗の王権が貴族・官人勢力との協調のうえに相対的に安定した権力基盤を維持していた。しかし武臣の乱より以後、高麗の王権はその権力基盤を喪失し、新たに官人社会の求心力として登場した権臣たちの跋扈に悩まされることになるのである。

## 第三節　武臣政権の崩壊と元朝への服属

毅宗を廃して王弟・明宗を擁立した武臣勢力は、その後、しばらくは武臣相互の権力闘争に明け暮れていたが、最終的に権力を掌握した崔忠献は、政情不安に乗じた内外の反乱や民乱を武力で鎮圧する一方、文臣・武臣を問わず、幅広く門客を集めてこれを政権内部に登用し、かれらに惜しみなく私恩を施すことで、その権力基盤の拡充を図っていた。崔忠献・崔怡・崔沆・崔竩と続く父子四代、約六十年にわたる崔氏武臣政権時代（一一九六～一二五八）は、王権のもとに組織された国家の官僚機構の形骸化が進み、「政房」に代表される崔氏の府中の私設機関に実質的な権力の所在が移行した時代である。

事実上の最高権力者である崔氏は、虚器を擁する国王をほしいままに廃立したが、その背景には、当時、高麗に対して宗主国として冊封を行っていた金朝が、すでに世宗朝の全盛期を過ぎて、章宗・明昌五年（一一九四）の「愛王の乱」以降は、はっきりと衰退に向かっていたという事情がある。もちろん金朝の側でも、高麗国王の廃立についてこれを問題視する意見がまったくなかったわけではない[26]。しかしながら、内憂外患を抱える金朝においては、結局のところ高麗の内政にまで干渉する意図はなく、たとえあってもその余裕をもたなかったことが、崔氏による国王の廃立をそのまま追認するという金朝の妥協的な態度をもたらすことになったのである。

この時期、章帝・泰和六年（一二〇六）には南宋の韓侂冑政権が和議を破って金朝と開戦したため、金朝はそれへの対応に追われていたし、また宣宗・貞祐二年（一二一四）にはモンゴル軍の華北侵攻を避けて汴京（開封）に遷都したため、これ以後、金朝は遼東方面の実質的な支配力を喪失してしまうことになった。ましてや、朝鮮半島の高麗にまで手が回らなくなったことは言うまでもあるまい。

こうした国際情勢の変化に対応して、もともと金朝への服属を快く思っていなかった高麗では、崔氏政権下の高宗十一年（一二二四）に金朝の年号を停止し、金朝の冊封体制から離脱することを宣言しているが、これに替わって高麗には、遼東方面を制圧したモンゴルの勢力が、かつてない巨大な軍事力をもって押し寄せてきたのである。

高麗は当初、遼東から奔入してきた契丹人の流寇をモンゴル軍と共同して平定し、モンゴルとは兄弟の関係で和親同盟を結んでいるが、その後、使臣殺害事件を契機にモンゴル軍の第一次侵攻（一二三一）を受け、一旦、降服して君臣の関係で和議を結んでいる。その後、高宗十九年（一二三二）にはモンゴルの圧力を避けて崔氏政権が江華島への遷都を断行したため、高麗はモンゴルの第二次侵攻（一二三二）を受けたが、崔氏政権は江華島を拠点として徹底抗戦の構えを崩さなかった。有名な高麗大蔵経の再雕事業は、このときモンゴル軍の撃退を祈念して崔氏政権の主導のもとに行われた一大国家プロジェクトであったのである[27]。

その後、モンゴル軍の侵攻は第三次（一二三五）、第四次（一二四七）と続くが、長引く戦乱のなかで崔氏の主張する徹底抗戦論は次第にほころびを示していった。崔氏政権のもとでは局面の打開が困難であると判断した高麗の輿論は次第にモンゴルとの講和論の立場に傾き、ついに崔氏の有力門客や三別抄の造反によって崔氏政権は崩壊するに至る。

高宗四十五年（一二五八）の崔氏政権崩壊後、高麗の朝廷は江華島に留まったままモンゴルとの講和を推進しようとしたが、いざ講和を推進するとなると、従来、抗戦論の先頭に立ってきた武臣たちは、自己の保身のためにも早急な講和には極力消極的な姿勢を取った。このため崔氏の解放奴隷であった金俊や、その金俊の門客であった林衍を中心として、高麗では依然として武臣政権が維持されていた。これに対し、講和の推進によって王権の再興を図ろうとした国王元宗、及びその側近勢力は、元宗十一年（一二七〇）に江華島から開京への「出陸還都」を断行し、これに反発して三別抄が反乱を起すと、モンゴル軍と提携してその勢力を殲滅した。[28]

その後、元宗の王太子（後の忠烈王）は元朝（一二七一～一三六八）から「公主」を娶り、以後、高麗国王は元朝から公主を娶ることが国王として即位するための必要条件の一つとなった。またその公主の所生を「王世子（国王の世継ぎ）」とし、王世子が元朝に「禿魯花《トルガ》（質子）」として宿衛することも高麗王室に課せられた最も重要な責務の一つとなった。[29]ただし、「公主」というのは必ずしも皇帝の娘のことではなく、元朝では宗室諸王の娘のことも公主と呼んでいる。[30]実際、忠烈王を例外として、その後の歴代国王が娶った「公主」は皇帝の娘ではなく、元朝の宗室諸王の娘にすぎないのである。

ともあれ、高麗国王が元朝の冊封を受け、元朝の帝室と通婚関係を結んだことは、武臣政権時代に失墜した高麗国王の権威を内外において飛躍的に高め、国王の権力基盤を固めて政局の安定を実現するうえで一定の効果を収めたことは間違いない。新たに宗主国（上国）となった元朝の皇帝に対して諸侯国としての忠誠を示すために、高麗では忠烈王元年（一二七五）以降、忠烈王三十四年（一三〇八）に至るまでに、段階的に官制改革を行っているが、そこでは従来の三省六部の官署名・官職名が一律に「事大」的な官制に改められた。

具体的には中書省・門下省を合せて「僉議府」を設置し、尚書都省をこの僉議府に併合した。また吏部を典理司、戸部を版図司、兵部を軍簿司、刑部を典法司に改称し、礼部・工部を廃止して六部を四司に縮小した。さらに皇帝の礼を犯して用いていた「朕」、「天下」などの呼称も「予」、「境内」などに改められ、国制全般にわたって「事大」の礼が正されているのである[31]。

この時期、高麗が元寇（文永・弘安の役、一二七四、一二八一）の兵站基地として利用されたことは、日本のみならず、高麗の人々にとっても多大な苦難をもたらしたが、こうした元朝の軍事作戦に奉仕することは、諸侯国としての、また駙馬国としての高麗には拒むことのできない責務であり、むしろその責務を積極的に果たすことによって、高麗国王は元帝室の一員としての権力基盤を内外において固めていったのである。

かくして元朝と一体化した高麗においては、久しきにわたった戦乱の終息に伴って学術や文化が復興した。後期の高麗青磁（象嵌青磁）の発達はこの時期の文化の粋を示しているし、なによりこの時期における朱子学の東伝は、その後の近世朝鮮社会の形成に決定的な影響力を及ぼすことになった。

ただしその反面、高麗国王が元帝室の一員となったことで、高麗は元朝内部の激しい権力闘争に否応なしに巻き込まれることになった。元の仁宗の時代、皇太后ダギの寵愛を受けて権勢を振るった高麗の忠宣王が、仁宗の薨去後にたちまちその勢力を失墜し、吐蕃に追放されるに至ったことはその典型的な事例である[32]。

またこの時期には国内の権力闘争に敗れた敗残勢力が元朝に逃亡し、元朝の勢力を背景に本国の政治に干渉して自派の勢力の巻き返しを図る事態――いわゆる附元勢力の干渉――がたびたび起こり、これによって高麗の国内の政治が混迷した。附元勢力は、しばしば元朝に宿衛する王世子（もしくは王族）を擁して国王の側近勢力と対抗したが、これによって国王父子間の感情的な対立や、父子間の退位・重祚が繰り返されたことも、この時期における国内政治の混迷を一層深めることになった。

このように貴族・官人勢力が国王派・世子派に分かれて対立・抗争を繰り返していた時代において、国王が自らの権力の拠り所として最も信頼を寄せることができたのは、結局、内廷における寵臣や宦官・内豎などの側近勢力にすぎなかった。これに対し、外廷を構成する貴族・官人の勢力は、あるいは国王の側近勢力に追従し、あるいは附元勢力に追従して分裂に分裂を重ねていたのである。このため高麗末期に至ると、元朝に服属することは、もはや国王の権力基盤の安定をもたらすよりも、かえってその分裂をもたらす側面の方が強くなっていった。

内廷の側近勢力に依拠する国王の権力が、外廷における貴族・官人勢力との協調のうえに真にその権力の基盤を安定させるためには、今や元朝との関係を清算して、いわゆる「反元運動」に着手しなければならない段階に差しかかっていたのである。

## 第四節　元明交替とその影響

忠恵王の弟の江陵大君（後の恭愍王）は、幼少であった忠恵王の長子（後の忠穆王）に代わって「大元子」として元朝に宿衛していたが、忠恵王の薨去に際しては、兄嫁である徳寧公主の勢力に即位を阻まれて、王位を甥である忠穆王に譲らなければならなかった。このため江陵大君を擁立しようとする一派は、元朝の権勢を借りて高麗国内に「整治都監」を設置し、内政改革を通して徳寧公主の勢力の切り崩しを図ったが、この改革政治は徳寧公主派の反撃にあって失敗した。[33] また忠穆王が夭折した際にも、国論は江陵大君の即位を望んでいたが、権力の維持を図る徳寧公主は忠恵王の庶子の忠定王を国王に定め、またしても江陵大君は即位の機会を逸している。[34]

しかし、この間にも江陵大君は魯国公主を娶って元朝内部における地歩を固め、着々と巻き返しの機会を窺っていた。元朝の勢力と結んで徳寧公主の追い落としに成功した恭愍王は、遂に忠定王を追放して王位につき、江華島に遜位した忠定王を秘密裏に毒殺した(35)。

このような紆余曲折を経て即位した恭愍王にとって、腐敗した元朝の勢力と結びつくことが必ずしも王位の安定には役立たないこと、むしろ国内の権力基盤に分裂をもたらすことが、わかりすぎるほどにわかっていた。かつて武臣執権期に失墜した権威を元朝の帝室と結びつくことによって回復した高麗の王権は、いまや元朝の帝室と謝絶することによって、真の意味で国王の権威の回復を図らなければならない段階に達していたのである。

恭愍王五年（一三五六）に「反元運動」を開始した高麗は、国内における附元勢力の粛清と同時に、モンゴル抗戦期に喪失した北方領土（双城総管府）の回収を断行した。また元朝の介入を遮断する目的で、鴨緑江外、婆娑站の攻撃を行ったが、この第一次の遼東遠征は、その後、司令官の印璫の専断によると称してその責任が転嫁され、高麗は印璫を処刑することで元朝への謝罪を行っている。当時、「紅巾の乱」（一三五一〜一三六六）の掃蕩に追われていた元朝としては、もとより高麗に対して強硬な問責行動を行う余裕はなかった。このため印璫の処刑を以て、一連の事態には一応の政治的決着がつけられたが、以後、元朝と高麗とは形式上の冊封関係を維持するのみで、高麗は実質的に内政上の独立を回復することになったのである(36)。

恭愍王五年（一三五六）の官制改革は、ほかでもない、この内政上の独立を誇示し、「自主・独立」の官制を整備することで、国内政治の刷新、及び権力基盤の拡充を図ったものと理解することができる。その改革とは、具体的には高麗の最盛期と目される「文宗の旧制」への回帰を標榜して官署名・官職名を全面的に改訂したものであるが、そこでは典理典書が「吏部尚書」に、版図典書が「戸部尚書」に改められ、また典理司に併合されていた礼部が復活して「礼部尚書」が置かれている。高麗は元朝に対する「事大」の官制を放擲し、自ら「中華」の理念を体現することで、「自主・独立」の気構えを示したのである。

ところがその後、紅巾賊の一派は流寇となって遼東方面から朝鮮半島にまで乱入し、高麗では首都開京が陥落するなど、全土にわたって甚大な被害を受けることになった。このため、元朝との軍事的提携の必要を痛感した高麗では、恭愍王十一年（一三六二）に再び事大的官制を復活させ、吏部尚書を「典理判書」に、戸部尚書を「版図判書」に、礼部尚書を「礼儀判書」に、それぞれ改称している。

このように高麗が再び元朝に接近する姿勢を示すと、一旦は失脚した附元勢力が高麗国内において再び勢力の巻き返しを図り、「興王の変」、「徳興君入寇」などの政変が次々と恭愍王に襲いかかる。これら一連の政変によって側近勢力を喪失し、権力基盤の弱体化した恭愍王は、新たに僧侶出身の辛旽を抜擢して政界の刷新を図っているが、この辛旽の専権時代に元朝は明朝によって中原を追われ、待望久しい漢人王朝による中原支配、すなわち明朝（一三六八～一六四四）による天下の統一が実現することになる。

高麗では早速、恭愍王十八年（一三六九）に元朝の年号を停止し、明朝に祝賀の使臣を派遣するとともに、翌恭愍王十九年（一三七〇）には第二次の遼東遠征を決行し、遼東に残存する元朝勢力（北元）との絶縁を図っている。遼東地方にはモンゴル抗戦期以来、高麗の流亡民が多数居住していたが[37]、その流亡民の拠点である「東寧府（遼陽）」を攻略した目的は、附元勢力の遼東における経済基盤・軍事基盤を破壊し、かれらの国内政治への干渉を断ち切ることにあったのであろう。

さらに恭愍王十八年（一三六九）には、元朝の年号の停止に伴う官制改革が行われ、典理判書は「選部尚書」に、版図判書は「民部尚書」に、礼儀判書は「礼部尚書」に、それぞれ改められることになった。ここでは事元期における官署名・官職名が一掃され、典理・判図・礼儀などの二字の官署名は、選・民・礼などの一字の官署名に改められている[38]。同時に、それを「選部・民部・礼部」と称し、中国の「吏部・戸部・礼部」と区別することによって、漢人王朝である明朝の官制を敬避し、諸侯国としての「事大」の誠意を示している点にも注意しておかなければならない。この官制改革の翌年（恭愍王十九年、一三七〇）、高麗は明朝から正式の冊封を受け、はじめて「洪武」の年号を行うとともに、服色を改めて礼制においても「胡制」を一掃した。

ところが恭愍王二十年（一三七一）に辛旽政権が崩壊すると、その反動として翌恭愍王二十一年（一三七二）には再び事元期の官制が復活し、選部尚書は「典理判書」に、民部尚書は「版図判書」に、礼部尚書は「礼儀判書」に、それぞれ改称されている。このことは辛旽政権によって抑圧されていた守旧派ないし附元勢力の、高麗国内における一定程度の復活を反映しているのであろう。

もっとも明朝との冊封関係は、その後も引き続き保たれていたが、恭愍王二十三年（一三七四）に恭愍王が暴薨して幼少の辛禑が即位すると、明朝ではこの間の経緯に疑念を抱いてなかなか新王への冊封を行おうとはしなかった。このため、辛禑を擁立した李仁任政権は再び北元に接近し、北元の冊封を受けることによって王位の安定を図ろうとしたが、改革派の官僚勢力は守旧派の復活を嫌って北元との断交を主張し、ついに李仁任政権を崩壊に追い込む。その一方で、改革派の官僚勢力は明朝に対しても冊封の要求を粘り強く繰り返し、この結果、辛禑十一年（一三八五）にはようやく明朝の冊封を受けることができた。

ところが辛禑十四年（一三八八）、高麗は明朝から一方的に「鉄嶺衛」の設置を通告される。それは元朝から回収した双城総管府の領域を再び明朝が接収することを意味したから、これに反発した高麗では再び守旧派勢力が擡頭し、反明的な立場から第三次の遼東遠征が決行されることになるのである(39)。

この鉄嶺衛問題をめぐる高麗側の対応には主として三つの立場があった。一つは当時の実質的な最高権力者であった崔瑩の立場であるが、かれはこの問題が本質的には遼東方面の高麗人による本国への敵対運動の一環であると考えていた。それは「東寧府」を拠点とするかつての附元勢力の残滓であるが、明朝による遼東の平定に際して、これらの附元勢力はそのまま明朝に投降し、明朝による遼東経略の尖兵として活動していた。この遼東方面における高麗人の経済基盤・軍事基盤を破壊すれば、かれらの指嗾によって硬化した明朝の高麗に対する態度も自然と軟化してくるにちがいない――恐らくはそのような「読み」に立って、崔瑩は遼東遠征を決断するに至ったのであろう。したがって、それは恭愍王五年（一三五六）における第一次の遼東遠征、及び恭愍王十九年（一三七〇）の第二次の遼東遠征と、基本的には同一の戦略構想に立ったものとして理解することができるのである。

これに対し、明朝との宗属関係を重視する改革派の新興士大夫勢力は、名分の立たない対外遠征よりも国内における政治改革の推進を優先し、遼東勢力による干渉の隙を与えない強固な国内体制の構築こそが最優先であると考えていた。そうして今一つの立場は遼東遠征に直接動員された有力軍閥としての李成桂の立場であるが、李成桂は恭愍王十九年の第二次の遼東遠征に従事してその方面の軍事情勢にも明るかっただけに、困難の予想される戦役によって自己の軍事力が消耗することは、なるべく回避したいというのがその本音であった。なにより、第一次の遼東遠征に際して「捨て駒」にされた印璫の二の舞を踏むことは、李成桂としては何としても避けたい事柄であったにちがいあるまい。

かくして改革派の新興士大夫勢力と李成桂軍閥との提携により、史上に名高い「威化島回軍」（一三八八）が決行され、高麗王朝はその四年後の恭譲王四年（一三九二）に至って滅亡することになるのである。

## 小　結

威化島回軍によって政権を奪取した新興士大夫勢力は、その後、科田法（一三九一）の改革を通して守旧派勢力の経済基盤を切り崩し、これを中小の官人層に再分配して権力基盤の安定と拡充を図った。これによって朝鮮王朝（一三九二〜一九一〇）への易姓革命は、その準備をほぼ整えることになったのである。

これより先、改革派の主導のもとに行われた恭譲王元年（一三八九）の官制改革では、恭愍王二十一年（一三七二）に復活した事元期の官制を改めて、典理判書を「吏曹判書」に、版図判書を「戸曹判書」に、礼儀判書を「礼曹判書」に、それぞれ改称している。これはその前例となる恭愍王十八年（一三六九）の官制改革に見られたとおり、事元期に行われていた典理・版図・礼儀などの二字の官署名を棄てて吏・戸・礼などの一字の官署名を採用し、同時に「吏部・戸部・礼部」ではなく「吏曹・戸曹・礼曹」と称することで、上国明朝に対する「事大」の礼を正しているのである。

この恭譲王元年（一三八九）に定められた官制こそが、現行の『高麗史』百官志の記載の基準となった官制にほかならない。このように高麗時代における官署名・官職名の変遷は、それ自体が当時の人々の民族意識や対外認識のあり方を端的に示しているのである。「自主・独立」の官制と、「事大」の官制との目まぐるしい交替は、高麗を取り巻く国際環境の変化がいかに激しいものであったかを雄弁に物語っているが、それはひとまず恭譲王元年の官制改革を母体として、「事大」のなかに「自主」を寓した朝鮮王朝の官制へと引き継がれていくことになるのである。

注

（1）西嶋定生『中国古代国家と東アジア世界』（一九八三年、東京、東京大学出版会）

（2）唐朝が新羅から「質子」を取っていたことは、『旧唐書』新羅伝、『新唐書』新羅伝などに見える。

（3）唐朝の羈縻州が原則として二字の州名を与えられ、一字の州名をもつ中国本土の州と区別されていたことは、『旧唐書』及び『新唐書』の地理志を一覧すれば明白である。新羅が二字州の体制を整備したのは統一後の神文王代のことであるが、その後、景徳王十六年（七五七）には州県の名号が改定され、羈縻州に準じる二字の州号はすべて一字の州号に改められている。景徳王代には官制においても「侍中」、「令」、「卿」、「郎中」、「員外郎」など、唐制と同一の官職名を用いて、自ら「中華」の理念を体現しようとした節が窺われるが、これは安史の乱（七五五～七六三）の影響によって新羅が唐朝から相対的に自立し、「自主・独立」の官制を構築しようとしたことを示唆している。ただし景徳王代の官制改革は、安史の乱の終息後の恵恭王十二年（七七六）には撤回されているから、このころから新羅は再び「事大」の官制に回帰したということができるであろう。

（4）『唐会要』巻八十六、奴婢条、参照。

（5）我が国では苧を「からむし」と呼ぶが、これは韓（から）の「むし」の謂であって、「むし」は朝鮮語の「모시」と同源である（『岩波古語辞典』補訂版、大野晋等編、一九九〇年、東京、岩波書店）。

（6）新羅末の海上勢力に関しては次の諸研究がある。日野開三郎「羅末三国の鼎立と対大陸海上交通貿易」（『朝鮮学報』第十六、十七、十九、二十輯、一九六〇、一九六一年、天理、朝鮮学会／『日野開三郎東洋史学論集』第九巻所収、一九八四年、東京、三一書房）。濱田耕策「王権と海上勢力――特に張保皐の清海鎮と海賊に関連して――」（『新羅国史の研究』第二部第四章、二〇〇二年、東京、吉川弘文館）

（7）『資治通鑑』巻二百八十四、後晋紀五、斉王開運二年条。

（8）高麗の北進政策と高句麗継承意識については、次の拙稿を参照のこと。拙稿「朝鮮前近代における民族意識の展開――三韓から大韓帝国まで」（夫馬進編『中国東アジア外交交流史の研究』所収、二〇〇七年、京都、京都大学学術出版会）

（9）「御事」については『尚書』周書・酒誥の正義に「其御事、謂国君之下衆臣也。」と見える。

（10）『宋史』巻四百八十七、外国三、高麗伝。五年（宋・太宗・淳化五年、高麗・成宗十三年、九九四）六月、遣使元郁、来乞師、愬以契丹寇境。朝廷以北鄙甫寧、不可軽動干戈、為国生事、但賜詔慰撫、厚礼其使遣還。自是、受制于契丹、朝貢中絶。

（11）元豊年間における国交の再開以前、北宋政府は貿易商人の高麗への渡航を禁じていたが、実際にはこの禁令を破って多数の宋商が高麗に渡っていた。『続資治通鑑長編』巻二百八十九、神宗元豊元年五月甲申条、参照。

(12) 宋遼間の通交については田村実造「遼・宋の交通と遼朝の経済的発展」（『中国征服王朝の研究』上巻、第五章、一九六四年、京都、東洋史研究会）、及び古松崇志「契丹・宋間の澶淵体制における国境」（『史林』第九十巻第一号、二〇〇七年、京都、史学研究会）等の研究がある。

(13) 『宋史』巻四百八十七、外国三、高麗伝。自王徽（文宗）以降、雖通使不絶、然受契丹封冊、奉其正朔。上朝廷及他文書、蓋有称甲子者。歳貢契丹至於六、而誅求不已。常云、「高麗乃我奴耳。南朝何以厚待之。」使至其国、尤倨暴、館伴及公卿小失意、輒行捽箠。聞我使至、必仮他事来覘、分取賜物。嘗詰其西向修貢事、高麗表謝。其略曰、「中国、三甲子、方得一朝。大邦、一周天、毎修六貢。」契丹悟、乃得免。／『宋朝諸臣奏議』巻一百四十一、辺防門、高麗。蘇轍、上哲宗乞裁抑高麗人使。「而高麗之人、所至游観、伺察虚実、図写形勝、陰為契丹耳目。或言、契丹常遣親信、隠于高麗三節之中、高麗密分賜予、若不帰為契丹幾半之奉。朝廷労費不貲、而所獲如此、深可惜也。」／同右。蘇軾、上哲宗論高麗人使買書。「高麗所得賜予、若不分遺契丹、則契丹安肯聴其来貢。顕是借寇兵而資盗糧。此三害也。」／『蘇軾文集』巻七十二、雑記、人物、黄寔言高麗通北虜条。又見淮南提挙黄寔、言、「奉使高麗人言、所致贈作、有仮金銀鋌、夷人皆拆壊、使露胎素。使者甚不楽。夷云、『非敢慢。恐北虜有覘者、以為真爾。』」由是観之、高麗所得吾賜物、北虜蓋分之矣。而或者不察、謂北虜不知高麗朝我、或以為異時可使牽制北虜。豈不悞哉。

(14) 『宋史』巻四百八十七、外国三、高麗伝。（熙寧）三年（高麗・文宗二十四年、一〇七〇）、拯（羅拯）以聞。朝廷議者亦謂、可結之以謀契丹。神宗許焉。命拯諭以供擬腆厚之意。徽遂遣民官侍郎金悌等百十人来。詔待之如夏国使。

(15) 『北宋版　通典』（宮内庁書陵部蔵宋刊本影印本、一九八〇、八一年、東京、汲古書院）

(16) 『春秋穀梁伝』隠公元年十二月条。祭伯来。来者、来朝也。其弗謂朝、何也。寰内諸侯、非有天子之命、不得出会諸侯。不正其外交、故弗与朝也。聘弓鍭矢、不出竟場。束脩之肉、不行竟中。有至尊者、不貳之也［楊士勛疏。……臣無竟外之交。故弓矢不出竟場。在礼、家施、不及国。故束脩之肉、不行竟中。］

(17) 前掲注（13）、参照。

(18) 日野開三郎『日野開三郎東洋史論集』第十六巻、東北アジア民族史（下）（一九九〇年、東京、三一書房）、特に第一部第五章「統和初期における契丹聖宗の東方経略と九年の鴨淥江口築城」、参照。

(19) 池内宏「高麗朝に於ける東女真の海寇」（『満鮮史研究』中世第二冊所収、三版、一九七九年、東京、吉川弘文館）、参照。

(20) 慶尚道営主題名記、宋政和二年・遼天慶二年壬辰条、眉注。是年、改都部署使為按察使。（『慶州先生案』所収影印本、一九八二年、ソウル、亜細亜文化社）

(21) 池内宏「完顔氏の曷懶甸経略と尹瓘の九城の役」（『満鮮史研究』中世第二冊所収、三版、一九七九年、東京、吉川弘文館）

(22) 前掲注（8）拙稿、参照。

(23) 三上次男「高麗仁宗朝における高麗と宋との関係」（『金史研究』三、所収、一九七三年、東京、中央公論美術出版）

(24) 森克己「日本・高麗来航の宋商人」（『朝鮮学報』第九輯、一九五六年、天理、朝鮮学会）。同「日・宋と高麗との私献貿易」（『朝鮮学報』第十四輯、一九五九年、天理、朝鮮学会）。同『続日宋貿易の研究』（『森克己著作集』二、一九七五年、東京、国書刊行会）。

(25) 前掲注（8）拙稿、参照。

(26) 『金史』巻八十八、紇石烈良弼伝。高麗国王王晛（毅宗）、表譲国於其弟晧（明宗）。上疑之、以問宰相良弼。良弼策以為、譲国非王晛本心。其後趙位寵求以四十州來附。其表果言、王晧弑其兄晛、如良弼策。語在「高麗伝」中。／『高麗史』巻九十九、趙永仁伝。金使詰明宗遜位事曰、「有勅、必以詔親授前王。」朝議難之。永仁曰、「前王養疾南州、計程三十日、乃至。必欲親授、請留待数月。」金使曰、「苟如是、不必親授。」翼日、伝詔于王（神宗）。

(27) 『東国李相国全集』（高麗・李奎報撰）巻二十五、「大蔵刻板君臣祈告文、丁酉年（高宗二十四年、一二三七）行」

(28) 池内宏『元寇の新研究』（一九三一年、東京、東洋文庫）

(29) 森平雅彦「元朝ケシク制度と高麗王家――高麗・元関係における禿魯花の意義に関連して――」（『史学雑誌』第百十巻第二号、二〇〇一年、東京、史学会）

(30) 『元史』巻一百九、諸公主表序。且秦漢以来、惟帝姫得号公主。而元則諸王之女、亦概称焉。是又不可不知也。

(31) 『東人之文・四六』（高麗・崔瀣輯）自序。「後至元戊寅（高麗・忠粛王後七年、一三三八）夏、予集定『東人之文・四六』訖成。窃審、国祖已受冊中朝、奕世相承、莫不畏天事大、尽忠遜之礼。是其章表得体也。然陪臣私謂王曰聖上、曰皇上、上引尭舜、下譬漢唐、而王自称朕・予一人、命令曰詔制、肆宥境内曰大赦天下、署置官属、皆倣天朝。若此等類、大渉譖踰、実駭観聴。其在中国、固待以度外、何嫌之有也。逮附皇元、視同一家、如省院台部等号、早去。而俗安旧習、茲病尚在。大徳間、朝廷遣平章闊里吉思公釐正、然後渙然一革、無敢蹈襲之者。今所集定、多取未臣服以前文字。恐始寓目者、不得不有

驚疑。故題其端以引之。拙翁書。」（『東文選』巻八十四、序、崔瀣、東人四六序、参照）

(32) 丸亀金作「元・高麗関係の一齣——瀋王について——」（『青丘学叢』第十八輯、一九三四年、京城、青丘学会）／岡田英弘「元の瀋王と遼陽行省」（『朝鮮学報』第十四輯、一九五九年、天理、朝鮮学会）／北村秀人「高麗時代の瀋王についての一考察」（『人文研究』第二十四巻第十分冊、一九七二年、大阪、大阪市立大学文学部）

(33) 『高麗史』巻一百十、王煦伝。又明年（忠穆三年、一三四七、年五十二）、煦与左政丞金永旽、奉帝旨、来告王曰、「帝問先王（忠恵王）失徳。臣等奏、『先王初不若是。但小人導之耳。其徒尚在不去。亦誤今王。』帝然之、勅臣等曰、『汝其往治之。』」太妃（洪氏）聞之、泣下、賜酒慰謝。永旽伝帝密旨曰、「可復以王煦為政丞。」時、右政丞盧頙在側、慙赧而退、称疾不出。於是、置整治都監、以煦及永旽、賛成事安軸、判密直金光轍、為判事。

（王煦は初姓名権載、安東の人。すなわち権溥の息子であり、同じく権溥の女婿である李斉賢とも近しい関係にあった。これらは忠宣王の側近勢力の流れを汲む。）

(34) 『高麗史節要』巻二十五、忠穆王四年十二月条。政丞王煦等、遣李斉賢、如元、上表曰、「国王（忠穆）、乃於近日、得疾而薨、挙国哀慟。王年幼無後、而本国隣於日本不庭之邦、不可一日無主。今有王祺（恭愍）、普塔失里王（忠恵）之母弟、已嘗入侍天庭、年十九。王眡（忠定）、普塔失里王之庶子、見在本国、年十一。伏望陛下、簡在帝心、以従民望。」

（忠定王の即位は直接には元帝の命令によるが、その背後に徳寧公主派の策謀が働いていたことは間違いない。その証拠に、忠定朝においても徳寧公主は依然として実権を掌握している。『高麗史』巻八十九、后妃二、忠恵王、徳寧公主伝。忠穆不豫。公主徙居密直副使安牧第、庶務皆取決。王薨、公主命徳城府院君奇轍、政丞王煦、摂行征東省事。忠定時、公主頗与政。王不能沮。）

(35) 『高麗史節要』巻二十六、忠定王三年十月条。冬十月壬午、元、以江陵大君祺為王、遣断事官完者不花、封倉庫、収国璽、以帰。王（忠定）、遜于江華。……徳興君塔思帖木児、奔于元。忠宣王孽子、嘗為僧者也。／『高麗史』巻三十八、恭愍王世家、元年三月辛亥条。前王遇鴆、薨于江華。

(36) 池内宏「高麗恭愍王の元に対する反抗の運動」（『満鮮史研究』中世第三冊所収、一九六三年、東京、吉川弘文館）

(37) 河内良弘「明代遼陽の東寧衛について」（『東洋史研究』第四十四巻第四号、一九八六年、京都、東洋史研究会）

(38) 二字の官署名を一字に改めたことは、六部（六曹）の格式の回復を意味している。

（39）末松保和「麗末鮮初に於ける対明関係」（『高麗朝史と朝鮮朝史』末松保和朝鮮史著作集5、一九九六年、東京、吉川弘文館）

# 第一部　官僚機構と王権

# 第一章　高麗国初の広評省と内議省

高麗時代の官僚制度は、大抵、中国唐朝の制度に倣ったものといわれている。しかしながら、唐制を継受する以前の高麗の国初の官制がどのようなものであったのか、またそれが唐制の継受によってどのように変化していったのかという点については、史料的な制約もあって、よくわからないことが少なくない(1)。

そうした中にあって、『三国遺事』巻二、紀異第二、新羅、金傅大王条に移録されている高麗国初の「冊尚父誥」――いわゆる「金傅告身」――は、唐制を全面的に導入する以前の高麗国初の官制と、その運営の実態とを示す第一級の史料として注目を集めてきた。

新羅敬順王・金傅は、新羅国の最後の王として高麗の太祖十八年（九三五）に高麗に帰順し、太祖・王建の二人の娘（楽浪公主・某公主）を室に迎えているが、その後、金傅の娘（楽浪公主の所生）は第六代国王景宗の妃（憲粛皇后）となり、したがって金傅は景宗の外舅となった(2)。この金傅を景宗即位年（九七五）に尊んで「尚父」と為した辞令書（告身）の内容を移録したものが、『三国遺事』に見える「金傅告身」にほかならない(3)。

高麗時代の告身資料は、このほかにも『高麗史』、『東人之文・四六』、『東文選』などに数多く記録されているが、「金傅告身」の場合は辞令の本文（勅詞）のみならず、当該告身の施行手続きを示す書式の部分までもが完全に移録されている。このため、この書式の部分の分析から当該告身の発給の過程、延いては高麗国初の官僚機構の具体的な運営実態を把握することができるのである。

高麗国初の官僚制度については、これまでにも辺太燮氏、李泰鎮氏、李基白氏などによって、主として制度史的な角度から検討が行われてきた(4)。また「金傅告身」については木下礼仁氏が、唐の告身制度との比較を通して当該告身の書式を復元するという画期的な研究成果を収めている(5)。しかしながら諸先学による書式の復元や、当該告身に見える「内議省」、「内奉省」、「広評省」などの位置づけについては、依然として再検討の余地が少なくない。

「金傅告身」を通して浮かび上がってくる高麗国初の官制は、部分的には中国唐制の影響を受けながらも、先行する新羅国・泰封国の固有の官制の特徴を色濃く残した独特の構造を示している。本章では、この高麗国初の官制の固有の性格を明らかにし、その後の唐制の継受の過程を跡づけることによって、高麗における専制王権の確立の意義を明らかにしたい。

## 第一節　金傅告身の分析

『三国遺事』巻二、紀異第二、新羅、金傅大王条に移録されている高麗景宗即位年（北宋太祖開宝八年、九七五）の「冊尚父誥（金傅告身）」については、すでに木下礼仁氏がその全文の訳注を作成するとともに、これを中国唐朝の「顔真卿告身」と比較することによって、原文書の書式を復元するという画期的な研究成果を収めている。そこで本節ではこの木下氏の手法に倣って、まずは「顔真卿告身」と「金傅告身」の書式を比較し、その異同を通して国初の官制の特質を捉えていくことにしたい。

**史料1-1　顔真卿告身**

(a)
勅……光禄大夫・行吏部尚書・充礼儀使・上柱国・魯郡開国公顔真卿、……可太子少師、依前充礼儀使、散官勲封如前。

建中元年八月廿五日

太尉・兼中書令・汾陽郡王・臣使

中書侍郎闕

銀青光禄大夫・中書舎人・権知礼部侍郎・臣于邵、宣・奉・行。

(b)
奉

勅如右、牒到奉行。

建中元年八月廿六日

銀青光禄大夫・守門下侍郎・同平章事・上柱国炎

朝儀大夫・守給事中審

(c)
月日時、都事

左司郎中

吏部尚書闕

朝儀郎・権知吏部侍郎・賜緋魚袋

正議大夫・吏部侍郎・上柱国・呉県開国公・賜紫金魚袋

銀青光禄大夫・行尚書左丞
告光禄大夫・太子少師・充礼儀使・上柱国・魯郡開国公顔真卿。奉
勅如右、符到奉行。
主事
郎中　令史
書令史
建中元年八月二十八日下。

＊(a)(b)(c)の記号は筆者が便宜的に付したもの。勅詞の内容は適宜省略した。

右の「顔真卿告身」は、唐制の「勅授告身」の様式によって作成されている。この史料については既に内藤乾吉氏、大庭脩氏などによって的確な考証が行われているから、一々の検討は省略するが(6)、要するに右の文書は、

(a)　皇帝の秘書機関たる中書省が皇帝の旨を奉じて勅の本文（勅詞）を起草し、皇帝の裁可を得たうえで、原本を留めて案と為すかたわら、別に一本を書写してこれを門下省に送付する。

(b)　門下省ではこの「勅」の内容を審議し、問題なしとすれば「勅を奉ずること右の如し、牒到れば奉行せよ」との執行命令文言を書き加え、原本を留めて案と為すかたわら、別に一本を書写してこれを尚書省に送付する。

(c)　門下省の「牒」を受け取った尚書省は、再びこれを審議したうえで、「勅を奉ずること右の如し、符到れば奉行せよ」との執行命令文言を書き加え、原本を留めて案と為すかたわら、別に一本を書写してこれを受命者に交付する。

という三つの段階を経て発給されているのである。

唐制、君主の命令文書は中書・門下・尚書の三省を経由して発給される原則になっていた。このため、三省間に見解の齟齬が生じて文書の発給に遅滞を来すことのないように、あらかじめ三省の長官（中書令・門下侍中・尚書令）が宰相会議を構成し、宰相会議が事前に事案を審議して、そのうえで中書・門下・尚書の三省を経由して命令文書が発給されることになっている。しかし、唐・太宗朝以降は尚書令が闕官となって宰相会議の構成員から除外され、中書省・門下省の長官と、その他の諸官人が「中書門下」と呼ばれる宰相会議を構成するように変化していった。(7) このため、中書省・門下省に対する尚書省の地位は相対的に低下し、尚書省は宰相会議（中書門下）の成案を奉じてこれを施行するだけの、単なる執行機関にすぎなくなってしまう。以上の事柄は、これも内藤乾吉氏その他の諸先学によって、つとに考証されているとおりである。

それでは、この唐制告身の様式――正確には「勅授告身」の様式――を踏まえたうえで、次に問題の「金傅告身」の分析に取り掛かることにしよう。高麗の「金傅告身」が唐制告身の様式を継受しているとすれば、それは当然、(a)中書省、(b)門下省、(c)尚書省の三省によって処理される三つの段落に分節することができるはずである。しかしながら、そこに示されている高麗国初の官制は、唐の三省の制度に単純に比定することを許さない、ある独特の構造を示しており、(a)(b)(c)、特に(b)(c)間の区分をどこに置くかについては、にわかには判断を下すことが難しい。このため「金傅告身」の書式分析を最初に試みた木下礼仁氏も、結局は(b)(c)間の区分について的確な判断を下し得ぬままに、その結論を保留しているが、この点について敢えて私見を提示すると、「金傅告身」はおおむね次の三つの段落に分節することができるであろう。

史料１-２　金傅告身

(a)
勅……観光順化衛国功臣・上柱国・楽浪王・政丞・食邑八千戸金傅。……可加号尚父・都省令、仍賜推忠順義崇徳守節功臣号、勲封如故。食邑通前為一万戸。有司択日、備礼冊命。主者施行。

開宝八年十月　日

大匡・内議令・兼摠翰林、臣融、宣・奉・行。

(b)
奉
勅如右、牒到奉行。

開宝八年十月　日

侍中署

(c)
侍中署
内奉令署
軍部令署
軍部令無署
兵部令無署
兵部令署
広評侍郎署
広評侍郎無署
内奉侍郎無署
内奉侍郎署
軍部卿無署

軍部卿署
兵部卿無署
兵部卿署
告推忠慎義崇徳守節功臣・尚父・都省令・上柱国・楽浪〔都〕〔郡〕王・食邑一万戸金傅。奉
勅如右、符到奉行。
　　　　　　　主事無名
郎中無名　　　書令史無名
　　　　　　　孔目無名
開宝八年十月　日下。

＊(a)(b)(c)の記号は筆者が便宜的に付したもの。勅詞の内容は適宜省略した。なお『三国遺事』ではすべて「追い込み」で書かれているが、ここでは木下氏の復元に従って便宜的に改行を施している。

右の「金傅告身」は(a)(b)(c)の三つの段落に分かれているが、まず(a)の段落では内議省の長官である「内議令」が国王の旨を奉じて勅の本文（勅詞）を起草しており、これはいうまでもなく、唐制の中書省の職掌に当たっている。内議令の融（王融）は、同時に「兼摠翰林」の職を帯びているが、これは中書舎人の職掌を代行する翰林院の官職である。したがって王融は唐制の中書令と中書舎人の職掌を兼任する立場にあり、かれに代表される内議省は、国王の秘書機関として唐制の中書省に相当する機能を果たしていたと考えて間違いない。

問題は、次の(b)(c)間の区分をどこに置くかであるが、私は以下のように考えて、一番目の「侍中署」と二番目の「侍中署」の間にこの(b)(c)の段落の区分を置くことにした。

まず、(b)の段落では内議省（唐の中書省）の起草した「勅」の内容を「侍中」が審議し、問題なしとすれば「勅を奉ずること右の如し、牒到れば奉行せよ」との執行命令文言を書き加えて、これを広評省（唐の尚書省）に送付する。唐制の侍中は門下省の長官として「帝命を出納」することを掌ったが[8]、高麗国初の侍中も、この唐制に倣って国王の命令文書を審議し、これを出納することを掌っていたのであろう。このことは「侍中」という官職名それ自体からも推測されることであるが、何より(b)(c)の区分を上記のように設定すれば、「王命の出納」を掌る官職としての「侍中」の位置づけが、「金傅告身」の構成に即して一層明確に浮かび上がってくるのではないかと思う。

ただし『高麗史』百官志にも記述されているとおり、高麗国初の侍中は、官制上、唐の尚書省に相当する「広評省」の長官として位置づけられていた[9]。したがって(b)の段落において「王命の出納」を掌った侍中は、次に(c)の段落において、今度は広評省の長官として、再びこの「勅」の審議に参与することになるのである。

そもそも唐制の告身では、この(c)の段落の冒頭に「月日時都事／左司郎中」との記載があり、これは門下省から送付された文書を尚書省が接受した際の受信日時を記録する部分に当たっている。ところが「金傅告身」にはこれに相当する部分がなく、このため(b)(c)間の区別が曖昧になってしまっている[10]。木下礼仁氏はつとにこの点について疑念を抱き、慎重にも(b)(c)の区分についてはその結論を保留しているのである。しかし先にも触れたとおり、「王命の出納」を掌る「侍中」は、同時に「広評省」の長官としても位置づけられており、しかも新羅時代から高麗時代に至るまで、侍中は定員一人の官職として定められていた[11]。したがって、「金傅告身」に見える二つの「侍中署」は、実際には同一人物による同一の署名であり、最初の署名は「王命の出納」を掌る侍中としての、次の署名は広評省の長官としての署名であったと解釈することができるであろう。

以上の仮説については、一番目の「侍中署」と二番目の「侍中署」の署名を判読し、その異同を確認すれば、立ちどころにその当否は判明するのである。しかし残念なことに、『三国遺事』は署名の有無を記録するだけで、その署名の釈読については言及していない。

ともあれ、侍中（唐の門下省）の審議を経た「勅」は、次に広評省（唐の尚書省）に送付され、広評省の審議を経た後、「勅を奉ずること右の如し、符到れば奉行せよ」との執行命令文言を書き加えて受命者本人、すなわち金傅に交付される。この時、唐制とは違って、高麗国初の広評省では、広評省の長官（侍中）、副長官（侍郎）以外に、内奉省・軍部・兵部の長官（令）、副長官（卿）までもが当該の「勅」の審議に加わっているが、このことは極めて重要な相違点であるから、節を改めて検討したい。

なお、(c)の冒頭に「侍中」以下の署名が置かれているのは、当該の「符」の発令者の署名であり、末尾に郎中・主事・書令史・孔目の署名が置かれているのは最終的にこの「符（告身）」の作成を担当した広評省の官員・胥吏の署名である。[12] 吏・戸・礼・兵・刑・工のいわゆる六部の分掌体制は、高麗国初にはいまだ確立していないので、「符（告身）」の作成は吏兵部（政曹）が分担するのではなく、唐の都省にあたる広評省の官員・胥吏が直接にこれを担当する。(b)(c)の段落の間に「月日時都事／左司郎中」に相当する記述が見えないのは、そもそもこの段階では都省から六部へと文書を振り分ける必要がなかったからであろう。

## 第二節　広評省会議と和白

広評省に送付された「勅」の内容は、広評省の長官（侍中）、副長官（侍郎）のみならず、内奉省・軍部・兵部の長官（令）、副長官（卿）をも含めた当時の主要官庁の長官会議によって審議・施行されていた。『高麗史』巻

一、太祖世家、元年（九一八）六月丁巳条の記述によると、この時、太祖は建国後はじめての人事を発令し、韓粲・金行涛を広評侍中に、韓粲・黔剛を内奉令に、韓粲・林明弼を徇軍部令に、波珍粲・林曦を兵部令に、それぞれ任命しているが、この広評省・内奉省・徇軍部（後の軍部）・兵部の序列は、「金傅告身」に見える段落(c)の署名の序列と完全に一致している。[13] したがって、これは当時の中央政府における主要大臣による署名である。

この主要大臣による会議を本章では「広評省会議」と称することにするが、この会議体の性格を明らかにするためには、まず個々の構成要素である広評省・内奉省・軍部・兵部の、それぞれの職掌を明らかにしておかなければならない。

このうち、唐制の尚書省に相当する広評省の職掌は、内議省が起草し、侍中が審議した「勅」を受けて、これを「符」として施行することにあったことは、「金傅告身」それ自体が何より雄弁に物語っている。そこで広評省以外の内奉省・軍部・兵部について、まずはそれぞれの職掌を確認し、そのうえでこれらの諸官庁の長官が「広評省会議」を構成することの意義について検討したい。

### (a)　内奉省

内奉省の職掌について、『三国史記』職官志は前主・弓裔の時代の内奉省を「今の都省」であると比定しており、[14] 通説でもこの『三国史記』の見解が支持されている。[15] しかし『高麗史』百官志の撰者も既に指摘しているとおり、都省（尚書都省）の前身は広評省であり、[16] それは「金傅告身」の構成それ自体に即しても自明であるから、この『三国史記』の比定には俄かには従うことができない。私見によれば、高麗国初の内奉省は新羅の内省の後身であり、それは国王の家政を掌る一種の家政機関として位置づけられていたのである。

『高麗史』百官志、外官、西京留守官条の記録によると、西京（今の平壌）には太祖五年（九二二）に「廊官侍中・侍郎」、「衙官（令）具壇・卿」、「兵部令具壇・卿」その他の官職がおかれているが、[17]この西京官制の序列は当時の中央官制の序列に倣ったものであろうから、西京第一の官庁である「廊官」は中央第一の官庁である「広評省」に相当し、西京第二の官庁である「衙官」は中央第二の官庁である「内奉省」に相当すると考えられる。この場合、「廊官」、「衙官」の職掌は、基本的には中央政府の「広評省」、「内奉省」の職掌と同一であると考えられるから、逆に西京における「廊官」、「衙官」の職掌を明らかにすれば、それによって中央における「広評省」、「内奉省」の職掌も類推することができるであろう。

幸い『高麗史』百官志には「廊官」、「衙官」についてそれぞれに注が附されているが、その注によると「廊官」の「廊」は「曹設」の意、「衙官」の「衙」は「豪幕」の意と説明されている。[18]このうち、「広評省」に相当する「廊官」の「廊」とは長官の執務の正堂に対してそれを取り巻く堂下の建物のことをいうから、[19]恐らくはそこに西京の長官（留守）を輔佐する事務官たちの執務室（曹設）が設けられていたのであろう。これに対し、内奉省に相当する「衙官」の「衙」は「豪幕」の意と説明されているが、これだけでは「衙官」の意味するところは今一つはっきりとしない。しかし『高麗史』巻二、太祖世家、十七年（九三四）夏五月条の記述によると、この時、礼山鎮に行幸した太祖の詔の一節に、

> 宜しく爾《なんじ》ら公卿将相、食禄の人、予の民を愛すること子の如きの意を諒とし、爾らが禄邑の編戸の氓《たみ》を矜《あわれ》むべし。その家臣無知の輩、禄邑に使して、務めて聚斂割剥するも、爾らまた豈によくこれを知らんや。[20]

とあって、当時、中央の有力豪族（公卿将相）たちが、それぞれに「家臣」を遣わして自己の「禄邑」の管理を行わせていたことを伝えている。この「家臣無知の輩」のことを『高麗史節要』では「衙内無知の輩」とも表記しているが、[21]こうした有力豪族の「家臣」、すなわち「衙内」の存在が、いわゆる「衙官」の性格を考えるうえ

で極めて重要な手がかりになるのではないかと考えられる。

この点を一層明確に裏づける史料として、『高麗史』巻二、太祖世家、十八年（九三五）六月条に見える次の記述を検討しよう。後百済国王の甄萱は、このとき長子の神剣の乱によって国を追われ、高麗に帰順したが、この甄萱に対して高麗太祖は、

> また萱を称して尚父と為し、館を南宮に授け、百官の上に位せしめ、楊州を賜りて食邑と為し、兼ねて金帛、奴婢各々四十口、厩馬十匹を賜い、先に降るの人、信康を以て衙官と為す。(22)

という厚遇を与えている。ここで注目したいのは、甄萱に楊州という「食邑」が与えられ、その際、先に高麗に帰順していた後百済人の信康という人物を甄萱の「衙官」として任命しているという事実である。この場合、「衙官」の職掌は主として甄萱の「食邑」を管理することに置かれていたであろうから、それは「公卿将相」たちの「禄邑」を管理していた「家臣／衙内」などと全く同一の性格のもの、すなわち有力豪族の家政を掌る一種の家政機関として位置づけることができるであろう。

百官志の注が「衙官」を「豪幕」と解しているのも、恐らくは「豪族の幕僚」というほどの意味であるにちがいない。ちなみに「衙」という言葉は、本来、地方長官が政務を掌る役所（衙門）のことを意味するが、近世朝鮮時代においては地方官の執務室である「東軒」に対してその私生活の空間を「内衙」と称しており、(23)また地方官の家族手当を供出するための収租地のことを「衙禄田」と称している。(24)これと同じように、高麗時代の「衙官」も有力豪族や地方官の私生活に関わる機関であり、具体的にはかれらの家政を管理する一種の家政機関として位置づけられていたのである。

このように考えた場合、西京において廊官（曹設）と衙官（豪幕）という二つの機関が並置されていたことの

意味も、一層明確になるであろう。当時、西京では太祖王建の従弟である王式廉が、その長官（留守）として長年にわたって支配を続けていた。[25] この王式廉のもとには政務統轄機関としての「廊官」とは別に、彼の個人的な経済基盤を管理する家政機関としての「衙官」が置かれていたが、これは中央政府でいえば、国王の政務統轄機関である「広評省」と、家政機関である「内奉省」とが並立していたことと同一の関係にある。また、このように考えれば、次の史料において王室の「内荘」及び東宮の「食邑」を管理するために、ほかでもない「内奉省」の官員が派遣されていることの意味も一層明らかになるであろう。

詔して曰く、「国を為《おさ》むるには当に節倹に務むべし。民富み倉実つれば、水旱饑饉ありといえども患を為すあたわず。あらゆる内荘及び東宮の食邑は、穀を積むこと歳久しく、必ず多く朽損せん。それ内奉郎中能梵を以て審穀使と為せ」と（『高麗史』巻一、太祖世家、元年六月乙丑条）[26]。

ところで、こうした政務統轄機関と家政機関との並立は、実は高麗国初の官制の淵源である新羅時代の官制においても、すでに「執事省」と「内省」の並立という形で存在していたのである。

『三国史記』職官志の記述によると、新羅時代の政務統轄機関である執事省は、真徳王五年（六五一）に国家財政を掌る「稟主」を改めて「執事部」と為したことに起源を持つ。[27] これに対して内省（殿中省）は、真平王七年（五八五）、大宮・梁宮・沙梁宮の三宮にそれぞれ「私臣」を置き、真平王四十四年（六二二）に至って、一員を以てこの三宮の事を兼掌したことが始まりという。[28] ここで大宮というのは国王の本宮のこと、梁宮・沙梁宮というのは、それぞれ慶州六部のうちの一つである梁部・沙梁部にちなんで名づけられた王室の別宮のことであろう。したがって、内省というのは国王の「私臣」として、王宮の管理、その他の家政一般を掌る一種の家政機関であったと考えられる。

そもそも、国王や有力貴族がそれぞれに独自の経済基盤を保有し、その経済基盤に立脚して国家の政治・軍事に参与していた新羅のような古代国家においては、国王や貴族の私的な家政機関が、それ自体として国家の官僚機構の一部を占め、政治的・軍事的にも極めて重要な役割を果たしていたことは想像に難くない[29]。内省所管の本宮・沙宮・沙梁宮には、それぞれ経済基盤としての田荘や奴婢が多数附属していたが、そのことは同じく慶州六部の本彼部にちなんで名づけられた本彼宮に「財貨・田荘・奴僕」が多数所属していたという史料によっても類推することが可能である[30]。こうした王室の固有の経済基盤に立脚して、はじめて新羅の王権は貴族勢力のうえに政治的・軍事的に君臨することができたのである。したがって、王室の経済基盤を管理する家政機関としての「内省」は、新羅の国家体制そのものにおいても極めて重要な地位を占めていた。だからこそ、国王の家政機関である「内省」は、外廷の政務統轄機関である「執事省」と並立する位置を占めていたのであって、その関係は、高麗国初の「内奉省」と「広評省」との関係として引き継がれていったのである。

ちなみに『三国史記』職官志の記述によると、内省の次に記述され、したがって内省と同じく内廷に属する「内司正典」（建平省）には、「議決」、「貞察」、「史」などの官職が置かれている[31]。高麗国初の内奉省にも、恐らくはその後身と思われる「理決」、「評察」、「史」などの官職が置かれているが[32]、これらは外廷の御史台に相当する内廷の司法・監察のための官職であろう[33]。

このように、新羅の内司正典の官制が高麗の内奉省に継受されているところから判断しても、内奉省は内廷に置かれた王室の家政機関であったと結論づけることができるのである。

### (b)　軍部・兵部

軍部は国軍の指揮・命令を掌る軍令機関であり、兵部はその軍隊を維持するための政令一般を掌る軍政機関であったと考えられる。この点については既に諸先学の指摘するとおり、『高麗史』裴玄慶伝に見える次の記述が最も重要な手掛かりとなるであろう。

太祖、青州の人玄律を以て徇軍郎中と為さんとす。玄慶と崇謙と、駁して曰く、「さきに林春吉、徇軍の吏と為るや、不軌を為さんと図り、事泄れて辜に伏す。これすなわち兵権を典りて本州に恃むが故なり。今また玄律を以て徇軍郎中と為さんとす。臣等ひそかにこれに惑えり」と。太祖これを善しとし、改めて兵部郎中を授く。[34]

これによると、「徇軍部」の郎中に任命された玄律は、青州人が「兵権」を掌ることを危惧する裴玄慶・申崇謙らの進言によって、「兵権」を持たない「兵部」の郎中に改められている。ここで若干解説めいたことを附け加えておくと、当時、青州（清州）は後三国（高麗・後百済・新羅）の抗争圏のまさしく中央部に位置し、その動向は各国の勢力の消長に決定的な影響力を及ぼしていた。青州はいわば、キャスティング・ボートを握る位置に置かれていたのである。したがって、その青州の有力豪族が高麗に帰属すると、かれらは政府内において軍事的にも大きな発言力を持つことになったが、その反面、いつ敵国に離反するともわからない青州の豪族たちは、高麗にとって最も警戒を要する潜在的な敵性勢力とも見做されていた。だからこそ、青州人の玄律に徇軍郎中として軍令権（兵権）を委ねることは危険視され、軍令権を持たない軍政機関の兵部郎中に改められているのである。

この裴玄慶伝にみえる「徇軍部」は、その後、光宗十一年（九六〇）には「軍部」に改められているが[35]、これこそは「金傅告身」に見える「軍部」にほかならない。したがって、軍部はその前身である徇軍部と同様、軍隊の指揮・命令を掌る軍令機関であり、一方の兵部は軍政一般を統轄する軍政機関であったと考えておくことが妥当であろう。

ちなみに、「徇軍部」の官制は新羅時代には存在せず、また『三国史記』職官志に記述されている前主・弓裔の泰封国の官制にも存在しない。さらには前述した西京の官制においても、「廊官」、「衙官」の次に位置するのは「兵部」であって、ここでも「徇軍部」に相当する官制は存在しない。『高麗史』百官志はこの徇軍部について、「蓋し掌兵の官なり」と説明しているが、[36]それも恐らくは上述の裴玄慶伝からの推測にすぎないであろう。

徇軍部（軍部）の官制は高麗国初にのみ存在し、またそれは中央政府にのみ置かれていた。恐らくそれは国王に直属する禁軍の司令部であって、その機能は後に中枢院の官制へと引き継がれていくことになるのであろう。

## (c)　広評省会議と和白

以上で広評省・内奉省・軍部・兵部のそれぞれの職掌は確認した。では、その長官（令）・副長官（卿）たちが、官庁の枠組みを超えて「広評省会議」を構成していることの意味は何であろうか。

唐制における尚書省が、宰相府（中書門下）の成案を奉じてそれを執行する行政機関に転化していたことについては既に言及したが、一面、尚書省（都省）は、ある種の特別の議案が生じた場合において、皇帝の秘書機関である中書省・門下省の官人とは別に、外廷を構成する百官を召集して会議を主催し、外廷の意見を集約してこれを皇帝に奏上する機能をも果たしていた。[37]言い換えれば、尚書省にも依然として議政機関としての性格は残っていたのであるが、これと同じように、高麗の広評省も内奉省・軍部・兵部の長官（令）・副長官（卿）を召集して「広評省会議」を構成し、外廷の意見を集約してこれを国王に奏上する議政機関としての機能を果たしていたと考えることができるであろう。

広評省の前身は新羅時代の「執事省」であるが、新羅には「和白」と呼ばれる合議制の伝統があり、新羅の王権はこの「和白」の意思決定に逆らうことはできなかった。『三国遺事』巻一、紀異第二、新羅、真徳王条の記録によると、新羅には四つの霊地があり、まさに大事を議せんとすれば、「大臣」は必ずその地に会してこれを謀ったといわれている。[38]『新唐書』新羅伝では、この大臣の会議のことを「和白」と称しているが、[39]それは外廷の勢力を代表する「大臣」たちが、国王に対して「和して白す」、すなわち全員の合意のうえで国王に進言する慣例になっていたことをいうのであろう。

この「和白」に参与する「大臣」とは、「上大等」によって代表される新羅の「真骨貴族」の族長たち、すなわち「上大等」及び「大等」のことをいうのであろう。[40]この点について、『新唐書』巻二百二十、東夷、新羅伝には、

官に宰相、侍中、司農卿、太府令、凡そ十有七等あり、第二骨これと為るを得。[41]

とあるから、新羅時代には「侍中（中侍）」とは別に、その上位に位置する「宰相」が存在していたことは間違いない。また『三国史記』職官志の記述によると、兵部令は「宰相・私臣」を兼任することが認められている。[42]したがって、ここでも兵部令とは別に、その上位に位置する「宰相」が存在したことが確認できる。

これらの「宰相」こそは、「上大等」のもとに組織された「上大等」、「大等」などの「真骨貴族」の族長たちにほかなるまい。[43]また、それとは別に、官僚機構を代表する「中侍」、「私臣」、「兵部令」なども、やはり「大臣」として「和白」の列に加わっていたのであろう。そうしてその会議の合意事項は「王命の出納」を掌る「中侍（侍中）」を媒介として国王に伝達され、国王の裁可を得た案件は、再び中侍（侍中）を介して行政統轄機関である執事省へと伝達されて、執事省から内外の関係機関へと伝達されることになっていたのであろう（図1－1参照）。

このように考えた場合、「金傅告身」における「広評省会議」は、正しく執事省の主催する「和白」に相当すると考えることができるのではないか。なるほど、「金傅告身」における国王の「勅」は、形式的には国王の自

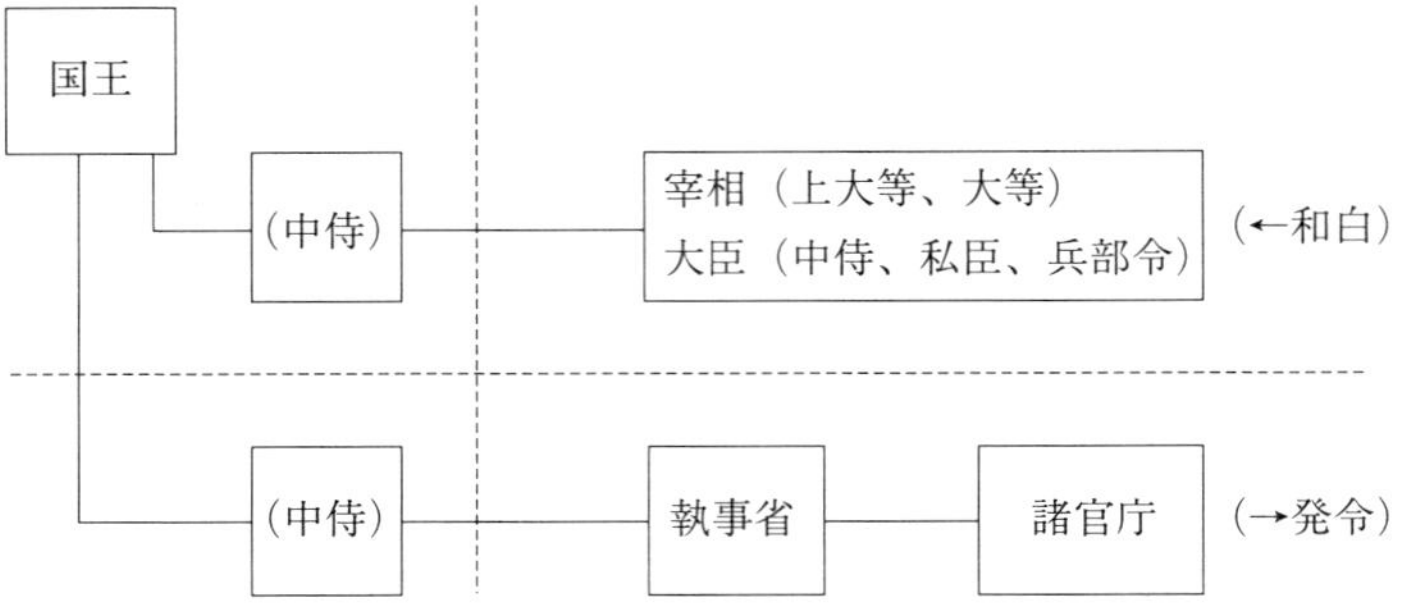


図１－１　和白

発的な意思によって発令されている。しかしそれは、実際には「広評省会議」を構成する「大臣」たちの擬定に基づくものであり、だからこそ、その発令に当たっては、必ず「広評省会議」を構成する大臣たちの署名を要することになっていたのであろう。

逆にいうと国王の「勅」は、それが速やかに施行されるためには、必ず「広評省会議」において事前に大臣たちの協賛の意思を獲得しておかなければならなかったのである。したがって、広評省・内奉省・軍部・兵部の長官・副長官によって構成される「広評省会議」は、単に国王やその秘書機関（内議省・侍中）の策定した成案を奉じてこれを執行するだけの存在とはいえない。むしろ「広評省会議」こそが国王の意思決定を誘導し、「広評省会議」こそが高麗国初における実質的な宰相会議としての機能を果たしていたのである。

ただし、新羅時代の「和白」は「真骨貴族」の族長のみが参与できる身分的に閉鎖された会議体であったが、高麗国初の「広評省会議」は、これを官僚制度の内部に取り込んで改編したものであるから、和白よりも一層開放的な性格を有している。

たとえば「広評省」の長官（侍中）・副長官（侍郎）は、それぞれ新羅時代の「執事省」の長官・副長官である中侍（侍中）・典大等（侍郎）の後身として位置づけることができるが、このうち、中侍（侍中）は「大阿湌」

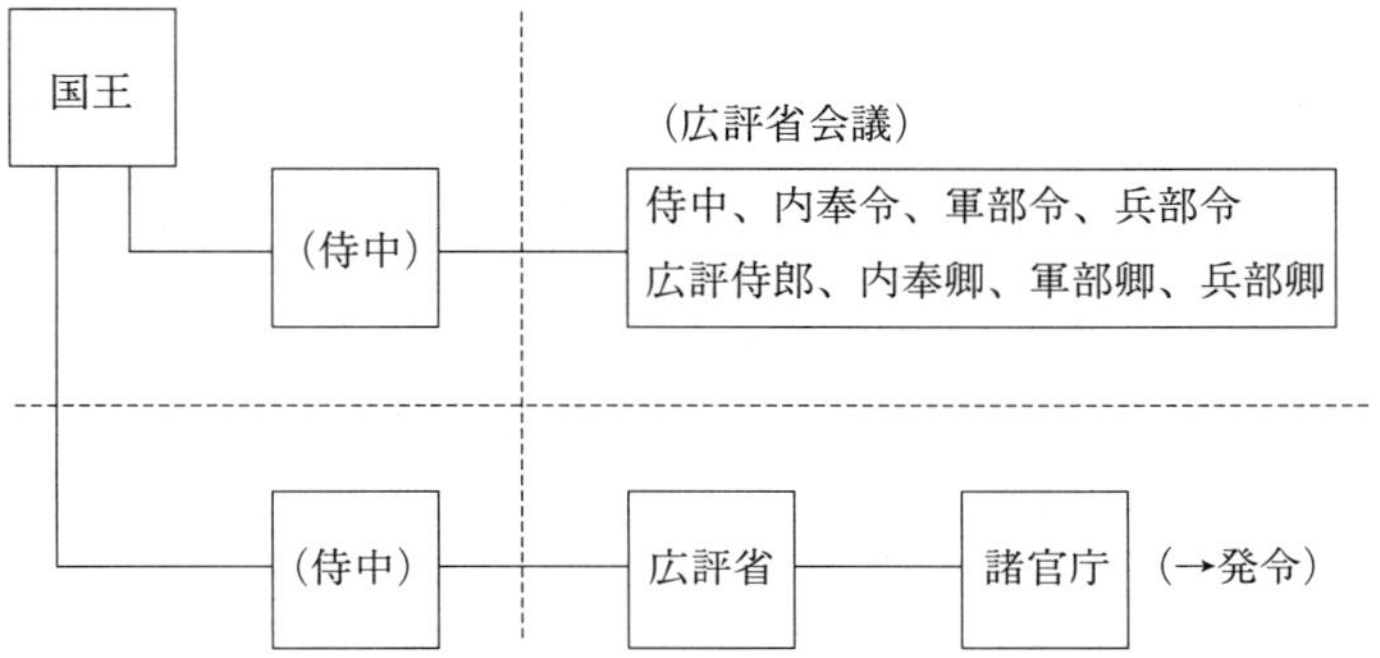


図１－２　広評省会議

から「伊湌」までの位階を持つ「真骨」のみが就任する官職であり、[44] したがって「真骨」である中侍（侍中）は、国政を統轄する「大臣」として「和白」に参与することが可能であった。しかし副長官である典大等（侍郎）は、「奈麻」から「阿湌」までの位階を持つものが就任する官職であり、これは「真骨」以外のものに対しても就任の道が開かれている官職であった。[45] したがって「真骨」でない典大等（侍郎）は、通例、「和白」には参与することはできなかったであろう。しかし、高麗国初の「広評省会議」においては、この「典大等」の後身である「侍郎」もまた、実質的な宰相会議である「広評省会議」の一員として位置づけられている。

次に、内省の長官である私臣（後に殿中令）は、「衿荷」（大阿湌の次位）から「太大角干」までの位階を持つ「真骨」のみが就任する官職として、また兵部の長官である兵部令は、「大阿湌」より「太大角干」までの位階を持つ「真骨」のみが就任し得る官職として位置づけられていた。[46] したがって、これらは「大臣」として「和白」に参与することが可能であった。しかし内省の副長官である「卿」は、「奈麻」から「阿湌」までの位階を持つものが就任する官職であり、これは「真骨」以外のものにも就任の道が開かれている官職であった。[47] したがって「真骨」でない副長官（卿）は、通例、和白には参与することはできなかったであろう。

しかし、高麗国初の「広評省会議」においては、この「内省卿」、「兵部卿」の後身である「内奉省卿」、「兵部卿」もまた、「広評省会議」の一員として位置づけられているのである。

このように、高麗国初の王権は新羅時代の「和白」を「広評省会議」という形で継承し、この会議体を通して外廷の百官の意思を国王の意思決定に反映させていった。ただし、新羅時代の「和白」は真骨貴族の族長たち（上大等・大等、及び中侍、私臣、兵部令など）の会議体であって、そこには「骨品制」に基づく身分的制約が強く加わっていたが、高麗国初においては真骨貴族の勢力は消滅し、これに代わって地方豪族勢力の出身である官僚たちが、広評省・内奉省・軍部・兵部の長官・副長官として、新たに「広評省会議」を構成する。

そうしてこの「広評省会議」は「和白」の機能を継承し、高麗国初においては実質的に宰相会議としての機能を果たしていたのである（図1-2　参照）。

## 第三節　内議省の成立

「広評省会議」の存在は、一種の豪族連合政権として出発した高麗国初の権力構造を端的に示すものであった。これに対し、「内議省」と「侍中」は宮中における国王の秘書機関として存在したが、侍中は同時に外廷を代表する広評省の長官であるから、実質的には内議省こそが国王側近の秘書機関となる。それは豪族連合政権の旧套を脱して中国的な専制王権の確立を目指そうとする高麗の王権にとって、欠かすことのできない重要な権力装置の一つであった。

ところがこの内議省は、実は高麗の建国当初から存在していたわけではない。国初における主要官庁を網羅した『高麗史』巻一、太祖世家、元年（九一八）六月丁巳条の記載に、内議省の官人の任命記事が存在しないのがその証拠である。このため内議省が掌る王命文書の起草は、当初は新羅・泰封以来の官制である「元鳳省」がこれを担当していたのである。

『三国史記』職官志の記述によると、元鳳省の前身は新羅時代の「翰林台」で、翰林台所属の学士はもとは「詳文師」といい、これが後に「通文博士」に改められ、さらに「翰林学士」に改められた(48)。前主・弓裔の泰封国ではこの翰林台を元鳳省に改めたが、この元鳳省の官制がそのまま高麗国初に継受されているのである。

しかし、ここに集う「学士」たちの政治的な地位は、当初はそれほどに高いものではなかった。新羅時代の翰林学士は「詳文師」としての、すなわち漢文作成能力に秀でた一種の「芸能者」としての域を脱していない。真骨貴族が政治的・軍事的な権力を独占していた新羅時代においては、崔致遠に代表されるような「六頭品」出身の儒臣たちの活躍の舞台は、未だ充分には整っていなかったのである。

しかし「骨品制」が解体した高麗時代になると、太祖は元鳳省の儒臣を積極的に登用し、かれらを単なる芸能者としてではなく、自らの政治顧問としても活用するようになっていく。

まず、太祖は元鳳省に年若い儒生を招請し、これを将来の幹部候補生として養成することに勉めた。新羅時代、翰林台には「学生」を置き、これを将来の翰林学士として養成する制度が存在したが(49)、高麗・太祖もまたこの制度を継承し、中外の豪族の子弟を召してこれを元鳳省の学生として教育している。たとえば太祖二十一年（九三八）、年十二にして太祖に召し出され、元鳳省の学生として例食二十碩を賜った崔承老などは、その代表的な存在である(50)。こうして太祖の厚遇のもとに育成された儒臣たちは、今や漢文作成能力に秀でた単なる芸能者としてではなく、国王の意思決定を輔弼する一種の政治顧問としても活躍するようになっていった。

たとえば建国直後の太祖元年（九一八）六月、高麗では馬軍将軍桓宣吉の反乱が起こっているが、このとき桓宣吉が兵士五十余人を率いて内庭に突入すると、太祖はおりしも「内殿」に御して「学士」数人と「国政を商略」している最中であったという。[51] ここで「学士」というのは、恐らく元鳳省に所属する儒臣たちのことをいうのであろう。

国初の元鳳省は、その後、翰林院に改められるが、この翰林院の儒臣たちも、引き続き宮中において「国政を商略」した。たとえば『高麗史』巻二、恵宗世家、元年（九四四）冬十二月条の記述によると、

翰林院令・平章事崔彦撝、卒す。[52]

とあるから、翰林院の長官（翰林院令）である崔彦撝は、同時に「平章事」として国政の議論にも参与していたのである。「平章事」とは唐宋時代における宰相の職銜であるが、当時の高麗には正式の官制としては存在しない。したがって、これは単に宮中において国政の議事に参与していたことを意味するにすぎないであろう。また光宗二十六年（九七五）の「驪州高達院元宗大師慧真塔碑」には、

光禄大夫・太丞・翰林学士・内奉令・前礼部使・参知政事・監修国史・臣金廷彦、奉制撰。[53]

とあるから、「翰林学士」である儒臣の金廷彦は、同時に「参知政事」として国政の議論にも参与していた。「参知政事」は唐宋時代の執政（副宰相）の職銜であるが、これも正式の官制ではなく、単に宮中において国政の議論に参与していたことを意味するにすぎないであろう。

このように元鳳省（翰林院）の儒臣が単なる芸能者としてではなく、政治顧問としても一定程度の重要な役割を果たすようになってくると、当然、この儒臣たちの新しい性格に即応して、国政を議論するための新たな秘書機関を創設することが必要となってくる。上掲の史料に見える「平章事」、「参知政事」などの官銜は、儒臣たち

が宮中において国政の議論に参与していたことを示しているが、その宮中における議論の場は、恐らくは「内議省」にほかなるまい。

内議省の官制については『高麗史』巻一、太祖世家、十三年（九三〇）三月戊辰条に、

　白書省郎中行順・英式を以て、並びに内議舎人と為す。(54)

とあるのが初見であり、また太祖の薨去時には百官が「内議省」の門外に列位して遺詔を聞いたというから、(55)少なくとも王命起草の官庁としての内議省が、太祖朝において既に成立していたことは間違いない。またその長官である「内議令」については、光宗十六年（九六五）建立の碑文に「内議令・太相皇甫□□（光謙？）」とある事例や、(56)同じく光宗十六年（九六五）に王子伷（後の景宗）を冊立して「王太子・〔都督〕内史諸軍事・内議令・正胤」と為した事例、(57)さらには光宗十六年（九六五）に「内議令」を以て卒した徐弼の事例(58)などをその初見として挙げることができる。したがって、遅くとも光宗朝（九四九～九七五）には内議省の官制が確立していたことは間違いない。

内議省は、本来、国王が宮中において「学士」と「国政を商略」するために設けた私的な秘書機関にすぎなかった。しかしそれは王権の確立とともに次第にその政治的地位を向上させ、やがては内議省の長官（内議令）が正式に「宰相」の列に加わるようになっている。たとえば『高麗史』巻九十三、徐弼伝の記述によると、大匡・内議令の徐弼は「宰臣」である王咸敏、皇甫光謙とともに国王光宗から金の酒器を賜った際、

　臣謬《あやま》りて宰輔に居り、すでに寵恩を叨《みだり》にす。また金器を賜わらば、いよいよ分を踰《こ》えんことを懼《おそ》る。(59)

といってこれを辞退した。「宰相」と呼ばれる王咸敏・皇甫光謙の二人は、恐らくは外廷を代表する広評省と内

奉省の長官、すなわち侍中・内奉令の地位にあったと考えられるが、これと並んで内議令の徐弼もまた、ここでは「宰輔」、すなわち「宰相」として位置づけられているのである。

このように、本来、宮中の私的な秘書機関にすぎなかった内議省の長官（内議令）は、王権の伸張とともにその政治的な地位を向上させ、ついには広評省・内奉省の長官（侍中・内奉令）と並んで事実上の宰相としての地位を確立するに至っている。

こうした官制上の変化を背景として、成宗元年（九八二）には、ついに唐朝の三省制度を導入する画期的な官制改革が断行されることになるのである。

## 第四節　内史門下の成立

成宗元年（九八二）三月に行われた官制改革は、その画期的な意義にもかかわらず、改革の内容を伝える充分な史料が残されていない。たとえば『高麗史節要』巻二、成宗元年（九八二）三月の条には、

百官の号を改む。内議省を以て内史・門下と為し、広評省を御事都省と為す。(60)

という極めて簡略な記事しか残されていない。しかし、これを金傅告身の内容と比較し、また『高麗史』百官志のその他の記述と照らし合わせて検討すると、そこには単に称号を改めたというだけでは済まない官制上の重要な構造改革が断行されていたことがわかるのである。

この成宗元年（九八二）における官制改革の前提として、まずは景宗即位年（九七五）に「金傅告身」を発給し

て以降の景宗朝（九七五～九八一）の官制について検討しておくことにしよう。

荀質・申質を以て左右執政と為し、みな内史令を兼ねしむ（『高麗史』巻二、景宗世家、元年十一月条）[61]。

成宗元年（九八二）、左執政・守内史令・上柱国を加え、弘文崇化致理功臣号を賜り、その父母を爵す。三年（九八四）、知夢、年七十八、三たび上表して骸を乞うも、允されず。また上書して固く請う。すなわち命じて朝参を除き、内史房に赴いて、視事すること旧の如くせしむ（『高麗史』巻九十二、崔知夢伝）[62]。

右の諸史料によると、景宗朝から成宗朝の初年にかけて、中央政府には「左右執政」という官職があり、これが通例、「内史令」をも兼ねていたことがわかるであろう。しかし「内議省」が「内史省」に改められ、それに伴って「内議令」が「内史令」に改められたのは、上述のとおり、成宗元年（九八二）の官制改革によるものであるから、ここで景宗朝の「左右執政」である荀質・申質が兼任していた「内史令」というのは、恐らくは「内議令」の誤りであろう。

ともあれ、外廷を代表する「左右執政」が内議令（後の内史令）を兼任しているということは、それだけ宮中の秘書機関である内議省（後の内史省）の政治的な地位が向上していたことを意味している。「左右執政」の官職名は「金傅告身」には見えないが、それが外廷の百官を代表する宰相を意味していることは間違いない。恐らくそれは外廷を代表する広評省と内奉省の長官、すなわち侍中・内奉令の後身であると考えられるが、これらの宰相たちも「内史令」を兼任しなければ、実質的に宰相としての機能を果たすことができなくなっていたのである。

「左右執政」の制度と関連して、景宗朝には「内奉省」の官制が改編されていたことにも注意しておかなければならない。内奉省の前身は新羅時代の内省であるが、内省は景徳王の時代には「殿中省」とも呼ばれていた[63]。

一方、高麗でも景宗元年（九七六）に詳定された「田柴科」の制度では、「殿中省」所属の官人が、司天・延寿・尚膳院の官人と並んで内廷の「雑業」の官人として挙げられている(64)。したがって、このころ内奉省は殿中省に改編されていたのであろう。

ただし内奉省の職掌は、そのすべてが殿中省に引き継がれたわけではない。『三国史記』職官志は内奉省を「今の都省」であると説明しているが(65)、これは内奉省が殿中省に改編されるとともに、その職掌の一部が国政統轄機関である広評省にも移管されたことを示唆している。つまり、内奉省の管轄する王室財政の一部は、このとき国家財政として広評省に移管され、それに伴って、内奉省は宮中の庶務を統轄する殿中省という機関に縮小・再編されたと考えられるのである(66)。さらに、内奉省の長官である内奉令のポストもこのとき広評省に移管され、これが侍中と並んで「左右執政」と呼ばれることになったのであろう。

王室財政の再編は、旧来未分化であった国家財政と王室財政との区分を明確化し、国家財政の基盤を一層強固にしたことを意味している。こうした国家財政の確立のうえに、次に成宗元年（九八二）の官制改革が断行されることになるのである。

成宗元年の改革では、前述のとおり、「内議省」は「内史・門下」に改められたが、これは正確には「内議省」を以て「内史省」と為し、同時に従来は存在しなかった「門下省」をこのとき新たに創設して、この両省の長官を以て宰相府としての「内史門下」を構成したことを意味している(67)。恐らく、この宰相府（政事堂）は唐制と同様「内史省（後の中書省）」に置かれ、門下省には内史省・門下省の郎官（省郎）の詰め所が置かれていたのであろう(68)。

これより先、侍中は外廷の代表である広評省の長官として位置づけられていた。しかし成宗元年の改革では、侍中は内史省（旧内議省）と並ぶ門下省の長官として位置づけられ、内史省の長官（内史令）と門下省の長官（侍中）が「内史門下」として宰相府を構成することになったのである。このことは宮中における国王の秘書機関が宰相府としての地位を確立し、同時に外廷における有力豪族の集議の場としての「広評省会議」が宰相府としての機能を喪失したことを意味している。

このように、侍中の所属が広評省から門下省へ——言い換えれば「外廷」から「内廷」へ——と移行したことは、高麗国初における専制王権の確立を何よりも端的に示しているのである。

## 小結

本章では「金傅告身」の分析を手掛かりとして、高麗国初における宰相府（内史門下）の成立の過程を概観した。最後に、残された問題のいくつかについて言及しよう。

成宗元年（九八二）の官制改革によって、かつての広評省・内奉省・軍部・兵部の長官（令）、副長官（卿）たちは、それぞれ御事都省・殿中省・御事兵官、等に改編され、宰相府（内史門下）の成案を奉じてこれを施行する執行機関として位置づけられることになった。このうち、「軍部」のその後についてはよくわからないが、恐らくは一旦「御事兵官」に併合され、またその機能の一部は後述する「中枢院」へと引き継がれていったのであろう。

なお、この年の官制改革によって広評省は「御事都省」に改められたが、この改革に先立つ景宗即位年（九七五）の「金傅告身」において、金傅が既に「都省令」に任命されていることは不審である。恐らく「都省令」の「都省」は「広評省」の別称であり、広評省の長官である「侍中」とは別に、形式的な長官である「都省令」をおいて、これに唐の「尚書令」に相当する礼遇を与えていたのであろう。

その後、成宗二年（九八三）には再び官制改革が行われ、このときはじめて唐制に準じる「三省・六曹・七寺」の官制が整備された。[69]これによって唐制の継受はほぼ完成の域に達したが、もう一つ、成宗十年（九九一）には宋の枢密院に倣って「中枢院」が創設され、これによって高麗の「両府宰枢」の制度が確立することになった。

この中枢院の成立は、実は内議省が宰相府（内史門下）に改編されたことと表裏一体の関係にある。成宗元年（九八二）の改革の結果、国王の秘書機関として宮中において機密に参与していた内議省の官人たちは、新たに「内史門下」という正式の宰相府の宰相として位置づけられることになった。この結果、内史門下と国王との間には自ずから一定の距離が生じ、内史門下の近侍組織としての性格は希薄化してしまう。このため国王は、宮中において機密に参与する近侍の臣を新たに必要とするようになったのであって、ここに中国唐宋の枢密院に倣った中枢院（後の枢密院）の官制が創設されることになったのである。

中枢院は本来「直宿員吏の職」として設けられたというが、[70]これは要するに、宮中に宿直して「王命の出納」を掌り、かたわら機密の顧問に応じる近侍の職であったのであろう。

高麗・成宗朝における官制改革は、国王の私的な秘書機関であった内議省の地位を引き上げて、これを内史門下という正式の宰相府に改編したが、同時に内議省に代わる新たな秘書機関としては、中国唐宋の制度に倣って中枢院（後の枢密院）を創設した。内史門下と中枢院――国王の意思決定を輔弼するこの二つの議政機関の成立を以て、高麗の宰相制度は一応の完成段階に到達したのである。

## 【補説】新羅時代の宣教省について

本章では高麗の三省制度が成宗元年（九八二）三月の官制改革において初めて成立し、それ以前においては唐の門下省に相当する機関は存在しなかったことを指摘した。新羅時代、及び高麗国初の官制においては、外廷を代表する執事省（広評省）と、内廷を代表する内省（内奉省）の二省が官僚機構の中核を成していたのである。しかしながら、その一方では新羅時代に存在した「宣教省」が、渤海の「宣詔省」と同じく、唐の門下省に相当する機能を果たしていたとする有力な学説も存在する。[71] そこでこの学説の当否について、ここで簡単に検討しておきたい。

宣帝十四年仲春、……教下望水里南等宅、（其）（共）出金一百六十分、租二千斛、助充装飾功徳、寺隷宣教省（「長興宝林寺普照禅師彰聖塔碑」『韓国金石全文』一一九）。

乃命十戒弟子、宣教省副使馮恕行、援送帰山（「聞慶鳳巌寺智證大師寂照塔碑」『韓国金石全文』一三三）。

右の碑文に見える「宣教省」は、なるほど、その名称からいえば渤海の「宣詔省」（唐の門下省に相当する）を連想させる。しかし『三国史記』職官志、その他の文献史料には「宣教省」の名は現れないし、また本章の結論からいっても、執事省（広評省）、内省（内奉省）の二省を中核とする当時の官制において、碑文にみえる「宣教省」が重要な位置を占めていたとは思われない。

むしろ、宣教省とは釈迦の「教え」を宣布する機関、すなわち仏教教団の統制機関であって、だからこそ「寺」を宣教省に隷属させたり、「十戒弟子」で「宣教省副使」の馮恕行に命じて智證大師を寺に送り届けさせたりしているのであろう。

もとより、これは一個の推測にすぎない。しかし、このような見方も可能であるとすれば、新羅時代の宣教省を唐制の門下省に比定し、新羅時代にすでに三省制度が成立していたとする学説は、必ずしも説得力を持ち得ないことがわかるであろう。

注

(1) 比較的研究が進んでいるのは高麗初期の官階に関するもので、唐制を継受する以前の高麗初期の官階については次の研究がある。武田幸男「高麗時代の郷職」(『東洋学報』第四十七巻第二号、一九六五年、東京、東洋文庫)、同「高麗初期の官階——高麗王朝確立過程の一考察——」(『朝鮮学報』第四十一輯、一九六六年、天理、朝鮮学会)

(2) 『高麗史』巻八十八、后妃伝(景宗、献粛王后)、及び『高麗史』巻九十一、公主伝(太祖、安貞淑儀公主、〔失号〕公主)、参照。

(3) 『高麗史』巻二、景宗世家、即位年十月甲子条。加政丞金傅為尚父。制曰、「姫周啓聖之初、先封呂望、劉漢興王之始、首冊蕭何。自此大定寰宇、広開基業。立龍図三十代、躡麟趾四百年。日月重明、乾坤交泰。雖自無為之主、亦関致理之臣。観光順化衛国功臣・上柱国・楽浪王・政丞・食邑八千戸金傅、世処雞林、官分王爵、英烈振凌雲之気、文章騰擲地之才。富有春秋、貴居茅土、六韜三略、拘入胷襟、七縦五申、撮帰指掌。我太祖、内酬大節、家国既帰於一統、君臣宛合於三韓。顕播令名、光崇懿範。可加号尚父・都省令、仍賜推忠順義崇徳守節功臣号。勲封如故、食邑通前為一万戸。」

(4) 辺太燮「高麗時代中央政治機構の行政体系——尚書省機構を中心に——」(『歴史学報』第四十七輯、一九七〇年／『高麗政治制度史研究』所収、一九七一年、ソウル、一潮閣)。同「高麗初期の政治制度」(『韓沽劤博士停年紀念史学論叢』所収、一九八一年、ソウル、知識産業社)／李泰鎮「高麗宰府の成立」(『歴史学報』第五十六輯、一九七二年、ソウル、歴史学会)／李基白「貴族的政治機構の成立」(『韓国史』五、一九七五年／『高麗貴族社会の形成』所収、一九九〇年、ソウル、一潮

閣）／李基東「羅末麗初近侍機構と文翰機構の拡張」（『新羅骨品制社会と花郎徒』所収、一九八四年、ソウル、一潮閣）

（5）木下礼仁「『三国遺事』金傅大王条にみえる「冊尚父誥」についての一考察――唐告身との関連性によせて――」（『朝鮮学報』第九十三輯、一九七九年、天理、朝鮮学会）。同「金傅告身について」（『三国遺事考証』中巻、一九七九年、東京、塙書房）。

（6）内藤乾吉「唐の三省」（『史林』第十五巻第四号、一九三〇年／『中国法制史考証』所収、一九六三年、東京、有斐閣）。同「敦煌出土の唐騎都尉秦元告身」（『東方学報』京都第三冊、一九三三年／『中国法制史考証』所収、一九六三年、東京、有斐閣）／大庭脩「唐告身の古文書学的研究」（『西域文化研究』第三、一九六〇年、京都、西域文化研究会）

（7）『新唐書』巻四十六、百官志一。初、唐因隋制、以三省之長、中書令、侍中、尚書令、共議国政。此宰相職也。其後、以太宗嘗為尚書令、臣下避不敢居其職、由是僕射為尚書省長官、与侍中・中書令、号為宰相。其品位既崇、不欲軽以授人、故常以他官居宰相職、而仮以他名。……初、三省長官、議事于門下省之政事堂。其後、裴炎自侍中遷中書令、乃徙政事堂於中書省。開元中、張説為相、又改政事堂、号「中書門下」。

（8）『唐六典』巻八、門下省、侍中条。侍中之職、掌出納帝命、緝熙皇極、総典吏職、賛相礼儀、以和万邦、以弼庶務、所謂佐天子而統大政者也。

（9）『高麗史』巻七十六、百官志一、尚書省条。尚書省、太祖仍泰封之制、置広評省、総領百官。有侍中・侍郎・郎中・員外郎。

（10）本書第三章「高麗時代の銓選と告身」において検討する「慧諶大禅師告身」でも、唐制告身の「月日時都事、左司郎中」に相当する部分は存在しない。

（11）『三国史記』巻三十八、職官志上、執事省条。中侍一人。真徳王五年（六五一）置。景徳王六年（七四七）、改為侍中、位自大阿飡至伊飡為之。／『高麗史』巻七十六、百官志一、門下府条。侍中。成宗置門下侍中。文宗定一人、秩従一品。

（12）国初の官制において「郎中」は広評省以外にも――たとえば兵部などにも――置かれていた。したがって「金傅告身」末尾の「郎中」を広評郎中と決めつけることはできないが、やはり常識的に考えれば広評郎中としてよいであろう。

（13）『高麗史』巻一、太祖世家、元年六月丁巳条。詔曰、……。遂以韓粲金行涛為広評侍中。韓粲黔剛為内奉令、韓粲林明弼為徇軍部令、波珍粲林曦為兵部令、……是皆稟性端方、処事平允、咸従創業之始、倶罄佐命之勲者也。閼粲林積璵為広評侍郎、前守徇軍部卿能駿、倉部卿権寔、並為内奉卿、閼粲金堙、英俊、並為兵部卿、……是皆夙達事務、清謹可称、奉公無怠、敏於決断、允愜衆心者也。……

(14)『三国史記』巻四十、職官志下。内奉省［今都省］。……右、弓裔所制官号。

(15) 朴龍雲『高麗時代史研究の成果と課題』（一九九九年、ソウル、新書苑）、特に第六章「高麗の中央政治機構に対する研究成果と課題」、参照。

(16)『高麗史』巻七十六、百官志一、尚書省条。尚書省、太祖仍泰封之制、置広評省、総領百官。有侍中・侍郎・郎中・員外郎［太祖時、又有内奉省。『三国史』云、「内奉省、即今都省。」沿革与此不同］。成宗元年（九八二）、改広評省、為御事都省。十四年（九九五）、改尚書都省。

(17)『高麗史』巻七十七、百官志二、外職、西京留守官条。太祖五年（九二二）、置廊官［廊者官名、方言曹設］、侍中一人、侍郎二人、郎中二人、上舍一人、史十人。衙官［衙亦官名、方言豪幕］、［令］具壇一人、卿二人、監一人、粲一人、理決一人、評察一人、史二人。兵部、令具壇一人、卿一人、大舍一人、史二人。

(18) 同右。

(19)『漢書』巻五十二、竇嬰伝、顔師古注、「廊、堂下周屋也。」

(20)『高麗史』巻二、太祖世家、十七年夏五月乙巳条。幸礼山鎮、詔曰、「……王親権勢之家、安知無肆暴陵弱、困我編氓乎。予以一身、豈能家至而目覩、小民所以末由控告、呼籲彼蒼者也。宜爾公卿将相、食禄之人、諒予愛民如子之意、矜爾禄邑編戸之氓。若以家臣無知之輩、使于禄邑、惟務聚斂、恣為割剥、爾亦豈能知之。雖或知之、亦不禁制、民有論訴者、官吏徇情掩護。怨讟之興、職競由此。……」

(21)『高麗史節要』巻一、太祖十七年夏五月条。幸礼山鎮、下令曰、「……其衙内無知之輩、使于禄邑、務聚斂割剥、爾亦豈能知之。……」

(22)『高麗史』巻二、太祖世家、十八年六月条。甄萱与季男能乂、女哀福、嬖妾姑比等、奔羅州、請入朝。遣将軍庾黔弼、大匡万歳、元甫香乂、呉淡、能宣、忠質等、領軍船四十余艘、由海路迎之。及至、復称萱為尚父、授館南宮、位百官上、賜楊州為食邑、兼賜金帛、奴婢各四十口、廐馬十匹。以先降人信康為衙官。

(23) 朝鮮総督府編『朝鮮語辞典』の「東軒」の項に「守令の執務する室」とあり、「内衙」の項に「地方官衙の内舍（俗称、内東軒）」とある。

(24) 同右に「衙禄」を「守令の眷属に官給する食料」といい、「衙禄田」を「結税を守令の俸禄として給する田土」という。
(25) 『高麗史』巻九十二、王式廉伝、参照。
(26) 『高麗史』巻一、太祖世家、元年六月乙丑条。詔曰、「為国当務節倹、民富倉実、雖有水旱饑饉、不能為患。所有内荘及東宮食邑、積穀歳久、必多朽損。其以内奉郎中能梵、為審穀使。
(27) 新羅時代の執事省に関しては次の研究がある。李基白「稟主考」、同「新羅執事部の成立」、同「新羅下代の執事省」(いずれも『新羅政治社会史研究』所収、一九七四年、ソウル、一潮閣)
(28) 『三国史記』巻三十九、職官志中、内省条。私臣一人。真平王七年(五八五)、三宮各置私臣。大宮、和文大阿湌。梁宮、首肸夫阿湌。沙梁宮、弩知伊湌。至四十四年(六二二)、以一員兼掌三宮。位自衿荷至太大角干。惟其人則授之。亦無年限。景徳王、又改為殿中令、後復称私臣。/『三国史記』巻四、新羅本紀、真平王四十四年、二月条。以伊湌龍樹為内省私臣。初、王七年、大宮・梁宮・沙梁宮三所、各置私臣。至是、置内省私臣一人、兼掌三宮。
(29) 『三国史記』職官志は新羅の官制を内廷官と外廷官に二分し、執事省(高麗の広評省)を外廷の筆頭機関として、また内省(高麗の内奉省)を内廷の筆頭機関として記述しているが、このように内廷と外廷とを截然と区別するのは、必ずしも新羅時代の官制の実態とはいえない。恐らくそれは『三国史記』の撰者(高麗・仁宗朝の金富軾)の史観に基づく後世の分類にすぎないであろう。
(30) 『三国史記』巻六、新羅本紀、文武王二年二月条。論功、中分本彼宮財貨・田荘・奴僕、以賜庾信・仁問。
(31) 『三国史記』巻三十九、職官志中。内司正典、景徳王五年置。十八年、改為建平省。後復故。議決一人、貞察二人、史四人。/『三国史記』巻九、新羅本紀、景徳王七年八月条。始置貞察一員、糾正百官。
(32) 『高麗史』巻一、太祖世家、元年六月丁巳条。前広評史倪言為内奉理決、内奉史曲矜会為評察。
(33) 唐の後宮にも「宮正・司正・典正」などの宮官の職が置かれ、内廷において「戒令・糺禁・謫罰」の事を掌っていた(『唐六典』巻十二、宮官条)。もっとも、これらは女官であるが、高麗の「理決・評察・史」などは、もちろん男性の官職である。
(34) 『高麗史』巻九十二、裴玄慶伝。太祖以青州人玄律為徇軍郎中。玄慶与崇謙、駁曰、「往者林春吉、為徇軍吏、図為不軌、事泄伏辜。此乃典兵権而恃本州故也。今又以玄律為徇軍郎中、臣等窃惑之。」太祖善之、改授兵部郎中。
(35) 『高麗史』巻七十六、百官志一、兵曹条、注。太祖元年(九一八)、有徇軍部令・郎中。十六年(九三三)、有兵禁官郎中・

史。光宗十一年（九六〇）、改徇軍部為軍部。其職掌未詳。疑皆是掌兵之官。後並廃之。

(36) 同右。

(37) 礪波護「唐の三省六部」（『唐代政治社会史研究』所収、一九八六年、京都、同朋舎）

(38) 『三国遺事』巻一、真徳王条。王之代、有閼川公、林宗公、述宗公、虎林公［慈蔵之父］、廉長公、庾信公、会于南山于知巌、議国事。……新羅有四霊地、将議大事、則大臣必会其地謀之、則其事必成。

(39) 『新唐書』巻二百二十、東夷、新羅伝。官有宰相、侍中、司農卿、太府令、凡十有七等、第二骨得為之。事必与衆議、号『和白』、一人異則罷。

(40) 李基白『新羅政治社会史研究』（一九七四年、ソウル、一潮閣）。特に同書所収の「大等考」及び「上大等考」、参照。

(41) 前掲注（39）、参照。

(42) 『三国史記』巻三十八、職官志上、兵部条。兵部令一人。法興王三年（五一六）、始置。真興王五年（五四四）、加一人。太宗王六年（六五九）、又加一人。位自大阿飡至太大角干為之。又得兼宰相・私臣。
（兵部令が宰相・私臣を兼任するのは、戦時体制における軍令権の強化のために、「和白」会議の議長権、及び王室の経済基盤の管理権を一元化する意図であろう。）

(43) 前掲注（40）、参照。

(44) 『三国史記』巻三十八、職官志上、執事省条。中侍一人。真徳王五年（六五一）置。景徳王六年（七四七）、改為侍中、位自大阿飡至伊飡為之。／『三国史記』巻三十八、職官志上、大輔条。儒理王九年（三二）、置十七等。一曰伊伐飡、……五曰大阿飡。従此至伊伐飡、唯真骨受之。他宗則否。

(45) 『三国史記』巻三十八、職官志上、執事省条。典大等二人。真興王二十六年（五六五）置。景徳王六年（七四七）、改為侍郎。位自奈麻至阿飡為之。

(46) 『三国史記』巻三十八、職官志上、兵部条。兵部令一人。法興王三年（五一六）、始置。真興王五年（五四四）、加一人。太宗王六年（六五九）、又加一人。位自大阿飡至太大角干為之。又得兼宰相・私臣。

(47) 『三国史記』巻三十九、職官志中、内省条。卿二人。位自奈麻至阿飡為之。

(48) 『三国史記』巻三十九、職官志中、詳文師条。詳文師。聖徳王十三年（七一四）、改為通文博士。景徳王又改為翰林。後置学士。

(49) 同右。所内学生。聖徳王二十年（七二一）、置。

(50)『高麗史』巻九十三、崔承老伝。崔承老、慶州人。父殷含、仕新羅、至元甫、久無嗣、祷而生承老。性聡敏好学、善属文。年十二、太祖召見、使読『論語』、甚嘉之、賜塩盆、命隷元鳳省学生、賜鞍馬、例食二十碩。自是委以文柄。

(51)『高麗史』巻一百二十七、叛逆、桓宣吉伝。桓宣吉、与弟香寔、倶事太祖、有翊戴功。太祖拝宣吉馬軍将軍、委以腹心、常令率精鋭、宿衛。其妻謂曰、「子、才力過人、士卒服従、又有大功、而政柄在人、可不懊乎。」宣吉心然之、遂陰結兵士、欲伺隙為変。馬軍将卜智謙、知之密告。太祖以跡未形、不納。一日、太祖坐殿、与学士数人、商略国政。宣吉与其徒五十余人、持兵、自東廂、突入内庭、直欲犯之。太祖策杖立、厲声叱之曰、「朕雖以汝輩之力至此、豈非天乎。天命已定、汝敢爾耶。」宣吉見太祖辞色自若、疑有伏甲、与衆走出。衛士追及毬庭、尽擒殺之。香寔後至、知事敗、亦亡。追兵殺之。

(52)『高麗史』巻二、恵宗世家、元年十二月条。翰林院令、平章事崔彦撝卒。

(53)『韓国金石全文』一六四、驪州高達院元宗大師慧真塔碑（光宗二十六年、九七五）に、「光禄大夫、太丞、翰林学士、内奉令、前礼部使、参知政事、監修国史、臣金廷彦、奉制撰」とある。

(54)『高麗史』巻一、太祖世家、十三年三月戊辰条。以白書省郎中行順・英式、為内議舎人。

(55)『高麗史』巻二、太祖世家、二十六年五月丁酉条。百官列位於内議省門外。

(56)『韓国金石全文』一六二、聞慶鳳巌寺静真大師円悟塔碑（光宗十六年、九六五）に、「内議令、太相皇甫□□」とある。なお、同書一六六、槐山覚淵寺通一大師碑（推定光宗朝）の陰記には「内（儀）〔議〕省令匡謙。内奉省令俊弘。侍中仁奉。侍郎昕譲、尹謙」とあるが、このうち内議省令の匡謙とは、恐らくは『高麗史』巻九十三、徐弼伝に見える宰臣「皇甫光謙」その人であり、さらにはこの聞慶鳳巌寺静真大師円悟塔碑（光宗十六年）に見える「内議令、太相皇甫□□」も、恐らくは「皇甫光謙」その人にほかなるまい。

(57)『高麗史』巻二、光宗世家、十六年、春二月条。加子伷元服、立為王太子、〔都督〕内史諸軍事、内議令、正胤。宴群臣于長生殿。
（右に「内史諸軍事」とあるが、ここで「内史」というのは秦制の内史と同様、首都圏の意、「内史諸軍事」とは「都督内史諸軍事」の意で、王太子に首都圏の軍政権・軍令権を委ねるという意味の形式的な称号であろう。）

(58)『高麗史』巻二、光宗世家、十六年秋七月丙午条。内議令徐弼、卒。

(59)『高麗史』巻九十三、徐弼伝。徐弼、利川人。性通敏、始以刀筆進、累官至大匡・内議令。光宗賜宰臣王咸敏、皇甫光謙、及弼金酒器。弼独不受曰、「臣謬居宰輔、已叨寵恩、又賜金器、愈懼踰分。且服用明等衰、奢倹関理乱、臣用金器、君将何用。」光宗曰、「卿能不以宝為宝、予当以卿言為宝。」

(60)『高麗史節要』巻二、成宗元年三月条。改百官号。以内議省為内史・門下、広評省為御事都省。

(61)『高麗史』巻二、景宗世家、元年十一月条。以荀質・申質為左右執政、皆兼内史令。

(62)『高麗史』巻九十二、崔知夢伝。成宗元年（九八二）、加左執政、守内史令、上柱国、賜弘文崇化致理功臣号、爵其父母。三年（九八四）、知夢年七十八、三上表乞骸、不允。又上書固請。乃命除朝参、赴内史房、視事如旧。

(63)『三国史記』巻三十九、職官志中、内省条。景徳王十八年（七五九）、改為殿中省。後復故。

(64)『高麗史』巻七十八、食貨志一、田制、田柴科、景宗元年十一月条、参照。

(65)『三国史記』巻四十、職官志下。内奉省［今都省］。……右弓裔所制官号。

(66)『高麗史』巻五、顕宗世家、二十年秋九月乙亥条に、「教曰、近聞宮院所属荘戸、徭役煩重、民不聊生。殿中省、検覈存恤」とあるから、殿中省は王室及び王族の家産（荘戸）の管理を担当していたことがわかる。また『高麗史』巻二十、明宗世家、十一年六月条に、「是月、殿中省奉詔遣使、賜酒果于上将軍致仕宋慶宝私第」とあり、『高麗史』巻六十八、礼志十、嘉礼、老人賜設儀に、「其宰枢・三品致仕官、毎四季月、殿中省、奉詔遣使、具公服、齎賜酒果于私第」とあるから、殿中省は王室の家政の管理機関として諸官人への賜物の出納を掌っていたこともわかる。

(67)高麗前期の宰相府が「内史門下（後に中書門下）」と呼ばれていたことは、次の諸史料の存在によって明らかである。『高麗史』巻六、靖宗世家、八年三月乙巳条。内史門下奏請、「御殿視朝之日、令百官、各自奏対。」従之。／同、巻七、文宗世家、五年四月庚子条。内史門下奏、「重興・大安・大雲等寺、創新補旧、土木興役、……」／同、巻七、文宗世家、五年四月丁未条。内史門下奏、「制皇甫延為鷹揚軍大将軍、兼摂大府卿、……」／同、巻六十一、礼志三、吉礼、太廟・別廟・景霊殿・諸陵条。（靖宗）八年三月戊申、尚書礼部奏、「今四月、当行禘祫。而二十一日、将行王后封礼。其禘祫、請行摂事。」内史門下奏、「禘祫、固有定期。封冊、自可従宜。請先行禘礼。」従之。／同、巻七十三、選挙志一、科目一、文宗九年十月条。内史門下奏、氏族不付者、勿令赴挙。／同、巻九十三、金審言伝。（成宗）九年七月、上封事、王下教褒奨曰、「……其下内史門下、頒示内外司存、依所奏施行。」／同、巻九十三、崔沆伝。文宗十四年（一〇六〇）、有孚以司宰卿、出為西京副留守。内史門下奏、「其父沆、在聖考（顕宗）朝、以清節直道、匡扶社稷。国家追念厥功、嘗於玄化寺納財、以供忌斎之費。歳遣有孚、詣寺焼香。其弟永孚、嘗守天安。今有孚又守西都、則深恐忌祭上塚之礼将闕、殆忘其功也。請授有孚三品職、勿令補外。」従之。

(68) 内史省（中書省）と門下省が、それぞれ別個の庁舎を持っていたことは、『高麗図経』の次の記述によって明らかである。『宣和奉使高麗図経』巻十六、官府、台省条。自尚書省之西、春宮之南、前開一門、中列三位、中為中書省、左曰門下省、右曰枢密院。即国相平章・知院治事之所。／また、内史省（中書省）と門下省が、それぞれ別個の機関であったことは、『高麗史』の次の記述によって明らかである。『高麗史』巻九十九、文克謙伝。明年（明宗十六年、一一八六）、兼中書・門下両省、判兵部事。尋権判尚書吏部事。

(69) 『高麗史』巻三、成宗世家、二年五月甲子条、……始定三省・六曹・七寺。／「六曹」とは御事選官・御事民官・御事礼官・御事兵官・御事刑官・御事工官の六つをいい、「七寺」とは礼賓省・衛尉寺・司宰寺・太僕寺・太府寺・少府監・将作監の七つをいう。さらに、高麗では秘書省・殿中省・国子監を「三監」と称している（『高麗史』巻七十二、輿服志、百官儀従条、及び『高麗史』巻八十、食貨志三、禄俸、文武班禄条、参照）。

(70) 『高麗史』巻七十六、百官志一、密直司。成宗十年（九九一）、兵官侍郎韓彦恭、使宋、還奏、「宋枢密院、即我朝直宿員吏之職。」於是、始置中枢院。

(71) 李基東「羅末麗初近侍機構と文翰機構の拡張」（『新羅骨品制社会と花郎徒』所収、一九八四年、ソウル、一潮閣）

# 第二章　高麗睿宗朝における意思決定の構造

粛宗九年（一一〇四）二月初八日（壬子）、曷懶甸《ハラン》女真（三十部女真）の支配権をめぐって利害の対立していた高麗国と完顔部女真の両勢力は、高麗の東北辺境である定州の関外において互いに軍事衝突し、高麗は二たび戦って二たび敗績した。この第一次の女真戦争を史乗に「甲申の役」と呼ぶ。次いで睿宗二年（一一〇七）十二月十四日（乙未）、高麗は再び曷懶甸に侵攻し、この地を平定して九つの城鎮を築いたが、たちまち完顔部女真の反撃を受け、睿宗四年（一一〇九）七月初三日（丙午）、ついに曷懶甸からの全面的な撤退を表明した。この第二次の女真戦争を史乗に「九城の役」と呼ぶ。

これら十二世紀初頭における高麗の一連の女真戦争に関しては、池内宏氏の古典的労作「完顔氏の曷懶甸経略と尹瓘の九城の役」(1)に詳しい。池内氏の研究は「九城の役」に関する歴史地理的な考証を主眼とするが、本章ではそれとは別の観点から、上記の一連の女真戦争を素材として高麗国における意思決定のあり方を考察してみることにしよう。

前近代における専制国家一般の場合と同様に、高麗国においても国家としての最高意思は、最終的には国王一個人によって決定されていた。しかし国王の意思決定に際しては、それが国政上の重要案件である場合、あらかじめ支配階級一般の意思を集約しておくために、各級の貴族・官人層を召集した一種の諮問会議を開催するという慣例があり、この種の会議の存在は——もとより君主権に従属する未分化・未確立の存在にすぎず、これを「議会」と呼ぶことはできないにしても——国王の意思決定を一定程度、誘導ないし規定する役割を果たしていたという意味において、高麗の政治制度上、極めて重要な意義を有していたと評価しなければならない。

本章の課題はこの種の会議の開催形態を高麗官僚機構の内部構造に即して分析し、それを類型化していくことにある。(2) その際、はじめに挙げた一連の女真戦争は、恐らくはこの課題に対して最も適切な素材を提供してくれることであろう。なぜといって、高麗国という一つの権力体が、その命運をかけた意思決定に臨むとき、そこには権力体の持つ組織構造の特質が最も典型的な形をとって表れてくるにちがいないからである。

## 第一節　宰臣と枢密

本節ではまず「九城の役」に至るまでの戦局の推移を概括し、そこから浮かび上がってくる高麗国の意思決定の構造について検討してみることにしよう。

これより先、「甲申の役」で女真族に敗北した粛宗は、

今もし醜類を掃蕩せば、即ち賊境において城堡を築設し、寺宇を創り、仏法を恢張せん。(3)

との誓願を立て、尹瓘の建言によって「別武班」を創設するなど、着々と戦争の準備を進めていた。しかし粛宗は志半ばにして薨去したため、その父王の志は、年二十八にして即位した新国王・睿宗によって引き継がれる。

睿宗即位年（一一〇五）冬十二月初九日（壬申）、高麗では右散騎常侍柳子維を「東界加発兵馬使」に任命し、内侍・祇候崔弘正をその判官に任命しているが[4]、ここで「加発兵馬使」というのは、戦線における増援部隊の司令官というほどの意味であろう。したがってこの増派の背景には、当然、何らかの軍事的緊張が、このころ高麗と曷懶甸女真との間に発生していたと考えなければならない。このため同十二日（乙亥）に睿宗は、

宰枢を乾明殿に召し、東界の辺事を問う（『高麗史』巻十二、睿宗世家[5]）。

という形で最初の諮問会議を開催し、その協議の結果に基づいて、同十六日（己卯）には大規模な作戦軍（行営）の編成を発令している[6]。ただしこの度の軍事衝突は、何らかの折衝によって一旦は回避されたものらしい。

次いで睿宗二年（一一〇七）冬閏十月、曷懶甸女真との関係は再び緊張を示し、事態は「九城の役」へと急展開していくことになる。

辺将報ずらく「女真強梁、辺城に侵突す。その酋長、一胡蘆を以て雉尾に県けて諸部落に転示し、以て事を議す。その心測りがたし」と。王これを聞き、重光殿の仏龕に蔵する所の粛宗の誓疏を出して、以て両府大臣に示す。大臣奉読し、涕を流して曰く、「聖考の遺旨、深切なることかくの若し。其れこれを忘るべけんや」と。乃ち書を上り、先志を継いでこれを伐たんことを請う。王猶豫して未だ決せず。平章事崔弘嗣に命じて大廟に筮《うらな》わしめ、「坎の既済に之《ゆ》く（坎之既済）」に遇う。遂に議を定めて師を出し、瓘を以て元帥と為し、知枢密院事呉延寵をこれに副とす（『高麗史』巻九十六、尹瓘伝[7]）。

この大廟の占いによって出師を決定した睿宗は、その後、陰陽師（日官）の進言によって一旦西京（今の平壌）に行幸し、同十二月初一日（壬午）、高句麗の旧都であるこの地において、正式に曷懶甸女真への侵攻作戦を発

令する。[8] それは父王粛宗に対する三年喪の満了した、まさしくその忌明けを期しての出来事であった。[9]

ここに「九城の役」の劈頭を飾る高麗軍の快進撃が始まるわけであるが、その戦局の推移については上述した池内氏の研究に譲り、ここでは国王による開戦の意思決定を輔弼した「宰枢」、すなわち「両府大臣」の存在について検討したい。[10]

中国唐宋の官制を継受した高麗では、国王の意思決定を輔弼する議政機関として「中書門下」及び「枢密院」（もとの中枢院）という二つの宰相府が存在し、このうち、中書門下の宰相は「宰臣」と呼ばれ、枢密院の宰相は「枢密」と呼ばれていた。「宰枢」とは、この「宰臣」と「枢密」の並称にほかならない。また中書門下と枢密院は、これを並称して「両府」という。したがって「両府大臣」とは中書門下と枢密院の、両府の宰相の謂にほかならない。そうしてこれらの「宰枢（両府大臣）」こそは、国王の意思決定を直接に輔弼する存在として位置づけられていたのである。

以上に述べた事柄は、これを各種の儀礼史料に即しても具体的に確認することができる。

大観殿陳設。前一日、尚舎局、王座を大観殿に鋪すること常儀の如くす。……門下侍中・門下侍郎・中書侍郎の位を王座の東南、西向、北上に設け、枢密の位を王座の西南、東向、北上に設く（『高麗史』巻六十五、礼志七、嘉礼、冊王妃儀）。[11]

大観殿陳設。前一日、尚舎局、王座を大観殿に設くること常儀の如くす。……宰臣の位を王座の東南、西向、北上に、枢密の位を王座の西南、東向、北上に設く（『高麗史』巻六十六、礼志八、嘉礼、王太子加元服儀）。[12]

王宮の正殿（正衙）である大観殿（旧称乾徳殿）に出御して南面して坐した国王に対し、中書門下の宰相（宰臣）

が王座の東南、西向きに、北を上座として位置を占め、他方、枢密院の宰相（枢密）は王座の西南、東向きに、北を上座として位置を占める——こうした儀注のあり方は、国王を輔弼してその意思決定を導く宰枢（両府大臣）の位置づけを、可視的な形で最もわかりやすく表現してくれている。

このうち中書門下の宰相（宰臣）は、上記の二史料の比較から明らかなとおり、狭義には門下侍中、門下侍郎、中書侍郎の三員を指す。唐制、宰相府は三省の長官、すなわち尚書令・門下侍中・中書令によって構成されていたが、後には尚書令は闕官とされ、他官が平章事（同中書門下平章事）の官銜を帯びて宰相の職事を代行するようになった。これと同じように、高麗でも尚書令は宗室諸王に与える名誉職とされ、さらに中書令も致仕宰臣に与える名誉職とされていたから、結局、三省の長官のなかでも実質的には門下侍中のみが宰臣となり、その他は他官が平章事（同中書門下平章事）の官銜を帯びて宰相の職事を代行するようになっている。高麗ではこの平章事に任命されるものが、実質上、門下侍郎・中書侍郎の二官に限定されているため（あるいは逆に言うと、平章事に任命されるものは、すべて門下侍郎・中書侍郎のいずれかの官職を兼帯するため）[13]、結局は門下侍中、門下侍郎・平章事、中書侍郎・平章事の三つが狭義の「宰臣」として位置づけられる。これらは宋制の「真宰」に相当する。

もっとも現実の政局運営に当たっては、これらの真宰（侍中・平章事）以外にも、僕射・尚書クラスの官人が中書門下の議事に参与する場合があり、かれらには「参知政事」、「政堂文学」、「知門下省事」などの、各人の資格に応じた官銜が兼職として与えられる。これらは宋制でいう「執政」に相当する。

ところで上記の諸儀礼の場合、これらの「執政」が「宰臣」の席に就くのか、それともその本官に従って文武の一般官僚の列に就くのか、この点については判然としない。ただし常識的に考えれば、「執政」もまた「真宰」と並んで「宰臣」を構成するのであるから、かれらも「真宰」とともに王座の東南に位置したと考えるのが妥当であろう。

一方、枢密院の宰相（枢密）は、いわば宮中における機密顧問官のような存在である。これには主として僕射、尚書、卿監クラスの官人が任命され、「枢密院使」、「知枢密院事」、「同知枢密院事」、「枢密院副使」などの官銜が、それぞれの資格に応じて兼職として与えられる。また侍郎、少卿監クラスの官人が、特に枢密院の宰相に抜擢された場合には、「枢密院直学士」、「簽書枢密院事」などの官銜が兼職として与えられる。

中書門下、及び枢密院の宰相の定員は、一般に「省五枢七」と言われているが[14]、私見によれば、それは高麗後期の員額であって、少なくとも高麗前期の実際の任官事例を検討した限りでは、宰枢の数は必ずしも「省五枢七」とは言えない。たとえば金縁の「清燕閣記」によれば、睿宗十二年（一一一七）四月甲戌の時点での見任の宰枢は、門下侍中李瑋、門下侍郎李資謙、兼門下侍郎金縁、中書侍郎趙仲璋、参知政事金晙の「五宰」に対して、枢密院使李軌、知枢密院事王字之、同知枢密院事韓安仁の「三枢」のみであり[15]、その他の事例においても枢密院の宰相（枢密）の数は、おおむね二三名にとどまっている。

したがって、高麗前期における宰枢は、中書門下の宰相（宰臣）と枢密院の宰相（枢密）を合わせて概ね八員であり、国王とそれを輔弼するこの八員の存在こそが、高麗における意思決定の構造の中核として位置づけられていたのである。

## 第二節　宰枢と王言

曷懶甸女真に対する「九城の役」は、「宰枢」たちの協賛の意思を踏まえた国王睿宗の意思決定によって発令された。しかし中書門下の宰相（宰臣）と枢密院の宰相（枢密）は、本来、相互に独立した別個の議政機関を構成している。したがって、より一般的な政務の次元――だからこそ、史料としては形に残りにくい次元――においては、両者はそれぞれ別の機能を果たしていたと考えられる。そこで本節では、宰臣・枢密のそれぞれの役割について、「王命の出納」という観点から、さらに考察を深めていくことにしよう。

### (a)　宰臣と制勅

唐制を継受した高麗において、国王の命令文書（いわゆる「王言」）には、「冊書」、「制書」、「勅書」という大別三つの形式があり、これらは総称して「詔書」とも呼ばれていた[16]。このうち「冊書」は王太后・王妃・王太子などの任命（冊立）に際して用いられる多分に儀礼的な様式であるので省略するが、その他の一般の王命文書は、通常「制書」または「勅書」という形態を取って発令されていたのである。

高麗における「制書」、「勅書」の様式は、本書第一章、及び第三章で検討する「告身」の様式からその一斑を窺うことができる。ただし、高麗では「勅」字を「教」字に置き換える慣例があったから、高麗の「勅書」は一般には「教書」と呼ばれ、この「教書（勅書）」がさらに王命一般の意味で「詔書」とも呼ばれていた。

高麗前期の史料に即してこれを例示しておくと、たとえば『東人之文・四六』（巻六、教書）所載の王命文書には、

門下。……宜令所司知委者。

門下。……故茲詔示。想宜知悉。

などの定型文言を持つものと、

教某。……故茲詔示。想宜知悉。

などの定型文言を持つものとの二種類が確認できる。[17] このうち、冒頭に「門下」とあるのは唐制の「制書」の様式であるが、唐制の「制書」は「門下、……主者施行」との首尾の様式を具備するから、[18]『東人之文・四六』に見える上記の文書はそれとは様式を異にしている。一方、『玉海』巻二百二、辞学指南二の「詔」の項に載せる様式では、冒頭に「勅門下」、または「勅某」、末尾に「故茲詔示、想宜知悉」との文言を具備する様式が見えているから、[19] 上記の『東人之文・四六』の王命文書（教書）は、いずれもこの「詔」――厳密には「制書」、または「勅書」――の様式を踏まえているのであろう。

これらの「制書」、「勅書」は、いずれも中書省が起草し、門下省が審議して発令された国王の正規の命令文書である。この場合、中書門下の宰相は、同時に中書省・門下省の長官・副長官を兼ねているから、国王の正規の命令文書（制・勅）は、必ず中書門下の宰相を経由して発令されたということができる。だからこそ、国王の正規の命令文書は、必ず中書門下の宰相と事前に協議したうえで発令されることになっていたのである。

しかし、制書・勅書のような正規の王命文書が作成されるのは、恩赦の発令や宰臣の任免などの特別の場合で、一般の政務についてはこれとは別の様式がとられていた。それは各級行政機関の上奏文に対し、国王がそれに執行の同意を与えることによって成立する、いわば間接命令の形態である。しかも各級の行政機関が作成する行政事務に関する上奏文は、一般には純漢文体の「制書」、「勅書」とは異なり、朝鮮に固有の「吐」を加えた一種の書き下し漢文（吏読文）によって作成されていた。[20]

吏読文による行政文書の実例としては、たとえば元宗朝の「尚書都官貼」という文書の移録文が伝わっているが、この種の吏読文は『高麗史』（またはその原史料としての『実録』）に収録される際に、吏読文の痕跡を示す

「吐」を削除して、一見、純漢文体の文章に書き換えられていることに注意しなければならない。(21)

たとえば『高麗史』巻十二、睿宗世家、元年正月戊戌条に、

礼部奏すらく「両界・三京・三都護・八牧は、元正・冬至及び至元節（王太后柳氏の誕日）に当たるごとに、坤成殿に表賀し、以て恒式と為さん」と。制して可とす。(22)

という記事が見えているが、当時の上奏文は一般に吏読文であったと考えられるから、『高麗史』（ないし『実録』）の撰者はその吏読文の「吐」を削除して、これを純漢文体の文章に書き換えているのであろう。また前述の「尚書都官貼」では、上奏文に対する国王の裁可が「奏に依れ（依奏）」という文言によって示されているが、この種の裁可の文言も、『高麗史』（ないし『実録』）の編纂過程では「制可」、「詔可」または「従之」などの文言に書き換えられていたのであろう。(23)

このうち「制可」の文言は、一見すると唐制の「奏抄」の制度を連想させる。唐制では皇帝の裁可を得た上奏文は、一旦、門下省に送付された後、門下省の審議を経て覆奏され、皇帝による裁可の確認を得た上奏文は、別に門下省において一通を抄写し、侍中が「制可」と注記してこれを付外施行することになっていた。(24) 中国では魏晋以降、皇帝の正規の命令は、（この奏抄を含めて）すべて門下省を経由して発令するシステムになっていたのである。(25)

しかし後述するとおり、高麗において「王命の出納」を掌るのは枢密院の承宣房であり、門下省を経由して出納されるのは、制書・勅書などの正規の王命文書に限られていた。したがって、『高麗史』に「制可」、「詔可」、「従之」などとあるのは、いずれも編纂過程において原史料の「奏に依れ（依奏）」などの文言を書き換えたものにすぎず、これを以て当該の文書が「門下省」を経由して「奏抄」として発令されたと論じることはできないで

あろう。

それでは門下省を経由せず、承宣房を介して宮中において直接出納されていた各級の行政機関の上奏文に対し、中書門下の宰相はこれに全く関与することはできなかったのであろうか。結論からいうと、中書門下の宰相は尚書六部の判事を兼ね、各級行政機関の上奏文、特に六部の上奏文については、すでにその作成段階でこれに関与しているから、唐制における「奏抄」の制度によって、一々これをチェックする必要はなかったのである(26)。

しかも、各級行政機関の上奏文に対し、国王がその判断に迷った場合には、国王は必ず中書門下にその案件を差し下し、宰臣の意見を踏まえて意思決定を行うことになっていた。

(靖宗八年三月初五日) 戊申、(a)尚書礼部奏すらく、「今四月、当に禘祫を行うべし。而るに二十一日、将に王后冊封の礼を行わんとす。その禘祫は、請うらくは摂事を行われよ」と。(b)内史門下奏すらく、「禘祫は固より定期有り。封冊は自ずから宜しきに従うべし。請うらくは先に禘祫を行われよ」と。(c)これに従う(『高麗史』巻六十一、礼志三、吉礼、太廟・別廟・景霊殿・諸陵条(27))。

(明宗十四年十一月) 己亥。(a)初め、礼官奏すらく、「仲冬は乃ち王太后の忌日なり。請うらくは孟冬において八関会を行われよ」と。(b)王以て相府に問う。参知政事文克謙曰く、「礼官の奏する所は許すべからず」と。(c)これに従う(『高麗史』巻六十四、礼志六、凶礼、国恤条(28))。

右の引用文中、「内史門下」とあるのは「中書門下」の旧称であり、「相府」というのは宰相府、つまり「中書門下」のことにほかならない。このように各級行政機関からの上奏文も、重要案件については必ず中書門下の宰相の意見を踏まえ、そのうえで国王による最終的な意思決定が行われることになっていたのである。

### (b)　枢密と宣（宣旨）

国王の正規の命令（制・勅）は、必ず中書門下の宰相（宰臣）を経由して発令されることになっていた。これに対して枢密院の宰相（枢密）は、これとは別種の王言に関与していたと考えられる。この点についてまず確認しておかなければならないのは、高麗において「王命の出納」を掌る機関が門下省ではなく、枢密院の事務局である「承宣房」であったという事実である。

> 本国の法、王命を出納するに、内に中貴（宦官）三四人あり、これを「辞」と謂う。外に近臣四人有り、これを「承宣」と謂う（『高麗史』巻一百二十五、姦臣、呉潜伝[29]）。
>
> 国制、知申事一人、承宣四人、位皆三品を過ぎず、更日に入直し、報平（報平庁）に執礼す。王命を出納し、片言といえども敢て自らは発せず。これを「龍喉」と謂い、また「内相」と謂う（『高麗史』巻四十三、恭愍王世家、二十年七月己卯条、羅州牧使李進修上疏[30]）。

右の引用文中、「知申事」、「承宣」というのは、それぞれ枢密院（後の密直司）に当直する国王の機密秘書官のことで、その筆頭である「知申事」は事元期以前には「知奏事」と呼ばれていた。この引用史料にも見られるとおり、国王の命令はまず宮中の宦官（辞）を通して枢密院の「承宣房」（知奏事・承宣の詰め所）に伝達され、承宣房を経由して各級の行政機関へと直接伝達されることになっていた。逆に、各級の行政機関の上奏文は、まず枢密院の承宣房に提出され、承宣房から宮中の宦官（辞）を通して国王のもとに届けられる。枢密院の承宣房は宮中の国王と外廷の百官とを結ぶ伝達の環であり、だからこそ知奏事・承宣は国王づきの機密秘書官として、外廷の宰相に匹敵する宮中の宰相（内相）とも呼ばれていたのである。

なお、知奏事・承宣の職掌を示す成語として、史料にはしばしば「出納惟允」という言葉が見えている[31]。これは『尚書』舜典に、

帝曰く、「龍よ、……汝を命じて納言となす。夙夜に朕《わ》が命を出納して惟《こ》れ允《まこと》あれ[32]。」

とあることに基づくもので、先の引用文中、知奏事・承宣が「龍喉」と呼ばれ、また「王命を出納」すると言われているのも、この『尚書』舜典の故事に基づいている。

唐制、「王命の出納」を掌る機関は「門下省」であったが、高麗の門下省は「制書」、「勅書」などの正規の王命文書を出納するにすぎず、一般の上奏文については門下省に代わって枢密院の承宣房がその職掌を代行した。このように、高麗の枢密院（具体的には枢密院の承宣房）が「王命の出納」を掌っていたことは、直接には中国唐宋時代の枢密院の制度に倣ったものと考えられる。

唐・代宗・永泰中、「内枢密使」を置き、始めて宦者を以てこれと為す。……その職掌は、ただ表奏を承受して内中において進呈し、若し人主に処分する所あれば、即ち中書門下に宣付して施行せしむるのみ（『文献通考』巻五十八、職官考十二、枢密院[33]）。

右は唐制における枢密院の原初的なあり方を述べた史料であるが、これを見ると、高麗の枢密院は宦官ではなく士人の職であるから、この点については両者は決定的に相違しているものの、それが「王命の出納」を掌る機関であったという点では、両者は共通する性格を有している。

もちろん君主の正規の命令は、本来、門下省を経由して施行されることになっていた。したがって、人主が

「処分」を下した場合には、枢密院はそれを門下省――実際には宰相府としての中書門下――に宣付しなければならない。ところが宮中において枢密院の権限が拡大すると、やがて人主の「処分」は中書門下を経由せず、枢密院から直接、外廷の官僚機構へと伝達されるようになっていった。

後唐・荘宗に至りて、枢密使を復し、郭崇韜・安重誨を以てこれと為し、始めて政事を分領す。中書を関《とお》さずして、直ちに行下する者は、これを「宣」と謂う。中書の「勅」の如きなり（『夢渓筆談』巻一、故事）。[34]

五代以降、枢密院を経由する「宣」の命令は、主として機密・迅速を要する軍事命令において多用され、このため「宣」の出納を掌る枢密院は、中国では軍政を統轄する最高機関として位置づけられることになった。これに対し、高麗の枢密院は必ずしも軍政には特化していないが、その職掌は基本的には中国の枢密院と同じであろう。つまり、中書門下を経由する国王の正規の命令（制・勅）に対し、それ以外の雑多な命令で中書門下を経由することを要しないものや、逆に重要であるからこそ機密・迅速を要する軍事命令などについては、高麗でも国王の「宣」として、枢密院から外廷の官僚機構へと直接伝達されていたのである。

令を出だして「教」と曰い、「宣」と曰う。臣民これを呼びて「聖上」と曰い、私に謂いて「厳公」と曰う。后妃を「宮主」と曰う。百官の名称、階・勲・功臣・検校、頗る中朝と相類す（『宋史』巻四百八十七、外国三、高麗伝）。[35]

右の中国史料の記述によれば、高麗の王命には「教」と「宣」との二種類があった。このうち「教」というのは中書門下を経由する「勅」のことで、高麗では「勅」字を「教」字に置き換えて使用している。[36]これに対し、「宣」というのは枢密院より直接発令される王命のことで、それは文字どおりの「口宣（口頭の伝達）」の場合もあれば、口宣を文書化した「宣旨」の場合もあった。

（文宗三十五年十二月）癸亥。知太史局事梁冠公、奏すらく「宣を奉じて来る壬戌年（一〇八二）の暦日を勘進するに、並びに疑誤なし。ただ臘日は、……請うらくは有司に委して詳定せしめ、然る後施行せられよ」と。制して可とす（『高麗史』巻九、文宗世家）[37]。

右の引用文中、太史局の奉じた「宣」というのは、枢密院承宣房を経由して太史局に下された略式の王命で、その内容は「来る壬戌年（一〇八二）の暦日を勘進する」という日常的な業務命令にすぎない。この場合の「宣」が口頭の「宣（口宣）」であったのか、それとも文書化された「宣（宣旨）」であったのかは判然としないが、いずれにしても宮中で使用されるさまざまな物品の出納は、そのほとんどがこの枢密院の「宣」によって施行されていたのであろう。

また国家の正規の会計とは別に、宮中の需要に応じて州郡に「徴求」を行う場合にも、中書門下を経由する「制・勅」とは別に、枢密院を経由する「宣旨」の王命が下されていた。

旧制、凡そ命令徴求には必ず「宣旨」を下す。王、即位してより以来、宣旨しばしば下り、州郡迎命に疲る。槢（李槢）建白すらく、「小事は宣旨を煩わすに足らず。宣旨の至る所、必ず香を焚きて命を迎う。請う、承宣をして王旨を奉じて書を為り、紙尾に署名せしめて、これを『宣伝消息』と謂わん」と。ここにおいて消息蜂午し、州郡これに苦しむ（『高麗史』巻一百二十三、嬖幸、李汾禧伝附、李槢伝）[38]。

右の史料によれば、「宣旨」を簡略化した文書である「宣伝消息」は承宣が起草し、承宣の署名によって発令されているが、そのことは「宣伝消息」のみならず、「宣旨」そのものについても承宣がこれを起草していたこ

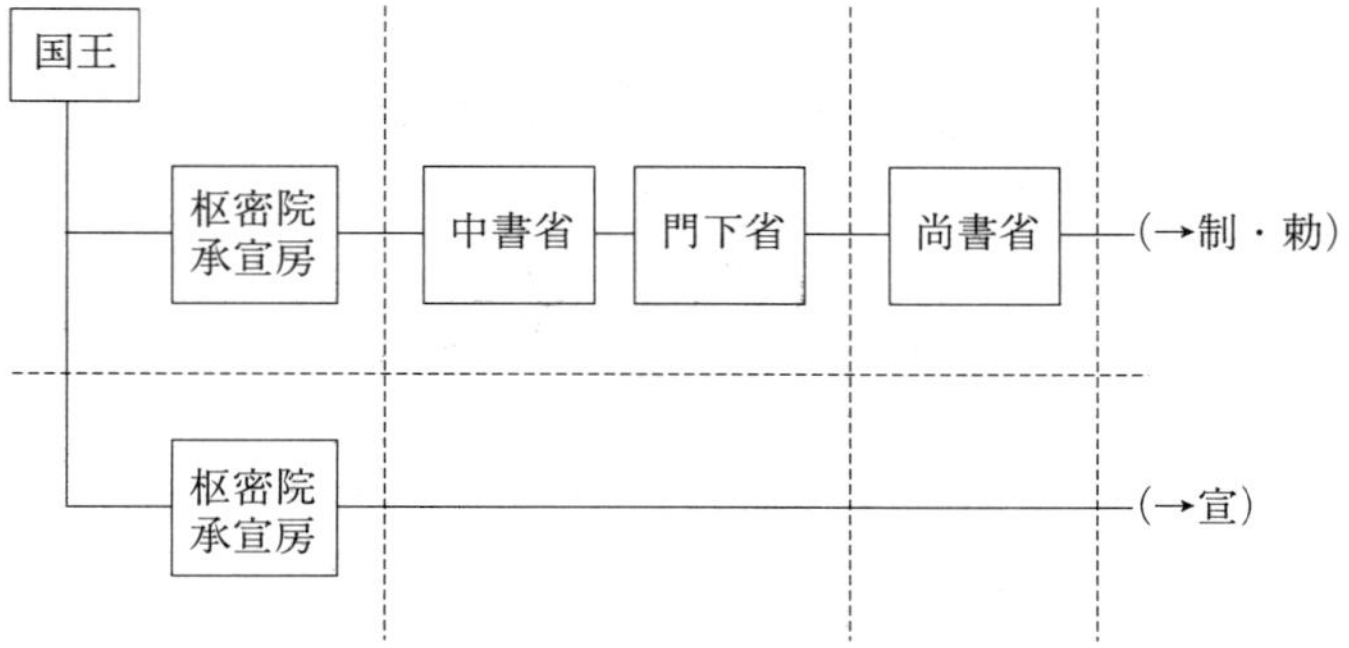


図2-1　王命の出納

とを示唆している。[39] 恐らく、「宣旨」は承宣が起草して国王の御宝を捺して発令し、「宣伝消息」の場合は国王の御宝に代えて、承宣がその紙尾に署名して発令することになっていたのであろう。

以上は中書門下を経由することを必要としない雑多な命令事項の場合であるが、次の史料では、本来「制書」によって施行すべき「赦宥」についても、国王はこれを「宣旨」によって施行している。

> 王将に肆赦せんとし、宰枢を召して議せしむ。宝嗣（崔宝嗣）以て不可と為す。王曰く「……国家の急、まさに今日に在り。肆赦して以て衆心を安んぜんと欲するに、卿独り何の心ありてか以て不可と為すや」と。宰枢皆慚懼して退く。乃ち宣旨を下して曰く、……（『高麗史』巻十三、睿宗世家、四年五月癸丑条）[40]。

「肆赦」とは恩赦の発布のことで、これは唐制では「制書」による発令事項に属していた[41]。しかし、ここでは国王と宰枢との事前の協議が不調に終わったために、中書門下を経由する「制書」の作成手続きを省略し、略式命令としての「宣旨」を枢密院の承宣房から直接発令しているのである（図2-1　王命の出納）[42]。

このように、枢密院の「宣（宣旨）」は国王の個人的な意思に基づく略式の命令として、中書門下を経由することを要しない雑多な命令、あるいは機密・迅速を要する重要事項に関する命令に使用されていた。そうしてそれは中書門下を経由せずに、宮中から直接施行されていたから、中書門下の宰相はそれについて事後的に報告を受けるだけで、当該命令の発令過程には直接関与することはできなかったのである。

この場合、「宣」の出納、及びその起草を掌る知奏事・承宣は、「片言といえども敢て自らは発せず」というのが建前であり、かれらは単なる伝達者にすぎない。したがって「宣（宣旨）」の策定に際して国王の意思決定を輔弼するのは、本来、知奏事・承宣の上司である枢密院の宰相（枢密）の職掌であったのであろう。

ただし、高麗後期の史料を見ると、枢密院の宰相は一種の無任所の宰相であり、それがほとんど閑職と化していたことは間違いない。たとえば明宗朝の権臣宋有仁は、

枢密は侍従の官なり、久しく処るも益なし。唯だ尚書省にのみ処るべし。(43)

といって、わざわざ宦官に賄賂を送って枢密院から尚書省（僕射）に転出している。また高宗朝の功臣・柳璥は、承宣から「簽書枢密院事」に昇進して枢密院の宰相となったことで、その実、承宣としての実権を剥奪されたといわれている。(44)

この場合、枢密院の宰相は「宰枢会議」における諮問要員としてのみ位置づけられ、承宣房を経由する「宣」の発令については、直接これに参与することはできなかったと考えざるを得ない。思うに、武臣政権の成立以降、枢密院の宰相には政策立案の能力に劣る武臣たちが数多く任命され、これに伴ってその定員数も「三員」から「七員」へと肥大化するという変化が生じていた。枢密院の宰相の閑職化は、こうした高麗後期における武臣の進出によって促され、それに反比例して枢密院承宣房の要職化が進行していったのではあるまいか。

ただし、それは高麗後期（武臣の乱以降）の現象であって、高麗前期における枢密院の宰相は、国王の直近の

「侍従」として「宣（宣旨）」の策定にも直接に参与していたのであろう。

## 第三節　侍臣四品以上

再び「九城の役」の戦局の推移について概観する。西京において曷懶甸平定の作戦軍を派遣した睿宗は、その後、日ならずして戦勝の報に接し、睿宗三年（一一〇八）二月には尹瓘より「平定女真」の表賀を受けた。尹瓘は平定した曷懶甸に「九城」を構築し、同年四月に王京に凱旋したが、このころから完顔部女真は本格的に反撃に転じ、副司令官の呉緑寵は、凱旋早々、鈇鉞を授かって「九城」の救援に向かっている。

その後、睿宗四年（一一〇九）夏五月二十一日（乙丑）、再び総司令官（東界行営兵馬元帥）に任命されて「九城」の救援に向かった尹瓘は、定州行営より吉州城へと向かうその途次において東女真（完顔部女真）の使者と折衝し、その予備的折衝を踏まえて、同六月二十六日（己亥）には東女真の首長の裹弗・史顕らが講和を目的として高麗の王京に来朝する。ここに「九城の役」は、撤退・講和の交渉へと移行していくのであるが、これより先、同二十三日（丙申）には、宮中において各級の官人を召集した予備的な諮問会議が開催されていた。

来朝する東女真の使節が曷懶甸の返還を要請することは目に見えていたが、仮にもその要請を受け入れるとすれば、それは事実上、父王粛宗の遺命を放棄することにほかならない。そうした重大な意思決定に際しては、単に「宰枢」の意見を聴取するだけでなく、より広い基盤に立脚した意思決定のあり方が必要とされる。結論から先に言うと、この時「宰枢」に加えて国王がその意見を聴取したのは、高麗の官僚機構の中でも特に「侍臣」または「侍従」と呼ばれる階層がそれであった。

高麗国王は専制君主としての威厳を保つ必要上、貴族・官人層から自らの存在を隔絶し、貴族・官人らの宮中への出入を制限するとともに、かれらが出入し得る空間をその身分の高下によって分節した。たとえば唐制の「常参官」に当たる職事五品以上（一部、六品以下）の官人は、正衙・大観殿（旧称乾徳殿）における朝会に参与することが許されていたが、それ以外の諸官人――常参官以外の未常参官、すなわち参外官[45]――は、元正・冬至・節日の朝賀、及び毎月三回の大朝賀に際してのみ参内し、しかも正衙・大観殿の殿門外において、遥かに国王に拝礼することしか許されていなかったのである。[46]

ところがこの朝会に際し、「殿庭」に居並ぶ諸官人とは別に、国王の御座近くの「殿階」に座を占める一群の官人たちが存在した。かれらはその文字どおりの意味で「侍臣（または侍従）」と呼ばれ、一般官僚とは異なる特別の待遇を受けていたのである。

中国唐朝の官制では、この「侍臣」の概念を語義としては同様の「供奉官」という概念で規定し、これを、

侍中、中書令、左右散騎常侍、黄門・中書侍郎、諫議大夫、給事中、中書舎人、起居郎、起居舎人、通事舎人、左右補闕・拾遺、御史大夫、御史中丞、侍御史、殿中侍御史

などの諸官人を指すと定義している。[47] それは要するに、門下・中書の両省官、及び御史台官のことを指しているが、高麗の「侍臣」もまた、基本的にはこの唐制の「供奉官」と同様であるといってよいであろう。

諸館殿学士。……率ね皆文臣の才学有る者を選んで入銜兼帯せしめ、以て侍従に備う。……神宗二年（一一九九）、およそ学士の職を帯ぶる者は、並びに侍臣の列に参ずるを許す。旧制、学士を帯ぶといえども、台諫・知制誥にあらずんば、則ち侍従に与かるを得ず。ここに至って中書奏してこれを改む（『高麗史』巻七十六、百官志一、諸館

殿学士[48]。

右の記述によると、崔氏武臣政権時代の神宗二年（一一九九）以降、「諸館殿学士」――ここでは「翰林学士」、「宝文閣学士」以外の、いわゆる「雑学士」を指す――もまた「侍臣（侍従）」の列に加わることを許されるようになったというが、逆にいうと、それ以前には台諫・知制誥でなければ「侍臣（侍従）」の列に加わることはできなかったのである。したがって、台諫・知制誥に任じられることは「侍臣（侍従）」の列に加わるための必須の条件であったといってよいであろう。

このうち「台諫」というのは、御史台官、及び門下・中書の両省官のことで、高麗ではこれを「台省」とも言っている[49]。要は唐制の「供奉官」と同じである。また「知制誥」は他司にあって中書舎人の職掌を代行するもののことで、それには翰林学士・宝文閣学士が兼帯する「内知制誥」と、その他の官人が兼帯する「外知制誥」との区別があった[50]。

なお、台省官と学士・知制誥はいずれも広義には「侍臣（侍従）」と呼ばれていたが、「台省・侍臣」、「台省・侍従」などと併称される場合の「侍臣（侍従）」は、もっぱら学士・知制誥のことを指していると考えられる。ところでこの「侍臣」という言葉は、狭義には特に「四品以上の侍臣」を指して用いられていた。

百官、乾徳殿に詣り、成平節を賀す。宰枢・給舎中丞以上の侍臣を宣政殿に宴す。成平節は王の生日なり（『高麗史』巻七、文宗世家、文宗即位年十二月丙午朔条[51]）。

宣政殿に御し、宰枢・給舎中丞以上の侍臣を召して、親しく辺事を訪う。また台省の諸侍臣、及び〔都〕兵馬判官を乾徳殿に召し、伝宣して訪問す（『高麗史』巻十四、睿宗世家、十一年七月三十日辛酉条[52]）。

右の引用文中、「給舎中丞以上の侍臣」というのは、門下・中書両省の給事中と中書舎人（給舎）、及び御史台の御史中丞など、四品以上の台省の侍臣を指す。したがって、これらの四品以上の侍臣は、国王から「宰枢」に準じる特別の礼遇を受けていたことがわかる。

このほかにも、たとえば『高麗史』睿宗世家にはしばしば国王が「諸王・宰枢・侍従」を宴した旨の記述が見えているが[53]、この場合の「侍従」も正確には「給舎中丞以上の侍臣」、すなわち四品以上の侍臣を指していると考えてよいであろう。

同じことは、これを各種の儀礼史料に即しても確認することができる。

> 閤門、おのおの太子・公侯伯・枢密を引いて階に升り、侍臣これに随う。左右執礼官、太子・公侯伯を承引して殿上の位に就き、枢密及び侍臣の給舎中丞・正四品知制誥、及び待制以上は、上階の位に就く。その中階に在る者は、並びに左右に分かれ、北を以て上と為し、位に就きて立つ（『高麗史』巻六十九、礼志十一、嘉礼雑儀、仲冬八関会儀[54]）。

右の引用文中、「待制」というのは翰林院及び宝文閣の従四品の文翰官であるから、これらは「給舎中丞」（給事中・中書舎人・御史中丞）と同格である[55]。したがって給舎中丞以上、すなわち従四品以上の「侍臣」——ただし「知制誥」については「正四品」以上——は、礼制上、枢密院の宰相（枢密）と同等の待遇を受けていたことがわかる。さらに服飾についてみると、

> およそ帯は、公・侯・伯は、通犀金玉班犀、魚を佩びず。宰臣・枢密は、金玉班犀、及び方団。毬路の文官八座、左右常侍、御史大夫、翰林学士承旨、侍臣三品以上、武官上将軍以上は、金班犀。文武三品、及び侍臣給舎中丞

表２－１　侍臣一覧

| | 【門下・中書両省】 | 【御史台】 | 【諸司知制誥】 | 【翰林院・宝文閣】 |
|---|---|---|---|---|
| 正三品 | 左右散騎常侍 | 御史大夫 | 知制誥（尚書） | 翰林学士 |
| 従三品 | 直門下省 | （知御史台事） | 知制誥（卿監） | 宝文閣学士 |
| 正四品 | 左右諫議大夫 | | 知制誥（侍郎） | 侍講・侍読 |
| 従四品 | 給事中・中書舎人 | 御史中丞 | 知制誥（少卿監） | 直学士・待制 |
| 正五品 | | | 知制誥（郎中） | |
| 従五品 | 起居郎・起居舎人 | 侍御史 | | |
| 正六品 | 左右補闕〔司諫〕 | 殿中侍御史 | 知制誥（員外郎） | |
| 従六品 | 左右拾遺〔正言〕 | 監察御史 | | 直宝文閣 |

以上は班犀・金塗銀。文武四品以下の常参官は、金塗銀犀（『高麗史』巻七十二、輿服志、百官公服）。[56]

とあるから、ここでも四品以上の侍臣は「文武三品」に準じる特別の待遇を受けていることがわかる。恐らく「給舎中丞以上の侍臣」には、三品官に許される「紫服」、「金魚袋」などの服飾が、四品官でありながら特に許されていたのであろう[57]。毅宗朝に詳定された公服の規定に、

文官四品以上は、服紫、紅鞓、金魚を佩す（『高麗史』巻七十二、輿服志、百官公服[58]）。

と定められているのは、このためにほかならない。

このように、「侍臣」は国王の側近にあってその顧問に応じるという職掌から、礼制上、本来の官品よりも一等級上の待遇を受けることになっていた。なかでも給舎中丞以上の侍臣、すなわち四品以上の侍臣は、「枢密」及び「文武三品以上」の官人と同等の待遇を受け、「紫服」、「金魚袋」を着する最上級官人層（公卿）として位置づけられていたのである（表２－１　侍臣一覧）。

この四品以上の狭義の「侍臣」を念頭におくと、上述した睿宗二

年（一一〇九）六月二十三日（丙申）段階における九城返還のための諮問会議も、その構成をより立体的に把握することができるであろう。

宰相・台諫・六部を召して、九城を還さんことを議す。平章事崔弘嗣等二十八人、皆可と曰う。礼部郎中朴昇中、戸部郎中韓相は不可と曰う（『高麗史』巻十三、睿宗世家、四年六月二十三日丙申条）。[59]

右の会議においては、崔弘嗣以下の二十八人が九城返還に賛成し、礼部郎中朴昇中、戸部郎中韓相の二人がこれに反対している。したがって、当該の会議は合計三十人の官人によって構成されていたことがわかる。しかし、「宰相」、「台諫」、「六部」の定員は、六部の尚書・侍郎・郎中・員外郎だけでも三十六員以上（都省の官人を含めれば四十員以上）になるから、これらがすべてこの会議に召集されていたと考えることはできない。むしろ、宰枢に準じる四品以上の狭義の「侍臣」――そのほとんどは台諫・六部の職を兼ねている――に限って召集されたと考えた方が妥当であろう。

試みに、「宰相」、「台諫」、「六部」を「侍臣四品以上」の範疇に重ね合わせて整理すると、

宰相：宰臣（五員）、枢密（三員）、（計八員）
台諫：御史台官（三員）、諫官（七員）、（計十員）
六部：僕射・尚書（八員）、丞・侍郎（八員）、（計十六員）　合計三十四員

となるが、僕射・尚書の中には宰枢を兼任しているものが少なくないし、また六部の官人の中には「知制誥」を兼帯せず、したがって「侍臣」の範疇には入らないものも存在する。このため「侍臣」に該当するものは三十四員よりも若干少なくなって、大略三十人という数字に近くなっているようである。

ただし、礼部郎中朴昇中（正五品）、戸部郎中韓相（正五品）は、「侍臣四品以上」の範疇からは明らかに一等を下回る存在である。そのかれらがこの会議に参画し、しかも九城の返還に最も強く反対していることは、一見、これまでの所説とは矛盾しているようであるが、この点については節を改めて見解を述べることにしたい。

## 第四節　文武三品以上

「宰枢」及び「侍臣四品以上」の意見を聴取した国王は、この段階において既に曷懶甸返還の意思を固めつつあったにちがいない。とはいえ東女真の側からの正式の返還要請がない限りは、単に体面上の問題としても、これを高麗から先取りして表明することはできなかった。

睿宗四年（一一〇九）六月二十六日（己亥）、尹瓘との予備的折衝に基づいて東女真の首長裹弗・史顕らが来朝すると、翌二十七日（庚子）、国王は内殿において彼らに引見を賜った。この席において東女真の使節は、果して「九城の地」の返還を要請した。これを受けて国王は、同七月初二日（乙巳）に新たに諮問会議を召集し、改めて各級の官人たちの意見を聴取したのである。

「宰枢」及び「台省・諸司知制誥・侍臣」、「都兵馬判官以上」、「文武三品以上」を宣政殿に会し、九城を還さんとの可否を宣問す。皆奏して可と曰う（『高麗史』巻十三、睿宗世家、四年秋七月初二日乙巳条）。[60]

右の会議において諸官人の意見を聴取した国王は、翌日、東女真の首長裹弗・史顕らを再び内殿に引見し、ついに曷懶甸からの全面的な撤退を表明した。[61] これによって睿宗が父王粛宗の遺命として決行した「九城の役」は、完全に徒労に帰してしまうことになった。

ところで、上掲の諮問会議において国王の意思決定に参与したのは一体どのような官人たちであろうか。第一は中書門下の宰相（宰臣）と枢密院の宰相（枢密）、いわゆる「宰枢」である。第二は「台省・諸司知制誥・侍臣」、要するに「侍臣」であるが、ここでもそれは狭義の侍臣、すなわち「侍臣四品以上」を意味すると考えてよいであろう。第三は「都兵馬判官以上」であるが、これは戦時に設置される「都兵馬使」という、一種の作戦参謀本部の官人である。高麗では国初の成宗八年（九八九）に「兵馬使」の官制を定めているが、それは原則として戦時にのみ任命される作戦軍の軍司令官の職名であった。

兵馬使。成宗八年、東・西北面に置く。兵馬使一人、三品、玉帯・紫襟。親しく斧鉞を授け、鎮に赴いて閫外を専制せしむ。知兵馬事一人、また三品。兵馬副使二人、四品。兵馬判官三人、五六品。兵馬録事四人。また門下侍中・中書令・尚書令を以て判事と為し、京城に留まってこれを遥領せしむ（『高麗史』巻七十七、百官志二、外職）[62]。

右の史料によれば、作戦軍の軍司令官である「兵馬使」に対し、門下侍中・中書令・尚書令などの三省の長官は「遥領」の判事、すなわち現地に赴任しない形式上の長官に任命され、この「判事」が王京において作戦軍を統轄することになっている。このうち中書令・尚書令は宗室や致仕宰臣に与える名誉職にすぎないから、実質的には首席の宰臣である「門下侍中」が、王京において作戦軍を統轄したということができるであろう。高麗の場合、作戦軍の軍司令官には、通例、判兵部事を兼任する次席の宰臣が任命されていた[63]。このため、中央において作戦軍を統轄する「判事」には、首席の宰臣である門下侍中がこれに任命されていたのである。

この成宗朝における「兵馬使」は、本来、戦時における臨時の官職にすぎなかったが、その後、東北面・西北面においては辺境防禦のために「兵馬使」が半年交代で定期的に派遣されるようになった。このため、これに対応して中央においても「兵馬使」を統轄するための参謀本部が常設されるようになったが、これが問題の「都兵馬使」にほかならない。

都評議使。国初、「都兵馬使」と称す。文宗、官制を定むらく、判事は侍中・平章事・参知政事・政堂文学・知門下省事を以てこれと為し、使は六枢密及び職事三品以上を以てこれと為し、副使六人は、正四品以上・卿監・侍郎を以てこれと為し、判官六人は、少卿以下を以てこれと為し、録事八人は甲科権務たり。吏属に記事十二人、記官八人、書者四人、算士一人あり（『高麗史』巻七十七、百官志二、諸司都監各色、都評議使条）(64)。

右の引用文中、判事・使についてはその定員が明示されていないが、高麗前期においてはその定員は二三員程度にすぎなかったであろう(65)。それに対し、副長官である副使六員は「正四品以上」または「卿監」（従三品）、「侍郎」（正四品）の兼職とされているが、これらはおおむね「侍臣四品以上」の範疇に該当する。おそらく、都兵馬副使の多くは「侍臣」がこれを兼職していたのであろう。

また判事六員は、「少卿」（従四品）以下の、たとえば郎中（正五品）、員外郎（正六品）などが兼職することになっているが、これは上述した「侍臣四品以上」や、次の「文武三品以上」と比較すると、明らかに一等を下回る存在であることに注目しなければならない。

宣政殿に御し、宰枢・給舎中丞以上の侍臣を召して親しく辺事を訪う。また台省の諸侍臣、及び〔都〕兵馬判官を乾徳殿に召し、伝宣して訪問す(66)。

右は前節において既に検討した史料であるが、ここでは内殿（後殿）である「宣政殿」において「宰枢」及び

表２－３　文武三品以上一覧

（文班）

| | | | | | |
|---|---|---|---|---|---|
| 正二品 | 尚書左僕射 | 尚書右僕射 | | | |
| 従二品 | | | | | |
| 正三品 | 吏部尚書 | 戸部尚書 | 礼部尚書 | （判閣門事） | |
| | 兵部尚書 | 刑部尚書 | 工部尚書 | （五寺三監判事） | |
| 従三品 | 尚書左丞 | 尚書右丞 | 国子祭酒 | 秘書監 | 殿中監 |
| | 礼賓卿 | 衛尉卿 | 司宰卿 | 太僕卿 | 太府卿 |
| | （判少府監事） | （判将作監事） | | | |

（武班）

| | | | |
|---|---|---|---|
| 正三品 | 鷹揚軍上将軍 | 龍虎軍上将軍 | |
| | 左右衛上将軍 | 神虎衛上将軍 | 興威衛上将軍 |
| | 金吾衛上将軍 | 千牛衛上将軍 | 監門衛上将軍 |
| 従三品 | 鷹揚軍大将軍 | 龍虎軍大将軍 | |
| | 左右衛大将軍 | 神虎衛大将軍 | 興威衛大将軍 |
| | 金吾衛大将軍 | 千牛衛大将軍 | 監門衛大将軍 |

「侍臣四品以上」が国王からの直接の諮問を受けているのに対し、五六品の「台省の諸侍臣」及び「都兵馬判官」は、外殿（前殿）である「乾徳殿」において、国王から間接の諮問を受けているにすぎない。したがって、この七月初二日（乙巳）における内殿（宣政殿）の御前会議に五六品の「都兵馬判官」が召集されているのは特例といえるが、それは恐らく、彼らが「九城の役」の作戦立案を担当した当の戦争推進派にほかならなかったからであろう。

ここで想起されるのは前節において保留した課題、すなわち六月二十三日の予備的な諮問会議において、礼部郎中朴昇中（正五品）、戸部郎中韓相（正五品）が、それぞれ「宰枢」及び「侍臣四品以上」の会議に参与していたのはなぜかという問題である。彼らは会議の他の構成員に比して明らかに一等を下回る存在であるが、恐らくは郎中であると同時に「都兵馬判官」の官銜を帯び、熱心な戦争推進派として会議に召集されていたのであろう。

さて、本節の課題である七月初二日（乙巳）の諮問会議の分析に戻ると、その第四の構成員は「文武三品以上」の諸官人であった。これについては『高麗史』百官志によって、まず文武三品以上の官職の一覧を提示しておく（表2-3　文武三品以上一覧）。

このうち、文班三品以上には、尚書都省及び六部の長官（僕射・尚書）、並びに五寺三監の長官（卿監）など、唐制にいわゆる「諸司長官」[67]がずらりと並ぶ。第一節に述べたとおり、僕射・尚書クラスの諸官人の中には参知政事・政堂文学・知門下省事などの官銜を帯びて「宰臣」の列に加わるものも存在し、尚書・卿監クラスの諸官人の中には枢密院使・知枢密院事・同知枢密院事・枢密院副使・枢密院直学士・簽書枢密院事などの官銜を帯びて「枢密」の列に加わるものも存在する。さらに第三節で述べたように、尚書・卿監・侍郎クラスの諸官人の中には台省・諸司知制誥を兼ねて「侍臣」の列に加わっているものも少なくない。

したがって、「文班三品以上」のなかでも「宰枢」、「侍臣」には含まれていないもの——言い換えれば、政権の中枢から若干外れている官僚たち——が、このたびの会議に初めて召集されているのである。

一方、武班三品以上には、上将軍（正三品）及び大将軍（従三品）という、それぞれ二軍六衛の司令官のポストがずらりと並ぶ[68]。しかしその名称とは裏腹に、かれらは自ら直接に統率する軍隊を持たず、その点では宋制のいわゆる「環衛官」に近い。

兵を将いる者、位卑しければ則ち上命に順従し、役使し易く、安んじてその分を守る。……前朝（高麗）、中枢・兵曹・上大将軍ありといえども、兵を掌る者は「将軍」なり。これ長治久安の策なり（『朝鮮王朝実録』太祖三年二月己亥条、判義興三軍府事鄭道伝等上書[69]）。

右の引用文にも述べられているとおり、高麗では軍隊を直接に指揮するのは「将軍」であり、上将軍・大将軍は名目上の司令官にすぎない。したがって、将軍から上大将軍に昇進した武臣たちは、実際には軍隊の指揮権を剥奪され、有事の際の司令官要員として、いわば飼い殺しの待遇を受けることになるのである。しかも有事の際の司令官（兵馬使）は、多くの場合、文臣が任命されることになっていた。[70]したがって、高麗前期（武臣の乱以前）における上大将軍の活躍の場は、ほとんど王権を装飾する儀礼の場にしか存在しなかったといっても過言ではない。[71]

ただし、上大将軍の中でも比較的吏才に恵まれているものに対しては、左右僕射・兵部尚書・刑部尚書・戸部尚書・工部尚書などの文班職を兼任するという官途が用意されていたから、原理的にはこの官途を経て、武臣が「宰枢」に昇進することも不可能ではなかった。[72]毅宗二十四年（一一七〇）の「武臣の乱」は、一般には文臣中心の朝廷において冷遇され、これに不満をもった武臣たちが起こしたクーデターとして理解されているが、その背景にはもう少し踏み込んだ分析が必要であろう。私見によれば、それは文臣の側近である内侍勢力と、武臣の側近である牽龍班勢力との寵愛争いに端を発した宮中の政変であって、その対立を外廷における文武両班の対立として単純に一般化することは避けなければならない。少なくとも官制上、「文武三品以上」は対等の待遇を保障されていたのであって、必ずしも文臣に対して武臣の待遇のみが不当に貶められていたということはできない。この文武均等の理念に立脚して、「武班三品以上」の諸官人もまた国王の諮問会議に参列しているのである。

以上の四つの範疇、すなわち「宰枢」、「侍臣四品以上」、「都兵馬判官以上」、「文武三品以上」の諸官人は、「九城」の返還問題において国王の諮問会議を構成し、その意思決定を輔佐する重要な役割を果たしていた。同様の事柄は、『高麗史』の他のさまざまな文脈においても確認することが可能である。

王、「両府」、「台省・両制」及び「三品官」を率いて、親しく昊天上帝を会慶殿に祀り、配するに太祖を以てして、雨を禱る（『高麗史』巻十二、睿宗世家、元年秋七月十日己亥条）。(73)

王、「宰枢」、「近侍」、「文武三品以上」を率いて昊天五方帝を会慶殿に醮る（『高麗史』巻十二、睿宗世家、三年夏五月十二日辛酉条）。(74)

右は高麗国王による「雨乞い」の儀礼であるが、これは「天帝」に対する高麗国王の意思表明の行為と言い換えることもできるであろう。このうち「両制」とは「内知制誥（内制）」及び「外知制誥（外制）」の意、すなわち「翰林学士」、「宝文閣学士」で知制誥を兼ねる「内知制誥」と、それ以外の諸官人で知制誥を兼ねる「外知制誥」との並称である。(75)したがって、「台省・両制」といい、「近侍」というのは、いずれも具体的には狭義の「侍臣」、すなわち「侍臣四品以上」のことを指していると考えてよいであろう。

このように考えた場合、右の史料では「宰枢」、「侍臣四品以上」、「文武三品以上」の諸官人が、天に対する国王の意思表明に際して、それに協賛する存在として位置づけられていたということができる。なお、この雨乞いの儀礼には「都兵馬判官以上」は参与していないが、前述のとおり、かれらは女真戦争を主導する参謀本部の構成員として特に召集されていたにすぎない。したがって、かれらはこの雨乞いの儀礼には参与することはできなかったのである。

以上の議論のまとめとして、高麗国王の意思決定の構造を模式化すると次のようになる。すなわち、国王は君臣間の合意形成を目的として宮中に様々なレベルの諸官人を召集し、彼らの多様な意見を聴取したうえで、その協賛の意思に基づいて国王としての最終的な意思決定を行っていた。具体的には、まず「宰枢」による協賛の意思に基づいて通常レベルでの意思決定を行い、次に「宰枢」及び「侍臣四品以上」による協賛の意思に基づいて重要レベルでの意思決定を行い、最後に「宰枢」、「侍臣四品以上」、「文武三品以上」による協賛の意思に基づいて最重要レベルでの意思決定を行っていたのである。

この最重要レベルでの意思決定に参与する官人層の員額を整理しておくと、

宰枢：宰臣（五員）、枢密（三員）、（小計八員）

侍臣四品以上：台官（三員）、諫官（七員）、知制誥（兼官）、（小計十員）

文武三品以上：文班（三十員）、武班（十六員）、（小計四十六員）

合計：六十四員

という数字を得ることができる[76]。これより先、顕宗朝に契丹と断交するかどうかを宮中で議論した際には、斥和論者が二十九人、講和論者が三十九人の、合計六十八人で諮問会議が開かれている[77]。この種の諮問会議に参与する最上級官人層の構成数は、彼此照らし合わせて見ると、おおむね六七十名程度であったといってよいであろう。

ちなみに、高麗における「内外見任受禄官」の員額は、一説には「三千余員」[78]といわれている。したがって、その二パーセントにも満たない六七十名の官人との協議によって下される国王の意思決定は、それ自体、充分に「専制的」であったことは間違いない。

しかしその反面、国王は君臣間の合意形成を重視し、多様な会議を通して支配階級一般の意思を汲み取っていこうと努力していたことも事実である。そうしてこのような王権のあり方にこそ、朝鮮前近代の王権に通底する「貴族主義的専制政治」の特質を見出すことができるのである[79]。

# 小　結

本章では有名な「九城の役」を素材として、高麗睿宗朝における意思決定の構造を分析した。その結論として高麗国王の意思決定は、

(1)　宰臣・枢密（宰枢）
(2)　侍臣四品以上
(3)　文武三品以上

という三つの範疇の諸官人による協賛の意思に基づいて行われていることを確認した。このうち、「宰枢」は「文武三品以上」の諸官人から選任され、「侍臣四品以上」は「文武三品以上」に準じる存在として位置づけられている。したがってこの三つの範疇は、要するに「文武三品以上」として概括することができるが、本書ではこれを高麗の官僚機構における「最上級官人層」として定義することにしたい。

この「三品以上」の最上級官人層が国政上の最重要案件に関して国王の諮問を受け、国王の意思決定に参与する事例は、「九城の役」以外にも『高麗史』には多数存在する。

ついで「三品以上」及び「台諫・侍臣」を都省に集め、李・拓の党及び子孫の罪を籍して、これを所司に蔵せしむ（『高麗史』巻一百二十七、叛逆一、拓俊京伝）。(80)

慶州反く。忠献、「文武三品以上」をその第に会して、これを議せしむ（『高麗史』巻一百二十九、叛逆三、崔忠献伝）[81]。

蒙兵大いに至るを以て、「三品以上」をして、おのおの降守の策を陳べしむ（『高麗史節要』巻十七、高宗四十六年正月条）[82]。

以上はその数例である。なお「三品以上」ではなく、「四品以上」となっている事例もあるが、それらは「三品以上」に「侍臣四品以上」を加えているにすぎず、本質的には「三品以上」の会議と同一であることはいうまでもあるまい[83]。

それではこの「最上級官人層」は、高麗官僚機構の全構造のなかでは一体どのような位置を占めていたのであろうか。最後にこの点についても簡単に補足しておこう。

中国漢代の制度では、秩比二千石以上（卿）に銀印青綬、秩比六百石以上（大夫）に銅印墨綬、秩比二百石以上（上士）に銅印黄綬を授け、それぞれ「卿（公卿）」、「大夫」、「士」の古典的な身分概念に即して貴族・官人層に対する諸待遇が明確に差等化されていた[84]。また中国唐朝の制度では、三品以上、五品以上、七品以上、九品以上をそれぞれ分界線として、ここでも貴族・官人層に対する諸待遇が明確に差等化されていた[85]。こうした中国官制における基本的な分節構造は、唐朝の官品に関してはそのままに、漢代の禄俸に関してはその十分の一（二百石・六十石・二十石）という数値をとって、高麗前期の官制にもそのまま継受されているのである。

第一に、三品以上、禄二百石以上（ただし二百石を含まない）の官人層に関しては、これに給事中・中書舎人・御史中丞などの四品以上、禄二百石の存在を加えれば、本章において検討した「宰枢」、「侍臣四品以上」、「文武三品以上」の「最上級官人層」が、ここに過不足なく包摂されていることが確認できる。

第二に、五品以上、禄六十石以上（ただし六十石を含まない）の官人層に関しては、これに員外郎、左右補闕（司諫）、左右拾遺（正言）、監察御史などの侍臣六品以上、禄六十石以上の存在を加えれば、唐制にいわゆる「常参官」、すなわち「上級官人層」が、ここに過不足なく包摂されていることが確認できる。

　宰枢及び文武常参官に命じて東辺の事宜を議奏せしむ（『高麗史』巻十三、睿宗世家、四年夏五月二十二日丙寅条[86]）。

右の史料に見られるとおり、「常参官」として一括される「上級官人層」は、国王の意思決定における間接的な参与者として、一定程度、最上級官人層の議論を補完する役割を果たしていたのである。

第三に、七品以上、禄二十石以上（ただし二十石を含まない）の「中級官人層」、及び九品以上、有禄以上の「下級官人層」に関して言えば、両階層の分界線が、まさしく高麗における士族と平民、すなわち「士庶」の境界を成していることに注目しなければならない。

たとえば次の史料に見られるとおり、「七品以上」の官人の子弟は原則として兵役を免除された。

　尚書兵部、奏すらく「選軍別監、文武七品以上の員の子弟を選取し、業文赴挙を除くの外、並びに軍伍に充てんとす。これ安きに危うきを忘れざるの慮りといえども、然れども皆累世勲旧の子孫なり。故に祖宗以来、于役（行役）に与らず。況んや甲子（顕宗十五年）、丙子（靖宗二年）年間に在りて、すでに禁制あり。ただにその先世の功を忘るるのみならず、また旧制に違えり。請うらくは、隊伍に充つる勿れ」と。これに従う（『高麗史』巻六、靖宗世家、七年九月丁未朔[87]）。

こうして兵役を免除された「中級」以上の官人の子弟は、「士族」としての家格や教養を維持するための時間的・経済的な余裕を保障され、さらには国子監（国学）への入学をも許可されていた。

国子学生は、文武官三品以上の子・孫……を以てこれと為し、太学生は、文武官五品以上の子・孫……を以てこれと為し、四門学生は、……文武官七品以上の子を以てこれと為す。三学生、おのおの三百人、学に在りては歯を以て序す。……その律学・書学・算学は、皆国子学に肄い、律・書・算、及び州県学生は、並びに八品以下の子、及び庶人を以てこれと為す。七品以上の子の情願する者は、聴す（『高麗史』巻七十四、選挙志二、学校、仁宗朝式目都監詳定学式）(88)。

右の「学式」に見られるとおり、三品以上の「最上級官人層」の子弟は国子監所属の国子学に入学し、五品以上の「上級官人層」の子弟は太学に入学し、七品以上の「中級官人層」の子弟は四門学に入学した。これは「七品以上」の官人とその家族が広義の支配階級を構成し、かれらが一般に王京に集住していたことを前提としているが、それに対して「八品以下」の下級官人層とその家族は必ずしも王京には集住せず、したがってその子弟は平民階層（庶人）と同様に地方の州県学に入学することになっている。

いわゆる下級官人層は、その多くが胥吏出身——平民の職役である胥吏職から士族の官職である九品以上の流内官に昇進した人々——によって占められていたが、これらはいわば一代貴族にすぎず、かれらには「士族」としての世襲的な特権は認められていない。逆に言うと、「七品以上」の官人層は、通例、世襲的な特権を享受する「士族」によって構成されていたことになるが、それは七品以上の官人の子弟に対する兵役免除の特権のほか、特に五品以上の官人の子弟に対して「門蔭」による初入仕の特権が与えられていたことに端的に示されている(89)。

このように、「三品以上」の最上級官人層は、「三品以上」、「五品以上」、「七品以上」、「九品以上」という官僚機構内部の分節構造のうえに位置づけられていたが、しかもその分節構造は、その後、高麗事元期における官品構造の変革を画期として、「二品以上」、「四品以上」、「六品以上」、「九品以上」に組み替えられていくことになるのである。[90]

旧例、凡そ大事有れば、嘉善以上をして会議せしむ（『朝鮮王朝実録』成宗六年九月戊午条[91]）。

右の『朝鮮王朝実録』の記事によれば、「嘉善以上」、すなわち従二品の「嘉善大夫」以上の位階を持つ文武官は、朝鮮王朝における「最上級官人層」を構成して国王の意思決定に参与し、これに協賛する存在として位置づけられていた。

国王による意思決定を支える「最上級官人層」の概念は、「三品以上」から「二品以上」へとその相対的位置づけを変えながらも、高麗朝から朝鮮朝へ、中世から近世へと確かに継受されていたのである。

注

（1）池内宏「完顔氏の曷懶甸経略と尹瓘の九城の役」（『満鮮史研究』中世第二冊。初版、一九三七年、東京、座右之宝。三版、一九七九年、東京、吉川弘文館）

（2）本章と同様の試みは、朴宰佑氏の次の論考によっても行われている。ただしその所説は、本章の理解とは必ずしも合致しない。朴宰佑『高麗国政運営の体系と王権』（二〇〇五年、ソウル、新丘文化社）、特に第四章「国政の多様な会議」、参照。

（3）『高麗史』巻十三、睿宗世家、四年夏五月癸丑条の宣旨に「故我聖考、憤然誓曰、『今若掃蕩醜類、即於賊境、築設城堡、創寺宇、恢張仏法。』」とある。なお『高麗史』巻九十六、尹瓘伝にも、「王発憤、告天地神明、願借陰扶、掃蕩賊境、仍許其地創仏宇」との記述がある。

（4）『高麗史』巻十二、睿宗世家、即位年十二月壬申条。

（5）『高麗史』巻十二、睿宗世家、即位年十二月乙亥条。召宰枢于乾明殿、問東界辺事。

（6）『高麗史』巻十二、睿宗世家、即位年十二月己卯条。以呉延寵為東界行営兵馬使。金奇鑑、知兵馬（使）〔事〕。任申幸、為兵馬副使。林彦、為別監。金晙、為判官。智禄延・金仁碩、為長州分道。郭景謀、為宣徳分道。庾翼・拓俊京・兪瑩若、為兵馬録事。崔資顥・朴成正、為軍候。

（7）『高麗史』巻九十六、尹瓘伝。睿宗即位、以喪、未遑出師。二年（一一〇七）、辺将報、「女真強梁、侵突辺城。其酋長、以一胡蘆縣雉尾、転示諸部落、以議事。其心叵測。」王聞之、出重光殿仏龕所蔵粛宗誓疏、以示両府大臣。大臣奉読、流涕曰、「聖考遺旨、深切若此、其可忘諸。」乃上書、請継先志、伐之。王猶豫未決。命平章事崔弘嗣、筮于大廟、遇『坎之既済』、遂定議出師、以瓘為元帥。知枢密院事呉延寵、副之。
（ちなみに、「坎之既済」とは、「坎」の卦が「既済」の卦に変化した、ということ。これについて、『周易』坎卦の卦辞には「習坎、有孚。維心亨。行有尚」とあり、また既済の卦辞には「既済。小亨。利貞。初吉終乱」と見えている。甲申の役における二度の敗績は、まさしく重なる険難（習坎）というべきものであったが、誠実に行動すれば功績もあがり（行有尚）、曷懶甸の制圧は完成（既済）に至る、との意味であろう。しかし、「初吉終乱」とあるとおり、曷懶甸侵攻の作戦は、結局は失敗に終わるのである。）

（8）高句麗の旧都において対女真戦争を発令した背景には、かつて高句麗に服属していた靺鞨族、すなわち女真族を厭勝する意図があるのであろう。

（9）三年の喪（父母の喪）に際しては、十三月目に一周忌（小祥）の祭礼を行い、二十五月目に三周忌（大祥）の祭礼を行い、二十七月目に除服（禫）の祭礼を行って、翌月から平常の礼に復するものとされている（『儀礼』士虞礼）。粛宗十年十月初二日（丙寅）に薨去した粛宗の場合には、睿宗元年十月が一周忌（小祥）、二年冬十月が三周忌（大祥）、また閏十月を隔てて十一月が除服（禫）に当たっている。したがって、十二月初一日における曷懶甸侵攻作戦の発令は、正しくこの二十七月の服喪の満了を期してのものであったことがわかる。

（10）高麗の宰相制度については次の諸研究がある。周藤吉之『高麗朝官僚制の研究』（一九八〇年、東京、法政大学出版局）／辺太燮『高麗政治制度史研究』（一九七一年、ソウル、一潮閣）。同「高麗の中枢院」（『震檀学報』第四十一号、一九七六年、ソウル、震檀学会）／朴龍雲『高麗時代中書門下省宰臣研究』（二〇〇〇年二月、ソウル、一志社）。同『高麗時代中枢院研究』（二〇〇一年、ソウル、高麗大学校民族文化研究院）

(11)『高麗史』巻六十五、礼志七、嘉礼、冊王妃儀、大観殿陳設。前一日、尚舎局鋪王座於大観殿、如常儀。設書案於王座前、両楹間、少南。設璽綬案於王座之左、近東。設門下侍中・門下侍郎・中書侍郎位於王座東南、西向、北上。設枢密位於王座西南、東向、北上。又設伝制位於殿庭中心之左、西向。設受制位於殿庭中心、北向、東上。設冊使副及宰臣・枢密拝位於受制位之南。設読冊官以下行事官位於冊使副拝位之南。毎等異位、倶重行、北向、東上。

(12)『高麗史』巻六十六、礼志八、嘉礼、王太子加元服儀。大観殿陳設。……前一日、尚舎局設王座於大観殿、如常儀。設書案於王座前、両楹間、小南。設宰臣位於王座東南、西向、北上。枢密位於王座西南、東向、北上。又設伝制褥位於殿庭中心之左、西向。受制褥位於殿庭中心、北向。設賓及宰臣・枢密拝位於受制位之南。設賛冠拝位於賓拝位之南。行礼執事官位於賛冠拝位之南。毎等異位、倶重行、北向、東上。

(13)宋制、平章事は両省侍郎のいずれかの官銜を兼帯する。『宋会要輯稿』職官一、中書門下、真宗・成平五年十二月条。旧制、三師・三公・左右僕射・平章事、並兼両省侍郎。

(14)『高麗史』巻七十六、百官志、序。……大抵高麗之法、因時沿革、繁簡有異。当其立法之始、宰相統六部、六部統寺監倉庫、簡以制繁、卑以承尊。省不過五、枢不過七、宰相之職挙、而庶司百寮、各供其職。／同、巻一百十八、趙浚伝。本朝之制、中書則曰令、曰侍中、曰平章、曰参政、曰政堂、五者法天之五星也。枢密之七、則法天之北斗也。
(ただし、高麗前期における枢密院の宰相は、実際には二三名程度にすぎなかったと考えられる。)

(15)『東文選』巻六十四、記、金縁「清燕閣記」、『宣和奉使高麗図経』巻六、宮殿二、延英殿閣条、及び『高麗史』巻十四、睿宗世家三、睿宗十二年条、参照。なお、前二者は門下侍中李瑋の「瑋」字を「偉」字に誤っている。

(16)『補閑録』(高麗・崔滋撰)巻下、「漢制帝言有四」条、参照。

(17)『東人之文・四六』(『高麗名賢集』第五冊所収、影印本、一九八七年、ソウル、成均館大学校)

(18)『唐令拾遺』公式令、復元第一条、制書式、参照。

(19)『玉海』巻二百二、辞学指南二、詔。勅門下[或云勅某等]、故茲詔示[奨諭・誡諭・撫諭、随題改之]、想宜知悉。

(20)『朝鮮王朝実録』(燕山君日記)十年十二月壬申条に、「伝曰、六曹・義禁府、及各司所啓公事、今後勿用吏読。」とあるが、このことは逆に、それ以前の「各司所啓公事」が一般に「吏読」によって作文されていたことを示している。

(21)本書附篇、参考論文第二「尚書都官貼の分析」、参照。

(22)『高麗史』巻十二、睿宗世家、元年正月戊戌条。礼部奏、「両界・三京・三都護・八牧、毎当元正・冬至、及至元節、表賀坤成殿、以為恒式。」制可。

(23)『高麗史』(またはその原史料としての『実録』)の編纂に際し、史官によってどのような筆削が行われていたかについては、『老学庵筆記』の次の記事が参考になる。『老学庵筆記』(宋・陸游撰)巻九。史院有窃議史官者、曰、「史官筆削有定本、箇箇一様。」或問何也。曰、「将吏人編出日暦中『臣僚上言』字、塗去『上』字。其後『奉聖旨、依』字、亦塗去、而従旁注『従之』二字、即一日筆削了矣。」

(24)『唐令拾遺』公式令、復元第二条、奏抄式、参照。

(25)『資治通鑑』巻一百五十五、梁紀十一、武帝中大通三年、胡注。魏晋以来、出命皆由門下省。故其発端、必曰勅門下。

(26) 本書第四章「高麗時代の宰相制度——合坐制とその周辺」、参照。

(27)『高麗史』巻六十一、礼志三、吉礼、太廟・別廟・景霊殿・諸陵条。(靖宗)八年三月戊申、尚書礼部奏、「今四月、当行禘祫。而二十一日、将行王后封礼。其禘祫、請行摂事。」内史門下奏、「禘祫、固有定期。封冊、自可従宜。請先行禘礼。」従之。

(28)『高麗史』巻六十四、礼志六、凶礼、国恤条。(明宗十四年十一月)己亥、設八関会。王観楽于毬庭。以太后祥月、除賀礼及舞蹈、工人庭舞歌曲。初礼官奏、「仲冬、乃王太后忌日。請於孟冬行八関会。」王以問相府。参知政事文克謙曰、「太祖始設八関、蓋為神祇也。後世嗣王、不可以他事進退之。況太祖祷于神明曰、『願世世仲冬無令有国忌。若不幸有忌、則疑国祚将艾也。』故自統合以来、仲冬無国忌。今有之、是国之災也。而又以孟冬設八関、固非太祖意。礼官所奏、不可許。」従之。翌日大会、王又観楽于毬庭(『高麗史』巻九十九、文克謙伝に関連記事)。

(29)『高麗史』巻一百二十五、姦臣、呉潜伝。子藩(洪子藩)又言、「呉潜、雖与吾連姻、請以公義言之。本国之法、出納王命、内有中貴三四人、謂之『辞』。外有近臣四人、謂之『承宣』。非此、雖宰相、不敢与焉。潜、今已拝相、猶且出入王宮、与承宣無異、所陳皆為邪謀。」(『高麗史節要』巻二十二、忠烈王二十九年七月条、参照)

(30)『高麗史』巻四十三、恭愍王世家、二十年七月己卯条。羅州牧使李進修、上疏曰、「内宰枢、不可不去也。宰臣・枢密、会于都堂、燮理陰陽、題品人物。如有議事、皆詣紫門、稟命而発。安有非時入見、出専威福、使同列莫知其由。朝野皆聚其門、僭踰之心、於是乎起矣。国制、知申事一人、承宣四人。位皆不過三品、更日入直、執礼報平(報平庁)、出納王命。雖片言、不敢自発。是謂龍喉、又謂内相。伝曰、『遵先王之法而過者、未之有也』(『孟子』離婁・上)。君臣相安之要、在除内宰枢一挙。」王嘉之、除判典校寺事。

(31)『高麗史』巻九十九、崔惟清伝。毅宗初、陞知奏事、出納惟允。／同、文克謙伝。左諫議金莘尹等、上疏以為、「承宣、王之喉舌、但出納惟允、可也。今、李俊儀、文克謙、職兼台省、居中用事。請解兼官。」不允。

(32)『尚書』舜典。帝曰、「龍、朕堲讒説殄行、震驚朕師。命汝作納言。夙夜出納朕命、惟允。」

(33)『文献通考』巻五十八、職官考十二、枢密院。唐・代宗・永泰中、置内枢密使、始以宦者為之。初不置司局、但有屋三楹、貯文書而已。其職掌、惟承受表奏、於内中進呈。若人主有所処分、則宣付中書門下施行而已。

(34)『夢渓筆談』(宋・沈括撰)巻一、故事。晩唐、枢密使、自禁中受旨、出付中書、即謂之「宣」。……至後唐荘宗、復枢密使、以郭崇韜・安重誨為之。始分領政事、不関中書、直行下者、謂之「宣」。如中書之勅也。

(35)『宋史』巻四百八十七、外国三、高麗伝。出令曰教、曰宣。臣民呼之曰聖上、私謂曰厳公、后妃曰宮主。百官名称・階・勲・功臣・検校、頗与中朝相類。

(36)本書附篇、参考論文第三「高麗王言考――または『高麗史』諸志の文献批判」、参照。

(37)『高麗史』巻九、文宗世家、三十五年十二月癸亥条。知太史局事梁冠公奏、「奉宣、勘進来壬戌年暦日、並無疑誤。惟臘日、自己未年以来、依大宋暦法、用戌日。臣未詳可否。臣按陰陽書云、『近大寒前後、先得辰為臘。』我国用此日、久矣。況古史曰、夏曰嘉平、殷曰清祀、周曰大蜡、漢曰臘。其称各異、皆以卒歳之功、因猟取獣、合聚万物、以報百神。可不重歟。不宜擅変其法。請委有司詳定、然後施行。」制可。

(38)『高麗史』巻一百二十三、嬖幸、李汾禧伝附、李槢伝。旧制、凡命令徴求、必下宣旨。王自即位以来、宣旨数下、州郡疲於迎命。槢建白、「小事不足煩宣旨。宣旨所至、必焚香迎命。請令承宣、奉王旨為書、署名紙尾、謂之『宣伝消息』。」於是、消息蜂午、州郡苦之(『高麗史節要』巻十九、忠烈王元年六月条、参照)。

(39)朝鮮時代の「伝旨」は高麗の「宣旨」に相当するが、これは枢密院承宣房の後身である承政院の承旨によって起草されていた。『朝鮮王朝実録』太宗十七年六月癸丑条。大抵王旨、承政院所製也。／同、世宗二十五年八月辛亥条。伝旨承政院、「自今、凡伝教之事、並称『教旨』。其細瑣之事、則称『伝旨』。承旨亦称臣著名、仍印之、下攸司、以為恒式。」

(40)『高麗史』巻十三、睿宗世家、四年五月癸丑条。王将肆赦、召宰枢議。崔弘嗣以為不可。王曰、「頃以左右固請、挙兵討賊。然今賊類未殲、数侵我疆、掠我人民、将卒疲於攻戍。国家之急、政在今日。欲肆赦以安衆心。卿独何心、以為不可。」宰枢皆慚懼而退。乃下宣旨曰、……。

(41)『唐六典』巻九、中書省、中書令。凡王言之制有七。……二曰制書［行大賞罰、授大官爵、釐年旧政、赦宥降慮、則用之。］

(42)ただし、国王の「宣旨」も広義には王命文書一般を意味する「制書」の範疇に含まれている。たとえば、『慶元条法事類』巻十六、文書門一、詔勅条制［勅令格］、勅、名例勅条には「諸称制書者、詔告・宣勅・御札・御宝批降、及三省・枢密院奉聖旨文書、同［謂非有司謄降者］」とある。また『高麗史節要』巻十六、高宗三十六年十一月条に、「宣旨云、『自皇考御宇、寡人即祚以来、晋陽公怡、左右輔弼、故三韓如仰父母。今忽棄世、無所倚頼。子、枢密院副使沆、継世鎮定。可超授相位。』」とある記事を、『高麗史』巻一百二十九、叛逆三、崔沆伝では「王下制曰、……」と置き換えている。

(43)『高麗史節要』巻十二、明宗八年十一月条。門下侍中鄭仲夫、致仕。以宋有仁為門下侍郎・平章事。初、仲夫為冢宰、居中書省。有仁以親嫌、未登相位、在枢密累年。以為、「枢密侍従官、久処無益、唯尚書省可処。」潜托内人以奏、即拝尚書僕射。及仲夫致仕、乃拝平章事。時閔令謨、先為中書侍郎・平章事。上以有仁武臣使気、又為仲夫壻、心憚之、班令謨上。有仁固譲、亦以令謨為門下侍郎・平章事、班有仁上。有仁嘗請寿徳宮而居之、棟宇壮麗、殆非人臣所居。富貴華侈、擬於王室。（門下侍中の鄭仲夫が「中書省」に居たというのは、正確には中書省に置かれた中書門下の政事堂に居たという意味である。）

(44)『高麗史』巻一百五、柳璥伝。璥多置甲第、権勢日熾、門庭如市。承俊（金承俊）・林衍等諸功臣、忌之、譖于俊（金俊）、諷王。王欲奪其権、罷璥承宣、除簽書枢密院事。

(45)唐制では常参官以外のものを未常参官というが、高麗ではこれを参外と呼んでいる。思うに、参外とは「常参以外」の意であろう。／『老学庵筆記』（宋・陸游撰）巻八。唐自相輔以下、皆謂之京官。言官於京師也。其常参者、曰常参官。未常参者、曰未常参官。

(46)『高麗史』巻六十七、礼志九、嘉礼、「元正冬至節日朝賀儀」及び「一月三朝儀」、参照。

(47)『唐六典』巻二、尚書吏部。供奉官［謂侍中、中書令、左右散騎常侍、黄門・中書侍郎、諫議大夫、給事中、中書舎人、起居郎、起居舎人、通事舎人、左右補闕・拾遺、御史大夫、御史中丞、侍御史、殿中侍御史］。

(48)『高麗史』巻七十六、百官志一、諸館殿学士。神宗二年、凡帯学士職者、並許参侍臣之列。旧制、雖帯学士、非台諫・知制誥、則不得与侍従。至是、中書奏改之（『高麗史節要』巻十四、神宗二年六月条、参照）。

(49)『韓国漢字語辞典』（改訂版、二〇〇二年、ソウル、檀国大学校東洋学研究所）、台諫の項、及び台省の項、参照。

(50)『高麗史』巻七十六、百官志一、芸文館。睿宗十一年、刪定員吏、学士承旨・学士、並正三品。侍読学士・侍講学士、並正四品。諸兼本院官、並令立本品行頭。諸知制誥、亦立本品行頭。〔翰林院・宝文閣兼者、謂之内知制誥。他官兼者、謂之外知制誥。後改知製教。〕

(51)『高麗史』巻七、文宗世家、即位年十（一）〔二〕月丙午朔条。百官詣乾徳殿、賀成平節。宴宰枢・給舎中丞以上侍臣于宣政殿。成平節、王生日也。

(52)『高麗史』巻十四、睿宗世家、十一年七月辛酉条。御宣政殿、召宰枢・給舎中丞以上侍臣、親訪辺事。又召台省諸侍臣及〔都〕兵馬判官於乾徳殿、伝宣訪問。

(53)『高麗史』巻十三、睿宗世家、四年正月丁卯条。冊封弟帯方侯俌、曲宴諸王・宰枢・侍従、達曙而罷。／同、二月辛巳条。冊封弟大原侯侾、曲宴諸王・宰枢・侍従。達曙乃罷。／同、己丑条。燃燈。王如奉恩寺。庚寅、大会。宴諸王・宰枢・侍従于重光殿。

(54)『高麗史』巻六十九、礼志十一、嘉礼雑儀、仲冬八関会儀。閤門各引太子・公侯伯・枢密、升階。侍臣随之。左右執礼官、承引太子・公侯伯、就殿上位。枢密及侍臣給舎中丞・正四品知制誥、及待制以上、就上階位。其在中階者、並分左右、以北為上、就位立。

(55)『高麗史』巻七十六、百官志一、宝文閣。宝文閣、睿宗十一年、禁中作清燕閣、選置学士・直学士・直閣、各一人、朝夕講論経書。学士視従三品、直学士視従四品、直閣視従六品。又置校勘四人。其二以御書院校勘充之。其二以職事兼之。尋以清燕閣在禁内、学士直宿、出入為難、就其旁、別置閣、改官号曰宝文。加置待制、官班視給舎、直賜金紫。仍修紅楼下南廊、為学士会講之堂、賜号曰精義。就其左右、為休息之所。充其選者、皆一時豪傑。又置提挙・同提挙・管勾・同管勾、皆以中枢・内臣兼之。後置大学士一人。

(56)『高麗史』巻七十二、輿服志、百官公服。凡帯、公・侯・伯、通犀金玉班犀、不佩魚。宰臣・枢密、金玉班犀、及方団。毬路文官八座、左右常侍、御史大夫、翰林学士承旨、侍臣三品以上、武官上将軍以上、金班犀。文武三品、及侍臣給舎中丞以上、班犀金塗銀。文武四品以下常参官、金塗銀犀。

(57)『唐六典』巻八、門下省。随身魚符之制。〔其袋、三品已上、飾以金。五品已上、飾以銀。六品已下守五品已上者、不佩魚。〕

(58)『高麗史』巻七十二、輿服志、百官公服。毅宗朝、詳定。文官四品以上、服紫、紅鞓、佩金魚。常参六品以上、服緋、紅鞓、佩銀魚。官未至而特賜者、不拘此例。九品以上、服緑。閤門班、武臣、皆紫、而不佩魚。内侍・茶房等官、除本服外、亦皆紫、而不佩魚。

(59)『高麗史』巻十三、睿宗世家、四年六月丙申条。召宰相・台諫・六部、議還九城。平章事崔弘嗣等二十八人、皆曰可。礼部郎中朴昇中、戸部郎中韓相、曰不可。

(60)『高麗史』巻十三、睿宗世家、四年秋七月乙巳条。会宰枢及台省・諸司知制誥・侍臣・都兵馬判官以上・文武三品以上于宣政殿、宣問還九城可否。皆奏曰可。

(61)『高麗史』巻十三、睿宗世家、四年秋七月丙午条。御宣政殿南門、引見裹弗等、許還九城。裹弗感泣拝謝。王賜物遣還。命内侍金珦、護送境上。仍詔元帥等、諭以還九城之意。

(62)『高麗史』巻七十七、百官志二、外職。兵馬使。成宗八年（九八九）、置於東西北面。兵馬使一人、三品。玉帯・紫襟、親授斧鉞、赴鎮、専制閫外。知兵馬事一人、亦三品。兵馬副使二人、四品。兵馬判官三人、五六品。兵馬録事四人。又以門下侍中・中書令・尚書令、為判事、留京城、遥領之。

(63)たとえば「丙申の役」において「判東北面行営兵馬事」に任命された林幹、及び「妙清の乱」で「征西元帥」に任命された金富軾は、いずれも当時「判兵部事」を兼職していた次席の宰臣である。

(64)『高麗史』巻七十七、百官志二、諸司都監各色、都評議使条。国初、称「都兵馬使」。文宗定官制、判事、以侍中・平章事・参知政事・政堂文学・知門下省事、為之。使、以六枢密及職事三品以上、為之。副使六人、正四品以上・卿監・侍郎、為之。判官六人、少卿以下、為之。録事八人、甲科権務。吏属有記事十二人、記官八人、書者四人、算士一人。

(65)本書第四章「高麗時代の宰相制度──合坐制とその周辺」、参照。

(66)『高麗史』巻十四、睿宗世家、十一年七月辛酉条。御宣政殿、召宰枢・給舎中丞以上侍臣、親訪辺事。又召台省諸侍臣及〔都〕兵馬判官於乾徳殿、伝宣訪問。

(67)『唐六典』巻二、尚書吏部。凡京師有常参官〔注略〕、供奉官〔注略〕、諸司長官〔謂三品已上長官。若勅喚諸司長官及賜者、開府儀同三司・特進・光禄大夫・太子賓客・尚書左右丞相・諸司侍郎・中書門下五品已上官・御史中丞、並同長官例。若別賜物、中書門下官正三品準二品、四品準三品、五品準四品。同中書門下平章事並同中書門下正三品。〕

(68)『宋史』巻一百十九、職官志六、環衛官。諸衛上将軍・大将軍・将軍、並為環衛官、無定員、皆命宗室為之、亦為武臣之贈典。大将軍以下、又為武官責降散官。政和中、改武臣官制、而環衛如故。蓋雖有四十八階、別無所領故也。……其禁兵、分隷殿前及侍衛両司、所称十二衛将軍、皆空官無実。

(69)『朝鮮王朝実録』太祖三年二月己亥条、判義興三軍府事鄭道伝等上書。将兵者、位卑則順従上命、易於役使、安守其分。今朝廷、雖有都督・指揮・千戸、而掌兵者、百戸也。前朝雖有中枢・兵曹・上大将軍、而掌兵者、将軍也。此長治久安之策也。本朝府兵之制、已有此意、使将軍掌五員・十将・六十尉正、其大将軍以上、無与焉。各道州郡之兵、亦命兵馬使以下掌之。節制使、以時糾察兵馬使之勤慢、則体統相維、兵雖聚而無不戢之患。

(70)『補閑集』巻上。凡出大軍、命元帥、必以儒将。

(71)拙稿「高麗における軍令権の構造とその変質」(『東方学報』京都第七十冊、一九九八年、京都、京都大学人文科学研究所)

(72)周藤吉之『高麗朝官僚制の研究』(一九八〇年、東京、法政大学出版局)、特に第四章「高麗初期の宰相、尚書左右僕射についてて」、参照。

(73)『高麗史』巻十二、睿宗世家、元年秋七月十日己亥条。王率両府・台省・両制、及三品官、親祀昊天上帝於会慶殿、配以太祖、禱雨。

(74)『高麗史』巻十二、睿宗世家、三年夏五月十二日辛酉条。王率宰枢・近侍・文武三品以上、醮昊天五方帝于会慶殿。

(75)『高麗史』巻七十六、百官志一、芸文館条。諸知制誥、亦立本品行頭。[翰林院・宝文閣兼者、謂之内知制誥。他官兼者、謂之外知制誥。後改知製教。]

(76)台官三員の内訳は、御史大夫(一員)、知御史台事(一員)、御史中丞(一員)。諫官七員の内訳は、左右散騎常侍(二員)、直門下省(一員)、左右諫議大夫(二員)、給事中(一員)、中書舎人(一員)。文班三十員の内訳は、尚書左右僕射(二員)、左右丞(二員)、六部尚書(六員)、七寺三監判事(十員)、卿監(十員)。武班十六員の内訳は、上将軍(八員)、大将軍八員)。ただし、これは概数にすぎない。

(77)『高麗史』巻九十四、王可道伝。時、遣工部郎中柳喬、郎中金行恭、如契丹、会葬。且賀即位。可道奏、「契丹与我通好交贄、然毎有并呑之志。今其主殂、駙馬匹梯、叛拠東京。宜乗此時、請毀鴨緑城橋、帰所留我行人。若不聴、可与之絶。」乃附表請之。契丹不従。王命群臣議。徐訥等二十九人曰、「彼既不従我言、宜勿通好。」皇甫兪義等三十九人、駁云、「今若絶交、必貽禍害。不如継好息民。」王従可道及訥等議、停賀正使、仍用聖宗太平年号。

(78)『宣和奉使高麗図経』巻十六、官府、倉廩。内外見任受禄官、三千余員。散官同正、無禄給田者、又一万四千余員。其田皆在外州、佃軍耕蒔、及時輸納、而均給之。

(79)本書結論「朝鮮前近代における王権の素描」、参照。

(80)『高麗史』巻一百二十七、叛逆一、拓俊京伝。尋集三品以上及台諫・侍臣于都省、籍李・拓之党及子孫之罪、蔵諸所司。

(81)『高麗史』巻一百二十九、叛逆三、崔忠献伝。慶州反。忠献会文武三品以上於其第、議之。

(82)『高麗史節要』巻十七、高宗四十六年正月条。以蒙兵大至、令三品以上、各陳降守之策。衆論紛紜。平章事崔滋、枢密院使金宝鼎曰、「江都地広人稀、難以固守。出降便。」

(83)『高麗史節要』巻十五、高宗八年八月条。王召群臣四品以上於大観殿、問後来蒙使、迎接可否。王欲設備、拒而不納。群臣皆曰、「彼衆我寡。若不迎接、彼必来侵。豈可以寡敵衆、以弱敵強乎。」王不悦。／同、巻十六、高宗十九年五月条。宰枢及四品以上、会議、禦蒙古。皆曰、「城守拒敵。」唯宰枢鄭畝、及大集成等曰、「宜徙都避乱。」

(84)『漢書』巻十九上、百官公卿表上。凡吏秩比二千石以上、皆銀印青綬。光禄大夫無。秩比六百石以上、皆銅印黒綬。大夫、博士、御史、謁者、郎無。其僕射、御史、治書尚符璽者、有印綬。比二百石以上、皆銅印黄綬。

(85)本書第八章「高麗事元期における官品構造の変革」、参照。

(86)『高麗史』巻十三、睿宗世家、四年五月丙寅条。命宰枢及文武常参官、議奏東辺事宜。

(87)『高麗史』巻六、靖宗世家、七年九月丁未朔条。尚書兵部奏、「選軍別監、選取文武班七品以上員子弟、除業文赴挙外、並充軍伍。此雖安不忘危之慮、然皆累世勲旧之子孫、故祖宗以来、不与于役。況在甲子・丙子年間、已有禁制。非惟忘其先世之功、亦違旧制。請勿充隊伍。」従之。（于役は行役の意。詩経・国風・君子于役）

(88)『高麗史』巻七十四、選挙志二、学校条。仁宗朝、式目都監詳定学式。国子学生、以文武官三品以上子孫、及勲官二品帯県公以上、并京官四品帯三品以上勲封者之子、為之。太学生、以文武官五品以上子孫、若正従三品曾孫、及勲官三品以上有封者之子、為之。四門学生、以勲官三品以上無封、四品有封、及文武官七品以上子、為之。三学生、各三百人、在学以歯序。凡係雑路及工商楽名等賤事者、大小功親犯嫁者、家道不正者、犯悪逆帰郷者、賤郷部曲人等子孫、及身犯私罪者、不許入学。其律学・書学・算学、皆肄国子学。律・書・算、及州県学生、並以八品以（上）〔下〕子、及庶人為之。七品以上子情願者、聴。

（律・書・算、及び州県学生は、底本では「八品以上子」となっているが、唐制と比較すると、これは明らかに「八品以下子」の誤りである。『新唐書』巻四十八、百官志三、国子監の条、参照。）

(89) 本書第五章「高麗官僚制度の概観——外官への例調を中心に」、参照。

(90) 本書第八章「高麗事元期における官品構造の変革」、参照。

(91) 『朝鮮王朝実録』成宗六年九月戊午条。伝曰、「令東班中訓以上、西班通政以上、議懐簡大王祔廟可否。」承旨等啓曰、「旧例、凡有大事、令嘉善以上会議。今命中訓以上者、欲博採衆論也。台諫及芸文館員非三品者、不得与焉、意謂不可。且典医監・司訳院員、雖三品、恐不可参也。」伝曰、「芸文館・台諫、可令全数与議。東班三品員、承政院択可者与議。」

【補注】 知奏事・承宣と侍臣（侍従）の関係について

本章では「台諫・知制誥」の職に就くものを国王の「侍臣（侍従）」と規定したが、その一方で「枢密は侍従の官なり」ともいうから、枢密院の宰相、及び知奏事・承宣もまた、広義には「侍臣（侍従）」の範疇に含まれている。また、知奏事・承宣は多くの場合「知制誥」を兼ねているから、その意味でもかれらは「侍臣（侍従）」の範疇に含まれていたのである。ただし、知奏事・承宣は「片言といえども敢て自らは発せず」というのが建前である。したがって、かれらは外廷の「会議」の場において直接自らの意見を述べることはなかったであろう。

# 第三章　高麗時代の銓選と告身

高麗時代は君主権力の伸長に伴って、その手足となる官僚組織が高度に発達を遂げた時代である。およそ中央政府に出仕する官人には、まず官人としての身分の高下を示す位階、すなわち「散官」が与えられ、次にその位階に応じて実際の職務内容を示す官職、すなわち「職事官」が与えられる。九品以上の官人に対する位階・官職は、原則として専制君主たる国王の命令によってのみ与奪されるが、実際には膨大な数の官員人事を国王ただ一人の能力によって処理することは不可能である。したがって、官職の任免に際してその原案を策定する「銓選」——または「銓注」ともいう——の権限が、一定程度、官僚組織に委ねられる構造になっていたことは当然であろう。

高麗の官僚制度に多大の影響を及ぼしている中国唐朝の制度の場合、五品以上（一部、六品以下）の常参官の人事案は中書門下の宰相によって擬定され、六品以下の未常参官の人事案は尚書吏部（武官の場合は尚書兵部）によって擬定される。そうして常参官・未常参官のそれぞれの人事案は、専制君主である皇帝に奏上され、皇帝の裁可を得た後、前者は「制授」または「勅授」の告身によって、後者は「奏授」（あるいは「旨授」ともいう）の告身によって、それぞれ「告身」と呼ばれる辞令書が発給される制度になっていた[1]。

この唐朝の制度が高麗時代の銓選制度、告身制度にも多大の影響を及ぼしていたことは間違いない。たとえば高麗後期（事元期）の文人・李斉賢は、

吏部、文銓を掌り、兵曹《ママ》、武選を主る。その年月を第し、その労佚を分かち、その功過を標し、その才否を論じて、書に具載す。これを「政案」という。中書、陸黜して以てこれを奏し、門下、制勅を承けて以てこれを行す。国家の法、蓋し中原と同じきなり。(2)

と述べて、高麗の制度と中原（中国）の制度とが同一であったことを主張している。しかし高麗官僚制度の特質を明らかにするためには、これを単に「中原（中国）と同じ」といって済ませておくことはできないであろう。なるほど、基本的には唐制を継受しているにしても、高麗の銓選制度、告身制度の固有の性格は、その運営の実態に即して解明していかなければならない。しかも銓選制度、告身制度の運営実態を示す「告身」――もしくはその内容を移録した資料――は、少ないながらも幸いに現存しているのである。

古文書学の伝統のもとに唐代告身資料の研究を飛躍的に高めてきた日本の中国史学界に対し、朝鮮史の分野における古文書学の研究は、これまで必ずしも活発に行われてきたわけではなかった。しかしながら、高麗時代の告身資料については、古くは韓相俊氏、張東翼氏による紹介と研究が行われていたし、(3)近年では盧明鎬編著『韓国古代中世古文書研究』のような大著も現れるに至っている。(4)

本章では、これら諸先学による研究の成果を発展的に継承しながら、告身資料に関する私なりの新しい知見を提示したい。そうして、できるだけ告身資料それ自体に即した形で、高麗時代における銓選制度の変遷と、延いては高麗官僚制度における君臣権力関係の変質の過程とを跡づけてみることにしよう。

# 第一節　制授告身と勅授告身

唐制、五品以上（一部、六品以下）の常参官の任命は、尚書吏部の作成した人事資料に基づいて中書門下の宰相がその人事案を作成し、皇帝の裁可を得た案件は、五品以上の官人は「制授告身」の書式を以て、それ以下の官人は「勅授告身」の書式を以て、それぞれ「告身」と呼ばれる辞令書が発給されることになっていた。(5) 高麗でもこれらの告身の様式が継受されていたことは、現にそうした書式を具備する「慧諶告身」（制授告身）、「金傅告身」（勅授告身）などの告身資料が伝存することによって明らかである。本節ではまず、これらの告身資料の書式を確認し、次にその発給対象について検討しよう。

## (a)　書式の確認

まず「慧諶告身」であるが、これは金の貞祐四年（高麗・高宗三年、一二一六）に曹渓宗の第二祖慧諶を「大禅師」に任命した際の告身であり、それは唐制の「制授告身」の書式を具備している。

史料3‐1　慧諶大禅師告身(6)

(a)　［前缺］

……可特授大禅師。於戲。……主者施行。

貞祐四年正月　日

金紫光禄大夫門下侍郎同中書門下平章事修文殿大学士監修国史判兵部事臣崔　弘胤
朝散大夫尚書兵部侍郎充史館修撰官知制誥臣李　得根

(b)
門下侍郎平章事
給事中玄　君悌　等言。
制書如右。請奉
制、附外施行。謹言。
貞祐四年正月　日
制可

(c)
礼部尚書
礼部侍郎
尚書左丞
告大禅師。奉被
制書如右。符到奉行。
礼部郎中
主事朴
令史韓
書令史黄
乙亥《ママ》九月十三日下

＊(a)(b)(c)の記号は筆者が便宜的に附したものである。

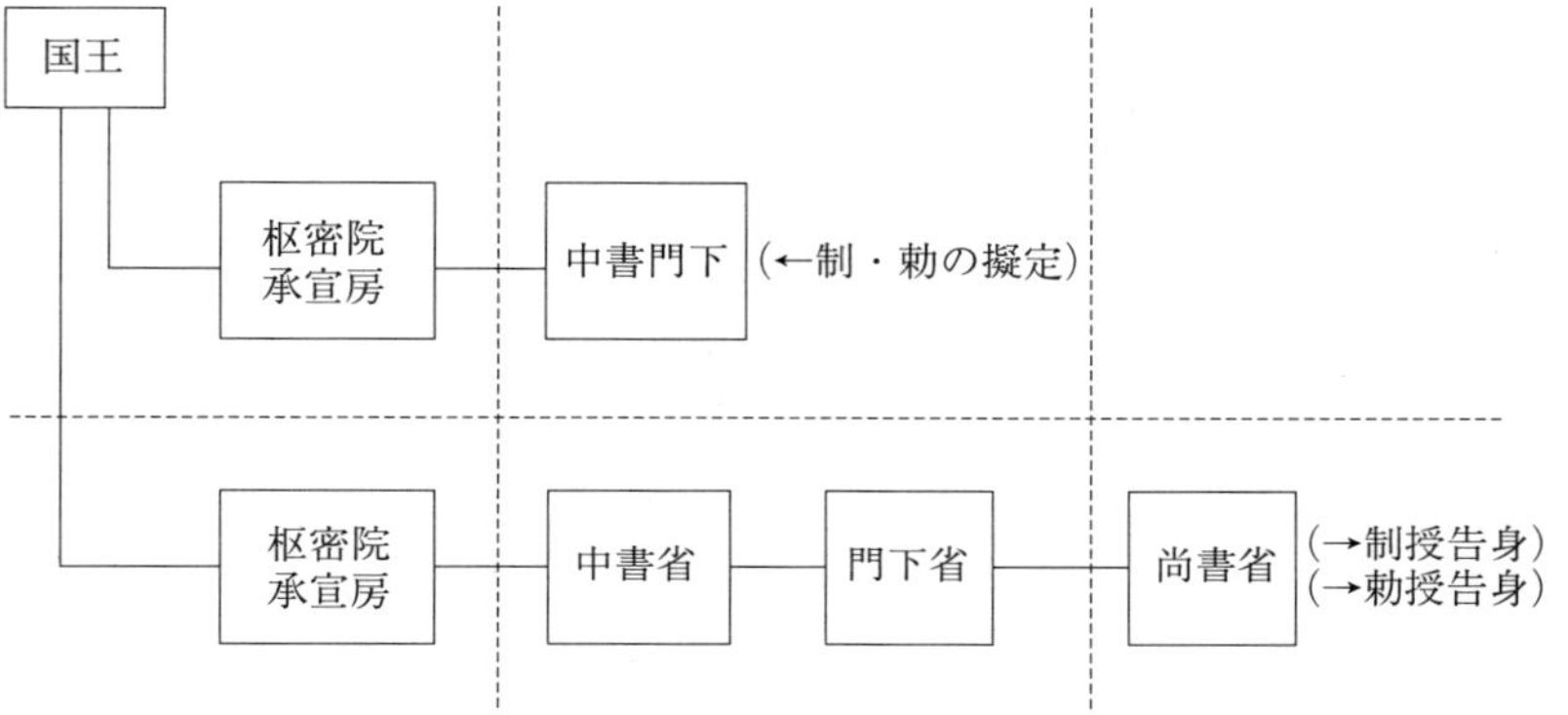


図３－１　制勅の出納

次に「金傅告身」であるが、これについては本書第一章「高麗国初の広評省と内議省」において、既にその録文を掲げている。したがって録文の呈示は省略し、ただちにこれら二通の告身における書式の検討に移ることにしよう。

第一に、これらの告身は、中書省（金傅告身では内議省）によってその制詞・勅詞が起草されているが、その制詞・勅詞の部分は、それぞれ「門下、……主者施行」、「勅、……主者施行」という首尾の様式を具備している。前者は「制授告身」の様式であり、後者は「勅授告身」の様式である。なお、「慧諶告身」では「門下侍郎・同中書門下平章事」と「知制誥」が中書省の職掌を代行しているが、「同中書門下平章事」はその名のとおり「中書令」に準じる存在であり[7]、「知制誥」は中書舎人の職掌を代行する存在である[8]。

第二に、中書省が作成した制詞・勅詞は門下省（金傅告身では侍中）によって審議されているが、このうち、「慧諶告身」では一旦門下省が国王に覆奏して付外施行すべきことを請い、国王の裁可を得た後、「制可」の文言を書き加えてこれを尚書省に送付するという手続きが踏まれているのに対し、「金傅告身」では国王への覆奏の手続きは省略され、「勅を奉ずること右の如し。牒到れば奉行せよ」との命令文言を附して直ちに「広評省」（後の尚書省）に送付するという手続きが踏まれている。前者は「制授告身」の手続きであり、後者は「勅授告身」の手続きである。この両者を比較すると、国王への覆奏の手続きが省略される分だけ、「勅授告身」は「制授告身」よりも王命文書としての取り扱いが簡便になっているということができるであろう。

第三に、王命文書の施行を担当する尚書省（金傅告身では広評省）では、「制書を奉被すること右の如し。符到れば奉行せよ」、または「勅を奉ずること右の如し。符到れば奉行せよ」との命令文言を書き加え、これを「符」の様式を以て受命者に発給する。前者は「制授告身」の手続きであり、後者は「勅授告身」の手続きである。

このように、「慧諶告身」（制授告身）、「金傅告身」（勅授告身）は、いずれも、

(a)　中書省（内議省）が制詞・勅詞を起草し、
(b)　門下省（侍中）がこれを審議し、
(c)　尚書省（広評省）がこれを施行する。

という形で、三省を経由して発令された正規の王命文書であり、しかもその書式は唐代告身研究の成果が明らかにしてきた「制授告身」、「勅授告身」の諸特徴を、ほぼ完全に具備していることを確認することができるのである（図3‐1　制勅の出納）。

### (b)　発給の対象（制授告身）

とはいえ、制授・勅授の告身の書式を継受しているからといって、その支給対象までもが唐制の原則と同様に、「制授告身」は五品以上の常参官、「勅授告身」はそれ以下の常参官と、一概に決めつけてしまうことはできないであろう。

高麗事元期の文人、崔瀣《さいかい》の編んだ詩文集『東人之文・四六』には、高麗時代の告身資料がその制詞・勅詞を移録した形で比較的多く収録されているが、これを見ると、その首尾に「門下、……主者施行」との様式を具備するもの、すなわち「制授告身」の発給対象となっているものは、（宗室の事例を除けば）もっぱら中書門下の宰相（宰臣）に限られている。しかも、それらはすべて「可特授某職」との様式によって、すなわち国王による「親任」の様式によって任命されているものばかりである。さらに、国王による「親任」の事実を示す具体的な特徴として、これらの「特授」の告身には、通例、国王の親書とでもいうべき「教書」が添付されている事実にも注目しておかなければならない。(9)

このことについて、高麗武臣執権期の文人、崔滋の随筆である『補閑集』巻下、「漢制帝書有四」条の記述を参照すると、高麗では一年の間に宰相の任免がどれだけ頻繁に行われたとしても、宮中において正式の任命儀礼、すなわち「宣麻」の儀礼を行うのは、一年に一度（具体的には十二月に一度）のみとされていた。このため、朝廷において宣読される任命辞令、すなわち「麻制」では、首章・末章に受命者全員に対する「通行」の文言、すなわち共通の文言を記し、中間の各章において各人の功績・人徳を個別に論じることになっていた。そうして宣麻の儀礼が終わると、この通行の麻制をもとに各人に発給する告身を作成するが、その告身の制詞は、全員に共通する首章・末章の文章に、各人個別の中間章の文章をつなぎ合わせて作成する。このようにして作成する告身を「大官誥」といい、大官誥の編首には、それぞれ宣麻を受けるもの全員に共通する「教書」が添付されることになっていたのである。(10)

この場合、官職の任免に際してその告身に「教書」が添付されるのは、先にも指摘したとおり、国王によって「特授」される親任の官職に限られている。したがって『補閑集』にいわゆる「大官誥」とは、「門下、……可特授某職、……主者施行」との様式を具備する「制授告身」のことにほかならない。

さらに、この『補閑集』の記述によれば、宗室は大官誥による任命であっても宣麻の儀礼には与らず、枢密・僕射・尚書・上将軍などの正三品以上の官職は「小官誥」（後述）による任命であるから、これらも宣麻の儀礼には与らなかった。ただし枢密使のみは近年（武臣執権期）になって初めて「大官誥」による任命の対象となり、宣麻の儀礼に与ることになったという。(11) したがって、高麗前期（武臣の乱以前）において「制授告身（大官誥）」の発給対象となっていたのは、（宗室・僧官を除けば）もっぱら中書門下の宰相（宰臣）に限られていたということができるであろう。

ちなみに、大官誥に添付される教書の書式は、高麗前期では一般に「教某。……故此詔示、想宜知悉」という首尾の様式を具えているが、中国唐宋時代の勅書は、一般に「勅某、……故此詔示、想宜知悉」(12)という首尾の様式を具備している。したがって、高麗前期の「教書」は唐宋時代の「勅書」の様式に倣って、その上で「勅」字を「教」字に改めているのである。

なお、『補閑集』巻下、「漢制帝言有四」条の記述によると、

> 文懿公（金富儀）撰する所の中書門下摠省・吏兵曹《ママ》、及び行員（詔院?）の姓名草押の規式は、令文と同じからず。中書に蔵する所の宋及び遼金三国の誥式もまたおのおの異なれり。宜しく板本の令文に従うべし。(13)

とあるから、高麗の官誥、及び教書（勅書）の書式は、「板本の令文」——恐らくは唐の公式令——に準拠しつつ、それとは若干異なる部分もあったことがわかるであろう。

### (c) 発給の対象（勅授告身）

次に、「勅、……主者施行」との様式を具備する「勅授告身」の支給対象について検討しよう。前述のとおり、

高麗国初の「金傅告身」は、確かに「勅、……主者施行」との首尾の様式を具えているが、『東人之文・四六』所収の告身資料には、かえってこの様式を具備するものを見出すことができない。それは先ほども述べたとおり、高麗では「勅」字を「教」字に改めているからである。したがって「教、……主者施行」との様式を具備する告身資料こそが、高麗における「勅授告身」の資料として位置づけられることになるのである。

『東人之文・四六』所収の告身資料のうち、この様式を具備する事例は「尹彦植可工部尚書」、「延興宮大妃祖母金氏追封和義郡夫人」の二例だけであるが[14]、前引の『補閑集』巻下、「漢制帝書有四」条の記述によると、枢密・僕射・尚書・上将軍などの正三品以上の官職は「小官誥」による任命の対象であった。したがって、工部尚書（正三品）に任命された尹彦植の告身は、まさしくこの「小官誥」に該当するといってよいであろう。

この場合、「小官誥」というのは「教、……主者施行」との様式を具備する「勅授告身」のことに他ならない。したがってその発給対象は、高麗前期においては枢密院の宰相（枢密）、及び尚書省の僕射・尚書、武官上将軍などの文武正三品以上の官職に限られていたということができるであろう。

このように、高麗では唐制の「制授告身」、「勅授告身」の制度を、その書式においては確かに継受していたが、その発給対象は高麗では随分と圧縮され、制授告身（大官誥）は中書門下の宰相（宰臣）に対してのみ、勅授告身（小官誥）は宰臣を除く文武正三品以上の官職に対してのみと、その発給の対象が大きく絞り込まれていた。実は、中国においても制授告身の発給は省略されることが多く、大抵の場合は宣麻の儀礼を伴わない勅授告身によって代替されていたのであるが[15]、高麗の場合はその勅授告身についても、さらにその発給対象を絞り込んでいたということができるであろう。

しかもそれは、通例十二月に行われる年一回の正式の人事異動、すなわち「都目政」の際に限って発給されていたのである。したがって、「制授告身（大官誥）」、「勅授告身（小官誥）」を賜わることは、宰臣及び正三品以上の最上級の官人に対してのみ許される特別の栄典であったということができるであろう。

## 第二節　中書門下制牒と尚書吏部教牒

制授・勅授の告身は、高麗では宰臣及び正三品以上の最上級の官人に対してのみ発給されていた。それでは、この栄典の対象から除外された他の一般の官人たちは、一体どのような形で官職任免の辞令を受け取っていたのであろうか。

この点について重要な手掛かりを与えてくれるのは、やはり崔瀣の『東人之文・四六』に収録されている次の三つの史料である。

昨《さき》ごろ「中書門下制牒」一道を奉ずるに、伏して聖慈を蒙るに、臣を右拾遺・知制誥に除授す、とあり。高華の選、遽かに不才に及び、陋蔌の姿、ただ非拠を慙ずるのみ（謝右拾遺知制誥表、朴浩）(16)。

昨ごろ「尚書吏部教牒」を奉ずるに、伏して聖慈を蒙るに、臣を権知閤門祇候に差し、前の本職に依らしむ、とあり。宸極より仁を推して、特に蕞品に加え、天閽に謁を典りて、権《かり》に華資に廁《なら》ぶ。俯して逾涯を揣《はか》り、ただ無状を増すのみ（謝権知閤門祇候表、朴浩）(17)。

昨ごろ「尚書吏部教牒」を奉ずるに、伏して聖慈を蒙るに、臣を直翰林院に差し、本職を行わしむ、とあり。金殿より恩を溢して、特に愚鄙に加え、鑾坡（翰林院）に濫りに召されて、遽かに英豪に接す。涯分を省みて以て方に逾えんとし、戦兢を積みて状なし（謝直翰林院表、朴浩）[18]。

右は粛宗朝頃の文人である朴浩が奉った三通の「謝表」、すなわち官職拝命に際して国王に奉った謝恩の上表文であるが、ここに見られるとおり、朴浩に対する官職任命の通知は、右拾遺・知制誥については「中書門下制牒」によって、権知閤門祇候、直翰林院については「尚書吏部教牒」によって行われている。このような任命形式の違いは、一体なにを意味しているのであろうか。

### (a)　制牒と教牒

唐制の告身は、尚書吏部（または尚書兵部）の作成する「符」によって施行することが原則となっている。しかし、前述の「中書門下制牒」や「尚書吏部教牒」は、その文字どおり「牒」による通知であるから、これらは唐制本来の意味における「告身」ではない。「牒」とは各級官庁間の行移文書のことであるが、ここでは中書門下が国王の「制」を奉じ、また尚書吏部が国王の「教」を奉じて発給しているから、それぞれを「中書門下制牒」及び「尚書吏部教牒」と称しているのであろう。

問題はこの種の「制牒」、「教牒」の書式であるが、この点については幸いにも、中村裕一氏の研究によって明らかにされた中国唐制の「勅牒」の様式を参考にすることができる[19]。

中書門下、牒某。
牒。奉
勅、云々。牒至准
勅。故牒。

年月日　　牒
宰相具官姓名

右は中村裕一氏によって復元された唐制の「勅牒」の様式であるが、「勅牒」とは皇帝の「勅」を奉じて宰相府（中書門下）が発給する牒文のことであるから、いわゆる「中書門下制牒」の書式を考えるうえでは、第一にこの「勅牒」の様式を参考にしなければならない。

また、中村裕一氏の研究によると、この「勅牒」様式の一つの異型として、中書門下の勅牒が一旦尚書省に差し下され、尚書六部より勅牒が発給される場合もあったことが指摘されている。[20]その実例として中村氏が提示しているのは、たとえば不空三蔵の『表制集』巻一所収、「降誕日請度七僧祠部勅牒一首」などの諸史料である。

(a)　〔前略〕
右。興善寺三蔵沙門不空奏、……。

(b)　中書門下　牒祠部。
牒。奉　勅。宜依。牒至、准　勅。故牒。
広徳二年（七六四）十月十九日〔牒〕
中書侍郎平章事　杜鴻漸
中書侍郎平章事　元載
黄門侍郎平章事　王　使
検校侍中　李　使
検校右僕射平章事　使

大尉兼中書令　　　　使

(c)

尚書祠部　牒三蔵不空。

牒。奉中書門下　勅牒、如右。牒至、准　勅。故牒。

広徳二年十月十九日　　　　牒

令史

主事

〔祠部郎中某〕

右の「祠部勅牒」においては、まず(a)の部分で七人の僧侶に対する僧官職の任命を求める不空の上奏文の要旨を引用し、次に(b)の部分で中書門下が「勅」を奉じて尚書省にその執行を命じ、最後に(c)の部分で僧官職の担当部局である尚書祠部（礼部に属する）が中書門下の「勅牒」を奉じてこれを施行しているのである。要するに、これは皇帝の裁可した案件が、中書門下を経由して当該案件の担当部局である尚書祠部に伝達され、尚書祠部より施行される場合の文書様式であるから、いわゆる「尚書吏部教牒」の書式を考えるうえでは、この尚書六部より発給される「勅牒」の異型様式をも参照しなければならない。

しかもさらに幸いなことには、これらの「勅牒」の様式をほぼ完全に具備する告身資料が、高麗時代の科挙合格証書、すなわち「紅牌」として現に存在しているのである。

史料3-2　張良守紅牌(21)

〔前闕〕

教可丙科

及第。牒至、准

教。故牒。
泰和五年乙丑（一二〇五）四月　日牒。
金紫光禄大夫・参知政事・太子少傅、王
門下侍郎・平章事・宝文閣太学士・同修国史・柱国・判戸部事、任
門下侍郎・同中書門下平章事・吏部尚書・上柱国・上将軍・判兵部御史台事、崔
門下侍郎・同中書門下平章事・上柱国・上将軍・監修国史・判礼部、奇
門下侍郎・同中書門下平章事・修文殿太学士・監修国史・上柱国・判吏部事、崔（押）

右の「張良守紅牌」では、その本文の末尾に「牒至れば、教に准ぜよ。故に牒す。年月日、牒」との文言があり、その後に中書門下の宰相（宰臣）の歴名・署押が位置している。したがって、これは唐制の「勅牒」の様式を継受したもの――ただし「勅」字は「教」字に置き換えられている――と考えて、まず間違いはないであろう。

もっとも、この文書の冒頭には、欠損が激しく全文は判読しがたい次のような文言が附されている。

右人張良守
貢院所
判乙以点

これは中村氏のいわゆる勅牒の異型様式において、その前文に相当する部分の残欠と思われるが、本文に比して明らかに別筆で記録されているから、おそらくはその残欠部分の移録であろう。

ともあれ、これが勅牒の異型様式に基づく文書であるとすれば、それは科挙を主管する礼部貢院において及第

者名簿の原案を作成し、貢院が作成した原案を国王が裁可（判）したことを受けて、「教可丙科及第」という王命が中書門下に下されたことを示唆している。さらに、これが勅牒の異型様式に基づく文書であるとすれば、中書門下は張良守に直接牒文を送ったのではなく、科挙の担当部局である礼部が中書門下の牒を受けて、「礼部教牒」として張良守に及第の「紅牌」を伝達したと仮定することができるであろう。

この場合、当該の史料の後半には、本来、「祠部勅牒」の(c)に相当する部分が存在したはずであるが、それは当該の史料の欠損によって、または伝写の過程において亡失してしまったのであろう。

(b)　制可・勅可

「中書門下制牒」と「尚書吏部教牒」の違いは、「柳邦憲墓誌銘」に見える「制可」、「勅可」の事例と対比すると、いっそう具体的にその内容を理解することができる。

『高麗墓誌銘集成』四、柳邦憲墓誌銘によると、柳邦憲は光宗二十三年（九七二）に二十九歳で郷貢進士として礼部試（東堂）に赴き、及第して攻文博士に「勅可」された。そうして彼は、その後、光文校書郎・光文郎・国子主簿・四門博士を経て、成宗即位年（九八一）には御事右司員外郎・賜緋・史館修撰官に「制可」された[22]。

この「制可」、「勅可」という文言は、一見すると唐制の「制授告身」、「勅授告身」による任命の形態を想起させる。しかし、柳邦憲が「制可」された御事右司員外郎（後の尚書右司員外郎）は正六品の常参官であり、「勅可」された攻文博士は六品以下の参外官であるから、これらは唐制における制授・勅授の範疇とは明らかに異なっている。

むしろ、「勅」字が「教」字に置換されるという上述の原則を考慮すると、この「制可」、「勅可」の文言は、それぞれ「中書門下制牒」、「尚書吏部教牒」による任命形態を意味していると考えた方が妥当であろう。さらに言えば、「中書門下制牒」には「制可某職」との王命が記載され、「尚書吏部教牒」には「教可某職」との王命が記載されていたと考えることができるのではないか。

このように考えた場合、『東人之文・四六』の史料で朴浩が「中書門下制牒」により「右拾遺・知制誥」に任命されたことと、柳邦憲が御事右司員外郎に「制可」されたこととは、相互に連関する事実として浮かび上がってくるであろう。

つまり、宰相府である中書門下は（尚書吏部の提出した人事資料に基づいて）右拾遺、員外郎などの「常参官」の人事案を策定し、国王の裁可を受けた人事案は、中書門下より「制可某職」との文言を伴う「制牒」によって発令されていたのである。その際、任命の事実が中書門下から通知されていることは、そもそもそれが中書門下の宰相が擬定した人事案であったことを、なによりも端的に示している。

次に、朴浩が「尚書吏部教牒」により「権知閤門祗候」及び「直翰林院」に任命されたことは、柳邦憲が攻文博士に「勅可」された事実と相互に密接な関連性を持つであろう。具体的には、尚書吏部が権知閤門祗候や直翰林院などの参外官（未常参官）の人事案を擬定し、（中書門下を経由して）国王にその原案を上奏する。次に、国王の裁可を得た人事案は、（再び中書門下を経由して）尚書吏部に伝達され、尚書吏部より「教可某職」との文言を伴う「教牒」によって発令されていたのであろう。その際、任命の事実が尚書吏部から通知されていることは、当該の人事案が尚書吏部の策定した人事案であることを、なによりも端的に示しているのである（図3-2　制牒・教牒の出納）。

ところで、これらの官職の任命は、一体なぜ「制授告身」、「勅授告身」ではなく、「制牒」、「教牒」によって発令されているのであろうか。

『新五代史』巻五十五、劉岳伝の記述によると、中国では文武官の告身を発給する際に、原材料である染料

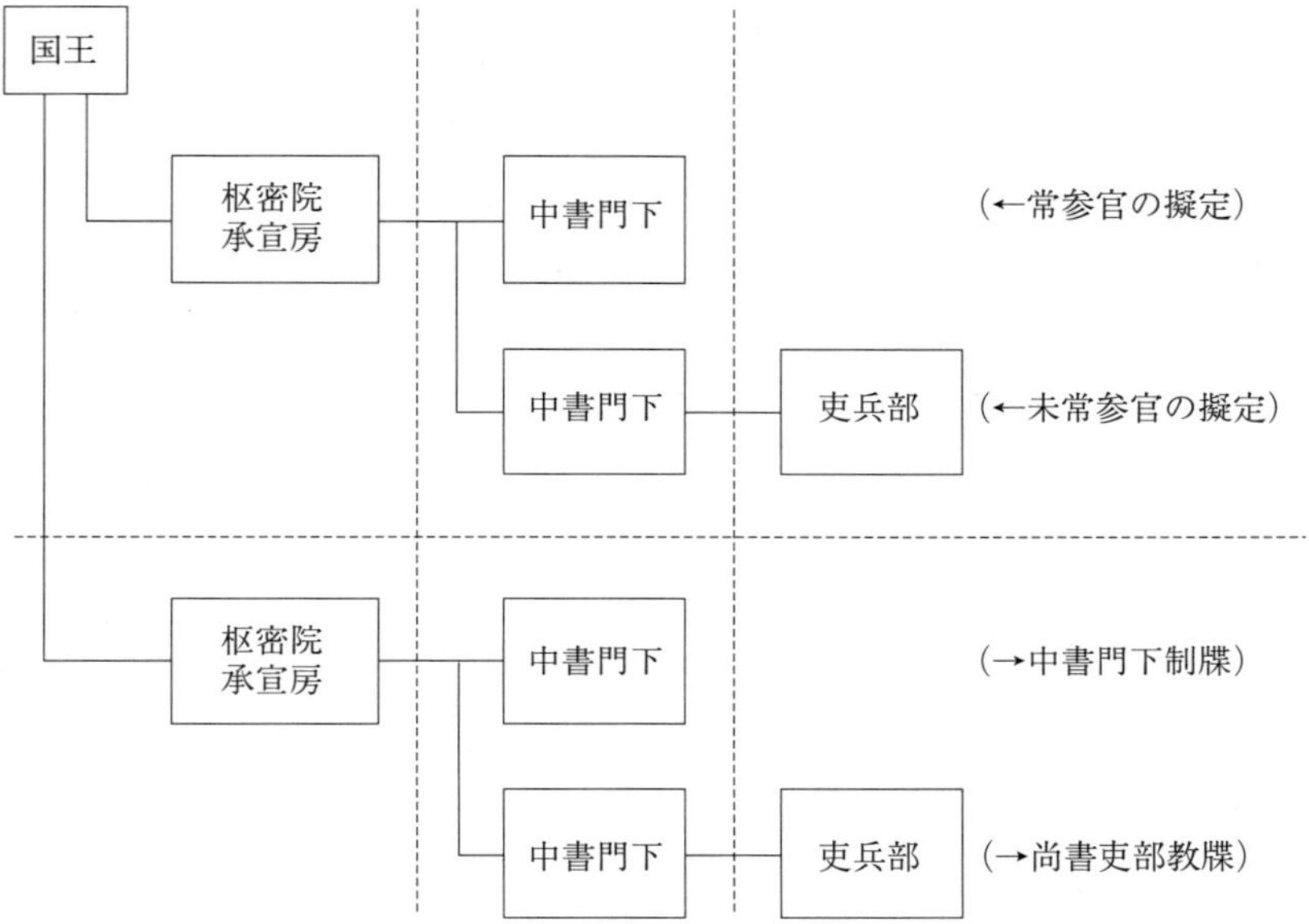


図３－２　制牒・教牒の出納

（朱漆）や紙、軸などの費用を受命者に納入させ、そのうえで告身を発給していたが、貧者はその費用を負担することができないので、往々「勅牒」を受け取るだけで、「告身」を作成することはなかったという(23)。

つまり「勅牒」による通知は、本来、仮の通知であって、正式には後日「符」の様式を具備する「告身」が作成されることになっていたのである。しかし、巻物仕立ての告身を作成するには少なからぬ費用を要するので、結局、「勅牒」による仮の通知がそのまま正式の辞令書としても通用していたのである。

高麗における「制牒」、「教牒」の様式も、恐らくはこの唐末・五代の「勅牒」の様式を継受したものに他ならないであろう。

## 第三節　批・判と謝牒

中書門下制牒や尚書吏部教牒は、本来、仮の通知書であって、正式の「告身」ではなかった。しかしこの仮の通知書すら、文武の官人のすべてに発給されていたわけではない。

たとえば睿宗の同母弟である王俣の墓誌銘によると、彼に対しては次に示すような様々な形で官職の任命が行われている。

(a) この年（睿宗六年、一一一一）十二月、門下に命じて官誥を降さしめて曰く、……

(b) 越えて壬寅の歳（睿宗十七年、一一二二）、……三月、門下に命じて〔官〕誥を降さしめて曰く、……。并びに教を下して曰く、……

(c) この年（仁宗七年、一一二九）十二月□九日、批を下して奉順同徳守節賛化功臣・開府儀同三司・検校太師・守太保・兼尚書令・大原公・食邑三千戸・食実封五百戸と為す（『高麗墓誌銘集成』九六、王俣墓誌銘）[24]。

このうち、(a)の事例は「小官誥」による任命を意味し、(b)の事例は「教書」を添付した「大官誥」による任命を意味するであろう。しかし、(c)の事例では「下批」という手続きによって任命が行われており、しかもこれまで検討してきた制授・勅授の告身や、制牒・教牒の様式には「下批」という文言は見当たらない。したがって「下批」による任命は、それらとは別個の任命形態を示しているのである。

また『高麗墓誌銘集成』一四五、金純墓誌銘によると、金純は毅宗十四年（一一六〇）三月の「判」によって隊正（未入流）の職を授けられ、以後、校尉（正九品）、散員（正八品）、別将（正七品）を経て、明宗四年（一一七四）十二月には「批」によって摂中郎将（従五品）の職を授けられている。(25) さらに、武臣の乱によって擁立された明宗は、新政権による官職任命に際して文克謙に「批目」を書かせたというが、(26) これは「批（下批）」による任命の一覧という意味であろう。

こうした「批・判」による官職任命の事例は、とりわけ高麗後期において数多く見出すことができる。たとえば忠烈王三十四年（一三〇八）に李混以下の近臣たちが瀋陽王（後の忠宣王）の定めた「官制」及び「批・判」を齎して元の大都より帰国したという事例は、(27) 当時の官職任命がもっぱら「批・判」によって行われていた事実を端的に示している。

この「批・判」による任命は、前節までに検討した「制授告身」、「勅授告身」、「中書門下制牒」、「尚書吏部教牒」による任命と、一体どのような点が異なっているのであろうか。

### (a)　批・判による任命

近年紹介された「鄭仁卿政案」(28) に見られる官職任免の詳細な記録は、高麗後期（事元期）において、常参官の任命が「批（下批）」によって行われ、参外官（未常参官）の任命が「判」によって行われていた事実を極めて明瞭に示している。

たとえば「鄭仁卿政案」に見える次の二つの任命事例を比較してみよう。

御史台令史李承韓、庚午（元宗十一年、一二七〇）七月日名貼、部所奏、庚午七月日、判、将軍洪慎下別将摂教白和下校尉鄭仁卿、朝謝由、出納為等以、施行。(29)

（大意：御史台令史李承韓の元宗十一年七月某日づけの貼で、兵部が上奏し、同年七月某日の国王の裁可（判）で、将軍洪慎の指揮下の別将を摂し奉る（将軍）白和の指揮下の校尉鄭仁卿の朝謝の由を出納したので、施行せよ。）

監察司令史朴宣、戊寅（忠烈王四年、一二七八）二月日名貼、至元十五年（戊寅）二月二十四日、下　批、鄭仁卿、為朝散大夫、（貼）〔賜〕紫・金魚袋。朝謝由、出納為等以、〔施行。〕[30]

（大意：監察司令史朴宣の忠烈王四年二月某日づけの貼で、同年二月二十四日の下批で鄭仁卿を朝散大夫・賜紫・金魚袋に任命した件の朝謝の由を出納したので、施行せよ。）

前者は「判」による任命であり、後者は「批（下批）」による任命である。このうち、前者については「部所奏」とあるから、いわゆる「判」が人事担当部局（この場合は兵部）の作成した原案に対する国王の裁可を意味することは明らかである。一方、「批（下批）」については「批」字の上、一字分が（国王への敬意を示すために）空格になっているから、それが国王の直接命令を意味していることもまた明らかであろう。

実際、次の明宗朝の史料によると、国王は宮中において自ら常参官の人事案を策定し、これを「下批」と称して直ちに人事担当部局である「政曹」（具体的には尚書吏部、または尚書兵部）に差し下す場合があったことが確認できる。

王のおよそ人を用うるや、ただ嬖臣・宦豎とのみ議して、親しく参官以上を署し、その草を封して、直ちに政曹に付す。名づけて「下批」という。政曹、草に拠りて謄写し、さらに奏議するなし。これに由りて奔競風を成し、賄賂公行して、賢否混淆す（『高麗史』巻二十、明宗世家、十四年（一一八四）十二月甲申条[31]）。

右の史料によると、国王は常参官（参官）の人事案を「嬖臣・宦豎」と協議して自ら策定しているが、これは

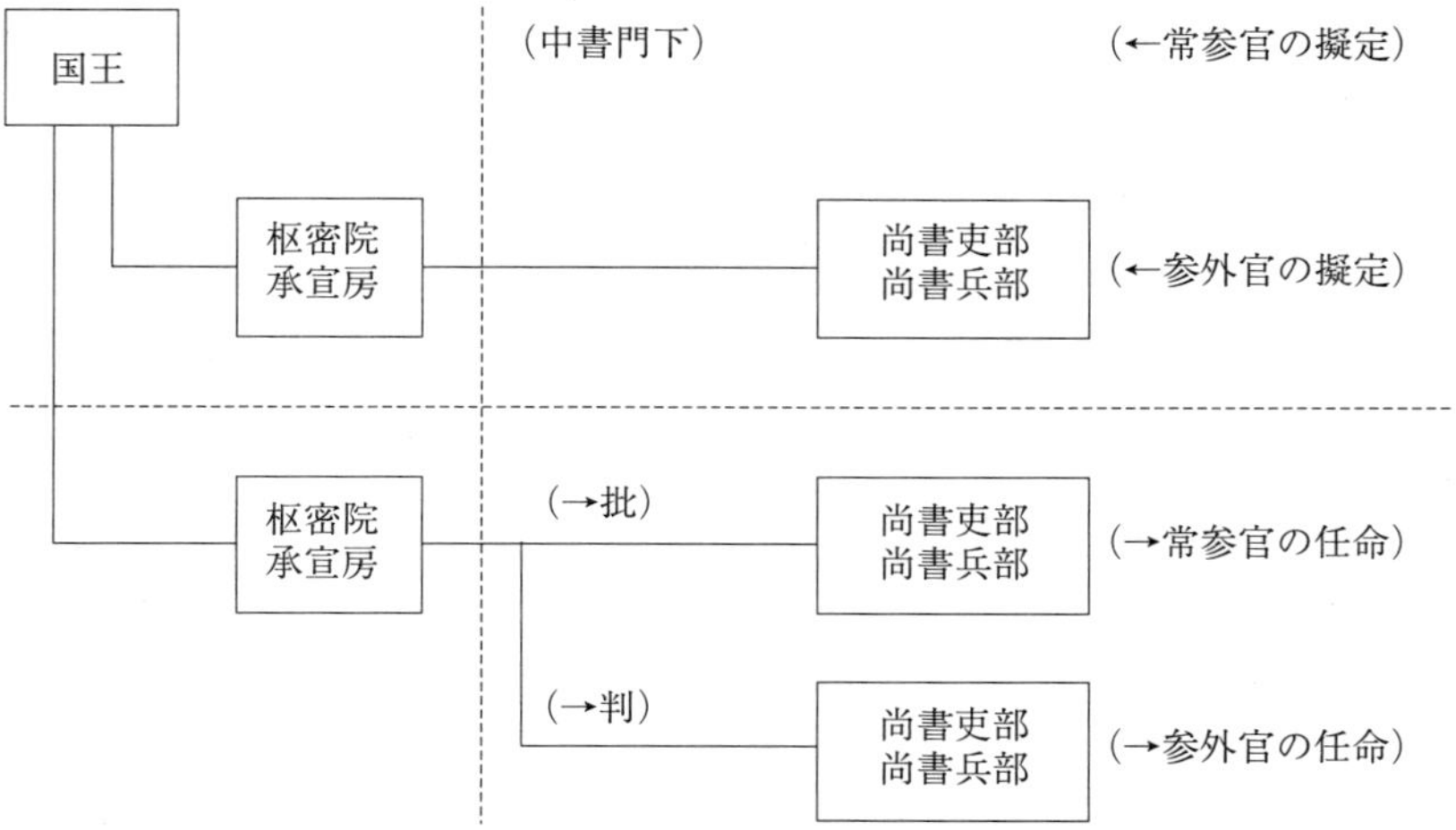


図３－３　批・判

本来、中書門下の擬定によって策定されるべきところを、内廷において国王が自ら策定しているのである。中書門下の擬定による「制・勅」も、形式のうえでは国王の直接命令として政曹に送付されるが、「批（下批）」の場合は中書門下の宰相は参与せず、内廷において国王（もしくはその側近）が直接に策定した人事案であるから、その草案は中書門下を経由せず、政曹へと直ちに差し下されているのである。

この草案（下批）を受け取った政曹は、本来なら（中書門下を経由して）国王に覆奏し、国王の裁可を得た人事案は、（再び中書門下を経由して）「制授告身」、「勅授告身」もしくは「中書門下制牒」として発令されていたのであろう。しかし、明宗朝（武臣執権期）においてはこの正規の手続きは省略され、国王の「批（下批）」を受け取った政曹は「草に拠りて謄写し」、直ちにこれを施行していたのである。

これに対し、政曹（文官の場合は尚書吏部）の擬定した参外官（未常参官）の人事案も、本来は（中書門下を経由して）国王に覆奏され、国王の裁可を得た人事案は、（再び中書門下を経由して）「尚書吏部教牒」として発令されていたのであろう。しかし、この正規の手続きが省略される場合、国王の裁可（判）を受け取った政曹は、（中書門下に諮ることなく）これを直ちに施行していたのである（図3‐3　批・判）。

## (b)　謝牒の発給

それでは、国王の命令（批・判）を受け取った政曹は、これをどのような文書によって発令していたのであろうか。

政曹から発給される文書は、「謝牒」または「朝謝」と呼ばれる文書である。中国唐朝の場合、官職任命の通知を受けた官人は、宮中に参内して拝命・謝恩の儀礼を行わなければならない。これを「朝謝」または「中謝」といい(32)、この手続きを終えなければ新官職に基づく官人としての諸権利を行使することはできなかったが(33)、この点は高麗においても同様である。

その証拠に、前掲「鄭仁卿政案」の末尾には、それぞれ、

朝謝由、出納為等以、施行。

（朝謝の由を出納したので、施行せよ。）

とあるが、「朝謝」とは上述のとおり宮中に参内して拝命・謝恩すること、また「由」というのは「解由」（離任証明書）の「由」と同じく証明書の意味か、もしくは朝謝の縁由（事の次第）の意味であろう。この「朝謝の由」を「出納」したとあるが、「出納」とは文書の往復を意味する文言であるから、具体的には（某司が）御史台に「朝謝」の施行の許可を求める文書を送り（出）、その回答として「朝謝の由」を接受（納）したことを意味している。この御史台による「朝謝」の許可を受けて(34)（某司より）「朝謝」の施行を命じる文書が発給されるが、それ

がすなわち「謝牒」、または「朝謝」と呼ばれる文書にほかならない。[35]

「謝牒」の実例としては、次の「李子脩告身（李子脩朝謝牒）」二通を挙げることができる。

**史料3-3　李子脩告身**

告身
司憲府録事　安天寿　洪武九年十月日名帖、洪武
九年七月十二日、下　批、李子脩為奉順大夫・判書雲
観事、朝謝由、出納為等〔以〕、施行。印。唱／準。
権知　堂後官　押

（大意：司憲府録事安天寿の洪武九年十月某日づけの帖で、洪武九年七月十二日に下批して李子脩を奉順大夫・判書雲観事に任命した件の朝謝の由を出納したので、施行せよ。[36]）

**史料3-4　李子脩告身**

司上朝謝（科）〔斜〕準
司憲府録事崔子雲　洪武十五年十一月　日名帖、洪武
十五年三月廿五日、下　批、李子脩為通憲大夫・判典儀
寺事、朝謝由、出納為等以、施行。印。唱／準。
（手決）押　（手決）押

（大意：司憲府録事崔子雲の洪武十五年十一月某日づけの帖で、洪武十五年三月二十五日に下批して李子脩を通憲大夫・判典儀寺事に任命した件の朝謝の由を出納したので、施行せよ。[37]）

右二通は朝鮮時代の大儒李滉（号退渓）の先祖に当たる李子脩という人物に対して発給された「謝牒」の写しで、原文書そのものは伝存しない。両者はほぼ同様の書式を具えているが、その標題は異なっている。このうち前者の冒頭に「告身」とあるのは、厳密にいえば正しくないが、恐らくこれは原文書を移録した際に後から追記された標題であろう。

これに対し、後者の冒頭に「司上朝謝斜準」とあるのは原文書の標題と思われるが、このうち「司上」の「上」は「備え付け」の意[38]、「斜」というのは謄写の意[39]、「準」というのは原本と対校して間違いのないことを確認する意であるから[40]、結局、「司上朝謝斜準」というのは、「司」に備え付けの「朝謝」の対校済みの謄本という意味になるであろう。

次に確認しなければならないのは、これらの「謝牒」の発信主体であるが、それは「堂後官」という官職名から判断して、密直司（旧の枢密院）であったことは間違いない。堂後官とは、中国宋制では宰相府（中書門下）に所属する胥吏職の一つであるが、高麗では中書門下ではなく枢密院（後の密直司）に属し、その文書実務を統轄する正七品の文官職として位置づけられていた[41]。この堂後官の定員は二名であるから、洪武十五年の謝牒にみえる二つの署押は、いずれもこの堂後官の署押であろう。

もっとも洪武九年の謝牒に署押しているのは堂後官一名にすぎないが、本来署押を行うはずであったもう一人の「権知」というのは、このとき堂後官に欠員が生じていたために、官歴の浅いものが臨時に仮の堂後官、すなわち「権知堂後官」に任命されていたことを示すのであろう。ただし、このように考えた場合、「権知」は「堂後官」より下位であるから、「堂後官」の署名位置が「権知」の署名位置より下になっているのは不審である。これは恐らく、本来は下位のものから順に横並びに署押したものを、移録に際して縦並びに書き改めているのであろう。

さらに当該の文書については、それが「吏読文」で記述されていることにも注意しなければならない。そこには前掲「鄭仁卿政案」とほぼ同一の書式が見えているが、このうち、「～日名貼」の「名」（이름）というのは、「이른」（言った）の意、もしくは「이룬」（成した）の意の吏読で、すなわち「某日づけの貼」という意味にほかならない。

また「～為等以」（한들로）というのは、「～したるを以て」という意味の吏読である。次に「印」とあるのは、本来ここに官印を捺印するという意味であろうが、後代の実例を見ると、実際にはそれが形骸化して、単に文書の終わりを意味する記号と化している場合が多い。吏読ではこれを「끋」（終わり）と読む(42)。

次に「唱／準」とあるのは、当該文書の作成に当たって、一人がその文面を読み上げ（唱）、もう一人がそれを底本と照らし合わせて内容を確認（準）したことを意味している。「準」は「准」とも書く。この「唱／準」の下には、本来は、文書の作成を担当した書記（胥吏）の職銜・姓が記入されていたのかもしれない。たとえば「修禅社寺院現況記（修禅社形止案）」の末尾には、「唱、権知司辰尹（手決）／准、司暦承仕郎沈（手決）」とあり、「唱／准」のうえに印が押されている。これが「印。唱／準」の本来の形式であると考えられる(43)。

ともあれ、このように「吏読文」で作成されていることは、「謝牒」が正式の王命文書ではなく、官府の発給する略式の通知文にすぎないことを示唆している。正式の王命文書である「告身」は、本来、宮中に参内して拝命・謝恩する際に、すなわち「朝謝」の際に交付されるのであるが、その作成手続きは省略され、「朝謝」の施行を命じる通知文、すなわち「謝牒」が実質的に「告身」としての機能を果たしていたのである。

ちなみに、『高麗史』にはしばしば「職牒」という言葉が見えているが、その実態は恐らくはこの「謝牒」であろう。

それにしても、国王の「批・判」による任命を伝える「謝牒」が、政曹ではなく密直司（旧枢密院）から発給されているのはなぜであろうか。

上述の明宗朝の史料によると、国王の「批（下批）」は人事担当部局である「政曹」――文官の場合は尚書吏部、武官の場合は尚書兵部――に伝達されていた。したがって、「批・判」による任命を伝達する「謝牒」も、本来は尚書吏部、または尚書兵部から発給されていたにちがいない。にもかかわらず、それは高麗末には密直司（旧枢密院）の「堂後官」によって発給されていた。

密直提学白文宝、箚子を上りて曰く、「九品より一品に至るまで、毎品おのおの職牒を給するは、奸を防ぐ所以なり。近世、品職の朝謝（謝牒）は、初めは則ち僉署し、終りは則ち一官署す。故に始め難く終り易く、吏は縁りて奸を為す。今後、六品以上は各々自ら牒を写して省（中書門下省、後の門下府）に投じ、具署して経印せよ。七品以下は、典理・軍簿、具署して経印せよ。毎品同品に転移する者は、ただ謝牒をのみ給せよ」と（『高麗史』巻七十五、選挙志三、銓注、凡選法、恭愍王十一年（一三六二）条）。[44]

諫官李崇仁等言えらく、「近年官爵、真添相雑う。その謝牒は、ただ堂後の署あるのみにして、印信なし。恐らくは後日必ず仮濫あらん。乞う、東班は典理司（吏部）、西班は軍簿司（兵部）をして、おのおの印信もて署給せしめん」と（同上、辛禑六年（一三八〇）六月条）。[45]

右の諸史料にも明白に述べられているとおり、高麗末には本来「政曹」から発給されるべき「謝牒」が密直司（旧枢密院）の「堂後官」によって発給されていた。このことの意味を明らかにするためには、少し時代をさかのぼって、武臣執権期における「政房」の成立と、それに伴う銓選制度の変質の過程を概観しておかなければならない。

# 第四節　政房の成立

武臣政権の成立当初、国王（明宗）による恣意的な「下批」の濫発によって、本来、中書門下の宰相（宰臣）に委ねられていた五品以上（一部、六品以下）の「常参官」に関する人事権は、事実上、国王の側近勢力（嬖臣・宦豎）に奪い取られていった。これは、ある意味では宮中における「政房」の成立の先駆けといえるが、その後、崔忠献・崔怡父子によって崔氏の私第に「政房」が設置されると、常参官、及び参外官に関する人事権は、いずれもこの「政房」によって奪い取られてしまった。

高麗後期の政房については、これまでにも張東翼氏その他の研究が存在したし、(46)また近年では金昌賢『高麗後期政房研究』のような優れた専著も現れている。(47)しかし既存の研究においては、政房成立以前の銓選制度、特に常参官の任免に関する中書門下の宰相の人事権について、本書とは理解を異にする部分が少なくない。(48)そこで本節では政房成立の意義について、これを中書門下の宰相の人事権との関係から改めて分析してみることにしたい。

## (a)　崔氏と政房

そもそも「政房」の組織は、崔忠献が「政曹」、すなわち「尚書吏部」と「尚書兵部」の官職を兼任し、事実上、文武班の参外官（未常参官）に関する人事権を独占したことに起源を持つ。

知奏事崔忠献、兵部尚書を以て吏部の事を知し、文武の銓注を摠《す》ぶ。禁闥に出入し、兵を以て自衛す（『高麗史節要』巻十四、神宗二年六月条）[49]。

右の史料に見られるとおり、崔忠献は王命の出納を掌る枢密院の知奏事の要職を以て、兵部尚書、及び知吏部事の官職を兼ね、吏兵部（政曹）の両方の銓選に参与していた。ただし、吏兵部が擬定するのは国王の「判」によって任命される参外官の人事案にすぎない。したがって、国王の「批（下批）」によって任命される常参官の人事案については、このとき、未だ宰相職に就いていない崔忠献としては、正式にこれに参与することはできなかった。

ただし、中書門下の擬定する常参官の人事案は、実際には吏兵部の作成する人事資料に基づいて策定される。したがって、吏兵部を掌握する崔忠献が、その過程で中書門下の宰相に一定程度の影響力を行使することはできたであろう。また常参官に関する人事権は、このころすでに中書門下の宰相を離れ、事実上、宮中の側近勢力（嬖臣・宦豎）がこれを左右していた。したがって、枢密院知奏事として「王命の出納」を掌る崔忠献は、国王の側近という立場からも常参官の人事案に強い影響力を行使することができたであろう。

こうした権力の集中を背景として、神宗五年（一二〇二）、崔忠献はその私第において人事案の策定（銓注）を行い、吏兵部の他の同僚たちを、実質的にその業務から排除してしまった。

忠献、吏兵部を兼ねてより後、常に二部に往来して銓注す。ここに至りて、私第に在りて、吏部員外郎盧琯とともに、文武官を注擬して以て奏す。王これに頷く。二部判事、但だ検閲するのみ（『高麗史節要』巻十四、神宗五年三月条）[50]。

右に「二部判事」とあるのは、「判吏部事」及び「判兵部事」のことで、通例、首席・次席の宰臣がこれを兼職する。崔忠献が作成した人事案のうち、参外官の人事案は、もともと吏兵部の管掌事項であったが、崔忠献はこれを私第において作成すると、枢密院知奏事の職権を以て直ちに国王に上奏した。もちろん、形式的には吏兵部の他の同僚たちにもその人事案に対する同意を求めていたであろう。しかし、宰相の兼職である「二部判事」を始めとして、他の同僚たちはこれを「検閲」する程度の発言力しか持っていなかったのである。

このとき崔忠献がその私第において策定した人事案は、吏兵部の管掌する「参外官」の人事案だけであったのか、それとも「常参官」の人事案を含んでいたのか、この点については必ずしも明らかではない。しかし、常参官の人事案は、このころすでに宮中の側近勢力によって策定されるようになっていたから、ここでも崔忠献は側近勢力の一つである「知奏事」の立場を最大限に利用しながら、常参官の人事案についても直接その私第において策定し、これを国王の「批（下批）」と称して吏兵部に差し下していたのであろう。そうして、この「批（下批）」についても国王の形式的な承認を求めていたことはいうまでもないが、国王はただ「これに頷く」しかなかったのである。

かくして常参官及び参外官に関する人事権は、事実上、中書門下及び吏兵部の官員たちの手を離れ、崔忠献の私第に出入する崔氏の党与以外は、銓選の実務に参与することができなくなった。ただし、崔忠献一人で常参官・参外官の膨大な銓選事務を処理していくことは不可能であるから、その点は崔忠献の私第に出入する文人・門客たち――たとえば内侍・吏部員外郎の盧琯など――が、その私的な僚属として銓選の実務を助けていたのである。

その後、崔忠献は参知政事・吏兵部尚書・判御史台事として中書門下の宰相（宰臣）となり、神宗六年（一二〇三）には中書侍郎・平章事・吏部尚書に昇進しているが、その官銜からも窺われるとおり、かれは宰相となって以後も引き続き吏兵部（政曹）の銓選の権限を独占している。吏兵部が管掌するのは、直接には参外官の人事案にすぎないが、崔氏武臣政権の基盤は、これらの下級官人層を掌握し、かれらの官職慾を利用しつつ、これを頤使するところに存したから、宰相となって以後も崔忠献はその銓選の権限を手放そうとはしなかったのである。

この崔氏の私第における銓選は、次に、崔忠献の息子である崔怡によって受け継がれていった。崔怡もまた高宗八年（一二二一）に「参知政事・吏兵部尚書・判御史台事」として「参外官」に関する人事権を独占し、次にその権力の独占を背景として私第に「政房」を組織するに至っている。[51]

（高宗）十二年（一二二五）、百官、怡の第に詣り、「政簿」を上る。怡、庁事に坐してこれを受く。六品以下の官は堂下に再拝し、地に伏して敢えて仰視せず。怡、これより「政房」を私第に置き、文士を選んでこれに属せしめ、……百官の銓注を擬し、批目を書して以て進む。王但だこれを下すのみ。[52]

崔怡がその私第において銓選を行った際に、「六品以下」の官人は「堂下に再拝し、地に伏して敢えて仰視せず」という極めて卑屈な態度を取っているが、これは六品以下の参外官（未常参官）の人事案が、事実上、吏兵部によって決定され、国王はこれに「判」を下して承認するにすぎなかったため、つまりは崔怡こそが、かれらの任免権を制していたためにほかならない。

一方、常参官の人事案は、国王が中書門下の宰相の擬定によって、もしくは宮中の側近勢力との協議によって策定し、これを「批（下批）」によって吏兵部に差し下していたが、上掲の史料で「批目」というのはその「批」による官職任命の一覧のことであろう。

この「批目」は、本来、（中書門下の宰相の擬定に基づいて）国王が自ら作成するものであるが、宰相である崔怡は中書門下の他の同僚たちを差し置いて、独断でこの「批目」の原案を作成し、国王の形式的な承認を得た後、直接これを吏兵部に差し下している。

かつて国王（明宗）は、宮中の側近勢力と協議して自ら「批目」を作成したが、いまや崔氏武臣政権の傀儡にすぎない国王（高宗）は、崔氏の作成した「批目」を追認するしかなかったのである。

それではこの「政房」の成立によって、旧来の「告身」の制度は一体どのような変化を被ることになったのであろうか。国王による「批（下批）」の命令は、それが実際には中書門下の宰相によって、または宮中の側近勢力や「政房」によって擬定されたものであるとしても、すべて形式的には国王の直接命令として発せられるのである。したがって、国王の「批（下批）」が吏兵部に伝達されると、吏兵部ではこれを（中書門下を経由して）国王に覆奏し、国王の裁可を得た人事案は、（再び中書門下を経由して）「制授告身（大官誥）」や「勅授告身（小官誥）」、もしくは「中書門下制牒」などの様式によって発令されていたのであろう。また吏兵部が擬定した人事案に対する国王の「判」についても、吏兵部は（中書門下を経由して）国王に覆奏し、国王の裁可を受けた人事案は、（再び中書門下を経由して）吏兵部に差し下され、「尚書吏部教牒」などの様式によって発令されていたのであろう。

しかし、これらの手続きが省略される場合、「批・判」の命令は、国王に覆奏されることなく、そのまま「謝牒」の様式を以て受命者に通知されていった。この場合、「批・判」の原案を策定しているのは、実質的には「政房」であるが、政房とは崔氏の私第に設けられた私的な僚属の詰め所にすぎないから、官府の正式の文書である「謝牒」をこの政房の名で発給することはできない。かといって、本来「謝牒」の発給を掌るべき吏兵部としても、実際、「批・判」の策定には関与していない以上、その命令の伝達を掌ることはできなかった。このため、宮中において「王命の出納」を掌る枢密院の承宣房――具体的にはその事務を掌る堂後官――が政房の業務の受け皿となり、政房に代わって「謝牒」の発給事務を掌るようになったのであろう。

ちなみに、枢密院の承宣の一部は、いわゆる「政色承宣」として必ず政房の事務に参与することになっていた(53)。これも宮中における国王の秘書局としての承宣房が、崔氏の私第における政房との連絡係として、またその事務の受け皿として機能していたためにほかなるまい。

(b)　国王と政房

崔氏の私第の「政房」は、崔氏政権が崩壊すると国王の「便殿」の側に移設され、宮中における国王の直属の機関として機能することになった[54]。言い換えれば、国王は自ら宮中において「政房」を組織し、自ら私的な僚属を備えて常参官及び参外官（未常参官）の人事を管掌するようになったのである。

もちろん、それ以前においても常参官及び参外官の人事権を総攬していたのは国王であった。とはいえ、常参官の人事案は基本的には中書門下の宰相（宰臣）が擬定し、参外官の人事案は吏兵部（政曹）が擬定していたから、国王はその大権に属する最上級の官人（三品以上の「公卿」）を除けば、必ずしも官職の任免に個人としての意思を反映させることはなかったのである。

明宗朝における「下批」の濫発は、こうした慣例を破って国王自身――もしくは国王の権威を借りた権臣・倖臣たち――による恣意的な銓選への道を切り開いたわけであるが、それは崔氏の私第における「政房」の設置を経て、崔氏政権の崩壊後は国王自らが宮中に「政房」を設置するという形で継承されていくことになったのである。

このように「政房」の組織が宮中に移設されたことは、それだけこの変則的な組織が「高麗後期」という時代の専制的な気質にうまく適合していたことを意味している。だからこそ、一旦宮中に移設された政房は、「祖宗の法」への復帰を唱えるたびたびの改革によっても、結局はこれを撤廃することができなかった。

たとえば忠宣王二年（一三一〇）十月、国王は文武官の銓選の事務を選部（旧吏部）及び摠部（旧兵部）に委任し、首席・次席の宰臣を「判選部事」及び「判摠部事」に任じて、これを主宰させることにした[55]。より正確に言えば、それは「参外官」の人事権を選部・摠部に委任するものであって、「常参官」の人事案については、従前どおり、国王が宰相（または宮中の側近勢力）と協議してこれを策定していたのであろう。

しかし選部・摠部に委任された「参外官」の人事権は、現実には国王の寵愛を受けた一二の倖臣たちが、他官を以て選部・摠部の官職を兼任し、久しくその銓選の権限を独占していたために、結局、判選部事・判摠部事に任じた首席・次席の宰相たちは、その本来の発言力を行使することができなかった。たとえば、忠宣王四年（一三一二）四月には、国王は判摠部事権溥に命じて「七品以下」の武官の銓注を行わせているし、また忠粛王元年（一三一四）三月には、上王（忠宣王）は選部直郎辛蔵、選部散郎安珪に命じて（参外官の）銓注を行わせている。これらは国王の寵愛を背景として、権溥・辛蔵・安珪などの倖臣たちが銓選の権限を独占していた実例である。(56)このためせっかくの改革も骨抜きとなり、十年後の忠粛王七年（一三二〇）には、再び「政房」の制度が復活することになるのである。(57)

次に、忠穆王即位年（一三四四）十一月、国王は典理司（旧吏部）、軍簿司（旧兵部）に命じて、それぞれ「五品以下」の官職について「点望申聞」、すなわち候補者（望）を点《えら》んで申聞させている。(58)これはいわゆる「点奏」(59)のことで、具体的には、典理・軍簿司（旧吏兵部）の官員たちが任官候補者をそれぞれに推薦（占）し、部内で投票（下点）を行って、その結果を国王に報告したのであろう。そうして国王はこの典理・軍簿司の「点奏」に基づいて、五六品の常参官については「批（下批）」によって、七品以下の参外官については「判」によって、それぞれ官職の任命を行っていたのである。

この場合「五品以下」というのは、高麗前期の官階構造に即していえば「六品以下」の「士（郎）」の階層に属している。(60)「士（郎）」の階層は本来「参外官」であるから、これは参外官の人事権を吏兵部（政曹）が管掌した高麗前期の銓選制度の復活を意味するのであろう。

右の十一月の王命を受けて、同年十二月には「政房」が撤廃され、文武官〔参外官〕の銓選は、それぞれ典理・軍簿司に帰属することになった。(61)このとき常参官の人事案に関しては、従来どおり、国王が宰相〔または宮中の側近勢力〕と協議して自らこれを策定していたのであろう。しかし、この改革もまた長続きはせず、翌忠穆王元年（一三四五）には早くも「政房」の制度が復活する。(62)

恭愍王元年（一三五二）二月、国政の刷新に意欲を燃やす恭愍王は、その手始めとして「政房」の撤廃を確約したが、この改革もまた長続きすることはなかった。(63)このため恭愍王五年（一三五六）六月、国王は次のような教《みことのり》を発し、改めて政房の撤廃を表明している。

政房は権臣より設く。豈に『人を朝に爵す』の意ならんや。今よろしく永《とこし》えに罷むべし。その三品以下は、宰相と共に議して進退せん。七品以下は、吏兵部擬議して奏聞せよ。(64)

右の教には「政房」廃止後における銓選のあり方が具体的に指示されているが、それによると、まず「親任」の官職である「二品以上〔高麗前期における三品以上〕」の官職は、（ここでは直接の言及はないが、）国王が自らこれを任免することになっていた。政房の存廃如何にかかわらず、そもそも最上級官人層〔公卿〕の任免は、国王の大権事項に属していたのである。

次に、「三品以下〔高麗前期における四品以下〕」の官職は、国王が都僉議司〔旧中書門下〕の宰相たちと協議してその人事案を策定することになっているが、これは「政房」の撤廃に伴って、宰相府における「常参官」の人事権が復活したことを意味している。

最後に「七品以下〔高麗前期における六品以下〕」の官職は、吏兵部〔政曹〕がその人事案を策定することになっているが、これは言うまでもなく、吏兵部における参外官の人事権の復活を意味している。

このように、恭愍王五年（一三五六）における政房の撤廃は、（同年における官制改革一般の趣旨がそうであったように、）高麗前期（文宗朝）の「旧制」に復帰することを強く意識した内容になっている。逆に、この恭愍王の教の内容によって、政房以前の高麗前期の銓選制度が具体的に示されていることにも注意しなければならない。

以上の恭愍王の教を受けて、同年十二月、文武官（参外官）の銓選は再び吏兵部に帰属することになった(65)。しかし、この改革もまた長続きせず、政房はいつしか「箚子房」とその名を変えて復活する。

辛禑元年（一三七五）十月、司憲府はこの「箚子房」を廃して文武官（参外官）の銓選を吏兵部に分隷させんことを請い、一旦は国王の裁可を得た。しかしこの改革案は、実際には施行されることがなかったようである(66)。事実、辛禑朝にも引き続き「政房」は設置されており、多くの場合、権臣・倖臣たちが「提調政房」の職を兼ねて銓注権を独占した。このため、例として「提調政房」を兼ねることになっていた首席・次席の宰臣たち――当時の名称では「門下侍中」及び「守門下侍中」――も、権臣・倖臣の勢力に押されて本来の発言力を行使することができなかった(67)。

このように、政房はたびたび廃止されながらもその都度復活を遂げていたが、それは先にも少し述べたとおり、政房という組織が「高麗後期」という時代の専制的な気質に最もよく適合した制度であったためにほかならない。実際、政房が国王自身――もしくは国王の権威を借りた権臣・倖臣たち――にとってどれほど都合のよいものであったのかは、それが一時的に廃止された恭愍王の即位当初に政房の復活を強く要請した権臣・趙日新の、次の発言内容からも容易に見て取ることができるであろう。

元朝の権倖、その族を官せんと欲する者、すでに殿下に請い、また臣に嘱せり。今、典理・軍簿をして銓選を掌らしめんとす。恐らくは有司、文法に拘りて阻滞多からん。請う、政房を復して中より除授せん（『高麗史』巻一百三十一、叛逆五、趙日新伝)[68]。

右の趙日新の発言からも窺われるとおり、典理・軍簿司（旧吏兵部）の管掌する文武官（参外官）の銓選は、人事行政上の諸規則――いわゆる「文法」――にとらわれて融通の利かないことが少なくない。だからこそ、宮中において国王直属の銓選機関である「政房」を組織し、国王から委任をうけた一握りの権臣・倖臣たちが、外廷（中書門下、吏兵部）の掣肘を受けることなく、文武の官職を「中より除授」することの方が、権力の集中を図る国王（及び権臣・倖臣たち）にとっては遥かに都合のよいことであったのである。

したがって、こうした専制的な気風が改まらない限りは、政房の組織は決して廃止されることはなかった。もともと崔氏の私設の機関として創始された政房は、高麗の王権が内外の困難に直面してその専制的な性格をますます強めていかざるを得なかった時代の必然的な産物として、崔氏政権はもとより高麗王朝それ自体よりも長く存続する。

朝鮮初期において、政房の後身である銓選機関は「尚瑞司」と呼ばれていたが、それが最終的に廃止されたのは、朝鮮・太宗五年（一四〇五）の官制改革においてのことであった[69]。

## 小　結

本章では高麗時代の銓選制度、告身制度を分析し、「制授告身」、「勅授告身」、「中書門下制牒」、「尚書吏部教牒」、並びに「謝牒」の様式について検討した。次に、それが高麗後期における「政房」の設置によってどのように変質していったのかを考察した。

　高麗後期における官職の任免は、一般には国王の「批・判」によって行われ、国王の「批・判」は「謝牒」または「朝謝」と呼ばれる文書によって受命者に通知された。しかし、それは三省を経由して発給される正規の「告身」ではなく、しかも人事担当部局である吏兵部（政曹）ではなく、「政房」の事務の受け皿としての密直司（旧枢密院）――具体的には密直司の堂後官――によって発給されていたのである。

　官職の任免事務が外廷の吏兵部（政曹）ではなく、内廷の政房（及びその受け皿としての密直司）によって管掌されていたことは、この時期における権力の比重が「外廷」から「内廷」に移行していた事実を端的に示している。内廷における恣意的な銓注を廃して「文法」に基づく吏兵部（政曹）の銓注を復活させることは、外廷の政治秩序を再編し、君臣権力関係を再定義した朝鮮・太宗朝の官制改革を待たなければならなかったのである。

## 【補説】 朝鮮時代の官教と教牒

高麗事元期以降、中書省・門下省は「僉議府（後に都僉議司、中書門下省、門下府）」として統合され、また尚書都省は僉議府に併合された。このため、三省制度に基づく制授告身（大官誥）、勅授告身（小官誥）は、そのままの様式では施行することができなくなった。

これに替わって発給されたのは、「王旨」に基づいて発給される「官教」という文書であろう。この「官教」については『朝鮮王朝実録』太祖元年（一三九二）十月癸酉条に、

告身式を改む。一品より四品に至るまでは、「王旨」を賜りて「官教」と曰う。[70]

とあるが、それより以前、恭譲王四年（一三九二）に李芳遠（後の朝鮮太宗）が密直提学（正三品）に任命された際にも、父親の李成桂（後の朝鮮太祖）は、その「官教」を何度も読み上げさせては喜びを噛み締めていたというから、高麗末期にもすでに「官教」の制度は存在していたにちがいない。[71] 恐らく事元期に入って制授告身（大官誥）、勅授告身（小官誥）の制度が廃止されると、それに替わって宰枢の任免にはこの「官教」が発給されるようになったのであって、「官教」というのは「官誥」の「誥」字を「教」字に置き換えたものなのであろう。

元制、一品以下・五品以上の「卿・大夫」の官職は「宣授」、すなわち皇帝の直接命令によって任命され、その辞令書である「宣命」には皇帝の御璽のみが押されて宰相の副署を必要としない制度になっていた。[72] 朝鮮時代の実例をみると、「官教」もまた国王の御璽のみが押され、宰相の副署を必要としない文書であるから、[73] 事元期以降の「官教」の制度は、恐らくはこの元制の「宣命」の制度を受容したものであると考えられる。

また、『朝鮮王朝実録』太祖元年十月癸酉条には、前引の記事に続いて、

五品より九品に至るまでは、門下府より教を奉じ牒を給して「教牒」という。[74]

とあるが、元制では六品以下・九品以上の「士（郎）」の官職は「勅授」、すなわち中書省の宰相の擬定（ただし、従七品以下は吏部の擬定）に基づいて任命され、その辞令書（勅牒）には宰相が署押してこれを発給する制度になっていた。[75] 高麗末・朝鮮初期の場合は、宰相府ではなく「政房（尚瑞司）」がこれを擬定していたのであるが、その辞令書は元制の中書省に準じて宰相の官府である「門下府」が発給している。恐らく「教牒」の制度はこの元制の「勅牒」に倣い、「勅」字を「教」字に置き換えたものなのであろう。

したがって、朝鮮・太祖元年に「告身式」を改めたというのは、正確に言えば「官教」、「教牒」の制度を創出したという意味ではなく、その発給対象や発給部局を改定したことを意味している。具体的には、旧来、宰枢の正式任命に限って発給されていた「官教」の発給対象を四品以上にまで拡大し、また密直司から直接発給されていた「謝牒」に替わって「門下府」から「教牒」を発給させたことなどが、主な改定の内容であったのであろう。

もっとも、当時は依然として政房（尚瑞司）が銓選の事務を管掌していたから、四品以上の官職は政房の擬定に基づいて国王が門下府に「批」を下し、門下府はこれを国王に覆奏して「教」を奉じた後、「官教」を作成して受命者に発給していたのであろう。また、五品以下の官職についても政房（尚瑞司）の擬定に基づいて、五六品に対する「批」と七品以下に対する「判」を門下府に下し、門下府は司憲府に移文してその「署経」を受けたのち、「教牒」を作成してこれを受命者に発給していたのであろう。[76]

台諌による「署経」を必要とする「教牒」に対し、「官教」の発給に際しては台諌による「署経」の必要はない。これは四品以上を国王の直接任命の官職として定め、それについては有司（台諌）による同意を必要としない制度を定めたもので、それだけ国王の専制的な権力が強化されたことを示している。「官教」の支給対象は、その後複雑な変遷を伴いながらも、結局は『経国大典』に規定されているように、この「四品以上」の線に落ち着くことになった[77]。

これに対し、太宗五年（一四〇五）に政房（尚瑞司）が廃止されると、文武官の銓選事務はすべて吏兵曹（政曹）に移管されたが、その際、高麗時代においては宰相が擬定していた常参官の人事案についても、その権限はすべて吏兵曹に移管されたものと考えられる[78]。その後、太宗十四年（一四一四）にはさらに宰相の権限が縮小され、宰相府（議政府）の管掌事項は「事大文書」及び「重囚（死刑囚）の覆按」のみとなる[79]。さらに、首席・次席の宰相が吏兵曹の判事を兼ねる慣例も、その後、世宗十八年（一四三六）には廃止されるに至っている[80]。これらはいずれも宰相権力の抑制による専制王権の強化を意味するといってよいであろう。

もっとも、国王による「親任」の対象となるのは、朝鮮初期においても厳密な意味では「二品以上」の「卿（公卿）」身分に相当するもの――いわゆる「堂上官」――に限られていた。

> およそ人を用うるには、該曹一任ごとに用いるべき者三人を書して以て啓し、御筆もてまさに用いるべき人の名の上に点す。これを「受点」と謂い、これを二品以上の備任の時に用う（『朝鮮王朝実録』世宗即位年八月丙午条[81]）。

右の記述に見られるとおり、国王は吏兵曹（政曹）の擬定に基づいて、三名の候補者（三望）の中から一名に「下点」することになっていたが、この「受点」の対象は「二品以上」の堂上官に限られていたから、それ以外の三四品の官職については、形式的には国王による親任であっても、実質的には吏兵曹（政曹）がその任免を決定していたのである。ただし、吏兵曹が擬定する「三品以下」の官職においても、国王が直接指名した人事は特に「特旨」と断わることになっていたが[82]、これも裏返して言えば、三品以下の人事が実質的には吏兵曹（政曹）によって決定されていたことを示している。逆に、二品以上の場合は本来的に「特旨」なのであるから、これをいちいち「特旨」と断わる必要はなかったのであろう。

しかしながら、この「受点」の範囲はその後も国王権力の確立とともに拡大化していく。たとえば『朝鮮王朝実録』世宗十九年（一四三七）八月乙丑条の記述によると、このころ司憲府・司諫院の官員――いわゆる台諫――を任命するに際しては、必ず数人を擬して「受点」することが慣例となっていたが、さらに、

書筵の輔徳以下の官、寺監の判事、芸文直提学・直館、議政府舎人・検詳、六曹・漢城府の郎庁、刑曹・都官の知曹事・郎庁、中枢院経歴・都事、宗親府典籤、箇月各司の四品以上の官、各道の首領官・守令

についても、これ以後、台諫の例に倣って必ず数人を擬し、歴官・才行を具啓して「受点」することが定められている。[83] したがって、四品以上、及び清要六品以上の官職については、そのほとんどすべてが国王の「下点」を受けて任命されることになったのである。

国王の「下点」を受けた人事案は、国王の直接命令を意味する「批（下批）」として吏兵曹に差し下され、それ以外の参外官の人事案は、吏兵曹の擬定に対する国王の裁可、すなわち「判」として吏兵曹に差し下された。この「批・判」の内容を伝達する「官教」、「教牒」の様式についても、最後に簡単に説明しておこう。

四品以上の官職任命に際して発給される「官教」は、中国式の吏文様式によって作成される。これに対し、五品以下の「教牒」の様式は、当初は「謝牒」と同様に朝鮮式の吏文、いわゆる「吏読文」を以て作成されていた。『朝鮮史料集真』[84] 続・第二輯、六「金摯告身」二通（太宗十年、一四一〇）は前者、すなわち吏文様式による「官教」の実例であり、『朝鮮史料集真』第一輯、三「兵曹朝謝帖」（太宗九年、一四〇九）は後者、すなわち吏読様式による「教牒」の実例である。

【補説】

この「教牒（謝牒）」が「門下府」ではなく「吏兵曹」から発給されるようになったのは、恐らくは太宗五年

（一四〇五）における政房（尚瑞司）の廃止以後のことであろう。また、太宗十一年（一四一一）には、旧来「判」と称されていた国王の裁可は「教」に改められ[85]、世宗七年（一四二五）には、旧来「王旨」と称されていた国王の命令が「教旨」と改められている[86]。したがって、「官教」、「教牒」における「王旨」、「判」の文言は、それぞれ「教旨」、「教」に改められたことは言うまでもあるまい。

次いで、世祖三年（一四五七）には、五品以下の「教牒」についても「官教」と同様に中国式の吏文様式が採用されることになったが、この点については『朝鮮王朝実録』世祖三年七月甲戌条に、

吏曹啓すらく、「吏科及び承蔭出身、封贈・爵牒等の項の文牒は、皆『吏文』を用う。独り東西班五品以下の告身においては、『吏読』を襲用す。はなはだ鄙俚たり。請う、今より『吏文』を用いん」と。これに従う[87]。

と記されているとおりである。

この世祖三年（一四五七）の改革によって、朝鮮時代の告身は『経国大典』吏典、告身条に規定されている周知の書式に固定化されることになった。それは「四品以上（卿・大夫）」を国王の直接命令による「官教」によって任命し、「五品以下（士）」を有司（政曹）の擬定による「教牒」によって任命する制度にほかならない。したがって、官教・教牒の区別は、唐制の「制授」と「奏授（旨授）」の区別――「五品以上（卿・大夫）」は君主の直接命令によって任命し、「六品以下（士）」は有司の擬定によって任命する、という周知の基本形態――に回帰しているのである。

ただし、唐制及び高麗前期の制度では、五品以上、及び員外郎、監察御史、供奉官などの常参官の人事案を実質的には宰相が擬定していたのに対し、朝鮮時代の制度では宰相府の権限は大幅に縮小され、常参官もまた吏兵曹（政曹）の擬定した候補者の中から国王が「下点」して直接に選任する制度に変化している。

そこには高麗後期の「政房」の制度を発展的に解消した、近世朝鮮時代における専制君主権力の一層の発達を見出すことができるであろう。

注

（1）『唐令拾遺』公式令、復元第十一条、制授告身式。同第十二条、奏授告身式。その他、唐代の銓選制度、告身制度については、次の諸研究がある。仁井田陞『唐宋法律文書の研究』第三編第一章告身（一九三七年、東京、東方文化学院東京研究所）／内藤乾吉「唐の三省」、「敦煌出土の唐騎都尉秦元告身」（『中国法制史考証』所収、一九六三年、東京、有斐閣）／大庭脩「唐告身の古文書学的研究」（『西域文化研究』第三、一九六〇年、京都、西域文化研究会）／中村裕一『唐代制勅研究』（一九九一年、東京、汲古書院）

（2）『櫟翁稗説』（高麗・李斉賢撰）前一。吏部掌文銓、兵曹主武選。第其年月、分其労佚、標其功過、論其才否、具載于書。謂之政案。中書擬陟黜、以奏之。門下承制勅、以行之。国家之法、蓋与中原同也。

（3）韓相俊・張東翼「安東地方に伝来する高麗古文書七例の検討」（『慶北大学校論文集』人文・社会科学、三十三、一九八二年）／張東翼「慧諶の大禅師告身に対する検討——高麗僧政体系の理解を中心に——」（『韓国史研究』第三十四輯、一九八一年、ソウル、韓国史研究会）、同「金傅の冊尚父誥に対する一検討」（『歴史教育論集』第三輯、一九八二年、大邱、慶北大学校師範大学歴史教育科）

（4）盧明鎬等編著『韓国古代中世古文書研究』上・下（二〇〇〇年、ソウル、ソウル大学校出版部）。特に同書下巻、第二章「高麗時代国王文書の種類と機能」（崔鉛植氏執筆）、第三章「高麗時期の告身と官吏任用体系」（朴宰佑氏執筆）は、本章の主題と最も密接に関連する。ただし、高麗前期の銓選制度、告身制度に対する理解、また同制度における中書門下の宰相の位置づけについて、両氏の所説は本書とは理解を異にしている。

（5）『通典』巻十五、選挙三、歴代制下、大唐。其選授之法、亦同循前代。……五品以上、皆制授。六品以下守五品以上、及視五品以上、皆勅授。凡制勅授、及冊拝、皆宰司進擬。自六品以下、旨授。其視品及流外官、皆判補之。凡旨授官、悉由於尚書、文官属吏部、武官属兵部、謂之銓選。唯員外郎・御史、及供奉之官、則否。〔供奉官、若起居・補闕・拾遺之類、雖是六品以下官、而皆勅授、不属選司。開元四年、始有此制。〕」／『唐六典』巻二、尚書吏部。吏部尚書・侍郎之職、掌天下官吏選授・勲封・考課之政令。……五品已上、以名聞、送中書門下、聴制授焉。六品已下常参之官、量資注定。其才識頗高、可擢為拾遺・補闕・監察御史者、亦以名送中書門下、聴勅授焉。其余、則各量資注擬。

(6) 録文は盧明鎬等編著『韓国古代中世古文書研究』上・下（二〇〇〇年、ソウル、ソウル大学校出版部）に従う。

(7) 唐制では「同中書門下平章事」のことを「同中書門下三品」ともいうが、それは中書省及び門下省の三品官、すなわち中書令・門下侍中と同等、という意味である。

(8) 『唐六典』中書省、中書舎人の条、参照。

(9) 本書附篇、参考論文第三「高麗王言考――または『高麗史』諸志の文献批判」、参照。

(10) 『補閑集』（高麗・崔滋撰）巻下、漢制帝書有四。……本朝一年除拝雖多、合宣一麻。故其制書首末章、皆総論通行。末章以『於戯』、或以『噫』字標其首。唯中諸章、紀諸公功徳、故各異。毎章簾律、与首尾二章相協、分編作諸公告身各一通。是為『大官誥』。唐誥、初用紙、或用絹。貞観後、用綾。教書亦通行、各附其編首。

(11) 同右（承前）。宗室雖大誥、不宣告廷会、故不預宣麻。旧制、枢密・僕射・八座〔魏・隋・唐、皆以六尚書・両僕射為八座。今以六尚書・左右散騎為八座〕・上将、並『小官誥』。近枢密使、始預宣麻。僧官誥、視卿相、大小各有差。

(12) 『玉海』巻二百二、辞学指南二、詔。勅門下〔或云勅某等〕、故茲詔示〔奨諭・誡諭・撫諭、随題改之〕、想宜知悉。

(13) 『補閑集』巻下、漢制帝言有四条。文懿公（金富儀）所撰中書門下摠省・吏兵曹、及行員（誥院？）姓名草押規式、与令文不同。中書所蔵宋及遼金三国誥式、亦各異。宜従板本令文。

(14) ただし、「主者施行」という末尾の文言は、いずれも省略されている。

(15) 前掲、内藤乾吉論文、大庭脩論文、参照。

(16) 『東人之文・四六』巻十一、表、謝右拾遺知制誥表、朴浩。昨奉中書門下制牒一道、伏蒙聖慈、除授臣右拾遺・知制誥者。高華之選、遽及於不才、陋薉之姿、弟慙於非拠。

(17) 同右、巻十二、表、謝権知閤門祗候表、朴浩。昨奉尚書吏部教牒、伏蒙聖慈、差臣権知閤門祗候、依前本職者。宸極推仁、特加於蕘品、天閽典謁、権廁於華資、俯揣逾涯、弟増無状。

(18) 同右、謝直翰林院表、朴浩。昨奉尚書吏部教牒、伏蒙聖慈、差臣直翰林院、行本職者。金殿溢恩、特加於愚鄙、鑾坡濫召、遽接於英豪、省涯分以方逾、積戦兢而無状。

(19) 中村、前掲書（第三章第四節、勅牒）。

(20) 『大正新脩大蔵経』史伝部、代宗朝贈司空大辨正広智三蔵和上表制集、巻一、降誕日請度七僧祠部勅牒一首。

(21) 李基白編著『韓国上代古文書資料集成』（第二版）一七、張守良紅牌（一九九三年、ソウル、一志社刊）。／前掲『韓国古代中世古文書研究』張良守及第牒／国宝一八一号（張良守及第牌旨）

(22) 『高麗墓誌銘集成』四、柳邦憲墓誌銘。……時、光宗始尚製述、以詩賦取人。公応郷貢進士、乾（元）〔徳〕十年壬申（光宗二十三年、九七二）、九月五日、一挙中科首。勅可攻文博士。……雍熙四年丁亥（成宗六年、九八七）、成宗初践祚、命儒臣対策。公又中科首。上褒之、制可御事右司員外郎、賜緋、史館修撰官。……二十四年丙午（穆宗九年、一〇〇六）、制可内史侍郎・平章事・金紫興禄大夫。二十七年己酉（穆宗十二年、一〇〇九）、教可門下侍郎・平章事（「教可」は「大官誥」による任命）。

(23) 『新五代史』巻五十五、劉岳伝。唐明宗時、為吏部侍郎。故事、吏部文武官告身、皆輸朱膠紙軸銭、然後給。其品高者、則賜之。貧者不能輸銭、往往但得勅牒、而無告身。五代之乱、因以為常、官卑者、無復給告身。中書但録其制辞、編為勅甲。岳建言以謂、「制辞、或任其材能、或褒其功行、或申以訓誡、而受官者、既不給告身、皆不知受命之所以然。非王言所以告詔也。請一切賜之。」由是、百官皆賜告身、自岳始也。

(24) 『高麗墓誌銘集成』九六、王倖墓誌銘。……是年十二月、命門下、降官誥曰、……。越壬寅歳正月、除守太保。三月、命門下、降誥曰、……。并下教曰、……。是年十二月□九日、下批、為奉順同徳守節賛化功臣・開府儀同三司・検校太師・守太保・兼尚書令・大原公・食邑三千戸、食実封五百戸。

(25) 『高麗墓誌銘集成』一四五、金純墓誌銘。なお、前掲、韓相俊・張東翼「安東地方に伝来する高麗古文書七例の検討」に、既に「批・判」の区別に関する指摘がある。

(26) 『高麗史』巻九十九、文克謙伝。明宗即位、授諸臣職。釈克謙、使書批目。李義方白王、拝克謙右承宣・御史中丞。

(27) 『高麗史』巻三十二、忠烈王世家、三十四年五月丙戌条。李混・崔鈞・金元具、与承旨権準、齎瀋陽王所定官制及批・判、還自元。超資越序者、皆近幸権勢、世臣旧官、倶退閑。

(28)『韓国古代中世古文書研究』上、鄭仁卿政案

(29)『韓国古代中世古文書研究』鄭仁卿政案、四二〜四三行。

(30)『韓国古代中世古文書研究』鄭仁卿政案、七二〜七五行。

(31)『高麗史』巻二十、明宗世家、十四年十二月甲申条。王凡用人、唯与嬖臣・宦豎議、親署参官以上、封其草、直付政曹、名曰『下批』。政曹拠草謄写、更無奏議。由是、奔競成風、賄賂公行、賢否混淆。

(32)朝謝の例としては、たとえば『旧唐書』巻一百八十五下、良吏下、任迪簡伝に、「三年、以疾代、除工部侍郎、至京、竟不能朝謝、改太子賓客卒、贈刑部尚書。」とあり、また『新唐書』巻一百九十六、隠逸、孔述睿伝に、「大暦中、劉晏薦於代宗、以太常寺協律郎召、擢累司勳員外郎、史館脩撰。述睿毎一遷、即至朝謝、俄而辞疾帰、以為常。」とある。また中謝の例としては、たとえば『旧五代史』巻四十八、唐書、末帝本紀下、清泰三年三月庚子条に次のように見える。／中書門下奏、「準閤門分析内外官辞見謝規例、諸州判官・軍将、進奉到闕、旧例、門見門辞。今後只令朝見、依旧門辞。新除諸道判官・書記以下、無例中謝。並放謝放辞。得替到京、無例見。今後両使判官、許中謝、赴任即門辞。其書記以下、並依旧例。朝臣文五品・武四品以上、旧例中謝。其以下、無例対謝。今請依天成四年正月勅、凡升朝官、並許中謝。諸道都押衙・馬歩都指揮・虞候・鎮将・諸色場院、無例謝辞。並進牓子、放謝放辞。得替到闕、無例入見。在京塩麴税官・両官巡、即許中謝。新除令・録、並中謝。次日門辞、兼有口勅誡励。文武両班所差弔祭使及告廟祠祭、只正衙辞、不赴内殿。諸道進奏官到闕、見、得仮、進牓子、門辞。」従之。

(33)『旧五代史』巻一百一十五、周書、世宗本紀二、顕徳二年四月辛亥条。詔、「応自外新除御史、未経朝謝、行過州府、不得受館駅供給及所在公礼。」

(34)「朝謝」を許可しているのは、文書のうえでは御史台であるが、実際には御史台とともに中書・門下両省の省郎（郎舎）もこの審議に参与していた。『高麗史』巻一百十五、李崇仁伝に「惟我先王、上法三代、以立喪制。及国家多故、権従唐宋之制、奪情起復。然其起之也甚謹。必使礼部奉旨、牒中書、中書牒諫院、諫院牒憲司、憲司復牒礼部、督起視事。故名卿大儒、固有不得已而起復者、蓋急於用人才、非所以栄其人也。」とあるのは、官人の起復に際して台諫がそれを審議する「依牒」の制度を述べたものであるが、官職の任免に際してもこれと同様の手続きが取られ、これを台諫の「署経」と称していた。なお、

高麗時代の「署経」については次の研究がある。金龍徳「高麗時代の署経について」(『韓国制度史研究』所収、一九八三年、ソウル、一潮閣)

(35) もっとも、高麗末においては「謝牒」の発給以前に「進闕謝恩」が行われ、「進闕謝恩」の後にそれを追認する形で「謝牒」が発給される場合もあったことには注意しなければならない。たとえば『高麗史』巻七十五、選挙志三、銓注、凡考課之典、恭譲王元年十二月の条に、「趙浚上言、京外大小官吏、除目既下、不即上官赴任、以致公事稽遅。願自今、除台省・政曹外、自下批後、京官限三日、外官限十日、進闕謝恩、即行上官赴任、称権知行事、新旧相対、将文書・銭穀・契券、手相交付、以憑考課、待出謝即真。」とあるが、この史料によると、謝牒は「進闕謝恩」して「上官赴任」した後に発給されているから、それはむしろ「進闕謝恩」したこと、すなわち「朝謝」したことの証明文書であるかのように見える(現に朴宰佑氏はそのように解釈している)。しかし、この史料を仔細に検討すれば明らかなとおり、それは「台省・政曹を除くの外」の一般の官職に対して適用される便宜的な措置にすぎない。したがって、原則としてはあくまでも「謝牒」の発給を待って、「進闕謝恩」すなわち「朝謝」を行うことになっていたのである。

(36) 『韓国上代古文書資料集成』(第二版)一二一、李子脩告身。/『韓国古代中世古文書研究』上、李子脩洪武九年朝謝牒。

(37) 『韓国上代古文書資料集成』(第二版)一二五、李子脩告身。/『韓国古代中世古文書研究』上、李子脩洪武十五年朝謝牒。

(38) たとえば『三国史記』玉山書院本の書皮に「玉山書院上」と墨書されているのは、「玉山書院備え付け」の意である。なお、当該の書皮の画像は韓国・文化財庁ホームページの文化財データベースで閲覧することが可能である。

(39) 朝鮮総督府中枢院校注『大典会通』巻二、戸典、解由の項の眉注に、「斜給　元本を謄写して給する意。斜の字義と謄写の方言が同一なる為め公私文書に謄本と云ふ代りに斜の一字を用ふること多し。」とある。ちなみに、朝鮮語では「斜」字の訓を「빗」といい、謄写することを「베끼다」という。また官庁の発給する証明書のことを「斜只(빗기)」というが、これは官庁に保管された原本を謄写して発給するためにほかならない。

(40) 朝鮮総督府編『朝鮮語辞典』の「준(準)하다」の項に、「校正す」とある。また校書館の吏員に校正を掌る「司准(旧称唱准)」がある(『経国大典』吏典、雑職条)。「准」は「準」とも書く。なお「唱准」については、『慵斎叢話』(朝鮮・成俔撰)巻七に次のように見える。/大抵、鋳字之法、……刻木者曰「刻字」、鋳成者曰「鋳匠」、遂分諸字、貯於蔵樻。其守字者曰「守蔵」、年少公奴為之。其書草唱准者曰「唱准」。皆解文者為之。

(41)　周藤吉之『高麗朝官僚制の研究』（一九八〇年、東京、法政大学出版局）

(42)　劉昌惇『李朝語辞典』（一九六四年、ソウル、延世大学校出版部）、附録、吏読、参照。

(43)　『韓国上代古文書資料集成』（第二版）二一、修禅社寺院現況記／『韓国古代中世古文書研究』上、修禅社形止案／松広寺高麗文書（宝物五七二号）

(44)　『高麗史』巻七十五、選挙志三、銓注、凡選法。十一年（一三六二）、密直提学白文宝、上劄子曰、「自九品至一品、毎品各給職牒、所以防奸。近世品職朝謝、初則僉署、終則一官署。故始難終易、吏緣為奸。今後、六品以上、各自写牒投省、具署経印。七品以下、典理・軍簿、具署経印。毎品同品転移者、只給謝牒。」

(45)　『高麗史』巻七十五、選挙志三、凡選法、辛禑六年六月条。諫官李崇仁等言、「近年官爵、真添相雑。其謝牒、但有堂後署、而無印信。恐後日必有仮濫。乞東班典理司、西班軍簿司、各令印信署給。」（『高麗史』巻一百十五、李崇仁伝、参照。）

(46)　張東翼「高麗後期銓注権の行方――銓注参与官僚たちを中心に――」（『大丘史学』第十五・十六輯、一九七八年、大邱、大丘史学会）

(47)　金昌賢『高麗後期政房研究』（一九九八年、ソウル、高麗大学校民族文化研究院）

(48)　既存の研究においては、一般に中書門下の宰相が常参官の人事案を擬定したことを認めず、常参官・参外官とも、すべて吏兵部が人事案を擬定したとする理解が行われている（朴宰佑氏もこの立場を取る）。

(49)　『高麗史節要』巻十四、神宗二年六月条。知奏事崔忠献、以兵部尚書、知吏部事、摠文武銓注。出入禁闥、以兵自衛。

(50)　『高麗史節要』巻十四、神宗五年三月条。忠献自兼吏兵部之後、常往来二部銓注。至是、在私第、与吏部員外郎盧琯、注擬文武官、以奏。王頷之。二部判事、但検閲而已。

(51)　『高麗史節要』巻十五、高宗八年閏十二月条。

(52)　『高麗史』巻一百二十九、叛逆三、崔怡伝。（高宗）十二年、百官詣怡第、上政簿。怡坐庁事、受之。六品以下官、再拝、堂下伏地、不敢仰視。怡、自此置政房于私第、選文士属之、号曰「必闍赤」、擬百官銓注、書批目以進。王但下之而已。（『高麗史節要』は「政簿」を「政年都目」に作る。なお、政房の文士を「必闍赤（ビチクチ）」と称したのは事元期以降のことで、崔氏武臣政権時代にこの称号が行われていたわけではない。）

(53)　『櫟翁稗説』（高麗・李斉賢撰）前一。崔忠献擅廃立、常居府中、与其僚佐、私取政案、注擬除授、授其党与為承宣者、入白于王。王不獲已、従之。忠献之子怡、孫沆、沆之子（誼）〔竩〕、四世秉政、習以為常。其承宣、謂之「政色承宣」。僚佐之任此者、三品謂之「政色尚書」、四品以下、謂之「政色少卿」。持筆薫、従事於其下者、謂之「政色書題」。而其所会、謂之「政房」。斯乃府中之私称也。（政色の政は、特に人事を指す。色は「係り」の意である。）

(54)『高麗史節要』巻十七、高宗四十五年十一月条。初、柳璥誅崔竩、置政房于便殿之側、掌銓注。凡国家機務、皆決焉。

(55)『高麗史』巻七十五、選挙志三、銓注、凡選法、忠宣王二年十月条。文武銓選、分委選摠部、以首亜相領之。然一二幸臣、以他官兼之、久而不易。

(56)『高麗史節要』巻二十三、忠宣王四年四月条。王命判摠部事権溥、注七品以下武選。／同、巻二十四、忠粛元年三月条。以辛蔵為選部直郎、安珪為散郎、委以銓注。

(57)『高麗史節要』巻二十四、忠粛王七年十二月条。復置政房、以代言安珪、掌銓注。右常侍林仲沇、議郎曹光漢、応教韓宗愈等、参之。

(58)『高麗史』巻七十五、選挙志三、銓注、凡選法、忠穆王即位年（一三四四）十一月条。命典理・軍簿、五品以下、点望申聞。

(59)『高麗史』巻七十五、選挙志三、銓注、凡選法条。明宗時、吏部員点初筮仕者姓名入奏、号曰『点奏』。於是、求入仕者、皆賂白銀、以為贄。上自判事、下至令史、習以為常、競占下点。

(60)本書第八章「高麗事元期における官品構造の変革」、参照。

(61)『高麗史』巻七十五、選挙志三、銓注、凡選法、忠穆王即位年十二月条。罷政房。帰文武銓注于典理・軍簿。尋復政房。

(62)『高麗史』巻三十七、忠穆王世家、元年正月丁未条。復置政房、以賛成事朴忠佐・金永煦、参理辛裔、知申事李公遂、為提調官。

(63)『高麗史節要』巻二十六、恭愍王元年二月条。罷政房、帰文武銓注於典理・軍簿。

(64)『高麗史』巻七十五、選挙志三、銓注、凡選法、恭愍王五年六月条。教曰、「政房設自権臣、豈爵人於朝之意。今宜永罷。其三品以下、与宰相共議進退。七品以下、吏兵部擬議奏聞。」（『礼記』王制。爵人於朝、与士共之。）

(65)『高麗史』巻七十五、選挙志三、銓注、凡選法、恭愍王六年十二月条。復帰銓選于吏兵部。

(66)『高麗史』巻七十五、選挙志三、銓注、凡選法、辛禑元年十月条。憲司請革箚子房、以文武二選、分隷吏兵部。従之。不果行。

(67)『高麗史節要』巻三十、辛禑二年九月条。時、慶復興・李仁任・池奫、提調政房。池・李擅権、不従軍而得官者、甚衆。復興廉潔自守、雖欲薦賢、牽制不能有為。／同、巻三十二、辛禑九年三月条。門下侍中洪永通、乞退。以曹敏修為侍中。林堅味、守侍中。以堅味及都吉敷・禹玄宝・李存性、提調政房。故事、侍中掌銓注。及永通・敏修為侍中、不得与焉。堅味専権故也。

(68)『高麗史』巻一百三十一、叛逆五、趙日新伝。趙日新、従恭愍、入元宿衛。及王即位、授参理。還国、拝賛成事、録功為一等。日新挟負紲之功、暴横驕恣。請王曰、「元朝権倖、欲官其族者、既請於殿下、又嘱臣。今使典理・軍簿、掌銓選、恐有司拘文法、多阻滞。請復政房、従中除授。」王曰、「復旧制、未幾又変、必為人笑。卿以所托告我、我諭選司、誰敢不従。」日新憤然曰、「不従臣言、何面目復見元朝士大夫。」遂辞職。……其弄権自専、類此。

(69)『朝鮮王朝実録』太宗五年正月壬子条。改官制。国初、承前朝之旧、議政府専摠各司、司平府掌銭穀、承枢府掌甲兵、尚瑞司掌銓注。以左右政丞、兼判事。六曹不得与聞。至是、革司平府、帰之戸曹。承枢府、帰之兵曹。東西班銓選、帰之吏兵曹。分政府庶務、帰之六曹。

(70)『朝鮮王朝実録』太祖元年十月癸酉条。改告身式。一品至四品、賜王旨、曰『官教』。五品至九品、門下府奉教給牒、曰『教牒』。

(71)『龍飛御天歌』第八十一章。太祖豁達済時之量、仁厚好生之徳、出於天性、勳庸燀赫、愈益謙恭。且素重儒術、視事余暇、常与儒劉敬等、覧観経史、楽而忘倦、慨然有挽回世道之志。嘗以家門未有業儒者為嫌、令太宗就学。太宗惟日孜孜、読書不倦。太祖嘗謂曰、「成吾志者、必汝也。」神徳王后、毎聞太宗読書声、嘆曰、「何不為吾出乎。」辛禑時、太宗登第。太祖拝謝闕庭、感極流涕。及拝提学［洪武壬申、拝密直提学］、太祖甚喜、令人読官教、至于再三［官教、即告身也］。太祖毎宴会賓客、令太宗聯句、輒謂曰、「我之与客懽娯、汝力居多。」太宗成就聖徳、雖自天性、実由太祖勧学之勤也。（洪武壬申は恭譲王四年（一三九二）、朝鮮開国の年である。）

(72)『元史』巻八十三、選挙志三、銓法中。凡遷官之法、従七以下属吏部。正七以上属中書。三品以上、非有司所与奪、由中書取進止。自六品至九品為勅授、則中書牒署之。自一品至五品為宣授、則以制命之。三品以下用金宝、二品以上用玉宝。有特旨者、則有告詞。／同、巻九十一、百官志七。文散官条。右文散官四十二階、由一品至五品為宣授、六品至九品為勅授。勅授則中書署牒、宣授則以制命之。／同、巻九十二、百官志八、序。……而各処総兵官、以便宜行事者、承制擬授、具姓名、以軍功奏聞、則宣命・勅牒、随所索而給之、無有考覈其実者。／『吏学指南』儀制。宣、天子親賜詰命也。故無押字、以宝為信。始於唐。勅牒、天子制命也。周官六典、王言之制、有七。曰勅牒。例令省授。為係上言、故用黄紙、宰相押字。／『草木子』（明・葉子葉撰）雑制。元之宣・勅、皆用紙。一品至五品為宣、色以白。六品至九品為勅、色以赤。雖異乎古之誥勅用織綾、亦甚簡古而費約、可尚也。

(73) 崔承熙『韓国古文書研究』（増補版、一九八九年、ソウル、知識産業社）

(74) 『朝鮮王朝実録』太祖元年十月癸酉条。改告身式。一品至四品、賜王旨、曰『官教』。五品至九品、門下府奉教給牒、曰『教牒』。

(75) 『吏学指南』儀制。宣、天子親賜詰命也。故無押字、以宝為信。始於唐。勅牒、天子制命也。……為係上言、故用黄紙、宰相押字。

(76) 金龍徳「高麗時代の署経について」（『韓国制度史研究』所収、一九八三年、ソウル、一潮閣）

(77) 崔承熙『朝鮮初期言官・言論研究』（一九七六年、ソウル大学校出版部）五二～六〇頁、参照。

(78) 前掲注（69）、参照。

(79) 『朝鮮王朝実録』太宗十四年庚申条。分政府庶事、帰于六曹。……政府所掌、唯事大文書、及覆按重囚而已。

(80) 『朝鮮王朝実録』世宗十八年四月庚戌条。以崔閏徳為議政府左議政、盧閈右議政、並罷兼判吏兵曹事。

(81) 『朝鮮王朝実録』世宗即位年八月丙午条。凡用人、該曹毎一任書可用者三人、以啓、御筆点当用人名上、謂之『受点』、用之於二品以上備任時。如提調・別坐・敬差官之類、不由批目而用之者、謂之『口伝』、用之於三品以下差任時。

(82) 『朝鮮王朝実録』世宗十九年七月丙辰条。司諫院啓、「『続典謄録』内、班簿来歴条、文武三品以下、自内除授者、称『特旨』。今吏曹、以不当遷転堂上郎庁相避之人、啓聞叙用、乃依自内除授人例、称『特旨』、似将暗毀成憲。上項相避之人、並皆改正。今後自内除授人外、毋得称『特旨』。」上曰、「已除職者、毋改正。今後以相避啓達除授人、及未満箇月、別例遷転、不得已越等除授人、具録啓達事由、移文台省。」

(83) 『朝鮮王朝実録』世宗十九年八月乙丑条。議政府啓、「今銓選之法、似有未尽、可行条件、具録以聞。一、台諫除授、必擬数人受点、已有前例。若書筵輔徳以下官、寺監判事、芸文直提学・直館、本府舎人・検詳、六曹・漢城府郎庁、刑曹・都官、知曹事・郎庁、中枢院経歴・都事、宗親府典籤、箇月各司四品以上官、各道首領官・守令等、其任尤重、必須精択。今後亦依台諫例、必擬数人、具啓歴官才行、受点。……」従之。

(84) 『朝鮮史料集真』上・下・続（朝鮮史編修会編、一九三五・三七年、朝鮮総督府）

(85) 『朝鮮王朝実録』太宗十一年九月甲申条。礼曹上書曰、「礼者、所以辨上下、於言語文字、不可相犯。出乎天子者、曰詔、曰誥。太子諸王、曰令、曰教。則臣下不敢違犯。今国朝、承前朝樸略之弊、出於殿下、謂之『判』、則臣下当不敢有犯、乃有以判書・判事・判官為銜者。乞以『申判依申』為『奉教依允』、以『申判可』為『奉教可』、以『申判付』為『奉教下』、庶合礼文。」従之。

(86) 『朝鮮王朝実録』世宗七年七月甲戌条。礼曹啓、「謹按中朝之制、各衙門奏聞欽奉文書、皆称『聖旨』・『勅旨』。今本朝各司、於啓聞取旨之事、皆斥言『王旨』、未便。請自今、凡中外各衙門啓聞奉行文書、皆称『教旨』。」従之。

(87) 『朝鮮王朝実録』世祖三年七月甲戌条。吏曹啓、「吏科及承蔭出身、封贈爵牒等項文牒、皆用吏文、独於東西班五品以下告身、襲用吏読、甚為鄙俚。請自今、用吏文。」従之。

# 第四章　高麗時代の宰相制度——合坐制とその周辺

高麗時代、中書門下の宰相（宰臣）と枢密院の宰相（枢密）は、併せて「宰枢」と呼ばれ、およそ国政上の重要案件は、すべてこの宰枢の会議（合坐）を経て施行されることになっていた。また国政上の最重要案件に関しては、国王は広く文武三品以上の最上級官人層（公卿）に意見を徴し、その協賛の意思を踏まえて最終的な意思決定を行うことになっていた(1)。

もっともそれは最高意思の決定という、ある意味では特殊・例外的な局面においての話であって、もう一方の日常的・一般的な局面においては、国王の権力は各級の官僚機構に委任され、官僚機構内部においても職掌の分担が行われて、それぞれの部局における日常的な意思決定が、各級の官人たちによって不断に行われていたことは言うまでもない。

高麗の場合、「合坐」を通して国王の意思決定を輔弼する宰枢たちは、日常レベルにおいては中書門下・枢密院における宰相としての勤務とともに、それぞれが六部・寺監の長官職を兼ねて、六部・寺監における部局レベルでの意思決定にも参与することになっていた。こうした宰相制度の持つ二面性——国王の意思決定を輔弼する議政官としての性格と、政務の執行を担当する行政官としての性格を併せ持つこと——は、高麗時代における宰相制度の特質として、これまでにもしばしば議論の対象に取り上げられてきたところである[2]。

一般に、このことは高麗時代における貴族政治の特質として位置づけられ、貴族の代表である宰相権力の強さ——逆に言えば、国王権力の相対的な弱さ——を示すものとして論じられることが多い。なるほど、宰相が六部・寺監の長官職を兼ね、議政と行政の両方の権限を掌握しているわけであるから、その権力は一見絶大なものであるかのように見える。しかし、六部・寺監における意思決定は、必ずしも長官職を兼任する宰相個々人の独断によって行われていたわけではないであろう。

上述のとおり、国王の意思決定は貴族・官人層との協調のもとに行われていたが、それと同様、六部・寺監における官府としての意思決定も、官府における「会議」を通して、長官たる宰相と他の同僚たちとの協調のもとに行われていたのである。この種の合議制の原則は、宰枢の「合坐」のみならず、各級の官僚機構においても、それぞれのレベルで官府としての意思決定のあり方を規定していた。したがって、長官職を兼任する宰相個々人の権限は、他の同僚たちに比して必ずしも絶大であったというわけではないであろう。

問題は、そうした各級の官僚機構における日常的な意思決定に、長官職を兼任する個々の宰相たちが一体どのような形で参与していたのか、また各級官僚機構の意思決定が国王に伝達され、国王の意思決定が各級官僚機構に伝達されていくその過程において、中書門下や枢密院の宰相たちが、全体としてどのようにこれに関与し、もしくは関与していなかったのかということである。

こうした官僚機構一般における意思決定のあり方を手掛かりとして、本章では高麗時代の宰相制度、とりわけ「合坐制」の特質と、その変質の過程とについて議論したい。なお宰枢の合坐——特に、都兵馬使・都評議使司と合坐との関係——については、辺太燮氏「高麗都堂考」が基本的な問題点をすべて明らかにしている[3]。本章ではその基礎に立って、なるべく辺氏の説き及ばなかった角度から「合坐制」の特質を論じていくことにしよう。

# 第一節　官府の円議と掌務

宰枢による意思決定のあり方を分析するに先立って、まずは高麗時代における各級官僚機構の一般的な運営原理である「円議・掌務制」について検討しておきたい。

一般に、官府において意思決定を掌っているのは広い意味での長官（複数）の会議であって、たとえば六部においては判事・尚書・知事・侍郎などがこれに当たり、寺監においては判事・卿監・知事・少卿監などがこれに当たる。ただし、これらの長官・副長官たちが、それぞれ日常的にどのような形で勤務を行い、どのような形で会議を開催していたのかについては、実のところ、あまり具体的にはわかっていない。この点について、一つの有力な手掛かりを与えてくれるのは、『朝鮮王朝実録』に見える「将軍房（または護軍房）」に関する記述である。

高麗時代に創設された武官の会議組織である「将軍房」は、朝鮮初期の恭靖王（定宗）二年（一四〇〇）に一旦廃止された後、太宗六年（一四〇六）に至って「護軍房」として復設され、太宗九年（一四〇九）に再び廃止されたが、その概略については『朝鮮王朝実録』恭靖王（定宗）二年（一四〇〇）七月乙丑条、及び太宗九年（一四〇九）四月庚寅条に、それぞれ次のように述べられている。

将軍房を罷む。前朝（高麗）の旧制、将軍房を立て、房主・掌務の員あり。会坐・回坐の礼あり。その新たに将軍に除せらるる者あれば、すなわち房主・掌務たる者、必ずその族属を考え、その心行を察して、以て会坐・回坐の礼を行い、然る後、新たに除せらるる者、その任を行うを得たり。国初、その制に仍る。……ここに至りて、……遂にその房を罷む（『朝鮮王朝実録』恭靖王（定宗）二年七月乙丑条(4)）。

命じて護軍房の参謁・回坐の礼を罷めしむ。前朝、各領将軍、合わせて一房に仕し、称して将軍房と為し、将軍の内より、名望を有する士族を選んで、房主・掌務と為す。房主は首に居り、掌務はこれに副たり。新たに任ぜらるる者においては、必ずその族氏・家風・才行を考え、然る後はじめて序坐するを許す。これを参謁・回坐と謂う。国初、廃して復た行う。ここに至りて、またこれを廃す（『朝鮮王朝実録』太宗九年四月庚寅条(5)）。

右の引用文中、前者には「会坐・回坐の礼」とあり、後者には「参謁・回坐の礼」とあるが、いずれにしてもその内容は同一である。そうしてこの儀礼については『朝鮮王朝実録』太宗六年（一四〇六）九月乙酉条に、「前朝（高麗）の旧制を参取し、やや減損を加え」たものとして、次のようにその詳細が述べられている。

一、新規に任命された護軍（新判護軍）は、宮中に参内して拝命（謝恩粛拝）し、議政府に任官の挨拶（堂参）を済ませた後、護軍房において着任の儀礼（参謁・回坐）を行うまでは、ただ重房（上大護軍）の主席の上護軍（行首上護軍）、主任の大護軍（掌務大護軍）、義興親軍衛の護軍（親従護軍）、護軍房の主席（房主）、主任（掌務）、望十人護軍のところにのみ名刺を投じることを許すが、他の同僚のところには、着任まで出入りしてはならない。

一、護軍房において着任の儀礼（参謁・回坐）を行う際、提出する名刺には「表紙」半張を用い、主席の上護軍（行首上護軍）より以下、望十人護軍より以上のそれぞれに提出する名刺には「擣錬紙」半張を用いる。

一、華美な衣服・笠靴・鞍勒・馬飾り（粧具）などは、すべて用いてはならない。ただし国王の狩猟（講武）に随駕する場合は、例外とする。

一、役職外の一般の護軍（諸侍郎）が、路上で重房の主席の上護軍（行首上護軍）より以下、望十人護軍より以上のものに出会った場合には、すべて下馬して敬意を表する。
一、新規任命の護軍（新判護軍）は、それぞれ挨拶料として布二十五匹を護軍房に納める。
一、参謁の礼。護軍房の会議は、宮中において朝参の行われる六衙日にのみ行い、そのほかの日にはそれぞれ所属の部隊（領）に勤務する。当日、着任の儀礼（参謁・回坐）を行う新任護軍は、前職を記入した名刺を護軍房に提出し、階段の下で躬身の礼を行い、階段を昇ってまた躬身の礼を行い、名刺を差し出して、主席（房主）、主任（掌務）の前に進み、それぞれに対して頓首再拝し、次に他の一般の護軍（諸侍郎）の前に進んで、全員にまとめて頓首再拝する。主席（房主）、主任（掌務）、その他の一般の護軍（諸侍郎）は、それぞれ控首答拝する。儀式がおわれば、新任護軍は引き返して退出する。
一、回坐の礼。主席（房主）、主任（掌務）その他は、新任護軍の祖・父の人格、当人の人格、兵書の習熟度などを全体討議（円議）した後、その席次を定める。新任護軍で着座（回坐）すべきものは、「新授某職」と記入した名刺を護軍房に提出し、平服を着て護軍房に入り、主席護軍（房主）その他の前に至って上記と同様に礼を行い、一旦退出する。次に「某職」と記入した名刺を護軍房に提出し、入って上記と同様に礼を行う。房主・掌務・諸侍郎の答礼も同様。儀式が終って、始めて着座（回坐）する。
一、九月九日以前、三月三日以後は、袷《あわせ》の衣を着用することを禁じる。ただし木綿・麻布製の袷の衣服は、国俗に従って着用を許す。
一、各部隊（領）の士官（五員十将）が所属部隊の護軍に対し、馬前を横切って通過した場合、また礼を失した場合には、所属部隊の護軍が、それぞれ適宜、罰布を徴収して罪を懲らしめることを許す（『朝鮮王朝実録』太宗六年九月乙酉条）。(6)

以上が「参謁・回坐の礼（または会坐・回坐の礼）」を中心とした「護軍房」の運営規則のあらましである。新任官の着任の儀礼は、大きく言って「参謁の礼」と「回坐の礼」の二段に分かれているが、このうち「参謁の礼（または会坐の礼）」というのは新任官が先任官に対して行う着任挨拶の儀礼である。「回坐の礼」というのはよくわからないが、回は「曲がる／曲げる」意であるから、恐らくは『高麗史』巻六十八、礼志十、嘉礼、両府宰枢合坐儀に見える「曲坐」と同じ意味で、他の官人が一列に並んで着座しているのに対し、一人だけその列を曲げて別席に着座することをいうのであろう。(7) ただし、『高麗史』の「曲坐」は首相が一人だけ列を曲げて上座に着座することをいうのであるが、朝鮮総督府刊『朝鮮語辞典』によると、「君上の前にて敬意を表する時其の前方側面に坐すること」を「曲坐」という、ともあるから、ここでの「回坐」はこの後者の意、つまり一人だけ列を曲げて下座に着座することをいうのであろう。(8)

ともあれ、右の諸史料から本章の当面の課題として読み取らなければならないことは、おおむね次の諸点である。

一、「護軍房」の運営上の諸問題、たとえば新任者の席次の問題等は、すべて「円議」と呼ばれる構成員の全体会議によって議決されること。

一、「円議」を主宰するのは「房主」と呼ばれる主席代表、及び「掌務」と呼ばれる事務主任であり、これらの役員は構成員の互選によって選出されること。

一般に、朝鮮時代における官府の意思決定は構成員の合議により、これを「円議」または「完議」と称している。(9)「房主」はその官府の代表者であり、部局によってはこれを「行首」ということもある。(10) またその房主のもとにあって部局を統轄し、日常の業務を処理する事務主任の役割を果たしているのが「掌務」であり、部局によってはこれを「有司」ということもある。[11] 上記の護軍房の史料には「望十人護軍」という、よく意味のわからない言葉が見えているが、これは恐らく房主・掌務などの役員選挙において、その候補者(望)[12]に挙げられた十人の護軍のことをいうのであろう。

以上は主として朝鮮時代の制度を参考に述べたものであるが、上記の護軍房の制度は「前朝（高麗）の旧制を参取し、やや減損を加え」たものであるから、高麗時代においても基本的には同様の制度が行われ、房主・掌務・円議などの諸制度を通して官府としての意思決定が行われていたと考えてよいであろう。

ところで、官府の会議が行われるのは、上記の史料によれば「六衙日」[13]、すなわち月に六回の定例の朝参が行われる日だけであるから、その他の平日における事務処理は、一般に、事務主任である「掌務」に一任されていたと考えなければならない。他の同僚の官人たちは、掌務の処理した案件について会議の場でその報告を受け、そのうち特に重要な案件についてのみ、全体での審議・議決を行うことになっていたのであろう。

したがって、かれらはスケジュールの調整さえつけば、ある程度、いくつかの官職を兼任することも可能であった。特に科挙出身のエリート官僚の場合には、六部・台諫職と並んで、学士・知制誥などの文翰職を兼務することが、エリート官僚としての必須の条件となる。なにも特定の官府に常時詰めている必要はない。要は会議に出席しさえすればよいのである。

このように、官府の上級・中級の官人たちは、ほとんど会議のみを通して所掌の業務に携わっていた。ではその他の日常的な業務一般は、事務主任である「掌務」がすべて一人で引き受けていたのかというと、勿論それは不可能であるから、文案の作成など、こまごまとした実務上の手続きは書記官である参外レベルの下級官人——六部であれば主事・録事、寺監であれば丞・注簿・録事など——に委任され、さらに文案の謄写・保管などの書記雑務は、書記官の下役である令史・書令史などの胥吏に委任される。

官府の長官たちに求められるのは士大夫としての道義に基づいた総合的な判断力であるから、かれらは特定の職掌に縛られることなく、比較的短期間につぎつぎと官庁を異動していくが、直接実務に携わる参外レベルの書記官は、業務の継続性を確保するためにも、比較的長期間、その官庁から転出することはできないし、胥吏層ともなると、ほとんど一生涯をその官庁の職務にささげなければならない。

官府の人的構成にみられるこうした三階層の区分は、かくして上級・中級官人層（参上）、下級官人層（参外）及び胥吏層（人吏）の、それぞれの社会的・身分的な地位の固定化をもたらし、いわゆる「流品」の構造に転化していくことになる。それは本書第二部の課題であるが、ともあれ、ここでは護軍房にみられる房主・掌務・円議などの諸制度が、朝鮮時代のみならず、高麗時代においても既に各級官僚機構の一般的な運営原理として位置づけられていたこと、そうしてそれが、中書門下・枢密院における宰相たちの勤務形態を考えるうえでも、ひとつの有力な手掛かりとなるであろうことを指摘しておきたい。

官府の重要案件は、必ず全体会議（円議）において審議するが、日常的な案件は事務主任（掌務）に一任してその効率的な処理を図る――この「円議・掌務制」の原理こそは、宰枢を頂点とする高麗の各級の官僚機構において、その日常的・一般的な業務の運営を支えていたのである。

## 第二節　宰枢の合坐と兼職

高麗時代、国政上の重要案件は、すべて宰枢による会議（合坐）を経て施行されることになっていた。それは官僚機構一般における運営原理としての合議制――いわゆる「円議」の制度――と基本的には同一の精神に立つものであることは言うまでもあるまい。

しかし宰枢の合坐は、本来、王命によって不定期に開催される諮問会議にすぎなかったし、またそこで審議される案件も、原則としては国王から諮問された「軍国の重事」に限られていた。それでは、それ以外の日常的・一般的な行政案件について、宰枢たちは一体どのような形でこれに関与し、もしくは関与していなかったのであろうか。そこで問題となるのが宰枢による六部・寺監の長官職の兼任の制度、いわゆる「兼職制」である。

高麗時代において、一般に中書門下の首席の宰相（冢宰）は「判吏部事」を兼ね、次席の宰相（亜宰・次宰）は「判兵部事」を兼ね、その他の宰相は戸部・礼部・刑部（まれに工部）の判事を兼ねることが慣例となっていた。また、中書門下の参知政事・政堂文学・知門下省事、及び枢密院の宰相は、多くの場合、六部・寺監の長官職（尚書・卿監）を兼任した。

この「宰枢」による六部・寺監の長官職の兼任については、今日、朴龍雲氏がほとんど網羅的にその事例を提示している[14]。しかし問題はそうした兼職制の下で、ある特定の宰枢をその構成員に含めた六部・寺監の官府としての意思決定が、一体どのような形で行われ、またその意思決定に加わらなかった他の宰枢たちが、その案件にどのように関与し、もしくは関与していなかったのかということである。

この点について、高麗時代に尚書礼部が主管した「養老宴」の挙行手続きに関する次の事例は、一つの有効な手掛かりとなるであろう。

州府郡県の賜設は、期に前《さき》んじて尚書礼部より奏して指揮を奉じ、尚書都省に牒す。都省、三京・諸都護・州牧に伝牒し、酒食を設給し、布穀を賜ること、みな前例に准ず（『高麗史』巻六十八、礼志十、嘉礼、老人賜設儀）[15]。

毎年重陽の節句に行われる養老宴は、政治的にはそれほど重要性を持たない一個の年中行事にすぎない。しかし、それは国王の恩典として挙行される儀礼であるから、尚書礼部は必ず事前に挙行の可否を伺って、その都度、国王の裁可（指揮）を得なければならない。その点は、たとえば科挙の施行などについても同様である。

尚書礼部の上奏文は、本来、門下省を経由して国王に奏上されることになっていた。しかし、門下省による「王命の出納」は、三品以上の官職の任命（制授・勅授）において、一種の形式として存在しているだけで、日常的な奏事はすべて枢密院の承宣房を経由して国王に直接奏上されることになっている。[16] したがって、ここでも尚書礼部の上奏文は、門下省を経由することなく、枢密院承宣房を介して直接国王に奏上され、国王の裁可（指揮）もまた、承宣房を介して直接尚書礼部に伝達されていたであろう。この場合、尚書礼部は国王に対して直接に文書を提出し、いわゆる「直奏」の関係を結んでいる。したがって、ここでは中書門下の宰相（宰臣）たちが、尚書礼部の擬案を事前に審議することは想定されていない。

次に、国王の裁可（指揮）を得た案件は、尚書礼部に回付された後、尚書礼部より都省（尚書都省）を経由して養老宴の執行機関、すなわち地方行政の中核都市である「三京・諸都護・州牧」に移牒される。その際、尚書礼部が三京・諸都護・州牧に直接移牒するのではなく、一旦、都省を経由して移牒しているのは、当該の王命文書の施行が単に礼部だけの問題ではなく、関連する部局の様々な協力を必要としたこと――たとえば州県に文書を発信するには兵部に移牒して駅馬の供出を受けなければならず、州県の財庫から養老宴の礼物を支出するには戸部の承認を得なければならない、等々――に鑑みて、そうした関連部局間の調整を、行政統轄機関である尚書都省が担当していたことを意味するであろう。ともあれ、ここでも地方の「三京・諸都護・州牧」に命令を伝達する主体は都省（尚書都省）であり、中書門下の宰相はこの案件には関与しない。

このように、養老宴などの通常の行政案件に関しては、一般に、六部・寺監は国王への「直奏」を行っている。[17] したがって、中書門下の宰相たちは、それらの案件には直接には関与することができなかった。一方、枢密院の宰相たちは、承宣房を経由する「王命の出納」に常に関与し得る立場に立っていた。しかし、その職掌は次第に形骸化する傾向を示していたから、ここでもかれらが六部・寺監の上奏文を事前に審議していたと考えることはできない[18]。ただし、それはあくまでも中書門下・枢密院の宰相たちが、それぞれ全体として審議することはなかったという意味であって、宰相個々人として見れば、六部・寺監の長官職を兼任するある特定の宰相が、それぞれの部局の全体会議（円議）に参与して、事前に当該の案件を審議していたことは言うまでもあるまい。

中書門下の宰相（宰臣）と枢密院の宰相（枢密）は、全体として国王の輔弼者集団である「宰枢」を構成し、高麗の国政全般に関する責任を負った。宰枢（とりわけ宰臣）は、国政の最高責任者として六部・寺監を統轄する責任を持つが、六部・寺監の管掌事項それ自体は、「陰陽を燮理」する宰相の立場から見れば事務的な瑣事にすぎない。だから部局レベルでの案件の審議は、それぞれの部局を分担し、その長官職を兼任するある特定の宰相に一任しておけばよいのであって、そのためにいちいち宰枢としての全体会議を開く必要はなかったのである。

逆にその案件が国政上、極めて重要であると判断される場合には、国王は必ずその案件を中書門下に差し下し、もしくは宰枢の合坐を命じて、六部・寺監の擬案を再審議させることになっている[19]。したがって、国政の最高責任者である宰枢は、重要案件については必ず全体会議（合坐）によって審議を行う仕組みになっていたのである。

そのうえで、日常レベルでの個別の案件は、六部・寺監の長官職を兼任するある特定の宰相に一任され、当該の宰相が六部・寺監の他の同僚の官人たちと、「円議」を通して官府としての意思決定を行うことになっていた。したがって、これは国王の輔弼者集団としての「宰枢」のなかから、ある特定の宰相が「判事」や「尚書」、「卿監」に任命され、いわば宰枢のなかの「掌務」として六部・寺監の事務を分担した制度として理解することもできるであろう。

もちろん、宰枢とはあくまでも中書門下・枢密院という別々の組織の合議体であって、それ自体が一個の正式の官庁を構成していたわけではない。しかし、かれらが全体として国王の輔弼者集団を構成していたという観点に立てば、宰枢の合坐による全体会議と、兼職制による六部・寺監の事務分担とは、正しく官僚機構一般における「円議・掌務制」の原理の応用として理解することができるのである。

なお、宰相たちが兼任する個々の官府の日常的な行政事務に関していえば、それは掌務制を通してすべて事務主任たる「掌務」に一任されていた。したがって、六部・寺監の長官職を兼任する宰相たちは、そのような雑務には一切関与する必要はなかったのである。

## 第三節　諸司・都監と宰枢

六部・寺監の処理する日常的・一般的な行政案件は、宰枢の兼職を通して間接的に中書門下、もしくは枢密院の宰相の監督を受けることになった。しかし高麗ではこの六部・寺監による正規の職掌分担とは別に、業務の性格に応じて臨時に「諸司・都監」を設置し、特定の宰相をその長官（複数）に任じて、一切の業務をこれに委任する制度があった[20]。国王の輔弼者集団を構成する宰枢のなかから、ある特定のものを択んでこれに日常的な業務を一任するわけであるから、これも一種の「掌務制」の応用と見ることができよう。

### (a)　諸司・都監の機能

「諸司・都監」の業務内容は、本来、六部・寺監の管掌事項に属するわけであるが、前節でも少し述べたとおり、六部・寺監の職掌は色々と細かく分かれているから、なにか一つ事柄を決定するにも、必ず関連部局との調整や折衝が必要になる。そのためにこそ行政文書の流れを統轄する尚書都省が存在しているわけであるが、高麗ではそれよりもっと簡便な手立てとして、各部局の権限を一時的に諸司・都監に集約し、諸司・都監に部局の枠を越えた広範な裁量権を与えることで、一連の事務を集中的に処理するという便法が取られていた。

たとえば顕宗十三年（一〇二二）五月に延慶君欽（後の徳宗、時に年七）が王太子に冊立され、同年六月に東宮の官属が置かれた際には、「式目都監」が東宮府（詹事府）に対する公廨田の給田額や、東宮府の宮僚に対する駆使（従者）の支給額などの策定を行っている。[21] その他、史料には明示されていないが、王太子冊立の際の儀注や東宮府の官制それ自体を策定したのも、恐らくはこの式目都監であったにちがいない。これらは本来、吏部（官制）、戸部（田制）、礼部（儀注）、兵部（駆使）などの管掌事項に属するところを、便宜上、式目都監が一括して処理しているというわけである。

同じことは「都兵馬使」についてもいえる。「軍国の重事」を掌る都兵馬使の職掌は、本来、主として兵部に属するものであるが、それ以外にも、たとえば軍糧の備蓄・輸送、城郭の構築など、都兵馬使の職掌は戸部・工部などの管轄事項にまで及んでいる。戦争という非常事態に対処して、もしくはその非常事態を想定して一連の業務を円滑に処理していくためには、兵部・戸部・工部などの各部局の管掌事項を、便宜上、都兵馬使に一元化しておくことが必要であったのである。[22]

この式目都監や都兵馬使以外にも、高麗では実に様々な諸司・都監が設置されていた。[23] ちなみに、「使」という場合は官職を指し、「司」という場合は官庁を指すのが原則であるが、「都兵馬使」の場合に見られるように、高麗では「使」と「司」が相互に通用して用いられていることも少なくない。つまり都兵馬使というのは、それ自体が官職名であり、官庁名でもあったのである。[24]

諸司・都監の設置は、しかしながら、正規の行政機構である六部・寺監による職掌分担の体系を形骸化させる危険性を孕んでいた。諸司・都監はもともと臨時の政務処理機構であるから、その当面の目的を達成すれば、その都度、組織を解散することが原則になっている。しかし、諸司・都監はその便宜性のゆえに、高麗において、また後の朝鮮時代においても実に頻繁に設置されており、なかでも式目都監と都兵馬使とは、国政上の重要案件を処理するほとんど常設の機関として機能するに至っていた。[25] このため、諸司・都監に職掌を奪われた六部・寺監の存在がますます形骸化していったことは想像に難くない。

官府の設け、大抵みな朝廷（宋朝）の美名を窃取す。その職に任じ官を授くるに至りては、すなわち実、名に称《かな》わず、いたずらに文具（形式的な整備）を為して美を観《しめ》すのみ（『宣和奉使高麗図経』巻十六、官府、省監条）。[26]

宋人徐兢の右の記述も、あながち中華意識からする酷評とのみ称することはできないであろう。

(b)　諸司・都監と宰枢

ところで、諸司・都監の長官（複数）を兼ねる宰相――おおむね三四名程度[27]――は、それぞれ属僚の人選をはじめとして、関連する案件の処理において部局間の枠組みを越えた広範な裁量権を行使することになっていたが、だからといってこれら諸司・都監の宰相たちが、国王の輔弼者集団である他の宰枢たちの意見を全く無視していたというわけではない。

詔すらく、「今年累月雨ふらず、禾穀みのらず。内外人民、将に飢困に至らんとす。大いに憂うべきなり。塗《みち》に餓殍あるに発《ひら》くを知らざるは、豈に為政の道ならんや。都兵馬使と宰枢と、其れ救恤の方を熟議せよ。吾が赤子をして、或いは飢餓せしむるなかれ。」（『高麗史』巻十七、毅宗世家、五年七月庚子条）[28]

右は国王が都兵馬使に「救恤の方」の策定を命じた史料であるが、飢民の救恤のためには軍役・徭役の免除や軍資米の放出など、兵部・戸部などの複数の部局にわたる折衝・調整が必要であるから、その実施計画の策定は、ここでは部局間の枠組みを越えて便宜的に都兵馬使に一元化されているのである。しかし軍役や徭役の免除は国家の防衛体制や労役動員体制にも全般的に影響を及ぼす重要問題であるから、都兵馬使はあらかじめ「宰枢」と協議して、宰枢全員の意思を踏まえてその実施計画の策定を進めていかなければならなかった。

同様のことは、次の高宗朝の史料によっても確認することができる。

都兵馬宰枢所、奏すらく、「功臣柳璥・金仁俊・朴希実・李延紹・金承俊・朴松庇・林衍・李公柱等ら、忠義を奮挙し、王家を再造し、三韓を匡正す。帯礪に忘れ難し。爵秩を超授すといえども、以て酬答するに足らず。三韓壁上功臣の例に依れ……」と。これに従う（『高麗史』高宗世家、四十五年七月乙亥条）[29]。

右の「都兵馬宰枢所（都兵馬使の宰枢所）」の上奏は、関連資料である「尚書都官貼」では「都兵馬使」が上奏したことになっている[30]。「都兵馬宰枢所」といっても「都兵馬使」といってもその実態としては同じことであるが、前者は都兵馬使のなかでも宰枢が就任する「判事・使」のみが単独で会議を構成し、言い換えれば「副使・判官」などの属僚は会議から排除したうえで、都兵馬使以外の他の宰枢との会議（合坐）を踏まえて都兵馬使の宰枢所（判事・使）のみが上奏を行ったことを示唆している。この場合、協議に加わった都兵馬使以外の他の宰枢たちは、たとえ正式には都兵馬使の官銜を帯びていないとしても、実質的には都兵馬使の「判事・使」と同等の資格において都兵馬使の会議に参与していたと考えることができるであろう。

このように、重要案件に関する「都兵馬使」の会議は実質的には都兵馬使の宰枢（判事・使）の会議であり、それは都兵馬使の官銜を持たない他の宰枢たちの意見をも踏まえた会議となっていたのである。かくして、都兵馬使の会議は宰枢の会議（合坐）と一体化し、やがては宰枢の全員が都兵馬使の官銜を帯びるようになっていくのであろう(31)。

忠烈王五年（一二七九）における「都評議使」の設置は、その前身である都兵馬使の会議が、この頃には既に宰枢の会議（合坐）と一体化していたことを示している。つまり、この段階においては宰枢の全員が都評議使の「判事・使」の官銜を兼帯するようになっていたと考えられる(32)。ただし、それ以前の都兵馬使においては、必ずしも宰枢の全員が常に「判事・使」の官銜を帯びていたわけではないであろう。

秩満ちて、都兵馬録事に補せらる。兪千遇、時に都兵馬使たり。見てこれを奇とし、妻《めあわ》すに女《むすめ》を以てす（『高麗史』巻一百八、閔宗儒伝）(33)。

右は元宗朝のエピソードであるが、この時、宰枢の全員が都兵馬使の官銜を帯びていたとすれば、兪千遇のことをわざわざ「時に都兵馬使たり」と述べることはなかったであろう。また『高麗史』巻一百六、沈諹伝の記述によると、忠烈王の初年、沈諹が公州の長官（副使）に在任していた時に、羅州の巫女に「錦城大王」という城隍神が憑依し、この神様が上国元朝に入朝しようとする奇怪な事件が起こっているが、このことを「郵吏」が「都兵馬使」に急報すると、「使」が驚き怪しんだ(34)、というエピソードは、これも「都兵馬使」が宰枢の全員ではなく、三四名程度の、ある特定の人物であったことを示唆している。

このように、都評議使に改編される以前の都兵馬使は、基本的には国王によって選任された三四名程度の少数の宰枢によって構成されていたと考えられる。そうしてその宰枢たちは、自らの裁量によって副使・判官などの属僚を選任し、軍政・軍令を統轄して「軍国の重事」に関わる広範な権限を掌握した。

かれらは国王の輔弼者集団である宰枢全体のなかから選任されたある特定数の宰枢であるが、それはいわば宰枢のなかの「掌務」であり、かれらは自らが選任した副使・判官などの属僚たちとともに、日常レベルにおいて軍政・軍令の事務を専管した。しかしその反面、国政上の重要案件に関しては、都兵馬使の宰枢は必ず他の宰枢たちと協議を行い、宰枢全体の会議（合坐）の意思を踏まえて国王への上奏を行っていたのである。

なお、宰枢会議（合坐）を構成する宰相たちが、実質的には「都兵馬使」と一体化しながら、宰枢会議それ自体の名において事案を処理し、またそれ自体の名において命令文書を発給することがなかったのは、それがあくまでも官制外の非公式の会議体であって、それ自体としては執行機関としての直属の事務局を持たなかったからであろう。だからこそ、本来は別個の機関である都兵馬使が宰枢会議（合坐）の受け皿となり、宰枢全体の意思を奉じてそれを執行する事務局としての役割をも果たしていたのである。

## 第四節　合坐制の変質

忠烈王五年（一二七九）、都兵馬使は都評議使（後に都評議使司）と改称されたが[35]、このことはすでに辺太燮氏の指摘したとおり、宰枢会議（合坐）と都兵馬使との一体化——言い換えれば、宰枢の全員が都兵馬使、改め都評議使の官銜を帯びるようになったこと——を意味している。しかしこの改編に前後して、実は宰枢の全体会議である「合坐」の性格そのものが大きく変化していた。本節では都兵馬使の都評議使への改編の意義と、それに伴う「合坐制」の変質について検討する。

## (a)　都評議使の成立

事元以来、すなわち元朝に服属して以来、高麗では軍国の重事を審議するために、僉議府（旧中書門下）、密直司（旧枢密院）の両府が合同の会議——いわゆる「合坐」——を開催することが常態化した。[36] しかし前節にも指摘したとおり、宰枢の合坐は官制外の非公式の会議体にすぎないから、宰枢の合坐による意思決定は、本来は別個の機関である都兵馬使の事務局（具体的には都兵馬録事）を通して施行されることが慣例となっていた。

都兵馬使の都評議使への改編は、この点を改めて宰枢のほぼ全員が都評議使の官銜を帯び、宰枢の全体会議（合坐）による意思決定についても、これを宰枢全員の名のもとに文書化して国王に上奏し、また中外の官府に下達する形式を整えたものといってよいであろう。その際、旧来、都兵馬使の会議に参与していた都兵馬使の属僚たち（副使・判官）は、宰枢会議（合坐）と一体化した都評議使の機構からは排除され、ただ事務局である都兵馬録事のみが都評議録事として残存することになったのである。

もっとも、そのような事例——つまり、宰枢が都評議使の官銜を兼帯する事例——として確実に挙げることができるのは、恭譲王元年（一三八九）撰の、鄭道伝「高麗国新作都評議使司庁記」に見える

判事。門下侍中沈徳符、守門下侍中李成桂

同判事。判三司事王安徳、門下賛成事鄭夢周

使。判密直使金士安

等の事例[37]のみであって、それ以前の事例は、列伝・墓誌の類を通して意外と見出すことができない。また、辺太燮氏の指摘するとおり、忠宣朝・忠粛朝には宰枢の「合坐」の場が一時的に都評議使から式目都監に移されたこ

とがあったが[38]、このとき、

僉議政丞・判三司事・密直使・僉議賛成事・三司左右使・僉議評理を以て判事と為し、以知密直以下を使と為す[39]。

とあるのも、「僉議政丞・判三司事・密直使・僉議賛成事・三司左右使・僉議評理」の全員が「判事」となり、「知密直以下」の全員が「使」となったことを意味するのか、それとも特定数の宰枢のみが「判事・使」となったのか、はっきりとしない。したがって、都兵馬使から都評議使に改編された当初においても、それは依然として三四名程度の特定数の宰枢の組織であり、この時点では宰枢全体が都評議使の官銜を帯びることはなかったと考えることも可能である。

とはいえ、「都評議使」というその名称自体、それが宰枢全員による「評議」の場であったことを示唆するから、やはり都兵馬使から都評議使に改編された時点で、それは宰枢の「合坐」と完全に一体化し、宰枢のほぼ全員が都評議使の官銜を帯びるようになったと考えておく方が自然であろう。ただし、史料のうえではその人事記録が残されていないが、これは都評議使が「因事置廃」を繰り返す臨時の官制であり、その任命が口頭任命（口伝）によって行われていたために記録が残らなかったか、あるいは宰枢のほぼ全員が例として兼任する官職であったために、記録のうえでは敢えて言及することがなかったということであろう。

いずれにしても、この都評議使が成立した忠烈王五年（一二七九）の段階で、僉議府・密直司の正任の宰枢は、そのほぼ全員が都評議使の官銜を帯び、これによって宰枢会議は都評議使の名のもとに、それ自体の事務局（都評議録事）を通して命令文書を発給する体制を整えることになったのである。

た。

## (b) 宰枢会議の肥大化

ところがこの宰枢会議による意思決定、いわゆる「合坐」の制度は、このころすでに形骸化の道をたどってい

形骸化の原因は、第一には宰枢会議の定員の肥大化にある。そもそも合坐の構成員は、一般に「省五枢七」といわれるとおり、事元期以前にはおおむね十二員をその定員とした。(40) ところが忠烈朝以降には、本来の宰相である僉議府（旧中書門下）と密直司（旧枢密院）の宰相に加えて、三司の長官である判三司事、三司右使、三司左使なども僉議府の宰相に準じて合坐の列に加わるようになっていたから、(41) 結果としてその定員数は少なからず増加している。『朝鮮王朝実録』恭靖王（定宗）二年（一四〇〇）四月辛丑条の門下府の上疏に、

前朝（高麗）の旧制、中書令より知門下に至るまで、すべて十員。判枢密より学士に至るまで、すべて九員。(42)

とあるのは、正確には僉議府の宰相に三司の宰相を含めた数え方であろうが、この僉議府十員（三司を含む）、密直司九員、計十九員という数値は、『高麗史』の諸記録に照らすと、おおむね忠烈朝以降の「合坐」の定員の標準値を示すと考えられる。(43)

この十九員という定員数は、これだけでも本来の「省五枢七」、計十二員に比べれば、およそ七員の大幅な増員である。これらは正任の宰相であるから、そのほぼ全員が、ほぼ自動的に都評議使（判事・使）の官銜を兼帯することになっていたであろう。

しかも、この時期には「咨議」、「権授」や「商議」などの名目で、僉議府・密直司の両府、及び都評議使に、それぞれ定員外の宰相が置かれる場合があった。『龍飛御天歌』第五十章の注に、

高麗の制、国に大事あれば、門下・三司・密直、合坐して謀議し、これを『群公商議』と謂う。後、両府を増添し、おのおの『商議』の官あり。(44)

とあるが、いわゆる「商議」には、僉議府の会議にのみ出席するもの、密直司の会議にのみ出席するもの、都評議使の会議にのみ出席するものなど、さまざまな類型が存在していたことであろう。一例として、『高麗史』巻一百五、洪子藩伝に、

子藩、相に復し、彌縫調護して、王父子をして慈孝初めの如くせしめんと欲す。呉（呉潜）・石（石冑）の党、しばしば王に短《そし》る。（忠烈王）三十一年、相を罷めて慶興君に封じ、都評議司の事を諮議せしむ。(45)

とあるが、これは（前王・忠宣王の党与である）洪子藩を僉議府の正任の宰相としては罷免しながら、その支持勢力を憚って、重要案件を審議する合坐（都評議司）の議場にはこれを顧問待遇の「咨議」として受け入れているのである。

また国王の寵愛を背景として、身分的な瑕疵のある宦官や内僚などが、しばしば名目上の宰相に抜擢され、都評議使の拡大会議である「会議都監」(46)の「商議」に任命されることもあった。たとえば、恭愍王の寵愛を受けた宦官の申小鳳は、魯国公主（恭愍王妃）の薨去に際し、その守陵の功によって「密直使・商議会議都監事」に抜擢されている。(47)

ところで、この「商議会議都監事」に任命された人物は、都評議使の構成員である正任の宰枢に比して、明らかに身分的な瑕疵のある人物か、もしくは政権の中枢から疎外された周縁部に位置する人物が多い。前者の典型例は宦官の申小鳳であるが、後者の事例としては、たとえば忠粛王元年（一三一四）正月戊戌に李瑚・呉潜・白

頤正の三人を「商議会議都監事」に任命した事例を挙げることができる。[48]このうち呉潜は忠宣王（忠粛王への譲位後も上王として実権を掌握）と対立していた父王・忠烈王の側近であり、[49]かれが忠宣王の政局の中枢に迎え入れられたとは考えがたい。また白頤正は「忠宣に事え、輔導に志あり」と伝えられるが、「忠宣、その言を用いず」というから、どちらかというと、敬して遠ざけられていた人物である。[50]呉潜・白頤正は、それぞれ「三司使」、「僉議評理」に任じられ、そのうえで「商議会議都監事」に任命されているが、これは都評議使の拡大会議である「会議都監」における「合坐」の際の席次を示すだけで、かれらは正任の宰相の数には加えられない「権授」の宰相であったのであろう。

こうした「諮議」、「権授」及び「商議」の宰相たちは、いずれも正任の宰相ではなく、名目上の宰相にすぎないから、宰相会議に「邀請」されるのでなければ宰相としての権限を行使することはできない。[51]ところが、これらの名目上の宰相たちも、後には議決権を持つ正式の構成員として文書に署押を行うようになったため、[52]「合坐」の正規の構成員は、著しく肥大化することになってしまった。

元に事えてより以来、事多く倉卒たり。僉議・密直、つねに都評議司において会議す。而して商議の名、また起こり、国政に与る者、六七十人に至る（『高麗史』巻七十六、百官志、序）。[53]

本来、「省五枢七」によって構成されていた宰枢会議（合坐）は、右の史料に述べるとおり、高麗末には「諮議」、「権授」や「商議」のものを含めて六七十人規模にまで肥大化していたが、これは高麗前期において国政上の最重要案件を審議した「文武三品以上」の最上級官人層の会議と、ほぼ同人数の規模である。しかし、単なる諮問会議にすぎなかった「文武三品以上」の会議とは違い、宰枢の合坐は「議合」と呼ばれる全会一致の議決を原則とした。[54]したがって、このような構成員の肥大化により、宰枢会議の運営が次第に困難に陥っていったことは想像に難くない。

にもかかわらず、高麗末において定員外の宰相数は一貫して増え続けていたが、それは軍功や恩寵などによる官職の濫授とともに、権力闘争によって失脚した有力者に対する名目上の礼遇ポストとしても機能していたからであろう。つまり、政局をめぐって官僚間の利害が複雑に分裂し、多くの党派が深刻に対立していたこの時期においては、宰相の数を増加させることが、敵対勢力を政権内部に包摂するための、一種の緩衝材としての機能をも果たしていたのである。

### (c)　別庁宰枢と内宰枢

宰枢会議の定員の肥大化は、明らかに「合坐制」に変質をもたらす第一の要因となった。しかし第二の、そしてより本質的な要因は、事元期の政局がもっぱら内廷の側近勢力によって主導される一種の「側近政治」の様相を呈していたということであろう。

旧制、凡そ国家の事は、宰枢会議し、承宣、旨を稟《う》けて行う。周鼎（金周鼎）言えらく、「今、宰相甚だ多く、政を謀るに主なし。宜しく別に必闍赤《ビチクチ》を置き、委ぬるに機務を以てすべし。……」と。廉承益・李之氏をして王（忠烈王）に諷せしめ、遂に必闍赤……を置く。周鼎及び参文学事朴恒、密直副使薛公倹、左承旨李尊庇、判礼賓事廉承益、大将軍印公秀、趙仁規、秘書尹鄭興、内侍・将軍李之氏、宝文署待制郭預、大府少尹安戩、千牛衛録事李子芬、詹事府録事尹文玉、大常府録事鄭玄継を必闍赤と為す。……常に禁中に会し、機務を参決す。時に『別庁宰枢』と号す。祖宗の旧制にあらざるを以て、人多く譏議す（『高麗史』巻一百四、金周鼎伝）[55]。

右は忠烈王四年（一二七八）、すなわち都評議使成立の前年において、当時、国王の機密秘書官である「承宣」

の地位にあった金周鼎が、廉承益・李之氏らの側近勢力を介して国王に働きかけ、宮中に国王直属の秘書官である「必闍赤《ビチクチ》」を設置したという記事である。必闍赤とは本来モンゴル語で書記を意味するが、ここでは宮中におかれた国王直属の秘書官のことを意味している。かれらは宮中に不時に出入し、国王が政務を親裁するに当たって、その秘書官として国王の意思決定を補佐していたのである。

この新設の秘書機関には、本来は外廷の宰相である参文学事（旧政堂文学）の朴恒や、密直副使（旧枢密院副使）の薛公倹らも参与していた。かれらは外廷において宰枢会議に参与する正任の宰相であるが、同時に内廷においては国王の秘書官としての「必闍赤」であり、国王の意思が外廷の宰枢会議に伝達されるに先立って、すでに内廷においてその意思決定に参与していた。そのうえ、かれらは内廷の側近勢力とも緊密に結びついていたから、当然、外廷の宰枢会議においても、かれらは他の宰相たちを押さえて優越的な発言力を行使するようになったことであろう。この時期、宰枢会議の議論は、実質上、内廷における陰の宰枢会議、すなわち「別庁宰枢」によって支配されていたといっても過言ではあるまい。

しかしこの「別庁宰枢」の構成は、基本的には国王の恣意に委ねられており、必ずしも外廷における官人社会の序列・秩序を反映するものではなかった。したがって、かれらの専横に対しては、「祖宗の旧制にあらず」として、とかくの批判が集まったのも当然である。

恐らくはそうした批判を考慮してのことであろう、忠烈王八年（一二八二）には新たに「宰枢所司存（宰枢所の司存）」が設けられることになった。

判三司事韓康、密直副使金伯鈞を以て宰枢所の司存と為す。時に両府みな顧望退托し、事を謀るに適なし。故に司存を置き、六月にして替す（『高麗史節要』巻二十、忠烈王八年三月条）。[56]

ここで「宰枢所」というのは、正確には「都評議使」の「宰枢」の詰め所、もしくはその構成員を意味し、「司存」というのは、「掌務」、「有司」などと同じく、一種の事務主任のことを意味している。これは都評議使の宰枢会議（合坐）を構成する宰枢たちのなかから、当該の団体の事務を掌る事務主任、すなわち「司存」を選出し、宰枢会議（合坐）の招集や、宰枢会議に提出する議案書の作成、及び議決書の作成といった、日常的・一般的な業務を担当させたことをいうのであろう。この宰枢所の司存は日常一般の業務を処理するとともに、重要案件については宰枢の全体会議（合坐）を招集してその議事を主導する役割を果たしていたと考えられるが、それは一般官府における「円議・掌務制」――重要案件については必ず全体会議（円議）において討議するが、通常案件は事務主任（掌務）に一任して迅速に処理するという原則――と、正しく同一の精神に立っていることは言うまでもあるまい。

忠烈王八年（一二八二）に「宰枢所司存」を設置した目的は、国王の恣意によって選任される「別庁宰枢」の影響力を排除し、宰枢の互選によって選ばれた事務主任である「司存」のもとに、宰枢会議（合坐）を適正に運営していくところにあったのであろう。しかし、それがどの程度にまで有効に機能することができたのかは疑問である。

この時期、外廷の宰相たちは、上国元朝の影響下に複雑に分裂した利害関係の網に絡め取られて、互いに責任逃れ（顧望退托）を図るばかりであった。このため、高麗国内における政治の実権は、結局は王権と密着する内廷の側近勢力へと移行せざるを得なかったのである。

辺太燮氏がすでに指摘しているとおり、「宰枢所司存」の設置以後にも「別庁宰枢」が依然として活動していること[57]や、恭愍朝・辛禑朝において別庁宰枢の後身である「内宰枢」が新たに擡頭してくることなどは[58]、いずれもその明証といってよいであろう。

# 小結

本章では高麗時代の宰枢会議、いわゆる「合坐」について検討し、それが官僚機構一般における基本的な運営原理、すなわち「円議・掌務制」と同一の精神に立って運営されていたことについて論証した。この種の「合議制」の精神こそは、高麗時代における官僚制度の基本精神であり、延いてはそれが朝鮮前近代における政治制度、社会制度に通底する基本精神でもあったのである。

このような観点に立った場合、武臣の乱以降における武臣の専権や、武臣政権崩壊後の事元期における国王の「側近政治」の展開は、明らかにこの基本精神を踏みにじる変則的な事態であった。忠烈朝以降における「別庁宰枢」や「内宰枢」の活動が、「祖宗の旧制」を破壊するものとして人々の強い批判を浴びたことは当然といえば当然であろう。とはいえ、外廷を構成する貴族・官人勢力の利害が複雑に対立し、「合坐」がその本来の機能を果たすことができなくなっていた事元期以降の高麗においては、王権がある特定の勢力に依拠してその権力基盤の安定を図り、いわゆる「側近政治」のスタイルによって内廷主導の政局運営を行うことは、ある程度やむを得ない情勢であったこともまた事実である。

しかしながら、こうした側近政治の展開と、それにともなう外廷の宰枢会議の形骸化は、結果として、それぞれの政権のもつ正統性を著しく低下させ、不平党派を不断に産出するという悪循環に陥っていく。権臣・寵臣グループの拠って立つ基盤が、詰まるところ国王の信任ないしは寵愛という、極めて不安定なものにすぎなかった以上、国王の交代は、たとえそれが父子間の交代であっても、新旧寵臣グループの対立を将来し、政権の基盤にさまざまな動揺をもたらさざるを得ない。ましてや事元期には、それが元朝内部の権力闘争とも直接に連結していたのであるから、この時期に見られる政局の混迷は、結局、元朝と結んだ守旧派勢力を完全に排除しなければ根本的には解決することはできなかったのである。

これに対し、威化島回軍によって権力を掌握した李成桂軍閥、及びこれと提携した一群の新興士大夫勢力は、事元期に展開した「側近政治」の政治手法——すなわち国王の寵愛をもとに内廷に権力基盤を構築し、それに依拠して外廷の官僚勢力を統制して権力の独占と安定を図るという政治手法——そのものを否定する立場を唱えていた。

これらの改革派の官僚たちは、朱子学のイデオロギーに依拠して外廷における政治秩序の回復を唱え、具体的には内廷勢力による権力の行使を一切封殺するために、すべての王命が都評議使司——高麗末には都評議使は都評議使司と呼ばれていた——を通して施行されることを強く要求する。(59)

恭譲王元年（一三八九）に都評議使司の正式の庁舎が初めて完成し、翌二年（一三九〇）にその事務局として「経歴司」が設けられたことなどは、すべて都評議使司による権力集中の具体的な表れである。(60)

恭譲王二年（一三九〇）十一月己丑朔には、この経歴司の官印を偽造して「准備色」と「軍資寺」に文書を送り、衣服・米豆を受け取った罪で、前郎将の郭興安という人物が斬刑に処せられているが、(61)このことは軍政・軍令における都評議使司への権力集中が、刑罰による威嚇を伴って強力に推進されていたことを示している。

それまで分裂に分裂を重ねていた外廷の貴族・官人勢力が、都評議使司を核として一つの纏まりを示すに至ったのは、対立する利害関係を打破する新たな求心力——今や崔瑩を打倒して最有力軍閥に伸し上がった李成桂の存在——が、他を圧倒する権威を持ちはじめていたからにほかならない。そうしてこの都評議使司への権力集中が完成したときは、同時に内廷において国王（恭譲王）がその権力基盤を喪失し、外廷勢力の代表である李成桂に、国王の地位を譲らなければならなくなるときでもあったのである。

ちなみに、都評議使司への権力集中を通して易姓革命を達成した朝鮮王朝は、今度は都評議使司に過度に集中した権力を分割・分散させることによって、改めて王権の強化を図らなければならなくなった。しかし、この点については末松保和氏の研究に詳しく述べられているので、本書では省略に従いたい(62)。

注

（1）本書第二章「高麗睿宗朝における意思決定の構造」、参照。

（2）宰枢の兼職制を論じたものに次の諸研究がある。辺太燮「高麗宰相考――三省の権力関係を中心に――」（『歴史学報』三十五・三十六合輯、一九六七年／『高麗政治制度史研究』所収、一九七一年、ソウル、一潮閣）。／張東翼「高麗前期の兼職制について」上・下（『大丘史学』第十一、第十七輯、一九七六、一九七九年、大邱、大丘史学会）／崔貞煥『高麗・朝鮮時代禄俸制研究』、特に第六章、高麗後期宰枢の禄科規定とその運営実態（一九九一年、大邱、慶北大学校出版部）／朴龍雲「高麗時代の宰臣と枢密と六部尚書の関係を通してみた権力構造」（『震檀学報』第九十一号、二〇〇一年／『高麗時代中枢院研究』所収、二〇〇一年、ソウル、高麗大学校民族文化研究院）。

（3）辺太燮「高麗都堂考」（『歴史教育』第十一・十二合輯、一九六九年／『高麗政治制度史研究』所収、一九七一年、ソウル、一潮閣）

（4）『朝鮮王朝実録』恭靖王（定宗）二年七月乙丑条。罷将軍房。前朝旧制、立将軍房、有房主・掌務之員。有会坐・回坐之礼。其有新除将軍者、則為房主・掌務者、必考其族属、察其心行、以行会坐・回坐之礼、然後新除者得行其任。国初、仍其制。至是、司謁李徳時之子登、拝将軍。而房主朴東美、掌務金成美、以登係出内僚、不行会坐之礼。登妻、乃太上王寵姫之女。太上王聞之而怒。上令憲府劾東美等、遂罷其房。

（5）『朝鮮王朝実録』太宗九年四月庚寅条。命罷護軍房『参謁・回坐』之礼。前朝、各領将軍、合仕一房、称為『将軍房』、将軍内、選有名望士族、為『房主』・『掌務』。房主居首、掌務副之。於新任者、必考其族氏・家風・才行、然後方許序坐、謂之『参謁・回坐』。国初、廃而復行。至是、復廃之。

(6) 『朝鮮王朝実録』太宗六年九月乙酉条。復置護軍房。以黄象為房主、李慤為掌務。命礼曹、詳定坐起礼度・公事行移節目、下議政府擬議、参取前朝旧制、稍加減損以聞。一、新判護軍、謝恩粛拝、議政府堂参後、本房参謁・回坐前、只於行首上護軍、掌務大護軍、親従護軍、房主、掌務、（十人）望十人護軍各処、投達名銜、不得於他処出入。一、本房回坐・参謁時名銜、用『表紙』半張。行首上護軍以下、望十人（已上）護軍（已上）各処名銜、用『擣錬紙』半張。一、華麗衣服・笠靴・鞍勒・粧具、並不得用。其講武随駕時、不在此限。一、諸侍郎、於路上、遇上護軍以下、望十人護軍已上、並皆下馬。一、新判護軍、各納布二十五匹於本房。一、参謁礼。護軍房会、只用六衙日。余日、各於本領仕官。至其日、当参謁・回坐新判護軍、以前職写名銜、納房。入階下、躬身。至階上、又躬身。納名、進至房主護軍前、各行頓首再拝、進就諸侍郎前、一時行頓首再拝。房主・掌務・諸侍郎、皆控首答拝。礼畢還出。一、回坐礼。房主・掌務等、将新判護軍祖品・人品・兵書等事、円議、第其先後之等。新判護軍、当回坐者、乃以新授職事、写名銜、納房。以時服入、至房主護軍以下前、行礼如上。出後、以時職写名銜、納房後、入行礼、如前、答拝並同上。礼畢、方入就坐。一、九月九日前、三月三日後、禁着袷衣。其木綿布衣、許従国俗。一、各領五員十将、於本領護軍、犯馬過行者、倨傲違礼者、許其領護軍、各自量宜、徴布治罪。前朝旧俗、号房主・掌務外護軍、為諸侍郎。

(7) 『高麗史』巻六十八、礼志十、嘉礼、両府宰枢合坐儀。先至者、離席、北向、立。後至者、依其位、一行揖。同至席前、再拝、離席、北向、伏叙寒暄、還至席前、南向、再拝、離席、北向、一行揖、乃坐。知僉議以上至、則密直下庭、東向、北上、立、俯首佪手。僉議立于其上、一行揖、升堂、拝揖、坐、如前儀。既得僉議一員同坐、更無庭迎之礼。唯首相至、亜相以下、皆下庭、東向、北上、以迎。首相西向、対揖訖、升堂拝揖、亦如前儀。首相独坐於東、謂之『曲坐』。亜相以下、一行坐。首相非政丞、不曲坐、無庭迎。

(8) 「曲坐」については『朝鮮王朝実録』中宗二十年三月甲戌条及び丁丑条、「回坐」については『朝鮮王朝実録』宣祖二十九年十月乙丑条などに用例が見える。

(9) 「行首」とは「衆人の長」（朝鮮総督府編『朝鮮語辞典』）。蓋し、班行の首位に立つものの意である。

(10) 「有司」とは「団体の事務を掌理する者」（朝鮮総督府編『朝鮮語辞典』）。

(11)『李朝実録難解語辞典』(一九九三年、ソウル、韓国文化社)、完議・円議の項、参照。

(12) ここでいう「望」は、「三望を備す」(三人の候補者を立てる)というときの「望」の意であろう(朝鮮総督府編『朝鮮語辞典』三望の条、及び単望の条、参照)。

(13)「六衙日」とは国王が正殿(正衙)に出御して百官の朝参を受ける六つの定例日のことで、高麗末から朝鮮初期にかけては「初一、初六、十一、十六、二十一、二十六日」、魯山君(端宗)二年三月丙辰以降は「初一、初五、十一、十五、二十一、二十五日」がこれに当たる。鄭道伝『朝鮮経国典』礼典、朝会条、及び『朝鮮王朝実録』文宗元年十月戊子条、魯山君(端宗)二年三月丙辰条、参照。

(14) 朴龍雲『高麗時代中書門下宰臣研究』(二〇〇〇年、ソウル、一志社)／同『高麗時代尚書省研究』(二〇〇〇年、ソウル、景仁文化社)／同『高麗時代中枢院研究』(二〇〇一年、ソウル、高麗大学校民族文化研究院)

(15)『高麗史』巻六十八、礼志十、嘉礼、老人賜設儀。州府郡県賜設。前期、尚書礼部、奏奉指揮、牒尚書都省。都省伝牒三京・諸都護・州牧、設給酒食、賜布穀。皆准前例。

(16) 本書第二章「高麗睿宗朝における意思決定の構造」、及び第三章「高麗時代の銓選と告身」、参照。

(17) 六部・寺監が国王に対して「直奏」を行ったことについては、次の諸研究にも詳しく指摘されている。辺太燮「高麗時代中央政治機構の行政体系」(『高麗政治制度研究』所収、一九七一年、ソウル、一潮閣)。朴宰佑「高麗前期政策提案の主体と提案過程」(『震檀学報』第八十八号、一九九九年、ソウル、震檀学会／『高麗国政運営の体系と王権』所収、二〇〇五年、ソウル、新丘文化社)。李貞薫『高麗前期政治制度研究』、特に第四章第二節「各司の機能と独立的行政体系」。

(18) 枢密院の宰相が一種の「無任所大臣」と化していたことについては、『高麗史節要』の次の記述が参考となる。『高麗史節要』巻十二、明宗八年十一月条。門下侍中鄭仲夫、致仕。以宋有仁為門下侍郎・平章事。初、仲夫為冢宰、居中書省。有仁以親嫌、未登相位、在枢密累年。以為、「枢密侍従官、久処無益、唯尚書省可処。」潜托内人以奏、即拝尚書僕射。及仲夫致仕、乃拝平章事。
(門下侍中の鄭仲夫が「中書省」に居たというのは、正確には中書省に置かれた中書門下の政事堂に居たという意味である。)

(19) 本書第二章「高麗睿宗朝における意思決定の構造」、参照。

(20)『高麗史』巻七十七、百官志二、諸司都監各色条、参照。

(21)『高麗史』巻四、顕宗世家、十三年五月癸巳条に「冊子延慶君欽為王太子。」とあり、また同年六月壬子条に「置東宮官属。」とある。しかしその一方で、同書、巻七十八、食貨志一、田制、公廨田柴、顕宗十四年六月条には「式目都監議定、詹事府公廨田、給十五結、供紙一戸。」とあり、また同書、巻七十二、輿服志、鹵簿、百官儀従、顕宗十四年六月条には「式目都監奏定、詹事府丞、給従三人、司直以下、録事以上、各給従二人。」ともある。後者の二史料では、それぞれ顕宗十四年（一〇二三）六月に式目都監が東宮府（詹事府）の諸制度を奏定したことになっているが、東宮の官属が設置されたのは顕宗十三年（一〇二二）六月であり、このとき一連の制度が一斉に整備されたはずである。したがって、ここに「顕宗十四年六月」とあるのは「顕宗十三年六月」の誤りであろう。

(22) 都兵馬使の管掌事項については次の諸研究が参考となる。辺太燮「高麗都堂考」（『高麗政治制度史研究』所収）。金甲童「高麗の都兵馬使」（『高麗前期政治史』所収、二〇〇五年、ソウル、一志社）

(23)『高麗史』巻七十七、百官志二、諸司・都監・各色条、参照。ちなみに、「各色」の「色」とは朝鮮の吏語で、「係り」というほどの意味であるが、これは末端の職で宰相の兼職ではないから、本章の考察からは除外する。

(24) たとえば中国唐代の節度使というのも、官職名であると同時にその下に組織された行政機構の全体を意味した。金甲童氏は都兵馬使を官職名とみなし、その正式の官庁名は「都兵馬」であったと主張するが、取らない。金甲童、前掲論文（本章注(22)）、参照。

(25) 辺太燮「高麗の式目都監」（『歴史教育』第十五輯、一九七三年、ソウル、歴史教育研究会）

(26)『宣和奉使高麗図経』巻十六、官府、省監条。官府之設、大抵皆窃取朝廷美名、至其任職授官、則実不称名、徒為文具観美而已。

(27) たとえば式目都監の場合、『高麗史』巻七十七、百官志、諸司・都監・各色、式目都監条の記述によると、その長官職は、「使」二人が中書門下の宰相（省宰）の兼職、「副使」四人が正三品以上の兼職とされているが、このうち「副使」四人の半数程度は枢密院の宰相が占めていたことであろう。都兵馬使の長官職の構成も、本来はこれとほぼ同程度であったと考えられる。

(28)『高麗史』巻十七、毅宗世家、五年秋七月庚子条。詔、「今年累月不雨、禾穀不登、内外人民、将至飢困、大可憂也。途有餓殍、而不知発、豈為政之道乎。都兵馬使与宰枢、其熟議救恤之方、使吾赤子、毋或飢餓。」

(29)『高麗史』巻二十四、高宗世家、四十五年七月乙亥条。都兵馬宰枢所奏、「功臣柳璥・金仁俊・朴希実・李延紹・金承俊・朴松庇・林衍・李公柱等、奮挙忠義、再造王家、匡正三韓、帯礪難忘。雖超授爵秩、不足以酬答。依三韓壁上功臣例。柳璥・仁俊、宜爵其子六品、給田一百結、奴婢各十五口。希実・延紹・承俊・松庇・林衍・公柱、爵其子七品、給田五十結、奴婢各五口。無子者、爵其甥姪女壻中一人。図画壁上、各陞郷貫之号。其同力輔佐、車松佑以下十九人、亦皆陞秩、許一人九品職。若崔忠献、罪盈悪稔。崔怡、専権擅命。宜削去図画、罷廟庭配享。」従之。

(30) 本書附篇、参考論文第二「尚書都官貼の分析」、参照。

(31) 辺太燮「高麗都堂考」(『歴史教育』第十一・十二合輯、一九六九年/『高麗政治制度史研究』所収、一九七一年、ソウル、一潮閣)

(32) 同右。

(33)『高麗史』巻一百八、閔宗儒伝。秩満、補都兵馬録事。愈千遇、時為都兵馬使、見而奇之、妻以女。

(34)『高麗史』巻一百六、沈暘伝。忠烈初、為公州副使。有長城県女、言、「錦城大王、降我云、『爾不為錦城神堂巫、必殺爾父母。』我懼而従之。」女又与県人孔允丘通、作神語曰、「我将往上国。必伴孔允丘行。」羅州官給伝馬。一日、郵吏急報都兵馬使曰、「錦城大王来矣。」使驚恠。有羅人仕于朝者、具神異、諷王、議欲迎待。所過州県守、皆公服郊迓、廚伝惟謹。至公州、暘不待。巫怒、伝神語曰、「我必禍暘。」退寓日新駅。夜、暘使人覘之、女与允丘宿、遂捕鞫之。俱伏。

(35)『高麗史節要』巻二十、忠烈王五年三月条。改都兵馬使為都評議使。

(36)『高麗史』巻七十七、百官志二、諸司都監各色、都評議使司条。忠烈王五年、改都兵馬使為都評議使司。凡有大事、使以上会議、故有合坐之名。事元以来、事多倉卒、僉議・密直、毎為合坐。

(37)『東文選』巻七十七、記、鄭道伝「高麗国新作都評議使司庁記」。殿下始以門下侍中臣沈徳符、守門下侍中臣李〔国諱〕(成桂)為判事、三司則判事臣王安徳以下、門下則賛成事臣鄭夢周以下、為同判事、密直則判事金士安以下為使、正其名称。使司之任益重矣。唐以他官帯同平章事者、得為宰相。即其制也。

(38) 辺太燮「高麗の式目都監」(『歴史教育』第十五輯、一九七三年、ソウル、歴史教育研究会)

(39)『高麗史』巻七十七、百官志二、諸司都監各色、式目都監条。文宗定、使二人。省宰。副使四人、正三品以上。判官六人、五品以上。録事八人、甲科権務。忠宣王二年(一三一〇)、教曰、「式目、掌邦国重事。其以僉議政丞・判三司事・密直使・

僉議賛成事・三司左右使・僉議評理、為判事。以知密直以下為使。」又置商議式目都監事。

(40)『高麗史』巻七十六、百官志、序。……大抵高麗之法、因時沿革、繁簡有異。当其立法之始、宰相統六部、六部統寺監倉庫、簡以制繁、卑以承尊。省不過五、枢不過七、宰相之職挙、而庶司百寮、各供其職。／同、巻一百十八、趙浚伝。本朝之制、中書則曰令、曰侍中、曰平章、曰参政、曰政堂、五者法天之五星也。枢密之七、則法天之北斗也。（ただし、高麗前期における枢密院の宰相は、実際には二三名程度にすぎなかったと考えられる。）

(41) 事元期以降、三司の長官はかつての尚書省の長官（尚書令・左右僕射）の代替として宰相の地位を与えられた。たとえば李穡「広通普済禅寺碑銘、并序」（『牧隠文藁』巻十四）の記述は、門下府（旧僉議府）の宰相の列に三司の宰相（判三司事・三司左右使）を加えている代表的な事例である。なお、事元期の官制では「尚右」の原則に基づいて三司右使が三司左使より上位に立つが、「広通普済禅寺碑銘、并序」は既に明朝に服属した時期の史料であるから「尚左」の原則に基づいて三司左使が三司右使より上位に位置している。

(42)『朝鮮王朝実録』恭靖王（定宗）二年四月辛丑条。門下府上疏、請汰冗官。疏曰、「……前朝旧制、自中書令至知門下、凡十員、自判枢密至学士、凡九員。……」

(43)『高麗史』及び『高麗史節要』の記事に依拠して検討すると、たとえば忠穆王即位年（一三四四）四月癸酉の時点で僉議府の宰相は十員（蔡河中、右政丞。韓宗愈、左政丞。李斉賢、判三司事。金倫・権謙・朴忠佐、賛成事。羅益禧・孫守卿、参理。金承嗣・金上琦、三司右左使）。また、元年（一三四五）四月丁卯の時点で僉議府の宰相は十員（王煦・右政丞、留任）。金永煦、左政丞。朴忠佐、判三司事。全思義・孫守卿・安軸、賛成事。李蒨・李蒙哥・張沆、参理。鄭乙輔、政堂文学）。したがって、僉議府の宰相（三司の宰相を含む）は、おおむね十員で推移しているといえる。

(44)『龍飛御天歌』第五十章注。高麗之制、国有大事、門下・三司・密直、合坐謀議、謂之『群公商議』。後増添両府、各有『商議』之官。

(45)『高麗史』巻一百五、洪子藩伝。子藩復相、彌縫調護、欲使王父子、慈孝如初。呉・石之党、数短於王。（忠烈王）三十一年、罷相、封慶興君・咨議都評議司事。

(46)『高麗史』巻七十七、百官志二、諸司都監各色に、「会議都監、員額無定、以諳練事務者充之。文宗所定。」とある。なお、辺太燮「高麗の会議都監」（『国史館論叢』第六十一輯、一九九五年、果川、国史編纂委員会）は、この「会議都監」を「都評議使司」の同体異称と見なしているが、取らない。

(47)『高麗史』巻一百二十二、宦者・申小鳳伝。魯国公主薨、小鳳守陵、喪畢、賞其労、賜忠勤節義翊衛功臣号、拝密直使・商議会議都監事。

(48)『高麗史』巻三十四、忠粛王世家、元年正月戊戌条。……李瑚、判三司事、呉潜、為三司使、白頤正、為僉議評理、並商議会議都監事。

(49)『高麗史』巻一百二十五、姦臣、呉潜伝、参照。

(50)『高麗史』巻一百四、白文節伝附、白頤正伝、参照。

(51)『高麗史』巻六十八、礼志十、両府宰枢合坐儀、忠烈王三十三年六月丙午判。僉議・密直、咨議・権授者、坐於本官同品之下。又権授者、坐於咨議之下。諸曹判事、東西従三品、亦従上例。其咨議・権授者、若非邀請、並不得参署本官公事。

(52)『高麗史』巻一百十四、睦仁吉伝。故事、為商議者、雖与議国政、不得署文移。一日会議、諸相曰、「商議、亦相也。同議而不署、可乎。」商議金貴、位在仁吉下。先署之。既而仁吉至、嫌其先己、乃不署。評理崔瑩怒、白王令署之。仁吉竟不従。其恃寵倨傲、如此。

(53)『高麗史』巻七十六、百官志、序。自事元以来、事多倉卒、僉議・密直、毎於都評議司会議、而商議之名又起、与国政者、至六七十人。

(54)『櫟翁稗説』（高麗・李斉賢撰）前一。録事啓事于前、各以其意、言其可否、録事往返其間、使其議定于一、然後施行、謂之『議合』。其余則端坐不言、望之儼然、誠可敬而畏也。

(55)『高麗史』巻一百四、金周鼎伝。旧制、凡国家事、宰枢会議、承宣稟旨而行。周鼎言、「今、宰相甚多、謀政無主。宜別置必闍赤、委以機務。又内僚、不可皆令啓事。請択人為申聞色、罷其余。」令廉承益・李之氏諷王、遂置必闍赤・申聞色。周鼎及参文学事朴恒、密直副使薛公倹、左承旨李尊庇、判礼賓事廉承益、大将軍印公秀、趙仁規、秘書尹鄭興、内侍・将軍李之氏、宝文署待制郭預、大府少尹安戩、千牛衛録事李子芬、詹事府録事尹文玉、大常府録事鄭玄継、為必闍赤。内僚・郎将鄭承伍・金義光・姜碩・李恕・河珂為申聞色。常会禁中、参決機務。時号『別庁宰枢』。以非祖宗旧制、人多譏議（『高麗史節要』巻二十、忠烈王四年十月条に関連記事）。

(56)『高麗史節要』巻二十、忠烈王八年三月条。以判三司事韓康、密直副使金伯鈞、為宰枢所司存。時、両府、皆顧望退托、莫適謀事。故置司存、六月而替（『高麗史』巻一百七、韓康伝。忠烈朝、知密直司事、転判三司事。時、両府議国事、皆顧望、莫有主者。始置宰枢所司存、以康為之。後以賛成事致仕。又加中賛致仕）。

（57）『高麗史』巻一百二十五、姦臣一、宋邦英伝。時韓希愈・崔崇・呉演等、入内議事、号『別庁』。邦英・璘、亦与焉（『高麗史節要』巻二十二、忠烈王三十年八月条に関連記事）。

（58）『高麗史』巻四十三、恭愍王世家、二十年七月己卯条。羅州牧使李進修、上疏曰、「内宰枢、不可不去也。宰臣・枢密、会于都堂、燮理陰陽、題品人物、如有議事、皆詣紫門、稟命而発。安有非時入見、出専威福、使同列莫知其由、朝野皆聚其門、僭逾之心、於是乎起矣。国制、知申事一人、承宣四人、位皆不過三品、更日入直、執礼報礼（報礼庁）、出納王命、雖片言、不敢自発。是謂『龍喉』、又謂『内相』。伝曰、『遵先王之法而過者、未之有也』（『孟子』離婁・上）。君臣相安之要、在除内宰枢一挙。」王嘉之、除判典校寺事。／『高麗史』巻一百二十六、姦臣二、林堅味伝。林堅味、平沢人。……辛禑時、知門下省事、転評理。禑始選置内宰枢、掌出納。於是、堅味及洪永通・曹敏修、為之、常在禁中、事無大小、皆先関白、然後行。／『朝鮮王朝実録』恭靖王（定宗）二年八月丙午条。門下府上疏、請罷内宰相。不允。……前朝之時、主少国危、権臣擅政、其在闕内議事者、謂之『内宰枢』。凡所処置、皆在掌握。而都堂大臣、不与聞焉。殿下所親見也。

（59）朴宰佑「高麗恭譲王代の官制改革と権力構造」（『震檀学報』第八十一号、一九九六年、ソウル、震檀学会）

（60）『東文選』巻七十七、記、鄭道伝「高麗国新作都評議使司庁記」、及び『高麗史』巻七十七、百官志二、諸司都監各色、都評議使司条、参照。

（61）『高麗史』巻四十五、恭譲王世家、二年十一月己丑朔条。前郎将郭興安、偽造都堂経歴司印、牒付准備色・軍資寺、受衣服米豆、以与妓妾。事覚、斬之。

（62）末松保和「朝鮮議政府考」（『朝鮮学報』第九輯、一九五六年／『末松保和朝鮮史著作集』五、所収、一九九六年、東京、吉川弘文館）

# 第二部　流品の構造

# 第五章　高麗官僚制度の概観——外官への例調を中心に

高麗時代史の研究は、よい意味でも悪い意味でも、すべて『高麗史』という書物の性格に大きく規定されている。したがって高麗時代史の研究は、まず『高麗史』という書物の性格と、その限界を知るところから始めなければならない。

たとえば高麗時代の官僚制度について一通りの知識を求めようとすれば、だれしもまず『高麗史』の「百官志」に目を通すことであろう。ところが高麗朝五百年にわたる官制の沿革を叙述するこの「百官志」という史料は、実際のところ、高麗最末期の恭譲朝の官制を基準にして編纂されているために、高麗前期の官制についてはその実態を必ずしも正確に反映していない憾みがある。

なかでも最大の欠点は、高麗の宰相府（宰府）である中書門下と、中書省・門下省との関係を正確に把握せず、これを「中書門下省」という単一の機関として叙述していることであるが、これは中書省・門下省・尚書省の三省制度が廃止された高麗事元期以降の官制に引きずられて、それ以前の官制を誤って記述しているのである[(1)]。

もちろん『高麗史』を編纂した朝鮮王朝の立場からいえば、王朝制度の直接の淵源となった高麗後期の制度、特に事元期以降の制度に関心が集まるのは当然のことであろう。そのうえ、「百官志」の撰者が一次資料として依拠し得たのは、主として『周官六翼』と呼ばれる高麗末期の私撰の政書にすぎなかったから、その記述の内容に時代的な偏差や歪曲があったのはやむを得ない。(2)

しかしながら、こうした事態のありようは、高麗時代史の研究——とりわけ高麗前期史の研究——に、ある独特の困難を与えているのである。

毅宗二十四年（一一七〇）における武臣の乱を画期として、以後、高麗の官僚制度はさまざまな局面において変質を示していく。そうした変質の諸相については、それが朝鮮王朝の諸制度にどのように繋がっていくのかという点をも含め、『高麗史』の記述は比較的精彩に富んだ具体的な史料を提供してくれている。また『朝鮮王朝実録』の初期の記述にも、高麗後期史の研究に役立つ具体的な情報が少なくない。

それに対し、高麗前期史の研究が直接に依拠すべき史料としては、『高麗史』の記述は質・量ともに絶対的に不足している。もちろん前期の官人に対しても『高麗史』には列伝が立てられているが、後期のそれと比べると、質・量ともに著しく見劣りのすることは争われない。そのうえ右に指摘したとおり、「百官志」の記述には事元期以降の制度に引きずられた幾重もの偏差や歪曲が存在しているのである。

このように考えた場合、基本的に高麗後期史の史料である『高麗史』——特にその「百官志」——は、高麗前期史の研究において必ずしも全面的に依拠することはできない。そうした史料的な欠点を補うものとして、本章では高麗前期の墓誌銘を利用し、墓誌銘の記述を通して高麗前期の官制の復元を試みることにしよう。

高麗時代の墓誌銘は、近年、『高麗墓誌銘集成』(3)にまとめられて簡便に利用できるようになっているが、それ以前からも、たとえば周藤吉之氏の『高麗朝官僚制の研究』(4)などにおいて、高麗官僚制度の分析に積極的に利用されてきた。

墓誌銘の内容は、総じて言えば、故人の歴任した官職名の羅列にすぎない。しかしながら、これを丹念に跡づけることによって、たとえば高麗前期における各種の官人の昇進経路を明らかにしたり、逆に昇進経路から当該の官人の出身階層を類別したりすることが可能となる。延いては、多様な出自の官人たちによって成立している高麗官僚機構の内部編成——いわゆる「流品」の構造——を、墓誌銘の分析を通して明らかにすることも可能となるであろう。

一体、制度史の研究は、一時代の体系を描く共時的・静態的な研究と、その変遷を跡づける通時的・動態的な研究とが相俟って、はじめて真の制度史研究といえるのであるが、この章ではしばらく前者の立場——共時的・静態的なアプローチ——によって考察を進めていきたい。

時代枠としては、粛宗・睿宗・仁宗・毅宗という父子相承の四朝を設定する。これは高麗前期史のなかでも文宗朝末期に始まる北宋との国交再開を受けて、北宋文化が高麗を風靡した文化史上の一つの極盛期に当たっており、いわゆる武臣の乱以降、高麗の官僚制度が大きく変質していく直前の古典的完成期に当たっている。しかもこの時代は、文化史上の極盛期に相応しく、墓誌銘の製作（及びその出土）においても比較的その量に恵まれている時代であるから、この章の目的にとっては最も相応しい時代の一つであるといってよいであろう。

なお概観という性格上、周藤吉之氏をはじめとする諸先学の業績とは当然重複する部分も出てくるが、私なりの全体像を描くためには敢えて屋上屋を架することも避けずにおく。(5) 同じく概観という性格上、煩瑣な学説整理を行うこともできないが、これについては適宜、重要な異説を注記するに止めておく。識者の諒解を乞いたい。

## 第一節　科挙による初入仕

エリート官僚への第一歩は、一種の高等文官試験である科挙試に及第して官僚名簿に名前を連ねることから始まる。本節ではこの科挙出身の官人について、及第までの経路と及第後の初入仕の制度を概観することにしよう。

### (a)　科挙制度の概観

官人として初めて出仕することを「初入仕」というが、このうち科挙によって入仕するには、界首官試・国子監試という二種類の予備試験と、礼部試（東堂）という本試験との、都合二段階にわたる選抜試験を勝ち抜いていかなければならない。

まず「界首官試」であるが、これは主として地方在住の郷吏階層の子弟を対象に行われる地方州県レベルでの予備試験である。高麗では顕宗十五年（一〇二四）にこの界首官試の制度を定めているが、それによると、各州県では千丁以上の州県から（科挙試の行われる）歳ごとに三人を推薦し、五百丁以上の州県からは二人、五百丁以下の州県からは一人を推薦する。ただし、州県からの「貢挙」、すなわち推薦の基準については明文がない。これらの受験希望者は、一種の地方行政区画である「界」――後世の「道」を三四分した規模の行政区画――を単位として集められ、三京・諸都護・州牧などの界首官（界の最上位の地方官）が主催する予備試験を受けなければならない。製述業（進士科）の場合、受験生には五言六韻詩一首――これは漢詩の詩形の一種で、いわゆる「排律」に該当する――が出題され、その合格者は界首官の責任のもとに中央に推薦（貢挙）される。中央では国子監が被推薦者の資格確認のための再試験（国子監更試）を行い、これに合格したものは「郷貢進士」として中央試験である「礼部試（東堂）」に赴く。[6]

ただし、ここで注意しておかなければならないのは、科挙試の受験資格が「身分」によって大きく制限されていたということである。たとえば文宗二年（一〇四八）の王命（判）によると、各州県の郷吏階層の子弟――具体的には副戸長以上の孫、副戸正以上の子――については科挙試の受験を認めているが、医業については公衆衛生上、広く学習させる必要があるため、副戸正以上の子に限らず、「庶人」であっても楽工その他の「雑類」でなければ、すべて受験を認めることになっている。[7]これは裏返して言えば、「庶人」が本来は科挙試の受験の対象外であったという意味にほかならない。

ちなみに、戸長・戸正などは地方官衙において行政事務を担当する「郷吏」の職役の名称で、これらは古典にいわゆる「庶人在官者」[8]に相当する。郷貢進士の推薦（貢挙）は、主としてこれらの上級郷吏階層の子弟を対象として行われていたのである。[9]生まれの土地、生まれの身分のあり様が、個人の生き様を根本的に規定していた前近代の社会においては、科挙試のような開放的な試験制度においても、事実上、さまざまな身分的制約が課せられていたことに注目しておかなければならない。

次に「国子監試（監試）」の制度について説明すると、これは主として両班貴族の子弟、すなわち「国子」[10]を対象として行われる国子監主催の予備試験である。

そもそも国子監では、その在学生を対象として礼部試の予備試験を行い、これに合格したものは郷貢進士（貢士）に準じて礼部試に赴くことが許されていた。[11]しかし、高麗では国子監の教育が形骸化していたために、国子監の予備試験である国子監試の受験資格は、在学生以外の私学十二徒の生徒、及び地方郷校の生徒にも開放されるようになっていった。このため、両班貴族の子弟は国子監に就学せず、単に国子監主催の予備試験である国子監試のみを受験して、名目上は国子監の進士（国子進士、太学進士、四門進士）として礼部試を受験することが一般的であった。また、界首官試に合格した郷貢進士のなかには礼部試の受験に際し、礼部試の直前に施行される国子監試を併願して受験するものが少なくなかった。

界首官試に合格した郷貢進士は、本来、国子監試を受験する必要はなかったのである。にもかかわらず、多くのものが併願してこれを受験したのは、国子監試の合格者に与えられる「進士」の称号が、高麗では一種の終身的な特権身分として位置づけられていたためにほかならない。郷貢進士は落第すればただの儒生であるが、国子監の「進士」は、たとえ礼部試に落第しても、以後、礼部試に及第するまでの学習の権利、すなわち兵役・徭役などの免除の特権を享受することができる。だからこそ、両班子弟のみならず、郷吏階層の子弟までもが競って国子監試を受験していたのである。[12]

なお国子監試は、通例、隔年に施行され、[13]そこでは詩賦（五言六韻詩と賦）、または十韻詩が出題されることになっていた。[14]たとえば『東文選』巻十一、五言排律に載せられた高瑩中の「国者至公之器」五言六韻詩は、毅宗五年（一一五二）に行われた国子監試の答案の実例である。[15]これらの詩や賦によって選抜された合格者には「進士」の称号が与えられたが、これは「進んで爵禄を受くべき者」、[16]すなわち任官候補生の謂にほかならない。かれらには国王より放榜・遊街の恩典が与えられたが、[17]この点において、郷貢の進士と国子監の進士とでは、その待遇に雲泥の差があったことに注意しなければならない。

かくして界首官試、もしくは国子監試に合格した受験生は、それぞれ郷貢の進士、もしくは国子監の進士（国子進士・太学進士・四門進士）として中央試験である「礼部試」に赴く。礼部試は、その雅称としては「東堂」と呼ばれ、[18]通例、三年ごと、または隔年に施行されることになっていた。[19]その考試内容は、初期には第一場に帖経、第二場に論策、第三場に詩賦が出題されていたが、その後、第一場に論策、第二場に経義、第三場に詩賦を出題する制度に改められることになった[20]。いずれにせよ、合否を決定する第三場（第三決場）において「詩賦」を出題していることは、高麗の学術が「唐の余弊」を受けて、詩賦（詞章）を重視する学風であったことを端的に示している[21]。

礼部試（東堂）の受験者数は、前述の郷貢が「三百五十余人」というから、これに国子監の進士（通例、百人以内）を加えれば、だいたい四百人以上に達したものと思われる。しかし、実際に及第を賜るのは、このうちの三十三人にすぎないから、最低でも十倍以上の競争率があったことがわかる。なお、礼部試の及第者に対して国王が特別に「覆試」すなわち「簾前重試」を行うこともあったが、これは必ずしも通例ではない[22]。ともあれ、及第者の順位は最終的には国王その人によって決定され、及第者には国王より放榜・遊街の恩典が与えられる。高麗では乙科及第が三名、丙科及第が七名、同進士及第が二十三名で、甲科及第は通常空闕とされていた。及第者の定員は合計で三十三名であるが、これは仏教の「三十三天」の説にちなんだものといわれている[23]。

なお、科挙試に及第したものは、進士科であれば「前進士」、明経科であれば「前明経」と呼ばれるが、高麗では単に「新及第」と呼ばれることの方が一般的であった。

### (b)　新及第の階官

科挙試に及第した「新及第」には、一体どのような位階・官職が与えられていたのであろうか。墓誌銘その他の伝記資料を活用して少しくその実例に当たってみよう。

新及第章忱に将仕郎・礼賓注簿同正を授く（『高麗史』巻十一、粛宗世家、七年六月丙午条[24]）。

滎陽の鄭公、諱は穆、字なし、もと東莱の人。……公に賜うに丙第を以てし、秘書省校書郎同正に拝せらる。

……越えて大康二年丙辰（文宗三十年、一〇七六）、授くるに軍器主簿《ママ》を以てし、高州に通判たらしむ（『高麗墓誌銘集成』一二、鄭穆墓誌銘[25]）。

一男、前国子進士・将仕郎・寧徳鎮判官・兼勧農使・良醞令同正幹方。丙申年（文宗十年、一〇五六）中において、別に□□を蒙りて、□□前試に赴き、擢でられて状元及第を占む（『高麗墓誌銘集成』五、李隴西公墓誌銘[26]）。

少きより学文を好み、南宮の選（国子監試）に中たる。……甲申（粛宗九年、一一〇四、年三十九）に至るに逮んで、第に中たり、初めて将仕郎・良醞丞同正を受く（『高麗墓誌銘集成』二七、安稷崇墓誌銘[27]）。

公、座主劉載の下において成均（国子監試）に中たり（睿宗元年、一一〇六、年二十九）、知貢挙任懿、同知貢挙朴景仁の下に同進士及第を得て（睿宗二年、一一〇七、年三十）、例として良醞丞同正を加えらる（『高麗墓誌銘集成』九一、王冲墓誌銘[28]）。

右の諸例によると、新及第（前進士）に与えられる階官は、通例、「将仕郎」の位階（散官）と、「礼賓注簿同正」（正七品）、「良醞令同正」（正八品）、「秘書省校書郎同正」（正九品）、「良醞丞同正」（正九品）などの同正職であったことがわかるであろう。

このうち将仕郎というのは、開府儀同三司（従一品）から将仕郎（従九品下）に至る二十九階の文官の位階のなかで、その最下位に位置づけられた位階である。これはその名のとおり、「将に仕えんとする郎[29]」であるから、新及第に与える位階としては最も適当なものといえる。

次に同正職というのは「員外置同正員」、すなわち定員外に設けて正員と同等の資格を与える意味の官衙であるが[30]、高麗ではこれが初入仕の者に与える階官としての機能を果たしていた[31]。将仕郎その他の位階（散官）を得

表5-1　初入仕の階官（科挙）

| | | |
|---|---|---|
| 及第 | 将仕郎（従九品下） | 礼賓注簿同正（従七品） |
| | | 良醞令同正（正八品） |
| | | 秘書省校書郎同正（正九品） |
| | | 良醞丞同正（正九品） |

たものは、本来、それと同等の官職（職事官）に就く資格をもっているのであるが、現実には任用すべきポストの数は限られている。このため、しばらくこの同正職を与えることによって、位階・官職を兼ね備えた官人としての体裁を整えているのである。

　ところで新及第（前進士）に与えられる同正職は、科挙試の成績とはどのような関係にあったのであろうか。上掲史料のうち、もっとも高い階官を与えられているのは章忱の「礼賓注簿同正」（従七品）であるが、かれは北宋から「投化」した中国人で、国王の特別の配慮により「別頭乙科及第」を賜ったのであるから、[32]これはむしろ例外と考えておかなければならない。これに対し、首席（状元）で及第した李幹方は「良醞令同正」（正八品）、丙第（丙科及第）の鄭穆は「秘書省校書郎同正」（正九品）、同進士及第の王冲は「良醞丞同正」（正九品）であるから、一般に新及第には「良醞令同正」（正八品）、または「秘書省校書郎同正」（正九品）、「良醞丞同正」（正九品）の階官が与えられていたと考えてよいであろう（表5-1）。

　これらの初授階官は、いずれも八品以下の同正職であるが、八品というのは古典における「中士・下士」に準じる下級官人層の上限に位置している。[33]したがって、科挙試の及第者は中下士に準じる下級官人の位置からその官歴をスタートさせたということができるであろう。

## 第二節　門蔭・吏職による初入仕

科挙試の及第者にはおおむね八品以下の下級官人に相当する階官が与えられていた。しかし、このことの意味を一層明らかにするためには、官人となるための科挙以外の方途、すなわち門蔭・吏職による初入仕との比較が是非とも必要となってくる。本節ではこの門蔭による初入仕、及び吏職による初入仕の制度について概観しよう。

### (a)　門蔭制度の概観

毎回わずかに三十三人の科挙及第者に対し、一般官人の多くはその父祖の社会的勢力を背景として、いわゆる「門蔭」によって初入仕を許されていた。

仁宗十二年（一一三四）六月の王命（判）によると、中書門下の宰相（宰臣）の「直子」（収養子ではなく、直接血のつながった子息）には軍器注簿同正（正八品）、収養子・孫・甥・姪には良醞令同正（正八品）の階官が与えられ、また枢密院の宰相（枢密）及び正従三品官の直子にも良醞令同正（正八品）の階官が与えられる。さらに枢密院の宰相（枢密）の収養子・孫・甥・姪、及び正従四品官の直子には良醞丞同正（正九品）の階官が与えられ、正三品官の収養子・孫・甥・姪、及び正従五品官の直子には主事同正（流外）、従三品官の収養子・孫・甥・姪には令史同正（流外）の階官が与えられることになっている。(34) ついで仁宗十三年（一一三五）閏二月の王命（判）によると、前代宰臣の直子には良醞丞同正（正九品）、内孫には令史同正（流外）、外孫には史同正（流外）を与えることが規定され、ここに高麗前期における門蔭制度の基本的な枠組みが完成した（表5－2）。

表５－２　初入仕の階官（門蔭）

| | | |
|---|---|---|
| 宰臣　直子 | | 軍器注簿同正（正八品） |
| 枢密・三品　直子 | 宰臣　収養子及孫甥姪 | 良醞令同正（正八品） |
| 四品・前代宰臣　直子 | 枢密　収養子及孫甥姪 | 良醞丞同正（正九品） |
| 五品　直子 | 正三品　収養子及孫甥姪 | 主事同正（流外） |
| 前代宰臣　内孫 | 従三品　収養子及孫甥姪 | 令史同正（流外） |
| 前代宰臣　外孫 | | 史同正（流外） |

これによると、「三品以上」（古典における「卿」身分に相当する官人）については収養子・孫・甥・姪にまでその蔭が及び、「五品以上」（同じく「大夫」身分に相当する官人）については直子にのみ蔭が及び、「六品以下」（同じく「士」身分に相当する官人）については子孫にその蔭を及ぼすことができない構成になっている。したがって、五品以上の官人（卿・大夫）は門蔭の特権を行使する一種の世襲貴族として位置づけられていたことがわかるであろう。

ただし、以上は門蔭による初入仕の必要条件を規定するものにすぎず、実際に同正職を得るためには、その十分条件として国王による恩典の発布を待たなければならない。

一般に、国王の即位や王太后・王太子の冊立、また太廟における禘祭・祫祭などの大礼に際しては、死刑囚の減刑や流罪以下の放免とともに、例として門蔭による初入仕の恩典が発布される。たとえば睿宗三年（一一〇八）二月には、

> 詔して両京の文武班の五品以上に、おのおの一子の蔭官を許し、直子なき者には収養子及び孫［の蔭官］を許す。[35]

という恩典が発布されているが、これは同年同月に発布された王太后柳氏の冊立に伴う赦詔の一款であろう。このように具体的な恩典が発布されて、はじめて有資格者の子孫は門蔭による初入仕を申請することができたのである。この点について、たとえば元宗三年（一二六二）の「尚書都官貼」には、

内外子孫等乙良、来次宣赦良中、蔭職蒙会向事乙、這這称下為良於為教是（督）（斉）。（「尚書都官貼」60～62行[36]）。

（内外子孫等は、来次の宣赦に蔭職蒙会することを、一々、称下し奉るべし。）

とあるから、門蔭の申請が具体的な赦詔の発布を待って行われていたことを確認することができる。また高麗の制度に多大な影響を及ぼしていた中国宋代の制度においても、門蔭の申請は皇帝による具体的な赦詔の発布を待って行われていた[37]。

門蔭による初入仕の申請に当たっては、申請者は国子監及び吏部が行う銓試を受験しなければならない。

旧制、国子監、四季月の六衙日を以て、衣冠の子弟を集め、試するに論語・孝経を以てして、中る者は吏部に報ず。吏部、さらに世系を考えて、初職を授く（『高麗史』巻九十九、崔惟清伝、附、崔宗峻伝[38]）。

右の史料では単に「衣冠の子弟」とあるが、それが赦詔によって指定された門蔭による初入仕の有資格者を意味することはいうまでもあるまい。かれらは赦詔に準じて吏部に「初職」を申請するが、吏部ではまず国子監で基礎学力（論語・孝経の素読）の試験を行わせ、そのうえで「世系」を勘案して「初職」（同正職）を与えていたのである。

国子監の試験は四季月の第六衙日、すなわち三、六、九、十二月の二十六日に行われていたというが[39]、これは本来、赦詔の発布を受けて不定期に行っていた試験を、その後、定例として日を定めて行うようになったのであろう。門蔭による初入仕は、本来、国王の恩命を受けてはじめて許される性格のものであるが、門閥貴族の勢力の強い高麗では、それが次第に貴族の生来の「権利」として固定化されていった。このため高麗後期には赦詔の発布の有無を問わず、国子監において門蔭による初入仕を認定するための試験が定例として行われるようになったのであろう。

門蔭による初入仕の実例は、枚挙に暇がない。ここでは一例だけ、林幹及びその子弟の事例に即して門蔭の適用の実際のあり方を紹介しておくことにしよう。

林幹は安東府管内甫州（醴泉）の人、粛宗朝の宰臣である。かれは粛宗九年（一一〇四）正月、門下侍郎・平章事を以て「判東北面行営兵馬事」、すなわち東北方面軍の作戦司令官に任命され、高麗の東北辺境を脅かしていた女真族（曷懶甸女真）の制圧に向かう。作戦軍の編成に当たって、一般に判兵部事を兼任している次席の宰臣を最高司令官に任命することは高麗時代の通例であったが、このとき林幹はたまたま首席の崔思諏と並んで次席の宰臣の地位にあり、このためかれに最高司令官の重責が回ってきたのである。

ところが、かれの率いる高麗軍は敗北を喫し、林幹は宰臣の職を罷免されて、睿宗元年（一一〇六）には「守司空」を以て致仕することになった。単に「守司空」とあるのは、一品の礼遇を与えても宰臣としての礼遇は与えないという意味であろう。したがって、かれの息子たちもこの段階では「宰臣」の子弟として門蔭を受けることはできなかったにちがいない。

その後、尹瓘による「九城の役」を経て、ようやく辺境の情勢も安定を回復した睿宗七年（一一一二）十二月には、林幹の官銜は「守司徒・門下侍郎・同平章事、致仕」に改められるが、これは宰臣の職を罷免されて以来、長らく冷遇されてきた林幹が、ようやく宰臣としての名誉を回復したことを意味している。したがって、かれの息子たちはこの段階において、はじめて「宰臣」の子弟として門蔭を受けることができるようになったのである。

墓誌銘に即してこの点を確認してみよう。林幹には景軾・景和という二人の息子があったが、幸い二人はそろって墓誌銘を残してくれている。

> 公、諱は景軾、字は大虚、安東府管内甫州の人なり。……考《ちち》は検校太師・守司徒・門下侍郎・平章事の幹。……公は父の蔭を以て初めて将仕郎・軍器主簿同正を授けられ、初めて礼州の通判に任じ、秩満ちて闕に上り、尋《つい》で景霊殿判官に拝せらる（『高麗墓誌銘集成』九八、林景軾墓誌銘[40]）。

> 林公景和、字は春卿、安東府甫州の人なり。……父の幹は、守司徒・門下侍郎・同中書門下平章事・判兵部事・柱国・貞平公。……公は年わずかに十一（睿宗七年、一一一二）にして、始めて父の蔭を以て軍器注簿同正を加えられ、丁未年（仁宗五年、一一二七、年二十六）の春に、京山府に通判たり。政術著明にして、考績は一等に居る。秩満ちて、景霊殿判官……を加えられる（『高麗墓誌銘集成』九二、林景和墓誌銘[41]）。

二人はいずれも父・林幹の蔭を以て初入仕を許されているが、このうち、弟の景和が初入仕を許された時点を調べて見ると、かれは毅宗十二年（一一五八）に年五十七で卒しているから、初入仕を許された十一歳の年は、まさしく父・林幹が名誉回復を許された睿宗七年（一一一二）に当たっている。

恐らくこれは、決して偶然の事柄ではあるまい。当時、わずかに十一歳の林景和に対して門蔭による初入仕が許されたのは、このとき宰臣としての名誉を回復した林幹に対する特別の配慮があってのことであろう。あるいは、兄の景軾が初入仕を許されたのも、これと同時であったのかもしれない[42]。それはともかく、宰臣の直子に「軍器注簿同正」の初授階官を与えるという高麗時代の通則は、前述の仁宗十二年（一一三四）六月の王命（判）によって集成される以前の睿宗朝においても、まさにその規定どおりに行われていたのである。

次に問題となるのは、これらの門蔭によって与えられる初授階官と、前節に見た科挙及第者に与える初授階官との比較であるが、まず、文散官に関しては、上掲の林景軾の事例に見られるとおり、門蔭による初入仕の場合にも、科挙及第者と同様に「将仕郎」（従九品下）という最下位の文散官が与えられていた[43]。次に同正職に関しては、一般の及第者に与えられる良醞令同正（正八品）、良醞丞同正（正九品）などの同正職と、門蔭出身者に与えられる同正職とが完全に対応していることが確認できる。また「別頭乙科及第」の中国人・章忱に与えられた礼賓注簿同正（従七品）は、門蔭による同正職の最高位である軍器注簿同正（正八品）よりも若干品秩が高くなっているが、門蔭による出身者の中には、まれに「衛尉注簿同正」（従七品）を与えられている例もあるので[44]、ここでも両者は同一品階の対応関係を示している。したがって、門蔭によって与えられる初授階官（文散官及び同正職）は、科挙及第者に与えられる初授階官と、少なくともその上層のものについては基本的に同等であったということができるであろう。

一般に、科挙及第者はエリートであって、門蔭による初入仕はそのエリートコースからの落後を意味すると理解されている。しかし、門閥貴族が社会の中枢を握っていた高麗時代においては、門蔭出身者の地位は、科挙及第者に比べて必ずしも低くはない。もちろん両者には歴然たる質の相違がある。したがって、初入仕の段階においては圧倒的多数を占めていたはずの門蔭出身者にしても、後述するように、いずれ昇進の過程でその多くが淘汰されていくことになるのである。とはいえ、少なくともこの初入仕の段階では、科挙・門蔭の資格はあくまでも対等であったといってよいであろう。

### (b)　胥吏制度の概観

次に検討しなければならないのは吏職による初入仕の場合である。前掲の門蔭の規定によると、五品官の直子（または三品官の収養子及び孫甥姪、前代宰臣の内外孫）の場合には、主事同正、令史同正、史同正などの吏職（流外職）が与えられることになっているが、このように下級の同正職を与えられたものは、一旦、胥吏職に入属し、所定の年限を経てはじめて文散官（将仕郎）を与えられ、また軍器注簿同正（正八品）、良醞令同正（正八品）、良醞丞同正（正九品）などの流内相当の同正職に昇進していったと考えられる。

胥吏とは古典にいわゆる「庶人の官に在る者（庶人在官者）」、当時の門閥貴族からは歯牙にも懸けられなかった存在であるが、反面、高麗時代においては士庶の区別がそれほどに厳格ではなく、世族の子弟が節を屈して吏職につくことも、実際には必ずしも少なくない。この点について、宋人の徐兢は次のような極めて興味深い観察を行っている。

吏職の服は、庶官の服色と異ならず。但し、緑衣に時に深浅あり。旧伝に、「高麗は唐制に倣って碧を衣《き》る」とあり。今これを詢《と》うに。非なり。蓋しその国は、民は貧にして俗は倹。一袍の費え、動《やや》もすれば白金一斤に準ず。澣濯を経る毎《ごと》に、再び色を染めて、深きこと碧の如し。これ別に一等の服なるにあらざるなり。然れども省府に吏を補するに、流品を限らず。貴家の子弟も、時にまたこれを為す。今この青服は、当にこれ吏の世襲する者なるべきのみ（『宣和奉使高麗図経』巻二十一、皁隷、吏職）[45]。

右の徐兢の観察によると、吏員の服色は下級官人の服色と同じ緑衣であるが、その緑衣には時に深浅の差異がある。碧《ふかみどり》のような緑衣を着ているものは、実は何度もそれを染め直してきている世襲の吏員たちであって、逆に浅い緑衣を着ているのは、そのように吝《しわ》いことをする必要のない貴家の子弟たちであろう、という。

ここで重要なことは「流品を限らず」という徐兢の指摘である。「流品」とは一品から九品に至る官秩の等級、延いてはそこに反映される士人と庶民との社会的な区別をいうが、高麗ではこの「流品」の区別が宋朝ほどには厳しくなく、したがって門閥貴族の子弟も「庶人」と同様に吏職に就く場合があったことを、宋人の徐兢は鋭く観察していたのである。

徐兢の右の観察は、高麗時代の吏職について、これを世襲的な胥吏階層と、士人階層との二つの類型に区別して考察すべきことを示唆している。しかし、世襲的な胥吏階層——妙に深い色の緑衣を着た連中——に関する資料はほとんど伝わっていないから、ここでは問題を士人階層の吏職に絞り込まざるを得ない。上述のとおり、仁宗十二年（一一三四）六月の門蔭規定においても、五品官の直子（または三品官の収養子及び孫甥姪、前代宰臣の内外孫）には、主事同正、令史同正、史同正などの吏職（流外）相当の階官しか与えられていない。したがって、かれらは一旦は吏職に就いて、所定の年限を経て文散官（将仕郎）を獲得し、軍器注簿同正（正八品）、良醞令同正（正八品）、良醞丞同正（正九品）などの流内相当の同正職に昇進する以外には、官人として実職（職事官）に叙用される手だてはなかったであろう。

> 康拯は西海（海州）永康県の人なり。……祖の仁祐は国事に死す。例として良醞史（同正）に補せらる。吏役を為すこと十年、軍器注簿同正を加えられ、出でて寧仁鎮判官、鎮溟州都部署副使となり、女真と戦いて、累《しき》りに功あり（『高麗史』巻九十七、康拯伝）[46]。

> 公、諱は元俊、字は用章、姓は梁氏、忠州の人なり。……父の外高祖、三韓功臣・贈大尉崔英休の門蔭を以て、乾統八年戊子（睿宗三年、一一〇八、年二十）二月日、初めて良醞史同正を受《さず》（授）けられ、六月、左右衛史を受けらる。その胥吏たるや、尚舎局・工兵刑部・御史台・中書門下において、趨仕せざるなし。（甲）〔丙〕申（睿宗十一年、一一一六、年二十八）九月、考績を以て軍器主《ママ》簿同正を加えられ、庚子（睿宗十五年、一一二〇、年三十二）十二月、例として光州監務を受けらる（『高麗墓誌銘集成』八九、梁元俊墓誌銘）[47]。

> 中枢院別駕より、考績もて軍器注簿同政《ママ》となり、……□□県監務〔を授けらる〕（『高麗墓誌銘集成』三三一、□純誠墓誌銘）[48]。

これらは吏職を経て「軍器注簿同正」に昇進し、州県官に転出していった事例であるが、このうち第三の事例に見える「別駕」は高麗では枢密院（旧称中枢院）の胥吏の職名である。[49] かれらが胥吏として最初に与えられた同正職は「良醞史同正」、すなわち前代宰臣の外孫に与えられる同正職と同一であるが、このことから、三韓功臣の子孫や国難に殉じたものの子孫には、前代宰臣の外孫に準じて「良醞史同正」という最下位の同正職が与えられていたことがわかるであろう。ただしこの段階では、かれらには文散官（将仕郎）は与えられていなかったと考えられる。

文散官を持たない以上、かれらはまず胥吏職に就くしかなかったが、それは「左右衛史」などの最下位の書記職からの勤務であり、その後、史から書令史・令史へと昇進していく過程でおおむね十年程度は胥吏としての勤務に服さなければならなかった。そうしてその勤務成績によって「将仕郎」の文散官を獲得し、また「軍器注簿同正」（正八品）という流内相当の同正職にまで昇進すると、そこではじめて州県官という実職に転出していくことになるのである。

ところで初任州県官（実職として初めて赴任する州県官）への転出の節目が、宰臣の直子に与えられる初入仕の階官、すなわち「軍器注簿同正」にほかならないことは、高麗官僚制度における「流品」の構造を考えるうえで極めて示唆的な事象であるといわなければならない。

前節で検討した「鄭穆墓誌銘」によれば、科挙及第者の鄭穆は「秘書省校書郎同正」（正九品）を以て入仕した後、「軍器主簿」、すなわち「軍器注簿同正」（正八品）に昇進して州県官（高州判官）に転出している。また上掲の康拯、梁元俊、□純誠の事例に見られるとおり、かれらは胥吏職の「考績（勤務評定）」によって「軍器注簿同正」の階官を与えられ、初任州県官に転出しているのである。

このように「軍器注簿同正」への昇進は、科挙及第者にとっても、また門蔭・吏職の出身者にとっても、初任州県官への転出の重要な節目として位置づけられていたと考えられる。『高麗史』食貨志に見える禄俸表を見れば明らかなように、「軍器注簿」は、八品以下の「中下士」に相当する下級官職のなかでは最高位の官職として位置づけられていた。したがって、この軍器注簿に相当する同正職を帯びて州県官に転出することは、地方の人民に対してかれらの中央政府における位置づけを明示するとともに、かれらが州県官の任期を満了して中央政府に復帰した際にはこの「中下士」相当のポストを与えられることを予告する役割を果たしていたのである。[50]

## 第三節　州県官への例調

科挙（文）、門蔭（蔭）、吏職（吏）、そのいずれかの資格で「初入仕」を許され、文散官及び同正職を獲得したものは、つぎにその階官に応じて実際の勤務を伴う官職、すなわち「職事官」に任用される。職事官に任用することを「叙用」というが、これには当該の官人の能力以上にその家門的な背景が大きく影響を及ぼしていた。たとえば金義元はその父・金良鑑の蔭を以て将仕郎・軍器注簿同正の階官を獲得し、宣宗五年（一〇八八）、年二十三にして成仏都監判官（権務）に叙用された。[51]当時、父親の金良鑑は中書門下の宰相（宰臣）の地位にあったから、[52]かれの任用にはこの父親の縁故が強力にものを言っていたことは間違いない。ただし、このように在京の官職、すなわち「京官」に叙用されることはむしろ例外であって、一般には地方の州県官、すなわち「外官」に叙用される場合がほとんどであった。

州県官への定例の異動、すなわち「例調」は、大きく分けて、初入仕の官人の最初の勤務として与えられる「初任州県官」と、参外官（未常参官）から常参官に昇進する際に与えられる「参外例調州県官」とに区別される。

以下、それぞれの任用の形態について、列伝・墓誌銘などの伝記資料に即して具体的に検討していきたい。

### (a)　初任州県官

高麗時代における州県官の任用実態については、すでに周藤吉之氏が詳細に研究しているが[53]、これを私なりに補足し、再整理すると、初入仕の官人に最初の勤務として与えられる「初任州県官」は、(a)三京・諸都護・州牧の司録、(b)防禦州鎮・諸州府郡の判官、(c)諸県の県尉、の三つの類型にまとめられる（表5-3）。

第一に、(a)三京・諸都護・州牧の司録、すなわち西・東・南の三京、安西・安北・安東・安南の四都護府、黄・広・忠・清・全・羅・晋・尚の八州牧の司録（司録兼掌書記）であるが、これらは地方行政上の広域区画である「界」の最高位の地方官――いわゆる「界首官」――の主典《さかん》のポストである。

『高麗史』百官志に見える文宗朝の官制によると、この司録の官秩は「七品以上」と規定されているが、実際には科挙及第者で良醞令同正（正八品）、良醞丞同正（正九品）などの「八品以下」の階官を持つものが任用されていたと考えられる[54]。たとえば王冲は睿宗二年（一一〇七）、年三十にして同進士及第を賜り、例として良醞丞同正（正九品）を加えられ、五年後の睿宗七年（一一一二）に、年三十五にして出でて晋州（晋陽）の司録兼掌書記に任用されているが[55]、このほかにも、科挙に及第して三京・諸都護・州牧の司録に任用された事例は多数存在する[56]。かれらが司録に任用された時点でどのような階官を持っていたかは史料のうえでは必ずしも明らかではないが、おそらく「将仕郎・良醞令同正」、または「将仕郎・良醞丞同正」を以て司録に任用されていたのであろう。

この司録のポストは、数ある初任州県官のなかでも、もっぱら科挙エリートが任用される要職として位置づけられていた。それは、ひとつには界首官が元正・冬至・節日に奉る賀表を、多くの場合、この司録が起草してい

表５－３　初任州県官

| | | |
|---|---|---|
| 三京・諸都護・州牧 | 司録 | 40石　　（600斗） |
| 防禦州鎮（辺防） | 判官 | 40石　　（600斗） |
| 防禦州鎮（海防） | 判官 | 33石５斗（500斗） |
| 諸州郡 | 判官 | 26石10斗（400斗） |
| 諸県（沿辺） | 県尉 | 23石５斗（350斗） |
| 諸県（内地） | 県尉 | 20石　　（300斗） |

（高麗では１石は15斗に相当する。）

たために、漢文作成能力に秀でた科挙及第者でなければその職務を全うすることができなかったからであろう。そのほかにも、地方の裁判業務や徴税業務など、司録の取り扱う業務は広範囲にわたっており[57]、これらを全うすることは科挙エリートに課せられた実務官僚としての第一の試練でもあったのである。

鄭沆、字は子臨、東莱郡の人なり。……性は穎悟にして学を好む。粛宗の時、第に中り、尚州司録に補せらる。州人、年少なるを以てこれを易《あなど》る。事に臨むに及んで善く断ず。皆歎服す。州人、司録を「二鄭一韓」と数う。沆及び鄭克永・韓冲を謂うなり。秩満ちて、直翰林院たり（『高麗史』巻九十七、鄭沆伝[58]）。

尚州の人々——具体的には在地士族及び郷吏——が「二鄭一韓」と謳った鄭沆・鄭克永・韓冲は、いずれも科挙及第者として尚州の司録に赴任しており、わけても鄭克永は状元及第を以て赴任している[59]。かれらはいずれも『高麗史』に立伝された名臣であるが、そのエリートとしての将来は、この司録の職務を全うしたことによって約束されたといっても過言ではないであろう。その証拠に、司録の任期を全うしたものは、その多くが直翰林院、直史館などの文翰職に任用されているが、これは後述するとおり、初任京官のなかでは最も清要のポストである。及第、司録、史翰というこの昇進コースは、エリート官僚のための特進コースといってよいであろう。

第二に、(b)防禦州鎮・諸州府郡の判官であるが、これは地方行政の基本単位である州郡の政庁の副長官（倅）に相当するポストである。

本来、長官・次官につぐ第三等官にすぎない判官を、ここで副長官（倅）と呼ぶことについては、あるいは奇異の念を抱かれることであろう。しかし後述するように、高麗時代の州郡官は、一般に長官（使）、次官（副使）のいずれかを闕官とし、したがって実質的には第三等官の判官が副長官（倅）の役割を果たすことになっていた。

> 咸有一、恒陽の人なり。……後、宝城に倅たり、廉勤にして声績あり（『高麗史』巻九十九、咸有一伝[60]）。
>
> 公、諱は有一、字は享天、恒陽県の人なり。……甲子の年（仁宗二十二年、一一四四、年三十九）に至りて、出でて宝城郡の判官と為り、甚だ声績あり（『高麗墓誌銘集成』一二六、咸有一墓誌銘[61]）。

右の二つの史料を対比すれば明らかであるが、咸有一伝に「倅」といっているのは「判官」の意味にほかならない。「倅」とは本来「副《そ》え」の意味であり、宋制では州の長官（知州）に対して副長官である通判のことを倅と呼んでいるが、高麗では州郡の長官（使または知事）、副長官（副使）が、通例、そのいずれか一方しか派遣されていなかったために、本来、第三等官であるはずの判官が、長官の「副え」として「倅」と呼ばれていたのである。

もちろん厳密に言うと、通判と判官とでは制度上の位置づけが全く異なっているのであるが、高麗官制の実態に即していえば、判官は実質的に副長官であるから、これを宋制の通判に見立てたとしても誤りとはいえない。実際、睿宗朝には一時期「判官」を「通判」と改称したこともあったが、墓誌資料には通判の事例はわずか数例しかみえないから、これは間もなく旧制に復したのであろう。[62]

判官には辺防の要地に配置された禄俸四十石（六百斗）の防禦州の判官と、同じく海防の要地に配置された禄俸三十三石五斗（五百斗）の防禦州の判官、そうして禄俸二十六石十斗（四百斗）の一般州郡の判官の三等が存在するが、『高麗史』百官志に見える文宗朝の官制によると、これらはいずれも官秩「七品」のものが任命されることになっている。しかし、墓誌資料によってその実際の任官状況を検討すると、初任州県官として判官に任用されるものは、実際には軍器注簿同正（正八品）、良醞令同正（正八品）、良醞丞同正（正九品）などの、「八品」以下の階官を持つものがほとんどである。[63]

第三に、(c)諸県の県尉であるが、これは県の政庁の長官（県令）に対する副長官のポストである。高麗初期の地方制度においては、中央から行政官が派遣されるのは原則として州（または郡）のレベルに止まっており、州郡より下位の県には基本的に地方官は派遣されていない。ただし、漕運路上の中継地点、その他、交通路上の要衝の地には例外的に県令・県尉が派遣されている。このうち、県尉に任用されるものは、『高麗史』百官志に見える文宗朝の官制によると、官秩「八品」のものと定められているが、実際には良醞丞同正（正九品）を以て咸従県尉に補せられた劉碩のように、[64]それよりも低い「九品」以下の階官を持つものが派遣されていたと考えられる。[65]ちなみに、県尉の上司である県令には、どちらかというと、エリートコースから外れたものが多く任用されているようである。[66]

以上、(a)三京・諸都護・州牧の司録、(b)防禦州鎮・諸州府郡の判官、(c)諸県の県尉、などの初任州県官に任用され、その任期を全うした官人たちは、次に王京に還って在京の官職、すなわち「京官」に任用される。もっとも、九品以上の流内官に直ちに任用されることはほとんどなく、一般にはまず「権務官」と呼ばれる臨時の官職に就いて、その勤務成績に応じて九品以上の流内官に昇進していくのである。

この権務官に任用されることは、しかしながら、それほど容易な事柄ではなかった。そもそも科挙（文）、門蔭（蔭）、吏職（吏）、それぞれの方途で「初入仕」を許されたものが、次に実際の勤務として初任州県官に任用されること自体が容易ではない。たとえば明宗十一年（一一八二）の中書・門下の郎舎の議奏に、

旧制、文・吏の散官の外補せらるる者は、みな年限あり。功あるにあらずんば、超遷するを得ず。今、一二年にして超受する者あり、三十余年にして調せられざる者あり、政濫れ人怨む。請う、及第登科者は閑たること五年、胥吏より員と為る者は、閑たること八年以上を限りて、施行するを得るを許し、余はみなこれを追寝せん（『高麗史』巻七十五、選挙志、銓注、選法、明宗十一年正月条）[67]。

とあることからもわかるように、当時、科挙及第者（文）でも五年以上、門蔭ないし吏職――ここではその両方を「吏」として捉えている――なら八年以上、それぞれ「初入仕」を許されてから初任州県官に叙用されるまでに、一定期間、閑散官（職務のない官人）として任官待ちをしなければならなかった。五年以上（文）、八年以上（吏）というのは、これでも実際には短いほうで、現実には三十余年たっても初任州県官に任用されず、結局、閑散官のままでその生涯を終えるものも少なくはなかったのである。

そのうえ、ようやく初任州県官に任用されたとしても、地方の徴税や裁判などの実務をこなして任期を全うし、その考績によって初任京官に任用されるものは、さらに限られていた。

公、諱は裴景誠、その先は侠渓（谷州管内任渓県）の人なり。……男五人。長を晋と曰う。尚衣直長同正。曽て水州の倅（判官）に任ず（『高麗墓誌銘集成』四二、裴景誠墓誌銘）[68]。

室は潭陽郡君。贈尚書右僕射世均の季女なり。二子を生む。長を沆と曰う。衛尉注簿同正。嘗て蔚珍県尉たり、

政績声あり（『高麗墓誌銘集成』一二一、李文鐸墓誌銘[69]）。

一般に、墓誌銘には墓主の家族の消息が断片的に記されているが、そこには右の裴晋や李沆のように、初任州県官の任期を終えた後、初任京官に叙用されるまで任官まちをしている閑散官の消息が多く伝えられている。多くの場合、かれらのその後の消息は未詳であるが、結局、初任京官には任用されないままに、同正職のみを保有してその生涯を終えるものも決して少なくはなかったであろう。

内外見任受禄官は、三千余員。散官同正の、禄なくして田を給する者は、また一万四千余員。その田はみな外州に在り、佃軍耕莳して、時に及んで輸納し、而して均しくこれを給す（『宣和奉使高麗図経』巻十六、官府、倉廩[70]）。

宋人徐兢の右の記録によれば、京官及び外官として実際に職事に就いている官人（見任受禄官）は三千余人、それに対して圧倒的多数の一万四千余員は、単に階官（散官及び同正職）を持つだけで禄俸はなく、国家より分給される収租地（職田）[71]からの収入によって中央官人としての生活を維持しているのであるという。

この一万四千余員のなかには、初入仕を許されても初任州県官を得ることができず、また初任州県官を得ても初任京官を得ることができずに、閑散官として任官待ちを強いられているものが多数存在していたことであろう。この初任京官のポストを獲得することが、官人の履歴において如何に大きな節目となっていたかは、たとえば胡晋卿が初任州県官を経て「始めて禄を京官に食み」[72]、逆に廉忠若が初任州県官の任期を終えて王京に還った後、「未だ禄仕に階《のぼ》らず」[73]などと述べる墓誌銘の記述によって、その大体を窺うことができる。なかには金冲や李世華のように「外寄を経ずして直ちに禄仕に就」き[74]、「外寄を経ずに禄仕を得」るものもあったが[75]、これらはむしろ例外中の例外であった。

なお、「未だ禄仕に階《のぼ》らず」といっても、それ以前に廉忠若は州県官として外官禄を受け取っているわけであるが、これは官人社会において外官としての「禄仕」がそれほど重視されず、京官として「禄仕」に就くことこそが、官人の昇進経路における最も重要な節目として意識されていたことを示しているのであろう。(76)見任受禄官の活動を中心とする王朝史の記述からは、このような閑散官の実態はほとんど窺うことができない。しかし王朝国家における政治史の基底には、こうした余剰官人層の官職への欲求が、政局を動かす見えない圧力となって働いていたことは間違いない。

(b)　参外例調州県官

初任京官のポストを獲得したものは、次に権務官を振り出しとして、九品、八品、七品と順次その官職（職事官）を遷転していくが、その昇進経路は大きくいって、「禁内九官」と総称される清要職を歴任するエリートコースと、諸署の長官（令）、副長官（丞）を歴任する一般コースとに分かれている。

「禁内九官」とは「秘書省・史館・翰林院・宝文閣・御書院・同文院」の「禁内学官」と、「式目都監・都兵馬使・迎送都監」のいわゆる「三都監」とを併せて称するもので、これらはいずれも宮中に官署を置く清要職であった。このうち、禁内学官は宮中の図書の管理（秘書省）、時政の記録（史館）、国王の学問の侍講（翰林院・宝文閣）、国王の書道作品の保管（御書院）、外交文書の保管（同文院）等の文翰職に携わるもので、これらはいうまでもなく、科挙及第者のエリートコースと目されている。一方の「三都監」は法制文書の起草と管理（式目都監）、軍政の統轄（都兵馬使）、外交使節の迎接（迎送都監）など、より実務的な職掌に携わるもので、これらは科挙及第者のなかでも文才・吏才を兼ね備えたものが任用されることになっていた。いずれにせよ、この「禁内九官」に抜擢されたものは、将来の栄達を約束された幹部候補生であったことは間違いない。

これに対し、「禁内九官」以外の雑多な権務官職を振り出しとして、諸署の長官（令）、副長官（丞）などに昇進していくものは、概して門蔭・吏職の出身のものや、科挙及第者のなかでも比較的門地の低いものに多い。かれらは下級官庁の長官・副長官として、多くは日常的な物品の製作・管理・出納などを掌っていたが、こうした下級官庁の存在こそが、実際には王朝国家を維持する物質的な基礎を支えていたのである。

かくして参外官（未常参官）のポストを歴任した官人たちは、次に「常参官」へと昇進する過程で再び州県官に転出し、行政官僚として徴税・裁判などの実務の成績を示さなければならない。

公、諱は諴、字は徳元、姓は京兆金氏なり。……年甫めて弱冠、明経を以て第に擢んでられ、秘書校書郎同正を授けられ、徳州防禦使に倅（判官）たり。……功を以て典厩令（従七品）に調せられ、大府注簿（従七品）に遷る。本朝の人を用うるや、およそ官七品に至るものは、みな守に遣して州を知《おさ》めしむ。故を以て公もまた出でて宝城郡に刺たり、秩満ちて、将作注簿（従七品）と為る（『高麗墓誌銘集成』四七、金諴墓誌銘）[77]。

右の金諴の場合、州県官への例調を経て与えられた京官職は、それ以前と同品秩の七品官である。したがって、かれは州県官としてあまりよい成績を残さなかったのであろう。逆に、もし好成績を収めていれば、かれはそのまま常参官へと昇進していたにちがいない。このように参外官として「七品」にまで昇進した官人は、次に常参官へと昇進する過程で、一旦、州県官に転出しなければならなかったのである。

参外官の例調ポストとしての州県官は、おおむね次の二つの類型に纏められる。第一は防禦州鎮及び一般州郡の長官（守）のポストであるが、これは前述の金諴の場合のように、七品の参外官に対して与えられる最も一般的な例調ポストである[78]。その官銜は、当該官人の資格・経歴に応じて「使」、「知事」または「副使」となっているが、「副使」の場合でも実質的には長官（守）であったことは前述のとおりである。

表５－４　参外例調州県官

| | |
|---|---|
| 三京・諸都護・州牧判官（倅） | 86石10斗（1,300斗） |
| 諸知州府郡事（守） | 86石10斗（1,300斗） |
| 防禦州鎮副使（辺防）（守） | 60石　　　（900斗） |
| 防禦州鎮副使（海防）（守） | 46石10斗　（700斗） |
| 諸州府郡副使（守） | 40石　　　（600斗） |

しかし、諸州の長官（守）に赴任したものの多くは、ただちに常参官に昇進することはできず、このため第二の例調ポストとして三京・諸都護・州牧などの判官（倅）に赴任し、そのうえでようやく常参官への昇進を果たしているものも存在する。たとえば梁州防禦副使、安北大都護府判官を経て大府寺丞・権知監察御史に昇進した林景軾などがその好例である(79)。

なお、参外官が例調ポストとしての州県官に赴任する場合、一般には常参官の「試銜」を帯びて赴任する例になっているが、これは当該の人事異動が左遷ではなく「例調」であることを明示するために、仮に「常参官」の待遇を与え、任期満了後にその成績に応じて常参官への昇進を認めるという趣旨であろう(80)。

次に、州県官の任期を全うした参外官は、おおむね次の二つのコースを経て常参官へと昇進する。

第一は、右正言・知制誥などの諫官に抜擢される清要官としてのコースである。

また殿中内給事に拝せられ、出でて金州に守たり。……召されて左拾遺・知制誥に拝せらる（『高麗墓誌銘集成』一二一、鄭穆墓誌銘）(81)。

林民庇、字は徳明、甫州の人なり。……入りて大常府録事と為る。孤立無援、九歳にして乃ち四門博士（正八品）に遷り、閤門祇候（正七品）に転ず。晋州に倅（判官）たるに及んで、恵政あり、明宗召して右正言に拝す（『高麗史』巻九十九、林民庇伝）(82)。

朴恒、字は革之、初名は東甫、春州の吏なり。聡慧にして鬚髯に美し。高宗朝、登第し、……選ばれて翰林院に補せられ、忠州に倅（判官）たり、政最にして、徴《め》されて右正言に拝せらる（『高麗史』巻一百六、朴恒伝）[83]。

右の諸例は、いずれも参外官から例調ポストとしての州県官に赴任し、そこで優れた成績を収めたものが、中央に還って「右正言（旧拾遺）」などの清要職に抜擢された事例である。

高麗では中書・門下の両省の郎官――すなわち左右散騎常侍（正三品）、直門下省（従三品）、左右諫議大夫（正四品）、給事中、中書舎人（従四品）、起居郎、起居舎人（従五品）、左右司諫（正六品）、左右正言（従六品）――を併せて「省郎」といい、または「郎舎」という。これらは諫官として集団で国王に諫諍を行うほか、告身（職牒）の発給に際して署経（審議・承認）の権限を行使し[84]、またそのほとんどは「知制誥」を兼帯して王命文書（制勅）の起草を掌る。要するに、唐制、給事中の封駁の権と中書舎人の草制の権、それから補闕・拾遺の諫諍の権を一体として行使する、極めて大きな権限を持ったエリート中のエリートたちである。その省郎（郎舎）の列に加わることは、高級官僚としての将来を約束された、まさしく桧舞台への登場といってよいであろう。

だからこそ崔婁伯の妻である廉瓊愛は、その夫が右正言・知制誥に昇進したことを聞いて、「吾が貧、幾んど済せり（貧乏暮らしもこれで終わり）」といって喜んだのである。しかし「諫官は持禄の地にあらず（諫官は俸禄目当てのポストではないよ）」といって夫がこれをたしなめると、彼女は、

もし一日、子、殿陛に立ちて、天子と是非を争えば、荊釵布裙して、畚を荷いて活を計るといえども、また心に甘んずる所なり（『高麗墓誌銘集成』四五、崔婁伯妻廉瓊愛墓誌銘[85]）。

といって夫を激励した。この廉瓊愛の言葉には、当時の人々が抱いていた「右正言・知制誥」の清要職としての

イメージが典型的に示されているといってよいであろう。

第二の類型は、監察御史（従六品）または閤門祗候（正七品）を以て常参官に昇進するコースである。

公、諱は文緯、姓は張氏、洪川の人なり。……崇明府注簿（従七品）に遷り、久しからずして、試閤門祗候（正七品）を授けられ、樹州を知《おさ》む。……秩満ちて、試司宰丞（従六品、参外）に遷り、枢密院堂後官（正七品）を兼ね、また中書〔注〕書（従七品）に遷る。天慶八年（睿宗十三年、一一一八）、権知監察御史に拝せらる。たまたま按察使、樹州の理を以て状聞す。この年、真の御史（従六品）に拝せらる（『高麗墓誌銘集成』二六、張文緯墓誌銘[86]）。

君、諱は知源、字は南老、もと江南晋陽の人なり。……累りに監〔門〕衛録事、大官署令（従七品）に遷る。越えて壬戌の年（仁宗二十年、一一四二）、試閤門祗候・知昇平郡事使に除せらる。郡に在るや、廉貞寛大を以て称せらる。朝廷これを嘉みし、即ち中書注書に拝す。また権知監察御史に遷る。翊年、権を除き、仍りて左正言・知制誥に拝せらる（『高麗墓誌銘集成』五〇、鄭知源墓誌銘[87]）。

公、姓は鄭、諱は復卿、字は世貴、草渓の人なり。……仁考即位するや、国学直学（従九品）に除せらる。累りに遷りて、閤門祗候（試銜）を以て、出でて昇平を知《おさ》め、入りて礼賓注簿（従七品）に除せられ、堂後官（正七品）を兼ね、閤門祗候（正七品）に拝せらる（『高麗墓誌銘集成』七一、鄭復卿墓誌銘[88]）。

右はいずれも参外官より州県官への例調を経て常参官へと昇進した事例であるが、このうち注目すべき点は次の三つである。第一に、張文緯が崇明府注簿（従七品）より、鄭知源が大官署令（従七品）より、いずれも七品官から諸州の行政長官（知事）に転出している点であるが、これは、本朝の人を用うるや、およそ官七品に至るものは、みな守に遣して州を知《おさ》めしむ。

という前掲の金誠墓誌銘の記述を裏づける内容となっている。

第二に、参外官から州県官に転出する際に、かれらが「閤門祗候」などの常参官の官銜を「試銜」（試験任用ポスト）として帯びているという点である。これは先にも少し触れたとおり、州県官への転出が左遷ではなく定例の異動（例調）であることを明示するために、常参官への関門となる「閤門祗候」（その他、「殿中内給事」、「六局奉御」などの内廷の近侍の栄職）を「試銜」として与えているのであろう。

第三に、州県官の任期を全うしたかれらは、すぐには常参官に昇進できず、一旦、枢密院堂後官（正七品）、または中書注書（従七品）を経て常参官に昇進している。これらは常参官への関門となる「役官」と呼ばれるポストであり、具体的には官庁の各種諸経費を代弁することによって、その功労と引き換えに常参官に昇進することを約束されたポストであった。「役官」とは蓋し、官員を使役すること、または使役される官員の謂であろう。

中書注書、門下録事、枢密院堂後官などの「役官」は、中書・門下両省の宰臣と省郎、及び枢密院の宰相（枢密）、承宣らに服事する事務方のトップであり、かれらは門下・中書の両省や枢密院の運営に要する紙筆その他の事務経費、また宰枢・省郎・承宣などに供する昼食その他の費用を代弁することで、任期満了後に常参官に昇進することを約束されていたのである(89)。

このように、参外官から例調ポストとして州県官に転出したものは、その成績に応じてただちに「右正言・知制誥」に抜擢され、もしくは「役官」その他の参外官としての勤務の後、「監察御史」または「閤門祗候」に抜擢されて常参官への昇進を果たしていた。

もちろん、参外官より例調ポストとして州県官に転出したものは、そのすべてが常参官へと昇進できたわけではない。「右正言・知制誥」に抜擢され、直ちに常参官に昇進するものは、科挙出身の官僚のなかでもほんの一握りのエリートだけであって、その他は再び参外官に任命され、そのうえで勤務評定によって常参官に昇進する。その際、常参官への昇進の捷径として位置づけられていたのは「役官」のポストであるが、それ以外の参外官にとっては、常参官への昇進は必ずしも約束されたわけではなかったのである。

## 第四節　常参官への昇進

前節でも指摘したとおり、参外官から例調ポストとしての州県官に転出する場合、当該の官人には「閤門祇候」などの常参官の官銜を「試銜（試験任用ポスト）」として与えることが慣例になっていた。そうして外官の任期を全うし、好成績を挙げたものについては「右正言・知制誥」、または「監察御史」、「閤門祇候」などに抜擢して正式に常参官として任用することになっていたのである。

唐制、宮中において君主に朝見する権利と義務とを有する上級官僚のことを「常参官」と称し、かれらは原則として毎朝、宮中に参内して君主に拝謁することになっていた。具体的には皇帝による直接任命（制授）の対象となる五品以上の官人、及び六品以下の官人のなかでも特に皇帝による直接任命（勅授）の対象となる供奉官、員外郎、監察御史、太常博士などが「常参官」と呼ばれていた(90)。このうち、太常博士は高麗の官制には存在しない。しかし、その他の官職は高麗においても唐制と同様に常参官として位置づけられていたと考えられる。

ちなみに、供奉官とは「侍中、中書令、左右散騎常侍、黄門・中書侍郎、諫議大夫、給事中、中書舎人、起居郎、起居舎人、通事舎人、左右補闕、拾遺、御史大夫、御史中丞、侍御史、殿中侍御史」などの、君主の侍従の官を指すが、[91] 高麗では補闕・拾遺の職名を、宋制にならって睿宗朝に司諫・正言に改めている。このうち、「右正言」及び「監察御史」が常参官への関門として位置づけられていたことは、すでに前節において検討したとおりである。

ただし、唐制に見えない官職のなかでも、墓誌銘その他の記述に照らして常参官への関門とみなすべきものが存在する。具体的には六局奉御（正六品）、殿中内給事（従六品）、閤門祗候（正七品）の各官がそれで、これらは外廷の供奉官（侍従）に対する内廷の供奉官として位置づけることができるであろう。

たとえば『高麗墓誌銘集成』五五、元沆墓誌銘に、

仁宗即位八年己酉（仁宗七年、一一二九）、少府注簿を以て枢密院堂後官を兼ぬ。曹務公平、人人訟なし。世此を以てこれを多とす。十年辛亥（仁宗九年、一一三一）、試閤門祗候に拜せらる。[92]

とあるが、前述のとおり、「役官」である枢密院堂後官は、その任期を全うした後、常参官に抜擢されることになっていた。したがって「閤門祗候」は当然、常参官の一つとみなさなければならない。また閤門祗候が常参官であるとすれば、昇進経路においてその上位に位置する六局奉御（正六品）や殿中内給事（従六品）も、当然、常参官の一つとみなさなければならない。[93]

したがって、参外官から常参官へと昇進する際に、その関門として位置づけられていたのは「右正言」及び「監察御史」、「閤門祗候」であったと結論づけることができるであろう。

ただし、『高麗史』選挙志及び百官志によると、武臣政権時代の神宗五年（一二〇二）に監察御史のうちの二人を「参秩」すなわち「常参官」と為したことが記録されており、また閤門祗候のうち、文・吏各三人を陞して「参秩」と為したことが記録されている。[94] これに従えば、それ以前の監察御史、及び閤門祗候は常参官（参秩）

ではなかったことになってしまうが、墓誌銘その他の記録に照らして、高麗前期の監察御史、及び閤門祗候が常参官でなかったとは考えがたい。たとえは『高麗墓誌銘集成』八九、梁元俊墓誌銘によると、梁元俊は、

甲寅（仁宗十二年、一一三四）十二月、始めて参職を受《さず》（授）けられ、権知監察御史となる。(95)

とあるし、また『高麗墓誌銘集成』一〇〇、田起妻高氏墓誌銘には、

越えて癸酉の年（毅宗七年、一一五三）、その夫入参し、拝して試閤門祗候となる。(96)

とあるから、やはり監察御史と閤門祗候は常参官として位置づけられていたのである。(97)にもかかわらず、神宗五年（一二〇二）にそれらが「参秩」に昇格したというのは、恐らく毅宗二十四年（一一七〇）の武臣の乱、及びそれ以降の政局の混乱のなかで宮中における常参の儀礼が形骸化し、常参官の範疇が一時的に縮小されていたことを意味するのであろう。(98)

実は、神宗五年に「参秩」に昇格したもののなかには、監察御史、閤門祗候以外に「五六品丞令」なども含まれている。(99)このうち従六品の諸寺丞は唐制でも参外官であるから、これらが「参秩」に昇格することに問題はないが、従五品の太廟署令、及び諸陵署令は、その官品及び禄俸からいっても明らかに常参官であって、これらが参外官であったとは考えにくい。太廟署令、諸陵署令は「五品以上」の上級官人層に属し、かつその禄俸も左右正言や監察御史と同等の「六十六石十斗」（一千斗）と規定されているから、(100)これらは当然「常参官」の範疇に含まれていたはずである。したがって、太廟署令、諸陵署令についても本来は常参官であったが、武臣の乱以降、一時的に常参官の範疇から除外され、その後、神宗五年に至って他の「五六品丞令」とともに再び常参官に昇秩したと考えておくことが妥当であろう。

ちなみに、『高麗史』百官志の注によると、常参官への関門となる「監察御史」の定員十員は、「文吏各五人」、すなわち科挙出身のものと、吏職出身のもの――具体的には門蔭によって初入仕を許され、吏職を経て流内官に昇進したもの――とが、それぞれ同数となるように規定されていたことがわかる。この「監察御史」と並んで常参官への関門として位置づけられていた「閤門祇候」の内訳については特に注記はないが、前述のとおり、神宗五年（一二〇二）には祇候の「文吏各三人」が「参秩」に陞されたというから、これも恐らくは科挙出身者（文）と門蔭・吏職出身者（吏）とが均等に釣り合うように配慮されていたのであろう。

そもそも官人の「初入仕」の段階では、毎回三十三人しか及第者を出さない科挙に対して門蔭・吏職による初入仕の方が圧倒的に多数を占めていたことは間違いない。しかし、門蔭・吏職の出身者は初任州県官、及び初任京官の関門を通る過程でそのほとんどが振り落とされ、常参官への関門に到達した段階では、ほぼ科挙出身者と同数にまで絞り込まれていたのである。

ただし、その段階においても「文・吏」はそれぞれ同数であり、門蔭・吏職による出身が決して科挙による出身よりも低く位置づけられていたわけではない。この点は高麗時代における門閥貴族社会の特質として、特に注意しておかなければならない事柄の一つであろう。

# 小　結

本章では主として高麗時代の墓誌資料を利用し、高麗前期における各種の官人の昇進経路を模式化した。科挙・門蔭・吏職のそれぞれの資格で「初入仕」を許され、その身分を示す階官（文散官及び同正職）を獲得したものは、次にその階官の高下に応じて実際の勤務を伴う官職（職事官）に叙用されるが、その後の昇進は、通常、次のような昇進経路に従うものであった。

(1)　初任州県官（録事参軍事・兼掌書記、防禦州判官、州府郡判官、県尉）
(2)　初任京官（権務、参外官）
(3)　参外例調州県官（三京・諸都護・州牧の長官、防禦州の長官、州府郡の長官）
(4)　常参官

右の昇進経路については、実は、高麗後期（武臣政権時代）の史料である「尚書都官貼」によっても、既に明確に定式化されていたことを確認することができる。

直子各一名乙良、東班是去等九品。西班是去等校尉。直子無在如中、甥姪女壻中一名乙、東班是去等外叙。已行員乙良権務。

（直子各一名は、東班であれば九品、西班であれば校尉〔に叙用し〕、直子がなければ、甥・姪・女壻中の一名を、東班であれば「外叙」し、已に〔外叙を〕行った員は「権務」〔に叙用する。〕）[101]

右は崔氏武臣政権を打倒した金俊（旧名金仁俊）らの「衛社功臣」に対する論功行賞の一節であるが、ここでは功臣の直子を直ちに「九品」の京官に叙用し、またはその甥・姪・女壻を「外叙」（外官に叙用）して、すでに外叙した者についてはこれを「権務」に叙用することが述べられている。そこに示されている武臣政権時代の官人の昇進経路は、本章が高麗前期（武臣の乱以前）の墓誌資料に即して検討してきた昇進経路とも完全に合致している。

ちなみに、右正言・知制誥、または監察御史、閤門祗候を以て常参官に昇進したものは、その後、多くの場合、員外郎または郎中の試銜を帯びて八牧の副使に転出し、その任期を全うした後にはじめて郎中（正五品）への昇進を許されているが[102]、これは「五品以上」の上級官人層――古典にいわゆる「大夫」階層――への昇進が、それだけ厳選された極めて狭き門であったことを示している。

唐制、三品に昇進するものは、必ず皇帝に上奏してその進止を聴き、また五品に昇進するものは所属の官司、及び宰相府（中書門下）の資格審査を経て、そのうえで皇帝に奏上し、皇帝の直接命令（別制）を以て任用することになっていた[103]。この点は恐らく高麗においても同様であろう。

五品以上の上級官人層（大夫）に昇進することは、各種の特権を享受する門閥貴族階層（卿大夫）への仲間入りを意味している。だからこそ、五品以上の官職に昇進するためには、その前提として州県官に転出し、徴税や裁判などの政務を全うしてその実績を積み上げていかなければならなかったのである。

科挙・門蔭・吏職のいずれの経路によるとしても、初入仕を許された官人のなかで実際に五品以上の「卿大夫」へと昇進できるものは、ほんの一握りにすぎない。『高麗史』に列伝を立てられているのは、その一握りの官人たちのなかの、さらに限られたエリートたち――おおむね三品以上の「卿（公卿）」にまで昇進したもの――にすぎない。

その意味において、本章の結論は限られた史料から導きだされた限定的な結論にすぎず、高麗官僚制度の真の実態を捉えるには、なお再検討すべき課題も数多く残されている。とはいえ、この作業を通して高麗前期における官僚機構の内部構成――いわゆる「流品」の構造――を解明することは、武臣の乱以降における高麗後期の政治的・社会的な諸変化について、これを通時的、かつ動態的に把握するためには是非とも必要な基礎作業であったということを、最後に改めて確認しておきたいと思う。

## 注

（1）高麗の中央官制については、中書門下省と尚書省の二省制が行われていたとするのが通説であるが、取らない。これに対し、中書省・門下省・尚書省の三省制を主張する最近の研究に次のものがある。李貞薫「高麗前期三省制と政事堂」（『韓国史研究』第一〇四輯、一九九九年、ソウル、韓国史研究会）、同『高麗前期政治制度研究』（二〇〇七年、ソウル、慧眼）

（2）本書附篇、参考論文第三「高麗王言考——または『高麗史』諸志の文献批判」、参照。

（3）『高麗墓誌銘集成』第四版、金龍善編著（二〇〇六年、春川、翰林大学校出版部）

（4）周藤吉之『高麗朝官僚制の研究』（一九八〇年、東京、法政大学出版局）

（5）本章の課題と密接な関係を持つものに次の諸研究がある。周藤氏前掲書、特に第六章「高麗初期の地方制度——とくに宋の地方制度との関連において——」／金光洙「高麗時代の同正職」（『歴史教育』第十一・十二合輯、一九六九年、ソウル、歴史教育研究会）、同「高麗時代の胥吏職」（『韓国史研究』第四輯、一九六九年、ソウル、韓国史研究会）、同「高麗時代の権務職」（『韓国史研究』第三十輯、一九八〇年、ソウル、韓国史研究会）／李佑成「高麗官人体制下の〝吏〟」（『韓国中世社会研究』所収、一九九一年、ソウル、一潮閣）／張東翼「高麗時代の官僚進出（其一）——初仕職——」（『大丘史学』第十二・十三合輯、一九七七年、大邱、大丘史学会）／李鎮漢「高麗時代守令職の除授資格」（『史叢』第五十五輯、二〇〇二年、ソウル、歴史学研究会）、同「高麗時代守令の京職兼帯」（『震檀学報』第九十五号、二〇〇三年、ソウル、震檀学会）

（6）『高麗史』巻七十三、選挙志一、科目一、顕宗十五年十二月判。諸州県千丁以上、歳貢三人、五百丁以上二人、以下一人、令界首官試選。製述業則試以五言六韻詩一首、明経則試五経各一机、依例送京。国子監更試、入格者、許赴挙、余並任還本処学習。如界首官、貢非其人、国子監考覈科罪。

（『唐令拾遺』選挙令、復元第二十条に「諸貢人、上州歳貢三人、中州二人、下州一人。必有才堪者、不限其人数。具申送之日、行郷飲酒礼、牲用少牢、歌鹿鳴之詩」とあるから、右の歳貢額は唐制を参照したものと考えられる。）

（7）『高麗史』巻七十三、選挙志一、科目一、文宗二年十月判。各州県副戸長以上孫、副戸正以上子、欲赴製述・明経業者、所在官、試貢京師。尚書省・国子監、審考所製詩賦。違格者、及明経不読一二机者、其試貢員、科罪。若医業、須要広習、勿限〔副〕戸正以上之子、雖庶人、非係楽工雑類、並令試解。

（8）『礼記』王制。庶人在官者、其禄以是為差也。陳澔注。府史胥徒之属、皆庶人之在官者。其禄以農之上下為差。
（9）郷貢進士の具体例としては、柳邦憲（『高麗墓誌銘集成』四、柳邦憲墓誌銘）、韓安仁の父の韓圭（『高麗史』巻九十七、韓安仁伝）、鄭襲明（『高麗史』巻九十八、鄭襲明伝）、元冲甲（『高麗史』巻一百四、元冲甲伝）、真覚国師慧諶の父の崔琬（『東文選』巻一百十八、碑銘、曹渓山第二世、故断俗寺住持、修禅社主、贈諡真覚国師碑銘、并序）、鄭可臣の父の鄭松寿（『高麗史』巻一百五、鄭可臣伝）、李兆年（『高麗史』巻一百九、李兆年伝）、安軸の父の安碩（『高麗史』巻一百九、安軸伝）、禹倬の父の禹天珪（『高麗史』巻一百九、禹倬伝）、権僖（『高麗史』巻七十四、科目二、升補試、忠烈王十二年条）などを挙げることができる。これらはいずれも郷吏階層の子弟である。
（10）『漢書』巻二十二、礼楽志。国子者、卿大夫之子弟也。
（11）『宣和奉使高麗図経』巻四十、同文、儒学。其在学生、毎歳試於文宣王廟、合格者、視貢士。
（12）以上の国子監試の説明については、通説の理解とは異なる部分が少なくない。その詳細については本書第六章「高麗より朝鮮初期に至る進士概念の変遷」、及び本書附篇、参考論文第一「国子監試に関する諸説の検討」において再論する。
（13）『高麗史』巻七十三、選挙志一、科目一。献宗定、製述・明経・諸業監試、隔一年、試選。
（14）『高麗史』巻七十四、選挙志二、科目二、国子監試。即進士試。徳宗始置、試以賦及六韻・十韻詩。厥後或称成均試、或称南省試。
（15）『東文選』巻十一、五言排律、高瑩中、国者至公之器。「国者之為器、由来号至公。大含群俗類、用係一人躬。皥皥民居内、平平道在中。持盈曾有戒、伝世永無窮。只貴陶鈞妙、寧云鋳冶功。一傾難復正、願上慎初終。」なお、『高麗史』巻七十四、選挙志二、科目二、国子監試、凡国子試之額の条によれば、毅宗五年（一一五一）の国子監試では詩賦・高英瑾等十五人、十韻詩・河挺材等七十二人が合格している。このうち、詩賦（五言六韻詩及び賦）で首席合格した高英瑾が、すなわち高瑩中その人であろう。以上については金龍善「高瑩中とその孫女高氏夫人墓誌銘」（『高麗金石文研究』所収、二〇〇四年、ソウル、一潮閣）に既に指摘がある。
（16）『礼記』王制、鄭玄注。進士、可進受爵禄也。
（17）『高麗史』巻六十八、礼志十、嘉礼、東堂・監試放榜儀。
（18）礼部試を「東堂」と呼ぶことは、中国・西晋の武帝の時代に郤詵が賢良に挙げられ、その後、太極殿の東堂で武帝に「臣挙賢良対策、為天下第一、猶桂林之一枝、崑山之片玉」と答えた故事に因む。『晋書』巻五十二、郤詵伝、及び『漢語大詞典』の東堂・東堂桂・東堂策の各項、参照。

(19)『高麗史』巻七十三、選挙志一、科目一。凡選場。或比年、或間歳、未有定期。其取士、亦無定額。

(20)考試内容の改革については、詳しくは本書第六章「高麗より朝鮮初期に至る進士概念の変遷」において検討する。

(21)『宣和奉使高麗図経』巻四十、同文・儒学。大抵以声律為尚、而於経学未甚工。視其文章、彷彿唐之余弊云。

(22)『宣和奉使高麗図経』巻四十、同文・儒学。其挙進士、間歳一試於所属、合格偕貢者、合三百五十余人。既貢、又命学士、総試於迎恩館、取三四十人、分甲乙丙丁戊五等賜第、略如本朝省闈之制。至王親試官之、乃用詩賦論三題、而不策問時政。此其可嗤也。／『宋史』巻四百八十七、外国三、高麗伝。貢士三等、王城曰土貢、郡邑曰郷貢、他国人曰賓貢。間歳、試于所属、再試于学。所取不過三四十人。然後王親試以詩・賦・論三題。謂之『簾前重試』。

(『高麗墓誌銘集成』一二、鄭穆墓誌銘によれば、文宗二十六年(一〇七二)の礼部試の覆試(簾前重試)の出題は、詩が「止水鑑形」、賦が「仲尼為百王師」であった。)

(23)『朝鮮王朝実録』世宗二十五年九月壬戌条。視事。……上曰「……且三十三人之法、始於何時、倣於何制歟。」宗瑞(金宗瑞)対曰、「稽古制、科挙之数、固無一定之規。而三十三人、亦非唐制。臣謂、高麗好仏法、倣三十三天之説也。」

(24)『高麗史』巻十一、粛宗世家、七年六月丙午条。授新及第章忱将仕郎・礼賓注簿同正。

(25)『高麗墓誌銘集成』一二、鄭穆墓誌銘。……(栄)〔滎〕陽鄭公、諱穆、無字、本東莱人。……賜公以丙第、拝秘書省校書郎同正。……越大康二年丙辰、授以軍器主簿、通判高州。

(26)『高麗墓誌銘集成』五、李龍西公墓誌銘。一男、前国子進士・将仕郎・寧徳鎮判官・兼勧農使・良醞令同正幹方。於丙申年中、別蒙□□、赴□□前試、擢占状元及第。

(27)『高麗墓誌銘集成』二七、安稷崇墓誌銘。少好学文、中南宮選、……逮至甲申、中第、初受将仕郎・良醞丞同正。(南宮とは国子監の意。)

(28)『高麗墓誌銘集成』九一、王冲墓誌銘。公、於座主劉載下、中成均。知貢挙任懿、同知貢挙朴景仁下、得同進士及第、例加良醞丞同正。

(29)『論語』陽貨。陽貨欲見孔子。……孔子曰、「諾。吾将仕矣。」

(30)『資治通鑑』巻二百三十五、唐紀五十一、徳宗貞元十三年六月条。光禄少卿同正張茂宗［(胡三省注) 員外置同正員、起於高宗之時。］

(31) 金光洙「高麗の同正職」。なお、朝鮮初期の同正職については『朝鮮王朝実録』の次の記述が参考になる。高麗時代の同正職の性格も、基本的にはこれと同じである。／『朝鮮王朝実録』中宗十一年五月庚子条。其曰『同正』云者、試才後・未叙用前影職也。初取才後、授以此官、如及第・生員・進士之名。常時称号以為栄、雖終身未叙、猶得此官号、不至終於学生。亦祖宗厚遇公卿大夫之後之美意也。

(32)『高麗史』巻十一、粛宗世家、七年四月丁酉条。御乾徳殿、覆試進士、……并召試投化宋進士章忱、賜別頭及第。／『高麗史』巻七十三、選挙志一、科目一、選場、粛宗七年三月条。知奏事尹瓘知貢挙、……取進士。覆試、……并召試投化宋進士章忱、賜別頭乙科及第、仍賜紅牌・鞍馬。

(33) 本書第八章「高麗事元期における官品構造の変革」、参照。

(34)『高麗史』巻七十五、選挙志三、銓注、凡蔭叙、仁宗十二年六月判。致仕・見任宰臣直子、軍器注簿同正。収養子及内外孫甥姪、良醞令同正。前代宰臣直子、良醞令同正。内外孫、令史同正。枢密院直子、良醞令同正。収養子及内外孫甥姪、良醞丞同正。左右僕射・六尚書以下、文武正三品直子、良醞令同正。収養子及内外孫甥姪、主事同正。従三品直子、良醞令同正。収養子及内外孫甥姪、令史同正。正従四品直子、良醞丞同正。正従五品直子、主事同正。

(35)『高麗史』巻七十五、選挙志三、凡蔭叙。睿宗三年二月、詔、両京文武班五品以上、各許一子蔭官。無直子者、許収養子及孫。

(36)『韓国古代中世古文書研究』上、校勘訳注篇（盧明鎬等著、二〇〇〇年、ソウル、ソウル大学校出版部）、参照。

(37) 梅原郁『宋代官僚制度研究』（一九八五年、京都、同朋舎）、特に第五章「宋代の恩蔭制度」、参照。

(38)『高麗史』巻九十九、崔惟清伝附、崔宗峻伝。宗峻、神宗四年（一二〇一）、擢魁科。高宗朝、累官至左承宣。旧制、国子監、以四季月六衙日、集衣冠子弟、試以論語・孝経、中者報吏部。吏部更考世系、授初職。宗峻欲令其子試之。国子正録、以非試日、不聴。宗峻属崔瑀請之、乃得試。時人譏之（『高麗史節要』巻十五、高宗九年四月条、参照）。

(39)「六衙日」とは正衙において朝参の行われる定例日のことで、高麗末から朝鮮初期にかけては初一、初六、十一、十六、二十一、二十六日、魯山君（端宗）二年三月丙辰以降は初一、初五、十一、十五、二十一、二十五日がこれに当たる。鄭道伝

『朝鮮経国典』礼典、朝会条、及び『朝鮮王朝実録』文宗元年十月戊子条、魯山君（端宗）二年三月丙辰条、参照。

(40)『高麗墓誌銘集成』九八、林景軾墓誌銘。公諱景軾、字大虚、安東府管内□（甫）州人□（也）。……考、検校大師・守司徒・門下侍郎・平章事、幹。……公以父蔭、初授将仕郎・軍器主簿同正、初任礼州通判、秩満上闕、尋拝景霊殿判官。

(41)『高麗墓誌銘集成』九二、林景和墓誌銘。検校戸部尚書・儒林郎・試御史中丞、林公景和、字春卿、安東府甫州人也。……父幹、守司徒・門下侍郎・同中書門下平章事・判兵部事・柱国・貞平公。……公年纔十一、始以父蔭、加軍器注簿同正。丁未年春、通判京山府、政術著明、考績居一等。秩満、加景霊殿判官、……。

(42)林景軾は粛宗四年（一〇九九）生、毅宗十五年（一一六一）卒。父の林幹が宰臣としての名誉を回復した睿宗七年（一一一二）の時点では、年十四である。門蔭の対象者は、通例、一家門につき一名であるが、赦詔ごとに何回でも繰り返して申請することができた。また、国王の特恩による場合には、一家門から同時に複数名に初入仕を許すこともあったであろう。

(43)『高麗墓誌銘集成』二八、鄭沆墓誌銘によれば、鄭沆の第四子で宰臣任元濬の女婿である鄭嗣文もまた、門蔭によって「将仕郎・良醞丞同正」を与えられている。

(44)『高麗史』巻九十七、柳仁著伝。仁著、蔭補衛尉注簿。中睿宗三年（一一〇八）第、自閣門祇候、歴官至参知政事。
（右に「衛尉注簿」というのは実職ではなく、同正職であろう。柳仁著は粛宗の后、睿宗の母后である明懿太后柳氏の弟であるから、通例の「軍器注簿同正」（正八品）よりは位の高い「衛尉注簿同正」（従七品）を特別に授かることができたのであろう。）

(45)『宣和奉使高麗図経』巻二十一、皁隷、吏職。吏職之服、与庶官服色不異。但緑衣時有深浅。旧伝、高麗倣唐制衣碧。今詢之、非也。蓋其国、民貧俗倹。一袍之費、動準白金一斤。毎経澣濯、再染、色深如碧。非是別一等服也。然省府補吏、不限流品。貴家之子弟、時亦為之。今此青服、当是吏之世襲者耳。

(46)『高麗史』巻九十七、康拯伝。康拯、西海永康県人。家世微、無技能、然操心勤謹。祖仁祐死国事、例補良醞史、為吏役十年、加軍器注簿同正、出為寧仁鎮判官、鎮溟州都部署副使、与女真戦、累有功。

(47)『高麗墓誌銘集成』八九、梁元俊墓誌銘。公諱元俊、字用章、姓梁氏、忠州人也。……以父之外高祖・三韓功臣・贈大尉崔英休門蔭、乾統八年戊子二月日、初受良醞史同正。六月、受左右衛史。其胥吏、於尚舎局・工兵刑部・御史台・中書門下、無不趨仕。（甲）〔丙〕申九月、以考績加軍器主簿同正。庚子十二月、例受光州監務。（同墓誌銘によれば、梁元俊は宣宗六年

（一〇八九）生、毅宗十二年（一一五八）卒、享年七十。）

(48)『高麗墓誌銘集成』三二一、□純誠墓誌銘。……中枢院別駕、考績、為軍器注簿同政、□授□□□県監務。

(49)中国では漢代以来、州の長官である刺史の属官に別駕従事史を置き、刺史が管内を巡行する際には別に伝車に乗って従行した。故にこれを別駕と称したのであるが、高麗では王命文書の伝達を掌り、王の代身である王命文書に従行してこれを送達する枢密院の胥吏のことを特に尊重して別駕と称していた。この点については『朝鮮王朝実録』に見える次の記事が参考になる。／『朝鮮王朝実録』正祖五年三月庚辰条。承旨趙時偉、啓言、「密符齎去、事体至重、而毎当藩閫及防禦使除朝辞赴任之日、只使院吏齎伝者、有非重事体之道。請自今為始、使宣伝官、奉命齎去、而院吏則只奉諭書伝宣、以此定式施行。」教曰、「所奏実合予意、依此定式。大抵、院吏事面、与該司之吏自別。錫号別駕、特恩也。齎奉諭書、重任也。此後、雖無齎符之事、藩閫与防営、無或低視、然後不失本意、亦合新式。惟其祗受之際、伝給之時、事体無異前日、真所謂使者雖微、王命可尊。如有慢侮之弊、自政院、随聞論責。」

(50)ただし、国王の近臣である「内侍」のなかには、例外的に「軍器注簿同正」（正八品）より高位の「礼賓注簿同正」（従七品）を以て初任州県官に転出している事例も存在する（『高麗墓誌銘集成』一五二、金鳳毛墓誌銘）。

(51)『高麗墓誌銘集成』六八、金義元墓誌銘。公諱義元、羅州光陽県人也。……以父蔭為将仕郎・軍器注簿同正、年二十三、調成仏都監判官。（同墓誌銘によれば、金義元は文宗二十年（一〇六六）生、毅宗二年（一一四八）卒、享年八十三、したがって年二十三の時は宣宗五年（一〇八八）である。）

(52)『高麗史』によれば、金良鑑は文宗三十五年以来、宰臣の地位にあり、宣宗七年には門下侍郎を以て知貢挙を務めている。したがって、その息子が成仏都監判官に任用された宣宗五年の時点で現職の宰臣であったことは間違いない。

(53)周藤吉之『高麗朝官僚制の研究』（一九八〇年、東京、法政大学出版局）

(54)百官志外官条に見える外官職の官秩は、高麗前期の制度としてそのまま認めることはできない。この点については本書第八章「高麗事元期における官品構造の変革」において詳論する。

(55)『高麗墓誌銘集成』九一、王冲墓誌銘。公諱冲、字天隠、姓王氏、開州人。……公於座主劉載下中成均、知貢挙任懿・同知貢挙朴景仁下、得同進士及第、例加良醞丞同正。太遼天慶二年（睿宗七年、一一一二）、出為晋陽司録・兼掌書記。政満、至八年（睿宗十三年、一一一八）、拝斉安府録事。

(56) 本章末、別表5－1　三京・諸都護・州牧の司録、参照。
(57) 司録の職務内容については、李奎報の文集『東国李相国全集』巻三十二、状、全州所製の項に収められた彼の全州司録在任時の文章が参考になる。
(58) 『高麗史』巻九十七、鄭沆伝。鄭沆、字子臨、東莱郡人。父穆、大府卿。沆、性穎悟好学。粛宗時、中第、補尚州司録。州人以年少易之、及臨事善断、皆歎服。州人数司録「二鄭一韓」。謂沆及鄭克永・韓冲也。秩満、直翰林院。
(59) 『高麗史』巻七十四、選挙志、科目二、選場。
(60) 『高麗史』巻九十九、咸有一伝。咸有一、恒陽人。……後倅宝城、廉勤有声績。
(61) 『高麗墓誌銘集成』一二六、咸有一墓誌銘。公諱有一、字享天、恒陽県人也。……至甲子年（仁宗二十二年、一一四四、年三十九）、出為宝城郡判官、甚有声績。（墓誌銘及び列伝によれば、咸有一は睿宗元年（一一〇六）生、明宗十五年（一一八五）卒、享年八十。したがって、宝城郡の倅（判官）になった時点では、年三十九である。）
(62) 『高麗史』巻七十七、百官志二、外職、大都護府条。睿宗十一年、改大都護府牧判官為通判。後、只置使・判官・司録。
(63) 本章末、別表5－2　防禦州・諸州郡の判官、参照。
(64) 『高麗墓誌銘集成』七四、劉碩墓誌銘。
(65) 本章末、別表5－3　諸県尉、参照。
(66) 年五十八歳で官に卒した三和県令劉邦儀（『高麗墓誌銘集成』五二、劉邦儀墓誌銘）はその一例である。
(67) 『高麗史』巻七十五、選挙志、銓注、選法、明宗十一年正月条。中書・門下郎舎議奏、「旧制、文吏散官外補者、皆有年限、非有功、不得超遷。今有二年而超受者、有三十余年而不調者、政濫人怨。請限及第登科者、閑五年、自胥吏為員者、閑八年以上、許得施行。余皆追寝之。」詔可。時、政出権門、奔競賄賂、無復廉恥、……銓注猥濫、故有是議（『高麗史節要』巻十二、明宗十一年正月条、参照）。
(68) 『高麗墓誌銘集成』四二、裴景誠墓誌銘。公諱裴景誠、其先俠渓人也。……男五人。長曰晋、尚衣直長同正。曾任水州倅。次曰衍。今為安東府倅。
(69) 『高麗墓誌銘集成』一二二、李文鐸墓誌銘。室、潭陽郡君、贈尚書右僕射世均之季女。生二子、長曰沆、衛尉注簿同正。嘗為蔚珍県尉、政績有声。次曰秘、衛尉注簿同正。

(70)『宣和奉使高麗図経』巻十六、官府、倉廩。内外見任受禄官、三千余員。散官同正、無禄給田者、又一万四千余員。其田皆在外州、佃軍耕蒔、及時輸納、而均給之。

(71) 収租地を国家から分給するといっても、その実態は当該の官人がその父祖から相続する事実上の世襲地であった。拙稿「高麗時代における土地所有の諸相」(『史林』第八十七巻第六号、二〇〇四年、京都、史学研究会)、参照。

(72)『高麗墓誌銘集成』九四、胡晋卿墓誌銘。二十有二(仁宗六年、一一二八)、擢第於春官、泊於壬子歳(仁宗十年、一一三二、年二十六)、授定州防禦判官・兼勧農使。在職三年、清白勤公、存恤百姓、為吏民之懐慕、登廉使之褒挙。及歳在於乙丑(仁宗二十三年、一一四五、年三十九)、始食禄於京官、便就列於内官。(右の墓誌銘によると、胡晋卿は睿宗二年(一一〇七)生、毅宗十四年(一一六〇)卒、享年五十四。)

(73)『高麗墓誌銘集成』一〇四、廉徳方妻沈氏墓誌銘。次忠若、次信若、皆中進士第。忠若為平州倅、秩満、未階禄仕。信若、時為監察御史。

(74)『高麗墓誌銘集成』一五五、金冲墓誌銘。公諱冲、咸昌郡人。……十六歳、登司馬試、俄選入大学、至戊戌年、擢丙第、不経外寄、直就禄仕。(右の墓誌銘によると、金冲の妻は林景軾の娘である。かれが直ちに禄仕に就き得たのは、この岳父の林景軾の縁故であろう。)

(75)『高麗墓誌銘集成』一八七、李世華墓誌銘。君諱世華、字居実。系出真州。……至壬戌、挙春場、擢丙第、貞廟朝、籍茶房、俄以公事免。後復籍内侍。会康廟崩、随例見免。君不経外寄、得禄仕、除見州監牧。丙子歳、遷補都兵馬録事。(李世華が「外寄を経ずして禄仕を得」ることができたのは、もとの茶房・内侍として宮中になんらかの縁故をもっていたからであろう。)

(76) 李鎮漢氏は胡晋卿墓誌銘に見える「始めて禄を京官に食み」という文言をその文字どおりに解釈し、初任州県官(初仕外官職)には禄俸の支給はなかったと解釈するが、従わない。李鎮漢氏の立説の根拠は、ひとつには初任州県官の禄俸額が初任京官の禄俸額より高いこと、したがって初任州県官に規定どおりに禄俸が支給されていたとすれば、かれらは初任京官に昇進することによって、かえって禄俸額が低くなってしまう、という点に置かれている。しかし外官の給与が京官の給与より恵まれていることは常識であって、この点は何ら異とするに足らない。李鎮漢『高麗前期官職と禄俸の関係研究』(一九九九年、ソウル、一志社）、特に第二章「初仕外官職の運営と禄俸」、参照。

(77)『高麗墓誌銘集成』四七、金誠墓誌銘。公諱誠、字徳元、姓京兆金氏。……年甫弱冠、以明経擢第、授秘書校書郎同正、倅徳州防禦使。……以功調典厩令、遷大府注簿。本朝用人、凡官至七品者、皆遣守知州。以故公亦出刺宝城郡、秩満、為将作注簿。

(78) 本章末、別表5-4　防禦州鎮・諸州郡の長官、参照。

(79) 本章末、別表5-5　三京・諸都護・州牧の判官、参照。

(80) 宋制でも外官には仮に常参官の待遇を与え、入朝後にその待遇を取り消す慣例があった。『老学庵筆記』（宋・陸游撰）巻一。王嘉叟自洪倅召為光禄丞、李徳遠亦召為太常丞。一日、遭遇於景霊幕次。李謂王曰、「見公告詞云、其鐫月廩、仍褫身章。」謂通判借牙緋、入朝則服緑、又俸薄也。

(81)『高麗墓誌銘集成』一二、鄭穆墓誌銘。……又拝殿中内給事、出守金州。……召拝左拾遺・知制誥。

(82)『高麗史』巻九十九、林民庇伝。林民庇、字徳明、甫州人。少沉訥、以門蔭補礼部主事。毅宗朝、擢第、出守溟州、浚渠漑田、以廉勤称、入為大常府録事、孤立無援、九歳乃遷四門博士、転閤門祗候。及倅晋州、有恵政、明宗召拝右正言。（林民庇の初任州県官は溟州の守（使または副使）で、一般よりも高いようであるが、これはかれが門蔭によって入仕し、すでに礼部主事にまで昇進していたところで科挙に及第したため、一般の及第者より高いポストに任用された、ということであろう。）

(83)『高麗史』巻一百六、朴恒伝。朴恒、字革之、初名東甫、春州吏。聡慧、美鬚髯。高宗朝、登第。……選補翰林院、倅忠州、政最、徴拝右正言。

(84) 金龍徳「高麗時代の署経について」（『韓国制度史研究』所収、一九八三年、ソウル、一潮閣）

(85)『高麗墓誌銘集成』四五、崔婁伯妻廉瓊愛墓誌銘。君諱瓊愛、検校尚書右僕射・大府少卿廉公徳方之女也。……越乙丑春、吾自司直、（伝）〔転〕右正言・知制誥。君喜動於顔曰、「吾貧幾済矣。」吾応之曰、「諫官非持禄之地。」君曰、「儻一日子立殿陛、与天子争是非、雖荊釵布裙、荷畚計活、亦所甘心。」此似非尋常婦言也。

(86)『高麗墓誌銘集成』二六、張文緯墓誌銘。公諱文緯、姓張氏、洪川人也。……遷掖庭内謁者、□遷崇明府注簿、不久、授試閤門祗候・知樹州。……秩満、遷試司宰丞・兼枢密院堂後官、又遷中書〔注〕書。天慶八年、拝権知監察御史。属按察使以樹州理状聞。是年拝真御史。

(87)『高麗墓誌銘集成』五〇、鄭知源墓誌銘。君諱知源、字南老、本江南晋陽人也。……累遷監〔門〕衛録事、大官署令。越壬戌年、除試閤門祗候、知昇平郡事使。在郡以廉貞寛大為称。朝廷嘉之、即拝中書注書。又遷権知監察御史。翊年除権、仍拝左正言・知制誥。

(88)『高麗墓誌銘集成』七一、鄭復卿墓誌銘。公姓鄭、諱復卿、字世貴、草渓人。……仁考即位、除国学直学、累遷、以閤門祗候、出知昇平、入除礼賓注簿、兼堂後官、拝閤門祗候。

(89)『高麗史』巻七十五、選挙志三、銓注、役官条。役官之制、未知始於何代。枢密院堂後官・門下録事・権務入禄以上人、賚白銀六七十斤、得拝参職、謂之役官。後因穀貴、無一人請補、勒令衣冠子弟為之、或辞職、或逃避。高宗四十三年（一二五六）、乃以五軍三官七品為頭者、受大倉粟、供辨。

（底本に「権務八禄以上」とあるのは「権務入禄以上」の誤り。逆にいうと、権務官には無禄のものもあったことがわかる。）

(90)『唐六典』巻四、尚書礼部、凡京司文武職事九品已上、毎朔望朝参。五品已上、及供奉官・員外郎・監察御史・太常博士、毎日朝参。

(91)『唐六典』巻二、尚書吏部。凡京師有常参官［謂五品以上職事官、八品已上供奉官、員外郎、監察御史、太常博士］、供奉官［謂侍中、中書令、左右散騎常侍、黄門・中書侍郎、諫議大夫、給事中、中書舎人、起居郎、起居舎人、通事舎人、左右補闕、拾遺、御史大夫、御史中丞、侍御史、殿中侍御史］。

(92)『高麗墓誌銘集成』五五、元沆墓誌銘。仁宗即位八年己酉、以少府注簿、兼枢密院堂後官、曹務公平、人人無訟。世以此多之。十年辛亥、拝試閤門祗候。十一年壬子、以殿中内給事為西京留守判官。是年春、上西幸、改授試尚衣奉御。

(93)同右。

(94)『高麗史』巻七十五、選挙志三、銓注、凡選法。（神宗）五年四月、式目都監使崔詵等奏、「文班参外五六品、並令帯犀、為参秩。」王曰、「員数大多、豈可一時陞秩。」乃増参秩六七人。

（この時、具体的には監察御史（従六品）二人、閤門祗候（正七品）文吏各三人、太廟署令（従五品）、諸陵署令（従五品）などが「参秩」に陞されている。『高麗史』百官志、参照。）

(95)『高麗墓誌銘集成』八九、梁元俊墓誌銘。甲寅十二月、始受参職、権知監察御史。

(96)『高麗墓誌銘集成』一〇〇、田起妻高氏墓誌銘。越癸酉年、其夫入参、拝為試閤門祇候。

(97)『高麗史』巻一百二十二、宦者、鄭諴伝に「尋以諴権知閤門祇候。台官以宦者参朝官、無古制、争之。不聴。」とあるが、ここにいう朝官が宋制の升朝官、すなわち常参官の意味であるとすれば、これも閤門祇候が常参官として位置づけられていたことの一つの傍証となるであろう。／『老学庵筆記』（宋・陸游撰）巻八。国初、以常参官預朝謁、故謂之升朝官。而未預者曰京官。

(98)『朝鮮王朝実録』太宗十五年八月戊寅条の朴訔の啓に、「古之監察、参外。故不入朝会。」とあるが、これは常参官の範疇が縮小されていた時期のことをいうのであろう。

(99)『高麗史』巻七十二、輿服志、冠服通制。（神宗）五年四月、始令文班五六品丞令、帯犀、為参秩。

(100)『高麗史』巻八十、食貨志、禄俸条、参照。

(101)『韓国古代中世古文書研究』（盧明鎬等著、二〇〇〇年、ソウル、ソウル大学校出版部）所収、尚書都官貼69～71行。

(102)本書第八章「高麗事元期における官品構造の変革」別表8‐1、参照。

(103)『唐六典』巻二、尚書吏部。凡応入三品・五品者、皆待別制而進、不然則否。［謂応入三品者、皆須先在四品已上官、仍限三十考已上、本階正四品上、無痕累者、奏聴進止。応入五品者、皆須先在六品已上官、及左右補闕、殿中侍御史、太常博士、詹事司直、京兆・河南・太原府判司、皆限十六考已上、本階正六品上。伎術官本司無六品官、頻任三政七品者、仍限二十考已上。並所司勘責訖、上中書門下重勘訖、然後奏聞、別制以授。］

## 別表5-1　三京・諸都護・州牧の司録

| 官 | 姓名 | 備考（摘要） | 典拠 |
| --- | --- | --- | --- |
| 西京 | 王可道 | 成宗十四年、擢魁科、補西京掌書記。 | 『高麗史』巻九四 |
| 東京 | 張允文 | 登第、補東都□記、課最、調式目録事。 | 『高麗墓誌銘集成』一五七 |
| 南京 | 韓惟忠 | 粛宗九年（年二十五）、乙科第二人及第、初補南京留守官掌書記、秩満、召入内侍、不数年、拝御書校勘。 | 『高麗墓誌銘集成』四三 |
| 安西都護 | 金富軾 | 粛宗朝、登第、補安西大都護府司録参軍事、考満、直翰林院。 | 『高麗史』巻九八 |
| 安北都護 | 李文鐸 | 仁宗二十四年（年三十八）、登第、出補寧州（安北大都護府）掌書記、入為都兵馬録事。 | 『高麗墓誌銘集成』一二一 |
| 安東都護 | 秋適 | 登第、調安東書記、選直史館。 | 『高麗史』巻一〇六 |
| 安南都護 | 金瑞□ | 応賢良科、出為安南都護府□兼管書記。……秋□権補都兵馬録事、明年即真。 | 『高麗墓誌銘集成』三二二 |
| 黄州牧 | 金復尹 | 睿宗十三年、得賢科第一人、初任黄州牧書記。 | 『高麗墓誌銘集成』四八 |
| | 高瑩中 | 毅宗十八年（年三十二）、春官擢第、例補黄州牧使兼掌書記、政蹟居最、秩満、為国学学正。 | 『高麗墓誌銘集成』一五一 |
| | 李知命 | 年十八、擢第、調黄州書記。 | 『高麗史』巻九九 |
| | 崔甫淳 | 少孤、力学登第、調黄州掌書記。／明宗十七年（年二十六）、除斉安書記（斉安は黄州の別号）。 | 『高麗史』巻九九崔均伝、附<br>『高麗墓誌銘集成』一七八 |
| 広州牧 | 朴得齢 | 挙進士第、補広州牧司録、兼掌書記、秩満、召入内侍。 | 『高麗墓誌銘集成』八一 |

注

| | | | |
|---|---|---|---|
| | 廉信若 | 仁宗時、登第、調広州掌書記。 | 『高麗史』巻九九 |
| | 李混 | 元宗朝、年十七、登第、調広州参軍、入補国学学正。 | 『高麗史』巻一〇八 |
| | 李瑱 | 登第、調広州司録、被選直翰林院。 | 『高麗史』巻一〇九 |
| 忠州牧 | 任懿 | 文宗二十四年（年三十）、中丙科、授秘書省校書郎、遷国原公府典籤。三十六年（年四十二）、以例出掌忠州牧書記。宣宗即位、召為神虎衛録事参軍、兼直翰林（ただし、この事例は初任ではない）。 | 『高麗墓誌銘集成』一六 |
| | 李純佑（李純祐） | 毅宗時、擢魁科、調忠州司録。明宗初、遷供駅丞・兼直翰林院。（『高麗史節要』は佑を祐に作る。） | 『高麗史』巻九九 |
| 清州牧 | 田起 | 仁宗元年、東堂登第、乙科第三人。五年、出為清州牧司録。 | 『高麗墓誌銘集成』一〇〇 |
| | 柳公権 | 毅宗十四年（年二十九）、乙科登第。毅宗十五年（年三十）、以例出掌清州牧書記。……既三年、入為翼陽府録事（翼陽は光州の別号。翼陽府は翼陽侯、後の明宗の藩邸）。 | 『高麗墓誌銘集成』一四四 |
| 全州牧 | 鄭知源 | 仁宗三年（年三十六）、登丙第。七年（年四十）、出為錦城管記、政満、入游内宦、初拝祭器都監判官（錦城（甄城）は全州の別号）。 | 『高麗墓誌銘集成』五〇 |
| | 趙永仁 | 毅宗朝、登第、調全州書記、政有声。 | 『高麗史』巻九九 |
| | 呉孝元 | 擢第春官、出補全州牧書記。 | 『高麗墓誌銘集成』六三 |
| | 李奎報 | 明宗二十年（年二十三）、登同進士第。……久不調。神宗二年（年三十二）、始補全州司録。 | 『高麗史』巻一〇二 |
| | 郭預 | 高宗時、擢第一人及第、調全州司録。 | 『高麗史』巻一〇六 |
| | 朴元桂 | 登第、司録全州、兼掌書記。 | 『高麗墓誌銘集成』二七二 |

| | | | |
|---|---|---|---|
| 羅州牧 | 李仁実 | 睿宗元年（年二十六）、登丙科第、出補羅州書記、始為通義府録事（通義は羅州の別号。通義府は粛宗第七子、通義侯僑の藩邸）。 | 『高麗墓誌銘集成』七〇 |
| 晋州牧 | 金晙 | 宣宗二年（年二十九）、擢魁科、補晋州司録。 | 『高麗史』巻九七 |
| | 王冲 | 睿宗二年（年三十）、同進士及第、例加良醞丞同正。七年（年三十五）、出為晋陽司録兼掌書記、政満、十三年（年四十一）、拝斉安府録事（斉安は黄州の別号。斉安府は粛宗第六子、斉安公偦の藩邸）。 | 『高麗墓誌銘集成』九一 |
| | 崔祐甫 | 仁宗十二年（年三十）、登第、初調晋州牧司録兼掌書記、秩満、始授西材場判官。 | 『高麗墓誌銘集成』一一二 |
| 尚州牧 | 李周佐 | 穆宗朝、登第、調尚州牧記室参軍事。 | 『高麗史』巻九四 |
| | 韓冲 | 中第、補尚州司録。 | 『高麗史』巻九七 |
| | 崔奇遇 | 中第、補尚州司録。 | 『高麗史』巻九八 |
| | 鄭克永 | 宣宗十一年（年二十八）、擢魁科、（選挙志、科目、凡選場の項では鄭克恭に作る）。 | 『高麗史』巻九八 |
| | 鄭沆 | 粛宗七年（年二十三）、挙進士、及第。粛宗臨軒覆試、擢置第二人、俄属内侍。出為尚州牧掌書記、秩満、睿宗召復内侍、授直史館。 | 『高麗墓誌銘集成』一二八 |

## 別表5－2　防禦州・諸州郡の判官

防禦州判官（四十石）

| 官 | 姓名 | 備考（摘要） | 典拠 |
|---|---|---|---|
| 定州 | 胡晋卿 | 仁宗六年、擢第於春官、十年、授定州防禦判官・兼勧農使。二十三年、始食禄於京官、便就列於内宦。 | 『高麗墓誌銘集成』九四 |
| 静州 | 廉守蔵 | 首登金牓、……静州判官、国学正、直翰林院。 | 『高麗墓誌銘集成』三二五 |

防禦州判官（三十三石五斗）

| 官 | 姓名 | 備考（摘要） | 典拠 |
|---|---|---|---|
| 鉄州 | 許載 | 托外高祖金兢廉門蔭為吏、粛宗朝、出任鉄州防禦判官、理行第一。及還京輦、入内宦。 | 『高麗墓誌銘集成』三九 |
| 金州 | 金臣璉 | 以先祖蔭職、便接朝聯、除金州判官。考績已還、越七年、真拝迎送都監録事。 | 『高麗墓誌銘集成』九七 |
| 梁州 | 趙通 | 赴梁州倅。 | 『破閑集』 |
| 礼州 | 林景軾 | 以父蔭、初授将仕郎・軍器主簿同正、初任礼州通判。秩満上闕、尋拝景霊殿判官。 | 『高麗墓誌銘集成』九八 |

諸州郡判官（二十六石十斗）

| 官 | 姓名 | 備考（摘要） | 典拠 |
|---|---|---|---|
| 高州 | 鄭穆 | 文宗三十年、授以軍器主簿、通判高州（高州は今の高原）。 | 『高麗墓誌銘集成』一一 |
| 平州 | 鄭復卿 | 始以祖蔭受職、及睿宗殿試、遂得決科、出佐平州。仁宗即位、除国学直 | 『高麗墓誌銘集成』七一 |

| | | | |
|---|---|---|---|
| | | 学。 | |
| 春州 | 崔証 | □門□、調寿春通判。登進士第。為写経院判官（寿春は春州の別号）。 | 『高麗墓誌銘集成』一四八 |
| 陝州 | 元沆 | 睿宗元年（年二十七）、擢進士第、後数年、調陝州通判、秩満、権知直史館、遷御書留院官。 | 『高麗墓誌銘集成』五五 |
| 京山府 | 林景和 | 睿宗七年（年十一）、以父蔭、加軍器注簿同正。仁宗五年（年二十六）、通判京山府、秩満、加景霊殿判官。 | 『高麗墓誌銘集成』九二 |
| | 王世慶 | 毅宗時、登第、倅京山府。……補国学学諭、改同文院録事。 | 『高麗史』巻九九 |
| | 崔陟卿 | 完山吏。登第。毅宗初、補京山府判官。 | 『高麗史』巻九九 |
| 慶源郡 | 朴挺蕤 | 睿宗朝、登第、初調慶源郡判官（慶源郡は後の仁州）。 | 『高麗史』巻九八 |
| 天安郡 | 孫抃 | 登第、初調天安府判官。政最、超拝供駅署丞。 | 『高麗史』巻一〇二 |
| 南原郡 | 朱悦 | 高宗朝、登第、出為南原判官、選補国学学録。 | 『高麗史』巻一〇六 |
| 古阜郡 | 崔脩 | 粛宗五年、挙進士、中丙科。十年、通判〔古〕阜郡。睿宗七年、始授〔鹵〕簿都監判官。 | 『高麗墓誌銘集成』七九 |
| 霊光郡 | 呉元卿 | 毅宗十四年（年三十三）、出倅霊光郡。二十三年（年四十二）、権点式目録事。 | 『高麗墓誌銘集成』一二〇 |
| 霊巌郡 | 柳光植 | 明宗八年、蔭補良醞署令同正、出倅霊巌。十四年、入為南面都監判官、属内侍。 | 『高麗史』巻一〇一<br>『高麗墓誌銘集成』一七〇 |
| 宝城郡 | 咸有一 | 仁宗朝、以胥吏従軍、出為宝城判官。 | 『高麗史』巻九九<br>『高麗墓誌銘集成』一二六 |
| 昇平郡 | 張鎰 | 高宗朝、登第、初調昇平判官、政最、入為直史館。 | 『高麗史』巻一〇六 |

## 別表5-3　諸県尉

県尉（沿辺、禄二十三石五斗）

| 官 | 姓名 | 備考（摘要） | 典拠 |
|---|---|---|---|
| 龍岡県 | 崔精 | 始為胥史、又中賢科、出補龍岡県尉・沿海監船使。 | 『高麗墓誌銘集成』一〇五 |
| 咸従県 | 劉碩 | 中□、□□良醞丞、補咸従県尉、及調満、赴闕、□□内官。 | 『高麗墓誌銘集成』七四 |
| 金壌県 | 金守雌 | 中第、調金壌県尉、遷国学学諭（金壌は金城の別号）。 | 『高麗史』巻九八 |
| 翼嶺県 | 咸脩 | 登丙第、例補翼嶺県尉、入為詹事府録事（翼嶺は今の襄陽）。 | 『高麗墓誌銘集成』一五四 |
| 三陟県 | 晋光仁 | 入大学、月書季考、屡登科級、然戦文棘院、□□□□、終有□額、差出為三陟尉。 | 『高麗墓誌銘集成』一二九 |
| | 廉克髦 | 以門蔭承仕。明宗四年（年二十二）、起家為三陟県尉、移赴松林県、秩満、拝成仏都監判官。 | 『高麗墓誌銘集成』一六四 |

県尉（内地、禄二十石）

| 官 | 姓名 | 備考（摘要） | 典拠 |
|---|---|---|---|
| 臨陂県 | 金閔甫 | 仁宗二十三年（年十四）、以門蔭、始受良醞丞同正、毅宗九年（年二十四）、出補臨陂県尉。政満投閑。二十年（年三十五）、拝内弓箭庫判官。 | 『高麗墓誌銘集成』一二二 |
| 管城県 | 李勝章 | 毅宗二十二年（年三十一）、登第。明宗二年（年三十五）、出補管城県尉（管城は今の沃川）。 | 『高麗墓誌銘集成』一四〇 |
| 大丘県 | □東輔 | 累挙不第、改従〔胥史〕之役、散加軍〔器注簿〕、毅宗十六年、出倅大丘県、入為祭器都監判官（倅は県令の副、即ち県尉）。 | 『高麗墓誌銘集成』一四九 |

| | | | |
|---|---|---|---|
| | 金鳳毛 | 毅宗九年、以門蔭登仕級。明廟即政、属内侍。以随龍功、超加礼賓注簿同正。明宗二年、出補大丘尉。 | 『高麗墓誌銘集成』一五二 |
| 富城県 | 金周鼎 | 以蔭調富城県尉。権知都兵馬録事。／高宗四十四年（年三十）、調富城県尉。権補都兵馬録事（富城は今の瑞山）。 | 『高麗史』巻一〇四<br>『高麗墓誌銘集成』一九九 |

別表5－4　防禦州鎮・諸州郡の長官（禄八十六石十斗／四十六石十斗）

| 官 | 姓名 | 備考（摘要） | 典拠 |
|---|---|---|---|
| 猛州 | 元沆 | 睿宗即位年丙戌、擢進士第。歴七八品、為猛州副使。仁宗即位、八年己酉、以少府注簿、兼枢密院堂後官。 | 『高麗墓誌銘集成』五五 |
| 和州 | 金正純 | 睿宗朝、尹瓘征女真、自請従軍、有戦功。累遷閤門祇候、出守和・水二州。 | 『高麗史』巻九八 |
| 金州 | 鄭穆 | 又拝殿中内給事、出守金州。……召拝左拾遺・知制誥。 | 『高麗墓誌銘集成』一二 |
| 梁州 | 林景軾 | 歴六官而勤於王事、出為梁州防禦副使。入為試典厩署令。越二年、拝権知監察御史、例出安北大都護府判官。入拝大府寺丞・権知監察御史。 | 『高麗墓誌銘集成』九八 |
| 礼州 | 金守雌 | 遷直翰林院。未幾、有疾、不楽在近職。又以母老、乞郡。出為礼州防禦使、卒（礼州は今日の寧海）。 | 『高麗史』巻九八 |
| 溟州 | 林景和 | 是年秋、以殿中内給事、出守溟州。……入為閤門祇候。 | 『高麗墓誌銘集成』九二 |
| 洪州 | 崔允仁 | 知洪州事使・試殿中内給事（従六品） | 『高麗墓誌銘集成』一〇一 |
| | 李涵 | 知洪州事副使・尚食奉御（正六品） | 『高麗墓誌銘集成』一八八 |
| 陜州 | 田元均 | 明宗十二年（年三十九）、以〔殿中内〕給事、賜緋、出知陜州。……秩満、復為試閤門祇候、遷監〔察御史〕、拝左司員外郎、俄転吏部員外郎。 | 『高麗墓誌銘集成』一六六 |
| 仁州 | 朴挺蕤 | 仁宗初、累遷左正言、言事忤旨、出知仁州。……課為当時最、擢殿中侍御史（仁州は今の仁川。これは左遷の事例）。 | 『高麗史』巻九八 |
| 水州 | 金正純 | 睿宗朝、尹瓘征女真、自請従軍、有戦功。累遷閤門祇候、出守和・水二州。 | 『高麗史』巻九八 |

| | | | |
|---|---|---|---|
| 平州 | 廉守蔵 | 中書注書、監察御史、尚衣奉御、羅州牧倅、平州副使、再入尚衣、右司諫・知制誥・賜銀魚。 | 『高麗墓誌銘集成』三二五 |
| 慶源郡 | 金珦 | 仁宗朝、由閤門祗候、出為慶源郡使。政尚廉勤、召拝監察御史（慶源郡は後の仁州）。 | 『高麗史』巻九八 |
| 古阜郡 | 呉闡猷 | 高宗十四年（年六十）、拝権知閤門祗候。明年（年六十一）、出守知古阜郡。高宗十七年（年六十三）、以右正言・知制誥、見召。 | 『高麗墓誌銘集成』一八六 |
| 霊光郡 | 金縝 | 登第、出知霊光郡、秩満、為右補闕。 | 『高麗史』巻九八 |
| 宝城郡 | 金誠 | 以功、調典厩令（従七品）、遷大府注簿（従七品）。本朝用人、凡官至七品者、皆遣守知州。以故、公亦出刺宝城郡、秩満、為将作注簿（従七品）。 | 『高麗墓誌銘集成』四七 |
| 昇平郡 | 鄭知源 | 初拝祭器都監判官、累遷監〔門〕衛録事・大官署令（従七品）。越壬戌年、除試閤門祗候（正七品）・知昇平郡事使。在郡以廉貞寛大為称、朝廷嘉之、即拝中書注書（従七品）。 | 『高麗墓誌銘集成』五〇 |
| | 呉元卿 | 知昇平郡事、文林郎、試閤門祗候。 | 『高麗墓誌銘集成』一二〇 |

別表5-5　三京・諸都護・州牧の判官（禄八十六石十斗）

| 官 | 姓名 | 備考（摘要） | 典拠 |
|---|---|---|---|
| 西京 | 元沆 | 睿宗即位年丙戌、擢進士第。十年辛亥、拝試閤門祇候。十一年壬子、以殿中内給事、為西京留守判官。是年春、上西幸、改授試尚衣奉御。 | 『高麗墓誌銘集成』五五 |
|  | 朴某 | 尚或見貶于殿省、未幾、転西京留守判官・借尚書礼部員外郎。 | 『高麗墓誌銘集成』三一八 |
| 東京 | 金復尹 | 睿宗十三年、得賢科第一人。累官、以借祇候（正七品）、為東京留守判官・管句学事。以尚食奉御同正（正六品）、行大盈令（従七品）。 | 『高麗墓誌銘集成』四八 |
| 南京 | 庾応圭 | 再挙不第、入補内侍、驟遷参官。……出倅南京、……遷閤門祇候、再転考功員外郎。 | 『高麗史』巻九九 |
| 安西都護 | □東輔 | 直授権知閤門祇候、俄出試安西都護通判、不待□満、□徴拝命閤門祇候。 | 『高麗墓誌銘集成』一四九 |
| 安北都護 | 林景軾 | 越二年、拝権知監察御史、例出安北大都護府判官。入拝大府寺丞・権知監察御史。 | 『高麗墓誌銘集成』九八 |
| 安東都護 | 任益惇 | 辛未、拝地官員外郎、兼三司判官。……壬申、授安東大都護府判官。 | 『高麗墓誌銘集成』一七六 |
| 黄州牧 | 徐恭 | 歳在庚申（仁宗十八年、年四十一）、例受黄州牧判官・兼勧農使・閤門祇候。……秩満、拝尚衣直長。 | 『高麗墓誌銘集成』三一七 |
|  | 文克謙 | 累遷左正言、……遂貶黄州判官、……又貶晋州判官、……乃授閤門祇候、遷殿中内給事（この場合は左遷）。 | 『高麗史』巻九九 |
| 忠州牧 | 李知命 | 後為忠州判官、政如黄州。 | 『高麗史』巻九九 |
|  | 朴恒 | 高宗朝、登第。選補翰林院、倅忠州、政最、徴拝右正言。 | 『高麗史』巻一〇六 |
| 清州牧 | 崔奇遇 | 由中書注書、出為清州通判。……秩未満、徴為右正言。 | 『高麗史』巻九八 |

| | | | |
|---|---|---|---|
| 全州牧 | 鄭沆 | 還拝右正言、論事讜直、為権貴所忌、通判全州、尋召還、為右司諫（この場合は左遷）。 | 『高麗史』巻九七 |
| | 金閔甫 | 高麗国故前全州牧判官・試閣門祇候金君墓誌銘。……明宗七年（年四十六）、自少〔府〕丞□試閣門祇候、通判□□□□、復拝将作丞。 | 『高麗墓誌銘集成』一二二 |
| 羅州牧 | 廉守蔵 | 中書注書、監察御史、尚衣奉御、羅州牧倅、平州副使、再入尚衣、右司諫・知制誥・賜銀魚。 | 『高麗墓誌銘集成』三二五 |
| 晋州牧 | 文克謙 | 累遷左正言、……遂貶黄州判官、……又貶晋州判官、……乃授閣門祇候、遷殿中内給事（この場合は左遷）。 | 『高麗史』巻九九 |
| | 林民庇 | 乃遷四門博士、転閣門祇候、及倅晋州、有恵政、明宗召拝右正言。 | 『高麗史』巻九九 |
| 尚州牧 | 崔惟清 | 累遷左司諫、出倅尚州、有徳政、秩満、授侍御史。 | 『高麗史』巻九九<br>『高麗墓誌銘集成』一一五 |

＊ 以上の別表は、高麗前期、特に粛宗・睿宗・仁宗・毅宗の四朝の事例を中心に作成し、適宜、その前後の事例を附加したものである。もとより網羅的なものではない。

# 第六章　高麗より朝鮮初期に至る進士概念の変遷

朝鮮時代の国学を成均館といい、この国学の学生を生員、または進士という。たとえば明・董越の『朝鮮賦』にも、

> 成均館は常に五百人を養う。三歳ごとに明経を以て取る者は、これを生員と謂い、詩賦を以て取る者は、これを進士と謂う。(1)

とあるから、生員・進士がいずれも国学の学生を意味することは明らかであるが、それにしてもこの国学生の呼称は、中国史の本来の用例から見れば随分と奇妙な印象を与えているにちがいない。

中国明清時代には、一般に州県学の学生のことを生員といい、国学（国子監）の学生を監生という。したがって、中国の監生は朝鮮でいう生員であり、逆に中国の生員のことは朝鮮では校生（郷校生徒）といっている。(2)

もちろん監生とは国子監の生員の意味であるから、これは中国と朝鮮とで本質的にその用法が異なっているというには当たらない。しかし、中国明清時代に科挙試の及第者を意味する進士の称号が、同時代の朝鮮では一体どうして国学の学生の称号として用いられているのであろうか。

そもそも進士という称号は、『礼記』王制に見える次の文言に由来する。

大楽正、造士の秀なる者を論じて以て王に告げ、而してこれを司馬に升して進士と曰う。(3)

ここでは国学生（造士）のなかから選抜された任官候補生――進んで爵禄を受くべき者――のことを進士といい、これから国学に入学するもののことを進士と呼んでいるわけではない。にもかかわらず、朝鮮時代には国学の入学試験である生員・進士試のことを、その雅称としては「司馬試」とも呼んでいたが、(4) これらは『礼記』王制の制度とは必ずしも一致しないため、古来、この点については疑念を抱く論者が少なくなかった。(5)

実は、朝鮮における進士も本来は中国と同様、科挙制度上の概念であったのだが、科挙制度と学校制度とは互いに表裏一体の関係にあるため、もともと科挙制度上の概念であったものが学校制度上の概念に転化しているのである。朝鮮における科挙試は高麗朝の光宗九年（九五八）五月に中国人雙冀の建言によって行われたものが最初であるが、この科挙試と国学との関係に着目すれば、従来不明とされてきた進士概念の変遷の由来も自ずから説明することができるのではないかと思う。

ただし進士の称号が科挙試の及第者を意味するのは、中国でも厳密に言えば明清時代に入ってからのことで、高麗の継受した唐制では、必ずしも科挙の及第者のことを進士といっているわけではない。この点を確認するところから出発して、本章では高麗より朝鮮初期に至る進士概念の変遷について、科挙制度と学校制度との関連のもとに考察を進めていくことにしよう。(6)

なお、この章で国学というのは、『礼記』学記の陳澔の注に、

天子の都する所、及び諸侯の国中の学は、これを国学といい、以て元子・衆子、及び卿大夫士の子と、升す所の

俊選の士を教う。(7)

とあることを踏まえて、高麗国の首都・開京におかれた貴族の子弟（国子）の学校を指す。高麗の国学は、初期には国子監と呼ばれ、事元期以降は国学、成均監、成均館と呼ばれ、恭愍朝には国子監と呼んだり成均館と呼んだりしているが、(8)いちいち呼称を改めるのも煩雑であるので、本章では基本的に国子監と称し、もしくは国子監・成均館を通して国学と称することにしたい。

## 第一節　高麗時代の科挙と進士

進士は科挙試の科目の名称であり、この科目に応じて尚書礼部の試験を受けるものは、本来誰でも進士と称することが許されていた。唐制では未だ及第していないものを進士といい、すでに及第したものはこれを前進士というのである。(9)

このことは顧炎武の『日知録』(10)などにも指摘されてよく知られていることであるが、高麗でも進士は礼部試の受験生をいい、すでに礼部試に及第したものは、これを前進士といっている。

一男、前国子進士・将仕郎・寧徳鎮判官・兼勧農使・良醞令同正・幹方（『高麗墓誌銘集成』五、李隴西公墓誌銘(11)）

右に「前国子進士」というのは、「国子進士」として礼部試に赴挙したものが、その及第後に「前国子進士」と呼称を改めているのである。この墓主の子息である李幹方については、文宗十年（一〇五六）四月に乙科第一人及第を賜ったことが『高麗史』選挙志に見えているから、[12] かれがこの墓誌銘の撰述時点（文宗十三年、一〇五九）ですでに科挙試に及第していたことは確実である。もっとも、高麗では礼部試（東堂）に及第したものは「新及第」と称し、「前進士」と称することはむしろ稀であるが、たとえ一例にもせよ、このように礼部試の及第者を「前進士」と称する明確な事例が存在する以上、それに対する「進士」が礼部試の受験生を意味することは、高麗でも本来、唐制と全く同様であったと考えてよいであろう。[13]

唐制、礼部試に赴くには主として二つの方途があり、このうち国子監所属の学館の生徒（国子学生・太学生・四門館生）は、それぞれ国子監の予備試験を経て国子進士・太学進士・四門進士として礼部試に赴き、一方、州県所属の一般の受験生は、州県の予備試験を経て郷貢進士として礼部試に赴く。[14] これらの諸点は高麗の科挙制度においても全く同様であって、たとえば文宗五年（一〇五一）、及び睿宗二年（一一〇七）の「及第放榜教書」には、それぞれ、

国子進士韓即由
太学進士某
郷貢進士李湜

などに及第を賜ったことが見えている。[15] これらはその称号が示すとおり、国子監所属の国子学・太学の生徒である韓即由及び某と、生徒以外の州県所属の一般の受験生である李湜とが、それぞれ国子監の予備試験、及び州県の予備試験に合格して「進士」として礼部試に赴いたことを意味している。なお、上記の教書には見えていないが、当然、四門進士というものも存在したことであろう。

このうち郷貢進士については、顕宗十五年（一〇二四）十二月の王命（判）に予備試験の詳細が定められている

が、これによると州県の出願者はまず三京・諸都護・州牧などの界首官において五言六韻詩一首の試験、いわゆる「界首官試」を受け、次に上京して国子監による資格確認のための再試験、いわゆる「国子監更試」を受ける。そうしてこの資格試験に合格した受験生は、はじめて郷貢進士として礼部試（東堂）に赴くことができたのである。(16)

ちなみに睿宗十一年（一一一六）には礼部試受験の際の出願登録、いわゆる「録名」の制度が定められているが、それによると郷貢進士は礼部試の前年十二月二十日までに上京し、界首官試での答案などを含めた習作の詩賦（行巻）と身上書（家状）とを国子監に提出しなければならない。(17)顕宗十五年の制度に見える「国子監更試」とは、具体的にはこの録名に際して行われる行巻・家状の審査、及び基礎的な学力の審査のことをいうのであろう。後代、朝鮮時代の生員試においても、地方出身（主として郷吏階層出身）の受験生、いわゆる「貢生」には、特に「講経」を課してはじめて録名（記名）を行っているが、(18)「国子監更試」もこれと同じように、文化水準の低い地方出身の受験生に対して、その質を確保するために特に再審査の過程を設けたものにすぎないであろう。(19)

ところで、高麗時代の郷貢進士には一つの重要な特色があった。この郷貢に応じるものは、地方人の中でもそのほとんどは地方行政の末端を担う郷吏階層の子弟であったのである。このため士族（両班）の子弟は、たとえ地方在住のものであっても郷貢に応じることを忌避し、もっぱら国学の予備試験である国子監試によって礼部試に赴いていた。したがって、この郷貢という言葉には、士族（両班）から見て一種の軽蔑のニュアンスが込められていたのである。

たとえば忠烈朝の宰臣・鄭可臣は、その父・鄭松寿が郷貢進士であったというから、恐らくは郷吏家門の出身であろう。かれは若きより学に志して上京し、その際、留学生活の便宜を得るために、しかるべき貴族の家門に入り婿（贅壻）に入ろうと試みている。

多少とも才覚のある若者を入り婿に取って養育し、将来の家門の発展に利用することは、「男帰女家」が普通であった当時の婚姻慣例としてはむしろ一般的な事柄であった[20]。しかし、出自の卑しい鄭可臣にはなかなかに贅壻の口がみつからず、ようやく見つかった太府少卿の安弘祐にしても、

吾貧なりといえども士族なり。豈に郷貢の子を納るるべけんや。

と見栄を張って、一旦は取り結んだ婚約を一方的に破棄しようとした。結局、鄭可臣はこの安弘祐が他界した後、零落した安家に入り婿に入ることになったが、もとよりそれは身分違いの結婚であり、士族（両班）の家門にとっては、本来、郷貢進士の子息などは入り婿の対象とはならなかったのであろう[21]。

このように、郷貢の進士は両班貴族の意識においては一段劣った進士であり、それは礼部試（東堂）の受験生という意味では進士であっても、本当の意味での進士ではない。両班貴族にとっての進士は、あくまでも国子監の推薦によって赴挙する国学の進士――具体的には国子進士・太学進士・四門進士――のことを意味していた。したがって、この狭義の進士と区別して言う場合、郷貢進士は進士ではなく、むしろ「貢士」と呼ばれることの方が一般的であったと考えられる[22]。

## 第二節　高麗時代の国学と進士

進士は礼部試の受験生を意味するが、それは狭義には国子監所属の国学の進士、すなわち国子進士、太学進士、四門進士のみを意味していた。国子監が主催する科挙試の予備試験、すなわち国子監試の合格者に「進士」の称

号が与えられたことについては、たとえば『高麗墓誌銘集成』一二〇、呉元卿墓誌銘に、

次子允赫、□（米）〔未〕中、成均試に赴き、進士の名を得たり。(23)

とあることによって確認できる（成均試とは国子監試の異称である）。ただし、それは国子監に在学する国学の生徒、すなわち国子学生、太学生、四門学生のみを対象とする予備試験ではなかった。

高麗時代の国学の学舎は、成宗十一年（九九二）十二月に建立されたものが最初であるが(24)、高麗初期の国子監は監官・学官の官制を備えるだけで、肝腎の学生に対する教育の方は、ほとんど開店休業の状態に甘んじていた。

顕廟中興してより、干戈わずかに息むも、未だ文教に遑あらず。……東方学校の興るは、蓋し冲（崔冲）より始まる。時に海東孔子と謂う（『高麗史節要』巻五、文宗二十一年九月条(25)）。

詔して広く学舎を設け、諸生を教養す。……国初、肇めて文宣王廟（孔子廟）を国子監に立て、官を建て師を置く。宣宗に至って将に教育せんと欲するも、未だ遑あらず。王、意を経術に鋭くし、文風稍く振るう（『高麗史節要』巻八、睿宗十四年七月条(26)）。

前者は崔冲による私学・文憲公徒の創設を顕彰するための、後者は睿宗による新国子監の建立を顕彰するための、それぞれ為にする言辞であるから、これを額面どおりに受け取ることはできないが、多少割り引いて考えるにしても、高麗初期における国学の教育体制が形骸化していたことは間違いない(27)。この形骸化した国子監には、にもかかわらず州県と同様に礼部試の受験生を推薦する権限が与えられており、この国学による推薦枠（解額）を充たすために、国子監では礼部試の予備試験として国子監試（監試）を行っていた。徳宗即位年（一〇三一）閏

十月に「国子監試」を創設したというのは、具体的にはそれ以前にも行われていた予備試験の制度を整備し、その合格者である進士に初めて「放榜・遊街」の恩典を賜ったことをいうのであろう。

　ところが上述のとおり、高麗初期の国子監は教育機関としては開店休業の状態にあったために、国学生として学籍に登録しているものは存在しても、実際に国学に就学して寄宿生活を送っているものは、ほとんどいない。このため国学の方でも学生を就学させようとして色々と方策を設けている。たとえば靖宗二年（一〇三六）の王命（判）によると、生徒は入学後三年に満たなければ「監試」に赴くことを許さないことになっているが[28]、これも裏返して言えば国学教育の形骸化――すなわち、国学に入学しても学籍だけをおいて実際には就学せず、科挙の予備試験である「監試」だけを受験して、礼部試に赴こうとするものが国学生の大半を占めていたこと――を暗示しているといってよいであろう。ちなみに、王安石の改革以前における北宋初期の太学でも、太学生のほとんどは科挙試の直前になって太学に駆け込み入学し、科挙試が終わると学籍だけを残して学校に寄りつかなくなるものがほとんどであったという[29]。高麗初期における国学の実態も、おそらくはこれと同様であったにちがいあるまい。

　このように国学の教育機能が形骸化している状況において、上記のような就学規定を無理に適用しようとすると、国学の予備試験である監試の受験有資格者は、ほとんど皆無となってしまう。そこで国子監試の受験資格は、上述の靖宗二年（一〇三六）の王命（判）からしばらくの後に、事実上、国子監以外の私学十二徒の生徒、及び地方郷校の生徒にまで開放されるようになったのである。

　私学十二徒というのは、文宗朝の宰臣崔冲が創設した文憲公徒をはじめとして、歴代の儒臣たちが創設した私塾を国子監の監督の下に準官学として公認化した学校である。十二徒では毎年夏になると仏教徒の夏安居《げあんご》に倣って「夏課」と称するセミナーを開き、所属の生徒を集めて経史の講習や詩賦の競作などを行っていたが、この私学十二徒の教育カリキュラムは、形骸化した国子監の教育とは比べものにならないほど遥かに充実したものであった。このため私学十二徒が発展していくと、両班貴族の子弟はそのほとんどが国学ではなく、私学十二徒に就いて科挙試の受験準備を行うようになってしまったのである。(30)

しかしながら、かれらはもともと両班貴族の子弟、すなわち「国子」であるから、たとえ私学十二徒に属していても、形式上は国学生となるための身分的な資格を備えていた。実際、国学にも学籍を置いて、同時に私学十二徒において科挙試の受験準備を行っていた学生も少なくはなかったであろう。このように考えた場合、国子監試の受験資格を私学十二徒の生徒に開放し、さらには地方郷校の生徒にまで開放したことは、両班貴族の子弟や地方在住の士人の要求に沿った極めて自然な措置であったといわなければならない。

たとえば『高麗史』巻七十三、選挙志、科目、仁宗二十年（一一四二）二月の王命（判）によると、

東堂・監試に赴挙する諸生は、冬・夏天の都会に赴くを須《ま》って、姓名を録するを許す。在外の生徒は、おのおの界首官の郷校の都会において状を給し、試に赴く。(31)

とあるが、これは東堂（礼部試）、及び監試（国子監試）のそれぞれについて、私学十二徒が主催する冬季・夏季の「都会」、または界首官の郷校が主催する「都会」に参加し、その成績証明を得たものについては、東堂及び監試の受験有資格者として出願登録（録名）を行うことを許すという原則を示している。右にいう「諸生」が主として私学十二徒の生徒を意味することは、同じく仁宗十一年（一一三三）六月の王命（判）に、

各徒の儒生の、かつて業を受けたる師に背きて、他の徒に移属する者は、東堂・監試に赴くを許すを得るなかれ。(32)

との原則が示されていることによっても明らかであろう。なお私学十二徒の生徒や地方郷校の生徒が国子監試

（及び礼部試）に赴く場合には、上述の仁宗二十年の判に見られるように、あらかじめ都会（夏課）に参加してその成績証明を得ておくことが必須とされていたが[33]、この都会に参加するためにもある一定の条件があり、これについては仁宗十七年（一一三九）六月の王命（判）に、

東堂・監試の後、諸徒の儒生の都会の日時は、国子監より知会して習業せしめ、五十日にして罷む。曾て接寺すること三十日、十五首以上の製述を私試する者は、教導より精らかに考覈を加え、おのおのその名下に、『接寺若干日、私試若干首』と注して論報して、はじめて赴会を許す。諸徒の教導の、接所を離れずして学を勧むる者は、学官に闕あれば、為先に填差して、以て褒奨を示す[34]。

という原則が示されている。これによると、「都会」に参加するにも接寺三十日以上、私試十五首以上の学習歴が必須とされていたことがわかるが、その開催の日時は国子監より通知（知会）し、参加者の学習歴も国子監に報告（論報）されているから、結局、私学十二徒及び界首官の郷校における「都会」の成績も、実質的には国学における在学成績と同等に見做されていたと考えることができるであろう。だからこそ、私学十二徒及び界首官の郷校における都会（夏課）の修了者は、国学の在学生に準じて国子監試（及び礼部試）に赴くことを許されていたのである。

このように監試の受験資格を私学十二徒の生徒や地方郷校の生徒にまで開放したことは、しかしながら、監試の合格者を意味する「進士」の概念に、ある奇妙な「ねじれ」をもたらすことになってしまった。

本来、監試の受験資格は国学の在学生にのみ限定されるべき性格のものである。それが国学生以外の私学十二徒の生徒や地方郷校の生徒にまで開放されるようになると、これら国学生以外のものが監試に合格した場合、国学ではこれを以前に遡って国学生とみなし、そのうえでかれらを国学の進士として礼部試に送り出さなければな

らない。したがって、監試に合格したものには礼部試の受験資格とともに、副次的な意味において国学への入学資格もが与えられていたのである。

たとえば高麗末の文人、李存吾の文集である『石灘集』の附録に見える恭愍王九年（一三六〇）十月の「東堂及第榜目」によると、この年九月の監試に合格した新進士九十九人の内、同年十月の科挙試（東堂）に赴挙して及第したものは、朴啓陽・徐均衡・柳源・李士渭の四人にすぎず、それ以外の九十五人はすべて落第していることがわかる[35]。これらの落第した新進士は、形式上、国学に入学（ないしは再入学）することになっていたのであろう。その証拠に、恭愍王六年（一三五七）三月の監試に合格した鄭夢周は、三年後の恭愍王九年（一三六〇）十月の科挙試（東堂）には「国子進士」として赴挙して及第している[36]。これは恐らく、恭愍王六年（一三五七）四月の科挙試（東堂）に「新進士」として赴挙した鄭夢周が、この年の科挙試には一旦落第し、次に三年後の科挙試に及第するまで、形式上、「国子学」に学籍をおいていたことを示している。つまり、新進士は科挙試に落第すると国学に入学（ないしは再入学）し、それぞれの成績と身分とに応じて国子学・太学・四門学の学籍に附籍されていたのである。

このように考えた場合、監試は科挙試（東堂）の予備試験であると同時に、国学の入学試験（もしくは再入学試験）としての性格を併せ持っていたということができる。朝鮮時代における「監試」が、国学（成均館）の入学試験である「生員・進士試」の別称として位置づけられているのは、このために他ならない[37]。

ただし、監試が国学の入学試験としての性格を併せ持つようになったといっても、それは監試の本来の目的ではなかったし、また監試に合格者した進士が実際に国学に就学するということもなかったであろう。なるほど、科挙試に落第した新進士は、形式上、その所属に帰って国学に附籍されることになっていた。しかし、かれらはすでに科挙試の及第者に準じて国王から放榜・遊街の恩典を賜った特権身分であるから、たとえ科挙試（東堂）

に落第しても、以後、科挙試に及第するまでの学習の権利――具体的には兵役・徭役の免除の特権――は、かれらの終身的な特権として保障されていたのである。

その意味において、監試に合格した進士にとっては、単に兵役・徭役の免除を受けるというだけの目的で、形骸化した国子監（国学）に就学する必要はなかったであろう。

## 第三節　国学の升補試と斎生

礼部試（東堂）の予備試験である国子監試（監試）は、一面、国学の入学試験としての性格をも帯びていた。しかし国学の入学試験というものは、本来、監試とは別個に存在していたのである。

唐制、国子監所属の国子学・太学・四門館に入学するものは、国子学の学生が文武官三品以上の子孫、太学の学生が文武官五品以上の子孫、四門館の学生が文武官七品以上の子と規定されていた。[38] 要するに、官人の子弟（国子）はその父祖の官品の高下に応じて国子監所属の学館に入学する資格を生まれながらに持っていたのであるが、この点は、唐制を継受した高麗においても同様であったにちがいない。

事実、仁宗朝の「式目都監詳定学式」によると、高麗においても国子学生は文武官三品以上の子孫、太学生は文武官五品以上の子孫、四門学生は文武官七品以上の子を以て充当し、三学の学生の定員は、おのおの三百人とすることが、ほぼ唐制を準用した形で規定されているのである。[39] もちろん入学に際しては、ある程度の学力試験も行われてはいたであろう。しかし、それは選抜試験として制度化されるほどに厳密なものではなく、単に基礎的な学力を確認する程度のものにすぎなかったと考えられる。また三学の学生の定員は、おのおの「三百人」とされているが、後述のとおり、その定員が実際に充足されていたかどうかは疑問であって、このため入学の際に選抜試験を行う必要があったとは考えることができない。要するに、適正な身分と基礎的な学力があれば、両班貴族の子弟は、だれでも国学に入学することができたのである。

ただし、国初においては国子監の教育体制が形骸化し、また両班貴族の学的嗜好が「経術の学」よりは「詞章の学」におかれていたために、両班貴族の子弟はおおむね国学への入学を忌避していた。

そこで北宋文化の受容に積極的であった睿宗朝に入ると、北宋・王安石の改革にならって、高麗の国学でも従来の形骸化した教育体制を刷新し、国子監所属の太学に「六斎」の寄宿舎を設けて学生を収容するとともに、太学において北宋新儒学に基づく経学中心の教育カリキュラムを実践しようと試みるようになった。

当時、国子監所属の国子学と太学は、実質的には太学として一体化していたと考えられるが[40]、この太学の寄宿学生である「斎生」もまた、原則としては太学への入学資格をもつ文武官五品以上の子孫に限られていたと考えてよいであろう。

大学の崔敏庸等七十人、武学の韓子純等八人を取りて七斎に分処す。周易を麗沢と曰い、尚書を待聘と曰い、毛詩を経徳と曰い、周礼を求仁と曰い、戴礼を服膺と曰い、春秋を養正と曰い、武学を講芸と曰う（『高麗史節要』巻七、睿宗四年七月条[41]）。

ただし、この太学六斎の制度が実際に軌道に乗り始めるのは、十年後の睿宗十四年（一一一九）に国子監の新しい学舎が創建されて以後のことになるが[42]、ともあれ、この睿宗四年（一一〇九）の選抜試験以後にも六斎の学生（斎生）を選抜するための入学試験は何度も行われていたにちがいない。しかし、それが史料の上で記録されていないのは、そもそも文武官五品以上の子孫であれば、本来だれでも太学に入学する資格があり、入学試験といっても、その希望者の身分と基礎的な学力とを審査する程度のことにすぎなかったからであろう。言い換えれば、それは貴族の子弟、すなわち「国子」としての資格を確認するための試験であり、入学希望者を選抜するための試験ではなかったのである。(43)

ただし、この太学六斎の制度が創設されて以後も、文武官五品以上の子弟が競ってこれに入学したとは考えることができない。仁宗八年（一一三〇）の国学諸生の上書によると、当時の国学生は、「その数、二百人に過ぎず」(44)というから、なるほど当初の「七十人」よりは二倍以上に発展しているが、前掲、式目都監詳定学式では「三学生、各三百人」と規定されているから、この学籍上の数値に比べれば、太学に実際に就学している在学生（斎生）の数は遥かに下回っていたのである。

このため太学では両班子弟の入学を促すために、科挙制度において在学生（斎生）にさまざまな特権を与えていた。一体、太学の在学生（斎生）は、一種の給費生として寄宿舎での集団学習生活を送っているのであるが、この斎生の学習態度（行）と学習成績（芸）――いわゆる「行芸」――は、月毎に学生委員（斎長・斎諭）によって記録され（月書）、季月毎に学官（学諭・学録・学正・博士）によって考試される（季考）。この「月書季考」(45)による行芸の成績が通年してある一定以上のポイントに達すると、在学生（斎生）は礼部試（東堂）の第一場である経義の試験を免除され、第二場ないし第三場の試験に直赴することになっていた。(46)これは言うまでもなく、太学六斎に就学する在学生（斎生）を優遇し、両班貴族の子弟を国学（太学）へと誘導するための措置に他ならない。しかし、こうした優待制度を設けること自体、両班貴族の子弟が依然として国学（太学）への就学を忌避していた状況を暗示しているといってよいであろう。

そもそも、この睿宗朝という時代は、文宗末年における北宋との国交回復を受けて、北宋新儒学の積極的な受容のもとに、学問の気風を詞章の学（詞学）から経術の学（経学）へと切り替えていこうとした時代であった。

睿宗四年（一一〇九）における太学六斎の創設は、他でもない、その改革の嚆矢であったが、ついで睿宗十四年（一一一九）に太学六斎の斎生を収容するために新国子監を創建すると、これと同時に科挙試においても考試内容を変更して、はじめて「経義」の試験を採用した(47)。

経義というのは、経書の文言を出題してその意義を論述させる一種の小論文形式の試験である。従来、礼部試（東堂）の第一場においては「帖経」という、一種の穴埋め問題が出題されていたにすぎないから、これを「経義」の試験に改めたことは、それだけ受験生に対して経書の内容に関する深い理解力を求めるようになったことを示している。

この頃、北宋ではすでに王安石の改革によって科挙試に経義の試験が採用され、従来の詩賦の試験は廃止されていた(48)。伝統的に詞章を重んじてきた高麗では、さすがに詩賦の試験を全廃するまでには至らなかったものの、このころ高麗の朝廷では、科挙試の第一場に経義を採用することによって、漸次、科挙試における経学の比重を高めていこうとしていたのであろう。

ところがこの経学重視の路線は、いわゆる靖康の変（一一二七）によって北宋が滅亡し、その後、南宋との国交も杜絶すると、早くもその熱気を喪失し、仁宗十七年（一一三九）には礼部貢院によって、詞学の復興を求める科挙制度の改革試案が上奏されるに至っている。それによると、従来、礼部試（東堂）ではその合否を決定する第三場（第三決場）において散文体の「論」または「策」の試験を行っているが、このため韻文体の詩賦の学問が軽んじられて、漸く衰退しつつある。そこで東堂第一場には経義、第二場には論策、第三場には詩賦の試験を行いたい。また国子監を新築した睿宗十四年（一一一九）以来、礼部試（東堂）の第一場では「帖経」を廃して「経義」の試験を行っているが、そこでは本経と兼経の二経の経義を出題するために、従来、詞学に馴染んできた受験生にとってはこれが重い負担となっている。そこで副専攻である兼経の出題を廃して主専攻である本経のみを出題することにしたい、というのである。[49]

この礼部貢院による改革試案を受けて、その後、毅宗八年（一一五四）五月には新しく科挙式が更定されているが、それによると礼部試（東堂）の第一場では論策、第二場では経義、第三場では詩賦の試験を行うことになっている。[50]つまり、合否を決定する第三場（第三決場）では、上述の礼部貢院の改革試案に沿って、論策ではなく詩賦の試験を採用しているのである。これは北宋の滅亡によって冷や水をかけられた経学のブームが終わりを告げ、その反動として伝統的な詞章の学（詞学）が復興し始めたことを明示しているといってよいであろう。

こうした経学ブームの衰退は、当然、経学教育の実践の場である太学六斎の制度にも影響を及ぼさずにはおかなかった。仁宗八年（一一三〇）六月、国学（国子監）が、

近年以来、明経ようやく衰う。宜しく三十人以下を選取して、学に入れて養育し、教導官の参上・参外各一員を兼差して、以て学を勧めん。[51]

と上奏して裁可されているのは、明経科に代表される経学の専攻者が次第に減少しつつあったことを示している。また、この国学生（斎生）の増員案に反発した御史台が、同年七月に、

国学に士を養うこと太だ多く、供給すること甚だ費ゆ。請う、行修まり業成る者若干人を簡留して、余は悉くこれを出ださん。[52]

と上奏しているのは、太学六斎における経学の教育が、財政負担の故に次第に行き詰まりつつあったことを示している。この御史台の提案に対し、国学の諸生は「吾が君の尊道崇儒の意」を掲げて反駁したが、[53]御史台が指摘する財政負担の増大は、この頃「二百人に過ぎず」といわれた国学生の寄宿生活の待遇を、次第に悪化させて

いったであろうことは間違いない。こうなると、富裕な両班貴族の子弟は、何かと窮屈な生活を強いられる国学での経学の学習を忌避し、むしろ従来どおり私学十二徒において詩賦の修練に専念することを択ぶようになったと考えられる。

毅宗元年（一一四七）八月に創設された「升補試」とは、他でもない、こうした両班子弟の就学忌避に伴う国学の在学生（斎生）の欠員補充のための試験であった。

たとえば朝鮮時代の国学（成均館）でも、在学生（斎生）に欠員が生じた場合には、正規の国学生（生員）以外のものを「寄斎生」として補欠入学させ、これを以て定員を満たすために「升補試」を行っている[54]。高麗時代の升補試もこれと同じで、本来は国学（太学）に入学する資格を持たない六品以下の官人の子弟、ないしは郷吏階層の子弟を国学の学生（斎生）として補欠入学させ、これを以て太学六斎の学生定員を充足させるための補欠試験として行われていたのである。

この点において注目に値するのは、升補試の考試日程が科挙試（東堂）の合格発表（放榜）の後におかれていたという事実であろう。前述のとおり、科挙試の予備試験である監試には私学十二徒の生徒とともに、界首官の「都会」を経た地方郷校の生徒も受験することが許されていたが、これらの地方からの受験生（貢生）は、そのほとんどが郷吏階層の子弟であったと考えられる。さらに、「界首官試」に合格した郷貢進士は、礼部試（東堂）を受験するに先立って、重ねて国子監試（監試）を受験する場合があったが[55]、これらの郷貢の進士も、既述のとおり、そのほとんどは郷吏階層の子弟であった。

これらの郷吏階層の子弟が監試に合格すれば、たとえ礼部試に落第しても「進士」として国学に入学することが許されていたが、監試にも礼部試にも落第した場合は、郷里に帰って再学習するか、もしくは王京に留まって再度、監試・礼部試の受験準備を進めなければならない。この場合、地方出身者にとっては升補試によって国学に入学し、官費で寄宿生活を送ることは極めて好都合であった。たとえば忠烈王十二年（一二八六）の升補試では、郷貢進士の権烋が首席で合格しているが、かれは同年の礼部試（東堂）に郷貢進士として赴挙して落第し、そのうえで升補試に合格して国学（太学）に入学したのであろう。

もちろん、監試に合格した進士のすべてが国学に入学し、もしくは再入学していれば、そもそも補欠試験である升補試を行う必要もなかったのである。しかし、前述のとおり、進士のほとんどは国学に就学することを忌避していた。だからこそ、国学では礼部試に落第した下級官人の子弟、及び郷吏階層の子弟を主たる対象として、礼部試の合格発表の後において、国学の補欠入学試験である升補試を施行しなければならなかったのである。

なお、この升補試は高麗末に「生員試」、すなわち国学の正規の入学試験に改編されているが、このころの生員試について、朝鮮・世宗朝の中部教授官鄭宗本は、

> 前朝（高麗）の季、生員試に赴く者は、僅かに百有余人、而してその中らざる者は、或いは十有余人、或いは五六人、或いは二三人。則ち中らざる者は、百分の一二に満たざるなり。(56)

と述懐している。このように、高麗末の生員試は受験者のほとんどを合格者として受け入れていたが、これは生員試の前身である升補試の段階においても同様であったと考えられる。国学の補欠試験である升補試においては、本来国学（太学）に入学する資格を持たない六品以下の官人の子弟、ないしは郷吏階層の子弟であっても、定員を充足させるためにはこれを積極的に受容していかなければならなかったが、そうなると、本来、国学（太学）に入学することになっている文武官五品以上の官人の子弟（国子）は、かれらと席を並べることを嫌ってますます国学に就学することを忌避するようになったにちがいない。

事実、『石灘集』その他に見える高麗末期の科挙及第者名簿（榜目）から判断する限りでは、国学の斎生を以

て礼部試（東堂）に及第しているものは、そのほとんどが下級官人家門ないしは郷吏家門の出身である。[57] こうなると、国学に就学して経術の学（経学）を修めるものは、どちらかというと地方出身の貧乏学生の類が多く、一方、両班貴族の子弟はもっぱら私学十二徒に就いて、伝統的な詞章の学（詞学）を修めていたということになるであろう。

実際、幅広い読書体験と洗練された感性とを必要とする詞学に対し、分量的にも限られた経書の解釈を中心とする経学の方は、その低俗化した局面においては、貧乏学者向きの田舎学問といった性格を有している。伝統的に詞章の学を好んだ高麗貴族の子弟たちが、地方出身の貧乏学生たちとともに国学の斎舎に入居し、かれらと寝食をともにしながら机を並べて経学を学習することを忌避したのは、当時の風俗としてはあまりにも当然の成り行きであった。

したがって、毅宗元年における「升補試」の創設は、決して宋代・三舎法における「上舎」への昇級試験を意味するものではないし、また必ずしも国学教育の発展・充実を意味するものでもない。[58] なるほど、文武官五品以上の官人の子弟（国子）を収容する国学（太学）において、それ以下の身分の学生に対する入学の門戸を開いたこと――言い換えれば、「身分」に基づく入学制度から「学力」に基づく入学制度への転換の道を開いたこと――において、升補試の創設は画期的な意義を有している。しかしそれは国学の発展・充実を意味するものではなく、むしろ国学教育の形骸化をこそ物語るものであったのである。

## 第四節　朝鮮初期の生員と進士

毅宗二十四年（一一七〇）の武臣の乱より以降、高麗は政治的・社会的な動乱の時代を迎え、武臣たちによる権力闘争やモンゴル軍の侵攻などによって、国学の制度も順次衰退に向かっていった。国子監所属の学校の中でも国子学と太学とは実態としては一体化し、一般には太学と呼ばれてかろうじて維持されていたが、七品以上の官人の子弟を収容する四門学は、動乱のなかでほとんど廃学の状態におかれていたと考えられる。しかし、約百年にわたる武臣執権時代が終わりを告げ、モンゴルへの服属を通して「王政復古」を実現した元宗朝の十三年（一二七二）には、四門学の後身に当たる「東西学堂」が設置され、学制の整備が進んでいる[59]。さらに忠烈王三十年（一三〇四）五月には、安珦（安裕）の呼びかけによって「国学贍学銭」と呼ばれる教育奨励基金が設けられ[60]、また同年六月には国学の大成殿（孔子廟）が重建された[61]。このように、高麗では事元期に入ると社会の相対的な安定とともに学校制度の復興が進んでいった。

こうした状況のなか、元・仁宗・皇慶二年（一三一三）には元朝において科挙試の再開の詔が発布される。この有名な詔において、

> 挙人は宜しく徳行を以て首と為せ。試芸は則ち経術を以て先と為し、詞章これに次ぐ。浮華実に過ぐるは、朕の取らざる所なり（『元史』巻八十一、選挙志、科目）[62]。

と明言されているとおり、元朝の科挙試では詞学（詞章）よりも経学（経術）を重視した。また科挙試における

経書の解釈には朱子の学説が採用され、朱子学の官学としての地位が確立した。このような元朝の制度が高麗国内における科挙制度・学校制度にも影響を及ぼし、学問の比重を詞学から経学へと切り替えていく重要な契機の一つとなったことはいうまでもない。かくして高麗においても朱子学の学風は士人社会に浸透し、やがては朱子学のイデオロギーに基づく政治・社会の刷新が、改革派の新興士大夫層によって声高に叫ばれるようになっていった。

このころ、高麗では紅巾賊の侵攻によって一旦焼失した国学（成均館）を恭愍王十六年（一三六七）に重建しているが[63]、これは国学を通して経学教育の一層の充実を図るとともに、今一つには改革派勢力の支持基盤の拡大を目指して行われたものでもあったと考えられる。従来、国学の補欠入学試験にすぎなかった升補試が、国学の正規の入学試験、すなわち「生員試」として位置づけられたのは、恐らくはこの恭愍王十六年における国学重建に際してのことであろう。

科挙試において経学の比重を高めることは、伝統的に詞章を重んじてきた門閥貴族の勢力を抑え、新興士大夫勢力の官界進出を促す側面を有していた。このため、高麗末には科挙試（東堂）の第三場に詩賦を出題するか、策問を出題するかで、守旧派と改革派の間の争いが繰り返されているが[64]、結局、威化島回軍によって政権を掌握した改革派の主張に沿って、革命後の朝鮮王朝では科挙制度・学校制度の整備が急速に進められていくことになる。つまり朝鮮王朝の成立は、鄭道伝ら改革派勢力の唱導する経学専尚の路線の確立を意味していたのである。

朝鮮・太祖四年（一三九五）十二月に詳定された朝鮮王朝の科挙施行細則（科挙式）は、その内容が『朝鮮王朝実録』当該年条には記載されていないが、幸い『朝鮮王朝実録』世宗十二年八月庚寅条、同十七年九月乙未条、同二十三年七月乙卯条などに引用された『経済六典』の逸文によってその内容を窺うことができる。これによると、科挙試（東堂）に赴くものは、まず京中の成均館と漢城府、外方の各道観察使においてそれぞれに予備試験

（館試・漢城試・郷試）を行い、この予備試験に合格したものは中央の本試験（会試）に赴いて三十三人を試取し、この三十三人が最終試験（殿試）に赴いて及第の順位を決定することになっている。(65) 郷試・会試の各段階では、その第一場に講経、第二場に詩賦、第三場に策問の試験を行うことになっているが、このうち、合否を決定する第三場（第三決場）において策問を採用していることは、それが詞学よりも経学を重視する考試制度であったことを何よりも端的に示している。

また国学（成均館）においては高麗・恭愍王十六年（一三六七）の制度に倣って四書五経の九斎を置き、入学した国学生は大学斎から始めて論語斎・孟子斎・中庸斎・礼記斎・春秋斎・詩斎・書斎・易斎へと順次升斎し、四書五経に精通した「通儒」を養成することになっていた。ただし、世宗朝の文臣・許稠も言っているように、この分斎読書の制度は実際には機能していない。(66)

次に、国学での学習を終えた生員は、国学の予備試験である成均館試（館試）を経て科挙試の本試験（会試）へと赴くことになっていたが、この「館試」は国学（成均館）に実際に就学している在学生（斎生）でなければ受験できないことになっていた。しかも、高麗時代には詩賦の試験による「監試」、または詩賦・経義の試験による「升補試」を経て国学に入学することができたのに対し、朝鮮朝では詩賦を以て試取する監試を廃し、生員試については四書五経に関する小論文、すなわち経義・書疑を以て試取する制度に改めている。(67) したがって、国学の予備試験（館試）によって科挙試に赴こうとするものは、まず経学を修めて生員試に合格し、そのうえで国学に実際に就学しなければ館試に赴くことができない。このような改革の意図は、両班子弟を国学（成均館）に就学させ、四書五経に精通した「通儒」を養成することにあったことは明らかである。

そこで朝鮮朝では、国学の入学試験である生員試の受験を奨励するために、生員の身分をかつての進士に準じる特権身分として格上げし、生員試に合格した生員には、高麗時代の進士と同じように国王から放榜・遊街の恩典を賜ることにした(68)。したがって、生員とは単なる学生ではなく、高麗時代の進士と同様、科挙試に及第するまでの学習の権利——具体的には兵役・徭役の免除の特権——を保障された、一種の終身的な特権身分として位置づけられることになったのである。

この結果、従来は単なる補欠試験（升補試）にすぎなかった生員試——高麗末におけるその受験生は一百余人にすぎず、しかもそのほとんどが合格していた生員試——は、朝鮮朝に入るとその受験生の数が物凄い勢いで増大し、太宗元年（一四〇一）の段階では五百余人、世宗十三年（一四三一）の段階では、ほとんど四五千人規模にまで膨らんでいる(69)。これは一つには太宗十四年（一四一四）に始まった生員郷試の制度によって、生員試の受験機会が広く地方社会にまで開放されたことの結果でもあるが(70)、同時に生員の称号に対する社会的な評価が一段と高まったことへの反応ということもできるであろう。

ところがこうした受験生の増大にも拘わらず、生員試に合格した生員たちは、依然として国学に就学することを忌避していた。朝鮮朝の国学である成均館の学舎は、太祖七年（十三九八）七月に現在の明倫洞に建立されたものが最初というが、初期の王京は漢京（漢城）から松京（開城）へ、松京から漢京へと遷転して定まらず、この両京往復の混乱の中にあって国学の整備は放置されていた。したがって、三年毎に毎回一百人の生員を試取しながら、実際に国学に就学している生員の数は、未だ数十人にも満たなかったといわれている(71)。富裕な両班貴族の子弟は居処飲食の不備を嫌って国学への就学を忌避し、地方在住の両班子弟もなにかと理由をつけては郷里に引きこもって国学に就学しないものが多い。真面目に寄宿生活を送っているのは郷吏階層の子弟、その他、地方出身の貧乏学生ばかりであったが、そのかれらも寒々とした宿舎で往々感冒性の神経痛（風疾）を患って、結局は誰もが国学への就学を忌避するというあり様であった(72)。

これでは科挙試の予備試験である館試の推薦枠（解額）を満たすことができない。そこで国学の方でも何とか生員を就学させようとして、太宗十七年（一四一七）閏五月には居館円点法という半ば強制的な就学規定を設けるようになった。

この居館円点法によると、就学日数三百日未満の生員は、科挙試の予備試験である館試及び郷試に赴くことができない(73)。しかし、この円点の法は概して生員たちの評判が悪く、このため世宗朝に入ると円点の法にも何かと理由をつけて様々な例外規定を設けるようになっていく。たとえば服喪・侍親などの真にやむを得ない事情によって国学に就学できない場合は、円点三百日未満のものであっても科挙試に赴くことが許されることになった(74)。こうした例外規定は就学を忌避する生員たちにとっては恰好の陰れ蓑となったにちがいない。しかも、三年ごとに行われる式年の科挙試とは別に、国家的慶事に際して行われる別試・親試の場合には、この三百日の就学日数を満たさなくても、現に在学（居館）しているものについては館試に赴くことが許されていたのである(75)。この結果、生員たちは親試・別試の直前になると先を争って就学したが、試験が終わるとすぐさま四散し、あたかも北宋初期の太学を彷彿とさせる状況になっていた。

こうした生員身分の形骸化は、一つには生員試の考試日程が太宗元年（一四〇一）三月以降、科挙試の放榜後から科挙試の施行前に移されたことにもその理由の一端があったと考えられる。もともと高麗時代の升補試は科挙試の放榜後に行われていたが、これは升補試が主として科挙試の落第生を対象として、かれらを国学に収容するための試験であったために他ならない。しかし、朝鮮朝では生員の国学への就学を義務付け、国学での就学後に科挙試に赴くことを前提としていたので、当然、生員試は科挙試の落第生を対象とすることはできなくなった。このため、生員試は科挙試の前に施行されることになり、また生員試に合格した生員は、その年の科挙試には赴かずに、一旦、国学に入学してから、三年後に行われる次の科挙試に赴くことが原則となった。だからこそ上述の居館円点法においても、この三年間に三百日、一年当たり一百日の就学ということを一応の目安としていたの

である。(76)

とはいえ、生員試が科挙試の考試日程の前に施行されるようになると、受験生の多くはこの両方の試験を併願して受験するようになった。このため、生員試に合格した新生員が、国学に入学することなく、直ちに科挙試に赴いて及第することも日程の上では可能となった。科挙試（文科）の予備試験、すなわち初試（館試・漢城試・郷試）は、通常、前年の秋に施行され、覆試（会試）、終試（殿試）は式年の春初に行われるが、生員試の初試（郷試）、覆試（会試）はそれぞれの試験の前に施行されるから、受験生は生員郷試、文科郷試、生員会試、文科会試の順に、それぞれを併願して受験することが可能となったのである。(77)

もっとも、科挙試の館試・漢城試は、朝鮮初期には生員試の後に施行されていたらしい。たとえば『朝鮮王朝実録』太宗五年（一四〇五）三月丁未条の記録によると、

> 前朝の開城試は、ただ従仕員を取るのみ。故に額数もただ二十のみ。近年以来、ただに従仕員のみならず、新生員及び京居幼学等に至るまで、みな漢城試に赴くも、その額数なお旧制に循う。遺材の歎なくんばあらず。願わくは館試の例に依り、三十人を取らん。(78)

とあり、また『朝鮮王朝実録』太宗八年（一四〇八）二月庚子条の記録においても、

> 命じて漢城試の額数を増して三十と為す。礼曹上言すらく、「東堂の漢城試の額数は、もと二十人に止まる。今、従仕人員、及び新生員の試に赴くもの、旧に倍す。乞う、成均館試の例に依りて、三十人を以て額と為さん」と。
> これに従う。(79)

とあるから、漢城試は生員試の後に施行され、そこには生員試に合格したばかりの新生員が多数赴いていたので

ある。太宗十四年（一四一四）二月の生員試に赴いて合格し、同年三月に新生員を以て科挙試に及第している趙瑞康なども、恐らくは生員試に合格した後、直ちに漢城試を経て科挙試に及第しているのであろう。[80]

このように生員試に合格した新生員が、国学に入学することなく、直ちに科挙試に赴く事例が一般化していくと、本来、国学の入学試験として創設された生員試は、あたかも科挙試の予備試験であるかのような様相を呈してくる。

もちろん生員試と科挙試は本来別個のものである。したがって、生員試の合否に拘わらず、生員以外のものも科挙試を受験することは可能である。その証拠に「飛簾」といって、未だ生員・進士試に合格していない幼学が、いきなり科挙試に及第することも、極めてまれには存在していたのである。[81]とはいえ、その難易度から言って、生員試に合格できないようでは科挙試に合格することはおぼつかないし、逆に生員試にさえ合格しておけば、たとえ科挙試に落第しても、生員の身分を得て科挙試に及第するまでの学習の権利の保障を受けることができる。そこで受験生の多くは生員試と科挙試を併願して受験するようになったが、こうなると、生員試は国学の入学試験というその本来の意義を喪失し、科挙試（大科）に対するその予備試験（小科）としての意味しか持たなくなってしまった。

このため世宗朝に入ると、生員という特権身分の拡大を求めて生員試の合格者定数を増額しようとする議論[82]、もしくは経学を以て試取する生員試と別枠に、詩賦を以て試取する監試（進士試）を復活させようとする議論[83]などが公然と提起されるようになってくる。

このころ、生員の就学率は依然として低迷状態にあり、このため国学ではその欠員を埋めるために五六十人程度を「寄斎生」として補欠入学させていた。したがって、生員試の合格者定数を増額しても実際の就学生数は必ずしも増加せず、国学の財政負担が増加することもないが、合格者定数の増額によって受験生の向学心は確実に倍増する、というのがその論理である。[84] これらは太宗朝における居館円点法の精神とは全く背馳する方向の議論といわざるをえない。

しかも世宗朝に入ると、国初に確立した経学専尚の路線の反動として、このころ次第に伝統的な詞章の学（詞学）の復興が進んでいた。このため世宗二十年（一四三八）には、ついに生員試の別枠として進士試が創設され、経学を以て試取する生員一百人とは別に、詞学を以て試取する進士一百人をも国学（成均館）の正規の学生として選抜することになったのである。[85]

かくして復活した進士試は、一つには生員という特権身分の拡大を目的として、今一つには詞章の学（詞学）の復興を目的として、世宗二十年（一四三八）二月、同二十三年（一四四一）二月の二回にわたって施行された。その後、世宗二十六年（一四四四）二月には不正考試が発覚して一旦廃止されるが、次の文宗朝における賛否両論の激論の末、魯山君（端宗）元年（一四五三）二月に再び施行されて、以後は三年ごとの恒式として定着する。

この進士試の創設によって、国学（成均館）の定員数は一挙に二倍になった。しかし上述のとおり、実際には生員・進士のすべてが就学したわけではないから、国学にはそれほどの財政負担が生じることはなかったであろう。事実、進士試の創設以後も、国学の就学生は定員二百員（生員一百、進士一百）に対して一百人にも満たず、世宗二十一年（一四三九）には新たに寄斎生五十人を補欠として入学させなければならなかった。[86]

生員・進士の国学への就学忌避を伝える史料は、その後も枚挙に暇がない。たとえば世祖五年（一四五九）十月癸酉条の記事には、

近年以来、生員・進士等、全く居館せず。因縁請托して、或いは成衆官に入り、或いは諸邑の学長に差し、或いは親の老病を詐称して文憑を冒受し、未だ円点を満たさずといえども、安然として試に赴く。ただに国学の虚疎

なるのみにあらず、猥濫莫甚たり。[87]

とあるし、また同年十一月丁亥条の記事には、

成均館の常養の生員・進士は、元額二百。而るに毎に額に満たず。故に四学儒生を選んで升補せしむるも、なお未だ百に満たず。国学虚疎たり。[88]

と述べられている。

これより先、世祖六年（一四六〇）には形骸化した四書五経斎における分斎読書の制度を申命し、[89]国学生の「夜直」を義務化してある程度の効果を収めていた。しかし国学での寄宿生活は、例によって驕慢な両班子弟には評判が悪く、このため世祖十一年（一四六五）には国学生の夜直の義務を解除して自宅からの通学を許可することになった。この結果、両班子弟はますます国学での寄宿生活を忌避し、就学しているものは、ほとんど兵役・徭役を忌避する輩ばかりであったといわれている。[90]

その後も歴代の政権は繰り返し国学教育の振興を図ったが、生員・進士のほとんどは、結局、真の意味で国学に就学することはなかったのである。

## 小　結

以上、本章では高麗より朝鮮初期に至る進士概念の変遷をたどりながら、当時の科挙制度・学校制度について

の解明を試みた。このうち、

(1) 高麗時代の進士は礼部試（東堂）の受験生を意味し、礼部試の及第者は前進士、または新及第と呼ばれていたこと。

(2) 国子監試（監試）は国子監における礼部試（東堂）の予備試験であるが、監試は国学生以外の私学十二徒の生徒や地方郷校の生徒にも受験の門戸を開放したことによって、一面、国学の入学試験としての性格をも併せ持つようになったこと。

(3) 升補試は国子監における欠員補充のための補欠入学試験であるが、高麗末には国学の正規の入学試験、すなわち生員試として改編され、しかも朝鮮朝に入ると生員の身分が前朝（高麗）の進士に準じる特権身分として確立したために、生員試の受験者数が飛躍的に増大するようになったこと。

以上の諸点は従来の通説に修正を求める特に重要な論点であると考えている。

高麗時代、朝鮮時代の「進士」は、それぞれ国学の学生の身分と不可分の関係にあるが、それは実際には科挙試に及第するまでの学習の権利を保障された終身的な特権身分としての意味をもつにすぎず、これらの進士は必ずしも国学に実際に就学していたわけではなかった。したがって、高麗より朝鮮初期に至る進士概念の変遷は、ある意味では国学教育の形骸化の歴史であったといっても過言ではあるまい。

【補説】 高麗時代の何論業について

高麗時代の科挙（貢挙）には「製述業（進士科）」、「明経業（明経科）」、「明法業」、「明書業」、「明算業」、「医業」、「卜業」、「地理業」、「何論業」などの科目が存在したが、このうち「何論業」については南宋・陸游の『老学庵筆記』巻一に、

国初、『韻略』（礼部韻略）に進士の習う所を載するに、何論一首あり。施肩吾の『及第勅』に、またその習う所の何論一首を列す。何論とは、蓋し「三傑の漢を佐くること孰れか優る」、「四科に士を取るに何れか先んず」の類なり。(91)

とあるから、それが事柄の優劣を論じる韻文体の試験であったことがわかる。

高麗の何論業は、この中国唐宋時代の何論を取り入れたものであるが、その地位は製述・明経その他の科目に比して一等低く位置づけられていた。たとえば『高麗史』巻七十四、選挙志二、科目二、崇奨之典、文宗三十年（一〇七六）十二月条に、

この月に判す。国制、製述・明経・明法・明書算業の出身は、初年に田（職田）を給す。甲科は二十結、その余は十七結。何論業の出身の、義理通暁する者は、第二年に田を給す。その他の手品雑事の出身の者は、また四年の後において田を給す。ただ医・卜・地理業は、未だ定法あらず。また明法書算の例に依りて田を給せよ。(92)

とあるから、何論業は他の製述・明経・明法・明書・明算・医・卜・地理業に比して、職田の支給が一番後回しにされていたのである。

何論業の試験の具体的な内容については、『高麗史』巻七十三、選挙志一、科目一、仁宗十四年十一月の判に、

およそ何論業の式は、奏状を真書し、喫算を小貼し、何論十机、孝経・曲礼、各二机、律の前後帙各一机を読む(93)。

とあるから、それは書写、暗算、律などの実務的な能力を問う試験であったことがわかる。何論は事柄の優劣を論じる韻文体の文章であるが、おそらくそれは裁判の判決文、すなわち「判」において必要とされるレトリックを駆使するものであったのであろう。

このように考えると、何論業は主として在官の胥吏などを対象とし、その出身者は、主として徴税業務や裁判業務に携わる地方の行政官（守令）として登用されたのではないかと考えられる。もとより、科挙及第者に与えられる最初の任務は地方の州県官であるが、何論業はこの最初の任務に対応する最低限の能力を問うための、最も実務的な試験として位置づけられていたのであろう。

南宋・陸游の時代、何論という文体は既に過去のものとなっていた。高麗においても何論業はいつしか廃止されたが、その正確な時点については未詳である。

## 注

（1）『朝鮮賦』（明・董越撰）。士養以類定員、身寄二斎者、皆食二時之稍［成均館常養五百人。毎三歳、以明経取者、謂之生員、以詩賦取者、謂之進士。又自南中東西四学升者、謂之升学。四学避北不敢名、尊朝廷也。生員・進士居上斎、升学居下斎。生員・進士須殿試中者、乃謂之式年、乃入官。否則仍養於成均館。式年、毎三歳、止取三十三人］。／成均国学、負山枕涯、前後殿堂、左右庭階［聖殿在前、明倫堂在後、四学分東西］。官有大小司成、徒有上下寄斎［生員・進士居者曰上斎、升学居

者曰下斎。生員即三歳以明経取者、進士即以詩賦取者、升学即民間俊秀也。又謂之寄斎」。（『朝鮮史料叢刊』第十五、一九三七年、京城、朝鮮総督府）

（2）校生の定義については、『事大文軌』巻二十三、第十八葉裏の注に「校生、即中国生員」と見えている。校生（郷校生徒）は、中国でいえば州県学の生員に当たる、という意味である。（『朝鮮史料叢刊』第七、一九三五年、京城、朝鮮総督府）

（3）『礼記』王制。大楽正、論造士之秀者、以告于王、而升諸司馬、曰進士。［鄭玄注、司馬、夏官卿、掌邦政者。進士、可進受爵禄也。］

（4）朝鮮総督府編『朝鮮語辞典』の司馬試の項に「進士・生員を選抜する試験」とある。

（5）『谿谷慢筆』（朝鮮・張維撰）巻一。王制、大楽正、論造士之秀者、以告于王、而升諸司馬。解之者曰、司馬掌爵禄。入仕者皆司馬主之。按、今以生員・進士、謂之司馬者、本此。然周之造士者、已自郷学而升于国学、此与今之生進同。而所謂升諸司馬者、自国学而登仕者、猶今之登科出身也。然則我国称生進為司馬、蓋倣古而未詳者也。（『韓国文集叢刊』第九十二冊所収、一九九二年、ソウル、民族文化推進会）

（6）本章の課題と特に密接な関連を持つものとして、次の諸研究がある。宋俊浩『李朝生員進士試の研究』（一九七〇年、ソウル、大韓民国国会図書館）／許興植『高麗科挙制度史研究』（一九八一年、ソウル、一潮閣）／朴龍雲『高麗時代蔭叙制と科挙制研究』（一九九〇年、ソウル、一志社）／李成茂『韓国の科挙制度』（改正増補版、一九九四年、ソウル、集文堂）／曹佐鎬『韓国科挙制度史研究』（一九九六年、ソウル、汎友社）／池内宏「高麗朝の学芸」（朝鮮の文化（下篇）、『満鮮史研究』近世篇所収、一九七二年、東京、中央公論美術出版）／周藤吉之「高麗初期の科挙制と宰相との関係——宋の科挙制との関連において——」（『高麗朝官僚制の研究』第三章、一九八〇年、東京、法制大学出版局）／柳洪烈「麗末鮮初の私学」（『青丘学叢』第二十四号、一九三六年、京城、青丘学会）。同「朝鮮に於ける書院の成立」上・下（『青丘学叢』第二十九、第三十号、一九三七、三九年、京城、青丘学会）／李成茂「鮮初の成均館研究」（『歴史学報』第十六輯、一九六一年、ソウル、歴史学会）／李光麟「鮮初の四部学堂」（『歴史学報』第三十五・三十六合輯、一九六七年、ソウル、歴史学会）／申奭鎬「李朝初期の成均館の整備とその実態」（『大東文化研究』第六・七合輯、一九七〇年、ソウル、成均館大学校大東文化研究院）／柳浩錫「高麗時代の国子監試に対する再検討」（『歴史学報』第一〇三輯、一九八四年、ソウル、歴史学会）。同「高麗時代進士の概念に対する検討」（『歴史学報』第一二一輯、一九八九年、ソウル、歴史学会）

（7）『礼記』学記。古之教者、家有塾、党有庠、術有序、国有学。陳澔（礼記集説）注、天子所都、及諸侯国中之学、謂之国学、以教元子・衆子、及卿大夫士之子、与所升俊選之士焉。

（8）『高麗史』巻七十六、百官志一、成均館条、参照。

（9）『唐国史補』（唐・李肇撰）巻下。進士為時所尚、久矣。……得第、謂之前進士。／『資治通鑑』巻二百五十三、唐紀六十九、僖宗・広明元年三月辛未条、胡三省注。進士及第而於時無官、謂之前進士。

（10）『日知録』（明・顧炎武撰）巻十六、進士。進士、即挙人中之一科。其試於礼部者、人人皆可謂之進士［唐人未第称進士、已及第則称前進士］。

（11）『高麗墓誌銘集成』第四版、金龍善編著（二〇〇六年、春川、翰林大学校出版部）

（12）『高麗史』巻七十三、選挙志一、科目一、凡選場、文宗十年四月条。尚書右僕射李令幹、知貢挙、取進士、覆試、賜乙科李幹方等二人、丙科四人、同進士七人、恩賜二人、明経四人及第。

（13）前進士については、この他にも「前進士申克貞」（『東文選』巻八十三、万徳山白蓮社静明国師詩集序、林桂一撰）、「父、前進士中善」（『東文選』巻一百一、裴烈婦伝、李崇仁撰）などの用例を指摘することができる。これらも恐らくは科挙試の及第者（より正確には及第者で未任官のもの）を意味するのであろう。

（14）『新唐書』巻四十四、選挙志上。唐制、取士之科、……由学館者曰生徒、由州県者曰郷貢、皆升于有司而進退之。

（15）『東人之文・四六』巻六、教書、及第放榜（辛丑）、金成概。又、金富弼。／前者は李子淵が知貢挙であるから文宗五年のもの（辛丑は辛卯の誤り）、後者は任懿が知貢挙、朴景綽が同知貢挙であるから睿宗二年の放榜である（『高麗史』巻七十三、選挙志一、科目一、凡選場条、参照）。

（16）『高麗史』巻七十三、選挙志一、科目一、顕宗十五年十二月判。諸州県千丁以上、歳貢三人、五百丁以上二人、以下一人、令界首官試選。製述業則試以五言六韻詩一首、明経則試五経各一机、依例送京。国子監更試、入格者、許赴挙、余並任還本処学習。如界首官、貢非其人、国子監考覈科罪。
（『唐令拾遺』選挙令、復元第二十条に「諸貢人、上州歳貢三人、中州二人、下州一人。必有才堪者、不限其人数。具申送之日、行郷飲酒礼、牲用少牢、歌鹿鳴之詩」とあるから、右の歳貢額は唐制を参照したものと考えられる。）

（17）『高麗史』巻七十三、選挙志一、科目一、睿宗十一年十一月判。諸業挙人、十一月始、明経為先、選取。進士則明年二月、昼夜平均時選取。諸生行巻・家状、及試官差定諸事、都省及枢密院・国子監、敬稟施行。諸業初挙、及一度停挙者、依式問覈。連次赴挙者、只考家状痕瑕、赴挙。遭父母喪者、属部坊里典、及本郷其人・事審官処、問覈、二十七朔已満、則考家状痕瑕、赴挙。凡姓名記録、進士則限十二月二十日（家状・行巻）終、明経以下、則限十一月終。限外雑暇已満者、及因公出使、限内不及上京者、試日為限、（家状・行巻）修送貢院。

(18)『朝鮮王朝実録』太祖五年五月壬戌条。礼曹申、「請生員試、自今試疑義各一道、取一百人、依前朝進士例、簾前放榜、三日成行、以勧後生向学之心。其貢生、令成均正録所、講四書業経、方許記名赴試。」上許之。

(19) 本書附篇、参考論文第一「国子監試に関する諸説の検討」、参照。

(20)『高麗史』巻一百九、李穀伝。抑彼風俗、寧使男異居、女則不出。若為秦之贅壻然。／『朝鮮王朝実録』太宗十五年正月甲寅条。礼曹上服制式。啓曰、「前朝旧俗、婚姻之礼、男帰女家、生子及孫、長於外家。故以外親為恩重、而外祖父母・妻父母之服、倶給暇三十日。至本朝、尚仍其旧、親疎無等、実為未便。乞自今、外祖父母、大功、給暇二十日。妻父母、小功、十五日。」従之。前此、命礼曹、議親迎之礼。礼曹詳定以聞。然事竟不行。

(21)『高麗史』巻一百五、鄭可臣伝。鄭可臣、字献之、初名興、羅州人。父松寿、郷貢進士。可臣、生而穎悟、読書作文、頗為時輩所推。嘗随僧天琪来京、貧窮無依、寄食天琪。天琪憐之、求贅富家、無応者。太府少卿安弘祐許之。約既定、後悔曰「吾雖貧士族、豈可納郷貢子。」未幾、弘祐死、家日貧、乃許。天琪執可臣手、徒歩而往。一老嫗迎門、然薪照之、草屋数間而已。天琪帰且哭曰、「噫、鄭生至於此耶。」

(22)『高麗史』巻七十三、選挙志一、科目一、仁宗十八年閏六月条。中書門下奏、「明法業、但読律令、其登科甚易。且於外叙、必六経州牧、実為出身捷徑。縁此、両班子弟及貢士、求属者漸多。製述・明経両大業、及医・卜・地理業、国家所不可廃、而今赴挙者少。今後明法業出身者、清白為公、政誉著聞、方許擢用、仍禁貢士求属是業。」

（右の史料では郷貢進士（及び郷貢明経・郷貢明法、等）を総じて「貢士」と呼んでいるが、これらは「両班子弟」とは明確に区別されていることに注意しなければならない。いわゆる「貢士」は「両班子弟」以外の、主として郷吏家門の子弟によって構成されていたのである。）

(23)『高麗墓誌銘集成』一二〇、呉元卿墓誌銘。次子允赫、□（米）（未）中、赴成均試、得進士名。

(24)『高麗史』巻七十四、選挙志二、学校、成宗十一年十二月条。教有司、相得勝地、広営書斎学舎、量給田荘、以充学糧。又創国子監。／『高麗史節要』巻二、成宗十一年十二月条。下教、立国子監、給田荘。

(25)『高麗史節要』巻五、文宗二十二年九月条。守太師・中書令致仕崔沖、卒。……自顕廟中興、干戈纔息、未遑文教。冲収召後進、教誨不倦。諸生塡溢門巷、遂分九斎、曰楽聖・大中・誠明・敬業・造道・率性・進徳・大和・待聘。謂之侍中崔公徒。凡応挙者、必先隷徒中、学焉。……自後挙子、亦皆隷名九斎籍中、謂之文憲公徒。又有儒臣立徒者十一、世称十二徒。冲徒為最盛。東方学校之興、蓋由冲始。時謂海東孔子。

(26)『高麗史節要』巻八、睿宗十四年七月条。詔広設学舎、教養諸生。置儒学六十人、武学十七人、以近臣管勾事務、揀択名儒、為学官・博士、講論経義。国初、肇立文宣王廟于国子監、建官置師。至宣宗、将欲教育而未遑。王鋭意経術、文風稍振。

(27)『高麗史』巻八十一、兵志一、兵制、靖宗八年判に「国子監諸業学生、年壮不成才者、充光軍。」とあり、また『高麗史節要』巻五、文宗十七年八月条に「制曰、国子監諸生、近多廃業、訓導不至、責在学官。自今精加勉励、至年終、当校臧否、定去留。儒生在監九年、律生六年、荒昧無成者、並令屛黜。」とあるから、高麗初期の国学（国子監）においても学生の教育が全く行われていなかったわけではない。

(28)『高麗史』巻七十三、選挙志一、科目一、靖宗二年七月判。生徒入学満三年、方許赴監試。

(29)『宋史』巻一百五十七、選挙志三。天章閣侍講王洙言、「国子監毎科場詔下、許品官子投状試芸、給牒充広文・太学・律学三館学生、多致千余就試。試已、則生徒散帰、講官倚席、但為游寓之所、殊無肄習之法。居常聴講者、一二十人爾。」迺限在学満五百日、旧已嘗充貢者止百日、本授官会其実、京朝官保任、始預秋試。毎十人、与解三人。……後諫官余靖、極言非便、遂罷聴読日限。

（右の条の引用は、宮崎市定「宋代の太学生生活」（『宮崎市定全集』第十巻所収、一九九二年、東京、岩波書店）の校勘による。）

(30) 柳洪烈「麗末鮮初の私学」（『青丘学叢』第二十四号、一九三六年、京城、青丘学会）

(31)『高麗史』巻七十三、選挙志一、科目条、仁宗二十年二月判。東堂・監試、赴挙諸生、須赴冬夏天都会、許録姓名。在外生徒、各於界首官郷校都会給状、赴試。

(32)『高麗史』巻七十四、選挙志二、私学、仁宗十一年六月判。各徒儒生、背曾受業師、移属他徒者、東堂・監試、毋得許赴。

(33) 礼部試の受験生は録名に際して行巻・家状を提出しなければならなかったが、このうち「行巻」というのは、具体的には

「都会」に提出した習作の詩文のことをいうのであろう。
(34)『高麗史』巻七十四、選挙志二、私学、仁宗十七年六月判。東堂・監試後、諸徒儒生、都会日時、国子監知会、使習業、五十日而罷。曾接寺三十日、私試十五首以上製述者、教導精加考覈、各其名下、注接寺若干日、私試若干首、論報、方許赴会。諸徒教導、不離接所勧学者、学官有闕、為先填差、以示褒奨。
(35)『石灘集』(『高麗名賢集』五、所収)附録、榜目。
(36)同右。
(37)朝鮮総督府編『朝鮮語辞典』の「監試」の項、参照。
(38)『唐六典』巻二十一、国子監、国子博士条。国子博士、掌教文武官三品已上及国公子孫、従二品已上曾孫之為生者。／同、太学博士条。太学博士、掌教文武官五品已上及郡県公子孫、従三品曾孫之為生者。／同、四門博士条。四門博士、掌教文武官七品以上及侯伯子男子之為生者、若庶人子為俊士生者。
(39)『高麗史』巻七十四、選挙志二、学校条。仁宗朝、式目都監詳定学式。国子学生、以文武官三品以上子孫、及勳官二品帯県公以上、并京官四品帯三品以上勳封者之子、為之。太学生、以文武官五品以上子孫、若正従三品曾孫、及勳官三品以上有封者之子、為之。四門学生、以勳官三品以上無封、四品有封、及文武官七品以上子、為之。三学生、各三百人、在学以歯序。凡係雑路及工商楽名等賤事者、大小功親犯嫁者、家道不正者、犯悪逆帰郷者、賤郷部曲人等子孫、及身犯私罪者、不許入学。其律学・書学・算学、皆肄国子学。律・書・算、及州県学生、並以八品以（上）〔下〕子、及庶人為之。七品以上子情願者、聴。
(律・書・算、及び州県学生は、底本では「八品以上子」となっているが、唐制と比較すると、これは明らかに「八品以下子」の誤りである。『新唐書』巻四十八、百官志三、国子監の条、参照。)
(40)『宋史』巻四百八十七、外国三、高麗伝に「有国子監・四門学。学者六千人」とあるが、このうち国子監というのは、具体的には国子学と一体化した太学のことを指すであろう。
(41)『高麗史節要』巻七、睿宗四年七月条。取大学崔敏庸等七十人、武学韓子純等八人、分処七斎。周易曰麗沢、尚書曰待聘、毛詩曰経徳、周礼曰求仁、戴礼曰服膺、春秋曰養正、武学曰講芸。
(42)『高麗史節要』巻八、睿宗十四年秋七月条。詔広設学舎、教養諸生、置儒学六十人、武学十七人、以近臣管勾事務、揀択名儒、為学官・博士、講論経義。国初、肇立文宣王廟于国子監、建官置師、至宣宗將欲教育而未遑。王、鋭意経術、文風稍振。

(43) 貴族の子弟を「国子」という。たとえば『漢書』巻二十二、礼楽志には、「国子者、卿大夫之子弟也」とある。国子監は本来この「国子」を収容するための学校であった。

(44) 『高麗史節要』巻九、仁宗八年七月条。国学諸生、詣闕上書曰、「臣等竊聞、御史台奏、『国学養士太多、供給甚費、請簡留行修業成者若干人、余悉出之。』臣等上為国家惜之。夫崇学育才、乃理国之本。自三代而下、先王之政、必以是為先務焉。蓋知所本也。昔我孔子、雖不得位、周流四方、猶養三千之徒。唐韓文公、謫守潮州、潮下州也、猶曰、『州学廃久、不聞業成貢于王庭。亦郡之恥也。』乃命趙徳秀才、掌州学以聚生徒、出己俸以給廚饌。況我国家、奄有三韓、既富而庶、興学校、育人材。風俗文物、一変而至道。今国家生徒、其数不過二百人。有司以為費財、而欲削之。豈吾君尊道崇儒之意歟。且仏氏寺観、周遍中外。斉民逃役、飽食逸居者、不知其幾千万焉。有司曾不是思、而反欲詘補世之道、非公言至論也。願陛下却而不用。」従之。

(45) 高麗における「月書季考」の実態については未詳であるから、参考までに北宋の制度を掲げておく。

『宋会要輯稿』第七十五冊、職官二十八、国子監条所引、哲宗正史職官志。凡諸生之隷于太学者、分三舎、斎長・諭、月書其行芸于籍、行誼率教不戻規矩、芸謂治経程文。季終考於学諭、十日考于学録、二十日考于学正、三十日考于博士、又三十日考於長貳、歳終取外舎生百人、内舎三十人、校定奏聞、以俟覆試、視其校定之数、参験而叙進之。凡私試、孟月経義、仲月論、季月策。公試、初場以経義、次場以論策。試上舎、如省試法。凡内舎行芸、与所試之等、倶優者、為上舎上等、取旨、命以官。一優一平為中、留俟殿試。一優一否、或倶平、為下、留俟省試。惟国子生、不預考選。

ただし、右の制度が高麗でもそのまま行われていたわけではない。特に「三舎法」が高麗でもそのまま施行されていたとは思われないが、少なくとも「月書季考」という言葉は、当時の国学（太学）に関わる成語として、高麗の墓誌資料にも二三の用例を残している（『高麗墓誌銘集成』一二三、李公升墓誌銘。一二九、晋光仁墓誌銘。一四四、柳公権墓誌銘、等）。

(46) 『高麗史』巻七十三、選挙志一、科目一、仁宗十四年八月条。中書門下奏、国学諸生、行芸分数、十四分以上、直赴第三場、十三分以下・四分以上、赴詩賦場。／同、毅宗八年五月条。又国学生、考以六行、積十四分以上者、許直赴終場、不拘其額、仍除三場連巻法。

(47) 『高麗史』巻七十三、選挙志一、科目一、睿宗十四年条。東堂始用経義。

(48)『宋史』巻一百五十五、選挙志一、科目上。神宗篤意経学、深憫貢挙之弊、……於是改法、罷詩賦・帖経・墨義、士各占治易・詩・書・周礼・礼記一経、兼論語・孟子。毎試四場、初大経、次兼経、大義凡十道［後改論語・孟子義各三道］。次論一首、次策三道。礼部試即増二道。中書撰大義式頒行。

(49)『高麗史』巻七十三、選挙志一、科目一、仁宗十七年十月条。礼部貢院奏、范仲淹云、先策論以観其大要、次詩賦以観其全才、以大要定其去留、以全才升其等級、斯択才之本、致理之基也。我朝製述業、於第三決場、迭試策論之無着韻偶対者、因此詩賦学、漸為衰廃。今後初場試経義、二場論策相逓、三場詩賦、永為格式。且国学未立前、初場試以貼経、立学以後、兼試大小経義、挙子難之。今後除兼経義、只試本経義。

（右に「立学」というのは、睿宗十四年における新国子監の建立を指す。）

(50)『高麗史』巻七十三、選挙志一、科目一、毅宗八年五月条。更定。初場、迭試論・策、中場試経義、終場試詩賦。又国学生、考以六行、積十四分以上者、許直赴終場、不拘其額、仍除三場連巻法。

(51)『高麗史節要』巻九、仁宗八年六月条。国学奏、「近年以来、明経寖衰。宜選取三十人以下、入学養育、兼差教導官、参上参外、各一員、以勧学。」従之。

(52)前掲注(44)、参照。

(53)同右。

(54)『朝鮮王朝実録』太宗十一年十一月癸酉条。礼曹上外学制。啓曰、……成均常養百人、如有其闕、本曹官同成均館員、詣学堂講所、読三処通者、升補。……従之。／『朝鮮王朝実録』世宗十三年三月丙子条。中部教授官鄭宗本、上書曰、「……毎式年取士之後、生員額数不充、称升補・寄斎、別取五六十人、以充国学、並与生員養育。……」

(55)本書附篇、参考論文第一「国子監試に関する諸説の検討」、参照。

(56)『朝鮮王朝実録』世宗十三年三月乙亥条。中部教授官鄭宗本上言。……前朝之季、赴生員試者、僅百有余人、而其不中者、或十有余人、或五六人、或二三人。則不中者、不満百分之一二矣。

(57)『石灘集』附録の恭愍王九年文科及第榜目に見える国学斎生は次のとおり。
服膺斎生申仁甫、年三十七、本鵝州。父、令同正弘。祖、令同正守。曾祖、令同正留安。外祖、戸長朴杉、本蔚州。

経徳斎生文益漸、年三十、本江城。父、及第叔宣。祖、奉翊大夫・三司右使・文翰学士致仕允恪。曾祖、検〔校軍〕器監克倹。外祖、令同正趙珍柱、本咸安。

このうち申仁甫の四祖は下級官人（令同正）と郷吏（戸長）によって占められており、文益漸（綿種の将来者として著名）の四祖も祖父以外は下級官人（及第、検校軍器監、令同正）によって占められている。いずれも文武五品以上の貴族の子弟、いわゆる「国子」とは程遠い存在である。

(58) 通説では国子学・太学・四門学を宋代の三舎法における「内舎」に比定し、六斎を「上舎」に比定して、この「内舎」から「上舎」への昇級試験として「升補試」が行われていたと解釈する（李光麟「鮮初の四部学堂」（『歴史学報』第十六輯、一九六一年、ソウル、歴史学会）／李成茂『韓国の科挙制度』改正増補版、一九九四年、ソウル、集文堂、五十〜五十一頁）。しかし、これでは六斎が国学（太学）とは別個に存在したことになってしまう。そもそも高麗の国学には宋代の「三舎法」における上舎生・内舎生・外舎生の区別はなく、史料に「上舎」と見えているのは単に国学の在学生（斎生）のことをその雅称として呼んでいるにすぎない。ただし、『高麗墓誌銘集成』一六九、趙冲墓誌銘には「入大学、考芸累中優等、登上舎。年甫弱冠、擢進士第」とあるから、国学（太学）の内部には正規の斎生（上舎）と、それ以外の予科生（寄斎生）との区別は存在したようである。恐らく、後述する「升補試」の合格者は、朝鮮時代と同様、一旦、「寄斎生」として登録され、そのうえで学業成績により正規の「斎生」（上舎）に進級していたのであろう。

(59) 『高麗史節要』巻十九、元宗十三年六月条。置東西学堂、以判秘書省事金軌、尚書左丞宣文烈、為別監。

(60) 『高麗史節要』巻二十二、忠烈王三十年五月条。置国学贍学銭。初、賛成事安珦、憂庠序大毀、儒学日衰、議両府曰、「宰相之職、莫先於教育人材。今養賢庫殫竭、無以資教養。請令六品以上、各出銀一斤、七品以下、出布有差、帰之養賢庫、存本取息、永為教養之資。」両府従之。事聞、王出内庫銭穀以助之。時、有密直高世者、自以武人、不肯出銭。珦謂諸相曰、「孔子之道、垂憲万世、臣忠於君、子孝於父、弟恭於兄者、是誰之教耶。若曰、『我為武人、何苦出銭、以養爾生徒』、則是不為孔子也、而可乎。」世聞之甚慚、即出銭。珦又以余貲、付博士金文鼎、送江南、畫先聖及七十子之像、又購祭器・楽器・六経・諸子史以来。至是、珦請以密直副使致仕李㦃、典法判書李瑱、為経史教授都監使。於是、禁内学館、及内侍・三都監・五庫、願学之士、七管・十二徒諸生、横経受業者、以数百計。

(61) 『高麗史節要』巻二十二、忠烈王三十年六月条。国学大成殿成。初、元耶律希逸、以殿宇隘陋、甚失泮宮制度、言於王新之。至是乃成。王詣国学。忽憐・林元、従之。七管諸生、具冠服、迎謁於道、献歌謡。王入大成殿、謁先聖、命密直使李混、作入学頌、林元、作愛日箴、以示諸生。

(62)『元史』巻八十一、選挙志、科目、仁宗・皇慶二年条。……挙人宜以徳行為首。試芸則以経術為先、詞章次之。浮華過実、朕所不取。

(63)『高麗史』巻七十四、選挙志二、学校、恭愍王十六年条。成均祭酒林樸上言、請改造成均館。命重営国学于崇文館旧址、令中外儒官、随品出布、以助其費。増置生員、常養一百、始分五経四書斎。

(64)『高麗史』巻七十三、選挙志一、科目一、辛禑二年五月条。政堂文学洪仲宣、革林樸所建対策取士之法、復以詩賦取士、罷郷試・会試・殿試。議者非之。／同、五年正月条。諫官上言、玄陵崇信経学、養士取人、近年以来、詩賦取人、専尚詩章、経学漸廃、今後一遵玄陵己酉年（恭愍王十八年、一三六九）科挙之法。／同、十二年五月条。李穡知貢挙、復用策問、厳立禁防、挙子年未満二十、不許赴挙。

(65)『朝鮮王朝実録』太祖四年十二月丙申条。礼曹詳定科挙式。始以講経書為初場、罷進士為生員試。上従之。／同、世宗十七年九月乙未条。知成均館事許稠等上疏曰、「……謹按『経済元典』、『式年科挙、必須通五経者、乃許赴試、宜令成均館、分四書五経斎、増広生徒、敦加講勧、其試講之法、……至子午卯酉年、成均館報礼曹、礼曹啓聞、令成均館・漢城府、外方各道監司、将上項通四書五経者、以前定額数試取。四書各講一章、五経各講一章、為初場。表論古賦中出三題、為中場。経史・時務中出策問、為終場。通考第其高下、其中者、許令入赴会試、試取如前例、取三十三人、赴殿試、更試策問一道、第其高下。其通四書五経而二挙不中者、程文雖不中律、亦許入格。』……。」／同、二十三年七月乙卯条。臣等謹按『経済六典』、洪武二十八年（太祖四年、一三九五）十二月日礼曹受判内、節該、『式年科挙、必須通五経者、乃許赴試。宜令成均館、分四書五経斎、増広生徒、敦加講勧、……（以下ほぼ同文）』。

なお、太祖元年には次のように科挙式を定めているが、この科挙式は実際には施行されていない。

『朝鮮王朝実録』太祖元年七月丁未条。一、文武両科、不可偏廃、内而国学、外而郷校、増置生徒、敦加講勧、養育人才。其科挙之法、本以為国取人、其称座主門生、以公挙為私恩、甚非立法之意。今後、内而成均正録所、外而各道按廉使、択其在学経明行修者、開具年貫三代及所通経書、登于成均館長貳所、試講所通経書、自四書五経通鑑已上通者、以其通経多少、見理精粗、第其高下、為第一場、入格者、送于礼曹。礼曹試表章古賦、為中場。試策問、為終場。通三場相考、入格者三十三人、送于吏曹、量才擢用。監試革去。其講武之法、主掌訓錬観、以時講習武経七書及射御之芸、以其通経多少、芸能精粗、第其高下、入格者三十三人、依文科例、給出身牌、以名送于兵曹、以備擢用。

(66)『朝鮮王朝実録』世宗十七年九月乙未条。知成均館事許稠等上疏曰、「……謹按『経済元典』、……臣等窃謂、……分斎読書之典、雖在令甲、而未嘗挙行。」

(67)『朝鮮王朝実録』太祖五年五月壬戌条。礼曹申、「請生員試、自今試疑義各一道、取一百人、依前朝進士例、簾前放榜、三日成行、以勧後生向学之心。其貢生、令成均正録所、講四書・業経、方許記名赴試。」上許之。

(68)同右。

(69)『朝鮮王朝実録』世宗十三年三月乙亥条。中部教授官鄭宗本上言、「……前朝之季、赴生員試者、僅百有余人、而其不中者、或十有余人、或五六人、或二三人。則不中者、不満百分之一二矣。……姑以臣所見言之。臣辛巳年（太宗元年、一四〇一）、幸中生員試。其時赴試之士、僅五百余人。先進之士、皆云、人材之盛、比前朝、不啻倍蓰。戊子年以後、取士之際、人材倍出、足千余人、有司眩於試取。其後立生員郷試之法、自癸卯・丙午・己酉年間、人材益盛。赴漢城試者、或千余人、或千数百人。慶尚道赴郷試者、臣雖不親見、人皆云、亦不下千余人。以此較諸道之士、則幾至四五千人。然而充郷・漢城試者、但五百余人、中生員試者、纔一百人、何独約其数、如此之小乎。……」

(70)『朝鮮王朝実録』太宗十四年正月乙未条。始行生員漢城試・郷試之法。用全州教授官鄭坤之言也。先是、権遇為大司成、嘗建此議、河崙深以為然。至是乃行之、依科挙額数、加二倍。

(71)『朝鮮王朝実録』太宗三年三月庚辰条。司諫院進時務数条。従之。疏略曰……。一、……国家因両京遷徙、廃学于十年。及殿下践祚、即命攸司、修葺学宮、聚養生徒。可謂知明人倫之本矣。然而入学生員、未満数十、教之之術、未得其当。其与州県之学異者、幾希。

(72)『朝鮮王朝実録』太宗十七年閏五月己巳条。先是、京中豪勢子弟、幸中生員試、居館未幾、憚其居処飲食之未適其意、因父兄之蔭、皆欲従仕。其在外方者、或聚或散。間有志学之士、皆郷曲寒生、恒居於館、往往得風湿之疾、故人多厭之。其居館者、常不満三四十。上軫慮、命攸司、作埃於斎之一隅、以為患病者休養之所。又使医員（胗）〔診〕候療薬。其養士之方備矣。及其科挙之時、尚不満館試之数。今礼曹並立円点之法、蓋欲令生員皆居館也。

(73)『朝鮮王朝実録』太宗十七年閏五月己巳条。礼曹上科挙之法。……。一、赴試生員、考其居館円点、満三百者、許赴館試及郷試。至会試、有分数相等者、考其円点多者取之。其有既経式年而遭喪、終制願赴試者、考其所居官文、勿論円点多少、皆許赴試。一、諸道赴郷試者、所居官守令、具年甲・本貫・所通経書。生員則須考成均館円点明文、満三百者、報都観察使、移文都会所、方許赴試。一、生員不満円点数、欲赴試而敢撃申聞鼓者、不赴本道郷試、而赴他道者、掌試員不考満三百点明文、及不禁用燈燭者、並以教旨不従論。／同、世宗即位年十二月戊子条。上問曰、「科挙円点之法、何以設乎。」卞季良・許稠等対曰、「生員食学廩両時者、為円点。生員不楽居斎、故立此法、満三百点、然後許令赴試。」

(74)『朝鮮王朝実録』太宗十七年閏五月己巳条。礼曹上科挙之法。……。一、赴試生員、考其居館円点、満三百者、許赴館試及郷試。至会試、有分数相等者、考其円点多者取之。其有既経式年而遭喪、終制願赴試者、考其所居官文、勿論円点多少、皆許赴試。／同、世宗四年十二月戊子条。全羅道観察使啓、「有老病父母生員等、為本郷学長、教訓生徒、兼侍親病。今以無円点、未得赴試、其情可矜。勿論円点、請令赴試。」従之。／同、乙未条。礼曹啓、「生員考円点、満三百者、許令赴試、誠勧学之美意也。然其父母年過八旬、及七旬以上、久病臥床、則為子者、暫不離側、奚暇居館。願自今、衆所共知、老病之子、不計円点、許令赴試。」従之。

(75)『朝鮮王朝実録』世宗二十四年八月辛卯条。成均館啓、「親試時、不考円点多少、倶令定限赴試。因此、閑遊廃学者、当親試逼期、則争先赴学、已過則輒散四方、有違勧学之意。」

(76)『朝鮮王朝実録』世宗二十四年八月辛卯条。成均館啓、「……請自今、式年後次年別試、則生員・進士、及升補・承蔭寄斎、満円点一百者、私糧寄斎、満三十点者、許令赴試。又次年別試、則点数加一倍。其円点已満者、雖不及限日、限前二十日内已赴学者、并許赴試。」下議政府議之。齎私糧赴国学者、謂之『私糧寄斎』。
(右によると、生員・進士の就学日数は、一年に一百日、三年で三百日が一つの目安となっていたことがわかる。なお、成均館の予科生(寄斎)には、升補寄斎・承蔭寄斎・私糧寄斎、等の区別があった。)

(77) 宋俊浩『李朝生員進士試の研究』(一九七〇年、ソウル、大韓民国国会図書館)

(78)『朝鮮王朝実録』太宗五年三月丁未条。加漢城試額数為三十、既而罷之。初、成均館上書、「前朝開城試、只取従仕員、故額数只二十。近年以来、非惟従仕員、至於新生員、及京居幼学等、皆赴漢城試。其額数尚循旧制、不無遺材之歎。願依館試例、取三十人。」允之。憲司以郷館試額数、行之已久、成均館擅加十人、越次申請、論罷之。

(79)『朝鮮王朝実録』太宗八年二月庚子条。命増漢城試額数為三十。礼曹上言、「東堂漢城試額数、旧止二十人。今従仕人員、及新生員、赴試者、倍旧。乞依成均館試例、以三十人為額。」従之。

(80)『朝鮮王朝実録』太宗十四年二月甲寅条。放生員試榜。礼曹・成均館、取趙瑞康等一百人。／同、三月庚午条。命監春秋館事南在、同知春秋館事卞季良、芸文館提学金汝知、掌会試、取新生員趙瑞康等三十三人。

(81)「遣閑雑録」(『大東野乗』所収)。世称幼学及第為飛簾。其義未詳。而或曰、未為生員・進士、而為及第者、世以為希貴、故〔放〕榜遊街時、人家撤簾而観之也。

(82)『朝鮮王朝実録』世宗十三年三月乙亥条。中部教授官鄭宗本上言、「……中生員試者、纔一百人、何独約其数、如此之小乎。夫中文科者、将受官職、不可不重其選。約其数、宜矣。若中生員試者、其於甲士・別侍衛・両宮録事・内侍・茶房、布列衆官、何地不充。何独比諸文科、特重其選、約為一百、摧折多士興学之志乎。抑不中生員試、而其年登第者、或出数人、則其不中者、非尽摧頽無用之人。特以百人之数有限故也。此其数少之弊也。……依前朝進士之例、亦設詩賦科一百人、増広生員四百人、則野無遺逸之材、国有利器之用、公道幸甚。……伏惟殿下、恕其狂僭。」命留之。

(83)『朝鮮王朝実録』世宗十年閏四月戊戌条。成均司成鄭坤上書曰、「国家於成均之外、又設四部、而置教授・訓導、州府郡県、亦置教官、俾訓誨之。中外子弟之赴学者、其麗不億也。然取司之額、文科之外、只生員百人而已、中者僅百之一、故在郷校而年満四五十者尚多。向学之心、因以怠惰、舎而従他技者、亦多有之。前朝取士之法、在文科之前者、曰監試、試以詩賦、号曰進士。在文科之後者、曰升補試、試以疑義、号曰大賢。厥後、以生員試代升補試、而監試亦行焉。今学生甚多、而取士之途未広。願復設進士試、試以賦表、以振多士之気。……」命下礼曹、与政府諸曹同議、僉曰。「今生員試、已依前朝進士例行之。且一年之内、並行及第・生員・進士三試、大煩。請依元典。……」従之。

(84)『朝鮮王朝実録』世宗十三年三月乙亥条。中部教授官鄭宗本上言、「……且生員倍数、而国学難養、則可已矣。毎式年取士之後、生員額数不充、称升補寄斎、別取五六十人、以充国学、並与生員養育、則非難於糜費之弊、亦可見矣。」

(85)『朝鮮王朝実録』世宗二十年正月庚寅条。礼曹啓、進士試取時、古賦・十韻詩、挙子須考韻書、聴許挟入。従之。／同、己亥条。礼曹啓、「進士試、但是勧励小子之方。録名時、除講『小学』、『家礼』。唯貢生、依生員試例、考講経書、方許赴試。」従之。／同、二月辛酉条。取進士申叔舟等一百人。／同乙丑条。上御勤政殿、放進士榜、如儀。進士皆服黒団領、冠儒巾、遊街三日、如生員例。

(86)『朝鮮王朝実録』世宗二十一年二月壬申条。議政府拠礼曹呈啓、「国学生、常養二百人。去丁巳年(世宗十九年、一四三七)、因歳凶、省経費、只養一百人、寄斎不許赴学。其後生員・進士・寄斎等、常不満百人、国学虚疎。請又加寄斎五十人。」従之。

(87)『朝鮮王朝実録』世祖五年十月癸酉条。礼曹啓、「成均館、教養人材、風化之地。近年以来、生員・進士等、全不居館。因縁請托、或入成衆官、或差諸邑学長、或詐称親老病、冒受文憑、雖未満円点、安然赴試。非特国学虚疎、猥濫莫甚。……」従之。

(88)『朝鮮王朝実録』世祖五年十一月丁亥条。礼曹啓、「成均館常養生員・進士、元額二百、而毎不満額。故選四学儒生升補、尚未満百、国学虚疎。請二度中生員・進士郷漢城試者、一度中文科郷漢城試者、本曹考各年榜目、移送成均館、令赴学。」従之。

(89)『朝鮮王朝実録』世祖六年九月庚寅条。礼曹啓、「請依前朝之法、於国学置九斎、大学斎・論語斎・孟子斎・中庸斎・礼記斎・春秋斎・詩斎・書斎・周易斎、自大学至周易、以次而升、毎畢読一書、候融貫旨趣、本曹月講時、与成均館堂上・学官・台諫、逐文講究、必義理傍通、句読精熟、然後方升次斎、不得踰越、升至周易斎、已通者、於東西班、量才叙用、毎式年、直赴会試、幸而不中、後式年、亦令直赴。通四書、升礼記斎者、已通者、勿論生員・進士・幼学、序歯。逐文講究時、如有挟私冒濫之弊、則論以式年試取時例。毎式年講経時、講四書、并試『訓民正音』、『東国正韻』、『洪武正韻』、『吏文』。且五経諸史、分於子午卯酉、而子年講礼記・左伝、午年講書・春秋・『宋元節要』、卯年講詩・綱目、酉年講周易・『歴代兵要』、其中五経諸史、自願並講者、聴、依例給分。別試講経、則臨時取旨。」従之。

(90)『朝鮮王朝実録』世祖十一年七月己未条。伝于礼曹曰、「今後、除成均館・四部学堂赴学生夜直。」先是、成均・四部、検察儒生夜直、考其勤慢。儒生居館、累旬不出。雖公卿之子、折気習業。近年以来、刊経唱経、仕出多門、豪家子弟争赴。間有居館者、乗肥衣軽、朝往夕返。其在泮者、率皆避役之徒。至是、又勿令夜直。黌舎日弊、視如逆旅。

(91)『老学庵筆記』巻一。国初、『韻略』載進士所習、有何論一首。施肩吾『及第勅』亦列其所習何論一首。何論蓋如「三傑佐漢孰優」、「四科取士何先」之類。

(92)『高麗史』巻七十四、選挙志二、科目二、崇奨之典、文宗三十年十二月条。是月判。国制、製述・明経・明法・明書算業出身、初年給田。甲科二十結、其余十七結。何論業出身、義理通暁者、第二年給田。其他手品雑事出身者、亦於四年後給田。唯医卜地理業、未有定法。亦依明法書算例給田。

(93)『高麗史』巻七十三、選挙志一、科目一、仁宗十四年十一月判。凡何論業式、真書奏状、小貼喫算。読何論十机、孝経・曲礼各二机、律前後帙各一机。

# 第七章　高麗時代の内侍と内僚

宮中・府中は倶に一体たり[1]――この諸葛孔明（諸葛亮）の格言にも見られるとおり、古来、宮廷勢力と政府組織、すなわち「宮中」と「府中」が互いに調和を保ちながら王権を支えていくことは、王朝権力の安定のための最も大切な要素の一つとして位置づけられてきた。

内朝と外朝、また内廷と外廷というのも、おおむねこの宮中・府中の同義語にほかならない。近代歴史学において王朝国家の権力構造の分析に際し、とりわけ中国古代史や日本古代史の分野においては、この内朝と外朝、また内廷と外廷という分析概念が盛んに援用され、議論されてきたことは周知の事柄であろう[2]。

そもそも「廷」とは宮中における儀礼・議事の場としての「庭（ひろば）」のことを意味しており、そこでは君主の朝政・朝見が行われるから、これを「朝」ともいう[3]。「廷」、「朝」の空間は、大まかに言って君主の私生活の空間である内廷（内朝）と、政治的・公的活動の空間である外廷（外朝）とに二分されるが、この質的に区分された二つの空間において、それぞれ私人としての君主に奉仕する内廷官（宮中勢力）と、公人としての君主に奉仕する外廷官（一般官僚）とは、互いに対立し、補完し合いながら王朝国家の政治を展開していたのである。

この両者の対立・補完の関係を明らかにすることは、古くから官僚制度が高度に発達してきた東アジアの歴史世界において、その国家体制や政治制度の特質を解明するための最も基本的な課題の一つといってよいであろう。宮中・府中の関係は、詰まるところ、君主がその権力基盤を内廷・外廷のいずれにおくかによって左右される。それは君主の個人的な資質や性格によっても左右されると同時に、本質的には王朝権力を取り巻くそれぞれの時代の政治的・社会的な条件によって、いっそう強く規定される問題であるといってよいであろう。

高麗王朝の場合、初期の王権の基盤は羅末麗初における地方豪族勢力の連合体のうえに構築されていた。(4) また高麗国王の意思決定は、かつての地方豪族勢力の再編である外廷の一般官僚層、とりわけ「文武三品以上」の最上級官人層の協賛の意思に基づいて行われていた。(5) ところが、こうした王権と臣権との協調——言い換えれば、内廷勢力と外廷勢力とのバランス——は、毅宗二十四年（一一七〇）に起こったいわゆる「武臣の乱」を境として、高麗後期に入ると著しく変質をきたしていく。

もちろん武臣の乱それ自体は、毅宗という君主の個人的な性格——その享楽的な生活態度——によって惹き起こされた一つの偶発事にすぎないということもできるであろう。しかし、こうした王権による逸脱行為——権力の濫用ないし私物化——の背景には、そもそも高麗前期において王朝権力の安定を支えてきた外廷勢力と王権との協調関係が、たとえば「李資謙の乱」（一一二六）や「妙清の乱」（一一三五）などによって、もはや修復しがたいまでに破綻しつつあったという現実がある。

毅宗はその生来の享楽的な性格もさることながら、この失墜しつつある王権を支えるための新たな権力基盤として、特に内廷勢力としての内侍や牽龍軍を重用したが、このように内廷の勢力を重視する傾向は、毅宗のみならず、武臣の乱以降における高麗後期の歴代国王においても、多かれ少なかれ、ほぼ共通して認められる。

高麗後期の王権は、前期のそれに比してますます専制的な性格を強めていくが、それは君主の私的な権力基盤——具体的には内廷に奉仕する宦官・内豎などの内僚勢力——が、ますます肥大化していく過程であると同時に、これに対抗して外廷においても官僚勢力を結集させるための新たな政治秩序——朱子学の理念に基づく「流品」の秩序——が、次第に再構築されていく過程でもあった。
本章ではこうした時代的趨勢を展望するための視座として、特に高麗後期における宦官・内豎などの内僚勢力の伸長に着目する。そうしてこれを「宮中」という空間の、できるだけ具体的な構造分析に即して考察したい。

## 第一節　内廷と外廷

内廷とは君主の私生活の空間であり、その公的活動の空間である外廷とは質的に区別される。ただし、その区別はあくまでも相対的なものであるから、どこからどこまでが外廷で、どこからが内廷という線引きは、実際には必ずしも固定的なものではない。王宮において執り行われる諸儀礼の場面場面に応じて、本来内廷に属する空間が事実上の外廷として利用されていることも少なくないが、それでも一応の区別を立てておくことは必要であろう。

高麗時代の儀礼制度は毅宗朝に崔允儀らの定めた『古今詳定礼』によって集成され、これが『高麗史』礼志の主要な典拠の一つとなっているが、この礼典の内容は唐の開元礼に倣ったもので、したがってその儀礼空間は唐の開元礼における太極宮・大明宮などの空間構造を下敷きとして定められている(6)。言い換えれば高麗王宮の空間構造それ自体が、唐の太極宮・大明宮などの空間構造を下敷きとして定められているのである。そこでこの節では高麗の宮殿に関する前間恭作氏の業績(7)、また唐朝の宮殿については渡辺信一郎氏の業績(8)を参照しながら、高麗時代における王宮の空間構造と、そこにおける諸儀礼のあり方とを簡単に整理しておくことにしよう。

### (a)　空間の構造

高麗時代の王宮は王京（開京）の西南隅に位置し、松岳を背にしてその南麓に広がっている。王府の東の偏門「広化門」をくぐって西に進むと「昇平門」に至るが、これが王宮の正南門――古典にいわゆる「端門」――である。昇平門をくぐって北に進むと「毬庭」という広場があり、その奥、正面に「神鳳門」（後の儀鳳門）という大門が設けられている。神鳳門は唐制でいえば太極宮の承天門、または大明宮の丹鳳門に当たるが、そこでは主として赦書の宣読など、いわば全臣民を対象とする性格の国家儀礼が執り行われていた。(9) この神鳳門とその門前に広がる毬庭の空間が、ひとまず高麗の「外朝」に相当する。

この神鳳門をくぐってさらに北に進むと、やがて本闕第一の正殿である会慶殿（後の宣慶殿）が現れるが、これは宋朝使節の迎接に用いる外、常礼においては使用しない。その会慶殿からさらに西北に進むと第二の正殿である「乾徳殿」（後の大観殿）が現れるが、この乾徳殿は高麗の「中朝」に相当する。

唐制、「外朝」に相当する太極宮の承天門、及び大明宮の含元殿では元正・冬至の大朝会が行われ、「中朝」に相当する太極宮の太極殿、及び大明宮の宣政殿では毎月朔・望の朝参の儀礼が行われていた。(10) しかし高麗の場合、元正・冬至・節日の朝賀（正至節日朝賀）、及び毎月三回の朝参の儀礼（一朔三大朝賀）は、すべて乾徳殿において行われていたから、(11) 乾徳殿は「外朝」と「中朝」の両方の機能を兼ね合わせていたということができる。そこで前述の神鳳門・毬庭の空間（外朝）と、この乾徳殿の空間（中朝）とを併せて、本章ではこれを高麗王宮の「外廷」として位置づけることにしよう。

国家儀礼を執り行う「外廷」において、乾徳殿はその中心である正殿（正衙）としての機能を果たしていた。ではこの乾徳殿において、具体的にはどのような儀礼が、どのような空間構造のもとに執り行われていたのであろうか。

高麗における諸殿門の名称は、仁宗十六年（一一三八）に全面的に改称されており、このため毅宗朝の『古今詳定礼』に基づく『高麗史』礼志の記載は概ねこの改称以後の名称にしたがっている。このため『高麗史』礼志、「一月三朝の儀」においては、乾徳殿は「大観殿」と呼ばれているが(12)、そこで執り行われる「朝参」の儀礼は、おおむね次のとおりである。

まず国王は大観殿の上に御座を鋪き、その左右には宰臣・枢密などの宰相たちが位する。次に殿庭の東西には左右の侍臣（台諫・侍従）が位し、殿庭の南には「文武群官」が位する。そうしてそれ以外の「文武六品以下」の諸官人は、「文武群官」の後方、大観殿門の外において、いわば間接的に朝儀に参与することになっていた(13)。「文武群官」が殿庭に位し、それ以外の「文武六品以下」の諸官人が殿門の外に位するというこの配置は、その他の諸儀礼においてもほぼ一貫して認められる。ただし、「冊太后儀」などでは「文武三品以下・常参以上」が殿庭に並び、「参外員」が殿門の外に並ぶ配置になっている(14)。したがって、「文武群官」というのは正確には「常参官」を意味し、その中には正言（正六品）、員外郎（正六品）、監察御史（正六品）などの、一部の六品官も含まれていたにちがいない(15)。

また武官については「元正・冬至・節日朝賀の儀」に、

その元正は、諸領の中郎将以下、隊正以上、皁衫冠帯、おのおの衛次を以て毬庭に序立し、山呼を奏し、粛拝して退く（『高麗史』巻六十七、礼志九）(16)。

とあるから、中郎将（正五品）以下の武官は元正の朝賀にのみ、それも神鳳門（後の儀鳳門）の外の「毬庭」において参礼する慣わしになっていたことがわかる。したがって武官については上将軍（正三品）、大将軍（従三品）、将軍（正四品）、摂将軍（従四品）などの四品以上の武官のみが、いわゆる「文武群官」の範疇に該当したと考えることができるであろう。

これを要するに、高麗では文班常参以上、武班四品以上の「文武群官」が、元正・冬至・節日の朝賀、及び毎月三回の朝参の儀礼において、外廷の正殿である乾徳殿（大観殿）の殿庭に序列し、それ以外の諸官人は殿門の外において、もしくは「毬庭」において間接的に朝儀に参与することになっていたのである。

この点については、後代の『朝鮮王朝実録』においても次のように明確に指摘されている。

前朝（高麗）の参外、朝班に入らず。今者の参外は、皆朝列に参ず（『朝鮮王朝実録』太宗十五年八月甲戌条[17]）。

古者、朝参する者は、これを参上と謂い、朝参し得ざる者は、これを参外と謂う（『朝鮮王朝実録』太宗十五年八月戊寅条[18]）。

右の諸史料にも明確に述べられているとおり、高麗時代においては常参以上、すなわち「参上」こそが各種の朝儀の中心であり、常参以外、すなわち「参外」はこれに間接的に参与するか、もしくは全く参与することができなかったのである。

朝政の中心である「外廷」は、正殿である乾徳殿（大観殿）の殿庭を中心として、広い意味ではその殿門外や、神鳳門（儀鳳門）の外の「毬庭」を含む広大な空間として広がっていた。その「外廷」において諸儀礼に参与する「外廷官」も、これと同じように、広い意味では乾徳殿の殿門外、及び神鳳門外の毬庭に序列する「参外」を含んでいる。とはいえ、朝政の中心となるのは、あくまでも乾徳殿（大観殿）の殿庭に序列する「参上」であり、この「常参官」こそが、国王の補佐として朝政・朝儀の中心を担っていたのである。

### (b) 朝参の儀礼

ところで「常参官」というのは、その名のとおり、毎日、国王への朝参を行う権利と義務とを有する官人のことであるが、高麗の場合、それが実際に毎日行われていたかどうかについては疑問がある。たとえば前述の「一月三朝の儀」の条文には、高麗初期の顕宗朝の出来事として、

時座の宮庭湫溢なるを以て、常参官をして五日ごとに一たび見えしむ（『高麗史』巻六十七、礼志九）。[19]

との記録が見えているが、これによれば、常参官の朝参は必ずしも毎日行われていたわけではなく、場合によっては五日ごとに一回行われるにすぎなかったことがわかる。事実、この点については孫穆の『雞林類事』に、

国官は月に六参す。文班百七十員。武班五百四十員。六拝蹈舞して退く。国王、躬身して還礼す（『説郛』巻七所引）。[20]

とあるから、高麗では一月に六回の朝参を行っていたにすぎないことがわかるし、また徐兢の『宣和奉使高麗図経』にも、

大臣は五日ごとに一たび見え、見ゆるごとに、直ちに大堂に至る。余官は則ち朔望の外、四たび王に見え、旨を聴き令を受く（『宣和奉使高麗図経』巻五、宮殿、王府条）。[21]

とあるから、大臣以外の一般官僚の朝参は、朔望の二回と他の四回とを併せて合計六回にすぎなかったことがわ

かる。本来、毎日行うことになっていた朝参の儀礼は、実際には一月に六回行われるにすぎなかったのである。この六回の朝参の内、朔・望の両日とその他不明の一日（晦日？）には外廷の正殿である乾徳殿（大観殿）において朝参の儀礼が行われる。そのことは前述の「一月三朝の儀」によって明らかであるが、それ以外の三回については正殿ではなく、恐らくは内廷の「便殿」において朝参が行われていたのであろう。

内廷の諸殿は君主の私生活の空間であり、それらは総じて「内殿」もしくは「便殿」と呼ばれている。中国唐朝の場合、皇帝は毎日正殿に出御して群臣を朝見し、これを「常参」と称していたが、朔・望の日には父祖の霊前に食事を捧げる薦食の儀礼を行うため、思慕の心が募って、晴れがましく正殿に出御することはできなかった。その場合、皇帝は正殿を避けて便殿に出御するから、正殿の殿庭（外廷）に控えていた群臣たちは、内廷への潜り門である「閤門」を通って便殿の殿庭（内廷）に移動し、ここで皇帝に対する朝参の儀礼を行うことになっていた。この便殿における朝参の儀礼を、正殿のそれに対して「入閤」と称しているが[22]、高麗でもこの入閤の礼が行われていたことは、次の文宗朝の史料によってはっきりと確認することができる。

文宗七年（一〇五三）七月戊午、礼司上言すらく、「乞う、唐制に依りて、閏月の朔ごとに、便殿に御して視朝せられよ」と。制して可とす（『高麗史』巻六十七、礼志九、嘉礼、一月三朝儀[23]）。

前述のとおり、朔日の朝参は本来、正殿である乾徳殿（大観殿）において行うべきものであるが、閏月の朔日については正殿を避け、便殿において「視朝」の儀礼――臣下の側から言えば「朝参」の儀礼――を行うことが定められていた。これは、本来「正殿」で行うべき「一月三朝の儀」を「便殿」で行うことの規定であるが、だとすれば毎月六回の朝参のうち、「一月三朝の儀」以外の三回についても、通常、正殿ではなく便殿において朝参を行っていたと考えておくことが妥当であろう。

実際、朝参の儀礼がしばしば「便殿」において行われていたことは、次の一連の史料を通しても確認することができる。

宣政殿に御す。御史台、奏して時政の得失を論ず（『高麗史』巻七、文宗世家、六年十一月甲辰条）[24]。

宣政殿に御して事を視る。門下侍郎平章事崔奭、金良鑑、中書侍郎平章事柳洪、時政の得失を陳ぶ（『高麗史』巻十、宣宗世家、四年三月庚辰条）[25]。

宣政殿に御して事を視る。崔奭、金良鑑、柳洪、崔思諒、奏して時政の得失を陳ぶ（同年七月壬申条）[26]。

宣政殿に御して朝を聴き、日昃に至る（『高麗史』巻十一、粛宗世家、元年四月癸酉条）[27]。

右の諸史料に見える「宣政殿」（後の宣仁殿）[28]は、正衙・乾徳殿の後方に位置する控えの御殿で、しばしば乾徳殿の機能を代替・補完する役割を果たしていた。たとえば乾徳殿での視朝を終えて正殿を退いた国王が、さらに大臣を引見して国政を議論したのはこの宣政殿であるし、また正殿を避けて内殿において死刑の判決を行う場合においても、その議場として択ばれたのは主としてこの宣政殿であった[29]。

宣政、即ち外朝なり。歳時、その臣属と会飲す（『宣和奉使高麗図経』巻六、宮殿二、長慶殿条）[30]。

本来「内殿」に属する宣政殿を、『宣和奉使高麗図経』がこのように「外朝」として認識しているのは、恐らくそこが正衙・乾徳殿を代替する朝政・朝儀の場として極めて頻繁に用いられていたためにほかなるまい。

元子生まるること三日、王、前・後殿に、視事を除く。第四日に至りて、大観殿において陳設すること、及び拝数は、並びに節日・正・至の賀儀の如くす（『高麗史』巻六十五、礼志七）。(31)

右の「元子誕生賀儀」によれば、国王の長男（元子）が生まれた場合、生後三日間は「前・後殿」における視朝（視事）が停止されることになっている。ここで「前殿」というのは正殿である乾徳殿（大観殿）のこと、「後殿」というのはその後方に位置する便殿のことであるが、それも具体的には主として宣政殿（宣仁殿）のことを意味しているのであろう。

このように宮中の空間は、国王の公的活動の場である正殿（乾徳殿）と、それ以外の私生活の場である便殿（宣政殿、その他）とを中心として、それぞれ外廷と内廷とに二分されていたが、内廷の中でもその第一の御殿である宣政殿は、実際には正殿の機能を代替する朝政・朝儀の場として、事実上の外廷としての機能をも果たしていた。

とはいえ、内廷における朝儀はあくまでも略式の朝儀であり、国王と官僚機構との接点は、原則として乾徳殿（大観殿）を中心とする「外廷」の空間にこそ存在しなければならなかったのである。

## 第二節　国王と内侍

国王と官僚機構との接点は外廷の中心である乾徳殿（大観殿）におかれていたが、これとは別に、官人の一部は内廷に出入する内廷官としても位置づけられ、宣政殿（宣仁殿）その他の内殿（便殿）において、国王に親しく

「起居」を行う権利と義務とを有していた。「起居」とは次の史料に見られるとおり、国王に対して行う略式の挨拶の儀礼である。

鑾駕出宮。……王、赭黄袍を服し、宣仁殿に出御す。禁衛、山呼を奏す。承制以下近侍官、次を以て朝賀し訖り、左右承制、王を引きて大観殿に出御す（『高麗史』巻六十九、礼志十一、嘉礼、仲冬八関会儀）[32]。

大会日坐殿。王、初め宣仁殿に御す。承制以下近侍官、及び後殿官起居し訖り、大観殿に出御す（同右）[33]。

右は仏教儀礼の「八関会」に関する儀注であるが、ここでは毬庭及び乾徳殿（大観殿）の殿庭に伺候する外廷の一般官僚とは別に、「近侍官」ないし「後殿官」と呼ばれる一群の官人たちが、内廷第一の御殿である宣政殿（後の宣仁殿）に伺候して、一般官僚に先立って国王に朝賀し、起居しているのである。

『高麗史』礼志に記載された各種の儀注の内容から判断すると、ここで「近侍官」というのは枢密院の知奏事・承宣（承制はその別名）、及び内侍・茶房などのことをいい、「後殿官」というのは殿中省とその管下の掖庭局・六尚局の官人のことを言うようである[34]。後殿とは前殿である乾徳殿（大観殿）に対して、その後方に位置する宣政殿（宣仁殿）、もしくは内殿一般のことを意味するから、後殿官とはこれらの内殿において国王の私生活に奉仕する一群の官人たちのことを言うのであろう。

前引の史料に見られるとおり、これらの近侍官・後殿官は外廷の一般官僚とは別に、特に内殿（便殿）に出入して国王に起居の礼を行っているが、これは宮中という、いわば国王家の家中の礼であり、一家の主人である国王に対し、家中の使用人である近侍官・後殿官が行う朝夕の挨拶としての意味合いを担っている。したがって、近侍官・後殿官は外廷を構成する官僚機構の一員であると同時に、内廷に出入して国王の私生活に奉仕する国王の私属としての性格をも帯びていたということができるのである。

こうした国王の私属の中でも、とりわけ貴族の子弟や科挙の新及第者によって構成される「内侍」の存在は、宮中勢力の一つとして政治史のうえでも極めて重要な役割を果たしていた。高麗時代の内侍については、すでに金昌洙氏や周藤吉之氏の詳細な研究があるから、[35] ここでは贅言を加える必要はない。ただ本章の課題と関連して検討しておかなければならないのは、内廷における内侍の役割、特に「王命の出納」に際して枢密院承宣房の職掌を内侍がどのような形で補完していたのかという問題である。

高麗前期の文臣のなかには、その官僚生活の初期において内侍に抜擢され、「王命の出納」を掌った事例が少なくない。たとえば金仁存（初名、金縁）は科挙に及第して直翰林院（権務）に任命され、宣宗・献宗・粛宗の三朝に歴事して内侍として奏事を掌っているし、[36] また鄭沆は粛宗朝に科挙に及第して尚州司録に補せられ、秩満ちて直翰林院に任命された後、睿宗に仕えて内侍となり、睿宗十一年（一一一六）、三十七歳の春に「執奏」に任じられて王命の出納を掌っている。[37] さらに裴景誠は睿宗の潜邸時の府吏として、睿宗の即位と同時に内侍に抜擢され、仁宗朝にも引き続き内侍として仕えているが、仁宗元年（一一二三）には試閤門祗候を以て南京少尹に補外され、秩満ちた後、再び内侍に召されて奏事を掌っていた。[38]

これらはいずれも参外官（未常参官）レベルの新進官僚が、内侍に抜擢されて宮中において奏事を掌っていた事例である。こうした内侍による王命の出納は、近侍官の筆頭である枢密院の知奏事・承宣が掌る王命の出納と、相互にどのような形で関係しているのであろうか。

> 日ごとに便座に視事す。ただ茵褥を榻上に施すのみ。国官・親侍、その側に跪列し、王旨を聴受して、次第に伝出す（『宣和奉使高麗図経』巻五、宮殿一、王府条）。[39]

右の『宣和奉使高麗図経』の記述によると、国王は毎日「便座」、すなわち便殿に出御して親しく政務を執っていた。この便座というのは前節にも検討したとおり、具体的には宣政殿（宣仁殿）を指すと見てまず間違いはあるまい。乾徳殿（大観殿）における「一月三朝の儀」とは別に、内廷第一の御殿である宣政殿（宣仁殿）においても毎月三回の常参官の朝参（入閤）が行われていたが、これらの六回の朝参とは別に、国王は官僚機構から毎日送られてくる上奏文を、その日常の業務として宣政殿（宣仁殿）に出御して決裁していたのである。

ところで、国王が宣政殿（宣仁殿）に出御する場合、前述の「仲冬八関会の儀」などにも見られるとおり、承宣をはじめとする「近侍官」は、当然、内廷に召されて国王の側近に伺候していたことであろう。したがって、この場合には知奏事・承宣を差し置いて、内侍が「王命の出納」を掌る必要はない。前引の『宣和奉使高麗図経』に見える「国官」と「親侍」は、それぞれ具体的には承宣及び内侍のことを意味すると思われるが、ここでの内侍は知奏事・承宣の監督のもとに、その補佐役として王命の出納を掌っているにすぎないのである。

しかし、このように国王が宣政殿（宣仁殿）に出御して日常の政務を処理している以外の時間――たとえば日常起居の御殿である「重光殿」その他の内殿において安息している時間においては、「近侍官」たる知奏事・承宣といえども、国王の召命なしにみだりに内殿に足を踏み入れることはできなかった。知奏事・承宣といえば常参官クラスの上級官人であり、国王が上級官人を接見するには、やはりそれ相応の礼式を備えなければならないのである。

そこで国王が宣政殿（宣仁殿）において執務しているとき以外には、知奏事・承宣は格式の低い内侍を使って内廷との連絡を取り、国王もまた内侍を使って外廷に控える知奏事・承宣との連絡を保っていたと考えられる。前述の金仁存、鄭沆、裴景誠などが、内侍として「執奏」に任じられ、奏事を掌ったというのも、具体的には外廷に控える知奏事・承宣と、内廷の国王とを結ぶ連絡係として「王命の出納」を掌ったことを意味しているのであろう。

このように内侍が内殿に出入し、知奏事・承宣が立ち入れない領域において「王命の出納」を掌っていたことは、一面、かれらが宮中勢力の一つとして、枢密院承宣房の監督を離れた独自の権力基盤を形成していく重要な根拠の一つともなった。一体、内侍勢力の専横といえば、毅宗朝におけるそれが最も有名であるが、そうした宮中勢力の伸張は、次の史料に見られるとおり、すでに毅宗の父である仁宗朝においても兆していた。

> 仁宗朝、しきりに国子司業・起居注・知制誥に転ず。郎舎崔梓、宰相金富軾・任元敳・李仲・崔溱等らと上書して時弊十条を言い、閤に伏すること三日にして報われず。皆職を辞して出でず。王、ために執奏官を罷め、諸処の内侍別監及び内侍院別庫を減ず（『高麗史』巻九十八、鄭襲明伝）(40)。

この仁宗朝といえば、李資謙の乱、妙清の乱といった打ち続く政変の結果として、門閥貴族社会の繁栄を支えた外廷の政治秩序――君臣間の協調関係――が次第に揺らぎ始めていた時代である。仁宗が各所に内侍の別監（内侍別監）を派遣し、そこで誅求した財物を内侍院の別庫（内侍院別庫）に貯め込んでいたのは、そうした支配体制の動揺に対する王権の側からの対応として、政府組織（外廷）による干渉を受けない宮中（内廷）の直轄財源を確保しておこうとする意図があったからであろう。しかし国王が外廷を経由することなく、内廷を基盤に直接王権を行使することは、外廷の政治秩序を無視し、君臣権力のバランスを崩す不法な行為である。外廷の宰相たちが一斉にこれに反発しているのは当然であろう。このため仁宗は、そうした財物誅求の王命を出納し、（恐らくは枢密院の知奏事・承宣に諮ることなく）直接これを施行していた内侍の「執奏官」を罷免し、「内侍別監」や「内侍院別庫」を削減しなければならなかった。

宮中勢力による権力の行使は、あくまでも政府組織の監督のもとに行われなければならない。したがって、内侍の出納する王命も、原則としては必ず枢密院の承宣房を経由して施行されることになっていた。しかし、宮中の瑣事についてはこの原則的な手続きは省略され、内侍の「執奏官」が直接各機関に王命を伝達することもあったのであろう。

こうした宮中勢力による直接的な王権の行使は、上述のとおり、仁宗朝には外廷の宰相の反対によって抑制され、ともかくも内廷と外廷との協調関係は維持されていった。しかし、仁宗の後を継いだ毅宗は、この君臣権力のバランスを一気に突き崩してしまう。毅宗はその有名な享楽的生活を通して内侍勢力による権力行使を日常化させる一方、宮中内部においては内侍を中心とする文官寵臣グループと、牽龍軍を中心とする武官寵臣グループとの対立を激化させ、ついには武官寵臣グループのクーデターによって、自らも王位から追放されることになるのである。

## 第三節　国王と内僚

武臣の乱以降、高麗の王権は著しくその権威を失墜した。しかし対モンゴル戦争を主導した崔氏武臣政権が抗戦の長期化に伴う講和論の擡頭のなかで崩壊すると、今度は王室が講和論の主導勢力として再浮上し、元朝皇室との通婚政策を通して次第にその権威を回復していった。そうした全般的な諸変化のなかで、事元期以降に急速に勢力を伸ばしていったのが宦官・内豎などの「内僚」の存在である。

内僚とはその文字どおり、内廷の員僚を意味し、具体的には宮中の掖庭局に所属する宦官・内豎のことを意味している。これと紛らわしいのは前述の内侍であるが、内侍と内僚とは似て非なる存在であるから、まずはこの両者の区別を明確にしておかなければならない。

> 時に大府、内僚の口伝、及び内侍院の伝請を以て、財用殫竭す。注簿有りて、私かに仮貸するも、なお支する能わず、剃髪して僧と為るに至る。周鼎（金周鼎）おもえらく、「祇候尹諧はもと内侍たり、必ず能く伝請を撙節せん。かつ大将軍金子廷、将軍車得珪は内僚の首たり、群豎口伝の弊を抑うべし」と。王に請いて別監と為し、監察別監と与《とも》に大府の歳入を雑考して以てその費を減ぜしむ。後、口伝いよいよ多く、伝請いよいよ繁し。内僚争いて援例し、求めて各司の別坐と為る。これを能く禁ずるなし（『高麗史』巻一百四、金周鼎伝[41]）。

右の金周鼎伝の記述によると、忠烈朝の初期には内廷の財政支出の肥大化に伴い、御用の財貨を掌る大府寺の財源はほとんど枯渇するに至っていた。このとき、国王の支出命令を「口伝」している内僚と、それを「伝請」している内侍とが、それぞれ別個の存在であることは明らかである。おそらく「口伝」とは口頭による王命の伝達、「伝請」とは文書による王命の伝達を意味するのであろうが、ともかく、内侍と内僚とは別個の存在であり、宮中におけるその役割も明確に区別されていたのである。

このうち、内侍は貴族の子弟や科挙の新及第者などの、いわゆる「士流」によって構成されていたが、内僚はそれ以外のある特殊な階層の出身者によって構成されていた。たとえば上述の史料で「内僚の首」として挙げられている金子廷は宦官であるが、そのことは『高麗史』叛逆・金俊伝に、

> 冲、血痕を見て走出せんと欲す。宦者金子廷、その弟子厚をしてこれを殺さしむ。

とある記述によってはっきりと確認できる[42]。宦官のことは一般に内豎ともいうが、上記の金周鼎伝で「群豎」とも呼ばれている「内僚」は、とりあえずは宦官を意味すること——少なくとも宦官を含む存在を意味すること

――は認めてよい。

しかし内僚・内豎という言葉は、実際には必ずしも宦官のみを意味する言葉ではなかった。たとえば『高麗史』仁宗世家の賛には、

初年、宮中の宦寺及び内僚の属、甚だ多し。[43]

とあり、また『高麗史』崔瑩伝には、

寺人・内豎、寵を恃んで縦暴折辱す。[44]

とあって、それぞれ内僚・内豎は宦官（宦寺・寺人）とは区別されている。したがって、内僚・内豎という言葉は、広義には宦官を含みつつ、狭義にはそれと区別されるある特殊な存在を意味したことに留意しておかなければならない。

こうした「宦官」と「内豎」の区別について、これを最も明確に定義しているのは、次に掲げる朝鮮王朝の開国当初の官制であろう。

文武百官の制を定む。……文武流品の外、別に内侍府を置きて宦官の職と為し、掖庭署を内豎の職と為し、典楽署・雅楽署を楽工の職と為す。皆その散官・職事の号を別にし、流品に雑《まじ》らしめず（『朝鮮王朝実録』太祖元年七月丁未条）[45]。

ここでは宦官の職である内侍府と、内豎の職である掖庭署とが、それぞれ独立の官庁として明確に区別されて

いる（ちなみに、内侍は高麗時代には「士流」によって構成されていたが、朝鮮時代には宦官の府を内侍院と称し、士流の内侍院はこれと区別するために内直院と改称されることになるのである）[46]。こうした宦官と内豎の区別は、直接には高麗・恭愍朝の官制改革にまでさかのぼるもので、恭愍王五年（一三五六）にまず宦官の職が改定され、その後、宦官の府である内侍府が組織されて、はじめて掖庭局から分離独立した。それ以前の宦官・内豎はともに掖庭局に所属して、内殿崇班（正七品）、東西頭供奉官（従七品）、左右侍禁（正八品）、左右班殿直（従八品）、殿前承旨（正九品）、殿前副承旨（流外）、尚乗内承旨（流外）、尚乗副内承旨（流外）などの内廷官職、いわゆる「南班職」に就任していたのである[47]。

では、この宦官ならぬ内豎とは一体何者であろうか。そもそも内豎というのは経書にも見える由緒ある言葉であって、『周礼』天官・内豎の条の鄭注にはこれを「童豎（子供の召使い）」と釈している[48]。宦官のことを内豎というのも本来はこの経書の用語に由来するが、後世、中国では宮中の召使いはすべて宦官を用いるようになったから、自然、この言葉も一般には宦官のことを意味するように変化していったのである。

しかし高麗時代、及び朝鮮初期の王宮には、宦官以外にも「小親侍」と呼ばれる一群の少年奴隷が存在し、宮中において国王及び王族の私生活一般に奉仕していた。たとえば『宣和奉使高麗図経』巻二十一、皁隷、小親侍の条の記述によると、

> 小親侍は、紫衣・頭巾、またその髪を被う。けだし宮帷の中に使う所の小童なり。王の貴戚と従臣も、時にまたこれを給す。……その小親侍と為るものは、皆わずかに十余歳。やや長ずれば則ち宮より出だす（『宣和奉使高麗図経』巻二十一、皁隷、小親侍条）[49]。

とあるから、高麗の宮中では十歳程度の少年（小童）が「小親侍」として国王や王族に奉仕していたことがわか

る。また『朝鮮王朝実録』太宗十七年（一四一七）四月己卯条の記述によると、李貴守という人物は太宗朝の世子（譲寧大君）づきの小親侍で、もとは世子の外舅の金漢老の家奴であり、世子嬪（淑嬪）の乳母の所生であったといわれている。[50]恐らくかれは世子嬪の輿入れとともに金家から宮中に入り、小親侍として世子（譲寧大君）に奉仕していたのであろう。しかし、もともとは金漢老の家奴であるから、その身分はもちろん奴隷である。

さらに『朝鮮王朝実録』では「別監」と「小親侍」とが、しばしば対語として現れてくるが、これは成年の奴隷を「別監」といい、未成年の奴隷を「小親侍」といって区別しているのであろう。このうち、別監の員額は『経国大典』では刑典の闕内各差備条に載せられているから、その身分は当然、奴隷である。そうして、小親侍は別監の成年以前の呼称であるから、その身分もまた当然に奴隷でなければならない。

このように、高麗時代や朝鮮初期の宮中では、奴隷身分の少年たちが「小親侍」として多数使役されていた。したがって宦官ならぬ「内豎」というのは、その文字どおり、これらの少年奴隷たちを意味していると考えて、まず間違いはあるまい。

次に、宦官や内豎は「内僚」とも呼ばれているが、それは成長した小親侍（または宦官）が引き続き宮中に留まって、前述の「南班職」を与えられた場合に、これを内廷の員僚、すなわち「内僚」と呼んでいるのであろう。たとえば『高麗史』姦臣、宋邦英伝の記事によると、宋均という人物はもと合徳県の官奴であったが、その後、「内僚」に属して護軍（正四品の武官）にまで昇進している。[51]合徳県の官奴であった宋均は、恐らく小親侍として宮中に貢納され、その後、宮中での奉仕を通して南班職に進出していったものと考えられる。

このように、小親侍として宮中に奉仕する少年奴隷たちのなかには、前述の『高麗図経』の記述とは異なり、成年に達して後も引き続き宮中に留まって、国王や王族の寵愛を背景に「南班職」へと進出していくものが少なくなかった。

　坤成殿の侍婢・親侍は、放良せよ。前に放良せる者は、入仕せよ（『高麗史』巻十二、睿宗世家、三年二月辛卯条）[52]。

右は王太后冊立に際しての恩典の一部で、睿宗の母后である王太后柳氏に仕える「坤成殿」の侍婢・親侍たちは、このとき奴隷身分からの解放、すなわち「放良」を許されている。ここで「親侍」というのは、成年の女奴隷である「侍婢」に対して、未成年の少女奴隷のことをいうのであろう。そうしてこれと同様の恩典は、国王その他の男性王族に奉仕していた少年奴隷、すなわち「小親侍」に対しても、しばしば行われていたにちがいあるまい。

かくして身分の解放を許された少年奴隷たちは、次に官人身分への進出、すなわち「初入仕」を許されることになる。前引の史料に「前に放良せる者は、入仕せよ」とあるのがそれで、いわゆる「入仕」とは王命を受けて官人として出仕すること――具体的には文武の位階（散官）及び同正職を与えられること――を意味している。この場合、解放奴隷たちに与えられる位階は、楽工・雑類に与える位階と同様、陪戎校尉（従九品上）、陪戎副尉（従九品下）などの最下位の武散官であったと考えられる[53]。

こうしてまがりなりにも官人身分（武散官）を獲得した解放奴隷たちは、引き続き宮中に留まって国王や王族に奉仕していくなかで、遂にはその散官の高下に応じて実際の官職（職事官）を獲得することもあった。この場合、解放奴隷であるかれらには、原則として外廷の文武班（流品）に進出することは禁じられていたが、その代り、宮中の掖庭局には前述の「南班職」が設けられていたから、かれらはこの南班職を通して官職に進出し、これによって内廷の員僚、すなわち「内僚」としての地位を獲得していたのである。

高麗時代における小親侍の南班職への進出については、具体的な史料は極めて乏しい。しかし後の朝鮮時代の史料によると、国王（大殿）、王妃（中宮）、王世子（世子宮）などに奉仕する別監・小親侍などの官奴隷には、高麗時代の南班職の後身である掖庭署の左班殿直（従八品）、内班従事（従九品）などといった交替受禄職、いわゆる「逓児職」が与えられている。[54] したがって高麗時代の小親侍についても、かれらの南班職への進出を推定しておくことは充分に可能であろう。

もとより南班職に進出したのは内豎出身の解放奴隷たちだけではない。宦官・金子廷が「内僚の首」と呼ばれていたことに明らかなとおり、宦官もまた「内僚」の中心的な存在であったし、それ以外にも楽工・工匠や注膳・幕士・駆史などの雑類が南班職に任じられていた。この点については曹佐鎬氏の研究に詳しく述べられているとおりである。[55] したがって、内僚のなかには宮中の掖庭局に奉仕する雑多な諸階層が含まれており、必ずしも解放奴隷のみが内僚であったわけではない。

しかし高麗時代の宦官は、（少なくとも前期においては）その数が必ずしも多くはなかったし、[56] 楽工・工匠などは芸能者・技能者として宮中に奉仕しているにすぎない。その意味において、宮中勢力として政治的にも権勢を振るうことになる「内僚」の中心を占めていたのは、やはり内豎出身の解放奴隷たち――幼少のころから宮中において使役され、国王や王族の寵愛を背景として南班職に進出していった一群の解放奴隷たち――であったと考えられる。

## 第四節　王権の変質

南班職に進出した宦官・内豎などの内僚勢力は、本来、その昇進が正七品の「内殿崇班」までに制限されていた。この規定を「常式七品」[57] というが、こうした身分的な制約を打破してかれらが外廷の文武班（流品）、ないしは常参官以上にまで進出していったことは、高麗後期、とりわけ事元期以降の政治史を特色づける極めて重要な変化の一つである。

内僚勢力の政治的進出は、その先駆けとしては毅宗朝における宦官・鄭諴の活動に認められるが、それがさらに活発になっていくのは崔氏武臣政権時代における崔氏の家奴――いわば崔氏の小朝廷（府中）における「内僚」たち――の活動である。こうした「賤系人」の政界進出については、すでに洪承基氏の一連の研究成果[58]に詳しく述べられているとおりであるが、本節では氏の研究成果を踏まえつつ、これを内廷・外廷の権力関係という視角から改めて分析したい。

洪氏が明らかにした武臣政権時代における崔氏の家奴の活動と、事元期以降における王室の家奴、すなわち「内僚」勢力の活動とは、本質的には同一の現象である。これらは高麗後期の政治史において相互に連続性をもつ一連の現象であった。この点を明らかにすることが本節の主たる目的である。

### (a)　崔氏と家奴

そもそも崔氏武臣政権の時代において、歴代の崔氏の家長（初代崔忠献、二代崔怡、三代崔沆、四代崔竩）は、いずれも国王より「諸侯」に封ぜられ、「府」を設けること、すなわち「開府」を許されているが、この歴代の崔氏の「府」――たとえば崔忠献の「晋康府」、崔怡の「晋陽府」等――は、それ自体が一種の「小朝廷」として、太子宮に準じる機構と人員とを備えていた。

そうして、この崔氏の府中もまた内廷と外廷との二重構造を備えており、外廷には典籤・録事などの国家の正規の官職（禄官）のほか、崔氏の権勢を慕って集まってくる文武の「門客」たちが、「書房」、「都房」などの半ば公的な宿衛組織を作って崔氏権力の外郭を構成した。[59]

これに対し、府中の内廷では崔氏の家奴が崔氏一族の私生活一般に奉仕していたが、ここで注意しておかなければならないのは、かれらが単なる私家の奴隷ではなく、制度的には晋康府・晋陽府などの国家機関に属する「内豎」として位置づけられていたということである。したがって、かれらは国王や王族に奉仕する宮中の「内豎」と同様、崔氏への奉仕を通して「南班職」に進出することが可能であった。

前引の『宣和奉使高麗図経』の記述によると、いわゆる小親侍は、

王の貴戚と従臣も、時にまたこれを給す。

とあるから、当時の最高権力者であった崔氏の府中にも、当然、国家より「小親侍」が給付され、ないしは崔氏の家奴に「小親侍」としての待遇が許されていたにちがいない。その一例として、たとえば忠州の官奴の出身であった金義光は、父親の金壮が逃亡して崔氏に身を寄せた縁で崔氏の府中の「内豎」に用いられている[60]。この金義光をはじめとして、崔氏の府中には宮中と同様に数多くの内豎（小親侍）が使役されていたことであろう。

これら崔氏の府中の内豎（小親侍）は、宮中の内豎とほぼ同等の待遇を与えられていたが、そのことは、崔氏の家奴が「諸王・宗室・宮宅」の奴隷と同様に「幞頭」と呼ばれる頭巾を着用することを許されていたことからも確認できる[61]。したがって、崔氏の府中の内豎もまた、国王や王族に奉仕する宮中の内豎と同様、その主人の寵愛や権勢を背景として奴隷身分からの解放（放良）を許され、また官人身分への進出（初入仕）を許されて、遂には南班職へと進出していくことが許されていたのである。

崔氏の府中の内豎――その実態としては崔氏の家奴――に南班職が与えられていたことについては、たとえば次のような実例がある。

上将軍周粛、夜別抄及び内外都房を領し、政を王に復《かえ》さんと欲す。猶余して未だ決せず。殿前李公柱・崔良伯・金俊等七十余人、沆に帰す。粛もまたこれに附し、合番して擁衛す（『高麗史』巻一百二十九、叛逆、崔沆伝）[62]。

右に「殿前」というのは、南班職のひとつである「殿前承旨」（正九品）、もしくは「殿前副承旨」（流外）のことを指すにちがいない。したがって、ここに列挙されている李公柱・崔良伯・金俊らは、恐らくはいずれも内豎出身の解放奴隷であり、かれらは崔氏の寵愛と権勢とを背景に「放良」を許され、「初入仕」を許された後、さらに「南班職」にまで進出して、引き続いて崔氏の府中において崔氏に奉仕していたのであろう。

なかでも注目すべき存在は、後に崔氏政権を打倒して自ら最高権力者の地位に陞った金俊（旧名金仁俊）である。そもそも、かれは崔忠献に身を寄せた逃亡奴隷の金允成の息子であるというから、恐らくは崔氏の家奴として誕生し、幼少のころには内豎（小親侍）として崔氏に奉仕していたこともあったのではないかと考えられる。もっとも青年期のかれは無頼の故に崔氏とは疎遠であったが、その後、崔怡の信任を得、崔怡のボディーガードとしての奉仕を通して「殿前承旨」の南班職を獲得しているのである[63]。

このように崔氏の府中の内豎――その実態としては崔氏の家奴――には国家から南班職が与えられていたが、かれらは崔氏の府中においてその「内廷」を掌握しているだけに、政治的にも少なからぬ影響力を有していた。たとえば前引の史料に見られるとおり、「殿前」の李公柱・崔良伯・金俊らの支持を得たことは、第三代・崔沆による権力世襲の重要な背景になっていたし、またその崔沆の後を襲って第四代・崔竩が権力を掌握した過程においても、「殿前」である崔良伯は府中において崔沆の喪を秘匿し、密かに門客層への根回しを進めるなど、舞台裏において極めて重要な役割を果たしている[64]。崔氏武臣政権時代、とりわけその末期の崔沆・崔竩の時代において、崔氏の府中の内豎（家奴）の勢力は、ますます政治的な影響力を高めつつあったことがわかるであろう。

そもそも崔氏の権力基盤の安定は、崔氏の府中の「外廷」ともいうべき府僚・門客の構成において、文武班の幅広い官人層を結集し得たところに存在する。しかし、その末期にあたる崔沆・崔竩の時代になると、「外廷」の勢力は次第に分裂し、門客相互の対立はますます激しさを増していった。一方、元来が賤妾の所生である崔沆や崔竩は、当初から「外廷」の門客層の支持が薄く、「内廷」の支持基盤である内豎（家奴）の勢力に擁立されて漸く権力の世襲を果たし得たにすぎない。だからこそ、崔沆や崔竩は自己の権力基盤を固める意味で、崔氏の府中の内豎（家奴）たちに、国家の官職を惜しみなく振り撒いていた。

> 崔竩、家奴李公柱を以て郎将と為す。旧制、奴婢大功ありといえども、賞するに銭帛を以てし、官爵を授けず。崔沆政を秉るや、人心を収めんと欲し、始めてその家の殿前の公柱、崔良伯、金仁俊を除して別将となし、聶長寿を校尉と為し、金承俊を隊正と為す。ここに至りて、奴等曰く、「公柱、身三世に事え、年老いて功あり。請う参職を加えよ」と。奴隷の拝参、これより始まる。(65)

前述のとおり、宦官・内豎などの「内僚」勢力の政界進出は、本来「常式七品」の南班職に制限されていた。ところが崔沆はこの原則を曲げて、自らの家奴――制度的に言えば崔氏の府中の内豎――に西班職（武官職）への進出を許し、その息子の崔竩はさらに「参職」（郎将以上）への進出をも許してしまう。

こうして始まった内僚勢力の文武班（流品）への進出は、その後もますます拡大していくことになるが、その最も顕著な実例は前述の金俊であろう。もともと崔氏の「家奴」であった金俊は、その後、主家を打倒してその権力基盤である門客・私兵勢力を継承し、「海陽公」に封ぜられて自らも「府」を開くに至る。次に、その金俊から権力を奪い取った林衍は、「家奴」の出身ではないにしても、もともとは金俊を「父」と仰ぐ関係にあったというから、その私属であったといっても過言ではない。(66)

こうした一連の推移は、この時期における権力の所在が権勢家の府中の内僚勢力、すなわち「家奴」の勢力に置かれていた事実を何より端的に物語っているのである。

## (b)　王室と内僚

次に、武臣政権を打倒して「王政復古」を果たした元宗朝以降の王権もまた、その内実は武臣政権と同様、内僚勢力に依存する度合いの高い、極めて権力基盤の脆弱な政権であった。

(忠烈王)十一年(一二八五)。王、内僚・上将軍金子廷を以て東京副使と為す。公主、王に謂いて曰く、「予聞く、東京はこれ王の母郷なりと。然るか」と。王曰く、「然り」と。公主曰く、「家奴もて邑宰と為すは可なるか。南班人の中外重任に居るを得ること、いずれの代より始まる」と。王曰く、「元廟より始まる」と。公主曰く、「王、まことに元王の子なり」と。王、慚色あり(『高麗史』巻八十九、后妃二、忠烈王、斉国大長公主伝[67])。

忠烈王二年(一二七六)閏三月、僉議府上言すらく、「近ごろ内竪の微賤なる者、随従の労を以て、仕路に通ずるを許され、朝班に混雑すること、祖宗の制に乖く有り。請う、成命を収めよ」と。允されず。国制、内僚の職、南班七品に限る。これを「常式七品」と謂う。もし大功・異能あるも、ただ賞賜を加うるのみ。未だ五六品に至る者あらず。元宗朝、始めてその路を通ず。然れども将軍・郎将を拝する者は、一二に過ぎず。忠烈即位するに及んで、内人の功なき者も、豊官高爵を拝し、腰鞓に黄を帯ぶ。子孫に至りては、台省政曹に通ずるを許さるる者、甚だ多し。別将・散員のごときは、あげて数うべからず(『高麗史』巻七十五、選挙志三、銓注、凡限職条[68])。

右の二つの史料に述べられているとおり、「南班人」、すなわち「内僚」の政界進出は元宗朝(元廟)に始まり、忠烈朝において本格化した。政界に進出した「内僚」の子孫たちは、やがては台省・政曹のような清要職にまで進出するに至ったという。しかし、「子孫」というからには、それは「宦官」の子孫ではあるまい。もちろん、宦官の養子であった可能性はあるが、それよりはむしろ、「内豎」出身の解放奴隷たちの子孫であると考えた方が自然であろう。

こうした内僚勢力の政界進出は、武臣政権崩壊以後の支配体制の再編の過程で、事元期の王権がその権力基盤を「内廷」に求め、宦官・内豎などの「内僚」の勢力に大きく依存していたことを意味している。

> 時に大府、内僚の口伝、及び内侍院の伝請を以て、財用殫竭す。注簿有りて、私かに仮貸するも、なお支する能わず、剃髪して僧と為るに至る。周鼎（金周鼎）おもえらく、「祗候尹諧はもと内侍たり、必ず能く伝請を撙節せん。かつ大将軍金子廷、将軍車得珪は内僚の首たり、群豎口伝の弊を抑うべし」と。王に請いて別監と為し、監察の別監と大府の歳入を雑考して以てその費を減ぜしむ。後、口伝いよいよ多く、伝請いよいよ繁し。内僚争いて援例し、求めて各司の別坐と為る。これを能く禁ずるなし（『高麗史』巻一百四、金周鼎伝、再掲）。(69)

右はすでに検討した史料であるが、ここに示されているとおり、忠烈王時代には内僚（内豎）の「口伝」や内侍の「伝請」を通して内廷の財政支出がますます増大していった。しかし、それは単に国王の奢侈生活を支えるためだけではなく、上国元朝に対する宮廷工作費や、側近勢力に対する賜与の原資としても必要不可欠な支出であった。事元期以降の王権は、こうした内廷財源の拡充を通して、辛うじてその権力基盤を維持することができたのである。

内廷において消費される財貨の出納は、本来、王命の出納を掌る「知奏事」や「承宣」――事元期以降は「知申事」、「承旨」と改称する――の監督の下に行われる。しかし、この時期、知申事・承旨による監督権はほとんど形骸化し、内僚勢力が「王命」と称して財貨の出納を要請すれば、知申事・承旨はこれをほとんど無条件に追認した。

旧制、王旨を受くる者は、必ず先に承旨に関《とお》して可否を酌し、奏してこれを行う。ここに至りて、内僚みな先に王に白す。承旨はただ署押するのみ（『高麗史』巻一百二十三、嬖幸一、李之氏伝）。(70)

　右の状況は、あたかも仁宗朝において内侍の「執奏官」が王命を出納し、国王が内侍別監を通して内侍院の別庫に内廷の直轄財源を溜め込んでいたさまを彷彿とさせる。しかし貴族の子弟や科挙の新及第者などの「士流」によって構成される「内侍」とは違い、「内僚（内豎）」の方はもともと掖庭局に所属する王室の「家奴」であるから、かれらは国王の日常起居の御殿はもとより、夜の御殿である後宮にまで自由に出入する便宜を有していた。そうしてその点にこそ、内僚勢力が内侍勢力とは別個に独自の権力を行使し得る基盤が存在していたのである。

　こうした内僚勢力の専横に対し、本来、これを監督する立場に立つ外廷の政府組織――具体的には近侍官の筆頭としての知申事・承旨――は、かれらが本来行使すべき制度的な規制力をほとんど喪失しつつあったといわなければならない。

　前引、金周鼎伝の記述によれば、「内僚の首」である金子廷（宦官）が大府寺の「別監」に任じられると、これを先例として内僚たちは挙って各司の「別坐」に任じられたという。ここで別監・別坐というのは、それぞれ正規の官職（禄官）以外に設けられた臨時の官職のことで、恐らくは常参官（参上）相当のものを「別監」といい、参外官（未常参官）相当のものを「別坐」といって区別しているのであろう。

　これらの臨時官職は、高麗末期、主として宮司・倉庫などの財務系官庁において盛んに設けられ、宦官・内豎などの内僚勢力がこれに任命されて、かれらの活動が王室財政の拡充の一翼を担っていた。(71) 朝鮮時代、宮中に使役する少年奴隷（小親侍）が、成年後には一般に「別監」と呼ばれているのも、その起源は高麗末に内僚勢力が各司の「別監」に任命されたことにある。「別監」とは正規の官僚組織とは別に、その職務を臨時に代行する官人のことであるが、このことは裏返して言えば、当時の外廷の官僚たちがその本来の職務を喪失し、宦官・内豎などの内僚勢力によって、その権能を奪い取られていったことを意味している。

高麗前期の官制と比較した場合、高麗後期、特に事元期以降における掖庭局の機構が拡大・発展の一途をたどっていったことは歴然としている。一般に高麗の最盛期と称される文宗朝において、「宦者・給事は、数十人に過ぎず」[72]といわれた掖庭局の機構は、その後、恭愍朝には内侍府（宦官）と掖庭局（内豎）とに分離・再編されるが、このうち内侍府（宦官）の禄官ポストは、三品以上が四員、四品以下が十六員で、これに対して三品以上の定員外のポスト（検校職）は実に百一員に達している。[73]それに比べると掖庭局（内豎）の人員はあまり拡大していないように見えるが、その実、掖庭局の内豎たちは、前述のとおり、別将・散員などの西班職に挙って進出していたから、掖庭局の定員それ自体は必ずしも拡大する必要はなかったのである。

このように、高麗事元期以降の王権は、内侍府（宦官）、掖庭局（内豎）などの内僚勢力をその権力の基盤とし、内廷の機構を拡充しながら王権の強化を図っていた。しかし、それは伝統的な君臣間の協調関係を破壊し、内廷勢力（内僚）と外廷勢力（官僚）とのバランスを大きく突き崩す行為でもあった。

かくして破壊された外廷の政治秩序は如何にして再構築されるべきか——その答えは高麗末期における改革派官僚層の擡頭を通して次第に解き明かされることになるであろう。

# 小結

本章では高麗時代における王朝権力の構造を、「内廷」と「外廷」という宮中の具体的な空間構造に即して検討した。高麗の王権は「外廷」を構成する文武の官僚層、特に「朝参」の権利と義務とを有する「常参官」との協調の下にその意思決定を行ってきたが、高麗後期に入ると、こうした君臣間の協調関係は破綻し、権力の比重は「内廷」において影響力を行使する別庁宰枢や内宰枢(74)、もしくは宦官・内豎などの内僚勢力に著しく偏在することになってしまった。

それは権力基盤の脆弱な王権が、ある一部の権勢家と結んで権力基盤の再構築を図り、または内僚勢力を駆使して権力基盤の再構築を図った過程であると同時に、そうした宮中勢力による権力の私物化に対し、外廷の官僚機構が王権に対する規制力を次第に喪失していく過程でもあった。

仁宗朝における正衙・乾徳殿の焼失は、その意味において、君臣秩序の崩壊を予告する一つの象徴的な出来事であったといえよう。

仁宗四年（一一二六）の「李資謙の乱」に際し、正衙・乾徳殿をはじめとする王宮の諸殿はそのほとんどすべてが焼失してしまった。仁宗十六年（一一三八）、ようやく本闕の再建工事が終わり、諸殿門の名称も改められて、たとえば乾徳殿は「大観殿」、宣政殿は「宣仁殿」、重光殿は「康安殿」と改称される。しかし歴代の諸王はこのいわゆる「新闕」を嫌い、むしろ別宮である「寿昌宮」に起居することの方が多くなってしまった。

寿昌宮はその昔、顕宗が契丹の兵を避けて羅州にまで蒙塵したおりに、王京に帰ってまず入御した由緒ある別宮である。[75] しかし、この寿昌宮に入御した顕宗は、その宮庭が手狭であることを理由に、常参官の朝参を五日ごとに一度の頻度に減らしてしまった。[76]

このことからも推測されるとおり、寿昌宮における殿庭は、本闕の正殿である乾徳殿（大観殿）の殿庭よりも遥かに手狭なものであったにちがいない。その寿昌宮の正殿に「外廷」の空間が移動したことは、高麗後期において外廷の朝儀が次第に形骸化していくことの、ひとつの物理的な要因になったのではないかと考えられる。

その寿昌宮も、やがてはモンゴル軍の侵攻によって灰燼に帰し、江華島からの還都以後には主として延慶宮が時座の王宮として用いられるが、これも恭愍王十年（一三六一）の紅巾賊の入寇によって焼失する。その後、恭愍王十九年（一三七〇）には旻天寺の旧址に寿昌宮が再建されるが、[77] この頃、外廷における朝儀は、ほとんど頽廃の極みに達していた。

辛禑六年（一三八〇）五月辛亥、憲府上疏して曰く、「朝会の礼儀は、国の大事なり。近来、およそ諸々の朝会は、つねに停罷せしむ。上国使命の迎送等、已むを得ざるの朝会に至るに及んでは、百官班次を知らず、行を乱し序を失い、朝班粛しからず。請う、今より雨雪及び大故の外、一月の両衙は、放朝を許すなかれ」と。禑これを納る（『高麗史』巻六十七、礼志九、一月三朝儀[78]）。

このように、高麗末には毎月六回の朝参はおろか、朔望の朝参すら満足には行われていなかったのである。その後、辛禑十四年（一三八八）には礼儀司（後の礼曹）の建言により、明制に倣って毎月の「六衙日」（初一、初六、十一、十六、二十一、二十六日）に朝参の儀礼が行われることになる。[79] しかし、その朝儀を通して外廷の政治秩序が本格的に再構築されるためには、やはり李成桂による朝鮮王朝の建国を俟たなければならなかったのである。

## 注

(1)『文選』巻三十七、出師表。宮中・府中、倶為一体。陟罰臧否、不宜異同。

(2)たとえば増淵龍夫氏の諸業績（「漢代における国家秩序の構造と官僚」『新版　中国古代の社会と国家』第二篇第二章、一九九六年、東京、岩波書店）、西嶋定生氏の諸業績（「武帝の死――『塩鉄論』の政治史的背景――」『中国古代国家と東アジア世界』一九八三年、東京大学出版会）、また石母田正氏の諸業績（『日本の古代国家』一九七一年、東京、岩波書店）、等。

(3)『康熙字典』廷の項に「説文、朝中也。……釈文、廷、停也。人所集之処。」とあり、同書の庭の項に「説文、宮中也。玉篇、庭、堂階前也。」とあり、同書の朝の項に「爾雅釈言、陪、朝也。注、臣見君曰朝。」とある。

(4)本書第一章「高麗国初の広評省と内議省」、参照。

(5)本書第二章「高麗睿宗朝における意思決定の構造」、参照。

(6)『高麗史』礼志所収の諸儀礼を見れば、それが唐の開元礼の影響を受けていることは明らかである。

(7)前間恭作「開京宮殿簿」（『朝鮮学報』第二十六輯、一九六三年、天理、朝鮮学会）。

(8)渡辺信一郎『天空の玉座――中国古代帝国の朝政と儀礼』（一九九六年、東京、柏書房）

(9)『高麗史』巻六十八、礼志十、嘉礼、儀鳳門宣赦書儀。また『大唐開元礼』巻一百二十九、嘉礼、宣赦書。

(10)『唐六典』巻七、尚書工部、工部尚書条、参照。

(11)『高麗史』巻六十七、礼志九、嘉礼、「元正冬至節日朝賀儀」及び「一月三朝儀」、参照。

(12)大観殿の名称は、仁宗十六年（一一三八）に「本闕」の改修工事が竣工したときに定められたものであるが、その旧称である乾徳殿の名称については、光宗十四年（九六三）に「本闕」の改修工事が竣工したときの宋朝の年号「乾徳」に基づくものと考えられる。『高麗史』巻二、光宗世家、十四年六月条。還御宮。詔曰、「朕比為重修大内、久在離宮、心存警備、事異尋常、百官奏事、多不親聴。慮恐衆心或生疑阻。其為軫念、寝食難忘。今者修営功畢、聴政有所。凡爾百僚、各敬爾事、依旧進奏、毋得稽留。庶幾魚水同歓、毋致君臣相阻。」／同、十二月条。行宋年号。／同、巻十六、仁宗世家、十六年五月庚戌条。改諸殿閣及宮門名。御書額号。会慶殿、改宣慶。乾徳、改大観。

(13)『高麗史』巻六十七、礼志九、嘉礼、一月三朝儀。前一日、尚舎局、鋪王座於大観殿上、如常儀。設宰臣位於王座東南、枢密位於王座西南、倶相向、北上。設二獣爐於前楹外左右。設宰臣・枢密拝位於殿庭中心、北向、東上。聞辞位於殿庭東辺、西向、北上。閤門設左右侍臣位於殿庭東西、倶北上。監察御史位二於殿東西階下左右、倶相向。協律郎位於殿西階上、東向。文官聞辞位於殿庭東近南、西向、西上。武官聞辞位於殿庭西、当文官、東向、東上。設文武群官位於殿庭南、両班相対為首、毎等異位、倶重行、北向。文武六品以下位於殿門外、如正至之儀。

(14)『高麗史』巻六十五、礼志七、嘉礼、冊太后儀。大観殿上冊。王将御大観殿。執礼内給事・内侍・内常侍・謁者・内謁者・典謁・典儀・賛者、先入殿庭、分左右、立。閤門引文武三品以下・〔常〕参以上、由東西門、入庭、中心為頭、異位重行、北向、立。参外員、立於殿門外。

(15)『唐六典』巻二、尚書吏部。凡京司、有常参官〔謂五品以上職事官、八品已上供奉官、監察御史、太常博士〕。／同、巻四、尚書礼部。凡京司文武職事九品已上、毎朔望朝参。五品已上及供奉官、員外郎、監察御史、太常博士、毎日朝参。

(16)『高麗史』巻六十七、礼志九、嘉礼、元正・冬至・節日朝賀儀。前一日、尚舎局、鋪王座於大観殿、如常儀。設二獣爐於前楹外左右。守宮、設宰臣・枢密次於朝堂。典儀、設宰臣・枢密位於殿庭中心、北向東上。……其元正、諸領中郎将以下、隊正以上、皁衫冠帯、各以衛次、序立毬庭、奏山呼、粛拝而退。

(17)『朝鮮王朝実録』太宗十五年八月甲戌条。……朴訔・朴信曰、「前朝参外、不入朝班。今者参外、皆参朝列。無年未十八、得登仕版者。」

(18)『朝鮮王朝実録』太宗十五年八月戊寅条。……朴訔啓曰、「古者朝参者、謂之『参上』、不得朝参者、謂之『参外』。古之監察、参外。故不入朝会。今之監察、参上、而亦不随朝、是無礼也。」

(19)『高麗史』巻六十七、礼志九、一月三朝儀、顕宗三年六月甲辰条。以時座宮庭湫溢、令常参官、五日一見。

(20)『雞林類事』(『説郛』巻七所引)。国官、月六参。文班百七十員。武班五百四十員。六拝蹈舞而退。国王躬身還礼。稟事、則膝行而前、得旨、復膝行而退、至当級、乃歩。国人卑者見尊者、亦如之。其軍民見国官甚恭、尋常則胡跪而坐。官民子拝父、父亦答以半礼。女僧尼、就地低頭対拝。

(右に「文班百七十員。武班五百四十員。」とあるのは、参上・参外をあわせた京官のみの数値であろう。)

(21)『宣和奉使高麗図経』巻五、宮殿、王府条。……大臣五日一見。毎見、直至大堂(案鄭刻、無「毎見直至大堂」句、有「別有議政之堂」句)。余官則朔望之外、四見於王、聴旨受令(鄭刻「事」)。

(22)『新五代史』巻五十四、李琪伝。自唐末喪乱、朝廷之礼壊、天子未嘗視朝、而入閤之制亦廃。常参之官、日至正衙者、伝聞不坐、即退。独大臣奏事、日一見便殿、而侍従・内諸司、日再朝而已。明宗初即位、乃詔群臣、五日一随宰相、入見内殿、謂之起居。琪以謂非唐故事、請罷五日起居、而復朔望入閤。明宗曰、「五日起居、吾思所以数見群臣也。不可罷。而朔望入閤、可復。」然唐故事、天子日御殿見群臣、曰常参。朔望薦食諸陵寝、有思慕之心、不能臨前殿、則御便殿見群臣、曰入閤。宣政、前殿也。謂之衙。衙有仗。紫宸、便殿也。謂之閤。其不御前殿而御紫宸也、乃自正衙喚仗、由閤門而入、百官俟朝于衙者、因随以入見、故謂之入閤。然衙、朝也。其礼尊。閤、宴見也。其事殺。自乾符已後、因乱礼闕、天子不能日見群臣、而見朔望。故正衙常日廃仗、而朔望入閤有仗。其後習見、遂以入閤為重。至出御前殿、猶謂之入閤。其後亦廃、至是而復。然有司不能講正其事。凡群臣五日一入見中興殿、便殿也。此入閤之遺制、而謂之起居。朔望一出御文明殿、前殿也。反謂之入閤。琪皆不能正也。

(23)『高麗史』巻六十七、礼志九、嘉礼、一月三朝儀、文宗七年七月戊午条。礼司上言、「乞依唐制、毎閏月朔、御便殿、視朝。」制可。

(24)『高麗史』巻七、文宗世家、六年十一月甲辰条。御宣政殿。御史台奏論時政得失。

(25)『高麗史』巻十、宣宗世家、四年三月庚辰条。御宣政殿、視事。門下侍郎平章事崔奭、金良鑑、中書侍郎平章事柳洪、陳時政得失。

(26) 同年七月壬申条、御宣政殿、視事。崔奭、金良鑑、柳洪、崔思諒、奏陳時政得失。

(27)『高麗史』巻十一、粛宗世家、元年四月癸酉条。御宣政殿、聴朝、至日昃。

(28) 宣政殿が後に「宣仁殿」に改められたことについては、すでに前間氏も指摘されているが、その論拠について若干補足しておく。『高麗史』巻十八、毅宗世家、七年七月丙申条に「還新闕」とあるとおり、仁宗朝の火災の後に再建された本闕（いわゆる新闕）に還御した毅宗は、翌月丙寅条に「御宣仁殿、論決重刑」とあるとおり、宣仁殿において重刑（死刑）の判決を行っている。本闕において死刑の判決を行う場合、不吉を忌む意味で正殿を避け、内殿において判決を行うのが通例であるが、前間氏の指摘するとおり、仁宗朝の改称以前においては主として「宣政殿」がその場所に当てられていた。上掲の史料はその機能を「宣仁殿」が引き継いでいることを示しているから、つまりは宣政殿が宣仁殿に改められたのである。また宣仁殿の名称は礼志の儀注にもしばしば現れるが、そこでの宣仁殿は、大観殿（もとの乾徳殿）に出御する国王の控えの御殿として機能している。したがって、この点からも乾徳殿の控えの御殿として宣政殿が、仁宗朝の改称によって宣仁殿と改められたことを確認することができるのである。なお、『高麗史』仁宗世家には、宣政殿を「薫仁殿」に改めたといい、また『高麗史』地理志には、宣政殿を「広仁殿」に改めたとあって、前間氏はこれらをいずれも「宣仁殿」の誤りと解している。しかし、高麗では忠烈朝以降、元朝との関係から「宣」字を用いない慣例になっているから、その際、「宣仁殿」もまた「薫仁殿」ないし「広仁殿」に改められ、これが本来の名称として誤伝されたという可能性もあるであろう。

(29) 前掲注（7）、前間論文、参照。

(30) 『宣和奉使高麗図経』巻六、宮殿二、長慶殿条。長慶・重光・宣政三殿、旧記雖載其名、今聞更脩重光・長慶、易為便（鄭刻「別」）殿。恐是今建閣（鄭刻「閤」）之地。宣政、即外朝也。歳時与其臣属会飲。

(31) 『高麗史』巻六十五、礼志七、元子誕生賀儀。元子生三日、王前後殿、除視事。至第四日、於大観殿陳設及拝数、並如節日正至賀儀。致辞如有宣答、則又再拝。王不坐殿、則宰臣・枢密、領文武群官、以都表進賀、如常儀。王太后在、則宰枢領百官、以片状、詣殿門、以賀。

(32) 『高麗史』巻六十九、礼志十一、仲冬八関会儀。鑾駕出宮。其日質明、尚舎局、鋪王座於大観殿上、韋褥於殿庭中心、東向。……王服赭黄袍、出御宣仁殿。禁衛奏山呼。承制以下近侍官、以次朝賀訖。左右承制、引王出御大観殿。

(33) 同右。大会日坐殿。王初御宣仁殿。承制以下近侍官及後殿官、起居訖。出御大観殿。

(34) 『高麗史』巻六十九、礼志十一、上元燃燈会儀。小会日坐殿。……次、殿中省・六尚局・諸後殿官、入殿庭、就位、再拝訖。

(35) 金昌洙「麗代内侍の身分」（『東国史学』第十一輯、一九六九年）。周藤吉之「高麗初期の内侍・茶房と明宗朝以後の武臣政権との関係――宋の内侍・茶房との関連において――」（『高麗朝官僚制の研究』所収、一九八〇年、東京、法政大学出版局）。

(36) 『高麗史』巻九十六、金仁存伝。金仁存、字処厚、初名縁。新羅宗室、角干周元之後。……仁存、性明敏、少登科、直翰林院、歴事宣・献・粛三朝、以内侍、掌奏事。不欲久在近密、懇求外補、由尚書礼部員外、出為開城府使。

(37) 『高麗史』巻九十七、鄭沆伝。鄭沆、字子臨、東莱郡人。……沆、性穎悟好学。粛宗時、中第、補尚州司録。……秩満、直翰林院。睿宗朝、以内侍、掌奏事。処心平直、出納詳明。／『高麗墓誌銘集成』二八、鄭沆墓誌銘。年二十三、挙進士、及第。粛宗臨軒覆試、擢置第二人、俄属内侍。出為尚州牧掌書記、秩満、睿宗召復内侍、授直史館、移直翰林院、転神虎衛録事、軍器主簿、皆兼翰林院。天慶六年春、受旨、為執奏。処心平直、出納惟允。

(38)『高麗墓誌銘集成』四二、裴景誠墓誌銘。公、諱裴景誠。其先俠渓人也。少以書算筮仕、嘗為睿宗潜邸時府吏。至龍飛初、召入内侍。上知其無它、累加叙用。仁考即祚、近侍如旧。至癸卯春、以試閤門祗候、出為南京少尹、秩満復命、未幾、召還近侍、遂加柄任。嘗命掌奏、数年之間、未嘗有過失、上嘉焉。

(39)『宣和奉使高麗図経』巻五、宮殿一、王府条。日視事於便座、惟施茵褥於榻上。国官・親侍、跪列其側、聴受王旨、次第伝出。

(40)『高麗史』巻九十八、鄭襲明伝。鄭襲明、迎日県人。倜儻奇偉、力学能文、以郷貢登第、属内侍。仁宗朝、累転国子司業・起居注・知制誥。与郎舎崔梓・宰相金富軾・任元敳・李仲・崔（奏）〔湊〕等、上書、言時弊十条、伏閤三日、不報。皆辞職不出。王為罷執奏官、減諸処内侍別監、及内侍院別庫。召梓等、令視事。襲明独以言不尽従、不起。右常侍崔灌、独不与上書、供職如常。議者鄙之。

(41)『高麗史』巻一百四、金周鼎伝。時、大府、以内僚口伝及内侍院伝請、財用殫竭。有注簿私仮貸、猶不能支、至剃髪為僧。周鼎以為、祗候尹諧、旧為内侍、必能撙節伝請、且大将軍金子廷、将軍車得珪、内僚之首、可抑群豎口伝之弊、請王為別監、与監察別監、雑考大府歳入、以減其費。後口伝愈多、伝請愈繁、内僚争援例、求為各司別坐、莫之能禁。

(42)『高麗史』巻一百三十、叛逆四、金俊伝。沖見血痕、欲走出。宦者金子廷、使其弟子厚殺之。俊従者、欲入救。子廷当門、称旨、却之曰、「今俊兄弟、已皆誅戮。汝等入内、何為。其各同心衛社。」遂推而出之。

(43)『高麗史』巻十七、仁宗世家、史臣金富軾賛。初年、宮中宦寺及内僚之属、甚多。毎黜以微罪、不復補。至末年、不過数人。

(44)『高麗史』巻一百十三、崔瑩伝。十一年、禑与瑩、畋于郊外。賜鞍馬。又畋于海州。瑩従之。自京城至海上、転輸供頓、絡繹百里、寺人・内豎、恃寵縦暴、折辱按廉・守令。西海吏民、皆不堪苦、散走。

(45)『朝鮮王朝実録』太祖元年七月丁未条。定文武百官之制。……文武流品之外、別置内侍府、為宦官職。掖（廷）〔庭〕署、為内豎職。典楽署・雅楽署、為楽工職。皆別其散官・職事之号、不使雑於流品。

(46)『朝鮮王朝実録』世宗二十七年四月庚午条。議政府拠吏曹呈啓、「内侍院与内侍府、名号相同、請改内侍院為内直院。」従之。（ただし、内直院は世祖朝には革罷されている。『朝鮮王朝実録』世祖十二年正月壬子条、参照。）

(47)『高麗史』巻七十七、百官志二、掖庭局の条、及び内侍府の条、参照。なお、掖庭局に所属する「南班」以外の官職、すなわち「掖庭内謁者監（正六品）」、「掖庭内侍伯（正七品）」、「掖庭内謁者（従八品）」などには宦官・内豎ではなく「士流（士

人)」が任用されていた(『高麗墓誌銘集成』二六、張文緯墓誌銘。一四八、崔証墓誌銘。一九七、李尊庇墓誌銘。二四〇、呉潜墓誌銘。二六五、金永暾墓誌銘。三一三、元瓘墓誌銘、等)。

(48)『周礼』天官、内豎。内豎、掌内外之通令、凡小事[鄭注。内后、六宮外卿大夫也。使童豎通王内外之命、給小事者、以其無与為礼、出入便疾。内外以大事聞王、則俟朝而自復]。

(49)『宣和奉使高麗図経』巻二十一、皁隷、小親侍。小親侍、紫衣・頭巾、復被其髪。蓋宮帷中所使小童也。王之貴戚与従臣、時亦給之。麗人大率未娶者、皆裹巾而被髪於後、既娶而後束髪。其為小親侍、皆纔十余歳、稍長則出宮焉。

(50)『朝鮮王朝実録』太宗十七年四月己卯条。斬李貴守、杖陳紀一百、流三千里、並籍没家産。方有信、杖八十・収贖。貴守、世子殿小親侍、本金漢老家奴、淑嬪乳母所生也。

(51)『高麗史』巻一百二十五、姦臣、宋邦英伝。均(宋均)、本合徳官奴。属内僚、官至護軍、得幸於王。

(52)『高麗史』巻十二、睿宗世家、三年二月辛卯条。御神鳳楼、肆赦曰、……坤成殿侍婢・親侍、放良。前放良者、入仕。

(53)『高麗史』巻七十五、選挙志三、凡限職、文宗七年十月条。判、楽工有三四子者、以一子継業、其余属注膳・幕士・駆史、転陪戎副尉・校尉、限至耀武校尉。

(54)『朝鮮王朝実録』世祖八年十二月乙酉条。吏曹啓、「曾下伝旨云、加設大殿司鑰通児、従七品一。別監・小親侍通児、従八品一。中宮・世子宮、別監・小親侍通児、従九品一。改大殿書房色・中宮司鑰通児、八品為従七品。世子宮司鑰通児、五品二為従八品、汰其一。又汰大殿別監・小親侍通児、七品一。世子宮別監・小親侍通児、八品一。請定其職名。大殿司鑰、従七品一、称典僕郎・掖庭署謁者。別監・小親侍、従八品一、称典引郎、掖庭署左班殿直。中宮別監・小親侍、称奉事郎・掖庭署内班従事。大殿書房色・中宮司鑰、従七品、称典僕郎・掖庭署謁者。世子宮司鑰、従八品一、称典引郎・仁順府謁者。」従之。

(55)曹佐鎬「麗代南班考」(『韓国科挙制度史研究』所収、一九九六年、ソウル、汎友社)

(56)『高麗史』宦者伝の序に述べるとおり、高麗には本来、制度上の宦官は存在しなかった。これが宮中における制度上の存在として確立し、その数が増加していくのは事元期以降のことである。おそらくそれは、中国元朝からの影響によるものであろう。

(57)『高麗史』巻七十五、選挙志三、銓注、凡限職条。忠烈王二年閏三月、僉議府上言、「近内豎微賤者、以随従之労、許通仕路、混雑朝班、有乖祖宗之制。請収成命。」不允。国制、内僚之職、限南班七品、謂之『常式七品』。如有大功・異能、只加賞賜、未有至五六品者。元宗朝、始通其路、然拝将軍・郎将者、不過一二。及忠烈即位、内人無功者、拝豊官高爵、腰鞓帯黄、至子孫、許通台省政曹者、甚多。若別将・散員、不可勝数。

(58) 洪承基『高麗貴族社会と奴婢』(一九八三年、ソウル、一潮閣)、特に第七章「崔氏武人政権と崔氏家の家奴」、第九章「元の干渉期における奴婢出身人物の政治的進出」、参照。

(59) 『高麗史』巻一百二十九、叛逆三、崔忠献伝。

(60) 『高麗史』巻一百二十三、嬖幸一、李之氏伝。有金義光者、亦以内僚、拝将軍。……義光、忠州官奴、父壮、附崔怡。義光遂為其府内豎。官累密直副使。

(61) 『高麗史』巻七十二、輿服志、冠服通制。高宗三十九年、王許崔沆蒼頭著幞頭。旧例、唯諸王・宗室・宮宅蒼頭、著幞頭、謂之『紫門仮着』。権勢両班家奴着幞頭、自沆始。

(62) 『高麗史』巻一百二十九、叛逆三、崔沆伝。上将軍周粛、領夜別抄及内外都房、欲復政于王、猶余未決。殿前李公柱・崔良伯・金俊等七十余人、帰于沆。粛亦附焉、合番擁衛。

(63) 『高麗史』巻一百三十、叛逆四、金俊伝。金俊、初名仁俊。父允成、本賤隷、背其主、投崔忠献為奴、生俊及承俊。俊状貌魁岸、性寛厚、謙恭下人、又善射、好施与、以得衆心。日与遊侠子弟群飲、家無所儲。有術僧見之曰、「此人、後必当国。」朴松庇・宋吉儒等、誉於崔怡。怡遂倚信、毎出入、必使俊扶持、授殿前承旨。

(64) 『高麗史』巻一百二十九、叛逆三、崔竩伝。沆死、殿前崔良伯、秘不発喪、按剣叱侍婢、勿哭。与仁烈謀、以沆言、伝于門客・大将軍崔瑛・蔡楨、及能等、会夜別抄・神義軍・書房三番・都房三十六番、擁衛、乃発喪。王即授竩借将軍、又命為教定別監。

(65) 『高麗史』巻七十五、選挙志三、銓注、限職、高宗四十五年二月条。崔竩以家奴李公柱為郎将。旧制、奴婢雖有大功、賞以銭帛、不授官爵。崔沆秉政、欲収人心、始除其家殿前公柱・崔良伯・金仁俊、為別将。聶長寿為校尉。金承俊為隊正。至是、奴等曰、「公柱、身事三世、年老有功、請加参職。」奴隷拝参、始此。

(66) 『高麗史』巻一百三十、叛逆四、林衍伝。林衍、初名承柱。其父不知何許人。僑寓鎮州、娶州吏女、生衍、遂以鎮州為貫。衍、蜂目豺声、捷而有力、能倒身臂行、或投蓋于屋梁、為大将軍宋彦祥廝養卒、後帰其郷。蒙古兵適至、衍与郷人逐之、遂補隊正。有林孝侯者、通衍妻。衍知之、誘孝侯妻、通焉。孝侯告有司、有司欲治衍罪。金俊壮其為人、力救得免。又薦為郎将。故衍常呼俊為父、冲為叔父。

(67)『高麗史』巻八十九、后妃二、忠烈王、斉国大長公主伝。十一年、王以内僚・上将軍金子廷、為東京副使。公主謂王曰、「予聞、東京是王之母郷、然乎。」王曰、「然。」公主曰、「家奴為邑宰、可乎。南班人得居中外重任、始自何代。」王曰、「自元廟始。」公主曰、「王真元王之子也。」王有慚色。

(68)『高麗史』巻七十五、選挙志三、銓注、限職条。前掲注(57)、参照。

(69)『高麗史』巻一百四、金周鼎伝。前掲注(41)、参照。

(70)『高麗史』巻一百二十三、嬖幸一、李之氏伝。李之氏、礼安県人。以内僚進。……旧制、受王旨者、必先関承旨、酌可否、奏而行之。至是、内僚皆先白王、承旨但署押而已。

(71)『朝鮮王朝実録』太宗十四年八月丁巳条。司諫院上疏、「……前朝之季、於倉庫・宮司、分遣宦寺、称為別監、至有致位宰輔、参預政機、卒至顛覆。……」

(なお、高麗末、朝鮮初期における倉庫・宮司などの財務系官庁の活動については、周藤吉之氏に次の研究がある。周藤吉之「高麗末期より朝鮮初期に至る王室財政——特に私蔵庫の研究——」(『東方学報』東京、第十冊、一九三九年、東京、東方文化学院東京研究所)

(72)『高麗史』巻七十五、選挙志三、銓注、凡宦寺之職、恭譲王元年十二月条。左司議呉思忠等言、「祖宗之制、宦寺無官。文廟之世、宦寺・給事、不過十数人、亦未嘗食禄。……」

(73)『高麗史』巻七十七、百官志二、掖庭局及び内侍府の条、参照。ちなみに、内侍府の職員の構成は「三品以上」とそれ以下とで区分されているが、これは事元期以降の官品構造が一般に「四品以上」とそれ以下とで区分されているのに対し、内侍府は国王の近侍としての性格から、一品ずつその品秩が繰り上げられているのである。本書第八章「高麗事元期における官品構造の変革」、参照。

(74)別庁宰枢と内宰枢については本書第四章「高麗時代の宰相制度——合坐制とその周辺」、参照。

(75)『高麗史節要』巻三、顕宗二年二月条。庚申、発清州。丁卯、還京都、入御寿昌宮。

(76)『高麗史』巻六十七、礼志九、一月三朝儀、顕宗三年六月甲辰条。以時座宮庭湫溢、令常参官、五日一見。

(77) 以上の王宮の推移については、前掲注（7）、前間論文、参照。

(78)『高麗史』巻六十七、礼志九、一月三朝儀、辛禑六年五月辛亥条。憲府上疏曰、「朝会礼儀、国之大事。近来、凡諸朝会、毎令停罷、及至上国使命迎送等、不得已朝会、百官不知班次、乱行失序、朝班不粛。請自今、雨雪及大故外、一月両衙、勿許放朝。」禑納之。

(79) 同右、辛禑十四年四月庚子条。礼儀司請依皇朝礼、群臣毎月、用六衙日、朝参。従之。
（「六衙日」とは正衙において朝参の行われる定例日のことで、高麗末から朝鮮初期にかけては初一、初六、十一、十六、二十一、二十六日、魯山君（端宗）二年三月丙辰以降は初一、初五、十一、十五、二十一、二十五日がこれに当たる。鄭道伝『朝鮮経国典』礼典、朝会条、及び『朝鮮王朝実録』文宗元年十月戊子条、魯山君（端宗）二年三月丙辰条、参照。）

# 第八章　高麗事元期における官品構造の変革

　高麗時代、王朝国家の統治機構を構成する官人たちは、一説には「三千余員」であったといわれているが、[1]一口に官人といっても、その社会的な出自や経済的な境遇はさまざまであった。官人たちにはその身分の高下を示す位階、すなわち「散官」と、実際の職務内容を示す官職、すなわち「職事官」とが与えられるが、[2]それらは一品から九品に至る官品によって等級づけられており、それが当該の官人の官界における地位を示し、ひいては社会全体における地位を示していた。

「流品」という言葉は、狭義にはこの一品から九品に至る位階・官職の等級を示し、広義には官界を越えた社会全体における身分の等級を示す言葉であるが、この「流品」の意識を反映して、官僚機構を構成する官人たちにはさまざまな身分標識上の差等が設けられていた。

　唐制、官人の公服、すなわち「常服」は、三品以上が「紫」、五品以上が「朱」、七品以上が「緑」、九品以上が「青」と区別されていたが、[3]このうち三品以上の官人は「貴」、[4]五品以上の官人は「通貴」[5]と呼ばれ、三品以上の官人は曾孫にまで、五品以上の官人は孫にまで任官の特権、すなわち「蔭」を及ぼすことが許されていた。[6]したがって、これらの官人とその家族は唐朝のいわゆる貴族階層を構成した。

これに対し、九品以上の官人（本人）、及び七品以上の官人の家族は「士族」としての一定の特権を享受したが、八九品の官人の家族は平民階層、すなわち「庶人」と同等の取り扱いを受けることになっていた。たとえば、九品以上の官人（本人）、及び七品以上の官人の家族は流以下の罪を犯しても「贖」の特権を享受することができたが、八九品の官人の家族はその特権を享受することができなかった(7)。

唐制を継受した高麗前期の官僚制度においても、三品以上、五品以上、七品以上というこの分界線は、官僚統治機構の構成のうえにはっきりと刻み込まれている。

たとえば『高麗史』巻七十七、百官志二、東宮官、文宗八年（一〇五四）条の記述によると、このとき王太子（後の献宗）の冊立に伴って、「三品官の孫、五品以上官の子」二十人を選んで「東宮侍衛公子」に任じ、「五品官の孫、七品以上官の子」十人を選んで「東宮侍衛給使」に任じたことがあった(8)。これらは王太子づきの侍従ないし随人であるが、その任命に際しては、貴族・官人の子弟のなかから容姿・才学の優れたものが厳選されていたことは言うまでもあるまい。そうして、その選抜の際にもうひとつ重要な基準となったのが、三品以上、五品以上、七品以上によって区分された、父祖の官界における位置づけであったのである。

また『高麗史』巻七十四、選挙志二、学校条に記載された仁宗朝の「式目都監詳定学式」によると、国子監に所属する国子学・太学・四門学には、それぞれ「文武官三品以上の子・孫」、「文武官五品以上の子・孫」、「文武官七品以上の子」を入学させ、また地方の州県学には「八品以下の子、及び庶人」を入学させることになっている(9)。この「学式」によっても高麗時代（高麗前期）の官人とその家族の取り扱いが、三品以上、五品以上、七品以上の分界線によって、はっきりと区別されていたことを確認することができるであろう。

ところがこの分界線は、高麗後期のある時点より以降、三品以上、四品以上、六品以上の分界線に引き直されているのである（図８-１）。

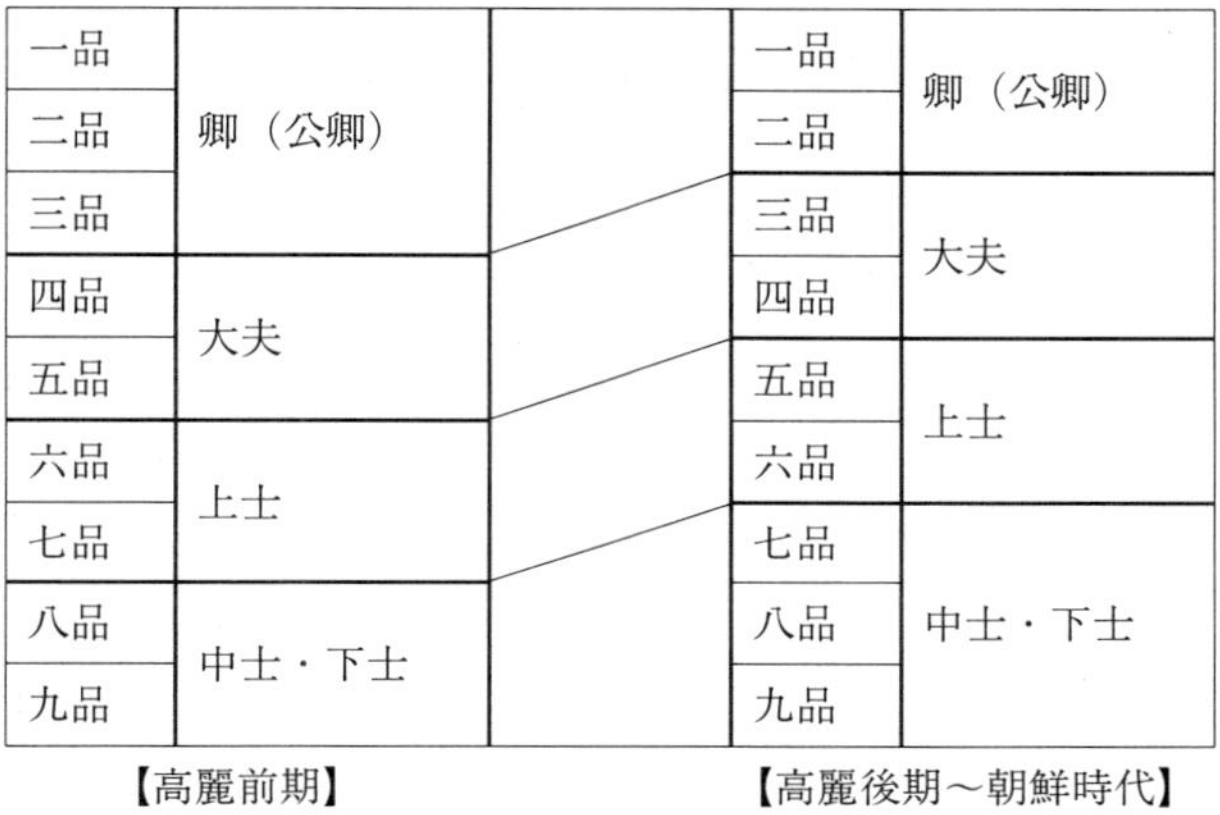


図8-1　官品構造の変革

この変革の事実を具体的に検証すると、たとえば恭譲王二年（一三九〇）二月の王命（判）によって定められた「大夫・士・庶人祭礼」では、

「大夫以上」は曾祖父母・祖父母・父母の三世を祭り、
「六品以上」は祖父母・父母の二世を祭り、
「七品以下、庶人に至るまで」は、ただ父母のみを祭る。

ということになっている。[10] 高麗では忠烈王三十四年（一三〇八）、この年に再即位した忠宣王の官制改革によって、以後、四品以上の文官の位階（散官）は「〇〇大夫」と称するようになったのであるから、[11] ここで「大夫以上」というのは、当然、「四品以上」を指していると考えてよいであろう。したがって、高麗末における父祖の祭祀儀礼は、当該の子孫の官位に照らして「四品以上」、「六品以上」、「七品以下」の三等級に区分して規定されていたのである。

ただし、恭譲王二年（一三九〇）八月庚申朔に定められた「士大夫家祭儀」の規定によると、四品以上の「大夫」の中でも一・二品と三・四品との間にはさらに差等があり、三・四品のものは供物の品数においては五六品と同様の取り扱いを受けることになっている[12]。したがって、これらの一連の儀制は「二品以上」、「四品以上」、「六品以上」の分界線を基礎として、その分節構造の上に設定されていたということができるのである。

ちなみに、『礼記』祭法の規定によると、「大夫」は考廟・王考廟・皇考廟の三廟を立て、「適士」は考廟・王考廟の二廟を立て、「官師」は考廟のみを立てることになっている[13]。したがって、この「大夫」に該当するのは、高麗においては曾祖父母・祖父母・父母の三世を祭る「四品以上」の官人である。また「適士」というのは、陳澔の注に、

適士、上士なり。天子の上・中・下士、及び諸侯の上士は、皆二廟を立つるを得[14]。

とあるから、祖父母・父母の二世を祭る「六品以上」の官人は、この「適士（上士）」の身分に相当する。さらに「官師」についても陳澔の注に、

官師なる者は、諸侯の中士・下士、一官の長たる者、一廟を立つるを得[15]。

とあるから、父母のみを祭る「七品以下」の官人は、この「官師（中士・下士）」の身分に相当する。つまり、中国の古典的な身分概念に擬えると、高麗後期においては「四品以上」が「大夫」身分に相当し、「六品以上」が「上士」身分に相当し、「七品以下」が「中士・下士」身分に相当していたのである。さらに言えば、朝鮮時代に「堂上」と呼ばれることになる「二品以上」の官人は、「大夫」身分の上の「卿（公卿）」身分に相当したということができるであろう。

それにしても、この「卿」、「大夫」、「上士」、「中下士」の分節構造が、高麗前期においては「三品以上」、「五品以上」、「七品以上」という、唐制とまったく同一の分界線によって区分されていたにもかかわらず、それが高

麗後期のある時点より以降、「二品以上」、「四品以上」、「六品以上」という、それぞれ一品階ずつを繰り上げた新たな分界線によって区分されるようになったのはなぜであろうか。

高麗後期のある時点より以降、というのは、具体的には忠烈王三十四年（一三〇八）、前述の忠宣王の官制改革によって、旧来、「五品以上」の文官に与えられていた「〇〇大夫」という位階（散官）が、以後、「四品以上」の文官に与えられるようになった、その際のことと考えられる。しかし、果たしてそれは、三品以上（卿）、五品以上（大夫）、七品以上（上士）の分界線を、それぞれ一品階ずつ繰り上げたというだけのことなのであろうか。それともその背景には、旧来の位階・官職の体系を全面的に改めなければならないような、なにか特別な変革の意図が込められていたのであろうか。

本章の課題は、高麗・忠烈王三十四年（一三〇八）における官品構造の変革を、高麗前期における官品構造との対比において検証し、その変革の歴史的な意義を探ることにある。なお、この変革の事実を前提とした場合、『高麗史』百官志の記述にはいくつかの矛盾点が浮かび上がってくるが、その点についても若干の文献批判を試みることで、この変革の意味するところをさらに深く掘り下げていくことにしたい。

## 第一節　文散階の構造

「大夫」の分界線が「五品以上」から「四品以上」に引き上げられたのは、忠烈王三十四年（一三〇八）、この年に再即位した忠宣王の官制改革に際してのことであったが、同じように、朝鮮王朝の太宗十七年（一四一七）においても、「三品以上」を「大夫」と為し、「四品以下」を「士」と為すという形で官品構造の変革が試みられたことがあった。

『朝鮮王朝実録』世宗十三年（一四三一）五月戊辰条に見える次の記事は、その太宗朝の王命（受教）の変更、ないしは取り消しを伝えるものであるが、そこに述べられている事柄は、本章の主題である高麗事元期の官制改革についても、ひとつの解明の手がかりとなるであろう。

詳定所啓すらく、「丁酉（太宗十七年、一四一七）六月日の受教の内に、『三品以上を以て大夫と為し、四品以下を士と為せ』とあり。今、古制を考えるに、中朝は六品以上を以て大夫と為し、七品以下を士と為す。本朝の五品は、また中朝の七品に准ず。請うらくは四品以上を以て称して大夫と為し、五品以下を称して士と為さん」と。これに従う。(16)

右の詳定所（儀礼詳定所）の啓によると、朝鮮王朝では太宗十七年（一四一七）に「三品以上」を大夫と為し、「四品以下」を士と為す旨の国王の裁可（受教）が下されたことがあったが、これは高麗・忠烈王三十四年（一三〇八）以来、「四品以上」を大夫と為し、「五品以下」を士と為してきた制度を、このとき改めようとしたことを言うのであろう。しかしその受教は、ただちには施行されなかったようである。それが世宗十三年（一四三一）になって、詳定所が今更のようにこの受教を引き出してきたのは、恐らくは当時進行中だった『続六典』の改訂・編纂の過程で、この受教の取り扱いが問題となったためにほかなるまい。

その際、いわゆる「古制」を検討した詳定所では、

中国（中朝）では六品以上を大夫と為し、七品以下を士と為しており、本朝の五品は中国の七品に準じるから、（中国の制度から二品を繰り上げて）四品以上を大夫と為し、五品以下を士と為すのがよろしい。

という意見を述べているが、これは結局、太宗朝の王命（受教）を取り消して、高麗事元期以来の旧制に従うべきことを述べているのであろう。この詳定所の意見はそのまま裁可されたが、問題はその際に参照された「古制」というのが、一体なにを指しているのかということである。

前述のとおり、唐朝の官人の公服（常服）は、三品以上は「紫」、五品以上は「朱」、七品以上は「緑」、九品以上は「青」と定められていたが、中国ではその後、北宋・神宗の元豊元年（一〇七八）の改革によって「青」の公服が廃止され、四品以上は「紫」、六品以上は「緋」、九品以上は「緑」の公服を着用する制度に改められている[17]。また南宋時代にもこの元豊の制度が襲用され、四品以上は「紫」、六品以上は「緋」、九品以上は「緑」の公服を着用する制度になっていたが[18]、同じ意味で、「升朝官」は「緑」、「大夫以上」は「緋」を着用するとも言われていた[19]。したがって、宋制では九品以上の官人を「升朝官」、六品以上を「大夫」と呼んでいたことがわかるであろう。

『宋史』巻一百六十八、職官志八には南宋時代の「紹興以後合班の制」及び「官品」が挙げられており、また『慶元条法事類』巻四、職制門、官品雑圧にも「官品」が明記されているが、それによると、「朝請・朝散・朝奉大夫」が従六品、「朝請・朝散・朝奉郎」が正七品となっているから、ここでも六品以上が「大夫」、七品以下が「士（郎）」と呼ばれていたことを確認することができるのである。

ちなみに、この宋朝の制度は金朝の制度にも影響を与えており、金制でも文散階は六品以上を大夫と為し、七品以下を士（郎）と為している[20]。次に、元制では五品以上を大夫、六品以下を士（郎）として唐制の旧に復しているが、その際、元制では金制の文散階を一品ずつ繰り上げて、たとえば金制・従六品の奉直大夫・奉訓大夫を従五品とし、従九品の登仕佐郎・将仕佐郎を従八品としているために、結果として正従九品の文散官が存在しないという変則的な構成になってしまった[21]。このため、明制ではこの点を改めて、正八品に修職郎・廸功郎、従八品に修職佐郎・廸功佐郎を新設し、元制・正八品の登仕郎・将仕郎、従八品の登仕佐郎・将仕佐郎をそれぞれ正従九品に繰り下げている。しかし、五品以上を大夫とし、六品以下を士（郎）とする点においては元制と同様である。[22]

こうして見ると、朝鮮・世宗十三年（一四三一）に詳定所が参照した「中朝」の「古制」というのは、具体的には「五品以上」を大夫とする唐や元・明の制度ではなく、「六品以上」を大夫とする宋の元豊以降の制度を指していることがわかるであろう。

次に問題となるのは、この宋・元豊以降の制度を踏まえて、詳定所が「本朝の五品は、また中朝の七品に准ず」と論じていることの根拠である。この点については『高麗史』巻七十二、輿服志、百官祭服、恭愍王十九年（一三七〇）五月条に、明の太祖が「群臣陪祭冠服」を賜った際、高麗では、

中朝臣下の九等に比して、二等を遞降す。[23]

という原則で、「王国七等」の冠服制度を定めたという記事や、同じことであるが、『明史』巻六十七、輿服志三、外国君臣冠服条において、宣徳三年（朝鮮・世宗十年、一四二八）に朝鮮国王李祹（世宗）が上言して、

洪武中に、国王の冕服九章を賜わるを蒙るに、陪臣の冠服は、朝廷に比して二等を遞降せり。[24]

と言っている記事などが参考となるであろう。

そもそも国家の礼制を定める際に、中国の冊封を受けた「諸侯」の国は、中国の制度に比して「二等を遞降」するのが原則であったとすれば、当然、二等を繰り下げた状態で中国の官品構造と対応するように、諸侯国の官品構造は、あらかじめ中国のそれよりも二等級、繰り上げておかなければならない。

ただし、明制では五品以上を大夫とし、六品以下を士（郎）とするから、ここから二品ずつ繰り上げれば、むしろ太宗朝の受教のとおり、三品以上を大夫と為し、四品以下を士（郎）と為すことの方が理にかなっている。にもかかわらず、詳定所がわざわざ「古制」を参照し、「六品以上」を大夫とする宋・元豊以降の制度を基準として、そこから二品ずつ繰り上げるという論理を展開しているのは、要は四品以上を大夫とし、五品以下を士（郎）とする朝鮮朝の現行の制度を、宋・元豊以降の「古制」に結びつけて正当化しているだけのことなのであろう。

しかしながら、ここで注目しておかなければならないのは、諸侯国である自国の官制が、「中朝」の官制より「二等を逓降」しなければならないという発想それ自体である。そうしてそのような「事大」的な発想は、宋・遼・金に両属した前期の高麗よりも、元朝との一元的な宗属関係の下に組み込まれた事元期以降の高麗にこそ相応しい発想であると言わなければならない。

したがって、忠烈王三十四年（一三〇八）の官制改革において、はじめて四品以上を「大夫」と定めたことの背景には、元朝皇帝の「駙馬」の国であり、「諸侯」の国である高麗の官制を、元朝の官制とリンクし、整合化させる意図が込められていたのではないか——少なくとも、それがこの改革のひとつの目的であったのではないか——と考えられる。

もちろん元制では、前述のとおり、五品以上を大夫、六品以下を士（郎）としていたから、「二等を逓降」すべき高麗では、正五品・従五品のそれぞれを一等として数え、「従五品」から二等を繰り上げた「従四品」を、元朝の「従五品」に対応させていたのであろう。

そもそも高麗の事元期の官制は、多くの点で元制の影響を強く受けている。たとえば吏部・礼部を併せて「典理司」としたのは、元制の「吏礼部」の制度に倣ったものであろうし[25]、また文翰署（旧翰林院）と史官（旧史館）

を併せて「芸文春秋館[26]」を創設したのは、元制、「翰林国史院」の制度に倣ったものにほかならない[27]。しかし、こうした各級官庁の再編のみならず、忠烈王三十四年の改革は、官僚制度の基本となる位階・官職の体系そのものにまで及んでいたのであって、そうしてその改革の背景には、ひとつには元制との一体性、整合性を追及する意識が働いていたのである。

## 第二節　参秩の変遷

ところで、五品以上（後に四品以上）の「卿・大夫」の階層と、それ以下の「士」の階層とを区別する最も本質的な違いは何であろうか。

中国古代の身分制度において、「卿・大夫」とは「采邑」を有する世襲的領主階層であり、その点において采邑を持たない「士」階層とは区別される。たとえば『尚書』虞書・皐陶謨の孔穎達の疏に、

大夫は采邑を受け、氏族を賜り、宗廟を立て、世々に祀を絶やさず。故に家と称す[28]。

とあるのがその一例である。唐制、「五品以上」の官人には各種の世襲的な特権が与えられていたが、それはこのような古代領主階層としての「卿・大夫」の諸特権の遺制にほかならない。

また、唐制では「三品以上」を「冊授」によって、「五品以上」を「制授」によって任命したが、前者は皇帝による親任の形態であり、後者は宰相府（中書門下）の擬定による皇帝の直接任命の形態である[29]。そうして「三品以上」及び「五品以上」に昇進する場合は、必ず皇帝の「別制」を待って昇進することになっていたから[30]、結

局、「五品以上」の「卿・大夫」の階層は、（宰相の擬定による場合も含めて形式的には）皇帝の直接命令である「制」によって任命されることになっていたのである。

これに対し、「六品以下」の「士」の階層は、これこれの官職にこれこれの人物を充てるという有司（吏兵部）の擬定に基づいて、皇帝がその人事案を承認する「奏授」の手続きによって、いわば皇帝の間接命令によって任命されていたにすぎない。(31) ただし、「六品以下」の「士」の階層のなかでも「供奉官」、「員外郎」、「監察御史」、「太常博士」などの常参官は皇帝の「勅」によって、すなわち皇帝の直接命令によって任命されていたから、六品以下の官人のなかでも「上士」階層の一部は、事実上、「大夫」階層に準じる取り扱いを受けることになっていたのである。

このため、公服（常服）の制度においても「五品以上」が着用する「緋」服は「六品以下」の官人の一部にも「賜緋」としてその着用が許されていた。北宋・元豊以降の制度において、「六品以上」の公服が「緋」と定められているのは、このためにほかならない。それは言い換えれば、「六品以上」が皇帝の直接命令（制・勅）によって任命される「卿・大夫」階層を構成したことを意味するであろう。

同じことは高麗前期の制度についてもいえる。『高麗史』巻七十二、輿服志、公服の条に見える毅宗朝詳定の公服（常服）の制度によると、「文官四品以上」の公服は「紫」、「常参六品以上」は「緋」、「九品以上」は「緑」とされているが、(32) これは一見して明らかなとおり、北宋・元豊以降の制度を受容したものにほかならない。

このうち、「常参六品以上」という表現は、厳密には「六品官」のなかでも「常参官」に含まれるものだけが「緋」服を許され、参外官（未常参官）は「緑」服を着用したことを示唆している。事実、明宗二十年（一一九〇）の王命（判）によって定められた「百官儀従」には、常参官である「諸陵・大廟令四」に対して、

以下、参外六品、及び近仗・諸衛の別将、東南班の七品の員は三。近仗・諸衛の散員、及び東南班の八九品の員は二。(33)

という文言が見えているから、六品官には常参官（参上）のものと未常参官（参外）のものとが混在していたことは明らかである。

高麗前期における「常参官」の範疇については、よくわからないところもあるが、唐制同様、「五品以上」の官人と「供奉官」、「員外郎」、「監察御史」などは常参官に属し、さらには「閤門祇候」や「六局奉御」、「殿中内給事」などの内廷の近侍の官も常参官に属していたと考えられる。(34)これに対し、太廟署令（従五品）、諸陵署令（従五品）などは「五品以上」であるから、本来は「常参官」の範疇に含まれていたはずであるが、神宗五年（一二〇二）の頃には「常参官（参秩）」の範疇からは一旦除外されていた。(35)また、「六品官」のなかでも寺監の「丞」（従六品）などは、当初から「常参官（参秩）」の範疇には含まれていなかったと考えられる。たとえば『高麗墓誌銘集成』二〇二、兪克諧墓誌銘に、「分司大府試丞」（西京分司の大府寺の丞の試銜、従六品）で卒去した兪克諧のことを、

> 位、六品に登る。然りといえども、公の徳を以てすれば、公の才を以てすれば、宜しく栄顕達官と為るべくして、而も反って青衫の秩に低回す。吾これを官と謂うに足らざるなり。(36)

といっているのがその証拠である。ただし、ここで「青衫」というのは、実際には参外官（未常参官）の公服である「緑服」のことを指すのであろう。

ところが神宗五年（一二〇二）には、これら「常参官」の範疇から除外されていた「五六品丞令」の一部に対

し、常参官の服飾である「犀帯」が許されて、これが「参秩」に陞され[37]、以後、これを契機として「六品以上」の官人は、すべて「常参官」の範疇に含まれるようになっていった。

たとえば高麗では忠烈王元年（一二七五）七月に、上国・元朝の制度を避けて新たに朝官の服章を定めているが、これによると、

「宰枢以上」は「玉帯」、
「六品以上」は「犀帯」、
「七品以下」は「黒帯」、

を帯びることになっている。[38]このうち「犀帯」というのは「常参官（参秩）」にのみ着用が許された帯で[39]、だからこそ常参官の官秩は「犀秩」とも呼ばれていた。[40]したがって、この頃には「六品以上」は一律に「参秩」とみなされていたのである。

ところで、常参官というのは国王の直接命令（制・勅）によって任命される「大夫」の階層を意味するから、忠烈王三十四年（一三〇八）の官制改革によって「大夫」の官品が「四品以上」に引き上げられた以上、常参官の範囲もこれと連動して「四品以上」に引き上げられなければならなかったはずである。

しかしながら、忠烈王三十四年以降の公服（常服）の制度においても、参秩（犀秩）の範囲は依然として「六品以上」に据え置かれていた。たとえば辛禑十三年（一三八七）には高麗は胡制（元制）を廃して新たに明朝の章服制度を採用しているが、そこでは、

「一品の、重大臣以上」は、「鈒花金帯」、

「二品の、両府以上」は、「素金帯」、

「開城尹及び三品の、大司憲より常侍に至るまで」は、「鈒花銀帯」、

「判事より四品に至るまで」は、「素銀帯」、

「五六品より七品の門下録事・注書・密直堂後・三司都事、芸文春秋館・典校寺・成均館の八九品、外方の県令・監務に至るまで」は、「角帯」、

「東西班七品以下」は、「氈帽・絲帯」[41]、

と規定されているから、おおむね「卿」身分に相当する「一二品」が「金帯」、「大夫」身分に相当する「三四品」が「銀帯」、「上士」身分に相当する「五六品」が「角帯」、「中下士」に相当する「七品以下」が「絲帯」と定められていたことがわかるであろう。これは、前述の忠烈王元年（一二七五）の制度における宰枢の「玉帯」を「金帯」に改め、六品以上の「犀帯」を三四品の「銀帯」と「五六品」の「角帯」に分かち、七品以下の「黒帯」を「絲帯」に改めているわけであるが、「犀帯」に直接対応するのは「角帯」であるから[42]、ここでも「六品以上」を「参秩」とする制度には変更が見られない。

また、恭愍王元年（一三五二）二月の教によると、

政房は権臣より設く。豈に『人を朝に爵す』の意ならんや。今よろしく永えに罷むべし。その三品以下は、宰相と共に議して進退せん。七品以下は、吏兵部擬議して奏聞せよ[43]。

とあるから、ここでも「六品以上」の常参官（参上）は宰相府の擬定によって任命され、「七品以下」の参外官（未常参官）は有司（吏兵部）の擬定によって任命されていたことがわかる[44]。したがって、（宰相府の擬定に基づき）

国王が直接に任命する常参官の範囲は、ここでも「六品以上」に据え置かれていたのである。

忠烈王三十四年（一三〇八）における官制改革の結果、文散階においては「大夫」の官品が「四品以上」に引き上げられた。にもかかわらず、公服（常服）の制度や銓選制度においては依然として「六品以上」が「参秩」とされていたことは、矛盾といえば矛盾である。

しかしそれは高麗後期における専制王権の伸張に伴って、国王による直接任命の範囲が「四品以上」の「大夫」階層から「六品以上」の「上士」階層の一部、さらにはその全部にまで拡大していった事実を反映しているのである。(45)

## 第三節　職事官の陞降

次に検討しなければならないのは、実際の職務内容を示す個々の官職（職事官）の官品の変動である。忠烈王三十四年（一三〇八）の官制改革によって、高麗の官品構造は二品以上（卿）、四品以上（大夫）、六品以上（上士）、九品以上（中下士）の四つの分節構造に改編された。したがって、この官品構造に依拠する官職（職事官）の体系も、単純に考えれば、旧来よりそれぞれ一品ずつ自動的に繰り上げられたと予想することができるであろう。しかし、実際には必ずしもそのようにはなっていない。

この節では中央官職（京官）の場合、地方官職（外官）の場合のそれぞれについて、職事官の官品（官秩）の陞降を具体的に検討してみることにしよう。

## (a)　京官の場合

忠烈王三十四年（一三〇八）の官制改革において、たとえば国子学・太学・四門学において教鞭をとる「国子博士」（正七品）、「太学博士」（従七品）、「四門博士」（正八品）は、それぞれ「成均博士」（正七品）、「諄諭博士」（従七品）、「進徳博士」（従八品）に改められたが、このうち本来「七品以上」の「上士」に位置づけられていた国子博士、太学博士は、忠烈王三十四年の改革では「上士」の階層から外れて「七品以下」の「中下士」の階層に組み込まれてしまっている(46)。このほかにも、前期官制における「七品」の官職が、忠烈王三十四年以後にもそのまま「七品」に据え置かれたことによって、実質的には「上士」階層から「中下士」階層へと降格されている事例は少なくない(47)。

ただし、国子博士、太学博士などは、もともと参外官（未常参官）だったのであるから、「上士」階層がすべて「参秩」に組み込まれた忠烈王三十四年の段階では、これらが「参外」として「中下士」の階層に組み込まれていったことには合理性がある。言い換えれば、官品構造の変革に伴って、もとの「参外」の「上士」層は、同じく「参外」の「中下士」層に整理・統合されていったのである。

「中下士」層は古典においては「官師」と呼ばれ、「一官の長」として下級の官庁の運営を担っていた(48)。もとの参外の上士層が同じく参外の中下士層に組み込まれていったことは、それだけ中下士層のポストが増大したことを意味しているが、これは中央集権政治の発達と、それに伴う行政実務の増大の結果として、官僚機構における「官師」の比重がそれだけ増大したことを示しており、延いては「官師」の多くを占める「本系常人」(49)の官人たち、すなわち「庶人」出身の官人たちの官界における比重が、それだけ増大していったことを示している。

次に、前期官制における「五品以上」、すなわち「大夫」階層の官職のなかには、忠烈王三十四年以降もそのまま「五品」に据え置かれ、実質的には「大夫」層から「上士」層へと降格されているものが少なくない。たとえば六部の郎中（正五品、事元期以降は改称して直郎、または正郎という）などがこれに当たるが、当時の「上士」層はすべて「参秩」に含まれていた——言い換えれば、「上士」は「大夫」に準じる階層であった——から、この降格にはそれほど重要な意味はないであろう。

しかし、前期官制における「三品以上」、すなわち「卿」階層の官職のなかには、忠烈王三十四年以降もそのまま「三品」に据え置かれ、実質的には「卿」階層から「大夫」階層へと降格されているものが少なくないが、この降格には極めて重大な意味が込められていたと考えられる。たとえば六部の「尚書」は「典書」と改称されたが、その官秩は「正三品」に据え置かれているし、また寺監の長官である「卿・監」は「尹・令・正」などに改称され、その官秩は「正三品」に陞されているが、その後、再び「従三品」に降されているから、これらは「二品以上」の「卿」階層には組み込まれず、実質的には「大夫」階層に降格されているのである。

三品以上（後に二品以上）の「卿（公卿）」の階層は、国王による意思決定の過程に直接参与し得る高麗の「最上級官人層」を構成した[50]。たとえば前期官制において、「三品以上」の官人には「致仕官禄」が与えられていたが[51]、このことは三品以上の「卿（公卿）」の階層が、高麗の最上級官人層を構成した事実を何より端的に示している。しかし、官品構造の変革以降、「三品」に据え置かれた官職はこの「致仕官禄」の対象からは除外され、その官界における位置づけを大きく引き下げることになったのである。

このように、旧来の「三品官」を排除して新たに「二品以上」のみを高麗の「最上級官人層」として位置づけたことは、恐らく高麗における意思決定のシステムの再編を意味しているのであろう。

そもそも、高麗における意思決定システムの中核に位置するのは「宰枢」である。ところが武臣の乱以降、宰枢の数はいわゆる「省五枢七」に増大し、さらに事元期に入ると正任の宰枢で十一員、権授・商議のものを含めると末期には六七十人近くにまでその員額が膨れ上がっていった[52]。

このため忠烈王二十四年（一二九八）、忠宣王の最初の即位の際の官制改革においても、「宰執」（宰相・執政）の数は、つとに削減の対象となっている。

教して曰く、「……惟れ宰執の数、古制に倍し、公家の議論、多少異同、事事に稽滞す。宜しくまさに減省すべし」（『高麗史』巻三十三、忠宣王世家、忠烈二十四年五月辛卯条[53]）。

忠烈王三十四年（一三〇八）、忠宣王が再び即位した際の官制改革において、忠宣王が宰枢の母体となる最上級官人層のスリム化を図っているのも、恐らくはこれと同様の目的であろう。このとき、高麗前期において「最上級官人層」を構成した文臣の尚書・卿監クラス、武臣の上大将軍クラスの官職は、いずれも「三品」に据え置かれることによって「卿（公卿）」の階層から「大夫」の階層に降格されたが、その結果、国政上の最重要案件について国王の諮問に応じる「二品以上（旧三品以上）」の最上級官人層の「会議」は、実質的には「二品以上」の「宰枢」の会議（合坐）と同じことになってしまった。

高麗の時、二品以上は、枢密院の堂上官と為るを得。故に二品を拝する者は、これを入枢という（『龍飛御天歌』第一百六章、注[54]）。

然れども二品以上は、豈に総じてこれを宰相と謂うべけんや。燮理輔相の位に居る者にして乃ち真の宰相なり。高麗の季、乃ち枢密以上を以て皆宰相と称す。はなはだ謂れなきなり（『朝鮮王朝実録』世宗二十一年正月丙午条[55]）。

右の引用文中、「二品以上は、枢密院の堂上官と為るを得」とあるのは、実際には忠烈王三十四年における官品構造の変革以降の事実にすぎないが、この点については節を改めて言及する。ともあれ、ここで確認しておかなければならないのは、尚書・卿監クラスや上大将軍クラスの「三品」の官人が、官品構造の変革に伴ってすべて「二品以上」の「卿（公卿）」の階層から排除されたということであって、このため高麗事元期以降の「卿（公卿）」の階層は、すべて「宰枢」によって占められるように変化していたのである。

朝鮮時代、二品以上の官人を総じて「宰相」と呼んでいたのはこのためにほかならないが、それは決して高麗前期からの制度ではなく、事元期以降の制度にすぎないことに留意しておかなければならない。

(b)　外官の場合

一方、実質的な格下げの目立つ中央官職（京官）とは対照的に、地方官職（外官）においては官品構造の変革の事実を忠実に反映して、当該官職の官品（官秩）が大きく引き上げられている事例が少なくない。

たとえば、地方支配の拠点となる三京・諸都護・州牧などの「界首官」では、通例、長官（使・知事）の職を闕官として、副長官（副使）が実質的に長官としての役割を果たしていたが[56]、この実質的な長官である「副使」は、官品構造の変革以前には一般に「郎中」（正五品）、または「員外郎」（正六品）を以て差遣する場合が多い。いくつか実例を列挙しよう。

尹彦頤は仁宗二年（一一二四）に礼部員外郎（正六品）・知制誥より礼部郎中（正五品、試銜？）を以て出でて全州牧の守（副使）となり、翌々年に召還され、戸部員外郎（正六品）・知制誥を歴て右司諫（正六品）・知制誥に改められた（『高麗墓誌銘集成』五六、尹彦頤墓誌銘[57]）。

鄭復卿は礼部郎中（正五品、試銜？）を以て尚州牧の守（副使）となり、入りて戸部・礼部の員外郎（正六品）を歴任した（『高麗墓誌銘集成』七一、鄭復卿墓誌銘[58]）。

李軾は侍御史・右司郎中（正五品）より出でて広州牧の守（副使）となり、知南京留守に改められ、入りて吏部郎中（正五品）・兼太子洗馬となった（『高麗墓誌銘集成』七六、李軾墓誌銘[59]）。

金永錫は刑部員外郎（正六品）より「試礼部郎中」（正五品、試銜）を以て清州牧の守（副使）となり、その後、李資謙の乱に連坐して兵部員外郎・知制誥に左遷された（『高麗墓誌銘集成』一〇七、金永錫墓誌銘[60]）。

右はいずれも「員外郎」（正六品）より「試郎中」（正五品）の「試銜」を帯びて八牧の長官（守）となった事例であるが[61]、ここで「守」というのは、実際には長官である「使」、「知事」ではなく、副長官である「副使」を指す。その証拠に『高麗墓誌銘集成』四五、崔婁伯妻廉瓊愛墓誌銘によると、崔婁伯は、

その年（毅宗元年、一一四七）冬、礼部員外郎に貶黜され、戊辰（毅宗二年、一一四八）春、礼部郎中（正五品、試銜?）に昇進し、よりて清州副使を授けられた[62]。

というし、また『高麗墓誌銘集成』七九、張脩墓誌銘によると、かれは、

翌年（仁宗九年、一一三一）に試礼部員外郎・知制誥に昇進し、癸丑（仁宗十一年、一一三三）に出でて忠州〔副〕使となり、丙辰（仁宗十四年、一一三六）に入りて礼部員外郎・知制誥となった[63]。

とある。さらに『高麗墓誌銘集成』九十、文公裕墓誌銘によると、文公裕は、

礼部郎中（正五品、試銜?）を以て清州牧の副使となり、任期満了前に王命（宣）により中央に呼び戻されて左司員外郎（正六品）を授けられた。[64]

とある。このように、八牧の「副使」は、一般に員外郎（正六品）クラスの官人に「郎中」（正五品）の「試銜」、すなわち試験任用の肩書きを与えて差遣していたのであるから、このクラスの官人が八牧の「守」となったという場合は、ほぼ間違いなく、「副使」となったことを意味すると考えなければならない。

これに対し、「使」、「知事」として差遣する場合は、通例、三四品の官人を以て差遣した。たとえば『高麗史』や『高麗墓誌銘集成』には、

晋州牧使・司宰卿（従三品）崔復圭[65]
摂司宰卿（従三品）・全州牧使任懿[66]

などの在任記事が見えているし、また『宣和奉使高麗図経』巻八、人物の項の序文には、宋朝の国信使節を迎接した地方官として、

刑部侍郎（正四品）・知全州呉俊和
礼部侍郎（正四品）・知清州洪若伊
戸部侍郎（正四品）・知広州陳淑

の三名の肩書きが挙げられている。[67] したがって、高麗前期においては八牧の長官である「使」、「知事」は、おおむね三四品の官人を以て差遣し、適任者がいない場合は五六品の官人を「副使」として差遣していたと考えるこ

とができるであろう。[68]

ところが官品構造の変革以後、三京・諸都護・州牧などの「界首官」の長官（守）は、おおむね「四品以上」の官人を以て差遣するように変化していった。この点について、たとえば『朝鮮王朝実録』世宗九年（一四二七）二月辛巳条は次のように述べる。

吏曹啓すらく、「前朝の旧制に、牧官・府官は、或いは四品を差して『副使』と称す。その後、みな三品以上を以て充差す。……請うらくは、国初の制に依り、牧・都護府、もし三品なくんば、四品を以て差遣し、『副使』と称さん」と。これに従う。[69]

右の記事によると、前朝（高麗）の旧制として、牧・都護府などの長官（守）は、「三品以上」を差遣する場合には「使」と称し、「四品官」を差遣する場合には「副使」と称したとあるが、同じことは『高麗史』巻一百十、李斉賢伝にも、

請うらくは古制の如く、朝士の未だ入参せざる者は、必ず監務・県令を経、四品に至れば、例として牧守と為し、而して監察司・按廉使、必ず褒貶を行いて、これが賞罰を為さんことを。[70]

と述べられているから、事元期の文人である李斉賢の当時は、「四品」の官人を以て牧・都護府の「副使」に差遣し、または「三品以上」の官人を以て牧・都護府の「使」に差遣していたことがわかるのである。具体的には、たとえば『拙藁千百』（高麗・崔瀣撰）[71]の刊記（至正十四年、恭愍王三年、一三五四、晋州牧開板）に、

晋州牧使・中正大夫（従三品上）・典校令（従三品）・兼管内勧農使崔龍生

と見える事例などが、「三品官」を以て「使」に差遣した実例となるであろう。

したがって、従来、牧・都護府の長官（守）は、三四品の官人であれば「使」、「知事」として、五六品の官人であれば「副使」として差遣されていたが、官品構造の変革以後には、三品以上の官人を以て「使」に差遣し、四品の官人を以て「副使」に差遣する制度に変化しているのである。これは言い換えれば、従来、「五品以上」または「常参六品以上」の上級官人層（大夫）のなかから「使」、「知事」または「副使」を差遣していた制度が、官品構造の変革以後には「四品以上」の上級官人層（大夫）のなかから「使・副使」を差遣する制度に変化していった、とまとめ直すこともできるであろう。

このように考えると、上記の引用文で李斉賢が「古制」といっているのは、決して高麗前期（文宗朝）の旧制のことではなく、実際には忠烈王三十四年（一三〇八）における官品構造の変革以後の事実を述べているにすぎないことがわかるのである。

ただし、『高麗史』百官志に記された文宗朝の官制では、「大都護府」及び「諸牧」の長官（使・副使）の官秩は、「使」は「三品以上」、「副使」は「四品以上」と規定されているが[72]、これは官品構造の変革以後の事例には合致しても、それ以前の事例には合致しない[73]。この点において、私は「百官志」の記述にある種の疑念を抱かざるを得ないのである。

次に、従来「七品以上」の中級官人（上士）を以て差遣していた大都護府・八牧などの「判官」（倅）や、防禦州鎮及び諸州郡の「副使」（守）などは、官品構造の変革以後には「六品以上」の官人を以て差遣する制度に変化していった。たとえば『高麗墓誌銘集成』四七、金誠墓誌銘によると、

功を以て典厩令（従七品）に調せられ、大府注簿（従七品）に遷る。本朝の人を用うるや、およそ官七品に至る者

は、みな守に遣わして州を知《おさ》めしむ。故を以て、公もまた出でて宝城郡を刺し、秩満ちて将作注簿（従七品）と為る。(74)

とあるが、これは官品構造の変革以前においては「七品以上」の中級官人（上士）を以て諸州の長官（知事）に差遣していたことを明示している。これに対し、官品構造の変革以後には「六品以上」の中級官人（上士）が諸州の長官（知事）に任命される制度に変化していく。いくつか具体例を挙げておこう。

奇轍の父、奇子敖は、摠部散郎（正六品）より出でて宣州の守（知事）となった（『高麗史』巻一百三十一、叛逆五、奇轍伝(75)）。

金永暾は、掖庭内謁者監（正六品）より出でて「知陝州事」となり、入りて「讞部散郎」（正六品）となった（『高麗墓誌銘集成』二六五、金永暾墓誌銘(76)）。

朴元桂は忠粛王七年（一三二〇）に都官散郎（正六品）となり、忠粛王十一年（一三二四）に開城少尹（正四品）を以て知宝城郡事となり、忠粛後元年（一三三二）に通礼門判官（正五品）となった（『高麗墓誌銘集成』二七二、朴元桂墓誌銘(77)）。

李斉賢の妻・瑞原郡夫人徐氏の父である徐仲麟は、「通直郎（正五品）・知瑞州事」であった（『高麗墓誌銘集成』二八四、李斉賢墓誌銘(78)）。

このように、官品構造の変革以後の事例を見ると、諸州の長官（知州事）に差遣されているのは、多くは散郎

（正六品）、正郎（正五品）などの五六品官であるが、これは「七品以上」の中級官人層（上士）の分界線が、官品構造の変革以後には「六品以上」に引き上げられたために、諸州の長官（知州事）もこれと連動して「六品以上」の中級官人（上士）を以て差遣する制度に変化していったものと考えられる。

ただし、『高麗史』百官志には「文宗定むらく」として、防禦州鎮及び諸州郡の長官は、「使一人、五品以上」、「副使一人、六品以上」を以て差遣すると規定している。これは「五品以上」であれば「使」と称し、「六品」であれば「副使」と称したという意味であろうが、その規定は官品構造の変革以後の事例には当て嵌まっても、それ以前の事例には当て嵌まらない。忠烈王三十四年（一三〇八）以前においては、諸州の長官（使・知事）は「七品以上」の官人を以て差遣していたのである。したがって、この点についても「百官志」の記述には疑問がある。

さらに、官品構造の変革以前においては、おおむね「八品」以上の官人を以て諸県の長官である「県令」に差遣していたが、その証拠としては、たとえば次のような事例を挙げることができる。

張允文は大府注簿（従七品、同正職？）を以て耽羅県令となり、秩満ちて、諸陵丞（従七品）・兼都兵馬録事に拝せられた（『高麗墓誌銘集成』一五七、張允文墓誌銘[79]）。

李瑞林は「八品官」より崔忠献の推挙を受けて出でて牛峰県令となり、入りて中書注書（従七品）となった（『高麗墓誌銘集成』一五九、李瑞林墓誌銘[80]）。

庾資諒は宰相の子なるを以て直ちに守宮署丞（正九品）に補せられ、ついで大楽署丞（従八品）に移り、出でて龍岡県令となった（『高麗墓誌銘集成』一七九、庾資諒墓誌銘[81]）。

崔瑞は高宗四十三年（一二五六）に秘書校勘（権務）となり、元宗元年（一二六〇）に出でて処仁県令となり、元宗四年（一二六三）に入りて大官丞（従八品）・式目録事となった（『高麗墓誌銘集成』二〇八、崔瑞墓誌銘[82]）。

右の諸事例を通覧すると、官品構造の変革以前、「県令」のポストはおおむね「八品」の下級官人（中下士）を以て差遣していたことがわかるが、官品構造の変革以後は、これが「七品」の官人の例調ポストに引き上げられていった。たとえば前引の『高麗史』巻一百十、李斉賢伝には、

請うらくは古制の如く、朝士の未だ入参せざる者は、必ず監務・県令を経、四品に至れば、例として牧守と為し、而して監察司・按廉使、必ず褒貶を行いて、これが賞罰を為さんことを[83]。

とあるが、ここでは「監務」、「県令」は「入参」以前のもの、すなわち「常参官」に昇進する以前の「七品」の官人の例調ポストとして位置づけられているのである。ただし、『高麗史』百官志には、

諸県。文宗定むらく、令一人、七品以上。尉一人、八品[84]。

とあるが、繰り返し述べてきたとおり、官品構造の変革以前には県令・監務は主として「八品」の官人の例調ポストであったから、この「百官志」の記述はその文字どおりには受け入れることができない。

ちなみに、上記の李斉賢の提言を受けて、恭愍王二年（一三五三）には、県令・監務は「京官七品以下」を以て差遣する制度に改めることになったが[85]、これは要するに、「朝士の未だ入参せざる者は、必ず監務・県令を経」、しかる後、「常参官」に昇進するという制度が確立したことを意味している。旧来、県令・監務などの外官職には科挙に及第した知識人（登科士流）を以て差遣することになっていたが、高麗末期には外官への例調の制度が崩れたため、外官を経ずとも「参秩」に陞ることが可能となっていた。このため、知識人（士流）は県令・監務

などの外官職に就任することを忌避し、代わりに胥吏出身の官人を以て県令・監務に差遣することが一般的となっていった。[86]その後、恭愍朝・辛禑朝に入ると、紅賊・倭寇の被害に対応するために、臨時に五六品の官人を「安集別監」として差遣していたが、辛昌即位年（一三八八）八月にはこれを再び県令・監務に改め、その官秩を「五六品」に陞秩して、知識人（士流）を以てこれに任命する制度に改めている。[87]

この改革以後、外官職はすべて「六品以上」、すなわち中級以上の官人を以て差遣する制度に改められ、これが朝鮮朝の制度としてそのまま受け継がれていくことになったのである。したがって、朝鮮朝の官制においては下級官人層（中下士）のための外官の例調ポストは存在しない。またこのことと関連して、科挙試の新及第者に与える外官の例調ポストも消滅したため、新及第者は一旦「三館」（成均館・芸文館・校書館）に分属し、そのうえで六品の外官職に転出していくことになった。[88]

もっとも、従九品の外官職に「駅丞」、「渡丞」が設けられているが、これは知識人（士流）の職ではなく、所定の勤務年限を満了した胥吏（書吏）が、「駅丞」、「渡丞」の任用試験（取才）を受けて任命されるポストである。[89]また高麗時代には門蔭出身の官人たちは、一旦、令史などの胥吏職に就任し、次に外官への例調を経て上級胥吏職である「録事」に就任し、そのうえで流内の職事官へと昇進していくことが一般的であったが、朝鮮時代には「録事」は無位のものが入属し、所定の勤務年限を満了した後、守令の任用試験（取才）を経て、ただちに「六品以上」の守令の職に任命されることになっている。[90]

このように、朝鮮時代においては胥吏出身者や門蔭出身者の外官職への例調、及び六品以上の「参秩」への進出の経路が大きく制限されるようになっていた。それは高麗末から朝鮮初期に至る官僚制度の改革において、いわゆる「流品」の思想がいっそう発達していったことを示唆している。

なお、『朝鮮王朝実録』世宗二十二年（一四四〇）五月己未条にみえる国王の吏曹への伝旨に、今後、六品より五品を拝するに至る者は、守令を経るに非ずんば、四品に陞るを得ざれ。四品より従三品に至る者は、守令を経るに非ずんば、則ち陞りて通訓と為るを得ざれ。通訓以上の、未だ守令を経ざる者は、随宜に除拝せよ。(91)

とあるのは、このとき四品以上の上級官人層（大夫）に昇進する前提として、中級官人（上士）に外官への例調を義務づけ、「三品以上」または「通訓」（正三品堂上）以上の最上級官人層（卿）に昇進する前提として、上級官人（大夫）に外官への例調を義務づけたことを示している。

ただしそれは、必ずしも朝鮮・世宗朝において初めて創設された制度ではない。それは実際には、高麗時代に行われていた外官への定例の異動、すなわち「例調」の制度の再現にすぎないのである。(92)

## 第四節　百官志の批判

ここまで忠烈王三十四年（一三〇八）における官品構造の変革の事実を検証してきたが、これを前提として『高麗史』百官志の記述を検討してみると、前節に示した地方官職（外官）の官品（官秩）の食い違いという問題以外にも、いくつか腑に落ちない点が浮かび上がってくる。とりわけ問題となるのは宰枢の官品（官秩）の問題であるが、ここでは行論の都合上、まず枢密院（後に密直司）の宰相の品秩、次に中書門下（後に門下府）の宰相の品秩について百官志の記述を批判的に検証してみることにしよう。

## (a)　枢密院の宰相の品秩

『高麗史』百官志の記述によると、枢密院（後の密直司）[93]の官員の構成は、高麗前期の文宗朝に次のように定められたことになっている。

> 文宗定むらく、判院事一人、院使二人、知院事一人、同知院事一人、秩並びに従二品。副使二人、簽書院事一人、直学士一人、並びに正三品。知奏事一人、左右承宣各一人、左右副承宣各一人、また正三品。堂後官二人、正七品。[94]

このうち、判院事については同じく百官志に、

> （忠烈王）三十四年（一三〇八）、忠宣罷む。即位するに及んで、これ（密直司）を復し、判司事を加置す。……恭愍王三年（一三五四）、判司事・知中事・四代言は、みな禄官と為す。[95]

とあるが、忠宣朝にはじめて「加置」され、恭愍朝にようやく定員内の官職（禄官）となったはずの「判司事」（判密直司事）が、文宗朝の官制にすでに「判院事」（判中枢院事）として現れているのは不審である。

事実、『高麗史』食貨志、禄俸、文武班禄の条には、文宗三十年（一〇七六）の制度として、「中枢院使、（知院事）、同知院事」には「三百五十三石五斗」、「中枢院副使、簽書院事、中枢院直学士」には「三百石」を賜ることになっているが、ここには「判院事」（判中枢院事）は見えていない。[96]

また、『高麗史』百官志、諸司都監各色、都評議使司の条には、

国初、都兵馬使と称す。文宗、官制を定むらく、判事は侍中・平章事・参知政事・政堂文学・知門下省事を以てこれと為し、使は六枢密及び職事三品以上を以てこれと為す。[97]

とあるが、ここでも文宗朝における中枢院（後の枢密院）の宰相は、院使・知院事・同知院事・副使・簽書院事・直学士の「六枢密」を数えるだけで、「判院事」はこれに含まれていない。

さらに、武臣執権期の文人、崔滋の『補閑集』によると、

宗室は大誥（大官誥）といえども、告を廷会に宣べず。故に宣麻に預からず。旧制、枢密・僕射・八座・上将は、並びに小官誥たり。近ごろ枢密使は始めて宣麻に預かる。[98]

とあるから、枢密使は武臣執権期に入ってはじめて宰臣と等しく「大官誥」によって任命され、宰臣とともに「宣麻」の儀礼に預かるようになったことがわかる。この場合、枢密使の上位に「判院事」の官制が存在すれば、当然「判院事」も「大官誥」によって任命されていたことであろう。にもかかわらず、それが挙げられていないのは、「判院事」の官制が、この時期には定員（禄官）として存在していなかったために他なるまい。[99]

もっとも、『高麗史』巻七十二、輿服志一、百官儀従の条に記載する「明宗二十年判」の内容には、枢密院の官人として「判院事」が挙げられているが、そこには事元期以降の官制である「密直学士」も見えているから、それらは事元期以降の官制の竄入にすぎない。[100]したがって、文宗朝の官制に「判院事一人、秩従二品」が置かれていたとする百官志の記述は誤りである。

また、『高麗史節要』巻二十三、忠宣王二年（一三一〇）八月条に、

密直司は二品に陞し、僉議府と同《とも》に『両府』と称す。[101]

とあるが、官司の品秩はその長官職の品秩によって定まるから、ここで密直司を二品に陞したというのは、その長官である「密直使」――忠宣王二年（一三一〇）のこの時点では「判司事」は存在するが、いまだ定員内の正式の官職（禄官）ではない――の品秩を（三品から）二品に陞したことを示している。

宰枢を「両府」と称することは、実際には宋制の影響下に高麗前期から既に行われていたことであるが、それは真の意味で対等な「両府」ではなかった。密直司はこのときはじめて「二品」に陞秩したのであるから、それ以前には「三品衙門」であり、その長官である密直使（旧枢密院使）も「二品官」ではなく「三品官」であったと考えなければならない。したがって、忠宣王二年（一三一〇）以前の文宗朝の官制において、「院使二人、秩従二品」が置かれていたとする百官志の記述は誤りである。

さらに、密直使（旧枢密院使）が忠宣王二年以前には「三品」（恐らくは「正三品」）であったとすると、それより下位の「知院事・同知院事」が「従二品」であったとする百官志の記述は当然受け入れることができなくなる。実際、高麗前期における「六枢密」の任官事例を検討すると、院使・知院事・同知院事はおおむね尚書（正三品）の兼職であり、副使・簽書院事・直学士はおおむね卿監（従三品）の兼職である。[102] したがって、百官志の記述はすべて誤りである。

それにしても百官志の撰者は、一体なにを根拠にこのような誤った記述を導き出しているのであろうか。「判院事」が定員内の官職（禄官）になったのは、前述のとおり、恭愍王三年（一三五四）のことであるが、その翌々年（恭愍王五年、一三五六）には密直司を「枢密院」に改め、「員秩は並びに文宗の旧制に復した」[103] といわれている。したがって、百官志が「文宗定むらく」として挙げている官制は、実際には「文宗の旧制に復した」と称する「恭愍王五年」の官制を無批判に「文宗朝」の官制として貼り付けているだけのことなのであろう。

なお、「文宗の旧制に復した」と称する恭愍王五年（一三五六）の官制が、実際には必ずしも文宗朝の旧を襲っていないことは、この時期の文散階が「四品以上」を「大夫」とする事実ひとつを取ってみても明らかである。

## (b)　中書門下の宰相の品秩

次に中書門下（後に門下府）の宰相の品秩について検討しよう。[104]『高麗史』百官志では文宗朝の官制として、

門下侍中一人、秩従一品。
門下侍郎平章事・中書侍郎平章事各一人、秩正二品。
中書平章事・門下平章事（員数不定）、秩正二品。
参知政事一人、秩従二品。
政堂文学一人、秩従二品。
知門下省事一人、秩従二品。[105]

が置かれたことになっている。しかし前述のとおり、密直司は忠宣王二年（一三一〇）に初めて二品に陞秩し、僉議府と並んで「両府」と称するようになったのであるから、逆に言えば僉議府（旧中書門下）の方は初めから二品衙門であり、その長官である僉議中賛（旧門下侍中）の品秩も、本来は二品（恐らくは正二品）であったのではないかと考えられる。したがって高麗前期（文宗朝）において門下侍中が「秩従一品」であったとする百官志の記述は疑わしい。

事実、『高麗史』食貨志、田制、功蔭田柴、文宗三年（一〇四九）五月条に見える「両班功蔭田柴法」の規定を見ると、中書門下の宰臣の品秩は必ずしも上掲の百官志のとおりにはなっていない。

一品、門下侍郎平章事以上、田二十五結・柴十五結。
二品、参政以上、田二十二結・柴十二結。
三品、田二十結・柴十結。
四品、田十七結・柴八結。
五品、田十五結・柴五結。[106]

ここでは「大夫」身分に相当する「五品以上」の官人に「功蔭田柴」と称する収租地（領地）を与え、これを子孫に逓伝する特権を認めているのであるが、「散官は五結を減ず」とあるから、ここでいう「一品」、「二品」が、それぞれ「職事一品」、「職事二品」を意味していることは明らかである。したがって「一品、門下侍郎平章事以上」、「二品、参政以上」とあるのは、それぞれ、

職事一品官、及び（職事二品官のなかの）門下侍郎平章事以上
職事二品官、及び（職事三品官のなかの）参政以上

という意味に解釈することが妥当であろう。[107]

この場合、「門下侍郎平章事以上」というのは、具体的には中書門下の宰臣である「門下侍中」、「門下侍郎・同中書門下平章事」、「門下侍郎・平章事」のことで、これらはすべて一品官に準じる待遇を受ける「二品官」であったと考えることができる。また「参政以上」というのは、中書門下の宰臣である「中書侍郎・平章事」と「参知政事」のことで、このうち「中書侍郎」は「門下侍郎」と同じく二品官であるが、「参知政事」は二品官に準じる待遇を受ける「三品官」であったと考えることができるであろう。[108]

実際、高麗前期における「参知政事」の任官事例を見ると、そのほとんどは「六部尚書（正三品）」を以て「参知政事」を兼帯するか、または「尚書左右僕射（従二品）」を以て「参知政事」を兼帯するかのいずれかである。[109]また参知政事に任命されるものは、高麗前期ではおおむね「銀青光禄大夫（正三品）」の文散官を与えられている（後述）。したがって、『高麗史』百官志が述べるように「参知政事」が「秩従二品」であったと考えるよりは、むしろ「職事三品以上」の僕射・尚書が中書門下の議事に加わる場合に「参知政事」の職名を兼帯し、そのことによって本来の品秩より一等上の「職事二品官」に準じる待遇を与えられていたと考えた方がわかりやすい。

さらに、参知政事が「職事三品」以上の兼職であったとすると、それより下位の宰臣である「政堂文学」、「知門下省事」についても、それらが「秩従二品」であったとする百官志の記述は受け入れることができなくなる。事実、高麗前期の任官事例を検討すると、「政堂文学」、「知門下省事」を兼帯しているのはおおむね「僕射（従二品）」、「尚書（正三品）」、「卿監（従三品）」クラスの官人であるから、[110]これらは「職事三品以上」の官人が兼帯する宰臣職――ただし、「参知政事」に就任するには若干履歴の浅い官人の兼帯する宰臣職――であったと考える方が妥当であろう。

したがって、百官志が「門下侍中」を「秩従一品」とし、「参知政事」、「政堂文学」、「知門下省事」を「秩従二品」と規定しているのは、いずれも誤りである。これらも要するに、「文宗の旧制に復した」と称する恭愍王五年（一三五六）の官制を、そのまま「文宗朝」の官制として無批判に貼り付けているだけのことなのであろう。

## (c)　宰枢と文散官

では、恭愍王五年（一三五六）の官制において、なぜ「宰枢」の官秩は「二品」以上に引き上げられているのであろうか。いうまでもなく、それは忠烈王三十四年（一三〇八）における官品構造の変革の事実に対応して引き上げられているのである。

前述のとおり、高麗前期の官制において、「参知政事」、「政堂文学」、「知門下省事」や「六枢密」は、いずれも「職事三品以上」の官人の兼帯職として位置づけられていた。たとえば宰枢によって構成される「都兵馬使」は、

判事は侍中・平章事・参知政事・政堂文学・知門下省事を以てこれと為し、使は六枢密及び職事三品以上を以てこれと為す(111)。

と規定されていたが、ここで「六枢密」と「職事三品以上」とが同等の扱いになっているのも、要は「六枢密」が「職事三品以上」の官人の兼帯職であったことを考えれば納得がいく。

そもそも官品構造の変革以前において、宰臣・枢密は「三品以上」の「卿（公卿）」階層から選抜されていたのであるが、そのことは、宰枢の兼帯する位階（文散官）のあり方をみても明らかであろう。

高麗事元期以前において、「卿（公卿）」階層の位階は、開府儀同三司（従一品）、特進（正二品）、金紫光禄大夫（従二品）、銀青光禄大夫（正三品）、光禄大夫（従三品）の五階に分かれていたが、このうち、枢密院の宰相（枢密）は、通常、「銀青光禄大夫（正三品）」の位階を与えられ、中書門下の宰相（宰臣）は、通常、「金紫光禄大夫（従二品）」の位階を与えられていた。いくつか具体例を挙げておこう。

柳光植は高宗元年（一二一四）に銀青光禄大夫・枢密院副使・判閤門事として枢密院の宰相に昇進し、その後、金紫光禄大夫・知門下省事・尚書右僕射・判三司事として中書門下の宰相に昇進した（『高麗墓誌銘集成』一七〇、柳光植墓誌銘(112)）。

鄭邦輔は銀青光禄大夫・枢密院副使・右散騎常侍として枢密院の宰相に昇進し、高宗二年（一二一五）に、金紫光禄大夫・知門下省事・尚書左僕射・判戸部事として中書門下の宰相に昇進した（『高麗墓誌銘集成』一七五、鄭邦輔墓誌銘[113]）。

琴儀は康宗二年（一二一三）に銀青光禄大夫・簽書枢密〔院〕事・左散騎常侍・翰林学士承旨として枢密院の宰相に昇進し、高宗二年（一二一五）に金紫光禄大夫・政堂文学・左僕射・宝文閣大学士・修国史として中書門下の宰相に昇進した（『高麗墓誌銘集成』一八一、琴儀墓誌銘[114]）。

李奎報は高宗二十年（一二三三）六月に銀青光禄大夫・枢密院副使・右散騎常侍・宝文閣学士として枢密院の宰相に昇進し、同年十二月に金紫光禄大夫・知門下省事・戸部尚書・集賢殿大学士・判礼部事として中書門下の宰相に昇進した（『高麗墓誌銘集成』一八八、李奎報墓誌銘[115]）。

元傅は元宗十年（一二六九）に銀青光禄大夫・枢密院副使・右常侍・翰林学士承旨として枢密院の宰相に昇進し、翌年夏に金紫光禄大夫・政堂文学・吏部尚書・宝文閣大学士・同修国史・判三司事・太子少保として中書門下の宰相に昇進した（『高麗墓誌銘集成』一九八、元傅墓誌銘[116]）。

以上はいずれも「銀青光禄大夫（正三品）」を以て枢密院の宰相となり、次いで「金紫光禄大夫（従二品）」を以て中書門下の宰相となった事例であるが、このような事例は特に武臣執権期以降に集中して存在する。一方、それ以前においては、「銀青光禄大夫」を以て「参知政事」、「政堂文学」などの中書門下の宰相に昇進する事例も少なくない。たとえば、尹彦頤は毅宗二年（一一四八）に銀青光禄大夫・政堂文学・判尚書刑部事として中書門下の宰相に昇進した（『高麗墓誌銘集成』五六、尹彦頤墓誌銘[117]）。

崔梓は銀青光禄大夫・検校司徒・守司空・尚書左僕射・参知政事・判礼部事を加えられて中書門下の宰臣に昇進した（『高麗墓誌銘集成』六十、崔梓墓誌銘[118]）。

崔惟清は銀青光禄大夫・尚書左僕射・参知政事を以て中書門下の宰相に昇進した（『高麗墓誌銘集成』一一五、崔惟清墓誌銘[119]）。

金純は明宗二十四年（一一九四）正月に銀青光禄大夫・参知政事・礼部尚書を以て中書門下の宰相に昇進した（『高麗墓誌銘集成』一四五、金純墓誌銘[120]）。

以上のように、「参知政事」や「政堂文学」は高麗前期には「銀青光禄大夫（正三品）」を以て任命されている例が少なくない。この点について、『高麗墓誌銘集成』一六八、崔忠献墓誌銘によると、

これより以後、年ごとに除せられ歳ごとに遷り、階は金紫光禄大夫（従二品）に至る。……本朝の旧制に、階・功・郷・職のここに至るは、必ず宰府に陞る者を待って然る後にこれを授く[121]。

とあるから、中書門下の宰相のなかでも特に平章事以上の「真宰」の位階は、高麗前期においては従二品の「金紫光禄大夫」を与えることが慣例となっていたようである。逆に言うと、「参知政事」や「政堂文学」などの「執政」は、真の意味での宰相（真宰）とは認められず、したがって、その位階も「銀青光禄大夫（正三品）」に

止まるものが少なくなかった。

礼儀詳定所、奏して曰く、「近来、朝廷の間に行する所の表状書簡は、称号正しからず。名を正す所以の義にあらず。臣等欲し望むらくは、諸王は『令公』と曰い、中書令・尚書令は『太師』、『令公』と曰い、両府執政官は『太尉』、『平章』、『司空』、『参政』、『枢密』、『僕射』と曰い、おのおの時職に随いてこれを称し、三品以下の員寮は、並びに『相公』と称するを得ざれ。宜しく直に官名を呼ぶべし（『高麗史』巻八十四、刑法志一、職制、公牒相通式、睿宗九年六月条）。[122]

睿宗九年（一一一四）の右の史料では「両府執政官」と「三品以下員寮」とが対比して述べられているから、「両府執政官」、すなわち「宰枢」は「二品以上」によって構成されていた、というのが旧来の通説である。[123]しかし前述のとおり、この時期には「参知政事」、「政堂文学」、「知門下省事」や「六枢密」は、いずれも職事三品以上の官人の兼帯職にすぎなかった。したがって、「三品以下員寮」というのは、「宰枢」を兼ねているものを除いた他の一般の「三品以下員寮」という意味にすぎない。宰臣が一律に「金紫光禄大夫（従二品）」の位階を受けるようになるのは、武臣執権期も後半に入って以後のことであろう。

このように、枢密院使、知院事、同知院事、枢密院副使などの枢密院の宰相には、通例、「銀青光禄大夫（正三品）」の位階が与えられ、また中書門下の宰相のなかでも、参知政事、政堂文学、知門下省事などの「執政」には「銀青光禄大夫（正三品）」の位階が与えられていた。したがって、それらは「官位相当」[124]の原則からいっても、おおむね「職事三品官」として位置づけられていたのである。そうして「平章事」以上の「真宰」には「金紫光禄大夫（従二品）」の位階が与えられていたから、それらもまた「官位相当」の原則に照らして「職事二品官」として位置づけられていたのである。

もっとも、高麗前期においては「官位相当」の原則は形骸化し、一般には職事官の昇進速度が文散官の昇進速度を遥かに上回っていた。しかし、少なくとも「宰枢」に昇進したものに関しては、「銀青光禄大夫（正三品）」もしくは「金紫光禄大夫（従二品）」の位階を与えることで、最終的に「官位相当」の形式を整えていたのであろう。

これに対し、官品構造の変革以後には「宰枢」の兼帯する位階はすべて「二品」以上に引き上げられている。具体的には「匡靖大夫（旧金紫光禄大夫）」が「従二品」から「正二品」に引き上げられ[125]、「中議大夫（旧銀青光禄大夫、後に通憲大夫、また奉翊大夫と改称）」が「正三品」から「従二品」に引き上げられているのである[126]。

前述のとおり、密直司が「二品」に引き上げられたのは、忠烈王三十四年（一三〇八）における官制改革の翌々年、忠宣王二年（一三一〇）のことであったが、これは「官位相当」の原則に基づいて宰臣の位階を「匡靖大夫（正二品）」、枢密の位階を「中議大夫（従二品）」と定め、僉議府（旧中書門下）と密直司（旧枢密院）をそれぞれ「二品衙門」として位置づけることで、両者がいわゆる「両府」を構成するという原則を確立したことを示しているのであろう。そうして従来「三品官」であった「参知政事」、「政堂文学」、「知門下省事」、「六枢密」などの官秩は、この原則に基づいて、このときはじめて「二品官」に引き上げられたのであると考えられる[127]。

したがって、『龍飛御天歌』第一百六章の注に、

高麗の時、二品以上は、枢密院の堂上官と為るを得。故に二品を拝する者は、これを入枢と謂う[128]。

とあるのは、官品構造の変革以後の制度にすぎない。

なお、『高麗史』刑法志、職制、公牒相通式、忠烈王二十四年（一二九八）五月条、忠宣王即位の教に、

朝廷の間において尊称を僭越するものあるは、実に礼にあらざるなり。宰執、諸の二品官は、諸箋には『令公』を除き、寒暄（時候の挨拶）には『鈞旨』、『鈞侯』と称せよ。諸の三品は、職に随いてこれを称し、寒暄には『台旨』、『台侯』と称し、率《よ》りて以て常と為せ。違うものは、治するに法を以てせよ。[129]

とあるのは、必ずしも実行はされなかったようであるが、「宰執、諸の二品官」を「宰相」として位置づけている点において、その後の忠烈王三十四年（一三〇八）における官品構造の変革の先駆を為す。そうして官品構造の変革以後には、「三品官」は「卿（公卿）」階層から排除され、「二品以上」はすべて「宰相」と呼ばれるようになったが、この点については既に引用した『朝鮮王朝実録』世宗二十一年正月丙午条の記事に、

然れども二品以上は、豈に総じてこれを宰相と謂うべけんや。燮理輔相の位に居る者にして、乃ち真の宰相なり。高麗の季、乃ち枢密以上を以て皆宰相と称す。はなはだ謂れなきなり。[130]

とあるのがその証拠である。

従来、上記の諸史料を根拠として、高麗では「二品以上」が「宰枢」を構成したといわれてきた。しかしそれは官品構造の変革以後の制度にすぎないのであって、それ以前には、宰枢は「三品以上」の「卿（公卿）」階層のなかから選抜されていたのである。

# 小結

以上、本章では高麗忠烈王三十四年（一三〇八）における官品構造の変革の事実を指摘し、その意義についていくつかの側面から考察を加えてきた。その結論として述べ得ることは、おおむね次の三点に纏められる。

(1) 官品構造の変革は、直接には上国元朝の官制との整合を意図して行われたこと。

(2) それは位階（散官）の陞降と同時に官職（職事官）の陞降を伴い、その過程において冗官の淘汰や士庶の区別の強化——いわゆる「流品」の整飭——が図られたこと。

(3) 『高麗史』百官志の記事の一部、特に外官職や宰枢職の記事には、官品構造の変革以後の事実をそれ以前の事実として誤って記述している事例が見られること。

このうち、私が最も強調しておきたいことは、これまでだれも本格的な批判を試みようとしなかった百官志の記事について、これを「官品構造の変革」という視座から再検討しようとする第三の論点である。

いまさら言うまでもないことであるが、高麗官僚制度史の研究において、『高麗史』百官志は最も重視すべき根本史料の一つである。百官志がなければ高麗官僚制度史の研究それ自体が成り立たないといっても過言ではない。したがって、この根本史料を根拠もなく批判することは慎まなければならないが、逆に、その内容に明らかな矛盾があるとすれば、その矛盾は内的・外的な文献批判を通して克服していかなければならない。

『高麗史』百官志における最も重大な欠陥の一つは、それが高麗末期、恭愍朝の戦乱による文献散佚の後を受けて編纂された私撰の政書――具体的には金祉（字敬叔）の『周官六翼』[131]――の内容を踏襲しているところにあると考えられる。もちろん、百官志の内容すべてが『周官六翼』に由来するわけではないにしても、おそらくその主要部分は『周官六翼』の引き写しであろう。たとえば本章で問題とした外官職の品秩についても、『朝鮮王朝実録』の次の記事は、それが『周官六翼』の記事の引き写しであったことを強く示唆しているのである。

吏曹啓すらく、「外官の品秩は、請うらくは『周官六翼』に依りて、従二品は留守官、正三品は大都護府・牧官、従三品は都護府、従四品は知郡事、従五品は判官・県令、従六品は県監とせん」と。これに従う（『朝鮮王朝実録』世宗十三年正月丁丑条[132]）。

右の内容は『高麗史』百官志の外官職の記載内容とほとんど合致している。現行『高麗史』が成立する以前の世宗十三年（一四三一）の段階において、「外官の品秩」に関する第一の参考資料が『周官六翼』であったとすれば、その内容が『高麗史』百官志の編纂過程にそのまま引き継がれていったことは当然であろう。

しかし高麗末期の人である金祉には、忠烈王三十四年（一三〇八）の段階で官品構造の変革が行われた事実が充分には認識されていなかったし、また高麗前期における中書省・門下省と、宰相府（宰府）である「中書門下」との関係なども充分には認識されていなかったようである。このため、百官志では高麗前期（文宗朝）の段階において、すでに「中書門下省」という単一の衙門が存在し、それが忠烈朝に入って「僉議府」に改められたかのように記述されているが、実際には中書省と門下省はそれぞれ別個の衙門として存在し、それが忠烈王元年（一二七五）の段階で「僉議府」として合併・改組されたのである。そうしてこの僉議府の堂上が、宰相府としての「中書門下」の機能を引き継ぐことになったのである。

一方、「文宗の旧制」に復することを標榜した恭愍王五年（一三五六）の官制では、この「僉議府（後に都僉議司）」は「中書門下省」に改められているが、「中書門下省」という単一の衙門が成立したのは、実際にはこのときが初めてであって、それ以前には「中書省」、「門下省」、「中書門下」は存在しても「中書門下省」という単一の衙門は存在していなかったのである。

ところが百官志はこれを「文宗朝」に、つとに存在した官庁として記述している。恐らくはその記述の基になった『周官六翼』それ自体が、「恭愍王五年」の官制を基準に、それを投影した形で「文宗朝」の官制を記述していたのであろう。

もちろん、百官志のすべてが信頼できないというわけではない。大切なのは、そのどの部分を信頼し、どの部分を批判すべきかということである。この点において、本章が提起した忠烈王三十四年における官品構造の変革の事実は、ひとつの有効な判断基準として活用することができるであろう。

## 注

（1）『宣和奉使高麗図経』巻十六、官府、倉廩。内外見任受禄官、三千余員。散官同正、無禄給田者、又一万四千余員。其田皆在外州、佃軍耕蒔、及時輸納、而均給之。

（ちなみに『高麗史』巻三十二、忠烈王世家五、二十七年四月己丑条に見える中書省移咨の録連事目には、「又本国王京〔裏〕外諸司衙門州県、摠三百五十八処、設官大小四千三百五十五員、刻削於民、甚為冗濫」とある。仁宗朝の「三千余員」は忠烈朝には「四千三百五十五員」に増加していたのである。）

（2）『唐律疏議』巻一、名例。八議、【疏】議曰、依令、「有執掌者為職事官、無執掌者為散官。」

（3）『唐六典』巻四、尚書礼部、礼部郎中条。凡百僚冠笏（注略）珂珮（注略）、各有差。凡常服、亦如之〔親王、三品已上、二王後、服用紫、飾以玉。五品已上、服用朱、飾以金。七品以上、服用緑、飾以銀。九品已上、服用青、飾以鍮石。流外・

庶人、服用黄、飾以銅鉄」／『宋史』巻一百五十三、輿服志五、諸臣服下、公服条。凡朝服、謂之具服。公服従省、今謂之常服。宋因唐制、三品以上服紫、五品以上服朱、七品以上服緑、九品以上服青。其制、曲領大袖、下施横襴、束以革帯、幞頭、烏革鞾。自王公至一命之士、通服之。

(4)『唐律疏議』巻一、名例条。八議、……六曰議貴［謂職事官三品以上、散官二品以上、及爵一品者］。

(5)『唐律疏議』巻二、名例条。諸五品以上妾、犯非十悪者、流罪以下、聴以贖論。【疏】議曰、五品以上之官、是為「通貴」。妾之犯罪、不可配決。

(6)『唐六典』巻二、尚書吏部、吏部郎中条。凡叙階之法、有以封爵（注略）、有以親戚（注略）、有勲庸（注略）、有以資蔭［謂一品子、正七品上叙。至従三品子、逓降一等。四品・五品、有正従之差、亦逓降一等。従五品子、従八品下叙。国公子、亦従八品下。三品以上、蔭曾孫。五品已上、蔭孫。孫降子一等。曾孫降孫一等。……］。

(7)『唐律疏議』巻二、名例条。諸応議・請・減、及九品以上之官、若官品得減者之祖父母・父母・妻・子孫、犯流罪以下、聴贖。【疏】議曰、此名「贖章」。……若官品得減者、謂七品已上之官、蔭及祖父母・父母・妻・子孫、犯流罪以下、並聴贖。

(8)『高麗史』巻七十七、百官志二、東宮官。文宗八年、命有司、選三品官之孫、五品以上官之子二十人、為東宮侍衛公子。五品官之孫、七品以上官之子十人、為侍衛給使、永為定制。

(9)『高麗史』巻七十四、選挙志二、学校条。仁宗朝、式目都監詳定学式。国子学生、以文武官三品以上子孫、及勲官二品帯県公以上、并京官四品帯三品以上勲封者之子、為之。太学生、以文武官五品以上子孫、若正従三品曾孫、及勲官三品以上有封者之子、為之。四門学生、以勲官三品以上無封、四品有封、及文武官七品以上子、為之。三学生、各三百人、在学以歯序。凡係雑路及工商楽名等賤事者、大小功親犯嫁者、家道不正者、犯悪逆帰郷者、賤郷部曲人等子孫、及身犯私罪者、不許入学。其律学・書学・算学、皆肄国子学。律・書・算、及州県学生、並以八品以（上）〔下〕子、及庶人為之。七品以上子情願者、聴。

（律・書・算、及び州県学生は、底本では「八品以上子」となっているが、唐制と比較すると、これは明らかに「八品以下子」の誤りである。『新唐書』巻四十八、百官志三、国子監の条、参照。）

(10)『高麗史』巻六十三、礼志五、吉礼小祀、大夫士庶人祭礼。恭譲王二年二月判。大夫以上、祭三世。六品以上、祭二世。七品以下、至於庶人、止祭父母。並立家廟。朔望必奠、出入必告、四仲之月必享、食新必薦、忌日必祭。当忌日、不許騎馬出門、接対賓客。其俗節上墳、許従旧俗。時享日期、一二品、毎仲月上旬。三四五六品、仲旬。七品以下、至於庶人、季旬。

(11)『高麗史』巻七十七、百官志二、文散階。（忠烈王）三十四年、忠宣又改官制。一品始置正、曰三重大匡。従一品曰重大匡。……正四品曰奉常大夫、従四品曰奉善大夫。五品始為郎、曰通直郎。……

(12)『高麗史』巻六十三、礼志五、吉礼小祀、大夫士庶人祭礼。恭譲王二年八月庚申朔、頒行士大夫家祭儀。……行礼儀式、一依『朱文公家礼』、随宜損益。一品至二品、設蔬果各五楪。肉二楪。麪餅各一器。羹飯各二器。匙筯盞各一。三品至六品、設蔬菜三楪、果二楪、麪餅魚肉各一器。七品至庶人在官者、菜二楪、果一楪、魚肉各一器、羹飯盞匙筯並同。両位共一卓。

(13)『礼記』祭法。大夫立三廟・二壇。曰考廟、曰王考廟、曰皇考廟。享嘗乃止。顕考祖考無廟。有祷焉、為壇祭之。去壇為鬼。適士、二廟・一壇。曰考廟、曰王考廟。享嘗乃止。皇考無廟、有禱焉、為壇祭之。去壇為鬼。官師一廟。曰考廟。王考無廟、而祭之。去王考為鬼。庶士・庶人無廟、死曰鬼。

(14)『礼記』祭法、陳澔注。適士、上士也。天子上中下之士、及諸侯之上士、皆得立二廟。

(15)『礼記』祭法、陳澔注。官師者、諸侯之中士・下士、為一官之長者。得立一廟。

(16)『朝鮮王朝実録』世宗十三年（一四三一）五月戊辰条。詳定所啓、「丁酉（太宗十七年、一四一七）六月日受教内、『以三品以上為大夫、四品以下為士。』今考古制、中朝以六品以上為大夫、七品以下為士。本朝五品、亦准中朝七品。請以四品以上称為大夫、五品以下称為士。」従之。

(17)『宋史』巻一百五十三、輿服志五、諸臣服下、公服条。（神宗）元豊元年（一〇七八）、去青不用。階官至四品服紫、至六品服緋、皆象笏、佩魚。九品以上則服緑、笏以木。

(18)同右。中興、仍元豊之制、四品以上紫、六品以上緋、九品以上緑。服緋紫者、必佩魚、謂之章服。

(19)同右。（紹興）三十二年六月、孝宗即位、詔承務郎以上、服緋・緑及十五年者、並許改転服色。……先是、殿中侍御史張震奏、「……且改転服色、常赦、自升朝官以上、服緑、大夫以上、服緋、莅事及二十年、方得改賜。……」

(20)『金史』巻五十五、百官志一、吏部条、参照。

(21)『元史』巻九十一、百官志七、文散官条、参照。

(22)『明史』巻七十二、職官志一、吏部条、参照。

(23)『高麗史』巻七十二、輿服志一、百官祭服条。恭愍王十九年五月、太祖高皇帝、賜群臣陪祭冠服。比中朝臣下九等、逓降二等。王国七等。……第一等、秩比中朝第三等、服五梁冠・革帯銀鉤鰈・紫錦綬・銀環。第二等、秩比中朝第四等、服四梁冠、余同前。第三等、秩比中朝第五等、服三梁冠・革帯・銅鉤鰈・紫錦綬・銅環。第四等・第五等、秩比中朝第六等・第七等、服二梁冠・赤錦綬・銅環。第六等・第七等、秩比中朝第八等・第九等、服一梁冠・緑錦綬・銅環。

(24)『明史』巻六十七、輿服志三、外国君臣冠服条。洪武二年、高麗入朝、請祭服制度。命製給之。……宣徳三年（世宗十年）、朝鮮国王李裪（世宗）言、「洪武中、蒙賜国王冕服九章。陪臣冠服、比朝廷、遞降二等。故陪臣一等、比朝臣第三等、得五梁冠服。永楽初、先臣芳遠（太宗）、遣世子禔入朝、蒙賜五梁冠服。臣竊惟、世子冠服、何止同陪臣一等。乞為定制。」乃命製六梁冠、賜之。

(25)『高麗史』巻七十六、百官志一、吏曹条。忠烈王元年、併吏礼部為典理司、改尚書為判書、侍郎為摠郎、郎中為正郎、員外郎為佐郎。／『元史』巻八十五、百官志一、吏部。……至元元年、以吏礼自為一部。……五年、又合為吏礼部。……八年、仍為吏礼部。

(26)『高麗史』巻七十六、百官志一、芸文館条。（忠烈王）三十四年、忠宣併文翰・史官、為芸文春秋館、仍以右文館・進賢館・書籍店、併焉。

(27)『元史』巻四、世祖本紀、中統二年七月癸亥条。初立翰林国史院。／『元史』巻五、世祖本紀、至元元年九月壬申朔条。立翰林国史院。

(28)『尚書』虞書・皐陶謨。日宣三徳、夙夜浚明、有家。孔穎達疏。大夫受采邑、賜氏族、立宗廟、世不絶祀。故称家。

(29)『通典』巻十五、選挙三、歴代制下、大唐。其選授之法、亦同循前代。凡諸王及職事正三品以上、若文武散官二品以上、及都督・都護・上州刺史之在京師者、冊授（注略）。五品以上、皆制授。六品以下守五品以上、及視五品以上、皆勅授。凡制勅授、及冊拝、皆宰司進擬。

(30)『唐六典』巻二、尚書吏部、吏部郎中条。凡応入三品・五品者、皆待別制而進之、不然則否［……並所司勘責訖、上中書門下重勘訖、然後奏聞、別制以授焉］。

(31)『唐六典』巻二、尚書吏部、吏部尚書・侍郎条。凡選授之制、毎歳孟冬、以三旬会其人。……以三銓分其選。一曰尚書銓。二曰中銓。三曰東銓。……然後拠其状以覈之、量其資以擬之。五品已上、以名聞、送中書門下、聴制授焉。六品已下常参之官、量資注定。其才識頗高、可擢為拾遺・補闕・監察御史者、亦以名送中書門下、聴勅授焉。其余、則各量資注擬。……凡三銓注擬訖、皆当銓団甲、以過左右丞相。若中銓・東銓、則亦先過尚書訖、乃上門下省。給事中読、黄門侍郎省、侍中審、然後進甲以聞［若尚書・丞相・門下批『官不当』者、則改注、亦有重執而上者］。

（32）『高麗史』巻七十二、輿服志一、公服。毅宗朝詳定。文官四品以上、服紫、紅鞓、佩金魚。常参六品以上、服緋、紅鞓、佩銀魚。官未至而特賜者、不拘此例。九品以上、服緑。閤門班、武臣、皆紫、而不佩魚。内侍・茶房等官、除本服外、亦皆紫、而不佩魚。

（33）『高麗史』巻七十二、輿服志一、百官儀従。明宗二十年（一一九〇）判。……諸陵・大廟令四。以下、参外六品、及近仗・諸衛別将、東南班七品員三。近仗・諸衛散員、及東南班八九品員二。

（34）本書第五章「高麗官僚制度の概観――外官への例調を中心に」、参照。

（35）『高麗史』巻七十五、選挙志三、銓注、凡選法。（神宗）五年四月、式目都監使崔詵等奏、「文班参外五六品、並令帯犀、為参秩。」王曰、「員数大多、豈可一時陞秩。」乃増参秩六七人。

（この時、具体的には監察御史（従六品）二人、閤門祇候（正七品）文吏各三人、太廟署令（従五品）、諸陵署令（従五品）などが「参秩」に陞されている。『高麗史』百官志の各条、参照。）

（36）『高麗墓誌銘集成』二〇二、兪克諧墓誌銘。銘曰、……位登六品、雖然、以公之徳也、以公之才也、宜為栄顕達官、而反低回於青衫之秩、吾不足謂之官也。

（37）『高麗史』巻七十二、輿服志一、冠服通制条。（神宗）五年四月、始令文班五六品丞令、帯犀、為参秩。（前掲注（35）、参照。）

（38）同右。忠烈王元年七月、定朝官服章。宰枢以上、玉帯。六品以上、犀帯。七品以下、黒帯。

（39）『高麗史』巻七十二、輿服志一、公服条。毅宗朝詳定、……凡帯、……文武四品以下常参官、金塗銀犀。閤門通事舎人以下、祇候以上、金塗銀。参外官、不許着犀。

（40）犀秩の用例――『高麗墓誌銘集成』二一一、権呾墓誌銘。嘗有物外想。大人以多方勤（勧?）留、要付克家之任。於甲寅（高宗四十一年、一二五四）、求為門下録事。公不得已、就焉。往時是職、衣冠中有巨産者、令子婿当之。蓋経費煩重、而超拝犀秩、不循魚貫故也。

（41）『高麗史』巻七十二、輿服志一、冠服通制条。（辛禑）十三年（一三八七）六月、始革胡服、依大明制。自一品至九品、皆服紗帽・団領。其品帯、有差。一品重大臣以上、鈒花金帯。二品両府以上、素金帯。自開城尹及三品大司憲至常侍、鈒花銀帯。判事至四品、素銀帯。五六品至七品、門下録事・注書、密直堂後、三司都事、芸文春秋館・典校寺・成均館八九品、外方県令・監務、角帯。東西班七品以下、氈帽・絲帯。

(42) 犀帯とは犀の角を象嵌した帯、角帯というのは犀角に換えて、恐らくは牛角を象嵌した帯のことであろう。ちなみに、新羅時代の官位である「角干」は、或は「舒発翰」、「舒弗邯」ともいったから、「角」とは「뿔」すなわち「牛の角」を意味したのである。

(43) 『高麗史』巻七十五、選挙志三、銓注、凡選法、恭愍王五年六月条。教曰、「政房設自権臣、豈爵人於朝之意。今宜永罷。其三品以下、与宰相共議進退。七品以下、吏兵部擬議奏聞。」(『礼記』王制。爵人於朝、与士共之。)

(44) 本書第三章「高麗時代の銓選と告身」、参照。

(45) 同右。

(46) 『高麗史』巻七十六、百官志一、成均館条、参照。

(47) 具体的には、尚食局（司膳署）、尚薬局（掌医署）、尚衣局（掌服署）、尚舎局（司設署）、尚乗局（奉車署）の直長（正七品）などがこれに当たる。『高麗史』巻七十七、百官志二、参照。

(48) 『礼記』祭法、孔疏。官師一廟者、謂諸侯中士・下士也。謂為官師者、言為一官之長也。一廟、祖禰共之。又無壇也。

(49) 朝鮮初期の法制において、「本系常人」の官人は官人一般に認められている「収贖」の恩典を与えられない場合があった（拙稿「朝鮮初期の笞杖刑について」『史林』第八十二巻第二号、一九九九年三月、京都、史学研究会）。ここで「本系常人」というのは、「世族」にあらずして「卑官」に仕える、「西班八品、東班九品以上」の官人のこと（『朝鮮王朝実録』世宗十二年四月癸未条）を意味しているが、このような官界における「世族」と「本系常人」との区別の意識は、当然、高麗時代にまで遡ると考えてよいであろう。

(50) 本書第二章「高麗睿宗朝における意思決定の構造」、参照。

(51) 『高麗史』巻八十、食貨志三、禄俸、致仕官条によると、致仕官禄を受けるのは文班では「五寺三監等官の卿監」（従三品）以上、武班では「大将軍」（従三品）以上で、これらは「最上級官人層」の範疇と完全に一致している。

(52) 『高麗史』巻一百十八、趙浚伝。本朝之制、中書則曰令、曰侍中、曰平章、曰参政、曰政堂、五者法天之五星也。枢密之七、則法天之北斗也。宰臣・枢密之合坐、始於事元之初、至于近代、坐都堂、与国政者、至六七十人。官職之濫、古未有也。願自今、非論道経邦、燮理陰陽、正己以正百官者、非清白忠直、疾悪好賢、国爾忘家者、非戦勝攻取、勇冠三軍、威加殊俗者、不許両府。」

(53) 『高麗史』巻三十三、忠宣王世家、忠烈二十四年五月辛卯条。教曰、「……惟宰執之数、倍於古制、公家議論、多少異同、事事稽滞、宜当減省。」

(54) 『龍飛御天歌』第一百六章、注。高麗時、二品以上、得為枢密院堂上官。故拝二品者、謂之『入枢』。

(55) 『朝鮮王朝実録』世宗二十一年正月丙午条。……或謂、不可以宰相之職、授野人。然二品以上、豈可総謂之宰相哉。居燮理輔相之位者、乃真宰相也。高麗之季、乃以枢密以上皆称宰相、甚無謂也。

(56) 『高麗史節要』巻四、文宗元年十一月条。吏部奏、「伏准宣旨、『凡内外大小衙門官員、皆減一人。惟巡辺官司、仍旧。』今伏審、涓西・山南道州牧、務劇員少、事多壅滞、甚為不便。請岳牧州府員数、並令仍旧、永為定制。」従之。（右の史料によると、文宗朝の初年に「内外大小衙門官員」はそれぞれ一人ずつ削減されている。ここでは「岳牧州府員数」は旧額に復したことになっているが、その後、やはり削減されているようで、一般には長官職（使）が闕官となっていることが多い。本章末、別表8-1 参照。）

(57) 『高麗墓誌銘集成』五六、尹彦頤墓誌銘。十二月、加礼部員外郎・知制誥。甲辰、為礼部郎中、賜緋魚袋。是日、出守全州牧。丙午、応詔赴闕。十二月、歴戸部員外郎・知制誥、改右司諫、余如故。

(58) 『高麗墓誌銘集成』七一、鄭復卿墓誌銘。今上（毅宗）御宇、除試戸部員外郎。以礼部郎中、出守尚州、入歴戸礼部員外郎、除試軍器少監、賜紫金魚袋。

(59) 『高麗墓誌銘集成』七六、李軾墓誌銘。拝侍御史・右司郎中。戊午年、出守広州牧。居一年、改知南京留守、秩満、入為吏部郎中、兼太子洗馬。

(60) 『高麗墓誌銘集成』一〇七、金永錫墓誌銘。驟加刑部員外郎。冬加試礼部郎中、出守清州牧。及丙午歳、会李氏事起、以姻親故、降授兵部員外郎・知制誥。

(61) その他の事例については、本章末、別表8-1 参照。

(62) 『高麗墓誌銘集成』四五、崔婁伯妻廉瓊愛墓誌銘。戊辰春、（伝）〔転〕礼部郎中、仍授清州副使。

(63)『高麗墓誌銘集成』七九、張脩墓誌銘。張公脩、字鴻羽、仁同県人也。……翌年、遷試礼部員外郎・知制誥。癸丑、出為忠州〔副〕使、廉謹愛民、雖古（龍）〔龔〕廉、無以加。丙辰、入為礼部員外郎・知制誥。（龔は龔遂。『漢書』巻八十九、循吏、龔遂伝。）

(64)『高麗墓誌銘集成』九十、文公裕墓誌銘。己酉（仁宗七年、一一二九）冬、以礼部郎中、為清州牧副使。未考績、宣召、授左司員外郎、充史館修撰官。

(65)『高麗史』巻七、文宗世家、元年冬十月庚申条。晋州牧使・司宰卿崔復圭、招安逋民一万三千余戸、復其業。王嘉奨之。

(66)『高麗墓誌銘集成』十六、任懿墓誌銘。寿昌二年（粛宗元年、一〇九六）、以摂司宰卿、出為全州牧使、理有声。入拝大僕卿・諫議大夫。

(67)『宣和奉使高麗図経』巻八、人物、序。……今使者入境、皆択臣属通敏者、付以将迎之礼。以州牧、則有若刑部侍郎・知全州呉俊和、礼部侍郎・知清〔鄭刻青〕州洪若伊、戸部侍郎・知広州陳淑。

(68)諸都護・州牧に「使」を派遣するのは、中国の使臣を迎接するために特に高官を派遣する場合か、もしくは高官を左遷する場合が多い。たとえば、崔惟清が南京留守使、忠州牧使、広州牧使に連続して差遣されたのは左遷の事例である（『高麗史』巻九十九、崔惟清伝）。

(69)『朝鮮王朝実録』世宗九年二月辛巳条。吏曹啓、「前朝旧制、牧官・府官、或差四品、称『副使』。其後皆以三品以上充差、国初因之。自立中外官吏久任循資之法、三品数少、当除授之際、職次相当者、蓋寡。請依国初之制、牧・都護府、如無三品、以四品差遣、称『副使』。」従之。

(70)『高麗史』巻一百十、李斉賢伝。刺史・守令、得其人、則民受其福、不得其人、則民遭其害。官高而降為者、偃肆不遵法。年邁而求得者、昏懦不任事。或以請謁、起壠畝、垂金魚者、又不足言也。請如古制、朝士之未入参者、必経監務・県令、至于四品、例為牧守、而監察司・按廉使、必行褒貶、為之賞罰。所謂官高者、年邁者、用請謁、起壠畝者、如不得已、寧授京官、勿与親民之任。行之二十年、流亡不復、貢賦不足、未之有也。

(71)『擽藁千百』（尊敬閣文庫蔵本影印、一九七二年、ソウル、亜細亜文化社）

(72)『高麗史』巻七十七、百官志二、外職。大都護府、文宗定官制、使一人、三品以上。副使一人、四品以上。／同書同条。諸牧、員吏品秩、同大都護。

（73）百官志・外職条の官品規定と実際に赴任するものの官品とが合致しないことは、周藤吉之氏、張東翼氏、李鎮漢氏などの先行研究においても既に指摘されている。ただし、先行研究においては制度と実際の差がなぜに生じたのかについての論及はない。／周藤吉之『高麗朝官僚制の研究』（一九八〇年、東京、法政大学出版局）、特に第六章「高麗初期の地方制度──とくに宋の地方制度との関連において──」／張東翼「高麗時代の官僚進出（其一）──初仕職──」（『大丘史学』第十二・十三合輯、一九七七年、大邱、大丘史学会）／李鎮漢「高麗時代守令職の除授資格」（『史叢』第五十五輯、二〇〇二年、ソウル、歴史学研究会）、同「高麗時代守令の京職兼帯」（『震檀学報』第九十五号、二〇〇三年、ソウル、震檀学会）

（74）『高麗墓誌銘集成』四七、金誠墓誌銘。以功調典厩令（従七品）、遷大府注簿（従七品）。本朝用人、凡官至七品者、皆遣守知州。以故、公亦出刺宝城郡。秩満、為将作注簿（従七品）。

（75）『高麗史』巻一百三十一、叛逆五、奇轍伝。……父子敖、蔭補散員、累遷摠部散郎、出守宣州、年六十三、卒。

（76）『高麗墓誌銘集成』二六五、金永暾墓誌銘。再遷掖庭内謁者監、出知陝州事。……秩満、除讞（府）〔部〕散郎。

（77）『高麗墓誌銘集成』二七二、朴元桂墓誌銘。庚申（忠粛王七年、一三二〇）夏、転都官散郎。泰定甲子（忠粛王十一年、一三二四）夏、以開城少尹、知宝城郡事、有恵政。至順壬申（忠粛王後元年、一三三二）、授通礼門判官。

（78）『高麗墓誌銘集成』二八四、李斉賢墓誌銘。瑞原郡夫人徐氏、通直郎・知瑞州事、諱仲麟之女。生二女（瑞州は今の瑞山）。

（79）『高麗墓誌銘集成』一五七、張允文墓誌銘。耽羅県、在海中、……授公以大府注簿、為県令、以撫其民。……秩満、拝諸陵丞・兼都兵馬録事。

（80）『高麗墓誌銘集成』一五九、李瑞林墓誌銘。二年、遷八品官。是時、晋康侯（崔忠献）持国□□□〔牛〕峰置県令。剏制之初、求前有成績者。君被□□□辺而加仁愛、大為晋康知奨。入為中書注書。

（81）『高麗墓誌銘集成』一七九、庾資諒墓誌銘。年若干、以宰相子、直補守宮署丞、尋遷大楽署丞、俄出為龍岡県令。

（82）『高麗墓誌銘集成』二〇八、崔瑞墓誌銘。丙辰秋、為秘書校勘。中統元年、出為処仁県令。四年十二月、入為大官丞、仍帯式目録事。

（83）『高麗史』巻一百十、李斉賢伝。忠穆襲位、進判三司事、封府院君。上書都堂曰、……請如古制、朝士之未入参者、必経監務・県令、至于四品、例為牧守、而監察司・按廉使、必行褒貶、為之賞罰。

（84）『高麗史』巻七十七、百官志二、外職条。諸県、文宗定、令一人、七品以上。尉一人、八品。

(85) 同右。恭愍王二年、県令・監務、以京官七品以下充之。

(86) 『高麗史節要』巻二十七、恭愍王八年是歳条。是歳、大饑。慶尚道賑済使・礼部侍郎全以道、還啓曰、「監務・県令、職最近民、苟非其人、欲民無飢寒、不可得也。先王知其然、凡監務・県令、皆用登科士流。今悉出胥徒、侵漁万端、況勧課農桑、修明教化乎。……願自今、凡監務・県令、専用登科士流。」王然之、卒不能用（『高麗史』巻七十五、選挙志三、銓注、凡選用守令、恭愍王八年条、参照）。

(87) 『高麗史節要』巻三十三、辛昌即位年八月条。復以士人、為県令・監務。旧制、県令・監務、皆用登科士流。近世、専以諸司胥吏為之。貪汚虐民、階皆七八品、秩卑人微、豪強軽之、恣行不法、郷邑残亡。恭愍王因全以道之言、雖以五六品為安集、欲革旧弊、然安集非出於批目、皆用時宰所挙、白牒之任。至禑時、権姦秉政、専用私人、随其喜怒、以為黜陟。諸県安集、多不識字者、奪人田民、納之権門、求媚媒進、貪残之禍、甚於胥吏。至是始用士流、秩五六品（『高麗史』巻七十五、選挙志三、銓注、凡選用守令、辛昌即位年八月条、参照）。

(88) 『高麗史節要』巻二十八、恭愍王十七年四月条。幸九斎、賜李詹等七人及第。……時芸文館、再以三館員少、請行科挙。王重違吒意、不許。至是、乃行親試。／『高麗史』巻一百三十七、叛逆、辛禑伝五、辛昌即位年十月甲子条。旧制、登第者、雖参上、皆分三館。／『経国大典』吏典、諸科。文科甲科第一人、授従六品。余正七品。乙科、正八品階。丙科、正九品階。［……授階者、分差成均館・承文院・校書館権知。］／『朝鮮王朝実録』中宗二十年五月壬戌条。我国家設文武両科取士、文士則分属成均館・校書館・承文院・芸文館。

（三館とは成均館・芸文館・校書館を指すが、後に承文院が設けられると、新及第者は三館及び承文院に分属することになった。）

(89) 『経国大典』吏典、京衙前、書吏。仕満二千六百、堂上衙門、従七品、三品以下衙門、従八品、去官後、駅・渡丞取才、入格者、叙用。

(90) 『経国大典』吏典、京衙前、録事。分属議政府・中枢府。東班各衙門則議政府、西班各衙門則中枢府分送。……元有階者、不許入属。従六品去官後、守令取才入格者、叙用。

(91) 『朝鮮王朝実録』世宗二十二年五月己未条。伝旨吏曹、……今後、自六品至拝五品者、非経守令、則不得陞為四品。自四品至拝従三品者、非経守令、則不得陞為通訓。通訓以上、未経守令者、随宜除授。其中特旨及文章・武芸・吏文・漢語特異者、不在此限。

(92) 本書第五章「高麗官僚制度の概観——外官への例調を中心に」、参照。

(93) 高麗時代の枢密院（中枢院、密直司）に関しては、先行研究として次の専著がある。朴龍雲『高麗中枢院研究』（二〇〇一年、ソウル、高麗大学校民族文化研究院）。朴氏の著作は枢密院の官制及び任官事例に関する網羅的な研究成果である。しかし、官品構造の変革の事実については論及されていない。

(94) 『高麗史』巻七十六、百官志一、密直司条。文宗定、判院事一人。院使二人。知院事一人。同知院事一人。秩並従二品。副使二人。簽書院事一人。直学士一人。並正三品。知奏事一人。左右承宣各一人。左右副承宣各一人。亦正三品。堂後官二人、正七品。

(95) 同右。（忠烈王）三十四年（一三〇八）、忠宣罷。及即位、復之。加置判司事。……恭愍王三年、判司事・知申事・四代言、皆為禄官。

(96) 『高麗史』巻八十、食貨志三、禄俸、文武班禄、文宗三十年条（この条、底本には「中枢院使、同知院事」とのみあって「知院事」が見えていないが、こちらの方は単なる誤脱であろう）。

(97) 『高麗史』巻七十七、百官志二、諸司都監各色、都評議使司条。国初、称『都兵馬使』。文宗定官制、判事、以侍中・平章事・参知政事・政堂文学・知門下省事、為之。使、以六枢密及職事三品以上、為之。副使六人、正四品以上・卿監・侍郎、為之。判官六人、少卿以下、為之。録事八人、甲科権務。吏属有記事十二人、記官八人、書者四人、算士一人。

(98) 『補閑集』（高麗・崔滋撰）巻下、漢制帝書有四。……宗室雖大誥、不宣告廷会、故不預宣麻。旧制、枢密・僕射・八座〔魏・隋・唐、皆以六尚書・両僕射為八座。今以六尚書左右散騎為八座〕・上将、並『小官誥』。近枢密使、始預宣麻。僧官誥、視卿相、大小各有差。

(99) 高麗前期にも「判枢密院事」の任命事例は存在するが、それは禄官としての任命ではなく、文字どおり臨時の兼職にすぎない。たとえば、任懿は睿宗朝に「検校司徒・尚書左僕射・参知政事・判枢密院事」に任命されているが、宰臣職（参知政事）と枢密職（判枢密院事）を兼任すること自体、極めて例外的な事例である（『高麗墓誌銘集成』十六、任懿墓誌銘）。

(100) 『高麗史』巻七十二、輿服志一、百官儀従。明宗二十年判。

(101) 『高麗史節要』巻二十三、忠宣王二年八月条。王伝旨曰、「式目都監、掌邦国重事。其以僉議政丞、判三司事、密直使、僉議賛成事、三司右左使、僉議評理以上、為判事。知密直以下為使。密直司、陞二品、与僉議府、同称両府。」又改諸司及州別号。

(102) 周藤吉之『高麗朝官僚制の研究』（一九八〇年、東京、法政大学出版局）、特に第二章第四節「中枢院（枢密院）の宰相表とそれらの諸問題」（四四～六〇頁）、参照。

(103) 『高麗史』巻七十六、百官志一、密直司条。（恭愍王）五年、復改枢密院。員秩並復文宗旧制。

(104) 高麗時代の宰相府である中書門下（後の門下府）に関しては、先行研究として次の専著がある。朴龍雲『高麗時代中書門下省宰臣研究』（二〇〇〇年、ソウル、一志社）。朴氏の著作は中書門下（後の門下府）の宰臣の官制、及び任官事例に関する網羅的な研究成果である。しかし、官品構造の変革の事実については論及されていない。

(105) 『高麗史』巻七十六、百官志一、門下府条。

(106) 『高麗史』巻七十八、食貨志一、田制、功蔭田柴、文宗三年五月条。

(107) 「職事一品官」のなかの「門下侍郎平章事以上」と解釈することも可能であるが、その場合は平章事が「一品官」であったことになるから、平章事を「秩正二品」とする「百官志」の記述とは矛盾する。また「僉議府（旧中書門下）」が本来「二品衙門」であったとする本書の理解とも矛盾するから、この解釈は取らない。

(108) 『高麗墓誌銘集成』四、柳邦憲墓誌銘によると、柳邦憲は穆宗九年（一〇〇六）に「内史侍郎・平章事（後の中書侍郎・平章事）」に「制可」され、穆宗十二年（一〇〇九）に「門下侍郎・平章事」に「教可」されている。したがって、中書侍郎と門下侍郎とでは同じ「二品官」でも差等があり、前者は単なる「二品官」であるが、後者は「一品」に準じる特別の待遇を受ける「二品官」であったと考えられる。

(109) 周藤吉之、前掲書、特に第二章第三節「内史（中書）門下省の宰相表とそれらの諸問題」（十六～四四頁）、参照。

(110) 同右。

(111) 前掲注（97）、参照。

(112) 『高麗墓誌銘集成』一七〇、柳光植墓誌銘。甲戌冬、拝銀青光禄大夫・枢密院副使・判閤門事。……□年、授金紫光禄大夫・知門下省事・尚書右僕射・判三司事。

(113) 『高麗墓誌銘集成』一七五、鄭邦輔墓誌銘。授銀青光禄大夫・枢密院副使・右散騎……。今上即位三年、特授金紫光禄大夫・知門下省事・尚書左僕射・判戸……。

（今上即位三年、とは踰月称元法による数え方であり、これは踰年称元法に直せば高宗二年に当たる。）

(114)『高麗墓誌銘集成』一八一、琴儀墓誌銘。癸酉、進拝銀青光禄大夫・簽書枢密〔院〕事・左散騎常侍・翰林学士承旨。乙亥、入相、金紫光禄大夫・政堂文学・左僕射・宝文閣大学士・修国史。

(115)『高麗墓誌銘集成』一八八、李奎報墓誌銘。癸巳六月、拝銀青光禄大夫・枢密院副使・右散騎常侍・宝文閣学士。十二月、入相、□金紫光禄大夫・知門下省事・戸部尚書・集賢殿大学士・判礼部事。

(116)『高麗墓誌銘集成』一九八、元傅墓誌銘。五十、受銀青光禄大夫・枢密院副使・右常侍・翰林学士承旨。其年抄陪大駕、朝上国、別有功焉。翌年夏、随駕還朝、入相、為金紫光禄大夫・政堂文学・吏部尚書・宝文閣大学士・同修国史・判三司事・太子少保。

(117)『高麗墓誌銘集成』五六、尹彦頤墓誌銘。粤十二月、制誥公、進拝銀青光禄大夫・政堂文学・判尚書刑部事。

(118)『高麗墓誌銘集成』六十、崔梓墓誌銘。十二月、加銀青光禄大夫・検校司徒・守司空・尚書左僕射・参知政事・判礼部事。

(119)『高麗墓誌銘集成』一一五、崔惟清墓誌銘。則以公為銀青光禄大夫・尚書左僕射・参知政事。

(120)『高麗墓誌銘集成』一四五、金純墓誌銘。甲寅正月、別批、授銀青光禄大夫・参知政事・礼部尚書。

(121)『高麗墓誌銘集成』一六八、崔忠献墓誌銘。自茲以後、年除歳遷、階至於金紫光禄大夫。……本朝旧制、階・功・郷・職之至此、必待陞宰府者、然後授之。

(122)『高麗史』巻八十四、刑法志一、職制、公牒相通式、睿宗九年六月条。礼儀詳定所、奏曰、「近来、朝廷之間、所行表状書簡、称号不正、非所以正名之義。臣等欲望、凡上表者、称『聖上』、『陛下』、上箋、称『太子』、『殿下』。諸王曰『令公』。中書令・尚書令、曰『太師』、『令公』。両府執政官、曰『太尉』、『平章』、『司空』、『参政』、『枢密』、『僕射』、各随時職称之。三品以下員寮、並不得称『相公』、宜直呼官名。

(123)辺太燮『高麗政治制度史研究』（一九七一年、ソウル、一潮閣）

(124)官職（官）と位階（位）とが同等であること。直接には日本の律令制の用語である。

(125)『高麗史』巻七十七、百官志二、文散階、忠烈王元年条。改金紫光禄為匡靖。／同、忠烈王三十四年条。忠宣又改官制、……正二品曰匡靖大夫。

(126)『高麗史』巻七十七、百官志二、文散階、忠烈王元年条。銀青光禄為中（奉）〔議〕。／同、忠烈王三十四年条。忠宣又改官制、……従二品曰通憲大夫。
（『高麗墓誌銘集成』二〇〇、許珙墓誌銘によると、許珙は元宗十三年（一二七二、年四十）に「銀青光禄大夫・簽書枢密院事・翰林学士承旨」としてはじめて枢密院の宰相に昇進し、その後「上朝の官制」を避けて「中議大夫・密直司使」に改められたという。したがって「中奉」は「中議」の誤りであろう。ところが元制にも「中議大夫」があったため、この階官はさらに「通憲大夫」に改められることになったのである。）
(127)もっとも密直副使は、その後、「正三品」に引き下げられているが、これは朝鮮時代の通政大夫（正三品）のように、二品に準じる「三品堂上」として位置づけられていたのであろう。
(128)『龍飛御天歌』第一百六章、注。高麗時、二品以上、得為枢密院堂上官。故拝二品者、謂之入枢。
(129)『高麗史』巻八十四、刑法志、職制、公牒相通式、忠烈王二十四年五月条。忠宣王即位教曰、「於朝廷間、有僭越尊称者、実非礼也。宜於諸王、則書籤、直称某公侯。寒暄、称『令侯』、『令旨』。宰執諸二品官、諸籤、除『令公』。寒暄、称『鈞旨』、『鈞侯』。諸三品、随職称之。寒暄、称『台旨』、『台侯』。率以為常。違者治之以法。」
(130)『朝鮮王朝実録』世宗二十一年正月丙午条。……或謂、『不可以宰相之職、授野人。』然二品以上、豈可総謂之宰相哉。居燮理輔相之位者、乃真宰相也。高麗之季、乃以枢密以上、皆称宰相、甚無謂也。
(131)花村美樹「周官六翼と其の著者」（『京城帝国大学法学会論文集』第十二冊第三・四号、一九四一年十二月、京城、京城帝国大学）／許興植「金祉の選粋集と周官六翼」（『高麗の文化伝統と社会思想』所収、二〇〇四年、坡州、集文堂）／本書附篇、参考論文第三「高麗王言考――または『高麗史』諸志の文献批判」、参照。
(132)『朝鮮王朝実録』世宗十三年正月丁丑条。吏曹啓、「外官品秩、請依『周官六翼』、従二品留守官、正三品大都護府・牧官、従三品都護府、従四品知郡事、従五品判官・県令、従六品県監。」従之。

【補注】いわゆる「官位相当」について

官人のもつ位階（散官）と官職（職事官）は、本来、同品秩のものでなければならない。これがいわゆる「官位相当」の原則であるが、この原則は唐制でも、また唐制を継受した高麗前期の制度でも早くから形骸化し、特にエリート官僚の場合には位階の昇進より遥かに早いスピードで官職の昇進が行われていた。このため、官人の地位の高下は、もっぱら官職の高下によって定められ、官職それ自体が一種の位階としての機能をも果たすようになっていく。本章において高麗前期の官人の地位を、もっぱらその官職（職事官）によって判断しているのは、このためにほかならない。しかし、高麗では忠烈王三十四年（一三〇八）の官制改革以降、「官位相当」の原則が再構築され、高麗末期及び朝鮮時代においては、官職の昇進は位階の昇進によって厳しく規定されることが原則となった。このことは、忠烈王三十四年における官制改革の最も重要な改革点の一つであると考えられるが、この点について、本章の議論はやや説明不足であったので補足しておく。

別表8-1　三京・諸都護・州牧の長官（副使）

| 官 | 姓名 | 備考（摘要） | 典拠 |
|---|---|---|---|
| 西京 | 崔有孚 | 文宗十四年、有孚以司宰卿、出為西京副留守。 | 『高麗史』巻九三（崔沆伝） |
| 安西都護 | 李文著 | 毅宗十九年（年五十三）、出為安西大都護府副使、考績、入為都官郎中。 | 『高麗墓誌銘集成』一一九 |
| 安北都護 | 崔陟卿 | 遷兵部員外郎、以能治劇、又出為安北都護副使、累歴礼部侍郎、秘書監。 | 『高麗史』巻九九 |
| | 崔時允 | 仁宗二十一年（年六十）、以借戸部侍郎、賜紫金魚袋、為安北大都護府守（副使）。 | 『高麗墓誌銘集成』四一 |
| 安南都護 | 玄徳秀 | 尋出為安南都護副使、……入為都官郎中。 | 『高麗史』巻九九 |
| | 咸脩 | 拝礼部郎中・知制誥、俄出守於桂陽、以刑部郎中、徴還（桂陽は安南都護府、今の高平）。 | 『高麗墓誌銘集成』一五四 |
| | 李奎報 | 己卯（高宗六年、一二一九）、出為桂陽府副使、一年、以〔試〕礼部郎中・起居注、見召。 | 『高麗墓誌銘集成』一八八 |
| | 廉克髦 | 熙宗三年（年五十五）、擢拝左司郎中、遷太府少卿、又守于桂陽府。 | 『高麗墓誌銘集成』一六四 |
| | 崔甫淳 | 還為礼部郎中・起居注、典誥。上方重外、勅令郎官出宰百里。公例為安南大都護副使。……、半年、入拝礼賓少卿。 | 『高麗墓誌銘集成』一七八 |
| 広州牧 | 尹誧 | 睿宗天慶二年壬辰、以戸部員外郎、出守広州牧。居三年、春、以礼部員外郎・知茶房事、還。 | 『高麗墓誌銘集成』七三 |
| | 李軾 | 拝侍御史・右司郎中。戊午年、出守広州牧。居一年、改知南京留守、秩満、入為吏部郎中、兼太子洗馬。 | 『高麗墓誌銘集成』七六 |
| | 尹宗諹 | 俄自戸部員外郎・知制誥、転秘書丞、明宗九年（年三十七）、出守広州 | 『高麗墓誌銘集成』一三四 |

| | | | |
|---|---|---|---|
| | | 牧。 | |
| 忠州牧 | 張脩 | 翌年、遷試礼部員外郎・知制誥。癸丑、出為忠州〔副〕使。丙辰、入為礼部員外郎・知制誥。 | 『高麗墓誌銘集成』七九 |
| | 薛愼 | 遂歴太府少卿・御史雑端。甲午（高宗二十一年、一二三四）、□為忠州副使。秩未満、以戸部侍郎、見徴。 | 『高麗墓誌銘集成』一九〇 |
| 清州牧 | 崔婁伯 | 戊辰春、（伝）〔転〕礼部郎中、仍授清州副使。 | 『高麗墓誌銘集成』四五 |
| | 文公裕 | 己酉（仁宗七年、一一二九）冬、以〔試〕礼部郎中、為清州牧副使。未考績、宣召、授左司員外郎、充史館修撰官。 | 『高麗墓誌銘集成』九十 |
| | 金永錫 | 驟加刑部員外郎。冬加試礼部郎中、出守清州牧。及丙午歳、会李氏事起、以姻親故、降授兵部員外郎・知制誥。 | 『高麗墓誌銘集成』一〇七 |
| | 崔祐甫 | 貶授尚舎奉御、出為清州牧副使。明年、上追悔之、召拝起居舎人・知制誥・兼太子文学。 | 『高麗墓誌銘集成』一一二 |
| 全州牧 | 尹彦頤 | 十二月、加礼部員外郎・知制誥。甲辰、為〔試〕礼部郎中、賜緋魚袋。是日、出守全州牧。丙午、応詔赴闕。十二月、歴戸部員外郎・知制誥、改右司諫、余如故。 | 『高麗墓誌銘集成』五六 |
| | 金冲 | 拝右司諫・知制誥。自諫官出守全州。訖代、拝国子司業・宝文閣待制。 | 『高麗墓誌銘集成』一五五 |
| 羅州牧 | 徐恭 | 試尚書□□員外郎・兼三司判官・賜緋魚袋、被執柄者忌、出為羅州牧副使・試尚書戸部郎中・賜紫金魚袋。 | 『高麗墓誌銘集成』三一七 |
| | 朴某 | 尚或見貶于殿省、未幾、転西京留守判官・借尚書礼部員外郎。是歳、遷羅州牧副使・借郎中・賜紫金魚。己未（仁宗十七年、年五十五）、拝侍御史。 | 『高麗墓誌銘集成』三一八 |

| | | | |
|---|---|---|---|
| | 廉克髦 | 熙宗元年（年五十三）、以礼賓少卿、出守羅州。二年、罷官、非其罪也。 | 『高麗墓誌銘集成』一六四 |
| | 崔璘 | 高宗時、出為羅州副使。……以功超拝右副承宣。 | 『高麗史』巻九九<br>崔惟清伝附、崔璘伝 |
| 尚州牧 | 金富佾 | 粛宗朝、拝拾遺・知制誥。出守原尚二州、皆有声績。睿宗時、拝礼部郎中。 | 『高麗史』巻九七 |
| | 崔奇遇 | 資謙敗、召拝戸部員外郎、尚州牧副使、転吏部郎中、起居注、賜金紫。 | 『高麗史』巻九八 |
| | 梁元俊 | 仁宗十三年（年四十七）、受殿中侍御史。十四年（年四十八）、受尚州牧副使。十七年（年五十一）受刑部郎中。 | 『高麗史』巻九九<br>『高麗墓誌銘集成』八九 |
| | 鄭復卿 | 今上（毅宗）御宇、除試戸部員外郎。以〔試〕礼部郎中、出守尚州、入歴戸礼部員外郎、除試軍器少監、賜紫金魚袋。 | 『高麗墓誌銘集成』七一 |

# 結論　朝鮮前近代における王権の素描

高麗時代における王権の推移を仮に「中世的王権」の盛衰の歴史として捉えた場合、それは新羅時代における古代的王権、及び朝鮮時代における近世的王権と、それぞれどのように連続し、どのように断絶しているのであろうか。この点について、我が国には石井寿夫氏及び四方博氏による概略的ながらもきわめて洞察力に富んだ王権論が存在する。

士禍について論及する前に、李朝の政治的な基礎が貴族主義的専制政治であったことについて多少の説明が必要かと思う。……かうした点が実際政治にあらはれると、国君の権力を極度に絶対視する専制主義となるとともに、家に立脚した貴族が勢力をふるふ貴族主義となる。……朱子学を国教とする李朝も、この範疇からのがれるものではない。ことに李朝は最後まで宗法の行はれた国だけあつて、貴族主義の色彩がつよい。だから、李朝のやうな貴族主義的専制政治の国では、専制王権と貴族勢力との関係が、なかなかの問題となる。両者が調和よく展開してゐるときは国家の健全に発展してをるときであり、両者が分裂抗争してゐるときは国家存立の危機である（石井寿夫、後期李朝党争史についての一考察(1)）。

ところで、先づ君主「専制」なるものの実状を見るに、それは決して……「朕は国家なり」的な絶対有力性を具えたものではなかつたことに注意しなければならぬ。……元来朝鮮に於て絶対専制君主と云うものは生れ得なかつた。……結局賢明なる国王は、自ら統治すと云わんよりは、諸臣を操縦し群議の間に均衡点を見出だすことを使命としたと云うを適切とする。……斯くて、李氏朝鮮の君主専制は表面にして、依然として支配階級間の合議制——その勢力関係の上に立つ貴族政治が現実に近き姿であった（四方博、旧来の朝鮮社会の歴史的性格について）[2]。

右の引用文は、いずれも直接には近世・朝鮮時代の王権について論じたものであるが、その所説は先行する古代・新羅時代、中世・高麗時代の王権についても、それぞれ通底するものを持っている。本書の理解に即してこれを言い換えれば、朝鮮前近代における王権は、外廷を構成する貴族・官人勢力との協調のもとに、その枠内において「専制的」な権力を行使していたのであって、この点にこそ朝鮮前近代に通底する「貴族主義的専制政治」の特質を見出すことができるであろう。

しかしながら、ここで問題となるのは「貴族・官人勢力」の具体的な内容である。国王の権力基盤が貴族・官人勢力との協調のうえに構築されていたことは、もとより朝鮮前近代史に通底する一つの基本原則であったといっても過言ではあるまい。ただし、王権を支える「貴族・官人勢力」の内容は時代とともに変遷し、それに対応して王権の性格それ自体もまた大きく変化していくのである。

古代・新羅時代における王権は、もっぱら慶州六部の有力氏族によって構成される「骨品貴族」との協調のうえに構築され、「骨品制」の枠外において地方の豪族勢力が擡頭すると、それらを包摂する新しい枠組みを生み出すことができずに没落していった。

中世・高麗時代における王権は、新羅末に興起した地方の豪族勢力を糾合し、これを中央の官僚勢力に組み替えることで、新たに中央集権的な支配体制を再構築していった。発達した官僚制度は、科挙・門蔭を通して中世的な門閥貴族社会を形成したが、貴族文化の隆盛は基層社会への過重な負担となって反作用し、中世の王権を支えた門閥貴族社会は武臣の乱による社会の変動と再編のなかで没落していった。

近世・朝鮮時代における王権は、新儒教（朱子学）の理念によって再編された士大夫（士族）の社会を基盤とし、士族社会の広範な輿論によって支えられる。高麗朝から朝鮮朝への王朝交替の過程において、王権に対抗し得るような独立的な貴族の勢力は没落し、ただ王権と一体化した外戚・功臣の勢力のみが、相対的に強大化した専制王権のもとで貴族（勲旧）勢力として存続した。これに対し、儒教知識人（士人）の唱導する「王道政治」の理念は、絶対化した専制王権を規制するほとんど唯一の力として作用したが、このため近世の王権は声望ある在野の儒教知識人（山林）を政権内部に登用し、士族社会の輿論を受容することによって、自己の権力基盤の拡充と安定を図っていた。

本書の一応の結論に当たるこの章では、上述のような理解をひとつの前提として、歴代王権の基盤となる「貴族・官人勢力」の推移を制度史的に概括し、古代から近世に至る専制王権の展開のなかで、高麗時代の「中世」としての位相を見定めておきたい。

## 第一節　古代の王権と骨品貴族

新羅の王権は「真骨」と呼ばれる王族、及び「六頭品」、「五頭品」、「四頭品」に序列化された慶州六部の有力氏族——いわゆる「骨品貴族」——との協調のうえに構築されていたが、この「骨品」の制度については、それが慶州六部を構成する有力氏族の家格・序列を示すもの——我が国における「姓《かばね》」[3]のごときもの——であろうということ以外には、具体的な事柄はほとんどわかっていない[4]。ただし、この「骨品」の制度が「官位十七等」の制度とどのように関連するかという点については、『三国史記』雑志、色服条の規定を手掛かりとして、おぼろげながらもその輪郭をつかむことはできるのである。

法興王、制すらく、太大角干より大阿湌に至るまでは、紫衣。阿湌より級湌に至るまでは、緋衣。並びに牙笏。大奈麻・奈麻は、青衣。大舎より先沮知に至るまでは、黄衣（『三国史記』巻三十三、雑志二、色服条[5]）。

右の引用文に見られるとおり、新羅の官人は、その官位の高下に応じて「紫衣」、「緋衣」、「青衣」、「黄衣」の公服を着用したが、これは言うまでもなく、同時代の中国唐朝における色服制度を受容したものにほかならない[6]。この色服の区別は、中国ではそれぞれ「卿・大夫・士・庶」という古典的な身分概念の区別に対応していたが[7]、これを新羅の官位十七等の制度に当て嵌めていうと、

太大角干から大阿湌までは「紫衣」、すなわち「卿」
阿湌から級湌までは「緋衣」、すなわち「大夫」
大奈麻・奈麻は「青衣」、すなわち「士」
大舎から先沮知までは「黄衣」、すなわち「庶」

の身分に、それぞれ擬せられていたと言うことができる[8]。さらに、この区別を「骨品」の区別に重ね合わせて見ると、中国でいう「卿・大夫・士・庶」の区別は、それぞれ「真骨・六頭品・五～四頭品・平民」の区別に擬せられていたと言うことができるであろう（表9‐1）。

表９－１　官位十七等と骨品の対応

| | | | | |
|---|---|---|---|---|
| 伊伐湌 | 紫衣 | 牙笏 | 卿（公卿） | 真骨 |
| 伊尺湌 | | | | |
| 迊湌 | | | | |
| 波珍湌 | | | | |
| 大阿湌 | | | | |
| 阿湌 | 緋衣 | 牙笏 | 大夫 | 六頭品 |
| 一吉湌 | | | | |
| 沙湌 | | | | |
| 級伐湌 | | | | |
| 大奈麻 | 青衣 | | 上士 | 五頭品 |
| 奈麻 | 青衣 | | 中下士 | 四頭品 |
| 大舎 | 黄衣 | | 庶 | 平民 |
| 舎知 | | | | |
| 吉士 | | | | |
| 大烏 | | | | |
| 小烏 | | | | |
| 造位 | | | | |

第一に、太大角干から大阿湌に至る官位は「卿」の身分に相当するが、これらは王族である「真骨」によって独占され[9]、主要な中央官庁の長官職も、すべて「卿」身分である「真骨」によって独占されていた[10]。したがって新羅においては、国王の意思決定を導く骨品貴族の会議――いわゆる「和白[11]」――も、すべて王族である「真骨」によって独占されていたのである。

第二に、阿湌から級湌に至る官位は「大夫」の身分に相当するが、この「大夫」以上はすべて「湌」の称号を帯びていることに注意しなければならない。「湌」とは北方遊牧民の世界で族長・君主を意味する「汗」の称号の転訛であろう。したがって、これらは新羅の王族（真骨）とともに慶州に集住して新羅国を形成した有力氏族の族長たち――具体的には、真骨に次ぐ有力氏族である「六頭品」氏族の族長たち――によって構成されていたと考えることができよう。なお、この「大夫」の官位の最上位である「阿湌」には、「重阿湌」より「四重阿湌」に至る重職規定が設けられているが、このことは既に諸先学の指摘するとおり、「六頭品」の貴族が「真骨」の独占する「大阿湌」以上の官位には昇進できず、最高でも「阿湌」の官位で足踏みをしなければならなかったことを示しているのである。(12)

第三に、大奈麻・奈麻の官位は「士」の身分に相当するが、これらは真骨・六頭品氏族の子弟、及び六頭品氏族より門地の低い五～四頭品氏族の族長たちによって構成されていたと考えられる。このうち、「大奈麻」には「重（大）奈麻」より「九重（大）奈麻」に至るまで、「奈麻」には「重奈麻」より「七重奈麻」に至るまでの重職規定が設けられているが、この「大奈麻」と「奈麻」の区別は、恐らくは「五頭品」氏族と「四頭品」氏族との区別に対応しているのであろう。

上述のとおり、「阿湌」のなかでも「真骨」出身のものは「大阿湌」以上の官位に昇進することができるが、「六頭品」出身のものはそれができず、「阿湌」の官位において足踏みをしなければならなかった。それと同じように、「五頭品」出身のものは「上士」に相当する「大奈麻」の官位を上限としてそれ以上に昇進することができず、「四頭品」出身のものは「中下士」に相当する「奈麻」を上限としてそれ以上の官位に昇進することができなかった。

その証拠に、『三国史記』巻三十三、雑志二、色服・車騎・屋舎・器用の条に収録された諸規定によると、「四頭品」はしばしば「平民」と同等の取り扱いを受けているが、(13)これは中下士に相当する「四頭品」が、近世・朝鮮時代にいわゆる「本系常人」の官人たち――「世族」にあらずして「卑官」に仕える「西班八品、東班九品以上」の官人たち(14)――と同様に、「士人」と「庶民」の中間身分として位置づけられていたことを示しているのである。

以上のような構造をもった「骨品制」のもとに序列化された慶州六部の有力氏族の構成員たちは、それぞれ「族長」のもとに統率され、原則として「族長」の推薦に基づいて官位を獲得していたのであろう。なぜといって、後世の官僚制度においては官吏の任免を掌る吏部（吏曹）の地位が極めて重要視されているにも拘わらず、新羅時代においては、これに相当する位和府（司位府）(15)の序列がそれほどに高くはないからである。これは新羅時代における官吏の登用が、「骨品制」に基づく氏族制度のもとで、主として族長の推薦によって行われていたために、国王ないし官僚機構の行使する人事権が、それだけ相対的には微弱であったことを示唆している。我が国における「氏挙《うじのきょ》」、「氏爵《うじのしゃく》」のような人事制度(16)は、恐らく骨品制下の新羅においても存在していたことであろう。

もっとも、人事権ないし推薦権を行使する「族長」は、氏族集団のなかから氏族員によって互選されるのではなく、当該氏族員のなかで最も官位の高い官人が、国王によって擬制的に「族長」として選任されていたのであろう。したがって、それは純粋な氏族制度というよりは、氏族制度と官僚制度との折衷である。

ともあれ、このように有力氏族の族長が氏族員の人事権ないし推薦権を実質的に掌握していた時代において、新羅の王権が新たに「国学」を創設し、国学を通して王権の基盤となる官僚勢力を直接に養成しようとしたことは、君主権力の発達を示す事象として充分に注目しておかなければならないであろう。

『三国史記』巻三十八、職官志上、国学の条によると、新羅の国学生は、

> 位、大舎より已下、無位に至るまで、年、十五より三十に至るまで、皆これに充つ。九年を限る。もし朴魯にして化せざる者は、これを罷む。もし才器成るべくして未だ熟せざる者は、九年を踰ゆといえども、学に在るを許

す。位、大奈麻・奈麻に至りて、しかる後、学より出だす。[17]

と規定されている。国学とはそもそも貴族の子弟、すなわち「国子」[18]を教育するための機関であるから、新羅における国学も、基本的には骨品貴族の子弟（国子）を収容していたのであろう。中国唐朝の場合、国子監所属の学校では「七品以上」すなわち「上士」以上の官人の子弟を収容した。[19]したがって、新羅の国学においても「上士」以上、すなわち「五頭品」以上の有力氏族の子弟は国学に収容されていたと考えられる。その証拠に、上記の引用文では学生の一部は入学以前にすでに「大舍」以下の下級の官位を保有しているが、それは「五頭品」以上の有力氏族の子弟であるかれらが、門蔭の特権によってすでに下級の官位を獲得していたことを示しているのである。

入学した子弟は「大奈麻・奈麻」に至ると「出学」することになっているが、この「出学」というのは、これまで先行する諸研究が述べてきたような「卒業」という意味ではない。[20]そもそも前近代の学校においては「卒業」という概念はなく、あるとすれば学を大成して「出身」する、つまり官吏として出仕することが「卒業」なのである。この意味における卒業の規定は、

諸生読書し、三品を以て出身す。[21]

として別に定められているから、ここで「出学」というのはいわゆる「卒業」の意味ではなく、いつまで経っても「出身」できないものを「学より出だす」こと、つまり「退学」させるという意味にほかならない。[22]

上記の在学規定によれば、成績不良者は「九年」を限って退学させることになっているが、その一方で「才器成るべくして未だ熟せざる者」は特に在学を認めることにもなっている。これは要するに、身分の高い骨品貴族

の子弟に対して在学延長を認めるための口実にすぎないであろう。しかしそのかれらにしても、やはり「大奈麻・奈麻」に至れば「出学」させるというのである。これは、大奈麻・奈麻の官位が「士」の身分に属し、「大奈麻・奈麻」に至れば官人として免役・免税の諸特権を享受することができるために、もはや学生として国学にとどまる必要がなかったからであろう。

骨品貴族の子弟であるかれらは、官人として出仕する以前にも「斎郎・仙郎」などとして各種の国家儀礼に参与し、その功労によって官位の昇進を果たすことができた。[23] したがって、骨品貴族の子弟は在学中においても「大奈麻・奈麻」にまで昇進することができたし、もちろん、それ以前に「読書三品」によって「出身」すれば、かれらは現職の官吏として免役・免税の諸特権を享受することができたのである。

この場合、「大奈麻」の官位には「五頭品」以上のものでなければ昇進することができないから、「大奈麻」に至って「出学」するのは真骨の子弟、及び六頭品・五頭品の子弟を指す。また「奈麻」に至って「出学」するのは、「大奈麻」には昇進できない「四頭品」もしくは「平民」の子弟のことを指すのであろう。これらはいわゆる「凡民の俊秀」[24] として、特に国学への入学を許されたものたちであるが、平民といってもそれは慶州六部（または五小京）の氏族員に限ってのことで、それ以外の地方人が国学に入学することはなかったであろう。[25]

このように新羅の王権は、「骨品制」の下に組織された慶州六部の有力氏族を基盤として、有力氏族の族長たちとの協調のもとにその権力を行使していたが、その一方では新たに「国学」を創設し、慶州六部の氏族員に氏族長の推挙以外の「出身」の門戸を開くことによって、王権に直属する官僚勢力の育成にも努めていた。この点にこそ「国学」の創設、及び「読書三品」制度のもつ画期的な意義を認めることができるであろう。

しかしながら、それはあくまでも骨品貴族の子弟（国子）を収容する「国学」における人材登用の制度にすぎない。同時代の中国唐朝において行われていた「科挙」のような開放的な人材登用制度は、骨品制下の新羅においては、ついに行われることはなかったのである。

## 第二節　中世の王権と門閥貴族

高麗は新羅末に擡頭した地方豪族勢力を糾合し、これを官人層に組み込むことによって中央集権的な支配体制を再構築していった。高麗では光宗九年（九五八）にはじめて「科挙」を行っているが、これは儒教の振興を図るとともに、一面においては地方豪族勢力の子弟を中央政府の官僚として登用するための試験であった。この点において、高麗時代の人材登用制度は新羅時代のそれよりもはるかに開放的な性格を有している。

しかしながら、高麗初期の科挙制度はいくつかの点において身分的な閉鎖性を有していた。たとえば文宗五年（一〇五一）に李申錫という人物が科挙に及第すると、式目都監使の崔冲らは、「氏族を録せず（不録氏族）」との理由で、かれが「登朝」することに異議を呈している。もっとも、

氏族の録せざるは、すなわちその祖父の失にして、申錫の罪にあらず。

とする門下侍郎金元冲らの意見もあり、結局は「賢を立つるに方なし。宜しく執泥すべからず」とする国王文宗の裁定によって、李申錫は官人として入仕することを認められた[26]。ただし、『高麗史』巻七十三、選挙志一、科目、文宗九年（一〇五五）十月条の記事によると、

内史門下奏すらく、氏族の付せざる者は、赴挙せしむるなかれ。

とあるから、[27]その後も「氏族の付せざる者（氏族不付者）」は、原則として科挙を受験することはできなかったのである。

ここで「氏族不録」、「氏族不付」というのは、具体的には高麗太祖の「土姓分定」によって定められた「土姓」家門に含まれない新興家門の出身者のことをいうのであろう。[28]

高麗太祖はその建国過程、及び三韓統一の過程において、功績のあった内外の豪族に「土姓」を与え、そのことによってかれらとその子孫に官人として入仕する資格、すなわち「士族」としての資格を認定した。[29]

各州県の「土姓」については、朝鮮初期の官撰地理志に詳細に記録されているが、そこでは当時の「土姓」について、「今は郷吏と為る」などの記述が数多く見られるから、[30]少なくとも朝鮮初期においては、これを「郷吏」階層と区別される「士族」階層の姓氏の意味で用いていることは明らかである。ただし、それは郷吏の地位が低下した朝鮮時代の概念であって、少なくとも高麗太祖が「土姓分定」を行った段階では、未だ中央政府に出仕していない在地の有力豪族（後の郷吏階層）に対しても、中央政府への出仕を積極的に勧める意味で「土姓」が与えられていたと考えられる。

国初の「土姓」家門は、その多くが太祖の豪族招致政策に応じて中央官界に進出し、中央官人家門を形成していったが、なかでも五品以上の官人（卿大夫）を輩出した家門は、王室との通婚、また相互の通婚を通して「門閥貴族」としての地位を固め、「門蔭」及び「科挙」の制度を通して「貴族」としての家格を維持していった。

これに対し、六品以下の中級・下級の官人家門は、必ずしも「門蔭」の特権を行使することはできなかった。しかし、かれらもまた「科挙」に及第することによって、または胥吏職に入属し、胥吏から流内官に昇進することによって、最低限、「士族」としての家格を維持していくことは可能であった。

これらの門閥貴族、及び中級・下級の官人たちは、いずれも高麗の支配階級である「土姓」家門の出身者、すなわち「土姓士族」であるが、これら土姓士族の子弟は太祖の「土姓分定」によってその「氏族（本貫・姓氏）」を「付・録」されているから、当然、問題なく科挙を受験することができたのである。

一方、「土姓」家門の一部はそのまま本貫に留まって（もしくは一旦出仕したのち本貫に戻って）地方の行政実務を担当する「郷吏」家門を形成したが[31]、これら「土姓吏族」の子弟もまた、「郷貢進士」として科挙に及第するか、もしくは胥吏職に入属し、胥吏から流内官に昇進することによって、土姓士族の子弟と同様、官人として入仕することが許されていたのである。

各州県の「副戸長」以上の孫、「副戸正」以上の子の、製述・明経業に赴かんと欲する者は、所在の官、試して京師に貢し、尚書省・国子監、製する所の詩賦を審考せよ。格に違う者、及び明経の一二机をも読まざる者は、その試貢の員を、科罪せよ。医業の若きは、須《すべか》らく要《かなら》ず広習すべし。「戸正（副戸正）」以上の子に限るなかれ。庶人といえども、楽工雑類に係るにあらざれば、並びに試解せしめよ（『高麗史』巻七十三、選挙志一、科目）[32]。

文宗二年（一〇四八）の右の王命（判）にみられるとおり、「庶人」には原則として科挙の受験は認められていなかったが、「副戸正」以上の土姓吏族（郷吏）の子弟には製述・明経業（進士・明経科）に赴いて、これに及第すれば官人として入仕することが許されていた。

また『高麗史』巻一百六、厳守安伝の記事によると、厳守安は寧越郡の土姓吏族（郷吏）の出身であるが、

国制、吏に子三あれば、一子の従仕するを許す。

との例によって、かれは重房の胥吏（書吏）に補任された[33]。太祖の分定した「土姓」の一部は、各州県に残留して「郷吏」の役を世襲したが、その吏役の世襲に支障のない範囲内であれば、その子弟は中央政府の胥吏職に入

属し、胥吏から流内官に昇進することによって、官人としての身分を獲得することができたのである。

ちなみに、『高麗史』巻一百二十七、叛逆、拓俊京伝の記述によると、拓俊京は谷州の土姓吏族（郷吏）の出身であるが、

> 家貧にして学問する能わず、無頼の輩と遊ぶ。胥吏と為らんことを求むるも、得ず。粛宗、雞林公たり、その府に就きて従者と為り、遂に枢密院別駕に補せらる。[34]

とあるから、土姓吏族の子弟である拓俊京は、本来なら一定の「学問」を修め、中央政府の胥吏職に入属することもできたのであろう。また『高麗史』巻九十七、李永伝によると、李永は安城郡の土姓吏族（郷吏）の出身であるが、かれの父は郷吏（戸長）から京軍に入属し、京軍人として収租地（軍人田）を保有していた。このため、李永は父の没後にその収租地を相続する目的で、中央官庁の胥吏職に入属しようとしている。[35]ここでも土姓吏族（郷吏）の子弟には、胥吏職への入属を通して官人として入仕する資格が認められていたことが確認できる。

このように、太祖の分定した「土姓」家門の子弟は、あるいは門蔭・科挙の制度によって、あるいは胥吏職への入属を通して、官人として入仕することが許されていた。かれらは太祖の建国過程、及び三韓統一の過程において功績を挙げ、太祖の「土姓分定」によって「氏（本貫・姓氏）」を与えられたものの子孫であり、その姓氏の来歴は吏兵部（政曹）の管理する何らかの簿籍に登録（付・録）されていた。だからこそ、かれらには官人として入仕する資格が原則として保障されていたのであるが、これに対し、「氏族不録」、「氏族不付」のものは、太祖の建国過程、及び三韓統一の過程において何らの功績も挙げなかったものの子孫として、その「祖父の失」によって入仕の資格を制限され、具体的には「科挙」に赴くことを禁じられていたのである。

「氏族不録」、「氏族不付」のものというのは、具体的には科挙の受験資格を持つ「副戸正」以上の上級の郷吏

家門に対して、それ以下の下級の郷吏家門のことをいうのであろう。かれらは太祖の「土姓分定」以降に新たに姓氏を獲得し、もしくは姓氏を自称するようになった新興家門であろうが、これらは旧来の「土姓」家門に対して「雑姓庶人」として区別されていた。

土姓の三韓より出ずる者四、曰く河、曰く鄭、曰く蘇、曰く姜。立州の後、また三姓あり、曰く柳、曰く康、曰く任。その他の雑姓は庶人なり（『晋陽誌』巻三、姓氏条）[36]。

右の『晋陽誌』に「三韓」といい、「立州」というのは、具体的には高麗太祖が「三韓」を統一して「州府郡県」の号を定め、各州県の有力豪族を「三韓功臣」に封じて「土姓」を分定した、その時のことを指しているのであろう[37]。この「三韓」以後、ないし「立州」以後に「土姓」が追加されるようになったのは、恐らくは高麗の文宗朝以降のことで、高麗初期においては「土姓」の追加は認められず、各州県に現実に姓氏を自称する新興家門が存在しても、それらは「雑姓庶人」として「土姓」家門とは区別され、官人として入仕する資格を制限されていたと考えられる。

このように、王朝権力の基盤となる各州県の郷村社会においては、太祖の「土姓分定」によって成立した「土姓士族」及び「土姓吏族」のものが、あるいは科挙によって、あるいは胥吏職を通して、官人として入仕する資格を独占し、そのことによって郷村内における社会的・身分的な地位を維持していた。逆に官人として入仕する資格を制限されていた「雑姓庶人」は、たとえ経済力を貯えて政治的・社会的な身分の上昇を図ろうとしても、そこには太祖の分定した「土姓」の壁が存在し、この壁を越えて身分の上昇を図ることは困難であった。

新羅末に擡頭した地方豪族勢力は、高麗太祖の「土姓分定」によって「土姓」家門を形成し、「土姓」家門は「入仕」の資格を独占することによって、新興家門である「雑姓庶人」の進出を抑圧した。かくして「土姓」家門の政治的・社会的な地位は総体として保障され、その基盤のうえに門閥貴族社会の安定が実現していたのである。

## 第三節　雑姓庶人と雑類の進出

中世の門閥貴族社会を支えていたのは高麗太祖の「土姓分定」によって基礎づけられた「土姓」家門の序列であった。ただし、「土姓」から排除されていた「雑姓庶人」の子弟も、官人として入仕することが全く不可能であったわけではない。太祖の分定した「土姓」家門の子弟は、科挙・門蔭を通して初入仕を許され、または胥吏職に入属して胥吏から流内官へと昇進することができたが、これとは別に、「雑姓庶人」には「軍人」または「掌固」の役に入属し、「軍人」から「将校（校尉・隊正）」に昇進するか、または「掌固」から「胥吏（または将校）」に昇進し、さらに流内官へと昇進することによって、それぞれ文武班の官人として入仕する道が開かれていたのである。

### (a)　軍人・掌固の初入仕

高麗の中央軍である二軍六衛のうち、六衛に分属する「府兵」は主として地方から番上する農民兵によって構成され、近衛軍である「二軍」は府兵その他から選抜された長番兵である「京軍」によって構成されていた。[38]二軍六衛の軍人はその立役の基盤として収租地（軍人田）を与えられ、それを世襲したから、高麗ではこれを「軍班氏族」として登録し、兵部においてその簿籍を管理していた。[39]「軍班氏族」は二軍六衛の軍人を供給する地方豪族の「氏」の一覧であるが、これらは官人・胥吏として入仕する「土姓」家門よりも家格の低い、いわゆる「雑姓庶人」の家柄として位置づけられていたのであろう。

次に、中央の各種官庁に配属されてその雑役を供するものを「掌固」といい[40]、個々の官人に配属されてその随従となるものを「駆使」といったが、この掌固と駆使――広義にはいずれも「掌固」という――には、主として身分の低い雑姓庶人が充当されていた。

たとえば前節に引用した『高麗史』巻一百二十七、叛逆、拓俊京伝によると、拓俊京は土姓吏族（郷吏）の出身であるが、無頼の故に胥吏に入属することができず、雞林公府の従者、すなわち駆使に入属している。このことは、一般に中央官庁の胥吏が土姓士族、または土姓吏族によって充当されていたのに対し、掌固や駆使はそれよりも家格の低い雑姓庶人によって充当されていたことを示しているのである。

この点について、『宣和奉使高麗図経』巻二十二、雑俗一、給使の条には、

> 給使（駆使）の賤は、官品を視て多寡の数を為す。国相は、丁吏四人、駆使三十人。令官はこれに倍す。……丁吏は多くは前駆し、給使（駆使）は巾瓶を執りて物に従いて後随す。列卿より上は、丁吏三人、駆使二十人。正郎は、丁吏二人、駆使十五人。員外以上は、丁吏一人、駆使十人。初品は共に三人を給す。みな官奴隷なり。世代相承けてこれを為す[41]。

とあり、また『宣和奉使高麗図経』巻二十一、皁隷、駆使の条には、

> 駆使は、仙郎と相い類す。大抵、みな未だ娶らざるの人なり。貴家の子弟に在りては則ち仙郎と称す。故にその衣は或いは紗、或いは羅、みな皁なり。また一等あり、縿袖・烏巾。即ち庶官小吏の奴の駆使と名づくる者なり[42]。

とあるから、広義の駆使には良人身分のものが入属する駆使（丁吏）と官奴隷が入属する駆使との二種類があったことがわかる。拓俊京が雞林公づきの「従者」になったというのは、具体的には良人身分の駆使である「丁吏」の役に入属したことをいうのであろう。

このほかにも、中央官庁には「電吏・所由・注膳・幕士・駆史（駆使）・門僕」などの随従、もしくは雑役夫が配属され、これらは総じて「掌固」と呼ばれていた(43)。したがって、広義の掌固には駆使も含まれていたが、その身分構成についても、恐らくは上述の駆使と同様、雑姓庶人と官奴隷との混淆であったと考えられる。

このため掌固の役に入属するものは、良人のなかでも比較的身分の低い雑姓庶人か、または楽工・工匠などの「雑類」の子孫がほとんどであった。たとえば文宗七年（一〇五三）の王命（判）に、

楽工に三四子ある者は、一子を以て業を継がしめ、その余は注膳・幕士・駆史に属せしむ。陪戎副尉（従九品下）、校尉（従九品上）に転じ、耀武校尉（正六品上）に至るを限りとす（『高麗史』巻七十五、選挙志三、限職条(44)）。

とあるから、官府に隷属する「楽工」の子孫のうち、その職役の世襲義務を免れたものについては「注膳・幕士・駆史」などの「掌固」の役に入属することが許されていた。また靖宗六年（一〇四〇）の王命（判）によると、

南班及び流外人吏・将校等の子の、工匠案に付せざる者は、「父祖に痕咎ある人の例」に依りて入仕せよ（『高麗史』巻七十五、選挙志三、銓注、限職条(45)）。

とあるから、流外の胥吏職（人吏）や下士官職の将校（校尉・隊正）のなかには、もともと「工匠」の家から掌固に入属し、掌固から「初入仕」を許されて、「南班」もしくは「人吏」、「将校」へと昇進していったものが存在していたことが推測できる。

　このように、掌固や駆使の役には良人のなかでも比較的身分の低い雑姓庶人か、または官府に隷属する性格の強い楽工・工匠などの「雑類」の子孫が入属し、さらには純然たる官奴隷もまた掌固や駆使の役に入属した。このため、本来、良人の職役であった掌固や駆使は、その社会的な地位が時代を追って低下していくことになるのである。

　たとえば高麗元宗朝の「尚書都官貼」によると、「所由季守」は「婢加伊猪」と通婚し、また「丁吏守光」は「婢馬薬」と通婚して、その社会的地位がほとんど「官奴隷」と同様であったことが確認できる。(46) また後代の『朝鮮王朝実録』の史料を見ると、

　前朝（高麗）の制、身良役賤なる者は、みなその女孫を役せず。丁吏・驛吏の女、良夫に嫁げば即ち良人と為す。同類に嫁げば乃ちその役に立つ（『朝鮮王朝実録』太宗十四年正月己卯条(47)）。

とあるから、駆使の一種である「丁吏」は、駅吏と同様「身良役賤」の存在として職役の世襲義務に強く縛られていたことがわかる。したがって掌固や駆使は、官庁に隷属する「楽工・工匠」などとほとんど同類の存在として、すなわち「雑類」として位置づけられているのである。(48)

　とはいえ掌固の役に入属した雑姓庶人の、その本来の身分は良人である。したがって、掌固や駆使には軍人と同様にその功労に応じて「初入仕」を許し、官人としての身分を示す位階（具体的には武散官）を与えることが慣例となっていた。

　臨津駅に次し、徳音を下す。……諸司の掌固、諸衛の旗頭に「初職」を賜る（『高麗史』巻十一、粛宗世家、七年十一月丁亥条(49)）。

両京の文武両班、及び南班正雑路の、およそ職ある者は、おのおの同正職を加う。上冊都監の員は、職事を加え、人吏は一等の同正職を超え、掌固・書者は、初入仕〔を許す〕（『高麗史』巻十二、睿宗世家、三年二月辛卯条）。[50]

掌固の出役すること三四年なる者、内侍の給使一二人、諸王府の丘史二人、牽龍一人は、初職を許す（『高麗史』巻十二、睿宗世家、三年三月己亥条）。[51]

右の諸史料に「初職」を賜るといい、また「初入仕」を許すというのは、いずれも具体的には官人としての身分を示す「武散官」を与えることで、「旗頭」というのは諸衛の軍人の頭目である。「初入仕」を許された掌固が「武散官」を受けることについては、前引の文宗七年（一〇五三）の王命（判）に、

楽工に三四子ある者は、一子を以て業を継がしめ、その余は注膳・幕士・駆史に属せしむ。陪戎副尉（従九品下）、校尉（従九品上）に転じ、耀武校尉（正六品上）に至るを限りとす（『高麗史』巻七十五、選挙志三、限職条）。[52]

とあることによって確認できる。ただし、掌固や駆使には良人身分のものと官奴隷との二種類があったから、ここで「初入仕」を許されているのは原則として良人身分のもののみであって、賤人身分の官奴隷は、少なくとも高麗前期においては「初入仕」を許されることはなかったであろう。[53]

次に、初入仕を許された掌固や駆使は、中央官庁の胥吏職である「人吏」や、下士官職である「将校（校尉・隊正）」を通して下級の官職にまで進出することが許されていた。この点について、たとえば唐制の掌固は下級の胥吏職である「府史」に昇進し、府史より上級の胥吏職である「令史」に昇進することが許されていたし、[54]また『宣和奉使高麗図経』巻二十一、皁隷、丁吏の条には、

丁吏は、けだし丁壮の人の、初めて吏に置く者なり。……これより升補して吏と為り、吏に由りて而る後官を授く。令官より下、おのおの丁吏を給して以て使令に備う。官品を視て多寡の差を為す。(55)

とあるから、駆使の一種である丁吏は「胥吏（人吏）」に昇進し、さらに下級の官職にまで昇進することも許されていたことがわかる。前引の史料で拓俊京が枢密院の胥吏職である「別駕」に昇進していることはその実例であるし(56)、また咸有一が「天官掌故」（吏部配属の掌固）に入属し、その後、妙清の乱に際して「胥吏」として従軍していることは、そのもう一つの実例である(57)。

なお、元宗朝の尚書都官貼によると、

別将金仁俊直子一名乙良、東西班勿論、参職超授、直子無在如亦中、内外孫・甥・姪・女壻中一名乙、東西班勿論、七品為等如差備教矣、田丁乙良、田畓并一百結、奴婢乙良、各十口、賜給教是斉。丘史七人乙良、真拝把領、十人乙良、許初入仕為良於為教矣

（別将金仁俊の直子一名は、東西班に論なく、参職に超授し、直子がなければ、内外孫・甥・姪・女壻中の一名を、東西班に論なく、すべて七品に差備し賜い、田丁は田畓并びに一百結、奴婢は各十口を賜給し賜え。丘史七人は把領に真拝し、十人は初入仕を許すべくし賜うが、……）(58)

とあるから、高宗四十五年（一二五八）に崔氏政権を打倒した金俊（旧名金仁俊）の随従である丘史（駆使）は、そのうちの七人に「真拝把領」、十人に「初入仕」の恩典が与えられていることがわかる。

このうち「真拝把領」というのは、軍隊の基本編成単位である「領」の指揮官職、すなわち「把領」の職に正式に任命（真拝）することをいい、具体的には「領」の下士官である将校（校尉・隊正）の職に任命することをい

うのである。ただし、同じ「丘史（駆使）」でも直ちに「真拝把領」の恩典を受けるものと、その前段階として「初入仕」の恩典を受けるものとの差等が設けられているが、これは既に功労によって「初入仕」を許されている「丘史（駆使）」の中から優先的に「真拝把領」の恩典を与えるという意味であろう。

このように、官僚機構の底辺を支える随従ないし雑役夫としての掌固や駆使は、良人のなかでも身分の低い雑姓庶人か、または楽工・工匠などの「雑類」の子孫によって構成されていたが、かれらは軍人と同様、ある一定の服役期間を満了すると「初入仕」を許されて「武散官」を獲得し、その適性に応じて「人吏」または「将校」へと昇進することが許されていたのである。

(b)　科挙・門蔭と限職

軍人・掌固が「初入仕」を許されると、その本貫・姓氏は吏兵部（政曹）が保管する何らかの簿籍（一種の氏族譜）に「付・録」された。したがって、その子孫は「士姓」家門に準じて科挙を受験することもできるようになった。

伏して審るに、戊子年（文宗二年、一〇四八）の制に、『電吏・所由・注膳・幕士・駆史（駆使）・門僕の子孫の、製述・明経及び雑科に登り、或いは軍功を成す者は、朝行に升るを許す』とあり（『高麗史』巻七十五、選挙志三、銓注、限職条）[59]。

この戊子年（文宗二年、一〇四八）の王命（制）によれば、「電吏・所由・注膳・幕士・駆使・門僕」などの掌固の子孫——より正確にいえば、このうち「初入仕」を許されてその本貫・姓氏を「付・録」されたものの子孫——は、このころ既に科挙に赴くことを許されていたし、しかも登第すれば「朝行に升る」こと、すなわち流内官に任用されることも許されていた。

また仁宗三年（一一二五）の次の王命（判）によると、

電吏・杖首・所由・門僕・注膳・幕士・駆史（駆使）・大丈（大仗）等の子孫は、「軍人の子孫の、諸業の選路に通ずるを許すの例」に依りて赴挙せよ。その製述・明経の両大業に登る者は、五品を限りとす。もし節操を堅貞にして名聞ある者、所業特異なる者は、大業の甲乙科に擢でらるれば、則ち清要理民の職を授くるを許し、丙科・同進士は則ち三品の職〔を許す〕。医・卜・地理・律・算業は則ち四品の職〔を許す〕。その登科するにあらずして入仕する者も、また七品に限る。玄孫に至りて通ずるを許す（『高麗史』巻七十五、選挙志三、銓注、凡限職条）。(60)

とあるから、ここでも掌固の子孫（「初入仕」を許されて、その本貫・姓氏を「付・録」されたものの子孫）は、「軍人子孫」の例に準じて「諸業の選路」、すなわち科挙に赴くことを許されていたのである。

ただし「雑類」の子孫であるかれらは、たとえ科挙に及第してもその昇進にある一定の制限を加えられていた。前引の仁宗三年（一一二五）の王命（判）によると、軍人・掌固の子孫は、たとえ及第しても一般にはその昇進を「五品」に制限されている。(61)ここでは単に「五品」とあって、「五品の職」とは書かれていないから、これは五品の位階を与えるという意味で、同時に官職としては「六品の職」を上限とする、という意味であろう。これに対し、「節操を堅貞にして、名聞ある者」や「所業特異なる者」、つまり門閥貴族社会において一定の声望を受けている者については、「清要理民の職」や「三品の職」に任用することを認めているが、これらはもとより例外中の例外といわなければならない。

このように、軍人・掌固の子孫は、たとえ科挙に及第しても、その昇進は一般には「五品」（正確には「散官五品、職事六品」まで）に制限されていた。また科挙以外の方途——具体的には門蔭によって出身するか、もしくは掌固に入属してその功労によって初入仕を許された場合――においても、軍人・掌固の子孫の昇進は「七品」(散官七品、職事八品)に制限されていた。このように、軍人・掌固の役に入属した雑姓庶人や雑類が、仮に「初入仕」を許されたとしても、その子孫は「土姓」家門の出身である一般の官人の子孫とは明確に区別され、かれらが門閥貴族社会の仲間入りをすることは許されていなかったのである。

次に、初入仕を許された軍人・掌固の子孫は、「門蔭」に関してもある一定の制限を受けていた。上述のとおり、軍人・掌固の子孫はたとえ科挙に及第しても、通例、五品以上に昇進することはできなかった。したがって、かれらは五品以上の「卿大夫」に与えられる門蔭の特権を行使することはできなかったのである。ただし、高麗時代には「男帰女家」[62]の婚姻習俗を背景として、家族制度においても中国に比して外家(母方の実家)の地位が高く、高麗では門蔭の適用範囲は女壻や女孫(外孫)にまで及んでいた。[63]したがって、軍人・掌固の子孫が何らかの縁故で「土姓」家門と通婚し、その姻戚関係を通して門蔭の特権を行使する可能性も全く存在しないわけではなかったのである。

この点について、『高麗史』巻七十五、選挙志三、銓注、限職の条に載せる文宗十年(一〇五六)の王命(判)では、

> 雑路人の子孫は、父・祖・曾祖の出身の仕路に従う。外孫は南班に属するを許す。もし祖母の父の雑路に係る者は、東班に叙するを許す。[64]

と規定しているが、ここで「雑路人」というのは、科挙・門蔭などの「正路」の出身に対してそれ以外の方途で出身(初入仕)を許された者のことをいい、具体的には軍人・掌固としての功労によって初入仕を許された者のことを言うのである。これら雑路人の子孫は、仮に姻戚関係を通して妻方・母方の門蔭を受けることができたと

しても、東班（文班）及び南班（内廷官）に直ちに叙用することは許されず、父祖の出身の仕路に従って、一旦、軍人・掌固の役に入属しなければならなかった。そのうえで、「初入仕」を許された軍人は将校（校尉・隊正）に昇進し、また「初入仕」を許された掌固は武散官を得て南班雑路の「内殿崇班（正七品）」にまで昇進することが許されていたのである。(65)

ただし、いわゆる四祖（父・祖父・曾祖父・外祖父）のうちの外祖父のみが「雑路」出身である場合には、門蔭によって直ちに南班（内廷官）に入属することを許す。これは前掲の朝鮮時代の史料に、

　前朝（高麗）の制、身良役賤なる者は、みなその女孫を役せず。(66)

とあったように、掌固や駆使のような「身良役賤」の職役の世襲義務は、原則として女孫（外孫）には及ばないことになっていたからで、このため、外祖父のみが雑路出身であるものに対しては、姻戚の門蔭によって直ちに南班に入属することが許されていた。逆にいえば、軍人・掌固出身の下級官人の子孫は、その外孫の代になって、はじめて軍人・掌固の役に入属する義務を免れることができたのである。

さらに、祖母の父のみが雑路出身である場合には、祖母の父の女孫（外孫）である父には「身良役賤」の職役の世襲義務が及ばないから、その父の子に対しては職役の世襲義務は発生しない。したがって、祖母の父のみが雑路出身である場合は、姻戚の門蔭によって直ちに外廷官である東班（文班）に叙用することが許されていた。逆にいうと軍人・掌固出身の下級官人の子孫は、その外孫の子の代になって、はじめて「南班職」に入属する義務を免れることができたのである。

なお、前引の仁宗三年（一一二五）の王命（判）によると、掌固の子孫は「玄孫に至りて通ずるを許す」とあるから、軍人・掌固出身の下級官人の子孫は、その玄孫の代には一般の官人と同様、（妻方・母方の門蔭によって）直

ちに東班（文班）に叙用することを許されていた。しかしそれは、父・祖父・曾祖父・外祖父のいわゆる「四祖」が、いずれも軍人・掌固の役に入属していないことを前提としての話である。もし「四祖」が軍人・掌固の役に入属していれば、その子孫は当然「父祖の出身の仕路」に従って、一旦、軍人・掌固の役に入属しなければならなかったであろう。したがって、かれらが妻方・母方の門蔭によって東班（文班）に叙用されることは、実際には極めて困難であったと考えなければならない。

このように、軍人・掌固の子孫は、たとえ科挙に及第してもその昇進において制限を受け、また「士姓」家門と通婚して妻方・母方の門蔭を受ける機会があったとしても、実際には東班（文班）への叙用は大きく制限されていた。

したがって、雑姓庶人や雑類の官界進出は、おおむね職事八品以下の「中下士」の職、科挙に及第した場合でも職事六品以下の「上士」の職に制限されており、かれらが門閥貴族社会の中核である職事五品以上の「卿大夫」の職に進出することは困難であった。ところがこの「限職」の規定は、毅宗二十四年（一一七〇）に勃発した「武臣の乱」を境として、門閥貴族社会の解体とともに形骸化していくことになるのである。

## 第四節　近世の王権と流品の整飭

掌固や駆使は「身良役賤」の賤役とみなされていたし、実際、そのなかには楽工・工匠などの雑類の子孫や、さらには純然たる賤人身分の官奴隷も入属していた。しかし官奴隷の場合は、たとえ掌固の役に入属しても功労による「初入仕」は許されず、単に物品を賜与してその労をねぎらうことが原則となっていた。(67)

ところが高麗後期に入るとこの原則が崩れ、賤人身分出身の掌固や駆使が、その主人である武臣執権者や王室の権勢を背景に初入仕を許され、さらには「雑類」に対する限職の規定を破って常参官にまで昇進する事例が頻繁に現れるようになる。

高麗後期における「賤系人」の官界進出については、すでに洪承基氏や金塘沢氏の研究によって、その実態及び歴史的な意義が的確に指摘されているが(68)、このうち本書との関連において最も重要なことは、それが高麗前期における門閥貴族社会の「流品」の秩序を撹乱するとともに、それへの反発として新興士大夫階層による新たな「流品」の秩序が生み出されていく契機になったということであろう。

近世・朝鮮王朝の官制において第一に注目すべき点は、それが高麗・忠烈王三十四年（一三〇八）における忠宣王の官制改革の流れを受けて、「流品」の整飭をさらに全面的に推し進めているということである。

> 文武百官の制を定む。……文武流品の外、別に内侍府を置きて宦官の職と為し、掖庭署を内豎の職と為し、典楽署・雅楽署を楽工の職と為す。みなその散官・職事の号を別にして、流品に雑《まじ》らしめず(69)。

右の太祖元年（一三九二）の官制改革においては、宦官・内豎・楽工などの雑類に対してその「散官・職事」の号を区別し、かれらを士人の官職（流品）から排除する措置が取られている。

これより先、高麗時代においては雑類もまた「武散階」の体系の中に位置づけられ、少なくとも位階（散官）のうえではそれを一般の士人と区別することはできなかった。もちろん雑類に対しては西班職、もしくは南班職への進出のみが許されて、その昇進にも「常式七品」と呼ばれる制限が加えられていたから、それらが一般の士人と混同される恐れはなかったのである。ところが高麗後期における権力構造の変質は、王権の専制化（恣意的専制化）に伴って、宮中の側近である宦官・内豎などの「内僚」の勢力を肥大化させ、かれらは旧来の限職規定を破って「流品」の官職へと続々と進出するようになってしまった。[70]

宦官・内豎などの内僚勢力は、もとを質せば王室の「奴隷」である。その奴隷（解放奴隷）たちが朝廷において自分たちと同等の「散官・職事」を保有するに至ったことは、儒教的な「綱常」秩序の護持を以て自任する士大夫たち――自らもまた奴隷保有者である士大夫たち――にとっては、決して容認することのできない現象であった。

このため「朱子学」の理念を掲げる改革派勢力の主導のもとに成立した朝鮮王朝では、なによりもまず、宦官・内豎・楽工などの雑類の勢力を封殺し、宮中の側近勢力に依存して権力基盤の拡充を図った高麗後期の王権を、「士流」の公論に依拠する近世的な王権へと組み替えていこうとしたのである。

このほかにも、朝鮮王朝では「宗親府」や「敦寧府」を新設し、「宗親（国王の子孫）」や「儀賓（王室の姻戚）」に与える位階（散官）を一般官僚のそれと区別することで、かれらが政治に関与することを未然に排除していった。[71] このうち、宗室が政治に関与しないという原則は、すでに高麗時代から確立していた慣例であるが、王室の姻戚である「儀賓」の位階を一般官僚のそれと明確に区別し、かれらを政治の実権から遠ざけたことは、門閥貴族の多くが王室との通婚を通してその門地を高め、同時に科挙及第者を輩出して政治の中枢を独占していた高麗時代には見られなかった新しい傾向である。高麗時代における門閥貴族政治の通弊に懲りた士大夫たちは、特定の官僚勢力が後宮を通して王権と結びつき、それによって士流の「公論」による政治を妨げることを極度に警戒していたのである。

さらに、朝鮮王朝では郷吏勢力の政界進出が抑圧され、「士流」と「吏族」との区別を強調することで「流品」の整飭が一層推し進められていった。[72] 高麗時代における郷吏（土姓吏族）には中央政界への進出の門戸が開かれていたが、現実には門閥貴族社会の壁に阻まれて、郷吏出身のものが五品以上（事元期以降においては四品以上）

の「卿大夫」の仲間入りをすることは容易ではなかった。高麗末における朱子学の普及は、旧来、門閥貴族社会の感受性に裏づけられた「詩賦」の出来栄えによって評価していた科挙の成績を、地方の儒生にとっても比較的習得することの容易な経書の解釈、すなわち「経義」によって評価する体制に切り替えていった[73]。このため、高麗末には郷吏階層の官界進出が以前にも増して活発になっていったが、朝鮮王朝ではこの科挙の制度を一層厳格に運用することで郷吏階層の官界進出を制限するとともに、それに及第したものに対しては家門の如何に拘わらず「士流」としての完全な資格を認定するようになった。

朝鮮時代における地方士族は科挙の普及とともに益々増大していったが、その多くは高麗時代における上級郷吏家門の出身であるか、もしくは零落した中央官人家門の後裔である。かれらは中央官界において官職を得るほどに有力ではないが、少なくとも「監試」に合格して生員・進士の称号を獲得するか、もしくは「名賢」の子孫として祖先に対する祭祀を絶やさないことによって「士流」としての家格を維持していった。

社会的・経済的に見るとき、かれらよりも有力な「吏族」や「庶人」も現実には存在した。しかし、かれらはあくまでも「士族」として「吏族」や「庶人」の上位に立ち、自らの「徳」の力によって郷村内における「綱常」の秩序――延いては天下国家における「綱常」の秩序――を護持しているのであると主張する。こうした地方士族層の底辺における拡大とともに、やがて近世朝鮮時代における「士林政治（士族の輿論による政治）[74]」が展開していくことになるのである。

# 結語

官僚機構は社会の縮図である。王権が官僚機構を通して当該社会の全体の統治と編成とを目指している以上、官僚機構の内部編成には、それを通して統治される当該社会のあり方が自ずと反映されていくにちがいない。

ただし本書が取り上げたのは、そのなかでも社会の上層部を占める中央官僚たち、とりわけ科挙出身の文人官僚たちが、官僚機構全体のなかでどのような位置を占め、どのような機能を果たしていたのかという問題にすぎない。より根本的な問題としての、かれらの社会的位相についてはほとんど検討を加えることができなかった。また官人以外の胥吏・軍人、及び楽工・工匠・雑類・奴婢などについても、それぞれの官僚機構内部における位置づけや、その社会的位相について充分に検討することはできなかったし、さらには高麗時代における一般州県民と、郷・部曲・所・処・津・駅などの特殊部落民との関係(75)、その他の問題については全く論及することができなかった。

これらの諸階層と王権とがどのような関係を結び、また諸階層の運動によって王権がどのように変容していったのかを明らかにすることは、もとより本書の枠組みにおいては果たし得ない余りにも大きな課題である。本書において検討した高麗時代における官僚機構の内部編成が、それを通して高麗時代の社会構成全体を解明するための、ひとつの足がかりとなれば幸いである。

## 注

（1）石井寿夫「後期李朝党争史についての一考察——後期李朝理学至上主義国家社会の消長よりみたる——」（『社会経済史学』第十巻第六、第七号、一九四〇年、東京、社会経済史学会）

（2）四方博「旧来の朝鮮社会の歴史的性格について」（『朝鮮社会経済史研究』下、所収、一九七六年、東京、国書刊行会）

（3）古代日本では豪族の政治的・社会的地位の表象として、臣（おみ）、連（むらじ）、首（おびと）などの「姓（かばね）」が定められ、有力豪族に対する世襲の称号として朝廷がこれを与奪した。新羅時代の「骨品」の制度も、恐らくはこの「姓」の制度と同じものであろう。

（4）骨品制に関する主な研究として次のものがある。今西龍「新羅骨品考」、同「新羅骨品「聖而」考」（いずれも『新羅史研究』所収、一九七〇年、東京、国書刊行会）／武田幸男「新羅の骨品体制社会」（『歴史学研究』二九九号、一九六五年、東京、歴史学研究会）／李基白「新羅六頭品研究」（『新羅政治社会史研究』所収、一九七四年、ソウル、一潮閣）

（5）『三国史記』巻三十三、雑志二、色服。法興王制、自太大角干、至大阿飡、紫衣。阿飡至級飡、緋衣。並牙笏。大奈麻・奈麻、青衣。大舎至先沮知、黄衣。
（右の色服制度は法興王（在位五一四～五四〇）が定めたものとされている。しかし実際には、真徳王二年（六四八）に入唐した金春秋（後の太宗武烈王）が、唐の色服制度を将来して以降のものであろう。／『三国史記』巻三十三、雑志二、色服、序。新羅之初、衣服之制、不可考色。至第二十三葉法興王、始定六部人服色尊卑之制、猶是夷俗。至真徳在位二年（六四八）、金春秋入唐、請襲唐儀。玄宗皇帝（太宗）、詔可之、兼賜衣帯。遂還来施行、以夷易華。文武王在位四年（六六四）、又革婦人之服。自此已後、衣冠同於中国。）

（6）『唐六典』巻四、尚書礼部、礼部郎中条。凡百僚冠笏（注略）珂珮（注略）、各有差。凡常服、亦如之［親王、三品已上、二王後、服用紫、飾以玉。五品已上、服用朱、飾以金。七品以上、服用緑、飾以銀。九品已上、服用青、飾以鍮石。流外・庶人、服用黄、飾以銅鉄］。

（7）礪波護「唐の官制と官職」（『唐代政治社会史研究』所収、一九八六年、京都、同朋舎出版）。

（8）宮崎市定氏は新羅の官位十七等を唐制の従一品から従九品に至る十七階に対応するもの（ただし、正一品は空位）とするが、取らない。宮崎市定「三韓時代の位階制について」（『朝鮮学報』第十四輯、一九五九年、天理、朝鮮学会／『宮崎市定全集』第二十二巻、日中交渉、所収、一九九二年、東京、岩波書店）

（9）『三国史記』巻三十八、職官志上。儒理王九年、置十七等。一曰、伊伐飡（注略）。二曰、伊尺飡（注略）。三曰、迊飡（注略）。四曰、波珍飡（注略）。五曰、大阿飡。従此至伊伐飡、唯真骨受之。他宗則否。

（10）たとえば執事省、内省、兵部の長官職である中侍（侍中）、私臣、令は、それぞれ「位自大阿飡至伊飡」、「位自衿荷至太大角干」、「位自大阿飡至太大角干」と規定されている（『三国史記』職官志）。

（11）『新唐書』巻二百二十、東夷、新羅伝。官有宰相・侍中・司農卿・太府令、凡十有七等。第二骨得為之。事必与衆議、号『和白』。一人異則罷。

（12）三池賢一「新羅官位制度」（上編、『法政史学』第二十二号、一九七〇年、東京、法政大学史学会。下篇、『駒沢史学』第十八号、一九七一年、東京、駒沢史学会）

（13）『三国史記』巻三十三、雑志二、屋舎条。四頭品至百姓。室、長広不過十五尺。不用山楡木。不施藻井。不覆唐瓦。不置獣頭・飛簷・栱牙・懸魚。不以金銀・鍮石・銅鑞為飾。階砌、不用山石。垣墻、不過六尺。又不架梁。不塗石灰。不作大門・四方門。厩容二馬。／同、器用条。四頭品至百姓、禁金銀鍮石・朱裏平文物。又禁毬毽毾㲪・虎皮・大唐毯等。

（14）『朝鮮王朝実録』世宗十二年四月癸未条。……上曰、「其称『本系常人』、非謂工商賤隷也。乃謂非世族而仕於卑官、西班八品、東班九品以上之人也。……」

（15）『三国史記』巻四、新羅本紀、真平王三年（五八一）条。始置位和府。如今吏部。／同書巻八、神文王二年（六八二）条。置位和府令二人、令掌選挙事。

（16）平安時代には氏の長者がその氏人の叙位を申請した。これを氏挙（うじのきょ）といい、氏挙によって五位に叙せられることを氏爵（うじのしゃく）という。

（17）『三国史記』巻三十八、職官志上、国学条。凡学生、位自大舎已下、至無位、年自十五、至三十、皆充之。限九年。若朴魯不化者、罷之。若才器可成而未熟者、雖踰九年、許在学。位至大奈麻・奈麻、而後出学。

（18）『漢書』巻二十二、礼楽志。国子者、卿大夫之子弟也。

（19）正確に言えば、国子監に所属する国子学に三品以上、太学に五品以上、四門館に七品以上の官人の子弟を収容した。『新唐

書』巻四十八、百官志三、国子監条、参照。

(20) 木村誠「統一新羅の官僚制」(『古代朝鮮の国家と社会』第二編第二章、二〇〇四年、東京、吉川弘文館)。木村氏は「出学」の規定を一種の卒業規定ととらえ、「卒業に際しては学生に対して一律に大奈麻または奈麻の官位が与えられ」ると解しているが、取らない。

(21) 『三国史記』巻三十八、職官志上、国学条。諸生読書、以三品出身。読春秋左氏伝、若礼記、若文選、而能通其義、兼明論語・孝経者、為上。読曲礼・論語・孝経者、為中。読曲礼・孝経者、為下。若能兼通五経・三史・諸子百家書者、超擢用之。

(22) 中国の正史において「出学」の用例を検索すれば、それらはすべて「学より出だす」こと、すなわち「退学」の意味で用いられていることがわかるであろう。一例として、『元史』巻八十一、選挙志、学校条に、「仁宗延祐二年秋八月、増置生員百人、陪堂生二十人。用集賢学士趙孟頫、礼部尚書元明善等所議国子学貢試之法、更定之。……学正・録、歳終通行考校応在学生員、除蒙古・色目別議外、其余漢人生員、三年不能通一経、及不肯勤学者、勒令出学。」とあり、ここでは「出学」の語が退学の意味で用いられている。先行研究の中では、李喜寛「新羅中代の国学と国学生――『三国史記』三八国学条学生関係規定の再検討――」(『新羅文化祭学術発表会論文集』一九、東国大学新羅文化研究所、慶州、一九九八年八月)が、唯一、この条文を「退学」の規定と解している由であるが、未見。

(23) 「斎郎」は儒教儀礼の祭官の助手、「仙郎」は仏教儀礼(仏仙混淆儀礼)の祭官の助手であるが、大抵は貴族の子弟がこれを務めている。『旧唐書』巻一百八十九上、儒学伝、序に「是時復将親祠明堂及南郊、又拝洛、封嵩嶽、将取弘文・国子生、充斎郎、行事、皆令出身放選、前後不可勝数。因是生徒不復以経学為意、唯苟希僥倖、二十年間、学校頓時隳廃矣。」とあるから、国学の学生、すなわち「国子」は「斎郎」として国家儀礼に奉仕し、その功労によって位階・官職を与えられていたことがわかる。もちろん、これは中国の事例であるが、同じことは新羅時代(及び高麗時代)の国学についてもいえるであろう。また『高麗史』巻十四、睿宗世家、十一年四月庚辰条に、「御乾元殿、受朝賀。下制曰、……所謂国仙之事、比来仕路多門、略無求者。宜令大官子孫行之」とあるから、「大官子孫」は「国仙(仙郎)」として国家儀礼に奉仕し、その功労によって位階・官職を与えられていたのである。もちろん、これは高麗時代の事例であるが、その起源は新羅時代の「花郎徒」にまで遡りうるものであろう。

(24) 朱子『大学章句』序。……及其十有五年、則自天子之元子・衆子、以至公卿大夫元子之適子、与凡民之俊秀、皆入大学。

(25) 新羅時代の地方学校については次の研究がある。金光洙「羅末麗初の地方学校問題」(『韓国史研究』第七輯、一九七二年、ソウル、韓国史研究会)

(26) 『高麗史』巻九十五、崔冲伝。明年(一〇五一)、為式目都監使、与内史侍郎王寵之等奏、「及第李申錫、不録氏族、不宜登朝。」門下侍郎金元冲、判御史台事金廷俊奏、「氏族不録、乃其祖父之失、非申錫之罪。況積功翰墨、捷第簾前、身無痕咎、合列簪紳。」制曰、「冲等所奏、固是常典、然立賢無方、不宜執泥。其依元冲等奏。」

(27) 『高麗史』巻七十三、選挙志一、科目一、文宗九年十月条。内史門下奏、氏族不付者、勿令赴挙。

(28) 李樹健『韓国中世社会史研究』(一九八四年、ソウル、一潮閣)、特に第一章「土姓研究序説」、参照。

(29) 「土姓」については『尚書』夏書・禹貢に「錫土姓」とあり、偽孔伝に「天子建徳、因生以賜姓。謂有徳之人、生此地、以此地名賜之姓、以顕之。」とある。要は有徳者にその出身地に因んだ姓を与え、これを顕彰する、ということである。また「士族」とは「士・農・工・商」の四民の首、「士」とは「仕」であり、「学んで以て位に居る」もののことを意味している(『漢書』巻二十四上、食貨志上)。

(30) 『世宗実録地理志』京畿、富平都護府、土姓条。土姓七、金・李・柳・邢・孫・崔・陳。来姓三、趙・柳・尹。亡黄魚郷、亡姓一、孫。亡来姓一、鄭。続姓一、金[今為郷吏]。/同、忠清道、清州牧、懐仁県、土姓条。土姓二、李・洪。亡姓二、張・辛。続姓一、崔[今為郷吏]。/同、慶尚道、慶州府、東莱県、土姓条。本県土姓五、鄭・宋・王・丁・曹。来姓三、王・朴・李。続姓一、金[金海来、今為郷吏]。

(31) 土姓吏族の起源については、次の『彝尊録』の記述が参考になる。/『彝尊録』(朝鮮・金宗直撰)先公譜図。高麗太祖、統合初、戸長之能団結郷兵、率先帰服、及有功於軍陣者、俾登于朝、有至侍中・大臣者。其間或患本貫之俗、往往強梗、不遵法度、遂至蕩弛、欲綏治而鎮服之、則自大官謝事于朝、還為戸長、夾輔守宰、以聴民治焉。其身若不欲為、則令適子若支一人為之。是故、吾東方郷吏之族、凡貢挙歴試、視諸士族。

(32) 『高麗史』巻七十三、選挙志一、科目、文宗二年(一〇四八)十月判。各州県副戸長以上孫、副戸正以上子、欲赴製述・明経業者、所在官、試貢京師。尚書省・国子監、審考所製詩賦。違格者、及明経不読一二机者、其試貢員、科罪。若医業、須要広習、勿限戸正(副戸正)以上之子、雖庶人、非係楽工雑類、並令試解。

(33) 『高麗史』巻一百六、厳守安伝。厳守安、寧越郡吏、身長、有胆気。国制、吏有子三、許一子従仕。守安、例補重房書吏。

(34) 『高麗史』巻一百二十七、叛逆、拓俊京伝。拓俊京、谷州人。其先本州吏。家貧、不能学問、与無頼輩遊。求為胥吏、不得。粛宗為雞林公、就其府為従者、遂補枢密院別駕。

(35) 『高麗史』巻九十七、李永伝。李永、字大年、安城郡人。父仲宣、以本郡戸長、選為京軍。永幼従師学。父没、欲継永業田、為胥吏、以状付政曹主事。揖不拝。主事怒且罵。永即裂其状曰、「吾可取第仕朝。何礼汝輩為。」粛宗朝、擢乙科、直史館。

(36) 『晋陽誌』(『輿地図書』所収) 巻三、姓氏条。土姓出自三韓者四、曰河、曰鄭、曰蘇、曰姜。立州之後、又有三姓、曰柳、曰康、曰任。其他雑姓庶人也。

(37) 李樹健、前掲書、参照。

(38) 拙稿「高麗における軍令権の構造とその変質」(『東方学報』京都第七十冊、一九九八年、京都、京都大学人文科学研究所)

(39) 『高麗史』巻八十一、兵志一、兵制、文宗十八年(一〇六四)閏五月条。兵部奏、「軍班氏族、成籍既久、蠹損朽爛、由此、軍額不明。請依旧式、改成帳籍。」従之。

(40) 高麗の掌固については、次の中国の制度が参考になる。／『漢書』巻七十二、龔勝伝。(夏侯)常連恨勝、即応曰、「聞之白衣、戒君勿言也。奏事不詳、妄作触罪。」[師古曰、白衣、給官府趨走賤人、若今諸司亭長・掌固之属。]／『唐六典』巻一、尚書都省。掌固十四人。[……隋令称掌事。皇朝称掌固。主守当倉庫及庁事舗設。職与古殊。与亭長皆為番上下、通謂之番官。転入府史、従府史転入令史、選転皆試判。]／『旧唐書』巻四十三、職官志二、尚書都省。主事六人、従九品上、令史十八人、書令史三十六人、亭長六人、掌固十四人。凡令史、掌案文簿。亭長・掌固、検校省門戸倉庫、庁事陳設之事也。／『新唐書』巻一百六十八、劉禹錫伝。……挙半、帰太学、猶不下万計。可以営学室、具器用、豊饌食、増掌故、以備使令。

(41) 『宣和奉使高麗図経』巻二十二、雑俗一、給使条。給使之賤、視官品而為多寡之数。国相、丁吏四人、駆使三十人。令官倍之。前有青蓋、持之在数十歩外。乗馬、許二人控馭。自是而降、前不張蓋、控馬不許用二人。民庶乗馬、惟自執鞭馭而已。丁吏多前駆。給使執巾瓶、従物後随。列卿而上、丁吏三人、駆使二十人。正郎、丁吏二人、駆使十五人。員外以上、丁吏一人、駆使十人。初品共給三人。皆官奴隷也。世代相承為之。

(42) 『宣和奉使高麗図経』巻二十一、皁隷、駆使条。駆使、与仙郎相類。大抵皆未娶之人。在貴家子弟、則称『仙郎』。故其衣、或紗或羅、皆皁也。又有一等、緣袖烏巾、即庶官小吏之奴、名『駆使』者也。

(43) たとえば『高麗史』巻六十八、礼志十、嘉礼、「参上・参外・人吏・掌固、謁宰枢、及人吏・掌固、謁参上・参外儀」において、「人吏（胥吏）」より下位に位置する「掌固」は、各官庁に配属される「電吏・所由・注膳・幕士・駆史（駆使）・門僕」などの雑役夫の総称として用いられている。

(44)『高麗史』巻七十五、選挙志三、限職条。文宗七年（一〇五三）十月判、楽工有三四子者、以一子継業、其余属注膳・幕士・駆史、転陪戎副尉（従九品下）・校尉（従九品上）、限至耀武校尉（正六品上）。

(45)『高麗史』巻七十五、選挙志三、銓注、限職条。靖宗六年（一〇四〇）四月判、南班及流外人吏・将校等子、不付工匠案者、依父祖有痕咎人例、入仕。

(46) 本書附篇、参考論文第二「尚書都官貼の分析」、参照。

(47)『朝鮮王朝実録』太宗十四年正月己卯条。前朝之制、身良役賤者、皆不役其女孫。丁吏・駅吏之女、嫁良夫、即為良人。嫁同類、乃立其役。

(48)『高麗史』巻七十五、選挙志三、限職、粛宗元年七月条の次の史料では、掌固や駆使が「雑類」と呼ばれている。「七月判、注膳・幕士・所由・門僕・電吏・杖首等雑類、雖高祖以上三韓功臣、只許（正）〔雑〕路南班、限内殿崇班（正七品）、加転。」

(49)『高麗史』巻十一、粛宗世家、七年十一月丁亥条。次臨涓駅、下徳音。……賜諸司掌固・諸衛旗頭初職。

(50)『高麗史』巻十二、睿宗世家、三年二月辛卯条。両京文武両班、及南班正雑路、凡有職者、各加同正職。上冊都監員、加職事。人吏、超一等同正職。掌固・書者、初入仕。……

(51)『高麗史』巻十二、睿宗世家、三年三月己亥条。掌固出役三四年者、内侍給使一二人、諸王府丘史二人、牽龍一人、許初職。

(52) 前掲注（44）、参照。

(53)『高麗史』巻七十五、選挙志三、銓注、限職、高宗四十五年二月条に、「旧制、奴婢雖有大功、賞以銭帛、不授官爵。」とある。したがって、官奴隷の掌固や駆使は、原則として「初入仕」を許されることはなかったのである。

(54) 前掲注（40）、参照。

(55)『宣和奉使高麗図経』巻二十一、卓隷、丁吏。丁吏、蓋丁壮之人、初置吏者也。旧説、転為頂礼、蓋是語音訛謬。自此升補為吏、由吏而後授官。自令官而下、各給丁吏、以備使令。視官品而為多寡之差。其常執事、則文羅頭巾、人使至、則加幘。毎貴臣、従者一二人。惟伴官屈使従者、与使副所給一等服飾耳。

(56) 別駕は高麗時代の枢密院の胥吏職。また朝鮮時代には枢密院の後身である承政院の胥吏職。

(57)『高麗墓誌銘集成』一二六、咸有一墓誌銘。比壮、為天官掌故。丙午之乱、随李相入内衛社。乙卯歳、西都構乱、以胥吏従軍、有功。踰年事定、為西京留守録事。

(58)『韓国古代中世古文書研究』（盧明鎬等著、二〇〇〇年、ソウル、ソウル大学校出版部）所収、尚書都官貼、48〜51行。

(59)『高麗史』巻七十五、選挙志三、銓注、限職条。文宗十二年五月、式目都監奏。……伏審戊子年制、電吏・所由・注膳・幕士・駆史・門僕子孫、登製述・明経及雑科、或成軍功者、許升朝行。

(60)『高麗史』巻七十五、選挙志三、銓注、限職条。仁宗三年（一一二五）正月判、電吏・杖首・所由・門僕・注膳・幕士・駆史・大（丈）〔仗〕等子孫、依軍人子孫許通諸業選路例、赴挙。其登製述・明経両大業者、限五品。若堅貞節操、有名聞者、所業特異者、擢大業甲乙科、則許授清要理民職。丙科・同進士、則三品職。医・卜・地理・律・算業、則四品職。其非登科入仕者、亦限七品。至玄孫、許通。

(61) 限職規定の対象は直接には掌固の子孫であるが、これらは「軍人子孫」の例に準じて赴挙するのであるから、及第後の処遇についても軍人の子孫と掌固の子孫とは同様であったと考えられる。

(62)『朝鮮王朝実録』太宗十五年正月甲寅条。礼曹上服制式。啓曰、「前朝旧俗、婚姻之礼、男帰女家、生子及孫、長於外家。故以外親為恩重、而外祖父母・妻父母之服、倶給暇三十日。至本朝、尚仍其旧、親疎無等、実為未便。乞自今、外祖父母、大功、給暇二十日。妻父母、小功、十五日。」従之。前此、命礼曹、議親迎之礼。礼曹詳定以聞。然事竟不行。

(63)『高麗史』巻七十五、選挙志三、銓注、蔭叙条。高宗四十年（一二五三）六月、詔、宰枢及文武三品致仕見存者、各許一子蔭官。無直子、許姪甥・女婿・収養子・内外孫、一名承蔭。先代宰枢内外無名之孫、一名許初職。文武四品、給舎中丞、諸曹郎中、中郎将以上、各許一子蔭職。

(64)『高麗史』巻七十五、選挙志三、銓注、限職条。文宗十年（一〇五六）十二月判、雑路人子孫、従父・祖・曾祖出身仕路、外孫許属南班。若祖母之父係雑路者、許叙東班。

(65)『高麗史』巻七十五、選挙志三、銓注、限職条。文宗七年（一〇五三）十月判、楽工有三四子者、以一子継業、其余属注膳・幕士・駆史、転陪戎副尉（従九品下）・校尉（従九品上）、限至耀武校尉（正六品上）。／同。粛宗元年（一〇九六）七月判、注膳・幕士・所由・門僕・電吏・杖首等雑類、雖高祖以上三韓功臣、只許（正）〔雜〕路南班、限内殿崇班（正七品）、加転。

(66) 前掲注(47)、参照。

(67) 前掲注(53)、参照。

(68) 洪承基『高麗貴族社会と奴婢』(一九八三年、ソウル、一潮閣)、特に第七章「崔氏武人政権と崔氏家の家奴」、及び第八章「元の干渉期における奴婢出身人物の政治的進出」。金塘沢『元干渉下の高麗政治史』(一九九八年、ソウル、一潮閣)、特に第一章「忠烈王の復位過程を通して見た賤系出身官僚と〝士族〟出身官僚の政治的葛藤――〝士大夫〟の概念に対する検討――」、参照。

(69) 『朝鮮王朝実録』太祖元年七月丁未条。定文武百官之制。……文武流品之外、別置内侍府為宦官職、掖(廷)〔庭〕署為内豎職、典楽署・雅楽署為楽工職、皆別其散官・職事之号、不使雑於流品。

(70) 本書第七章「高麗時代の内侍と内僚」、参照。

(71) 李成茂『朝鮮初期両班研究』(一九八〇年、ソウル、一潮閣)、参照。

(72) 李成茂「朝鮮初期の郷吏」(『朝鮮の社会と思想』所収、一九九九年、ソウル、一潮閣)、参照。

(73) 本書第六章「高麗より朝鮮初期に至る進士概念の変遷」、参照。

(74) 李泰鎮『朝鮮儒教社会史論』(一九八九年、ソウル、知識産業社)、参照。

(75) 旗田巍『朝鮮中世社会史の研究』(一九七二年、東京、法政大学出版局)、特に第一篇「郡県制度」所収の各論考、参照。

# 附篇　参考論文

# 第一　国子監試に関する諸説の検討

高麗時代の国子監試（監試）については、これを科挙試（東堂）の予備試験とする解釈と、国子監の入学試験とする解釈とで見解が分かれている。このうち後者の解釈については、一つには朝鮮時代の「監試」が国子監の後身である成均館の入学試験、すなわち「生員・進士試」を意味したことが立説の根拠となっている。[1] しかし、成均館の入学試験が「監試」と呼ばれるようになったのは、朝鮮初期に一旦廃止された「監試（進士試）」を、国学の入学試験である「生員試」の例に準じて復活させて以降のことである。したがって、それ以前の「監試（進士試）」が「生員試」と同様に国学の入学試験であったと速断することはできないであろう。

これに対し、「監試」を科挙試（東堂）の予備試験とする解釈については、それに合格したものを「進士」と呼ぶこととそれ自体が、何よりこの解釈の妥当性を証している。もともと「進士」とは礼部試の受験生を意味するが、高麗の国子監では主として貴族の子弟（国子）を対象に礼部試の予備試験を開催し、この予備試験に合格したものに「進士」の称号を与えていた。つまり、国子監の主催する科挙試（東堂）の予備試験を国子監試（監試）といい、これに合格したものに礼部試の受験資格を意味する「進士」の称号を与えていたのである。

ところがこの国子監試（監試）の受験資格は、本来、国子監に所属する国子学・太学・四門学の学生に限られていたにも拘わらず、後には国子監の学生以外の私学十二徒の生徒、及び地方州県学の生徒、さらには地方州県の予備試験である界首官試の合格者（郷貢）に対してまでも、広く開放されるようになっていった。それは国子監における教育の形骸化に伴い、国子監の学生のみによっては国子監に与えられた礼部試の受験生の推薦枠（解額）を満たすことができなくなったために、国子監所属の学生以外にも広く監試の受験資格を開放するようになったことを意味している。

この場合、もともと国子監に所属していた学生が国子監試に合格したのであれば問題はないが、そうでないものが監試に合格した場合は、その合格者を国子監の学生として遡及して認定し、改めて国子監の学生として礼部試に送り出さなければならない。かくして礼部試の予備試験である国子監試は、一面、国子監の入学試験としての性格をも併せ持つようになったのである。

国子監試の受験資格が国子監所属の学生以外にも広く開放されるようになったことは、結果としてますます国学（国子監）の教育の形骸化を促すことになった。朝鮮王朝ではこの点に鑑みて、国学（成均館）の入学資格を「生員試」の合格者である「生員」に限り、また科挙試（文科）の予備試験も「生員」については成均館試（館試）に一元化した。これによって貴族の子弟（国子）の国学（成均館）への入学を促し、国学教育の一層の充実を図ろうとしたのである。しかし貴族の子弟（国子）は依然として国学への入学を忌避し、しかもその一方では特権身分としての「生員」の定額の拡大を要求した。このため、世宗朝の末年には生員試の例に準じて「監試（進士試）」が復設され、以後、「進士」は成均館の学生の称号として用いられるようになったのである。

いわゆる「進士」の概念は、このように高麗時代と朝鮮時代とでは根本的に異なっていた。そうしてこのような「進士」概念の変質は、直接には高麗時代の国子監試（監試）の変容によってもたらされたものであった。以下、本章では高麗時代の国子監試について、その解釈をめぐるさまざまな問題点を指摘し、国子監試に関する既存の学説の混乱を整理したい。

## 第一節　国子監更試と国子監試

国子監試は礼部試の予備試験であるが、その一方では州県の主催する「界首官試」もまた礼部試の予備試験として位置づけられていた。前者は主として貴族の子弟（国子）を対象とする予備試験であり、後者は主として郷吏階層の子弟（郷貢）を対象とする予備試験である。

界首官試の合格者は「郷貢進士」として礼部試に赴いたが、その前段階において「国子監更試」を受験しなければならなかった。これについて、「国子監更試」を「国子監試」と同一視する解釈と、両者を別個のものとする解釈とで見解が分かれている。(2)

（顕宗）十五年（一〇二四）十二月判。およそ州県千丁以上は、歳ごとに三人、五百丁以上は二人、以下は一人を貢し、界首官をして試選せしむ。製述業は則ち試するに五言六韻詩一首を以てし、明経は則ち五経各一机を試し、例に依りて京に送る。国子監更試し、格に入る者は、挙に赴くを許す。余は並びに本処に還りて学習するに任す。もし界首官、貢することその人にあらずんば、国子監考覈して科罪す。(3)

右の史料に見られるとおり、「五言六韻詩」一首（いわゆる排律）によって試取する「界首官試」に合格した受験生は、礼部試の受験に先立って、中央で「国子監更試」と呼ばれる再試験を受けなければならなかった。しかし、それは「国子監試」とは別個の試験である。

貢士は三等。王城は土貢と曰い、郡邑は郷貢と曰い、他国人は賓貢と曰う。間歳に所属に試し、再び学に試す。取る所三四十人に過ぎず。然る後王親ら試するに詩・賦・論三題を以てす。これを『簾前重試』と謂う。(4)

右の史料によれば、郷貢は「間歳に所属に試し、再び学に試す」とあるから、一見すると、これは正しく「国子監更試」のことを意味しているように見える。しかしそれは「取る所三四十人に過ぎず」というし、また国王の「親試」――いわゆる「簾前重試」――の直前に行われる試験であるから、実際には「国子監更試」ではなく、科挙試（東堂）の本試験である「礼部試」のことを意味しているのである。(5)また逆にいうと、「間歳に所属に試」した界首官試の合格者たち、すなわち「郷貢」は、（「国子監更試」の手続きを経て）「再び学に試」し、さらにその合格者が王の「親試（簾前重試）」に赴いたということになる。「再び学に試」す、とは、上述のとおり科挙試（東堂）の本試験である「礼部試」のことであるから、この記述に従えば、「界首官試」の合格者（郷貢）は、原則としてそのまま「礼部試」に赴くことができたのである。

ただし、界首官試の合格者のなかには、中央との文化格差から「礼部試」を受験するに耐えない学力の低いものも紛れ込んでいる可能性があった。「国子監更試」の手続きは、そうした低学力のものを事前に排除するための資格審査にすぎないのであって、これを「放榜・遊街」の恩典を伴う「国子監試（監試）」と同一視することは間違いである。

ちなみに朝鮮初期の「生員試」においても、主として郷吏階層の子弟からなる地方の受験生（貢生）については、受験登録（記名）に際して別途に「講経」という資格確認のための試験を受けなければならなかった。

礼曹、申すらく、「請う、生員試は、今より疑・義おのおの一道を試して一百人を取り、前朝（高麗）の進士の例に依りて、簾前に放榜し、三日、行を成し、以て後生向学の心を勧めん。その貢生は、成均正録所をして四書・

業経を講ぜしめて、はじめて記名・赴試するを許さん」と。上これを許す（『朝鮮王朝実録』太祖五年五月壬戌条）。[6]

右の史料に見られるとおり、中央貴族の子弟（国子）は直接「生員試」に赴くことが許されていたのに対し、郷吏階層の子弟である地方出身の受験生（貢生）は、その学力を証明するために、別途に「四書」及び「業経（主専攻の経書）」を暗誦（もしくは朗読）する「講経」の試験を受けなければならなかった。

高麗時代、「界首官試」の合格者に別途に「国子監吏試」を課したことは、これと同じように、文化水準の低い地方出身の受験生（郷貢）に対して特に資格確認のための手続きを加えたものにすぎなかったのである。

## 第二節　郷貢進士と国子監試

「界首官試」に合格した「郷貢進士」は、国子監における資格確認の手続きである「国子監吏試」を経て直ちに「礼部試」に赴くことができた。「界首官試」の合格者はその出身の州県において「郷飲酒の礼」[7]を受け、いわば官費による壮行会を受けて送り出されているのである。その彼らが「礼部試」に赴くことは、推薦主体である地方官の面子からいっても当然のこと、したがって「国子監吏試」で不合格となるのは余程の例外と考えておいた方がよいであろう。

ところが「礼部試」の受験のために上京した「郷貢進士」たちは、そのついでに国子監の予備試験である「国子監試」をも併願して受験していたのである。

国子監試が礼部試の予備試験であることは、その合格者を「進士」と称する以上、当然のこととしなければならない。だとすれば、「界首官試」に合格して「礼部試」の受験資格を獲得した「郷貢進士」は、本来、わざわざ「国子監試」を受験する必要はなかったのである。にもかかわらず、郷貢進士の多くが重ねて「国子監試」を受験していたのは、それが国王から「放榜・遊街」の恩典を賜る特別の試験として位置づけられていたためにほかなるまい。

国子監試の創設は徳宗即位年（一〇三二）閏十月のことであるが、これより先、光宗九年（九五八）にはすでに科挙試（礼部試）が創設され、国学（国子監）からも礼部試の受験生が送り出されていた。したがって、国学による予備試験それ自体は、徳宗即位年以前にも、すでに国学の在学生を対象として行われていたにちがいない。ただし、それは「界首官試」と同様、単に本試験である礼部試の受験生を選抜するための予備試験にすぎなかったのであって、その合格者は礼部試に及第しない限り、特段の特権を享受することもなかったであろう。

しかし国学（国子監）に学籍を置く貴族の子弟（国子）にとっては、仮に礼部試に及第できなくても、その前段階において「進士」の称号を獲得し、社会に威信を示すことには大きな意味があった。しかもそれは、主として郷吏階層の子弟を対象とする「界首官試」に合格した「郷貢進士」ではなく、国学の予備試験に合格した「国子進士」、「太学進士」、「四門進士」でなければ意味がなかったのである。

徳宗即位年（一〇三二）における「国子監試」の創設は、ほかでもない、そのような貴族階層の子弟（国子）に「進士」としての特権を賦与するためのものであろう。

国子監試を設け、鄭功志等六十人を取り、試するに賦、及び六韻・十韻詩を以てす。監試これより始まる。(8)

この徳宗即位年（一〇三二）の監試に合格した鄭功志ら六十人は、翌年（徳宗元年、一〇三三）二月に行われた礼部試には「進士」として赴挙していたにちがいない。もちろん、それ以外にも「界首官試」に合格した「郷貢進士」たちが、かれらと並んで多数赴挙していたのである。しかし、この年の礼部試では乙科三人、丙科六人、恩賜四人の、計十三人しか及第を賜っていないから、国学の進士である鄭功志ら六十人、及びその他の多数の郷貢進士たちは、そのほとんどが礼部試には落第しているのである。

それでも礼部試の前段階において「国子監試」に合格し、「進士」の称号を獲得して国王から「放榜・遊街」の恩典を賜ったとすれば、それは貴族の子弟（国子）にとって社会に威信を示すための最も重要な手段となる。国家もまたその点を配慮して、国学の予備試験である「国子監試」の合格者には一種の特権的な待遇を与え、これを「界首官試」による一般の予備試験の合格者とは区別した。これがすなわち、徳宗即位年（一〇三一）における「国子監試」の創設の意義であろう。

しかし、一旦「国子監試」が特権的な予備試験として位置づけられると、すでに「界首官試」に合格して礼部試の受験資格を獲得している「郷貢進士」までもが、重ねて「国子監試」の受験を希望するようになっていくのは自然の趨勢であった。

一般に、界首官試は礼部試の前年の秋頃に開催され、その合格者は「十二月二十日」までに上京して国子監に「行巻・家状」を提出し、「国子監吏試」の手続きを経て受験生としての登録（録名）を済ませておかなければならない。ところが国学（国子監）における予備試験、すなわち「国子監試」は、当初こそ界首官試と同様に礼部試の前年の秋頃に行われていたのであるが、後には礼部試の直前の春頃に行われるように変化していった(9)。したがって、界首官試に合格して礼部試を受験するために上京してきた「郷貢進士」たちは、少なくとも日程のうえでは「国子監試」を併願して受験することができるようになっていたのである。

ただし、「国子監試」は国学（国子監）の主催する礼部試の予備試験であるから、当然、その受験資格は国子監に所属する国子学・太学・四門学の学生――その実態としては貴族の子弟（国子）――に制限されなければなら

ない。たとえば『宣和奉使高麗図経』にも、

その在学生は、歳ごとに文宣王廟に試し、合格する者は貢士に視《なぞら》う。(10)

とあるように、「国子監試」は本来国学の在学生を対象としていたのである。

ところが国子監に学籍を置く貴族の子弟（国子）たちは、寄宿生活を忌避して一向に国学に寄り付かず、科挙試の受験準備は「私学十二徒」の方で行って、国学では単に「国子監試」を受験するだけ、というものが後を絶たない。このため、国家の側では、

生徒は入学すること三年を満たして、はじめて監試に赴くを許す。(11)

という規則を設けて貴族の子弟（国子）を国学に就学させようとしたが、その効果は一向に上がらなかった模様である。

それでも科挙試が行われる以上、そうして国子監にも州県と同様に礼部試の受験生を推薦する権限が与えられている以上、国学としては「国子監試」を主催してその推薦枠（解額）を満たさなければならなかった。このため、「国子監試」の受験資格は、国学の在学生のみならず、私学十二徒の生徒、及び地方州県学の生徒、さらには地方州県の主催する界首官試の合格者である「郷貢進士」にまで広く開放されるようになっていくのである。

各徒の儒生の、曾て業を受けたる師に背きて他徒に移属する者は、東堂・監試に赴くを許すを得るなかれ。(12)

仁宗十一年（一一三三）の右の王命（判）によると、主として貴族の子弟（国子）が就学していた「私学十二

徒」の生徒は、通常、礼部試（東堂）、及び国子監試（監試）の受験資格を認められていたことは明らかである。かれらは形式上、国学（国子監）に学籍を持っていたか、もしくは父祖の身分によって国学に入学する資格を持っていたから、学籍の如何にかかわらず、国学の在学生と同様に「国子監試」を受験することが許されていたのであろう。

次に、主として郷吏子弟からなる「郷貢」の進士についても、礼部試の受験に先立って、国子監試を併願して受験することが許されていた。

製述・明経・諸業の新たに挙げられし者、〔及び〕国子監に属すること三年にして、仕三百日に満つる者は、各業の監試に赴くを許す。西京は則ち留守官選上し、郷貢は則ち東南京・八牧・三都護等の界首官、前式に依りて試選して省に申せ。(13)

右の条文は全体として「郷貢」に関する規定であるが、このうち「製述・明経・諸業の新たに挙げられし者」、すなわち「界首官試」を経て中央に「貢挙」されてきた「郷貢」の進士たちは、（礼部試の受験に先立って、）各業の国子監試（監試）を併願して受験することが許されていた。また「国子監に属すること三年にして、仕三百日に満つる者」についても各業の国子監試（監試）に赴くことが許されていたが、これは前後の文脈から判断すると、国学（国子監）の在学生のなかでも、特に（前回の礼部試に落第して）国学に入学していた「郷貢進士」たちのことをいうのであろう。というのも、この条文は全体が「郷貢」に関する規定であり、「新たに挙げられし者」と対比して示されているのは、前回の礼部試に際して貢挙された、前回の「郷貢進士」たちのことを指していると考えられるからである。

もっともこの条文の解釈は、既存の研究では、製述・明経・諸業の新たに挙げられし者は国子監に属し、三年にして仕三百日に満つる者は、各業の監試に赴くを許す。

というように解釈されてきた。(14) しかし、この解釈では「礼部試」を受験するために上京してきたはずの「郷貢進士」たちが、一旦、「国子監」に入学し、しかも三年間在学して、はじめて「監試」の受験資格を獲得するということになってしまう。これでは州県官が「郷飲酒の礼」を挙行して郷貢進士たちを送り出したことの意味がなくなってしまうであろう。したがって、そのような解釈は誤りであり、ここでは「者」という助辞で括られる二つの文節――「製述・明経・諸業新挙者」と「属国子監三年、仕満三百日者」――が並列しているのであって、その両者に「監試」の受験を認めているのである。

繰り返し述べるが、「界首官試」に合格した郷貢進士たちは、本来、「国子監試」を受験しなくても「礼部試」に赴くことができたのである。しかし、「礼部試」に及第することは極めて困難であり、それに比較すれば「国子監試」に合格することには多少の可能性はあった。しかも「国子監試」に合格すれば、国王から「放榜・遊街」の恩典を賜り、「礼部試」の受験に専念するための免税・免役の諸特権を享受することができたのである。

本来、「国子監試」を受験する必要のなかった「郷貢」の進士たちが、「礼部試」と併願して「国子監試」をも受験するようになったのはこのためであろう。

# 第三節　国子監試と升補試

「国子監試」の受験資格は、本来、国子監の在学生に限られていた。しかし、それでは国子監の推薦枠（解額）を満たすことができないために、それ以外の私学十二徒の生徒、及び地方から上京してきた「郷貢」の進士に対しても、広く「国子監試」の受験資格を開放するようになった。この場合、もともと国子監の学生でなかったものが「国子監試」に合格すれば、その合格者は国子監の学生として遡及して認定され、改めて国学の学生として「礼部試」に赴くことになる。また「礼部試」に赴いて落第したものは、その所属に帰って再学習することになっていたが、「国子監試」の合格者は国学の学生として礼部試を受験したのであるから、落第すれば当然「国子監」に戻って再受験のための学習にいそしまなければならない。この意味において、礼部試の予備試験である「国子監試」は、同時に国子監の入学試験としての性格をも帯びることになったのである。

既存の研究においては、これまで「国子監試」を礼部試の予備試験と見做すか、それとも国学（国子監）の入学試験と見做すかで見解が分かれていた。またこれに附随して、規定では国学（国子監）に入学してから「監試」を受験することになっているにもかかわらず、実際の墓誌資料においては、しばしば「国子監試」に合格してから国学（国子監）に入学する事例が見られることを、それぞれ如何に理解すべきかについても論難があった[15]。しかし本章の理解に立てば、これらはいずれも当然の事例であって、要するに「国子監試」は礼部試の予備試験であると同時に国学（国子監）の入学試験としても機能していたのである。

ところが、毎回少なからず輩出される「国子監試」の合格者、すなわち国学（国子監）の「進士」たちは、「礼部試」に赴いて落第しても、そのほとんどは国学（国子監）に入学（ないし再入学）することはなかった。このため国学（国子監）の在学生である「斎生」は、ほとんど恒常的に欠員の状態におかれていた。

睿宗朝における国子監の改革は、ほかでもない、こうした国子監の在学生の欠員を補充して、国子監の教育体制を刷新することを目的とした。具体的には、国子監に所属する「太学」の教育カリキュラムを刷新し、太学に「六斎」を設けて貴族の子弟（国子）を寄宿させたことがその内容である。仮に、この国学（太学）の教育制度が順調に発展していれば、形骸化した「国子監試」の制度は廃止され、国学（太学）の寄宿生である「斎生」のみが科挙試における国子監の推薦枠（解額）に当てられることになったであろう。しかし、貴族の子弟（国子）たちは依然として国学（太学）への就学を忌避したため、結果的にはこの「斎生」にも欠員が生じるようになってしまった。

毅宗元年（一一四七）における「升補試」の創設は、この「斎生」の欠員を補充するための補欠試験にほかならない。たとえば朝鮮初期の国学（成均館）でも、その欠員を補充するために学堂からの「升補試」を行っていたが[16]、高麗時代の「升補試」も基本的にはそれと同様の欠員補充試験として位置づけることが妥当であろう。

もっとも、既存の研究ではこれを「六斎」への昇級試験とみなし、国子学生・太学生・四門学生のなかからその成績優秀者が「上舎（六斎）」に昇級するのであると解釈しているが[17]、それでは国子学・太学・四門学とは別個に太学六斎が存在したことになってしまう。また国子学・太学・四門学の学生はほとんど学籍のうえの存在にすぎないから、そこから選抜された成績優秀者が「上舎」に昇級するということもありえない。「六斎」の在学生は、すなわち国学（太学）の在学生のすべてであるが、そこに欠員が生じたために「升補試」を創設したのである。

とはいえ、この頃には国学（太学）自体に人気がなかったために、「升補試」の受験生もそれほどに多くはなかったようである。高麗末の例でいうと、その後身である「生員試」の受験生は百名程度、しかもそのほとんどすべてが合格していたという。(18) つまり当時の国学は、それほどにも欠員の補充に汲々としていたのである。このことからもわかるように、「升補試」は決して成績優秀者を「上舎」に選抜するための試験ではなかったのである。

「升補試」によって国学に入学するものは、したがって、その多くは身分の低い下級官人の子弟か、もしくは郷吏階層の子弟であった。たとえば『石灘集』附録、榜目（恭愍王九年の東堂及第榜目）によれば、この年の科挙試（東堂）には服膺斎生申仁甫、経徳斎生文益漸などの国学の在学生（斎生）が及第しているが、このうち服膺斎生の申仁甫は、その父祖が「令同正」、またその外祖が郷吏（戸長）であるから、本来は「国子」として国学（国子監）に入学する資格を持たない下級官人の子弟である。

また忠烈王十二年（一二八六）の「升補試」には「郷貢進士」の権㤜ら二十九人が合格しているが、(19) 前述のとおり、「郷貢進士」とは「界首官試」に合格して礼部試の受験資格を獲得したもの——さらにいえば、礼部試を受験してそれに落第したもの——のことであるから、かれは忠烈王十二年（一二八六）五月の「監試」と同年十月の「礼部試」の両方に落第し、そのうえで国学に入学するために「升補試」を受験していたのであろう。この権㤜のように、礼部試に落第した「郷貢進士」たちのなかには、国学（国子監）に入学して礼部試への再チャレンジを図ったものも少なくはなかったにちがいない。

このように、「升補試」は国学（国子監）の欠員を補充するための補欠試験にすぎなかった。しかし、これによって本来なら国学に入学する資格をもたなかった下級官人の子弟、及び郷吏階層の子弟に対しても広く国学への入学の門戸が開放されたのであるから、この点については「升補試」の創設に一つの歴史的な意義を見出すことが可能である。

その後、恭愍王十六年（一三六七）に国学（成均館）が重建されると、この時、「升補試」は国学の正式の入学試験である「生員試」に改編され、その試験内容も「詩賦・経義」から「経義」に改められた。その際、従来は身分的特権として国学に入学することを許されていた貴族の子弟（国子）たちも、以後は「生員試」に合格しなければ国学（成均館）に入学することはできなくなったのであって、この点には「生員試」の創設の画期的な意義を見出すことができるであろう。

この「生員試」の受験を奨励するために――すなわち貴族の子弟（国子）の国学（成均館）への入学を奨励するために――朝鮮王朝では「生員試」の合格者に前朝（高麗）の「進士」に準じて放榜・遊街の恩典を与え、「生員」を一種の終身的な特権身分として位置づけることにした。高麗時代の国学生は、それ自体としては終身的な特権を持たず、ただ「監試」に合格したもののみが「進士」として免役・免税などの終身的な特権を享受したのである。これに対し、朝鮮王朝では国学生（生員）の身分そのものを終身的な特権身分として位置づけ、かれらに科挙試の受験に専念するための免税・免役などの諸特権を賦与した。

ところが「生員」たちはこの種の特権を享受するだけで、依然として国学（成均館）には就学しようとせず、朝鮮王朝においても国学（成均館）は慢性的な欠員状態に置かれていた。このため、朝鮮王朝においても「生員」の欠員を補充するために「升補試」が施行されていたが、このことは「生員試」の前身である高麗時代の「升補試」が、やはり国学（国子監）の欠員を補充するための補欠試験であったことの傍証ともなるであろう。

国学教育の形骸化は、世宗末年における「進士試」の創設によって決定的となった。復活した「進士試」は高麗時代の「監試」とはちがって科挙試の予備試験ではなく、国学の入学試験である「生員試」の別枠の試験である。したがって、それは高麗時代の「進士試」とは性格を異にし、単に「詩賦」によって試取するという点だけが同じであるにすぎない。しかし、高麗時代の「進士」に与えられた諸特権は、朝鮮時代には国学生である「生

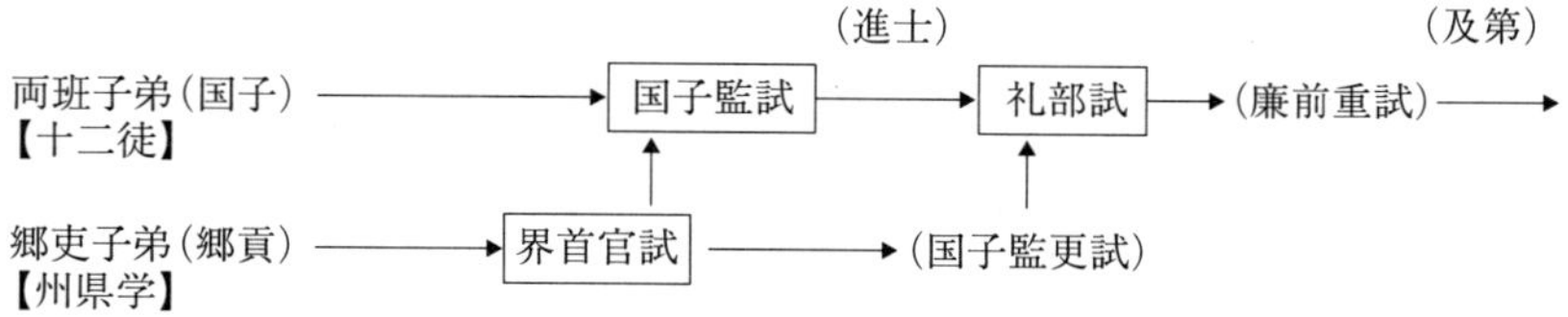


図　参1-1　科挙試の施行過程

員」に引き継がれていたのであるから、その「生員」の別枠として「進士」が設けられると、「進士」は当然、高麗時代の「進士」に与えられた諸特権をも自動的に引き継ぐことになった。

高麗時代の「進士試」と朝鮮時代の「進士試」は似て非なるものである。両者に共通しているのは「詩賦」の試験であることと、その合格者に「放榜・遊街」の恩典が与えられ、「進士」という終身的な特権身分が与えられたということにすぎない。

両者の根本的な相違は、何より科挙制度における位置づけにあった。高麗時代の「進士」は礼部試の受験資格を意味し、そのなかでも「国子監試」に合格した国学の「進士」にのみ終身的な特権身分が賦与されていた。これに対し、朝鮮時代の「進士」は同じく終身的な特権身分を享受したが、本来それは国学（成均館）の学生の称号にすぎず、それ自体としては科挙試（文科）の制度と直接の繋がりを持つことはなかったのである。

## 結　語

最後に、本章の理解に即して科挙試の施行過程を図示しておく。（図　参1-1）

「国子監試」に関する諸説の混乱は、そもそも『高麗史』選挙志の撰者がこれを正確には理解していなかった点に由来する部分が少なくない。『高麗史』選挙志の撰者は、高麗時代の「国子監試」を朝鮮時代の「進士試」と位置づけ、また高麗時代の「升補試」を朝鮮時代の「生員試」と位置づけているが、そもそも朝鮮時代の「生員・進士試」は科挙試の予備試験ではなく、科挙試とは別個の学校試にすぎない。ただ、高麗時代の「国子監試」は科挙試の予備試験であると同時に国学の入学試験でもあり、その合格者には「進士」として終身的な特権身分が与えられていたのであるから、この点において高麗時代の「監試」と朝鮮時代の「監試」は同一の機能を果たしていたことは間違いない。

仮に、高麗時代の「国子監試」がその本来の意味において、すなわち国学（国子監）の在学生のみを対象とする予備試験として施行されていたとすれば、このような概念の混乱も生じることはなかったであろう。朝鮮時代の科挙試（文科）において、成均館の主催する予備試験は「成均館試」と呼ばれ、この「館試」には国学（成均館）の在学生のみが赴くことになっていたが、これこそは高麗時代における国子監試（監試）の本来あるべき姿であったのである。

注

（1）朝鮮総督府編『朝鮮語辞典』の「監試」の項に「生員・進士の科挙」とある。

（2）許興植氏、朴龍雲氏は郷貢に対する「国子監更試」と「国子監試」とを同一のものとみなし、柳浩錫氏はこれを別個のものとみなしている。許興植『高麗科挙制度史研究』（一九八一年、ソウル、一潮閣）／朴龍雲『高麗時代蔭叙制と科挙制研究』一九九〇年、ソウル、一志社）／柳浩錫「高麗時代の国子監試に対する再検討」（『歴史学報』第一〇三輯、一九八四年、ソウル、歴史学会）、同「高麗時代進士の概念に対する検討」（『歴史学報』第一二一輯、一九八九年、ソウル、歴史学会）

（3）『高麗史』巻七十三、選挙志一、科目一、顕宗十五年十二月判。諸州県千丁以上、歳貢三人、五百丁以上二人、以下一人、令界首官試選。製述業則試以五言六韻詩一首、明経則試五経各一机、依例送京。国子監更試、入格者、許赴挙、余並任還本処学習。如界首官、貢非其人、国子監考覈科罪。

（『唐令拾遺』選挙令、復元第二十条に「諸貢人、上州歳貢三人、中州二人、下州一人。必有才堪者、不限其人数。具申送之日、行郷飲酒礼、牲用少牢、歌鹿鳴之詩」とあるから、右の歳貢額は唐制を参照したものと考えられる。）

（4）『宋史』巻四百八十七、外国三、高麗伝。貢士三等、王城曰土貢、郡邑曰郷貢、他国人曰賓貢。間歳、試于所属、再試于学。所取不過三四十人。然後王親試以詩・賦・論三題。謂之『簾前重試』。

（5）科挙試（礼部試）の施行に国子監が参与していたことは、『高麗史』選挙志の次の記録によって明らかである。『高麗史』巻七十三、選挙志一、科目一、睿宗十一年十一月判。「諸生行巻・家状、及試官差定諸事、都省及枢密院・国子監、敬稟施行。」したがって、「再試于学」とは国子監において、尚書省（礼部）及び国子監が共同して省試（礼部試）を開催したことを言うのであろう。

（6）『朝鮮王朝実録』太祖五年五月壬戌条。礼曹申、「請生員試、自今試疑義各一道、取一百人、依前朝進士例、簾前放榜、三日成行、以勧後生向学之心。其貢生、令成均正録所、講四書・業経、方許記名赴試。」上許之。

（7）『高麗史』巻七十三、選挙志一、仁宗十四年十一月判。凡諸州貢人、依前定額数、若有才堪貢選、不限其数。所貢之人、将申送日、行郷飲酒礼、牲用小牢、以官物充。

（8）『高麗史節要』巻三、顕宗二十二年（徳宗即位年）閏十月条。設国子監試、取鄭功志等六十人、試以賦及六韻・十韻詩。監試始此。

（9）『高麗史』巻七十四、選挙志二、科目二、国子監試、凡国子試之額、参照。

（10）『宣和奉使高麗図経』巻四十、同文、儒学。其在学生、毎歳試於文宣王廟、合格者、視貢士。

（11）『高麗史』巻七十三、選挙志一、科目一、靖宗二年七月判。生徒入学満三年、方許赴監試。

（12）『高麗史』巻七十四、選挙志二、私学、仁宗十一年六月判。各徒儒生、背曾受業師、移属他徒者、東堂・監試、毋得許赴。

（13）『高麗史』巻七十三、選挙志一、科目一、睿宗五年九月判。製述・明経・諸業新挙者、属国子監三年、仕満三百日者、各業監試、許赴。西京則留守官選上、郷貢則東南京・八牧・三都護等界首官、依前式、試選申省。

（14）前掲の朴龍雲氏等の研究をはじめ、許興植氏、周藤吉之氏等の研究でも、いずれもこのように解釈されている。許興植『高麗科挙制度史研究』（一九八一年、ソウル、一潮閣）。周藤吉之『高麗朝官僚制の研究』（一九八〇年、東京、法政大学出版局、特に第三章、高麗初期の科挙制と宰相との関係——宋の科挙制との関連において——）。

（15）『高麗墓誌銘集成』一三四、尹宗諹墓誌銘。年纔十七（毅宗十三年、一一五九）、捷司馬試、便遊太学。踰年、於金相国門下、登第（司馬試は国子監試の別称）。／『高麗墓誌銘集成』一五五、金冲墓誌銘。十六歳、登司馬試、俄選入太学。至戊戌年、擢丙第。不経外寄、直就禄仕。／『高麗墓誌銘集成』一八六、呉闡猷墓誌銘。越己酉歳（明宗十九年、一一八九、年二十二）、挙司馬試、中之、遂入太学。又於甲寅（明宗二十四年、一一九四、年二十七）、挙春場中之。／『高麗墓誌銘集成』一二五、呉□実墓誌銘。年十九（毅宗二年、一一四八）、登司馬、二十一（毅宗四年、一一五〇）、入太学。

（右は「国子監試」に合格した後、国学（太学）に入学する事例。これらについては既に柳浩錫氏の研究に指摘がある。）

（16）『朝鮮王朝実録』太宗十一年十一月癸酉条。礼曹上外学制。啓曰、……成均常養百人、如有其闕、本曹官同成均館員、詣学堂講所、読三処通者、升補。……従之。／同、世宗十三年三月丙子条。中部教授官鄭宗本、上書曰、「……毎式年取士之後、生員額数不充、称升補・寄斎、別取五六十人、以充国学、並与生員養育。……」／同、世祖五年十一月丁亥条。礼曹啓、「成均館常養生員・進士、元額二百、而毎不満額。故選四学儒生升補、尚未満百、国学虚疎。請二度中生員・進士郷漢城試者、一度中文科郷漢城試者、本曹考各年榜目、移送成均館、令赴学。」従之。

（17）李光麟「鮮初の四部学堂」（『歴史学報』第十六輯、一九六一年、ソウル、歴史学会）。李成茂『韓国の科挙制度』（改正増補版、一九九四年、ソウル、集文堂、五十～五十一頁）。

（18）『朝鮮王朝実録』世宗十三年三月乙亥条。中部教授官鄭宗本上言。……前朝之季、赴生員試者、僅百有余人、而其不中者、或十有余人、或五六人、或二三人。則不中者、不満百分之一二矣。

（19）『高麗史』巻七十四、科目二、升補試。（忠烈王）十二年、取郷貢進士権烋等二十九人。

# 第二　尚書都官貼の分析

高麗時代の官僚機構は如何に機能していたか――その実態を的確に伝える資料の一つに「尚書都官貼」と呼ばれる古文書がある。もっともそれは原本ではなく、後世の族譜（文化柳氏嘉靖譜）に掲載された移録文にすぎないが、それでも文書の内容をほぼ正確に伝えるこの移録文の存在によって、高麗時代の官僚機構が如何にして政策を立案し、如何にして国王の裁可を得、如何にしてそれを施行したかの一斑を窺うことができるのである。また「尚書都官貼」の内容は、その一部が『高麗史』高宗世家にも記録されている。したがって、この両者を比較・検討することは、官僚機構において現実に遣り取りされていた行政文書が、『高麗史』――もしくはその原史料としての『実録』――の編纂過程において如何なる筆削を受けたかを示す恰好の素材となる。

このため「尚書都官貼」については、これまでにも数多くの研究がなされてきた。なかでも許興植氏「一二六二年尚書都官貼の分析」(1)と、盧明鎬氏「高麗時代の功臣録券と功臣教書」(2)の二論文は、この文書に関する研究の双璧とも称すべき労作である。にもかかわらず、私がこれを再び取り上げようとするのは、当該文書の構成、及び施行手続きについて、既存の研究とは若干見解を異にする部分が存するためにほかならない。

古文書の内容を正確に理解するためには、その文書構成、及び施行手続きを的確に把握することが不可欠である。ここに私見の一端を示し、既存の研究に対する若干の補正を試みることにしたい。

## 第一節　尚書都官貼の構成

「尚書都官貼」については盧明鎬氏等によって既に全文の移録・訳注が行われている。[3] しかし、私見とは異なる部分もあるので、特にその文書構成、及び施行手続きについて検討する。「尚書都官貼」は全体として三つの段落に分かれているので、ここでは便宜的に（A）（B）（C）の三つの段落標記を加え、原資料（文化柳氏嘉靖譜）の行数に従って原文の要点のみを示していく。

（A）

1　尚書都官　貼

2　（詹）〔簽〕書枢密院事柳璥

3　当司准教許文。右官文乙成給為臥乎事叱段

（尚書都官より簽書枢密院事柳璥に貼す。当司の対校（准）し奉る許文。右の官文を成給する事の次第は……）

まず、第一行、及び第二行に、当該文書の発信者、及び受信者が明記される。発信者は尚書都官、受信者は簽書枢密院事の柳璥で、前者から後者に「貼」という文書が送付される。「貼」は「牒・帖」と通用の字。「牒」（牒呈）は官庁の発給する平行または上行文書、「帖」は官庁の発給する下行文書であるが、[4] ここでは枢密院の宰相（簽書枢密院事）である柳璥に発信する文書であるから「牒」の意味であろう。

次に、三行目にはこの文書の標題が示されている。「当司准教許文」とは、「当司」、すなわち尚書都官が「対校（准）し奉った許文」、つまり、原本と対校して発給した許可状の謂である。「准」とは原本と対校する意。(5) また「教」字は吏読文の語助で、動作に尊敬または謙譲の意を加える。この場合は王命による官奴婢の賜給を伝える許可状であるから、国王に対する尊敬の意を示すために、自らの行為に謙譲の意を加えて「〜し奉る」と言っているのであろう。

ちなみに、この「准」字を盧明鎬氏等の訳注では「準拠」の意、「准教許文」を「教（王命）に準拠して発給する許文」の意に解しているが、取らない。ここでは「准」字を「対照」の意に解した許興植氏の解釈に従うべきである。

次にこの標題を受けて「許文」を「官文」と言い換え、これを発給する理由を以下に述べる。ここまでが「尚書都官貼」の前置きの部分である。

（B）

3〜4　都兵馬記事池洪、庚申八月日名貼

（都兵馬記事の池洪が発給した庚申八月某日付の貼文に……）

「庚申」は元宗元年（一二六〇）。「名（이름 → 이른／이룬）」は吏読文の語助で、「言った」または「作成した」意であろう。以下、しばらくは都兵馬記事池洪の貼文の引用である。

4　当使准、当使奏言

（当使が対校（准）した当使の奏言に……）

「当使」はいうまでもなく「都兵馬使」。この都兵馬使で「准」した、つまり原本と対校して移録した「当使の奏言」を、以下に引用するというのである。都兵馬使の上奏文を、都兵馬使が自ら「准」しているのは、後に見るとおり、都兵馬使に保管されていた上奏文、及びその関連文書の原本を、庚申（元宗元年、一二六〇）八月の段階で都兵馬記事の池洪が謄写して受命者に送付したためである。

4～7　左承宣・判閤門・知吏部事・太子左諭徳孫挺烈、右承宣・千牛衛摂上将軍李応烈、左副承宣・判太府事・翰林侍読学士・知制誥閔昊、三承宣、戊（子）〔午〕四月初四日、同奉聖旨
（左承宣孫挺烈、右承宣李応烈、左副承宣閔昊の三承宣が、戊午四月初四日に共に奉じた国王の聖旨に……）

都兵馬使の奏言の続き。その冒頭に「聖旨」が引用される。「戊午」は高宗四十五年（一二五八）、金俊（旧名金仁俊）らが崔氏武臣政権を打倒した年である。この「聖旨」は「当使准、当使奏言」の中に、その前提文書として引用されているのである。ちなみに盧明鎬氏等の訳注では、「当使准」の「准」字を「準拠」の意に解釈し、「当使准……聖旨」を「当使の奏言」に対してその回答として下された「聖旨」に準拠する意に解しているが、取らない。「当使の奏言」を受けて「聖旨」が下されたのではなく、「当使の奏言」の中に「聖旨」が引用されているのである。

9～16『賞罰、人主之柄、不属私門為去乙、丙辰年已来、権臣窃弄為、殺活専持為如乙、別将金仁俊、郎将朴希実、李延紹、隊正金承俊、将軍朴松庇、大司成柳璥、承旨同正大才、用才、植才、郎将同正車松祐、郎将林衍、李公柱、中郎将金洪就等亦、確挙忠義為、不多人率領為弥、一旦良中掃蕩為遣、再造王室、復整三韓令是白乎功業重大、帯礪難忘教事良尓、右員将等矣功業亦、職次暢情分以酬答教事不喩去有等以、三韓功臣如一亦、録（巻）

〔券〕加施行、万代流名教矣、其中父祖、別為所有在員乙良、己身分不喩、子孫良中至亦、並只許通向事乙、各掌所司〔戈〕〔弋〕只啓受使内良於為』、下都兵馬教事是去有在亦

（『賞罰は人主の柄であり、私門には属さなかったが、丙辰年（明宗二十六年、一一九六）以来、権臣が〔その柄を〕窃弄し、殺活〔の柄を〕専持していたのを、別将金仁俊……等が確として忠義を挙げ、多からざる人を率領して、一旦に〔権臣を〕掃蕩し、王室を再造し、三韓を復整せしめた功業は重大であり、帯礪に忘れがたくおぼしたまう事であるので、右の員将等の功業は、職次〔を進めて〕情を暢《の》べるだけでは酬答できない事、このようであるので、三韓功臣と同様に録券に加えて施行し、万代に名を流さしめたまうが、そのうち、父祖〔の世系〕に事故（瑕瑾）のある員は、己が身のみならず、子孫に至るまで、並びに〔顕官に〕許通せしめる事を、各掌所司に啓受せしめよ』とて、〔聖旨を〕都兵馬（都兵馬使）に下したまう事、このようであったが……）

以上は「当使奏言」の冒頭における「聖旨」の引用である。引用文中、「啓受」とは文書を啓《ひら》いて受け取ること。「各掌所司に啓受せしめよ」とあるが、次に「下都兵馬教事是去有在亦（都兵馬に下したまう事、このようであったが）」とあるから、この「聖旨」が直接の担当部局である「都兵馬使」に下されたことは明白である。

16～97　右事叱段、……節、別将金仁俊……等亦、確挙忠義、不顧万死為旀、不多人率領為、一旦良中掃蕩為遣、一心衛社、再造王室、復整三韓為白良乎功労亦、敻出万世、帯礪難忘教事是去有在等以、……職賞暢情令是良於為教味乙白。

（右の事の次第は、……このたび、別将金仁俊……等が、確として忠義を挙げ、万死を顧みず、多からざる人を率領して、一旦に〔権臣を〕掃蕩し、一心に衛社し、王室を再造し、三韓を復整し奉った功労が、はるかに万世に出で、帯礪に忘れがたくおぼしたまう事、このようであるので、……職賞もて情を暢べしめよと申し奉る旨を白す。）

以上は国王の「聖旨」に対する都兵馬使の回奏。これが第四行に見える「当使の奏言」の主文で、論功行賞の原案を提示する部分である。

97〜98　左承宣・国子監大司成・翰林侍読学士崔允愷、庚申七月十六日、伏奉宣旨、『依奏』教等用良

（左承宣崔允愷が、庚申七月十六日に、伏して「宣旨」を奉じたところ、『奏に依れ』とのたまったので……）

「庚申」は元宗元年（一二六〇）、七月十六日は都兵馬記事池洪の「庚申八月日名貼」が発信される以前であるから、当然、この部分もまた都兵馬記事池洪の「庚申八月日名貼」の中の引用である。

しかし、論功行賞の原案の策定を命じる国王の「聖旨」が下ったのは、これより二年前の戊午（高宗四十五年、一二五八）四月初四日のことであるから、その聖旨に対する回奏の裁可の日付としては、「庚申（元宗元年、一二六〇）七月十六日」は余りにも遅すぎる。恐らく都兵馬使では高宗四十五年（一二五八）四月初四日の聖旨を受けて直ちに原案を策定し、一旦、国王の裁可を受けていたことであろう。現に、後述する『高麗史』高宗世家では、高宗四十五年（一二五八）七月二十八日乙亥の段階で「都兵馬宰枢所」が論功行賞の原案を上奏し、国王の裁可を受けたことが記録されている。その際、功臣の序列は柳璥が第一位、金仁俊が第四位となっていたのであるが、その後、元宗元年（一二六〇）六月丁酉朔の赦詔で衛社功臣の序列が改定されると、柳璥は第五位に退けられ、金仁俊は第一位に格上げされた[6]。このため都兵馬使では金仁俊を第一位とする論功行賞の改定案を策定して再び国王の裁可を受けたはずである。それこそが、ここに挙げられた庚申（元宗元年、一二六〇）七月十六日の国王の「宣旨」にほかなるまい。ただし、この間の経緯は都兵馬記事池洪の「庚申八月日名貼」では省略され、単に国王の最初の「聖旨」と都兵馬使の最終の改定案、及びその改定案に対する国王の裁可（宣旨）のみが引用されているのである。

この間、最初の「聖旨」を下した国王高宗は、すでに高宗四十六年（一二五七）六月に薨去していた。したがって、最終の裁可（宣旨）を下したのは高宗ではなく、その息子の新国王・元宗であった。

98　旨乙、出納所司為乎亦中

（〔その〕旨を〔都兵馬使より〕関係官庁に移文してその回答を受けたところ……）

国王の裁可を受けた都兵馬使は、次にその王命の施行手続きに移る。「所司」とは関係官庁、具体的には後に見えるとおり御史台のこと。また「出納」とは文書を発信してその回答文書を受け取ることで、ここでは都兵馬使と御史台との間の文書の往復を意味している。

98～100　御史台書令史李貞甫、庚申七月日名貼、「判内旨乙、並只依貼施行」為遣、由報為乙

（御史台書令史の李貞甫の庚申七月某日付の貼に、『判内の旨を並びに依貼として施行せよ』と由報したので……）

以上は都兵馬使が「出納」した御史台の貼文の引用。「庚申」は元宗元年（一二六〇）。この日付もまた都兵馬記事池洪の「庚申八月日名貼」の日付より以前であるから、当該の部分は引き続き都兵馬記事池洪の「庚申八月日名貼」のなかの引用である。

このうち、「判」とは国王の裁可のこと、もしくは国王の裁可を受けた有司の上奏文の内容を指す。また「依貼」は政令施行の許可状のことで、近世朝鮮時代には新法の制定、旧法の改定、及び服喪官人の起復に際して司憲府・司諫院が事前にこれを審議し、その回答を得て担当官庁（具体的には礼曹）から「依牒」と呼ばれる許可状を発給することになっていた。[7] これは実際には高麗時代からの慣例である。さらに、「由報」の「由」は「解由」（離任証明書）の「由」と同様、証明書の意、または証明すべき事柄の縁由（事の次第）の謂であって、「由報」と

は、つまり事由を証明する旨の報告、というほどの意味であろう。

このように御史台に移文してその回答を受け取った都兵馬使では、ここまでの一連の往復文書を一括書類として保管し、都兵馬記事池洪がその原本と対校（准）して「庚申八月日名貼」を作成した。問題はその「庚申八月日名貼」の受信者であるが、この点については後に改めて検討する。

以上、段落（B）の部分は「尚書都官貼」の前提となる文書の引用である。

（C）

100〜111　右味乙、伝出納為置有去乎等用良、判貼内数爻、奴婢并十口以、奴時光、年十一、父抄尚佐、母婢米加伊。奴薬同、年十六、父所由季守、母婢加伊猪。奴金光、年十四、父奴監燈、母婢思才。奴莫三、年十一、父上所奴大中、母婢賜設。奴仍次三、年二十一、父上所奴大士、母小斤伊。奴夫等三、年二十二、父奴永長、母婢仍次伊。婢我連、年二十二、父不知、母婢仍次只。婢古加、年十二、父不知、母婢于支加。婢召史、年二十四、父丁吏守光、母婢馬薬。婢召史、年八、父奴永長、母婢仍次伊等乙良、官文成（是）給為臥乎事是去有等以、各後所生并以、子孫伝持使用為良於為、出納成給為臥乎事是等（以）、右事須貼。壬戌六月　日。主事禹。……）

（右の旨を、「出納」を謄写（伝）した事、このようであるので、判貼の内の数値の『奴婢并びに十口』を以て、奴の時光……等をば、官文を成給する事、このようであるので、おのおの後に生まれる所を併せて、子孫が伝持して使用せよとて、「出納」を成給する事であるので、右の事、須らく貼すべし。壬戌（元宗三年、一二六二）六月某日。主事禹。……）

段落（C）は「都兵馬記事池洪、庚申八月日名貼」に依拠して柳璥に官奴婢十口を賜給する旨の尚書都官の通知文（貼）で、この部分が「尚書都官貼」の主文にあたる。冒頭に、

右味乙、伝出納為置有去乎等用良

（右の旨を、「出納」を謄写（伝）した事、このようであるので、……）

というのは、段落（B）の「都兵馬記事池洪、庚申八月日名貼」を謄写したことをいうのであって、「伝」とは「伝准」の意、すなわち謄写すること（または謄写して対校すること）を意味している。[8] また「出納」とは前述のとおり、文書を発信してその回答文書を受け取ることであるが、そこから転じて、ここではその種の往復文書からなる一括書類の全体を指す一種の文書名として用いられているのであろう。[9] 尚書都官は「都兵馬記事池洪、庚申八月日名貼」を前提文書として謄写（伝）したが、それは都兵馬使と国王との間の往復文書、及び都兵馬使と御史台との間の往復文書を一括書類として記録した「出納」であった。「伝出納」とは、この「出納（都兵馬記事池洪、庚申八月日名貼）」を「伝（伝准）」したという意味にほかならない。

また、この段落の末尾に、

官文成（是）給為臥乎事是去有等以、……右事須貼。

（官文を成給する事、このようであるので、……右の事、須らく貼すべし。）

とあるのは、「尚書都官貼」の冒頭、段落（A）の部分に、

右官文乙成給為臥乎事叱段

（右の官文を成給する事の次第は……）

とあった文言を受けて、この文書全体を締めくくっているのである。ただし、「官文成（是）給為臥乎事是去有

等以、……右事須貼。」という結語の文言の間に、

各後所生并以、子孫伝持使用為良於為、出納成給為臥乎事是等

（おのおの後の所生をあわせて、子孫が伝持使用せよとて「出納」を成給する事であるので……）

という文言が挿入されているのは、やや冗長な感じを受けるが、この文言がなければ賜給された官奴婢の子孫の所属が不明確となるので、念のため、「出納（都兵馬記事池洪、庚申八月日名貼）」の趣旨を反復しているのであろう。ちなみに、「成給」という言葉の前には通例「文書名」が掲げられるから、ここでも「出納」という言葉が一種の文書名として使用されていることを確認することができる。

ところで、この「出納（都兵馬記事池洪、庚申八月日名貼）」は、既存の研究では都兵馬使から尚書都官に直接送付されたものと理解されている。もちろん、文書の表面的な理解としてはその方が順当であるが、次に述べる理由で私はこの「出納」が都兵馬使から各功臣の家（具体的には柳璥）に伝達され、その後、柳璥が官奴婢の賜給を尚書都官に申請した際に、柳璥から尚書都官に当該の「出納（都兵馬記事池洪、庚申八月日名貼）」の原本が提出されたのであろうと考えている。

そもそも、この「尚書都官貼」は、「右の事、須らく貼すべし。壬戌六月　日。主事禹」とあるとおり、壬戌（元宗三年、一二六二）六月某日に発信されたのであるが、その前提文書としての「都兵馬記事池洪、庚申八月日名貼」が発信されたのは庚申（元宗元年、一二六〇）八月某日のことであるから、この間には約二年もの歳月が流れている。「都兵馬記事池洪、庚申八月日名貼」が都兵馬使から尚書都官に直ちに送付されたと考えた場合、尚書都官におけるその後の事務処理はあまりにも遅すぎるのではないか。

また「都兵馬記事池洪、庚申八月日名貼」に示される恩典の内容は、土田の賜給、官奴婢の賜給、子孫に対す

る門蔭の施行など、いずれも各功臣からの具体的な申請がなければ施行することができないものばかりである。たとえば後代の事例であるが、朝鮮後期における『続大典』刑典、公賤条の規定によると、功臣に賜給する奴婢・丘史は、功臣の家から「指名望定」、すなわち具体的に希望する奴婢・丘史を指名して申請し、それを受けて担当部局である掌隷院（尚書都官の後身）より入啓して定給することになっている(10)。尚書都官において「奴時光」ら十名の奴婢を選定するに際しても、柳璥から事前に具体的な申請がなければ、膨大な数の奴婢名籍のなかからこのように特定の賜給対象者を選定することはできないであろう。その際、申請の根拠として各功臣の家から担当部局である尚書都官に提出された文書の原本こそが、「都兵馬記事池洪、庚申八月日名貼」にほかなるまい。

都兵馬記事池洪の「庚申八月日名貼」は、都兵馬使から尚書都官（その他、吏部、戸部などの担当部局）に送付されたのではなく、都兵馬使から恩典の対象者である各功臣の家に直接送付されたのであって、その後、各功臣の家では恩典の具体的な施行を申請するために、たとえば土田の賜給であれば戸部、官奴婢の賜給であれば尚書都官、子孫に対する門蔭の施行であれば吏部へと、具体的な申請書類に「都兵馬記事池洪、庚申八月日名貼」の原本を添えて提出していたのであろう。当然、各功臣の家が都兵馬使から「都兵馬記事池洪、庚申八月日名貼」の原本を受け取ってから、申請の準備を整えて各担当部局に申請書類を提出し、各担当部局が国王の裁可を得て実際に恩典の許文（官文）を発給するまでには相当の時間を要する。また申請を受け取った担当部局の方で当該文書の発信元である都兵馬使に照会し、その真偽を確認するなどの作業にも相当の時間を要したことであろう。このように考えて、はじめて「都兵馬記事池洪、庚申八月日名貼」（元宗元年、一二六〇）の発信から「壬戌六月日」（元宗三年、一二六二）における「尚書都官貼」の発信に至る約二年の歳月を説明することができるのではないか。

ちなみに、恩典の施行を申請するに際しては、申請者は各担当部局に対して多額の手数料を支払わなければならなかったにちがいない。こうした手数料を支払う能力の無いものにとっては、国王からどれだけ土田・奴婢の賜給の恩典を受けたとしても、また門蔭による初入仕の恩典を受けたとしても、すべては一片の空手形にしかすぎなかったであろう。

## 第二節　『高麗史』高宗世家との比較

「尚書都官貼」の内容——より具体的にいえば、この貼文に引用された国王の「聖旨」、及びその聖旨に対する都兵馬使の回奏の内容——は、ほぼ同じものが『高麗史』巻二十四、高宗世家、四十五年（一二五八）七月二十八日乙亥条にも記載されている。ところがこの両者の内容を比較すると、いくつかの点において極めて重要な相違点を見出すことができるのである。

乙亥。都兵馬宰枢所奏すらく、「功臣柳璥・金仁俊・朴希実・李延紹・金承俊・朴松庇・林衍・李公柱等は、奮いて忠義を挙げ、王家を再造し、三韓を匡正す。帯礪に忘れ難し。爵秩を超授すといえども、以て酬答するに足らず。三韓壁上功臣の例に依りて、柳璥・仁俊は、宜しくその子を六品に爵し、田一百結、奴婢各十五口を給せよ。……崔忠献の若きは、罪盈ち悪稔る。崔怡は権を専らにし命を擅ままにす。宜しく図画を削去し、廟庭の配享を罷むべし」と。これに従う（『高麗史』巻二十四、高宗世家、四十五年秋七月乙亥条）(11)。

右の引用文を前節の「尚書都官貼」の内容と比較してみよう。第一の、そして最も顕著な相違点は、「尚書都官貼」が吏文（吏読文）、『高麗史』が漢文で書かれていることであるが、これはいうまでもなく、後代の編纂史料である『高麗史』――より正確にいえば、『高麗史』の原史料である『実録』――が、「尚書都官貼（もしくはそれと共通の内容をもつ何らかの原史料）」を採用してこれを収録する際に、吏文（吏読文）の語助（吐）を削除して漢文体に仕立て直しているにすぎない。この「尚書都官貼」に典型的に示されているとおり、高麗時代の上奏文や行政文書は一般に吏文（吏読文）で作成されていたのである。

第二の相違点は、奏言の主体が『高麗史』では「都兵馬宰枢所」であり、「尚書都官貼」では「当使（都兵馬使）」となっている点であるが、この点については既に本書第四章において検討した。(12)「都兵馬宰枢所」を「都兵馬・宰枢所」の並称として捉えるべきか、それとも「都兵馬の宰枢所」として捉えるべきかは判断の難しいところであるが、当時、都兵馬使は宰枢の会議、いわゆる「合坐」の受け皿として機能していたことを考えると、やはり「都兵馬の宰枢所」として解釈する方が適当であろう。

都兵馬使の議事は、本来、「使・副使・判官」による「円議」によって運営されていた。しかし重要案件については この会議に「宰枢」が列席し、宰枢の議論が都兵馬使の機構を受け皿として、都兵馬使の機構を通して国王に上奏される。また国王の裁可を得た上奏文は、都兵馬使を受け皿として、都兵馬使の機構を通して各級の行政官庁へと発令されていった。「都兵馬宰枢所」による上奏は、それが通常案件における「使・副使・判官」の「円議」による上奏ではなく、「都兵馬使」を受け皿とする宰枢の「合坐」の上奏であったことを示しているのであろう。

第三の相違点は功臣の序列である。功臣の序列は『高麗史』では柳璥が筆頭になっており、「尚書都官貼」では金仁俊が筆頭になっているが、この点については『高麗史』高宗世家に記載された「都兵馬宰枢所」の奏言の日付と、「尚書都官貼」に引用された都兵馬記事池洪の「庚申八月日名貼」のなかの「当使奏言」の日付とが、厳密にいえば相前後する別個のものであったことによって説明できる。

既に前節に述べたとおり、元宗元年（一二六〇）六月丁酉朔の教詔において、国王元宗は「衛社功臣」の序列を改定し、柳璥を第一位から第五位に引き下げるとともに、金仁俊を第一位の功臣に引き上げている。[13] もっとも「尚書都官貼」では柳璥の序列は第六位になっているから、この点は依然として不審であるが、ともかく「尚書都官貼」に引用された都兵馬記事池洪の「庚申（元宗元年、一二六〇）八月日名貼」は、その全体が元宗元年（一二六〇）六月丁酉朔の教詔が下されて以降に作成された文書である。したがって、当該の文書では高宗四十五年（一二五八）四月初四日の「聖旨」を引用するに当たって元宗元年（一二六〇）六月丁酉朔の教詔の内容を踏まえ、功臣の序列を遡及して書き改めているのであろう。

第四の相違点は、『高麗史』に「都兵馬宰枢所」の奏言として記載されている文言が、「尚書都官貼」では国王高宗の「聖旨」の文言、及びその聖旨に対する都兵馬使の回奏の文言として挙げられているということである。具体的に言うと、たとえば高宗の「聖旨」に、

8～14　別将金仁俊、郎将朴希実、李延紹、隊正金承俊、将軍朴松庇、大司成柳璥、承旨同正大才、用才、植才、郎将同正車松祐、郎将林衍、李公柱、中郎将金洪就等亦、確挙忠義為、不多人率領為旀、一旦良中掃蕩為遣、再造王室、復整三韓令是白乎功業重大、帯礪難忘教事是良尓、三韓功臣如一亦、録（巻）〔券〕加施行、万代流名教矣

（別将金仁俊……等が、確として忠義を挙げ、多からざる人を率領し、一旦に〔権臣を〕掃蕩し、王室を再造し、三韓を復整せしめたる功業は重大で、帯礪に忘れがたくおぼしたまう事であるので、三韓功臣と同様に録券に加えて施行し、万代に名を流さしめたまうが……）

とある文言は、この「聖旨」に対する都兵馬使の回奏においても、

38～43節、別将金仁俊、郎将朴希実、李延紹、隊正金承俊、将軍朴松庇、大司成柳璥、承旨同正大才・用才・植才、郎将同正車松祐、郎将林衍、李公柱、中郎将金洪就等亦、確挙忠義、不顧万死為旀、不多人率領為、一旦良中掃蕩為遣、一心衛社、再造王室、復整三韓為白良乎功労亦、夐出万世、帯礪難忘教事是去有在等以

（このごろ、別将金仁俊……等が、確として忠義を挙げ、万死を顧みず、多からざる人を率領し、一旦に〔権臣を〕掃蕩し、一心に衛社し、王室を再造し、三韓を復整し奉った功労が、はるかに万世に出で、帯礪に忘れがたくおぼしたまう事、このようであるので……）

という、ほぼ同じ文言で引き写されている。そうしてこれらの文言は、『高麗史』に見える「都兵馬宰枢所」の奏言では、

奮いて忠義を挙げ、王家を再造し、三韓を匡正す。帯礪に忘れ難し。

とある部分と対応する。また「聖旨」に対する都兵馬使の回奏において、

19～21　去丙辰年分、崔忠献亦、聚類結党為、殺活専権為旀、窃弄国柄為、無君之心為如乎事是去有乙、子中書令崔怡亦承継為、専権擅命、威福自持為如可

（去る丙辰年分に、崔忠献が類を聚め党を結び、殺活に権を専らにし、国柄を窃弄し、無君の心をなした事、このようであったのを、子の中書令崔怡が承継し、権を専らにし命を擅ままにし、威福を自持したが……）

とある文言は、『高麗史』に見える「都兵馬宰枢所」の奏言では、

崔忠献の若きは、罪盈ち悪稔る。崔怡は権を専らにし命を擅ままにす。

とある部分と対応する。

このように、『高麗史』高宗世家、四十五年（一二五八）七月二十八日乙亥条に記載されている「都兵馬宰枢所」の奏言は、一見、「都兵馬宰枢所」が最初に議論の口火を切ったように記されているが、実際には高宗四十五年（一二五八）四月初四日の「聖旨」、及びその聖旨に対する都兵馬使の回奏の文言を踏まえて、これを再編・整理したものにすぎない。『高麗史』の記述では「都兵馬宰枢所」の奏言が、実際には国王の「聖旨」に対する回奏という形式において行われていた事実が隠されてしまっているが、このような点は後代の編纂史料である『高麗史』のもつ限界点として、史料解釈のうえで特に留意しておかなければならないであろう。

ただし、国王の「聖旨」それ自体も、実際にはそれ以前に行われた「都兵馬宰枢所」の奏言を踏まえて作成されている可能性が高い。後代の事例であるが、たとえば『朝鮮王朝実録』世宗十六年（一四三四）十月癸亥条の記事に、

都承旨安崇善に命じて議政府に往きて事を議せしむ。……。「一、右議政崔閏徳、啓して曰く、『野人等、義を慕いて来る。国家ただ厚意を以て、所館に安んぜしめ、他に適かしめず。彼の人かえって謂えらく、拘繋に異なるなしと。怏恨すること無くんばあらず。今より彼の人、もし遊観せんと欲すれば、監護官をして率領して遊観せしむるを許せ。また知る所の人を見んと欲すれば、また接見せしめよ』と。この議は何如。」みな曰く、「可なり」と。(14)

とある右議政崔閏徳の上啓の文言は、後日、同年同月乙丑条の記事に、

礼曹に伝旨すらく、「これより前、野人等来京すれば、厚待の意を以て館舎に安んぜしむ。然れども彼の人おもえらく、出入するを得ず、拘繫に異なるなしと。かえって快恨を生ず。今後、もし遊観せんと欲すれば、則ち監護官より率領して遊観せしめ、知る所の人を見んと欲すれば、則ち随即に啓達し、これをして相見せしめよ」[15]と。

として、ほとんど同じ内容の「伝旨」の文言に仕立て直されている。「伝旨」とは国王の略式の命令文書であるが、その文言は、実は有司が事前に建議した上啓文を、ほとんどそのまま引き写したものにすぎない場合が多いのである。

「尚書都官貼」に見える国王の「聖旨」の文言も、これと同じように、実際には「都兵馬宰枢所」が事前に上奏した文言をそのまま引き写して、これを形式上、国王の直接の発意として発令しているにすぎない可能性が高い。このような点も、編纂史料である『高麗史』がもつ限界点として、史料解釈の際に特に考慮に入れておかなければならないであろう。

## 結　語

本章では元宗三年（一二六二）の「尚書都官貼」を素材として、高麗時代における文書行政の一端を分析した。高麗時代の行政文書は一般に吏文（吏読文）によって作成されているが、後代の編纂史料である『高麗史』では、それらがすべて吏文（吏読文）の痕跡を削除した漢文体に改作されている。したがって、もともと漢文体で作成されている「詔勅」類をも含め、『高麗史』の記事にはすべて何らかの形で後代の筆削が加えられていると考えておかなければならない。

いうまでもなく、『高麗史』は後代の編纂史料である。編纂史料である以上、そこにある種の筆削が加えられているということは当然といえば当然であろう。しかし『高麗史』の場合には、その原史料が「吏文（吏読文）」と「漢文」という次元の異なる二つの文体によって作成されていた。したがって『高麗史』の読解に際しては、「漢文」に改作された編纂史料を通して原史料における「吏文（吏読文）」の文脈を読み解いていく必要がある。そこには中国史料にはない、朝鮮史料の研究における独特の困難が介在しているのである。

注

（1）許興植「一二六二年尚書都官貼の分析」上・下（『韓国学報』第二十七、二十九輯、一九八二年、ソウル、一志社）

（2）盧明鎬「高麗時代の功臣録券と功臣教書」（盧明鎬等著『韓国古代中世古文書研究』下、所収。二〇〇〇年、ソウル、ソウル大学校出版部）

（3）盧明鎬等著『韓国古代中世古文書研究』上、校勘訳注篇、三～十七頁（二〇〇〇年、ソウル、ソウル大学校出版部）

（4）『経国大典』礼典、用文字式。凡中外文字、同等以下、用関。以上、用牒呈。七品以下、用帖。

（5）朝鮮総督府編『朝鮮語辞典』「준（準）하다」の項に「校正す」とある。

（6）『高麗史』巻二十五、元宗世家、元年六月丁酉朔。下制肆赦、……改第衛社功臣。以第一柳璥為第五、金仁俊為第一。

（7）『経国大典』礼典、依牒。新法之立、旧法之改、及在喪人員起復者、議政府擬議以聞。本曹考司憲府・司諫院署経、出依牒。

（8）「伝准」とは謄写すること。または謄写して対校することを言う。たとえば『朝鮮王朝実録』成宗元年七月乙酉条には次のような用例が見える。／礼曹啓三浦官吏接待来朝倭人事目。……。一、宗貞国特遣畠山殿・山名殿・京極殿等巨酋使送、及曾不通信人使船到浦、則亦量船点名。其書契及宗貞国文引書契、伝准馳報。

（9）「出納」という言葉を一種の文書名として使用することは、朝鮮初期の功臣録券にもその例を見ることができる。たとえば

『朝鮮史料集真』（一九三五年、京城、朝鮮総督府刊）第一輯所収の「開国原従功臣録券（鄭津）」及び「開国原従功臣録券（沈之伯）」においても、「……都評議使司出納内、云々」というように、「出納」という言葉が一種の文書名として使用されている。

(10)『続大典』刑典、公賤条。功臣賜牌、奴婢則以寺奴婢、丘史則以官奴婢、本家指名望定、掌隷院入啓定給。

(11)『高麗史』巻二十四、高宗世家、四十五年秋七月乙亥条。都兵馬宰枢所奏、「功臣柳璥・金仁俊・朴希実・李延紹・金承俊・朴松庇・林衍・李公柱等、奮挙忠義、再造王家、匡正三韓、帯礪難忘。雖超授爵秩、不足以酬答。依三韓壁上功臣例、柳璥・仁俊、宜爵其子六品、給田一百結、奴婢各十五口。希実・延紹・承俊・松庇・林衍・公柱、爵其子七品、給田五十結、奴婢各五口。無子者、爵其甥姪女壻中一人。図画壁上、各陞郷貫之号。其同力輔佐、車松佑以下十九人、亦皆陞秩、許一人九品職。若崔忠献、罪盈悪稔。崔怡、専権擅命。宜削去図画、罷廟庭配享。」従之。

(12) 本書第四章「高麗時代の宰相制度――合坐制とその周辺」、参照。

(13)『高麗史』巻二十五、元宗世家、元年六月丁酉朔。下制肆赦、……改第衛社功臣、以第一柳璥為第五、金仁俊為第一。

(14)『朝鮮王朝実録』世宗十六年十月癸亥条。命都承旨安崇善、往議政府、議事。……「一、右議政崔閏徳啓曰、『野人等、慕義而来。国家顧以厚意、安於所館、使不他適。彼人反謂、無異拘繋、不無怏恨。自今彼人、如欲遊観、許令監護官、率領遊観。又欲見所知之人、亦令接見』。此議何如。」僉曰、「可也。」

(15)『朝鮮王朝実録』世宗十六年十月乙丑条。伝旨礼曹、「前此、野人等来京、以厚待之意、安於館舎。然、彼人意謂、不得出入、無異拘繋、反生怏恨。今後若欲遊観、則監護官、率領遊観。欲見所知人、則随即啓達、使之相見。」

# 第三　高麗王言考——または『高麗史』諸志の文献批判

高麗・事元期の文人、崔瀣《さいかい》が編集した『東人之文』は、私撰書とはいえ高麗朝の文芸を代表する最も重要な詞華集であって、このうち詩の部は「五七」といい、散文の部は「千百」といい、駢儷体の部は「四六」という。(1)現存するのは「四六」の全巻、及び「五七」の残巻にすぎないが、(2)その内容は基本的には朝鮮時代に編纂された『東文選』に吸収されているから、必ずしも『東人之文』に拠らなければ高麗人の文章を窺うことができないというわけではない。

しかしながら、『東人之文』の一部には『東文選』に未収の情報もあり、また『東人之文』の編目によらなければ当該の文章の性格を正しく把握することができないものもある。そこで『東文選』所収の文章についても、『東人之文』に収録されているものについては、まず『東人之文』の方を参照することが必須となる。要するに、『東人之文』は高麗時代史の研究における最も重要な文献資料の一つである。

さて、この『東人之文』の「四六」の部——すなわち『東人之文・四六』——には崔瀣の自序が附いているが、そこでかれは高麗時代の王言制度に関して極めて重要な指摘を行っている。

ひそかに思うに、国祖（太祖）が中朝（中国）より冊封を受けて以来、歴代相承けて、天を畏れ大に事《つか》え、忠遜の礼を尽くさないものはなかった。そこでその章表（上奏文）も正しい体裁を得ているのである。しかしながら、陪臣の身で国王のことを「聖上」、「皇上」といい、上は尭舜に擬え、下は漢唐に譬え、また王の自称に「朕」、「予一人」といい、命令を「詔」、「制」といい、境内に肆宥することを「天下に大赦す」といい、官属を署置することもすべて天朝の制度を模倣していた。これらの事柄は大いに僭越に渉り、まことに見る者、聞く者を驚かせる。しかし中国ではこれを度外視していたから、高麗としても嫌疑を受けることはなかった。それが元朝に服属してからは、一家同様の待遇となったので、省・院・台・部などの官号は早くに廃止したが、風俗は旧習に安んじて、僭越の弊害は依然として残っていた。大徳年間に、朝廷（元朝）では平章事の闊里吉思を派遣して制度を釐正し、そこではじめて渙然として弊風を革め、敢えてこれを踏襲するものはいなくなった。今ここに集定した文章は、多くは（元朝に）臣服する以前の文字を採用した。おそらく、はじめて寓目する者は、きっと驚きいぶかしむことであろう。そこで巻端に題して序文とする。拙翁書。(3)

右の崔瀣（号拙翁）の序文のとおり、元朝に服属する以前の高麗では、「詔」、「制」その他、中国の皇帝のみが用いる称謂を用いて何ら憚る所はなかったが、崔瀣はそれが僭礼であることを認めながらも、敢えて原史料の文字を改変することはなかったのである。したがって、この『東人之文・四六』に収録された王命文書は、事元期以前の高麗の王言制度を忠実に反映しているといってよいであろう。

本章の目的は、高麗時代の王命文書における「王言」の称謂を検討し、事元期以前の「詔」、「制」などの称謂が、事元期以降に「教」に改変されていくという、それ自体としては極めて単純な事実を確認することにある。高麗では元朝に対する「事大」の礼を正すために、忠烈王元年（一二七五）に官制を改めてこれを宗廟に告げ(4)、同王二年（一二七六）には「宣旨」を改めて「王旨」といい、「朕」を改めて「孤」といい、「赦」を改めて「宥」といい、「奏」を改めて「呈」という、などの一連の称謂の改正を行っている。(5)、こうした変化は当時の国際関係を規定した「冊封体制」の反映であり、天子（皇帝）と諸侯（国王）との関係を端的に指し示す表象として決してゆるがせにすることはできない。

さらに『高麗史』諸志の文献的な性格——特にその原史料の問題——については、王言の称謂によって示される時代性の検討から、従来看過されてきたいくつかの重要な問題点を指摘することができるであろう。

国王の命令を何と呼ぶか——この単純な事実からも高麗史研究の重要な切り口を見出すことができるのである。

## 第一節　「詔」と「教」

天子の言を「詔」といい、諸侯の言を「教」という。(6)また大臣の言を「教」ということもあるが、これは秦の制度である。(7)漢制、天子の命令文書には策書（冊書）、制書、詔書、戒書（戒勅）という大別して四つの様式があり、これらはその命令内容によって使い分けられていたが、魏晋以降においてもこの「王言」の制度は基本的に継受され、およそ冊書・詔・勅があれば、それらは総じて「詔」とも呼ばれていた。(8)したがって、「詔」とは王言の様式の一つであると同時に、その総称としても用いられていたのである。

一方、「諸侯」の国である高麗では、国初の成宗五年（九八六）に王言の称謂を「詔」から「教」に改めているが、(9)これは高麗が当時服属していた中国宋朝に対する「事大」の礼を正すためにほかならない。しかし、北方異民族政権の擡頭により、高麗が「北朝」である契丹（遼）や金の正朔を奉じるようになると、高麗では再び天子の礼制を僭用し、王言についても「詔」や「制」などの称謂を平然と使用するようになった。

この点において最も示唆的な事例は成宗十四年（九九五）に行われた官制改革であるが、そこでは成宗五年（九八六）以来の「事大」の官署名（たとえば御事都省、御事選官、御事民官、御事礼官、御事兵官、御事刑官、御事工官など）が、「額名にすこぶる権《かり》に称する所あり」として退けられ、「悉く仮《かり》の号を除き」、唐宋の官制と同一の官署名（尚書都省、尚書吏部、尚書戸部、尚書礼部、尚書兵部、尚書刑部、尚書工部など）に改められている。(10)これは旧来の「事大」の官制を棄てて「自主・独立」の官制を採用し、自ら「中華」の価値を体現することによって、契丹（遼）への服属により失墜した国王の権威の回復を意図したものであろう。

したがって、高麗が「詔」、「制」などの、本来、皇帝の命令を意味する称謂を再び使用し始めた時期も、概ねこの成宗十四年（九九五）の官制改革に求めておくことが妥当である。

ただし、「詔」字や「制」字の使用を再開した高麗では、それと並行して「教」字も依然として使用し続けているが、これは必ずしも「天子の言」としての「詔」字を避け、「諸侯の言」としての「教」字を使用しているわけではない。結論からいうと、それは「勅」字に相当する王言であって、高麗では「詔」字に準じる「勅」字を「教」字に置き換えて使用していたのである。

以下、そのことを事元期以前の王命文書に即して具体的に確認していこう。第一に取り上げるのは『東人之文・四六』巻六、教書の項に収録されている「仁王罪己」の「詔書」である。『東人之文・四六』がこれを「教書」として収録することの意味は後に検討するとして、まずはこの「詔書」の全体の様式を示しておく。

門下よ。……於戯《ああ》。……あらゆる悔過自責の詔は、中外に布告し、みな聞知せしめよ。故に茲《ここ》に詔示す。想うに宜しく知悉すべし。(11)

右の「詔書」の冒頭に「門下」とあるのは、高麗においても君主の正規の命令文書は、すべて「門下省」を経由して発令するシステムになっていたからであって、この点はまったく中国の制度と同様である。[12] 高麗では、通常、枢密院承宣房が「王命の出納」を掌っているが、「詔書」のような正規の王命文書については、やはり正式の手続きとして「門下省」を経由することになっていたのである。一方、「詔書」の末節には「故に茲に詔示す。想うに宜しく知悉すべし（故茲詔示、想宜知悉）」という書き止りの定型文言が用いられているが、この点も中国の「詔書」の様式とまったく同一である。

門下に勅す［あるいは「某に勅す」等と云う］。故に茲に詔示す［奨諭・誡諭・撫諭、題に随いてこれを改む］、想うに宜しく知悉すべし。[13]

『玉海』巻二百二、辞学指南二の「詔」の項に載せる右の様式では、冒頭に「勅門下」、末尾に「故茲詔示、想宜知悉。」とあるから、「仁王罪己」の様式は、この『玉海』に示す「詔（詔書）」の様式と同一である。また、この文書自体のなかにも王言の称謂として「詔」という文字が使用されている。したがって、これは高麗国王の「詔書」にほかならない。

次に、『玉海』の原注に示す第二様式の「詔書」については、同じく『東人之文・四六』巻六、「教書」の項に収められた「奨諭征西元帥金富軾（鄭沆撰）」の様式がこれに該当する。

某に教す。上る所の状を省るに、逆賊を擒捉し、京城を定畳せる事、具悉す。……今、使・文林郎・枢密院右承宣・尚書吏部侍郎・知制誥・賜紫金魚袋李之氏、副使・徴事郎・殿中少監・知尚書兵部事・賜紫金魚袋林儀等を遣わし、詔書を齎持して彼に往きて宣諭せしめ、并びに例物を賜る。具すること別録の如し。至れば領すべきな

り。……故に茲に詔示す。想うに宜しく知悉すべし。春暄、卿このごろ安好なるか。書を遺るも指《むね》は多くは及ばず。(14)

右は『玉海』の原注に示す第二様式の「詔書」に該当する。具体的には、冒頭に「教某」とある部分が『玉海』の「勅某」に相当し、末尾には「故茲詔示、想宜知悉」という「詔書」の定型文言が示されている。したがって、冒頭の「勅某」を「教某」に置き換えている点を除けば、この文書は「詔書」の様式を完全に具備している。

ただし、この文書の末尾には「春暄、卿比安好。遺書指不多及」などの「寒暄（時候の挨拶）」が附け加えられているから、これは厳密にいえば唐制の「論事勅書」の様式を踏まえているのであろう。唐制の王言に関する中村裕一氏の研究によれば、唐制の「論事勅書」は、

勅某。……想宜知悉。寒暄。卿比平安好。遺書指不多及。

などの首尾の様式を備えているが、(15)『玉海』の原注に示す第二様式の「詔書」はこの「論事勅書」の様式を具備しており、高麗の「奨諭征西元帥金富軾」の「詔書」もまた（「勅」字を「教」字に置き換えている点を除けば）完全に唐制の「論事勅書」の様式を具備している。

したがって、『玉海』に「詔（詔書）」というのは、厳密には「勅（勅書）」のことで、単にそれを広義に「詔（詔書）」と称しているにすぎない。同じように、高麗で「教書」と称するものは厳密にいえば「勅書」に相当し、これを広義には「詔書」とも称していたのである。

次に、「勅書」の様式を踏まえた「教書」が、一般には「詔書」とも呼ばれていたことを確認しよう。

高麗では宰枢の任免に際して「大官誥」を発給し、大官誥には国王の「教書」が添付されていた。また正三品以上の官職の任免に際しては「小官誥」を発給するが、小官誥には国王の「教書」は添付しない。武臣政権時代の文臣・崔滋の随筆『補閑集』は、これらの「官誥（告身）」の制度を詳述するが、そこでは大官誥に添付される国王の親書のことを「教書」と称している。[16]また『東人之文・四六』においても「大官誥」に添付された国王の親書は「教書」の項に収められているが、この「官誥（告身）」と「教書」が、本来、一対のものとして同時に発給されていたことについては、たとえば金富軾に対する次の「麻制」と「教書」とを対照してみれば明らかであろう。

門下よ。……輸忠靖難功臣・検校太師・守太尉・門下侍中・判尚書吏部事・集賢殿大学士・太子太師・監修国史・上柱国金富軾。……於戯。……同徳賛化功臣・守太保を特授するを可とし、余は並びに故の如くす（『東人之文・四六』巻五、麻制、除金富軾守太保余並如故、崔誠[17]）。

富軾に教す。卿、……今、卿に「同徳賛化功臣・守太保・余如故の告身」一通を賜う。至れば領すべきなり（『東人之文・四六』巻六、教書、賜金富軾加授同徳賛化功臣・守太保・余並如故、崔誠[18]）。

前者は「門下。……於戯。……可特授某職」との様式を具備する「制授告身」であり、後者はそれに添付された国王の親書としての「教書」である。[19]しかし『高麗史』の記述においては、この種の「制授告身（大官誥）」に添付される国王の親書は「教書」でなく「詔書」と呼ばれていた。

尹瓘を以て門下侍中・判尚書吏部事・知軍国重事と為す。呉延寵を尚書左僕射・参知政事と為す。内侍・郎中韓皦如を遣わし、詔書・告身、及び紫繡鞍具厩馬二匹を齎らし、雄州に至りてこれを分賜せしむ（『高麗史』巻十二、睿宗世家、三年四月壬午条）[20]。

たとえば、右の事例では尹瓘・呉延寵がそれぞれ宰臣の職を拝命しているが、これらは「大官誥」による任命であるから、そこには「教書」が添付されていた。それを『高麗史』の記事では、右のように「詔書・告身」と称している。したがって、「大官誥」に添付される「教書」のことを、当時、一般には「詔書」とも称していたのである。

「大官誥」に添付される「教書」は、その冒頭に「教某」の様式を具備するが、これは実際には「勅書」の様式に基づいて、「勅」字を「教」字に置き換えたものにすぎない。「教書」は実際には「勅書」であり、それを広義には「詔書」とも呼んでいたのである。

同じことを、さらに別の角度からも検証しよう。事元期以前の高麗人が「詔書」のことを「教書」とも呼んでいたことは、たとえば、『東人之文・四六』巻六、及び巻七に収録された「教書（不允教書）」、及び巻七の「批答（不允批答）」との対比によって確認できる。

高麗では「三品以上」の官職——すなわち「公卿」に相当する最上級の官職——に任命された官人は、一旦「譲表」をたてまつって辞退し、それに対して国王が却下の「詔」——「不允教書」または「不允批答」——を下す。これに対して官人は「謝表」をたてまつって感謝の意を示し、宮中に参内して官職を拝命することになっていたが[21]、この「不允教書」と「不允批答」の区別は、それぞれ「大官誥」による任命と「小官誥」による任命の区別に対応するもので、具体的には「宰枢」の任命に対して「大官誥」及び「不允教書」、それ以外の「正三品」以上の任命に対しては「小官誥」及び「不允批答」が用いられることになっていたのである[22]。

「不允教書」と「不允批答」は、いずれも内容としては同じものであるが、前者は一個の独立した文書として発給され、後者は「譲表」の末尾に紙を継ぎ足して、またはその余白を利用して書き込まれる添付文書にすぎない。その意味で、両者は文書としての性格を根本的に異にしている。(23) このため、宋人の文集（たとえば蘇軾の文集）においても、「不允詔書」と「不允批答」とは明確に区別されており、また高麗人の文集（たとえば李奎報の文集）においても「不允教書」と「不允批答」とは明確に区別されている。(24)

このように、宋人が「不允詔書」と呼ぶものを、高麗人は「不允教書」と呼んでいたが、それらは「勅某」または「教某」の様式を具備するから、厳密にはいずれも「勅書」であって、単にそれを広義に「詔（詔書）」と呼んでいるにすぎない。

ただし、高麗人の随筆・文集が、当時、実際に行われていた「詔書」という称謂を避け、これを敢えて「教書」と呼んでいるのは、やはり「事大」の礼を重んじる儒者としての感覚がそれを選ばせているのであろう。それにしても、高麗時代の王命文書が「勅」字を「教」字に置き換えているのは一体なぜであろうか。一方で「天子の言」である「詔」字を用いながら、その一方で「勅」字を「教」字に改めているのはいかにも不可解である。

ただし、「詔書」の冒頭の「勅」字は、実際の文書においては特大の文字で大書するのが通例であるから、(25) この一番目立つ文字を「勅」字から「教」字に改めることで、とりあえず、「天子」の制度を僭用しているという批判をかわす目的があったのかもしれない。恐らくこの点については、成宗五年（九八六）に「詔」を「教」に改めた際の文書様式が、「詔」字の復活以降にもそのまま踏襲されていたのであろう。

## 第二節　「詔書」から「教書」へ

事元期以前の王命文書は、一般に「詔書」と呼ばれていたが、このうち「勅書」に相当する文書は「勅」字を「教」字に置き換えて「教書」と呼ばれていた。したがって、「詔書」の一様式に「教書」と呼ばれる文書が存在し、「教書」は広義には「詔書」とも呼ばれていたのである。

このような「詔」字と「教」字との混用は、元朝に服属して「事大」の礼を正した忠烈王の初年においてもそのまま持ち越されていく。近年、知られるようになった忠烈王の王命文書二通は、「詔」字と「教」字を通用の語として用いていた事元期以前の慣例を、当時の人々が依然として引きずっていたことを示している。

皇帝福〔陰〕〔蔭〕裡、特進・上柱国・開府儀同三司・征東行中書省右丞相・駙馬・高麗国王、〔諭〕一等功臣・宣授武徳将軍・征東行中書省理問所官・奉翊大夫・知密直司事・左常侍・上将軍鄭仁卿。……故茲詔示、想宜知悉（鄭仁卿功臣教書）。

皇帝福蔭裏、特進・上柱国・開府儀同三司・征東行中書省右丞相・駙馬・高麗国王、諭一等功臣・朝奉大夫・試衛尉尹・世子右賛徳金汝盂。……故茲詔示、〔詳〕〔想〕宜知悉。

〔至元二十九年壬辰十二月　日、高麗忠烈王所賜〕（文翰学士公汝盂丹券）。

右の二通の「教書（諭書）」については、南権熙・呂恩暎両氏の研究、及び盧明鎬氏の研究によって、その文書様式が既に詳細に検討されている。[26]冒頭に「皇帝福蔭裏」とあるのは、高麗が服属した元朝の文書様式を忠実に踏まえたものであるが、その一方で、末尾に「故茲詔示、想宜知悉」とあるのは、事元期以前の「教書」、すなわち「詔書」の様式を漫然と引きずったものにすぎない。『東人之文・四六』の序文に崔瀣が述べるとおり、「風俗は旧習に安んじて、僭越の弊害は依然として残っていた」のである。

しかし、「大徳年間に、朝廷（元朝）では平章事の闊里吉思を派遣して制度を釐正し、そこではじめて渙然として弊風を革め、敢えてこれを踏襲するものはいなくなった。」これによって、「詔書」の様式も、純然たる「教書」の様式に改められることになったが、その実例としては、高麗末の恭愍朝に作成された「鄭光道褒奨教書」を挙げることが最も適当であろう。

福州牧使光道（鄭光道）に教す。上牋する所の捕賊を賀する事を〔覧て〕、具悉す。……故に茲に教示す、想うに〔宜しく〕知悉すべし。春暄。卿このごろ平安にして好きか。書を遣るも指《むね》は多くは及ばず。至元二十年三月　日[27]

これを前節の「奨諭征西元帥金富軾」と比較すれば、当該の文書が唐制の「論事勅書」の様式を踏まえていることは明らかである。しかし、事元期以前においては「教某。……故茲詔示、想宜知悉」と書かれていた部分が、この「教書」では「教某。……故茲教示、想宜知悉」と書き改められている。したがって、この段階では「詔」字、「勅」字はいずれも「教」字に置き換えられ、「詔」字と「教」字が並存するということはなくなった。つまり、「教」字は純然たる「諸侯の言」として用いられることになったのである。

なお、この恭愍王の「教書」においては、（依然として「至元」の年号を用いているとはいえ、）事元期の「教書」にその重要な特色として備わっていた「皇帝福蔭裏」の文字が見えない。これは恭愍王五年（一三五六）に始まった有名な「反元運動」の結果として、高麗が元朝の「冊封体制」から離脱しつつあったことを示している。

その後、高麗では明朝の冊封を受け、明朝の「冊封体制」のもとに王言の制度を再整備することになったが、それは次の朝鮮王朝における王言制度としても基本的に継受されていった。新たに定められた「教書」の様式は、おおむね次のとおりである。

教某。王若《か》く曰く、……於戯。……故に茲に教示す、想うに宜しく知悉すべし。

（教某。王若曰、……於戯。……故茲教示、想宜知悉。）

朝鮮時代の王言制度については、崔承熙氏の大著『韓国古文書研究』にその概略が示されているので、重複を避ける。(28) 事元期以前の「教書」に「故茲詔示、想宜知悉」とあった書き止りの定型文言は、「故茲教示、想宜知悉」と改められ、天子の称謂である「詔」字は諸侯の称謂である「教」字に改編された。また、「教書」の冒頭には「王若曰」との定型文言が用いられているが、これは『書経』その他に見える古典の表現を採用しているのである。恐らく、そこには高麗末に東伝した新儒教（朱子学）の「復古」の精神を読み取ることができるであろう。

## 第三節　「制」と「判」

漢制、天子（皇帝）の命令文書には策書（冊書）・制書・詔書・戒勅（勅書）という大別して四つの形態があったが、このうち「制書」というのは「三公」を経由して発令される「帝者制度の命」であり、これは国家の基本法としての効力を有するものとして位置づけられていた。

「制」字と「詔」字は、しばしば通用の文字として用いられるが、本来、「制書」と「詔書」とでは文書様式において明確な区別がある。制書は「制詔三公」という冒頭の書式に示されるとおり、必ず「三公」を経由し、「三公」の協賛の意思を伴って発令される。これに対し、詔書は「告某官某、……如故事」というその書式に示されるとおり、必ずしも「三公」を経由せず、「三公」の協賛の意思を必要としない。

「詔」とは「誥」、すなわち「告げる」意であり、「誥」は本来、身分の上下を問わずに使用される一般通用の文字にすぎなかった。このうち「誥（告）」のなかから天子の使用する文言として特化されたものが「詔」であり、さらにそのなかから「帝者制度の命」として特化されたものが「制」である。この「制」と「詔」との使い分けは、直接には秦の始皇帝が「命」を改めて「制」といい、「令」を改めて「詔」といったところから始まっているが、その後、唐の天授元年（六九〇）には、則天武后の諱（曌）を避けて「詔」字を「制」字に改めたために、以後、これが慣例となって、王言一般のことを「制」または「詔」として通用して称するようになってしまった。[29]

高麗においても「王言」一般の意味において、「制」字と「詔」字とは、ほぼ通用の文字として用いられている。たとえば国王が有司の奏請を裁可した場合、『高麗史』ではこれを「制可」といったり「詔可」といったりしているが、その意味するところには特段の相違はない。これらはいずれも高麗の『実録』を編纂する過程で、本来、吏文（吏読文）によって作文されていた原文書を筆削し、これを「漢文」に仕立て直した高麗の史官たちが、国王による裁可の事実を示すために、「制可」、「詔可」、または「従之」などの文字を任意に書き加えているにすぎないであろう。[30]

また、国王の命令を引用する際に、「制して曰く」という場合と、「詔して曰く」という場合とで、その両者に何らかの根本的な相違があったと考えることもできない。ただし、法制関係の史料においては「帝者制度の命」としての本義を踏まえ、どちらかと言えば「詔」字よりも「制」字を好んで用いる傾向が見受けられる。

文宗十二年（一〇五八）、開城の牧監直員の李啓、私《ひそ》かに人を遣わして、府軍の金祚を補えしむ。祚すなわち河に投じて死す。刑部奏すらく、「當に脊杖して島に配すべし」と。制して除名して田を収む（『高麗史』巻八十四、刑法志一、殺傷条）[31]。

明宗十五年（一一八五）八月、南原郡の人、郡吏と隙あるあり、その家に至りて吏を柱に縛り、遂にその家を火《や》きてこれを焼殺す。群臣、『闘殺』を以て論ぜんことを議す。制して云えらく、「その罪状を原《たず》ぬるに、宜しく鈒面して常戸に充つべし」と。また陵城の人、鞭を以て負児の女を撃つあり。女驚怖し、水に投じて死す。群臣また『闘殺』を以て論ず。制して曰く、「母子をして一時に倶に死せしむ。それ『劫殺』を以て論ぜよ」と（同右）[32]。

右の諸史料では、まず犯罪の事実を記述し、次に有司による擬定を示し、最後に国王による裁決を示しているが、そこではいずれも国王の裁決のことを「制」と称している。これはもちろん、単に王言一般の意味で「制」と称しているにすぎないかもしれない。しかし、「制」字には「制度の命」としての含意があるから、ここでも国王の裁決を以後一般の「判例」とする意味で、特に「制」と称していると考えることもできるであろう。

ところが『高麗史』には別系統の史料があり、そこでは国王による裁決は、「制」字ではなく「判」字を以て表現されているのである。

文宗八年（一〇五四）、将作監の商人、故《ことさ》らに官炭庫を焼くを以て、判して、脊杖二十を決し、面に鈒《いれずみ》して島に配す（『高麗史』巻八十五、刑法志二、禁令）[33]。

仁宗元年（一一二三）、清州に人有り、父を救うに因りて人を殺す。判して云えらく、「事理恕すべし。入島するを除き（免除し）、只だ移郷せしめよ」と[34]。

右の諸例における「判」字は、その文脈からいって、もちろん国王の裁決を意味していることは間違いない。ただ、中国の制度では、たとえば唐代の「身言書判」(35)の制度に見られるように、「判」とは有司の裁決のことを意味するから、高麗でこれを「王言」の称謂として用いていることについては、若干の違和感を覚える。この点について、朝鮮・世宗朝の文臣である鄭招は、次のような注目すべき指摘を行っているのである。

高麗中葉より以前、およそ臣下の擬請は、これを『奏』と謂い、君上の諾可は、これを『制可』と謂うこと、悉く中国と異なるなし。元に事《つか》うるに及んで以後、鎭東省（征東行省）を立て、国王を以て丞相と為す。事みな貶降し、始めて衙門の例を為し、臣下の啓する所は、これを『申』と謂い、君上の可とする所は、これを『判』と謂う（『朝鮮王朝実録』世宗十五年閏八月丁丑条(36)）。

右の鄭招の指摘によれば、高麗で国王の裁決を「判」と称するようになったのは、国王の地位が「征東行省」の長官（丞相）という「衙門の例」に貶められた事元期以降のことである。したがって、もし『高麗史』の記事——そのうちの事元期以前の記事——において、国王の裁決を「判」と称するものがあるとすれば、それらはすべて事元期以降において、何らかの意味で筆削された史料群である、ということができるであろう。

ただし、結論から先に述べると、鄭招のこの指摘は一面においては正しく、一面においては間違っている。間違っているというのは、既に本書の参考論文第二「尚書都官貼の分析」において紹介したとおり、事元期以前の一次資料である「尚書都官貼」においても、「判」字は明らかに国王の裁決を意味する文字として使用されているからである。したがって、事元期以前の高麗においても、すでに国王の裁決は「判」と呼ばれていたのである。

しかしながら、それは「尚書都官貼」のような「吏文（吏読文）」の世界に限られていたと考えなければならない。逆に『高麗史』——及びその原史料としての『実録』——の次元においては、この種の「吏文」はすべて純正な「漢文」に改められ、国王の裁可を意味する文言は、すべて「制可」、「詔可」、「従之」などの文言に書き改められていたと考えられる。

したがって、上述の鄭招の指摘は、やはりこの一面においては正しいのであって、このような「漢文」のレベルにおいても「判」字が国王の裁決を意味する文字として使用されるようになるのは、正しく事元期以降の特有の現象であったと考えておかなければならない。

もっとも、その例外として『高麗史』巻一百、杜景升伝には「式目都監所蔵判案」の文字が見えるが、これはむしろ「尚書都官貼」のような「吏文（吏読文）」の系統に属する用語であって、やはり「漢文」のレベルの用語とは言いがたいであろう。(37)

だとすれば『高麗史』のうち、現に事元期以前の記事に散見する「判」字の存在は、それが高麗前期における『実録』系統の史料とは別個の史料群——具体的には「吏文」の系統に属する史料か、もしくは事元期以降に何らかの意味で筆削された史料群——に属するという一つの仮説を提起することができる。

この点について、史料系統の相違を示唆するいくつかの条文を提示してみることにしよう。

靖宗十二年（一〇四六）二月、制すらく、「およそ人民は、律文に依りて、嗣を立つること嫡を以てせよ。嫡子に故あれば、嫡孫を立てよ。嫡孫なくんば同母弟を立てよ。母弟なくんば庶孫を立てよ。男孫なき者は、また女孫を許す」（『高麗史節要』巻四、靖宗十二年二月条）。(38)

靖宗十二年（一〇四六）、判すらく、「およそ田丁の連立は、嫡子なくんば則ち嫡孫、嫡孫なくんば則ち同母弟、同母弟なくんば則ち庶孫、男孫なくんば則ち女孫」（『高麗史』巻八十四、刑法志一、戸婚）。(39)

右の二つの史料は、その繫年及び内容からいって、同一の史実を記述していることは間違いない。しかし、両者の内容を仔細に検討すると、前者で「制」と呼ばれている王言は、後者では「判」に置き換えられ、前者で「立嗣」の問題とされていることは、後者では「田丁連立」、すなわち収租地（田丁）の相続の問題に置き換えられている。[40]

この場合、後者は原史料としての「吏文（吏読文）」の系統の史料であって、これを『実録』の編纂時に「漢文」に改め、その際、「判」字を「制」字に書き改めたのであると考えることもできるかもしれない。しかしながら、前者は「立嗣」という、より一般的な問題を取り扱っているのに対し、後者は収租地（田丁）の相続という、より具体的な問題を取り上げているのであるから、前者を後者に改作することはあっても、後者から前者を作文することはありえないのではないか。

前者は『高麗史節要』の記事であるが、『節要』といってもそれは『高麗史』の節略ではなく、高麗時代の『実録』から直接に取材して編纂された史料であり、少なくとも『高麗史』の列伝や諸志の部分に関しては、『高麗史』よりも『高麗史節要』の方が、『実録』の原文をより忠実に保存している傾向が認められる。[41]したがって、上記の二つの史料については、前者は高麗時代の『実録』に依拠する史料であり、後者はそれとは別個に存在した「吏文（吏読文）」の系統の史料か、もしくは事元期以降に何らかの意味で筆削された二次的な史料である可能性が高い。

> 吏部奏すらく、「衛尉卿・知大史局事の徐雄は、疾を被りて告（休暇）を請うこと、すでに一百八十余日を経たり。国制、およそ見任官の、仮（暇）を乞いて百日に満つる者は、罷職す。請う雄の職を解かれよ」と。制して曰く、「雄はその業に精にして、日官の長たり。特に告二百日を賜う」と（『高麗史』巻六、靖宗世家、十二年五月乙未条）。[42]

宣宗十年（一〇九三）、判すらく、「暇を請いて百日に満つる者は、官を解け」と（『高麗史』巻八十四、刑法志一、職制条）[43]。

右の二つの史料は、いずれも休職中の官人の解任に関する記事であるが、このうち前者の史料によれば、休職して百日以上になる官人は、その見任の職事官を解任（罷職）することが、すでに靖宗十二年（一〇四五）の段階において「国制」として確立していたのである。にもかかわらず、後者の史料ではその内容を改めて「判」として発令しているが、これは実際には旧来から行われていた「国制」の再確認（申命）にすぎない。いずれにせよ、両者がそれぞれ別系統の史料に依拠していることは明らかである。

成宗七年（九八八）十二月、判すらく、「水旱虫霜、災を為し、田損すること四分以上なれば、租を免ず。六分は租・布を免ず。七分は租・布・役、倶に免ず」と（『高麗史』巻八十、食貨志三、賑恤、災免之制）[44]。

（粛宗）七年（一一〇二）三月、三司奏すらく、「東京管内の州・郡・郷・部曲十九所は、去年の久旱に因りて、民多く飢困す。乞う、令文に依りて、損すること四分以上なれば租を免じ、六分以上は租・調を免じ、七分以上は課役倶に免ぜよ。已に輸する者は、来年の租税を折減するを聴せ」と。制して可とす（同右）[45]。

右の二つの史料のうち、後者に「令文」とあるのは、唐の「賦役令」の規定を指すと考えられる[46]。この場合、もちろん年次において先行する成宗七年（九八八）の「判」が高麗の独自の「令」として編纂され、それを粛宗七年（一一〇二）の三司の上奏文が「令文」として引用している、と考えることも可能であるが、それよりは単純に「唐令」の引用と考えた方が自然であろう。なぜといって、当該の「令文」の内容は、唐の「賦役令」の内容と完全に一致しているからである[47]。

したがって、高麗前期においては一般に唐の律・令が準用され、少なくとも「制」の文言を用いる『実録』系統の史料においては、「租・調・役」などの、唐制と同一の法制用語が用いられていたと考えられる。にもかかわらず、「判」の系統の史料では「租・布・役」という吏俗の文言を用いているが、これはその依拠する史料が『実録』系統の史料ではなく、「吏文（吏読文）」の系統に属する別種の史料、または事元期以降に筆削された二次的な史料であったことを強く示唆している。

このように、『高麗史』諸志に見える条文のなかから、「制」の条文と「判」の条文を抜き出して対比すると、そこには「漢文」で編纂された『実録』系統の史料とは別の、何らかの別種の史料群が存在していたことが予想できるのである。

それは事元期以前の記事において「判」の文言を使用していることからも明らかなとおり、儒臣の筆削を経た『実録』の系統とは別個の史料群であり、「漢文」とは異質の「吏文（吏読文）」の系統に属する史料群である。したがって、ある意味でそれは『実録』系統の史料群よりも、いっそう一次資料の形に近いということができるのかもしれない。

ただし、『高麗史』諸志に散見する「判」の系統の史料群は、本節で例示した諸条文からも窺われるとおり、概して条文的に整理された簡略な記事が多い。したがって、それは一次資料そのものというよりは、むしろそれを事元期以降に筆削した、何らかの二次的な史料群に基づくと考える方が妥当であろう。

その史料群とは一体なんであろうか。実はこの点にこそ、『高麗史』諸志の史料的性格を解明するための最も重要な手掛かりが潜んでいる。

## 第四節　『式目編修録』と『周官六翼』

『高麗史』諸志の原史料について、「纂修高麗史凡例」には次のように見える。

高麗の制度・条格は、史に闕略多し。今、『古今詳定礼』、『式目編修録』及び諸家の雑録を取りて、諸志を作る。(48)

このうち、『古今詳定礼』というのは毅宗朝に崔允儀らが編纂し、その後、江華遷都に際して危うく散佚しかけたものを、武臣執権者の崔怡が金属活字を用いて再刊したという有名な史料で(49)、その印本は伝わらないが、内容については『高麗史』礼志に収録された「毅宗朝詳定」の記事を通して、ほぼ全般を窺うことができる。

これに対し、『式目編修録』というのは、式目都監に保管されていた各種の「判案」を集成した一種の資料集であると考えられる(50)。これについては前節でも言及した『高麗史』の次の記事が参考となるであろう。

景升、同列と奏すらく、「式目都監に蔵する所の判案は、国の亀鏡なり。部秩錯乱して、漸く稽考し難し。宜しく検討を加え、謄写して以て蔵すべし」と。これに従う(『高麗史』巻一百、杜景升伝(51))。

右に「判案」とあるのは、国王の裁決(判)を受けた案牘のことで、具体的には「尚書都官貼」(本書、参考論文第二)に引用されている「判貼」などがこれに当る。これらは「吏文(吏読文)」によって作成された吏俗の文章で、だからこそ国王の裁決も、そこでは「衙門の例」を用いて「判」と呼ばれていたのである。

これらの「判案」が『実録』の記事として収録される過程においては、まず吏読文の語助(吐)を削り、これを「漢文」に仕立て直すとともに、国王の裁可を意味する「判」の文言も、「制可」、「詔可」または「従之」などの、より典雅な文言に書き改められたことであろう。前節に指摘した『実録』系統の史料群は、このような儒臣の筆削を経て成立しているのである。

一方、一次資料の形態をそのまま伝える「判案」については、少なくとも杜景升が宰臣として活動した明宗朝の時点においては、たしかに式目都監に保管されていた。ただし、このとき「検討を加え、謄写して以て蔵」したという「判案」が、そのまま高麗末期にまで伝存し、これが『式目編修録』として『高麗史』の原史料になったと確言することはできない。『高麗史』諸志の記事のうち、この『式目編修録』によって伝わった記事には、たとえば選挙志・学校条に見える仁宗朝の「式目都監詳定学式」のような、比較的まとまった長文の記事が多かったものと考えられる。これに対し、『高麗史』諸志にみえる「判」の系統の史料群は、その多くが断片的な短文の記事であるから、これらは『式目編修録』によって伝わった記事ではなかったであろう。

断片的な短文の記事からなる「判」の系統の史料群に関しては、「纂修高麗史凡例」がその書名を挙げないもう一つの重要な典拠史料が存在していたことに注目したい。それは「纂修高麗史凡例」に「諸家の雑録」として言及されている私撰の政書にすぎないが、朝鮮初期においては、高麗時代の「制度・条格」を伝えるほとんど唯一の史料として重用されていた。すなわち、金祉の『周官六翼』という書物がそれである。

金祉、字は敬叔、郷貫は未詳。恭愍王十一年壬寅（一三六二）に及第し、篤く文学に志し、楷書を善くした。かつて選ばれて事大文書（表章）を草し、大いに恭愍王の称賛を受けたという。官人としての金祉は下僚の地位に低迷し、概して不遇のまま老年に至ったが、その間、博く典章を求めて叢《あつ》めて一録と為し、また古今の詩文若干巻を集めたものを、友人の李穡が命名して、それぞれ『周官六翼』、『選粋集』と曰った。[52]

このうち、『周官六翼』撰述の由来については、同書の李穡の序文に詳らかであるが、それによると、この数年来、高麗では国難が打ち続き、軍糧や武器などの軍政事項に関して別個に特別機関——具体的には都評議使司——を設置してその権限が拡大していったために、百官を黜陟する典理司（もとの吏部）、諸衛を統轄する軍簿司（もとの兵部）、財賦を出納する版図司（もとの戸部）、刑獄を掌る典法司（もとの刑部）、朝会・祭祀を掌る礼儀司（もとの礼部）、工匠・造作を掌る典工司（もとの工部）、人事考課を掌る考功、奴婢を管理する都官などの正規の官僚機構は、新設の機関にその職掌を奪われて有名無実化する傾向があった。このため、それを憂慮した金祉が典理（吏）、軍簿（兵）、版図（戸）、典法（刑）、礼儀（礼）、典工（工）の六房を以て綱目と為し、各々についてその職掌を箇条書きして細目と為した書物を編纂し、以て各司の官人の参照に備えたという。[53]

ここで「六房（六部）」の序列が「吏・戸・礼・兵・刑・工」ではなく「吏・兵・戸・刑・礼・工」となっているのは、高麗末・朝鮮初期の制度で、『高麗史』百官志もこの序列に従っている。しかし、実際のところ、高麗前期（文宗朝）においてもそのようであったと断言することはできない。また、これが「吏・戸・礼・兵・刑・工」の序列に復するのは、朝鮮・世宗朝に入ってからのことであるが、[54]ともあれ、それは『周礼』や『唐六典』のような六典形式の書物であり、また『易』の十翼のように設官の意図を翼《たす》けて明らかにする性格の書物であったのであろう。

『周官六翼』は、在位者の座右の銘なり。もしそれ伝らずんば、至治の沢、降らず。その世道に関わること、豈に重からざらんや（『東文選』巻八十七、李穡、贈金敬叔秘書詩序）。[55]

右のように李穡の絶賛を受けた『周官六翼』は、私撰の政書とはいえ、当時、相当に権威のある書物として行われていたようである。

戸曹に下教すらく、「我国の損実の法は、金祉の撰する所の『周官六翼』に見えたり。蓋し高麗より已にこれを行う。これ美法といえども、然も収税の軽重は、官吏の一時の所見に出で、軽重大いに失し、民弊もまた多し。かつ逐段に損実するは、古より経伝にこれ無し。それ貢法は、中国は三代より以て今に至るまでこれを行いて易《か》えず。本国は已に下三道において試験す。その間の節目、未だ尽くさざる処あり。今よろしく詳度して更定すれば、民に便たるに庶幾《ちか》からん。其の一に、……。其の二に、……。其の三に、……。議政府・六曹に下して施行せしむ。惟れ爾《なんじ》戸曹よ、中外に暁諭せよ」（『朝鮮王朝実録』世宗二十五年十一月癸丑条）[56]。

右の下教（伝旨）[57]は朝鮮において田税の徴収方式を収穫比率制（損実）から定額制（貢法）へと切り替えた際の重要な史料であるが、こうした重要な王命文書においても堂々と引証されている『周官六翼』は、単なる「私家の雑録」ではなく、前朝（高麗）の「制度・条格」を参照するうえで、まず第一に見るべき権威ある文献となっていたことが確認できる。

一方、八年後の文宗元年（一四五一）二月に撰進された現行の『高麗史』においては、いわゆる「損実之法」に関して次のような条文を見出すことができる。

成宗七年（九八八）二月、判すらく、「禾穀実らざる州県は、近道は八月を限り、中道は九月十日を限り、遠道は九月十五日を限りて、戸部に申報し、以て恒式と為せ」と（『高麗史』巻七十八、食貨志一、田制、踏験損実）[58]。

文宗四年（一〇五〇）十一月、判すらく、「田一結、十分を率して定と為し、損すること四分に至れば、租を除き、六分は租・布を除き、七分は租・布・役倶に免ぜよ」と（同右）[59]。

この月、判すらく、「およそ州県の、水旱虫霜ありて、禾穀実らざるの田疇は、村典より守令に告げ、守令親しく験して戸部に申し、戸部より三司に送り、三司より移牒して虚実を検覈せる後、またその界の按察使をして別員を差して審検せしめ、果たして災傷あれば、租税は蠲減せよ」と（同右）。(60)

食貨志における「損実法」の記述は、高麗前期（武臣の乱以前）のものとしては右の三条がすべてである。しかもその三条は、いずれも「判」の条文であり、「制」の条文からなる『実録』系統の史料とは自ずから別系統の史料であることが予想される。

前述のとおり、朝鮮・世宗朝における「貢法」施行の下教（伝旨）においては、『周官六翼』が高麗の損実法に関するほとんど唯一の文献として言及されていた。また「纂修高麗史凡例」においては『周官六翼』の書名こそ出さないものの、諸志の編纂に当たって「諸家雑録」を採録したことは明記されている。したがって右の三条に関し、これを『周官六翼』に由来する条文として理解することは充分に可能であろう。

ただし、『周官六翼』に記載され、さらに『周官六翼』から『高麗史』の諸志に転載された「判」の諸条文は、そのすべてが高麗前期の原史料の表記をそのままに保存しているわけではない。たとえば上掲の成宗七年（九八八）の「判」では、「禾穀実らざる州県」は、これを「戸部」に申報することになっているが、高麗では成宗元年（九八二）に「倉部」を「民官」に改め、成宗十四年（九九五）にこれを「戸部」に改めているのであるから、成宗七年の段階では「戸部」という官署名は存在していなかったのである。したがって、上掲の成宗七年の「判」には、何らかの意味で後代の筆削が加えられていることは間違いない。

ここで特に留意しておかなければならないのは、この『周官六翼』という書物が、歴史の文献としてではなく、あくまでも実用のための指南書として編纂されているという事実であろう。

およそ宗と称し、陛下・太后・太子・節日・制詔と称するの類は、僭踰に渉るといえども、今は当時に称する所に従いてこれを書し、以てその実を存す（『高麗史』巻首、纂修高麗史凡例）。[61]

右の「纂修高麗史凡例」にも見えているように、『高麗史』のような歴史書の立場からすれば、原史料における文字表現は最大限に尊重し、以て当時の実状を保存する態度が正当といえる。しかし『周官六翼』は高麗末の恭愍朝において、現職の官人たちの参照に供するために編纂された実用的な書物である。したがって、そこでは必ずしも原史料の文言には拘泥せず、むしろ現行の制度に合せて原史料の文言を改編・整理することの方が一般的であったと考えられる。

上掲、成宗七年の「判」において、「民官」が「戸部」に改められていることはその一例であるが、さらに次の史料においては、高麗成宗朝の「教」——その後の「制」、「詔」に相当する王言——が、高麗末において「判」と呼びかえられていた事実を確認することができる。

（成宗）五年（九八六）七月、教すらく、「凡そ人の逃奴婢を隠占する者は、律文の、『一日に（絹）（絹）三尺』の例に依りて、日ごとに布三十尺を徴し、本主に給せよ。日数多しといえども、元直を過ぐるなかれ。奴の年十五以上、六十以下は、直布百匹。十五以下、六十以上は、五十四。婢の年十五以上、五十以下は、百二十匹。十五以下、五十以上は、六十匹」と（『高麗史』巻八十五、刑法志二、奴婢）。[62]

（恭譲王）四年（一三九二）、人物推辨都監、奴婢決訟の法を定む。……　一、奴婢の役価は、成王五年の判に依りて、年月多しといえども、その直を過ぐるなかれ。その他人の奴婢を容隠・役使する者は、律に依りて罪を論ぜよ（同右）。[63]

前者は、それとまったく同文の記事が『高麗史節要』巻二、成宗五年七月条にも見えているから、恐らくは

『実録』の記事からの転載であろう。それに対し、後者は「成宗」のことを「成王」と呼び、成宗の「教」のことを「判」と言い換えている。これは「人物推辨都監」が当時の慣例に従って国王の裁可のことを「判」と書き換えている実例である。

同じことは、金祉が『周官六翼』を編纂した過程についてもいえるであろう。朝鮮・世宗朝に鄭招が指摘したとおり、高麗では事元期以降、「僭踰に渉る」呼称はすべて改称し、国王の裁決についても、これを「制」とはいわずに「判」と言い換えるようになる。(64) 金祉の時代、「漢文」の文脈においても「吏文」の文脈においても、すべて国王の裁決は「判」と称することが当然のことであった。このため、『実録』系統の史料においては「制」と表記されていた事元期以前の国王の裁決についても、金祉はこれを「制」ではなく、すべて「判」と書き換えて表記していたのであろう。

『高麗史』諸志において、国王の裁決を「制」と呼ぶ条文と「判」と呼ぶ条文とが混在しているのはこのためにほかならない。しかも、その際に書き換えられたのは「王言」の称謂だけではなく、条文そのものについてもしばしば高麗末の現行の制度に合わせて用語の書き換えや内容の改定が行われているのであって、このような点は、『高麗史』諸志を史料として取り扱う際に特に注意しておかなければならない。(65)

『高麗史』諸志に記載された「制」の条文は、主として事元期以前に編纂されていた『実録』からの転載記事であろう。これに対し「判」の条文は、その多くが事元期以降に何らかの形で編集の手を加えられ、内容・用語にも改正の手が加えられた史料群からの転載であり、具体的には高麗末に成立した私撰の政書である『周官六翼』からの転載記事にすぎないであろう。

# 結語

高麗時代史の研究は『高麗史』という書物の性格によって大きく規定されている。したがって、高麗時代史の研究には『高麗史』という書物の文献的性格を解明することが必須の前提条件となるが、なかでも『高麗史』諸志は「諸家の雑録」を集成したものであるので、「世家」、「列伝」に比してその文献的性格が最も複雑である。高麗時代の諸制度を考察するうえで第一に参照すべき史料が『高麗史』の諸志であることは言うまでもない。しかしそれは、編纂段階において史料系統の異同を無視し、「制」の条文であれ「判」の条文であれ、すべてを漫然と時系列上に分類排比しただけの、極めて雑然たる史料集にすぎないのである。

したがって、本章において分析した「王言」の称謂の変遷は、『高麗史』諸志の原史料がもつ「時代性」を摘出するうえで、一つの有力な手掛かりとなるであろう。

『高麗史』も所詮は後世の編纂史料にすぎない。高麗時代史の研究において、その文献的な基礎を確立するためには、墓誌銘、古文書等の比較的信頼のおける原史料を用いて『高麗史』の記述を批判することが必須であるが、とりわけ『高麗史』諸志の記述に関しては、今後ともいっそうの文献批判を重ねていかなければならない。

注

(1)『東文選』巻八十四、序、東人文序（崔瀣）。「……於是、始有撰類書之志。東帰十年、未嘗忘也。今則捜出家蔵文集、其所無者、偏従人借、裒会採掇、校厥異同、起於新羅崔孤雲、以至忠烈王時、凡名家者、得詩若干首、題曰五七、文若干首、題曰千百、（併）〔駢〕儷之文若干首、題曰四六、摠而題其目曰『東人之文』。……」

（2）『東人之文・四六』（『高麗名賢集』五、所収、一九八七年、ソウル、成均館大学校出版部）。同書、千恵鳳氏解題、及び許興植「『東人之文五七』の残巻と高麗史の補完」（『高麗の文化伝統と社会思想』所収、二〇〇四年、ソウル、集文堂）、参照。

（3）『東人之文・四六』（高麗・崔瀣輯）自序。「後至元戊寅（高麗・忠粛王後七年、一三三八）夏、予集定『東人之文・四六』訖成。窃審、国祖已受冊中朝、奕世相承、莫不畏天事大、尽忠遜之礼。是其章表得体也。然陪臣私謂王曰聖上、曰皇上、上引尭舜、下譬漢唐、而王自称朕・予一人、命令曰詔制、肆宥境内曰大赦天下、署置官属、皆倣天朝。若此等類、大渉譖踰、実駭観聴。其在中国、固待以度外、何嫌之有也。逮附皇元、視同一家、如省院台部等号、早去。而俗安旧習、茲病尚在。大徳間、朝廷遣平章闊里吉思公釐正、然後渙然一革、無敢蹈襲之者。今所集定、多取未臣服以前文字。恐始寓目者、不得不有驚疑。故題其端以引之。拙翁書。」（『東文選』巻八十四、序、崔瀣、東人四六序、参照）

（4）『高麗史』巻二十八、忠烈王世家、元年十一月癸酉条。以改官制、告于宗廟。

（5）『高麗史』巻二十八、忠烈王世家、二年三月甲申条。達魯花赤詰之曰、「称宣旨、称朕、称赦、何僭也。」王使僉議中賛金方慶、左承宣朴恒、解之曰、「非敢僭也。但循祖宗相伝之旧耳。敢不改焉。」於是、改宣旨曰王旨、朕曰孤、赦曰宥、奏曰呈。

（6）『文選』巻三十五、詔。呂向注。詔、照也。天子出言、如日之照於天下也。／『文選』巻三十六、教。李善注。蔡邕『独断』曰、「諸侯言曰教。」

（7）『補閑集』（高麗・崔滋撰）巻下。書命之作、始於畢命・冏命。……告示、大臣曰教。秦制也。
（右の文は、「告示すること、大臣は教と曰う。」と読むのが正解であって、「大臣に告示するを教と曰う」と読むのは誤りである。『文選』巻三十六、教、為宋公脩張良廟教（傅季友）の李周翰注に、「秦法、諸公王称『教』。教者、教示於人也。」とある。）

（8）『唐六典』巻九、中書省、中書令。凡王言之制有七。一曰冊書（注略）、二曰制書（注略）、三曰慰労制書（注略）、四曰発日勅（注略）、五曰勅旨（注略）、六曰論事勅書（注略）、七曰勅牒（注略）、皆宣署申覆而施行焉。〔……自魏晋已後、因循、有冊書・詔・勅、総名曰詔。皇朝因隋不改。天后天授元年、以避諱、改詔為制。……〕

（9）『高麗史』巻三、成宗世家、五年三月条。始以詔称教。

(10)『高麗史』巻三、成宗世家、十四年五月戊午条。教曰、「唐虞之制、周漢之儀、皆釐百辟之名、永奉一人之慶。今以諸官司、事体雖遵於礼典、額名頗有所権称。考厥典常、分其可否、悉除仮号、克示通規。」

(11)『東人之文・四六』巻六、教書、仁王罪己［乙卯閏二月十八日下］。乙卯は仁宗十三年（一一三五）。この「詔書」は『高麗史』巻十六、仁宗世家、十三年閏二月壬戌条にも「下詔曰、……」として掲載されている。ちなみに『東文選』巻二十三、教書の項にもこの「詔書」を収録するが、『東文選』はその撰者を「李奎報」に誤っている。当該の「詔書」は『東人之文・四六』では「故参知政事鄭克温配享神宗　李奎報」の次に撰者闕名で載せられているが、『東文選』の撰者はこれを李奎報の撰と誤って理解したのであろう。一般に、『東人之文・四六』において撰者名が空欄となっている場合は「闕名」の意であって、前作と同人の場合には「前人」とはっきり標記されている。これに対し、『東文選』において撰者名が空欄になっている場合は「前人」の意であって、闕名の場合には「無名氏」と標記することになっている。『東文選』が「仁王罪己教書」を「無名氏」の撰とせず、李奎報の撰としたことは杜撰である。

(12)『文選』巻三十六、教、為宋公脩張良廟教。呂延済注。「綱紀、謂主簿之司也。教皆主簿宣之。故若先呼之。亦猶今出制、首言『門下』、是也。」／『資治通鑑』巻一百五十五、梁紀十一、武帝中大通三年条。胡三省注。「魏晋以来、出命皆由門下省。故其発端、必曰勅門下。」

(13)『玉海』巻二百二、辞学指南二、詔。勅門下［或云『勅某』等］。故茲詔示［奨諭・誡諭・撫諭、随題改之］、想宜知悉。

(14)『東人之文・四六』巻六、教書。奨諭征西元帥金富軾（鄭沆）。教某。省所上状、擒捉逆賊、定疊京城事、具悉。……今差使・文林郎・枢密院右承宣・尚書吏部侍郎・知制誥・賜紫金魚袋李之氐、副使・徴事郎・殿中少監・知尚書兵部事・賜紫金魚袋林儀等、齎持詔書、往彼宣諭、并賜例物、具如別録、至可領也。……故茲詔示、想宜知悉。春暄、卿比安好。遣書指不多及。

(15)中村裕一『唐代制勅研究』第三章第五節、論事勅書、参照。

(16)『補閑集』（高麗・崔滋撰）巻下。漢制帝書有四。……本朝一年除拝雖多、合宣一麻。故其制書首末章、皆総論通行。末章以『於戯』、或以『噫』字標其首。唯中諸章、紀諸公功徳、故各異。毎章簾律、与首尾二章相協、分編作諸公告身各一通。是為『大官誥』。唐誥、初用紙、或用絹。貞観後、用綾。教書亦通行、各附其編首。

(17)『東人之文・四六』巻五、麻制、除金富軾守太保余並如故（崔誠）。門下。……輸忠靖難功臣・検校太師・守太尉・門下侍中・判尚書吏部事・集賢殿大学士・太子太師・監修国史・上柱国金富軾。……於戯。……可特授同徳賛化功臣・守太保、余並如故。
(18)『東人之文・四六』巻六、教書、賜金富軾加授同徳賛化功臣・守太保・余並如故（崔誠）。教富軾。卿、……今賜卿同徳賛化功臣・守太保・余如故告身一通。至可領也。
(19) 本書第三章「高麗時代の銓選と告身」、参照。
(20)『高麗史』巻十二、睿宗世家、三年四月壬午条。以尹瓘為門下侍中・判尚書吏部事・知軍国重事。呉延寵為尚書左僕射・参知政事。遣内侍・郎中韓皦如、齎詔書・告身及紫繡鞍具厩馬二匹、至雄州、分賜之。
(21)『高麗史』巻一百、杜景升伝。旧制、三品以上、毎遷級、例上譲表、降詔不允、然後表謝上官（『高麗史節要』巻十三、明宗二十七年十一月条、参照）。
(22) 本書第三章「高麗時代の銓選と告身」、参照。
(23)『東人之文・四六』が「不允教書」と「不允批答」とを明確に区別しているにもかかわらず、『東文選』がこれを一括して「不允批答」の項目に収めているのは杜撰である。なお、崔鉛植「高麗時代国王文書の種類と機能」（『韓国古代中世古文書研究』下、研究・図版篇、所収、二〇〇〇年、ソウル、ソウル大学校出版部）は「不允教書」と「不允批答」の区別を認めず、『東人之文・四六』の区別を恣意的なものとして退けているが、取らない。
(24)『蘇軾文集』（中国古典文学基本叢書、中華書局）巻四十、内制詔勅に「不允詔」、巻四十三、内制批答に「不允批答」を区別して載せる。また『東国李相国全集』巻三十三に「不允教書」及び「不允批答」を区別して載せる。
(25)『韓国古代中世古文書研究』下、研究・図版篇に収められた「鄭光道褒奨教書」は、高麗末期（恭愍朝）のものであるが、その冒頭には草書体で「教」字が大書されていることが確認できる。
(26) 南権熙、呂恩暎「忠烈王代武臣鄭仁卿の政案と功臣録券研究」（『古文書研究』第七輯、一九九五年、ソウル、韓国古文書学会）。盧明鎬「高麗時代の功臣録券と功臣教書」（『韓国古代中世古文書研究』下、所収、二〇〇〇年、ソウル、ソウル大学校出版部）。
(27)『韓国古代中世古文書研究』下、研究・図版篇、鄭光道褒奨教書。「教福州牧使光道。〔覧〕所上牋賀捕賊事、具悉。……故茲教示、想〔宜〕知悉。春暄。卿比平安好。遣書、指不多及。至元二十年三月　日」

(28) 崔承煕『韓国古文書研究』(増補版、一九八九年、ソウル、知識産業社)
(29) 『唐六典』巻九、中書省、中書令。凡王言之制有七、云々、参照。
(30) 「詔可」の語は、たとえば『高麗史節要』巻八、睿宗十七年(仁宗即位年)七月条(『高麗史』巻九十八、金富軾伝に同文記事)、『高麗史』巻七十五、選挙志、銓注、選法、明宗十一年正月条などに見えるが、『高麗史』巻七十四、選挙志二、学校、仁宗八年七月条にみえる「詔可」の語は、『高麗史節要』巻九、同年同月条の同文記事では「従之」となっている。なお、史官による筆削については『老学庵筆記』(宋・陸游撰)巻九の次の記事が参考になる。/史院有竊議史官者、曰、「史官筆削有定本、箇箇一様。」或問何也。曰、「将吏人編出日暦中『臣僚上言』字、塗去『上』字。其後『奉聖旨、依』字、亦塗去、而従旁注『従之』二字、即一日筆削了矣。」
(31) 『高麗史』巻八十四、刑法志一、殺傷、文宗十二年条。開城牧監直員李啓、私遣人、補府軍金祚。祚乃投河而死。刑部奏、「當脊杖配島。」制、除名収田。
(32) 同右、明宗十五年八月条。有南原郡人、与郡吏有隙、至其家、縛吏于柱、遂火其家而焼殺之。群臣議以『闘殺』論。制云、「原其罪状、宜鈒面、充常戸。」又有陵城人、以鞭撃負児女。女驚怖、投水死。群臣亦以『闘殺』論。制曰、「使母子一時倶死。其以『刧殺』論。」
(33) 『高麗史』巻八十五、刑法志二、禁令。文宗八年、以将作監商人、故焼官炭庫、判、決脊杖二十、鈒面配島。
(34) 『高麗史』巻八十五、刑法志二、恤刑。仁宗元年、清州有人、因救父殺人。判云、「事理可恕。除入島、只移郷。」
(35) 『唐六典』巻二、尚書吏部。凡選授之制、……以四事択其良。一曰身、二曰言、三曰書、四曰判[毎試判之日、皆平明集於試場、識官親送、侍郎出問目、試判両道、或有糊名、学士考為等第。或有試雑文、以収其俊乂]。
(36) 『朝鮮王朝実録』世宗十五年閏八月丁丑条。……鄭招議、「高麗自中(業)(葉)以前、凡臣下擬請、謂之『奏』、君上諾可、謂之『制可』、悉与中国無異。及事元以後、立鎮東省、以国王為丞相、事皆貶降、始為衙門之例、臣下所啓、謂之『申』、君上所可、謂之『判』。今我朝已改『判』為『教』、而『申』字独仍其旧、言之不順。乞依思誠(孟思誠)之議、改称何如。」
(37) 『高麗史』巻一百、杜景升伝。景升、与同列奏、「式目都監所蔵判案、国之亀鏡、部秩錯乱、漸難稽考。宜加検討、謄写以蔵。」従之。
(38) 『高麗史節要』巻四、靖宗十二年二月条。制、「凡人民、依律文、立嗣以嫡。嫡子有故、立嫡孫。無嫡孫、立同母弟。無母弟、立庶孫。無男孫者、亦許女孫。」

(39)『高麗史』巻八十四、刑法志一、戸婚条。靖宗十二年、判、諸田丁連立、無嫡子則嫡孫、無嫡孫則同母弟、無同母弟則庶孫、無男孫則女孫。

(40)高麗の田制については、拙稿「高麗時代における土地所有の諸相」(『史林』第八十七巻第六号、二〇〇四年、京都、史学研究会)、参照。

(41)『高麗史』及び『高麗史節要』の編纂過程については、次の諸研究がある。今西龍「王氏高麗朝に於ける修史に就て」(『高麗及李朝史研究』所収、一九七四年、東京、国書刊行会)／中村栄孝「『高麗史節要』の印刷と伝存」(『日鮮関係史の研究』下、所収、一九六九年、東京、吉川弘文館)

(42)『高麗史』巻六、靖宗世家、十二年五月乙未条。吏部奏、「衛尉卿・知大史局事徐雄、被疾請告、已経一百八十余日。国制、凡見任官、乞仮(暇)満百日者、罷職。請解雄職。」制曰、「雄精於其業、為日官之長。特賜告二百日。」

(43)『高麗史』巻八十四、刑法志一、職制条。宣宗十年、判、請暇満百日者、解官。

(44)『高麗史』巻八十、食貨志三、賑恤、災免之制。成宗七年十二月判、水旱虫霜為災、田損四分以上、免租。六分、免租・布。七分、租・布・役倶免。

(45)同右。(粛宗)七年三月、三司奏、「東京管内、州・郡・郷・部曲十九所、因去年久旱、民多飢困。乞依令文、損四分以上、免租、六分以上、免租・調、七分以上、課役倶免。已輸者、聴折減来年租税。」制可。

(46)『唐令拾遺』賦役令、復元第十一条。諸田、有水旱虫霜為災処、拠見営田州県検実、具帳申省、十分損四分已上、免租。損六已上、免租調、損七已上、課役倶免。若桑麻損尽者、各免調。若已役已輸者、聴折来年。経二年後、不在折限。其応免者、通計麦、用為分数。

(47)同右。

(48)『高麗史』巻首、纂修高麗史凡例。一、志。……高麗制度条格、史多闕略。今取『古今詳定礼』、『式目編修録』、及諸家雑録、作諸志。

(49)『高麗史』巻九十五、崔冲伝附、崔允儀伝。嘗奉詔、撰『古今詳定礼』五十巻、行于世。／『東国李相国後集』(高麗・李奎報撰)巻十一、「新序詳定礼文跋尾」代晋陽公(崔怡)行。夫、帝王之政、莫先於制礼。其沿革也、損益也、宜一定之、以淑人心、以斉風俗矣。安可因循姑息、不即立常典、使之紛然異同哉。本朝自有国来、其礼制之損益、随代靡一、病之久矣。至仁廟朝、始勅平章事崔允儀等十七臣、集古今同異、商酌折中、成書五十巻、命之曰『詳定礼文』、流行於世、然後礼有所帰、而人知不惑矣。是書跨歴年禩、簡脱字缺、難於攷審。予先公（崔忠献）、迺令補緝、遂成二本、一付礼官、一蔵于家。其志遠也。果於遷都之際、礼官遑遽、未得齎来、則幾若已廃、而有家蔵一本、得存焉。予然後益諳先志、且幸其不失、遂用鋳字、印成二十八本、分付諸司、蔵之。凡有司者、謹伝之勿替、勿負予用志之痛勤也。月日、某跋。

(50) 「式目編修録」については次の諸論文にも言及がある。末松保和「「高麗式目形止案」について」（『高麗朝史と朝鮮朝史』末松保和朝鮮史著作集五、所収、一九九六年、東京、吉川弘文館）。北村秀人「朝鮮における「律令制」の変質」（『東アジア世界における日本古代史講座』第七巻、一九八二年、東京、学生社）

(51) 『高麗史』巻一百、杜景升伝。景升、与同列奏、「式目都監所蔵判案、国之亀鏡、部秩錯乱、漸難稽考。宜加検討、謄写以蔵。」従之。

(52) 『東文選』巻八十七、序。李穡、選粋集序。同、周官六翼序。同、贈金敬叔秘書詩序。

(53) 『東文選』巻八十七、序。李穡、周官六翼序。……比年多苦以来、糧斛甲兵、則別置局、選能者以主之。典理之黜陟百司、軍簿之約束諸衛、版図之出納財賦、典法之平決刑獄、礼儀之朝会祭祀、典工之工匠造作、考工之都暦、都官之私人、視為故事而已。至於百司庶府、能探設官之故而力行者、蓋寡。金君敬叔、深慨其然、以六房為綱、各以其事、疏之為目、俾居官者咸有所遵守、思尽其所当為、力不足則勉而及之、不但如前日之苟去而已焉。

(54) 『朝鮮王朝実録』世宗即位年十二月庚辰条。吏曹啓、「自周以来、天地四時之官、称号雖有不同、其次序則未嘗変易。国初、因前朝之旧、夏官在地官・春官之上、未便。乞依古制、一天官為吏曹、二地官為戸曹、三春官為礼曹、四夏官為兵曹、五秋官為刑曹、六冬官為工曹、以為定制。」従之。

(55) 『東文選』巻八十七、序。李穡、贈金敬叔秘書詩序。『周官六翼』、在位者之座右銘也。如其不伝、至治之沢、不降矣。其関於世道、豈不重哉。

(56) 『朝鮮王朝実録』世宗二十五年十一月癸丑条。下教戸曹。「我国損実之法、見金祉所撰『周官六翼』。蓋自高麗已行之矣。此雖美法、然収税軽重、出於官吏一時所見、軽重大失、民弊亦多。且逐段損実、自古経伝無之。夫貢法、中国自三代、以至于今、行之不易。本国已於下三道試験。其間節目、有未尽処。今宜詳度更定、庶幾便民。其一、……。其二、……。其三、……。下議政府六曹施行。惟爾戸曹、暁諭中外。」

(57) 右注の「下教」は文書形態としては「伝旨」に該当する。伝旨は一般には承政院が起草した。『朝鮮王朝実録』世宗二十一年七月戊申条。上謂承政院曰、「……其草伝旨、以進。」……承政院草伝旨、以進。其辞曰「………。」／同、二十五年八月辛亥条。伝旨承政院、「自今、凡伝教之事、並称『教旨』。其細瑣之事、則称『伝旨』。承旨亦称臣著名、仍印之、下攸司、以為恒式。／同、成宗十六年六月丁酉条。御製伝旨、下議政府曰、「……咨爾政府、各勤献替之心、以副憂民之意。」

(58) 『高麗史』巻七十八、食貨志一、田制、踏験損実。成宗七年二月、判、禾穀不実州県、近道限八月、中道限九月十日、遠道限九月十五日、申報戸部、以為恒式。

(59) 同右。文宗四年十一月、判、田一結、率十分為定、損至四分、除租。六分、除租・布。七分、租・布・役倶免。

(60) 同右。是月、判、凡州県、水旱虫霜、禾穀不実田疇、村典告守令。守令親験、申戸部。戸部送三司。三司移牒、検覈虚実後、又令其界按察使、差別員審検、果災傷、租税蠲減。

(61) 『高麗史』巻首、纂修高麗史凡例。凡称宗、称陛下・太后・太子・節日・制詔之類、雖渉僭踰、今従当時所称書之、以存其実。

(62) 『高麗史』巻八十五、刑法志二、奴婢、成宗五年七月条。教、「凡隠占人逃奴婢者、依律文、一日（絹）〔絹〕三尺例、日徴布三十尺、給本主。日数雖多、毋過元直。奴年十五以上、六十以下、直布百匹。十五以下、六十以上、五十匹。婢年十五以上、五十以下、百二十匹。十五以下、五十以上、六十匹。」

(63) 同右。四年、人物推辨都監、定奴婢決訟法。……　一、奴婢役価、依成王五年判、年月雖多、不過其直。其容隠役使他人奴婢者、依律論罪。

(64) 前掲注（36）、参照。

(65) たとえば『高麗史』巻七十二、輿服志一、百官儀従の条に記載する「明宗二十年判」の内容は、枢密院の官人として「密直学士」が挙げられていることからもわかるとおり、明らかに事元期以降の制度を反映したものである。

# あとがき

高麗時代の官僚制度を主題とする著作として、我が国には周藤吉之氏の『高麗朝官僚制の研究』及び『宋・高麗制度史研究』の二冊がある。中国社会経済史の分野で不滅の足跡を残した周藤氏の晩年の研究課題は、宋の官制と高麗の官制の比較にあり、この方面においても周藤氏は極めて広範な業績を残している。

ただし、周藤氏の研究手法は徹頭徹尾、文献の博引と考証にあり、宋の制度はこれこれであるが、高麗の制度はこれこれである、したがって高麗のこれこれの制度は宋のこれこれの制度を受容したものである、というような一見無味乾燥の考証が、上記の二冊には延々と繰り広げられているのである。このため、最初に周藤氏の研究に接した私は、なんと退屈な論文であろうかと辟易した覚えがある。燕雀いずくんぞ鴻鵠の志を知らんや……、高麗の歴史を学びはじめたばかりの頃の私には、周藤氏の研究の本当の偉大さを理解するだけの能力が備わってはいなかったのである。

ところが同じ頃——というのは、大学院に進学した最初の夏休みのことであるが、大学院の授業の関係で梅原郁氏の『宋代官僚制度研究』を通読した私は、少しずつ周藤氏の研究の意味するところを理解することができるようになった。梅原氏の研究は、宋代の職官制度を各種の官僚の昇進コースに即して分析したもので、科挙出身のエリート官僚と恩蔭出身の一般官僚、また武臣や胥吏出職者などの様々なタイプの官僚たちが、宋代の官界において如何に位置づけられていたかを鮮やかに描き出している。ある官僚の歴任した官職・位階のあり様を見れば、それがどのタイプの官僚であったのかは、当時の人々にとっては容易に読み取ることができたのである。官職・位階の体系にはそうした社会の通念としての身分意識――いわゆる「流品」に関する暗黙知がはっきりと刻み込まれているのだということを、私はこの著作を通して初めて学び取ったように思う。

この梅原氏の研究を通読した後で、改めて高麗時代の列伝・墓誌銘などの伝記資料を眺めわたしてみると、それまで気が付かなかったいろいろな事柄が、急に立体的に浮かび上がって見えてきたような気がしたのである。本書第五章に全面改訂して収録した「高麗官僚制度の概観――外官への例調を中心に――」(『東洋史研究』第四十九巻第一号)は、その最初の研究報告にほかならない。

これでいっぱし、高麗時代のことを理解したような気になった私は、これ以後さらに次のようなことを豪語するようになった。

――高麗の官制を理解すれば、朝鮮王朝の官制はすべてわかる。逆に、朝鮮王朝の官制(少なくとも太祖朝から成宗朝に至るそれ)を理解しなければ、高麗の官制を真に理解することはできない。

大学院の博士課程に進んだ私は、アルバイトの収入を叩いて月賦で『朝鮮王朝実録』の影印本を購入し、入手したうれしさのあまり、本業の『高麗史』をそっちのけで『朝鮮王朝実録』に読みふけっていたのであるが、思えばこの頃から、本書の基本的な構想はすでに出来上がっていたのである。

にもかかわらず、これまで荏苒として時を過ごし、博士課程退学から足掛け十七年を経てようやく本書を纏めるに至ったのは、私の生来の怠慢のためにほかならない。この間、有形無形のご支援を受けた方々の学恩に感謝しつつ、現時点での精一杯の研究成果を江湖に問う。諸賢の忌憚のない御叱正を賜れば幸いである。

# 初出誌一覧

「高麗官僚制度の概観——外官への例調を中心に——」（本書第五章、全面改訂）
（『東洋史研究』第四十九巻第一号、一九九〇年六月、京都、東洋史研究会）
「高麗睿宗朝における意思決定の構造」（本書第二章、全面改訂）
（『史林』第七十六巻第二号、一九九三年三月、京都、史学研究会）
「高麗王言考」（本書附篇、参考論文第三、改題、全面改訂）
（『史林』第七十七巻第一号、一九九四年一月、京都、史学研究会）
「朝鮮における進士概念の変遷」（本書第六章、改題、全面改訂）
（『東洋史研究』第五十四巻第三号、一九九五年十二月、京都、東洋史研究会）
「高麗国初の広評省と内議省」（本書第一章、全面改訂）
（『東方学報』京都第七十二冊、二〇〇〇年三月、京都、京都大学人文科学研究所）
「高麗時代の銓選と告身」（本書第三章、全面改訂）
（『東洋史研究』第五十九巻第二号、二〇〇〇年九月、京都、東洋史研究会）
「高麗時代の内侍と内僚」（本書第七章、全面改訂）
（『朝鮮学報』第百八十四輯、二〇〇二年七月、天理、朝鮮学会）
「高麗時代の宰相制度——合坐制とその周辺——」（本書第四章、全面改訂）

（『朝鮮学報』第百八十九輯、二〇〇三年十月、天理、朝鮮学会）

「高麗事元期における官品構造の変革」（本書第八章、全面改訂）

（『東方学報』京都第七十九冊、二〇〇六年九月、京都、京都大学人文科学研究所）

序説「高麗時代史の概観――官制と外交」（書き下ろし）

結論「朝鮮前近代における王権の素描」（書き下ろし）

附篇、参考論文第一「国子監試に関する諸説の検討」（書き下ろし）

附篇、参考論文第二「尚書都官貼の分析」（書き下ろし）

# 本書未収論文存目

「朝鮮初期の徒流刑について」
（『前近代中国の刑罰』梅原郁編、一九九六年十二月、京都、京都大学人文科学研究所）
「高麗における軍令権の構造とその変質」
（『東方学報』京都第七十冊、一九九八年三月、京都、京都大学人文科学研究所）
「朝鮮初期の笞杖刑について」
（『史林』第八十二巻第二号、一九九九年三月、京都、史学研究会）
「朝鮮における漢語・吏文の習読について」
（『中国における通俗文学の発展及びその影響』（平成10—12年度科学研究費補助金、基盤研究Ｂ２、研究成果報告書）、小南一郎編、二〇〇一年三月、京都、京都大学人文科学研究所）
「高麗時代における土地所有の諸相」
（『史林』第八十七巻第六号、二〇〇四年十一月、京都、史学研究会）
"Personnel Administration and Letters of Appointment during the Goryeo Dynasty"
（『東洋史研究』第六十四巻第四号、二〇〇六年三月、京都、東洋史研究会）
「朝鮮前近代における民族意識の展開——三韓から大韓帝国まで」
（『中国東アジア外交交流史の研究』夫馬進編、二〇〇七年三月、京都、京都大学学術出版会）

「朝鮮党争史における官人の処分――賜死とその社会的インパクト――」
（『東アジアの死刑』冨谷至編、二〇〇八年二月、京都、京都大学学術出版会）

# 参考文献一覧

## 【史料】

『三国史記』（影印本、一九六四年、東京、学習院大学東洋文化研究所）
『三国遺事』（影印本、一九六四年、東京、学習院大学東洋文化研究所）
『高麗史』（影印本、一九九〇年、ソウル、亜細亜文化社）
『高麗史節要』（影印本、一九六〇年、東京、学習院大学東洋文化研究所）
『朝鮮王朝実録』（影印本、一九八六年、国史編纂委員会）
『龍飛御天歌』（影印本、一九七三年、ソウル、亜細亜文化社）
『東人之文・四六』（『高麗名賢集』第五冊所収、影印本、一九八七年、ソウル、成均館大学校大東文化研究院）
『東文選』（影印本、一九七〇年、東京、学習院大学東洋文化研究所）
『東国李相国全集・後集』（『高麗名賢集』第一冊所収、影印本、一九八六年、ソウル、成均館大学校大東文化研究院）
『補閑集』（『高麗名賢集』第二冊所収、影印本、一九八六年、ソウル、成均館大学校大東文化研究院）
『櫟翁稗説』（成簣堂文庫蔵本影印本、一九一三年、東京、民友社、成簣堂叢書之一）
『拙藁千百』（尊敬閣文庫蔵本影印本、一九七二年、ソウル、亜細亜文化社）

『牧隠文藁』（『高麗名賢集』第三冊所収、影印本、一九八六年、ソウル、成均館大学校大東文化研究院）
『慶州先生案』（影印本、一九八二年、ソウル、亜細亜文化社）
『朝鮮史料集真』上・下・続（朝鮮史編修会編、一九三五・三七年、朝鮮総督府刊）
『韓国金石全文』許興植編著（一九八四年、ソウル、亜細亜文化社）
『高麗墓誌銘集成』第四版、金龍善編著（二〇〇六年、春川、翰林大学校出版部）
『韓国上代古文書資料集成』李基白編著（第二版、一九九三年、ソウル、一志社）
『韓国古代中世古文書研究』上・下、盧明鎬等著（二〇〇〇年、ソウル、ソウル大学校出版部）

（中国史料）
『雞林類事』（『説郛三種』所収、影印本、一九八八年、上海、上海古籍出版社）
『宣和奉使高麗図経』（一九三二年、京城、近沢書店刊、朝鮮学叢書之一）
『朝鮮賦』（『朝鮮史料叢刊』第十五冊、一九三七年、京城、朝鮮総督府）

【辞典】
『朝鮮語辞典』（一九二〇年、京城、朝鮮総督府／復刊、一九七四年、東京、国書刊行会）
『李朝実録難解語辞典』（一九九三年、ソウル、韓国文化社）
『韓国漢字語辞典』（改訂版、二〇〇二年、ソウル、檀国大学校東洋学研究所）
『岩波古語辞典』補訂版、大野晋等編（一九九〇年、東京、岩波書店）

## 【研究書・論文】

（邦文）


青山公亮『日麗交渉史の研究』（明治大学文学部研究報告、東洋史第三冊、一九五五年、東京、明治大学文学部文学研究所）

池内宏『元寇の新研究』（一九三一年、東京、東洋文庫）

池内宏『満鮮史研究』中世第二冊（一九七九年、三版、東京、吉川弘文館）

末松保和『末松保和朝鮮史著作集』五（一九九六年、東京、吉川弘文館）

周藤吉之『高麗朝官僚制の研究』（一九八〇年、東京、法政大学出版局）

周藤吉之『宋・高麗制度史研究』（一九九二年、東京、汲古書院）

旗田巍『朝鮮中世社会史の研究』（一九七二年、東京、法政大学出版局）

森克己『日宋貿易の研究』（正・続・続々）（一九七五年、東京、国書刊行会）

李領『倭寇と日麗関係史』（一九九九年、東京、東京大学出版会）

池内宏「完顔氏の曷懶甸経略と尹瓘の九城の役」（『満鮮史研究』中世第二冊。初版、一九三七年、東京、座右之宝。三版、一九七九年、東京、吉川弘文館）

池内宏「高麗恭愍王の元に対する反抗の運動」（『満鮮史研究』中世第三冊、一九六三年、東京、吉川弘文館）

池内宏「高麗朝の学芸」（朝鮮の文化（下篇）、『満鮮史研究』近世篇、所収、一九七二年、東京、中央公論美術出版）

石井寿夫「後期李朝党争史についての一考察――後期李朝理学至上主義国家社会の消長よりみたる――」(『社会経済史学』第十巻第六、第七号、一九四〇年、東京、社会経済史学会)
今西龍「新羅骨品考」(『新羅史研究』所収、一九七〇年、東京、国書刊行会)
今西龍「新羅骨品「聖而」考」(『新羅史研究』所収、一九七〇年、東京、国書刊行会)
今西龍「朝鮮に於ける国王在位の称元法」(『高麗及李朝史研究』所収、一九七四年、東京、国書刊行会)
今西龍「王氏高麗朝に於ける修史に就て」(『高麗及李朝史研究』所収、一九七四年、東京、国書刊行会)
岡田英弘「元の瀋王と遼陽行省」(『朝鮮学報』第十四輯、一九五九年、天理、朝鮮学会)
北村秀人「高麗時代の瀋王についての一考察」(『人文研究』第二十四巻第十分冊、一九七二年、大阪、大阪市立大学文学部)
北村秀人「朝鮮における「律令制」の変質」(『東アジア世界における日本古代史講座』第七巻、一九八二年、東京、学生社)
木村誠「統一新羅の官僚制」(『古代朝鮮の国家と社会』第二編第二章、二〇〇四年、東京、吉川弘文館)
木下礼仁「『三国遺事』金傅大王条にみえる「冊尚父誥」についての一考察――唐告身との関連性によせて――」(『朝鮮学報』第九十三輯、一九七九年、天理、朝鮮学会)
木下礼仁「金傅告身について」(『三国遺事考証』中巻、一九七九年、東京、塙書房)
四方博「旧来の朝鮮社会の歴史的性格について」(『朝鮮社会経済史研究』下、所収、一九七六年、東京、国書刊行会)
末松保和「「高麗式目形止案」について」(『高麗朝史と朝鮮朝史』末松保和朝鮮史著作集5、一九九六年、東京、吉川弘文館)

末松保和「麗末鮮初に於ける対明関係」（『高麗朝史と朝鮮朝史』末松保和朝鮮史著作集5、一九九六年、東京、吉川弘文館）
末松保和「朝鮮議政府考」（『高麗朝史と朝鮮朝史』末松保和朝鮮史著作集5、一九九六年、東京、吉川弘文館）
周藤吉之「高麗末期より朝鮮初期に至る王室財政――特に私蔵庫の研究――」（『東方学報』東京、第十冊、一九三九年、東京、東方文化学院東京研究所）
武田幸男「高麗時代の郷職」（『東洋学報』第四十七巻第二号、一九六五年、東京、東洋文庫）
武田幸男「高麗初期の官階――高麗王朝確立過程の一考察――」（『朝鮮学報』第四十一輯、一九六六年、天理、朝鮮学会）
武田幸男「新羅の骨品体制社会」（『歴史学研究』二九九号、一九六五年、東京、歴史学研究会）
中村栄孝「『高麗史節要』の印刷と伝存」（『日鮮関係史の研究』下、所収、一九六九年、東京、吉川弘文館）
日野開三郎「羅末三国の鼎立と対大陸海上交通貿易」（『朝鮮学報』第十六、十七、十九、二十輯、一九六〇、一九六一年、天理、朝鮮学会／『日野開三郎東洋史学論集』第九巻所収、一九八四年、東京、三一書房）
藤田亮策「朝鮮の年号と紀年」（『朝鮮学論考』所収、一九六三年、奈良、藤田先生記念事業会）
前間恭作「開京宮殿簿」（『朝鮮学報』第二十六輯、一九六三年、天理、朝鮮学会）
丸亀金作「元・高麗関係の一齣――瀋王について――」（『青丘学叢』第十八輯、一九三四年、京城、青丘学会）
三池賢一「新羅官位制度」（上編、『法政史学』第二十二号、一九七〇年、東京、法政大学史学会。下篇、『駒沢史学』第十八号、一九七一年、東京、駒沢史学会）
三上次男「高麗仁宗朝における高麗と宋との関係」（『金史研究』三、所収、一九七三年、東京、中央公論美術出版）

宮崎市定「三韓時代の位階制について」(『朝鮮学報』第十四輯、一九五九年、天理、朝鮮学会／『宮崎市定全集』第二十二巻、日中交渉、所収、一九九二年、東京、岩波書店)
森克己「日本・高麗来航の宋商人」(『朝鮮学報』第九輯、一九五六年、天理、朝鮮学会／『続日宋貿易の研究』所収、『森克己著作集』二、一九七五年、東京、国書刊行会)
森克己「日・宋と高麗との私献貿易」(『朝鮮学報』第十四輯、一九五九年、天理、朝鮮学会／『続日宋貿易の研究』所収、『森克己著作集』二、一九七五年、東京、国書刊行会)
森平雅彦「元朝ケシク制度と高麗王家――高麗・元関係における禿魯花の意義に関連して」(『史学雑誌』第百十巻第二号、二〇〇一年、東京、史学会)
柳洪烈「麗末鮮初の私学」(『青丘学叢』第二十四号、一九三六年、京城、青丘学会)
柳洪烈「朝鮮に於ける書院の成立」上・下(『青丘学叢』第二十九、第三十号、一九三七、三九年、京城、青丘学会)

(韓国文)
金甲童『高麗前期政治史』(二〇〇五年、ソウル、一志社)
金龍徳『韓国制度史研究』(一九八三年、ソウル、一潮閣)
金龍善『高麗蔭叙制度研究』(一九九一年、ソウル、一潮閣)
金龍善『高麗金石文研究』(二〇〇四年、ソウル、一潮閣)
金昌賢『高麗後期政房研究』(一九九八年、ソウル、高麗大学校民族文化研究院)

閔賢九『高麗政治史論』（二〇〇四年、ソウル、高麗大学校出版部）
朴龍雲『高麗時代台諫制度研究』（一九八〇年、ソウル、一志社）
朴龍雲『高麗時代蔭叙制と科挙制研究』（一九九〇年、ソウル、一志社）
朴龍雲『高麗時代官階・官職研究』（一九九七年、ソウル、高麗大学校出版部）
朴龍雲『高麗時代史研究の成果と課題』（一九九九年、ソウル、新書苑）
朴龍雲『高麗時代中書門下省宰臣研究』（二〇〇〇年二月、ソウル、一志社）
朴龍雲『高麗時代尚書省研究』（二〇〇〇年十二月、ソウル、景仁文化社）
朴龍雲『高麗時代中枢院研究』（二〇〇一年、ソウル、高麗大学校民族文化研究院）
朴龍雲『高麗社会の諸歴史像』（二〇〇二年、ソウル、新書苑）
朴龍雲『高麗社会と門閥貴族家門』（二〇〇三年、ソウル、景仁文化社）
朴宰佑『高麗国政運営の体系と王権』（二〇〇五年、ソウル、新丘文化社）
辺太燮『高麗政治制度史研究』（一九七一年、ソウル、一潮閣）
宋俊浩『李朝生員進士試の研究』（一九七〇年、ソウル、大韓民国国会図書館）
李基東『新羅骨品制社会と花郎徒』（一九八四年、ソウル、一潮閣）
李基白『新羅政治社会史研究』（一九七四年、ソウル、一潮閣）
李基白『高麗貴族社会の形成』（一九九〇年、ソウル、一潮閣）
李成茂『朝鮮初期両班研究』（一九八〇年、ソウル、一潮閣）
李成茂『韓国の科挙制度』（改正増補版、一九九四年、ソウル、集文堂）
李樹健『韓国中世社会史研究』（一九八四年、ソウル、一潮閣）

李佑成『韓国中世社会研究』（一九九一年、ソウル、一潮閣）
李貞薫『高麗前期政治制度研究』（二〇〇七年、ソウル、慧眼）
李鎮漢『高麗前期官職と禄俸の関係研究』（一九九九年、ソウル、一志社）
李泰鎮『朝鮮儒教社会史論』（一九八九年、ソウル、知識産業社）
曹佐鎬『韓国科挙制度史研究』（一九九六年、ソウル、汎友社）
崔承熙『韓国古文書研究』（増補版、一九八九年、ソウル、知識産業社）
崔貞煥『高麗・朝鮮時代禄俸制研究』（一九九一年、大邱、慶北大学校出版部）
許興植『高麗科挙制度史研究』（一九八一年、ソウル、一潮閣）
許興植『高麗の文化伝統と社会思想』（二〇〇四年、ソウル、集文堂）
洪承基『高麗貴族社会と奴婢』（一九八三年、ソウル、一潮閣）

金甲童「高麗の都兵馬使」（『高麗前期政治史』所収、二〇〇五年、ソウル、一志社）
金光洙「高麗時代の同正職」（『歴史教育』第十一・十二合輯、一九六九年、ソウル、歴史教育研究会）
金光洙「高麗時代の胥吏職」（『韓国史研究』第四輯、一九六九年、ソウル、韓国史研究会）
金光洙「羅末麗初の地方学校問題」（『韓国史研究』第七輯、一九七二年、ソウル、韓国史研究会）
金光洙「高麗時代の権務職」（『韓国史研究』第三十輯、一九八〇年、ソウル、韓国史研究会）
金龍徳「高麗時代の署経について」（『韓国制度史研究』所収、一九八三年、ソウル、一潮閣）
金龍善「高瑩中とその孫女高氏夫人墓誌銘」（『高麗金石文研究』所収、二〇〇四年、ソウル、一潮閣）
金昌洙「麗代内侍の身分」（『東国史学』第十一輯、一九六九年、ソウル、東国史学会）

盧明鎬「高麗時代の功臣録券と功臣教書」（『韓国古代中世古文書研究』下、所収、二〇〇〇年、ソウル、ソウル大学校出版部）
南権熙、呂恩暎「忠烈王代武臣鄭仁卿の政案と功臣録券研究」（『古文書研究』第七輯、一九九五年、ソウル、韓国古文書学会）
朴龍雲「高麗時代の宰臣と枢密と六部尚書の関係を通してみた権力構造」（『震檀学報』第九十一号、二〇〇一年／『高麗時代中枢院研究』所収、二〇〇一年、ソウル、高麗大学校民族文化研究院）
朴宰佑「高麗恭譲王代の官制改革と権力構造」（『震檀学報』第八十一号、一九九六年、ソウル、震檀学会）
朴宰佑「高麗前期政策提案の主体と提案過程」（『震檀学報』第八十八号、一九九九年、ソウル、震檀学会／『高麗国政運営の体系と王権』所収、二〇〇五年、ソウル、新丘文化社）
辺太燮「高麗初期の政治制度」（『韓沽劤博士停年紀念史学論叢』所収、一九八一年、ソウル、知識産業社）
辺太燮「高麗の式目都監」（『歴史教育』第十五輯、一九七三年、ソウル、歴史教育研究会）
辺太燮「高麗の中枢院」（『震檀学報』第四十一号、一九七六年、ソウル、震檀学会）
辺太燮「高麗の会議都監」（『国史館論叢』第六十一輯、一九九五年、果川、国史編纂委員会）
申奭鎬「李朝初期の成均館の整備とその実態」（『大東文化研究』第六・七合輯、一九七〇年、ソウル、成均館大学校大東文化研究院）
柳浩錫「高麗時代の国子監試に対する再検討」（『歴史学報』第一〇三輯、一九八四年、ソウル、歴史学会）
柳浩錫「高麗時代進士の概念に対する検討」（『歴史学報』第一二一輯、一九八九年、ソウル、歴史学会）
李光麟「鮮初の四部学堂」（『歴史学報』第十六輯、一九六一年、ソウル、歴史学会）
李基白「新羅六頭品研究」（『新羅政治社会史研究』所収、一九七四年、ソウル、一潮閣）

李基白「貴族的政治機構の成立」（『韓国史』五、一九七五年／『高麗貴族社会の形成』所収、一九九〇年、ソウル、一潮閣）
李成茂「鮮初の成均館研究」（『歴史学報』第三十五・三十六合輯、一九六七年、ソウル、歴史学会）
李成茂「朝鮮初期の郷吏」（『朝鮮の社会と思想』所収、一九九九年、ソウル、一潮閣）
李貞薫「高麗前期三省制と政事堂」（『韓国史研究』第一〇四輯、一九九九年、ソウル、韓国史研究会）
李鎮漢「高麗時代守令職の除授資格」（『史叢』第五十五輯、二〇〇二年、ソウル、歴史学研究会）
李鎮漢「高麗時代守令の京職兼帯」（『震檀学報』第九十五号、二〇〇三年、ソウル、震檀学会）
李泰鎮「高麗宰府の成立」（『歴史学報』第五十六輯、一九七二年、ソウル、歴史学会）
張東翼「高麗時代の官僚進出（其二）――初仕職――」（『大丘史学』第十二・十三合輯、一九七七年、大邱、大丘史学会）
張東翼「高麗後期銓注権の行方――銓注参与官僚たちを中心に――」（『大丘史学』第十五・十六合輯、一九七八年、大邱、大丘史学会）
張東翼「高麗前期の兼職制について」上・下（『大丘史学』第十一、第十七輯、一九七六、一九七九年、大邱、大丘史学会）
張東翼「慧諶の大禅師告身に対する検討――高麗僧政体系の理解を中心に――」（『韓国史研究』第三十四輯、一九八一年、ソウル、韓国史研究会）
張東翼「金傅の冊尚父誥に対する一検討」（『歴史教育論集』第三輯、一九八二年、大邱、慶北大学校師範大学歴史教育科）
曹佐鎬「麗代南班考」（『韓国科挙制度史研究』所収、一九九六年、ソウル、汎友社）

韓相俊・張東翼「安東地方に伝来する高麗古文書七例の検討」（『慶北大学校論文集』人文・社会科学、三十三、一九八二年）
許興植「一二六二年尚書都官貼の分析」上・下（『韓国学報』第二十七、二十九輯、一九八二年、ソウル、一志社）
許興植「『東人之文五七』の残巻と高麗史の補完」（『高麗の文化伝統と社会思想』所収、二〇〇四年、ソウル、集文堂）

## 附　中国史関係参考文献

梅原郁『宋代官僚制度研究』（一九八五年、京都、同朋舎出版）
礪波護『唐代政治社会史研究』（一九八六年、京都、同朋舎出版）
内藤乾吉『中国法制史考証』（一九六三年、東京、有斐閣）
中村裕一『唐代制勅研究』（一九九一年、東京、汲古書院）
仁井田陞『唐宋法律文書の研究』（一九三七年、東京、東方文化学院東京研究所）
仁井田陞『唐令拾遺』（復刻版、一九六四年、東京、東京大学出版会）
西嶋定生『中国古代国家と東アジア世界』（一九八三年、東京、東京大学出版会）
三上次男『金史研究』三（一九七三年、東京、中央公論美術出版）
宮崎市定『九品官人法の研究』（一九五六年、京都、同朋舎出版／『宮崎市定全集』第六巻、九品官人法、所収、一九九二年、東京、岩波書店）
渡辺信一郎『天空の玉座——中国古代帝国の朝政と儀礼』（一九九六年、東京、柏書房）

大庭脩「唐告身の古文書学的研究」（『西域文化研究』第三、一九六〇年、京都、西域文化研究会）
河内良弘「明代遼陽の東寧衛について」（『東洋史研究』第四十四巻第四号、一九八六年、京都、東洋史研究会）
田村実造「遼・宋の交通と遼朝の経済的発展」（『中国征服王朝の研究』上巻、第五章、一九六四年、京都、東洋史研究会）
内藤乾吉「唐の三省」（『史林』第十五巻第四号、一九三〇年／『中国法制史考証』所収、一九六三年、東京、有斐閣）
内藤乾吉「敦煌出土の唐騎都尉秦元告身」（『東方学報』京都第三冊、一九三三年／『中国法制史考証』所収、一九六三年、東京、有斐閣）
古松崇志「契丹・宋間の澶淵体制における国境」（『史林』第九十巻第一号、二〇〇七年、京都、史学研究会）
宮崎市定「宋代の太学生生活」（『宮崎市定全集』第十巻所収、一九九二年、東京、岩波書店）

### ろ



### わ

## ほ



## ま



## み



## め



## も



## ゆ



## よ



## り



## れ

### つ



### て



### と



### な

## す



## せ

し

## こ



## さ

き



く



け

# 索　引

# A Study on the Bureaucracy of the Goryeo Dynasty

by

Takeshi YAGI

**著者略歴**

矢木　毅（やぎ　たけし）

一九六四年、富山県西砺波郡福岡町（現、高岡市福岡町）に生まれる。京都大学文学部史学科（東洋史学専攻）卒業。同大学院文学研究科修士課程（東洋史学専攻）修了。同大学院文学研究科博士後期課程（東洋史学専攻）学修退学。京都大学人文科学研究所助手、宮崎大学教育文化学部助教授を経て、現在、京都大学人文科学研究所准教授。専攻は朝鮮中世近世史。

東洋史研究叢刊之七十二（新装版　10）

高麗《こうらい》官僚《かんりょう》制度《せいど》研究《けんきゅう》

二〇〇八年十一月十日　初版第一刷発行

著　者　矢《や》木《ぎ》毅《たけし》

発行者　加　藤　重　樹

発行所　京都大学学術出版会

〒606-8305　京都市左京区吉田河原町一五-九京大会館内

電話〇七五(七六一)六一八二　FAX〇七五(七六一)六一九〇

URL http://www.kyoto-up.or.jp

印刷所　亜細亜印刷　株式会社



ISBN978-4-87698-530-2 C3322

ORIENTAL RESEARCH SERIES No.72

# A Study on the Bureaucracy of the Goryeo Dynasty

by

Takeshi YAGI

Kyoto University Press

2008